◻ FACHWERK
BIOLOGIE

5/6

Allgemeine Ausgabe

Cornelsen

FACHWERK
BIOLOGIE
5/6
Allgemeine Ausgabe

Autorinnen und Autoren: Dr. Denisa May, Nina-Valeska Neuschäfer, Katrin Oberschelp, Anika Osenberg, Anke Pohlmann, Susanne Schwarze, Ingmar Stelzig, Ute Wehres

Mit Beiträgen von: Ulrike Dives, Ulrike Dörflinger, Dr. Udo Hampl, Andreas Harm, Kathrin Janik, Marit Kastaun, Alexander Küpper, Andreas Marquarth, Dr. Monique Meier, Andreas Miehling, Dr. Matthias Niedermeier, Dr. Peter Pondorf, Alexandra Ranieri, Reinhold Rehbach, Matthias Ritter, Alexandra Schulte, Tanja Tajmel, Ulrike Tegtmeyer, Judith Vehlow, Markus Wacker, Dr. Adria Wehser, Johanna Wetzel, Josef Johannes Zitzmann

Redaktion: Christina Egenolf, Yvonne Schanzenbächer

Redaktionelle Mitarbeit: Dr. Sabine Klonk

Bildrecherche: Melanie Tönnies

Gesamtgestaltung: Studio SYBERG, Berlin

Technische Umsetzung: Reemers Publishing Services

Technische Umsetzung Gefahren- und Gebotszeichen: Atelier G

www.cornelsen.de

Dieses Werk wurde anhand wissenschaftlicher Kriterien geprüft und für den sprachsensiblen Unterricht zertifiziert. Gutachter: Prof. Dr. Christian Efing (Universität Aachen). Eine Übersicht der Kriterien haben wir für Sie unter www.cornelsen.de/mittlere-schulformen zusammengestellt.

Dieses Werk enthält Vorschläge und Anleitungen für Untersuchungen und Experimente. Vor jedem Experiment sind mögliche Gefahrenquellen zu besprechen. Beim Experimentieren sind die Richtlinien zur Sicherheit im Unterricht einzuhalten.

Die Webseiten Dritter, deren Internetadressen in diesem Lehrwerk angegeben sind, wurden vor Drucklegung sorgfältig geprüft. Der Verlag übernimmt keine Gewähr für die Aktualität und den Inhalt dieser Seiten oder solcher, die mit ihnen verlinkt sind.

1. Auflage, 1. Druck 2023

Alle Drucke dieser Auflage sind inhaltlich unverändert und können im Unterricht nebeneinander verwendet werden.

© 2023 Cornelsen Verlag GmbH, Berlin

Das Werk und seine Teile sind urheberrechtlich geschützt. Jede Nutzung in anderen als den gesetzlich zugelassenen Fällen bedarf der vorherigen schriftlichen Einwilligung des Verlages. Hinweis zu §§ 60a, 60b UrhG: Weder das Werk noch seine Teile dürfen ohne eine solche Einwilligung an Schulen oder in Unterrichts- und Lehrmedien (§ 60b Abs. 3 UrhG) vervielfältigt, insbesondere kopiert oder eingescannt, verbreitet oder in ein Netzwerk eingestellt oder sonst öffentlich zugänglich gemacht oder wiedergegeben werden. Dies gilt auch für Intranets von Schulen.

Soweit in diesem Lehrwerk Personen fotografisch abgebildet sind und ihnen von der Redaktion fiktive Namen, Berufe, Dialoge und Ähnliches zugeordnet oder diese Personen in bestimmte Kontexte gesetzt werden, dienen diese Zuordnungen und Darstellungen ausschließlich der Veranschaulichung und dem besseren Verständnis des Inhalts.

Druck: Mohn Media Mohndruck, Gütersloh

ISBN 978-3-06-011329-3

Inhaltsverzeichnis

Zur Vorbereitung

Dein neues Fach Biologie _____ 8
Biologische Arbeitsmittel und Sicherheit _____ 10
Praxis Arbeitsmittel verwenden _____ 12
Warum müssen wir messen? _____ 14
Methode Messen _____ 15
Methode Experimente planen,
  durchführen, protokollieren _____ 16
Methode Fachwörter lernen _____ 18

Tiere und Pflanzen, die nützen _____ 20

Merkmale der Lebewesen _____ 22
Praxis Pflanzen sind Lebewesen _____ 24
Aufgaben Merkmale der Lebewesen _____ 25
Menschen halten Tiere _____ 26
Der Hund _____ 28
Vom Wolf zum Haushund _____ 30
Zur Diskussion Wölfe in Deutschland? _____ 32
Methode Tiere beobachten _____ 33
Die Katze _____ 34
Aufgaben Katzen und Hunde _____ 36
Rinder sind Pflanzenfresser _____ 38
Die Rinderhaltung _____ 40
Aufgaben Die Haltung von Milchkühen _____ 42
Extra Ersatz für Milch und Milchprodukte _____ 43
Schweine sind Allesfresser _____ 44
Die Haushühner _____ 46
Extra Die Haltung von Haushühnern _____ 48

Aufgaben Ernährung und Gebisse
  von Haustieren _____ 49
Methode Präsentieren _____ 50
Von der Wildpflanze zur Nutzpflanze _____ 52
Getreide ernährt die Welt _____ 54
Teste dich _____ 56
Zusammenfassung _____ 57

Die Tiere in der Umgebung _____ 58

Die Wirbeltiere und ihre Lebensräume _____ 60
Methode Einen Sachtext verstehen _____ 62
Die Merkmale der Fische _____ 64
Basiskonzept Struktur und Funktion _____ 65
Die Fortpflanzung und die Entwicklung
  der Fische _____ 66
Methode Über Experimente sprechen _____ 68
Praxis Schwimmen wie ein Fisch _____ 70
Zur Diskussion Soll man Lachs essen? _____ 71
Die Merkmale der Amphibien _____ 72
Die Fortpflanzung und die Entwicklung
  der Amphibien _____ 74
Die Merkmale der Reptilien _____ 76
Die Fortpflanzung und die Entwicklung
  der Reptilien _____ 78

Aufgaben Reptilien sind unterschiedlich _____ 79
Die Merkmale der Vögel _____ 80
Vögel fliegen _____ 82
Praxis Federn und Auftrieb untersuchen _____ 83

Die Fortpflanzung und die Entwicklung der Vögel	84
Praxis Hühnereier untersuchen	86
Aufgaben Vögel sind unterschiedlich	87
Die Merkmale der Säugetiere	88
Die Fortpflanzung und die Entwicklung der Säugetiere	90
Methode Tabellen erstellen	92
Aufgaben Die Wirbeltiere	93
Die wirbellosen Tiere	94
Methode Einen Steckbrief erstellen	95
Der Regenwurm	96
Praxis Regenwürmer beobachten	98
Die Merkmale der Insekten	100
Methode Mit Bestimmungsschlüsseln arbeiten	102
Die Fortpflanzung und die Entwicklung der Insekten	104
Extra Die Bedeutung und der Schutz von Insekten	106
Praxis Hilfe für Insekten	107
Aufgaben Die Wirbellosen	108
Wirbeltiere und Wirbellose im Vergleich	109
Teste dich	110
Zusammenfassung	112

Die Pflanzen in der Umgebung — 114

Die Merkmale der Blütenpflanzen	116
Die Bäume, die Sträucher und die Kräuter	118
Verschiedene Pflanzenfamilien	120
Extra Biodiversität	121
Praxis Ein Herbar anlegen	122
Die Bestimmungsmerkmale	124
Methode Arbeiten mit einer Lupe	126
Methode Arbeiten mit einer Stereolupe	127
Praxis Blütenpflanzenorgane untersuchen	128
Aufgaben Die Blütenpflanzen	129
Praxis Bäume bestimmen	130
Praxis Wiesenpflanzen bestimmen	131
Von der Blüte zur Frucht	132
Die ungeschlechtliche Fortpflanzung	134
Aufgaben Die Fortpflanzung	135
Die Verbreitung von Früchten und Samen	136
Die Quellung, die Keimung und das Wachstum	138
Methode Diagramme zeichnen	140
Praxis Die Verbreitung von Samen untersuchen	142
Praxis Die Keimung von Samen untersuchen	143
Die Moose	144
Methode Ordnen von Lebewesen	146
Pflanzen in extremen Lebensräumen	148
Weitergedacht Verschiedene Wachstumsbedingungen	149
Teste dich	150
Zusammenfassung	151

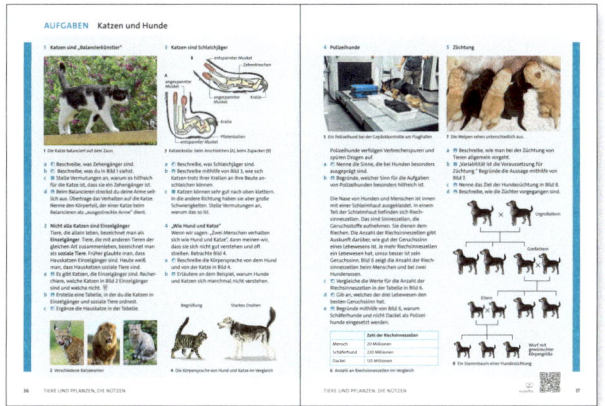

Auf den **Aufgabenseiten** kannst du dein Wissen wiederholen, anwenden und vertiefen.

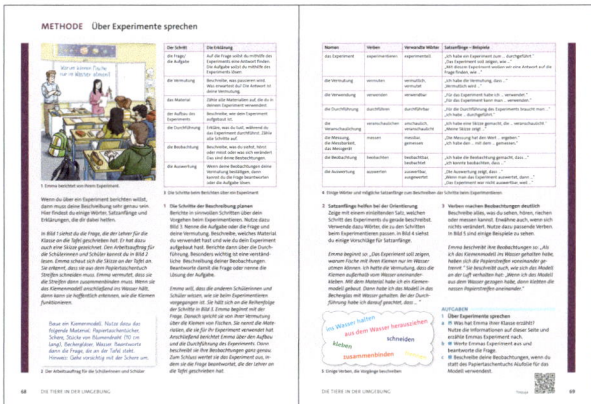

Die **Methodenseiten** zeigen dir Schritt für Schritt, wie du vorgehen kannst, wenn du naturwissenschaftliche Fragen untersuchen, verstehen oder präsentieren willst.

Auf den **Praxisseiten** findest du Anleitungen für Experimente, praktische Übungen oder die Arbeit mit Modellen.

Auf den **Extraseiten** findest du Inhalte, die über das Grundwissen hinausgehen. Damit kannst du dein Wissen erweitern und vertiefen.

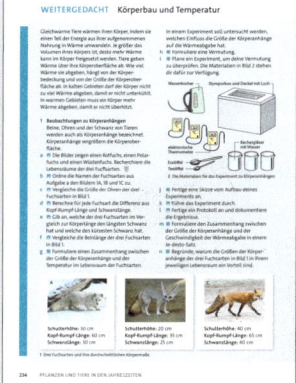

Die **Weitergedacht-Seiten** enthalten knifflige Aufgaben, die über das Grundwissen hinausgehen. Hier kannst du dein ganzes Wissen und Können einbringen.

Das ist mit den Symbolen im Buch gemeint:

Die Aufgaben sind **unterschiedlich schwierig** und deshalb gekennzeichnet mit:

- ▼ grundlegend
- ✗ erweitert
- ✗ erweitert plus
- MK Dieses Zeichen zeigt dir, dass die Seite oder Aufgabe besondere Kenntnisse und Fähigkeiten der **Medienbildung** berücksichtigt.

QR-Codes im Buch:

kepesu

Die QR-Codes auf den Grundseiten führen dich zu den vorgelesenen Texten dieser Seiten sowie zu Hilfen zu den Aufgaben.

Auch die QR-Codes auf allen anderen Seiten mit Aufgaben führen dich zu Hilfen zu diesen Aufgaben.

Die QR-Codes auf den Teste-dich-Seiten führen dich zu den Lösungen der Aufgaben sowie zu einer Liste mit den Fachwörtern des Kapitels.

xibodo

Wenn ein Play-Symbol neben dem QR-Code steht, dann findest du dort Videos und bewegte Bilder.

Die Lebensräume entdecken 152

Die Lebensräume in der Umgebung _____ 154
Die Umweltfaktoren wirken auf Lebewesen _____ 156
Methode Lebensräume untersuchen _____ 158
Der Lebensraum See _____ 160
Praxis Gewässer untersuchen _____ 162
Praxis Wassertiere fangen und bestimmen _____ 163
Der Lebensraum Wald _____ 164
Praxis Den Boden untersuchen _____ 166
Praxis Tiere im und auf dem Boden fangen
  und bestimmen _____ 167
Die Bedeutung und Gefährdung der Wälder _____ 168
Die Lebensgemeinschaft in der Wiese _____ 170
Aufgaben Die Lebensräume Wald und See _____ 172

Weitergedacht Der Fichtenborkenkäfer _____ 173
Der Mensch verändert Lebensräume _____ 174
Teste dich _____ 176
 Zusammenfassung _____ 177

Pflanzen und Tiere in den Jahreszeiten 178

Die Energie der Sonne _____ 180
Extra Energieumwandlungen darstellen _____ 181
Extra Wie entstehen Tag und Nacht und
  die Jahreszeiten? _____ 182
Pflanzen brauchen Wasser _____ 183
Praxis Wassertransport _____ 184
Methode Vorgänge in Stop-Motion-Filmen
  darstellen _____ 186
Lebewesen sind aus Zellen aufgebaut _____ 188
Basiskonzept System _____ 189
Methode Mikroskopieren _____ 190
Methode Mikroskopische Präparate
  anfertigen _____ 192
Methode Mikroskopische Zeichnungen
  anfertigen _____ 193
Der Bau und die Aufgaben von Laubblättern _____ 194
Praxis Mikroskopieren _____ 196
Praxis Die Fotosynthese untersuchen _____ 197
Methode Schwierige Wörter verstehen _____ 198
Bäume im Herbst und im Winter _____ 200
Die Frühblüher _____ 202
Die Wiesenpflanzen im Jahresverlauf _____ 204
Extra Schaden und Nutzen durch das Mähen _____ 206
Aufgaben Rasen oder Wiese? _____ 207
Tiere regulieren ihre Körpertemperatur _____ 208
Die Säugetiere im Winter _____ 210
Praxis Schutz vor Wärmeverlust _____ 211

Methode Im Internet recherchieren _____ 212
Das Igeljahr _____ 214
Praxis Einen Winterschlafplatz
  für Igel anlegen _____ 216
Aufgaben Säugetiere im Winter _____ 217
Methode Ein Plakat erstellen _____ 218
Die Vögel im Winter _____ 220
Zur Diskussion: Soll man Vögel
  im Winter füttern? _____ 222
Wechselwarme Tiere im Winter _____ 224
Die Wanderungen der Erdkröten _____ 226
Praxis Hilfe für Amphibien _____ 228
Aufgaben Wechselwarme Tiere _____ 229
Leben in der Arktis und Antarktis _____ 230
Leben in der Wüste _____ 232
Weitergedacht Körperbau und Temperatur _____ 234
Teste dich _____ 236
Zusammenfassung _____ 238

5

Der Körper des Menschen — 240

Der Bau unseres Körpers	242
Die Knochen	244
Praxis Knochen untersuchen	245
Das Skelett	246
Aufgaben Die Körpergröße und die Wirbelsäule	248
Weitergedacht Die Knochen und das Skelett	249
Die Gelenke und die Muskeln	250
Methode Arbeiten mit Strukturmodellen	252
Bewegung fördert die Gesundheit	254
Praxis Auf die Wirbelsäule achten	256
Aufgaben Körper und Bewegung	257
Unser Körper braucht Nahrung	258
Die Nährstoffe in unserer Nahrung	260
Praxis Nährstoffe nachweisen	261
Methode Diagramme auswerten	262
Die Ergänzungsstoffe in unserer Nahrung	264
Extra Informationen auf Verpackungen von Lebensmitteln	265
Die Zähne	266
Die Zahnpflege	268
Die Nahrung wird verdaut	270
Gesunde Ernährung	272
Praxis Gesund und lecker frühstücken	274
Aufgaben Essen und Trinken	275
Zur Diskussion Was soll der Schulkiosk anbieten?	276
Wenn Essen zum Problem wird	277
Wenn Trinken zum Problem wird	278
Die Atmung	280
Methode Arbeiten mit Funktionsmodellen	282
Aufgaben Die Atmung und der Gasaustausch	283
Gefahren für die Atmungsorgane	284
Das Blut	286
Das Herz und der Blutkreislauf	288
Praxis Atmung und Puls untersuchen	290
Aufgaben Das Blut und der Blutkreislauf	291
Weitergedacht Die Ernährung	292
Weitergedacht Blutkreislauf und Oberflächenvergrößerung	293
Teste dich	294
Zusammenfassung	296

Die Pubertät ... 298

Die Veränderungen in der Pubertät ... 300
Vom Jungen zum Mann ... 302
Extra Die Beschneidung ... 302
Vom Mädchen zur Frau ... 304
Der weibliche Zyklus ... 306
Auf den eigenen Körper achten ... 307
Aufgaben Die Menstruation ... 308
Extra Typisch Mädchen?! Typisch Jungs?! ... 309
Liebe und Sexualität sind vielfältig ... 310
Extra Die Sexualisierung in den Medien ... 312
Miteinander schlafen ... 313
Die Verhütung ... 314
Ein Kind entsteht ... 316
Die Entwicklung eines Kindes ... 318
Basiskonzept Entwicklung ... 319
Aufgaben Pubertät, Verhütung und Schwangerschaft ... 320

Methode Eine Expertin oder einen Experten befragen ... 321
Du entscheidest ... 322
Weitergedacht Die Monatshygiene ... 324
Weitergedacht Die Kindesentwicklung ... 325
Teste dich + Zusammenfassung ... 326

Zum Nachschlagen

Die Basiskonzepte in der Biologie ... 328
Register ... 330
Gefahrstoffhinweise ... 335
Bildquellenverzeichnis ... 336

Die im Inhaltsverzeichnis mit 📱 gekennzeichneten Seiten dienen dem Erwerb von Medienkompetenz. Das Zeichen 📱 findet sich außerdem auf vielen anderen Seiten im Buch – immer dort, wo es noch weitere Angebote zum Erwerb von Medienkompetenz gibt.

Die folgenden QR-Codes führen zu:

kepesu

einer Übersicht aller vorgelesenen Texte aus dem Schulbuch.

Diese Übersicht gibt es auch hier:
https://www.cornelsen.de/codes/code/kepesu

xibodo

einer Übersicht aller Videos und bewegten Bilder im Schulbuch.

Diese Übersicht gibt es auch hier:
https://www.cornelsen.de/codes/code/xibodo

juxowu

einer Übersicht aller Fachwörter-Listen im Schulbuch.

Diese Übersicht gibt es auch hier:
https://www.cornelsen.de/codes/code/juxowu

Dein neues Fach Biologie

1 Eine Ente schwimmt mit ihren Küken auf dem Wasser.

Herzlich willkommen! Sicher bist du neugierig, was dich in deinem neuen Fach „Biologie" erwartet. Das erklären wir dir anhand von Bild 1.

Die Biologie
Die Enten in Bild 1 sind Lebewesen. Alle Tiere, alle Pflanzen und die Menschen sind Lebewesen. Alles, was wir heute über die Lebewesen wissen, wurde irgendwann einmal erforscht. Die Wissenschaft, die die Lebewesen erforscht, heißt die **Biologie**. Das Wort Biologie setzt sich aus den beiden Wörtern *bios* und *logos* zusammen. *Bios* heißt Leben und *logos* heißt Lehre oder Wissenschaft. Die Biologie ist also die Wissenschaft von den Lebewesen. Wenn du wissen willst, wie Enten ihre Jungtiere bekommen, dann ist das eine Frage aus dem Bereich der Biologie. Die Biologie beschäftigt sich auch damit, wie der Körperbau der Enten daran angepasst ist, dass sie auf dem Wasser schwimmen und in der Luft fliegen können.

Biologische Fragen
Wenn man ein Lebewesen beobachtet, dann fallen einem oft Fragen zu dem Lebewesen ein. Beispiele für weitere Fragen zu den Enten in Bild 1 sind: „Was fressen die Enten?", „Wie kommen die Enten an ihre Nahrung?" oder „Wie wird die Nahrung im Körper der Enten verdaut?". Biologinnen und Biologen gehen bei ihren Forschungen auf die Suche nach Antworten auf biologische Fragen. Oft haben die Forscherinnen und Forscher schon eine Idee, wie die Antwort auf ihre Frage lauten könnte. Eine solche Idee heißt **Vermutung**. In der Fachsprache nennt man die Vermutung auch **Hypothese**. Die Biologinnen und Biologen überlegen, wie sie prüfen können, ob ihre Vermutung stimmt. Dabei nutzen sie verschiedene **Arbeitsmethoden**. Die Auswahl der Arbeitsmethode hängt davon ab, was untersucht werden soll. Sehr wichtige Arbeitsmethoden in der Biologie sind das Beobachten, das Vergleichen, das Experimentieren und das Verwenden von Modellen. Verschiedene Arbeitsmittel helfen den Biologinnen und Biologen bei ihrer Arbeit. Beispiele für Arbeitsmittel sind die Lupe, das Fernglas, das Mikroskop und das Thermometer. Einige biologische Arbeitsmethoden und Arbeitsmittel wirst du im Biologieunterricht kennenlernen. Denn im Fach Biologie forschst du auch selbst.

Das Beobachten
Eine Ente schnattert laut. Sie schwimmt zum Ufer und verlässt das Wasser. Sie setzt sich auf die Wiese. Jetzt kann man sie gut beobachten. Wenn man Lebewesen beobachtet, dann kann man zum Beispiel auf das Aussehen achten. Bei der Ente auf der Wiese kann man die Größe und die Form ihres Körpers, ihres Kopfes oder ihres Schnabels beobachten. Man kann beobachten, welche Farbe ihr Schnabel oder ihre Federn haben. Manchmal beobachtet man auch das Verhalten eines Lebewesens. Bei der Ente kann man zum Beispiel auf ihre Rufe hören und die Rufe beschreiben. Manchmal hilft auch das bei einer Beobachtung, was man tasten, riechen oder schmecken kann.

2 Zwei Mädchen beobachten mit einem Fernglas.

3 Zwei Stockenten

Das Vergleichen
Die Enten, die auf einer Wiese sitzen, sehen verschieden aus. Manche sind braun-grau gefärbt, andere haben grün-glänzende Federn am Kopf. Alle Enten haben einen Kopf, einen Schnabel und zwei Beine. Die Jungtiere der Enten sind **alle gleich** gefärbt. Wenn man nach Ähnlichkeiten, Unterschieden und Gemeinsamkeiten sucht, dann bezeichnet man dies als **Vergleichen**. Man kann das Aussehen, das Verhalten oder die Lebensweise von Lebewesen vergleichen.

Das Experimentieren
Viele biologische Fragen kann man nur mithilfe von Versuchen klären. Ein anderes Wort für der Versuch ist das **Experiment**. Die Arbeitsmethode, bei der man Experimente durchführt, heißt das **Experimentieren**. In einem Experiment kann man zum Beispiel herausfinden, welche Körperformen gut durch das Wasser gleiten (Bild 4). Man muss ein Experiment immer wiederholen können. Wenn du also ein Experiment später unter denselben Bedingungen noch einmal durchführst, dann sollte es das gleiche Ergebnis liefern. Nur dann kann man davon ausgehen, dass das Ergebnis stimmt und nicht bloß Zufall war.

Ein Modell verwenden
Einige Fragen kann man nicht durch die Untersuchung von lebenden Tieren, Pflanzen oder Menschen klären. Dann nutzen Biologinnen und Biologen Nachbildungen der Lebewesen oder von einem Teil eines Lebewesens. Solche Nachbildungen heißen **Modelle**. Modelle sind immer vereinfacht. Bestimmte Teile des echten Objekts, das ein Modell nachbildet, werden zum Beispiel weggelassen. Deshalb ist ein Modell nie genau gleich mit dem echten Objekt, das das Modell nachbildet. Wenn man ein Modell verwendet, dann muss man wissen, welche Unterschiede und Gemeinsamkeiten zwischen dem Modell und dem echten Objekt bestehen.

> Die Biologie ist die Wissenschaft von den Lebewesen. Biologinnen und Biologen beobachten, vergleichen, experimentieren oder verwenden Modelle. Mit diesen Arbeitsmethoden können sie biologische Fragen beantworten.

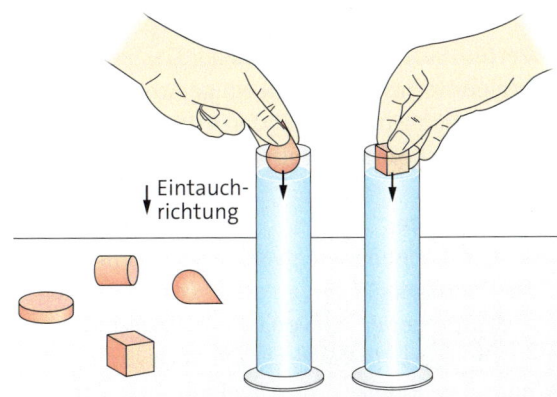

4 Ein Experiment zur Körperform im Wasser

AUFGABEN
1 Die Biologie
  Beschreibe, was mit dem Fachwort Biologie gemeint ist.

2 Arbeitsmethoden und Arbeitsmittel
a Nenne zwei biologische Arbeitsmethoden.
b Nenne zwei Arbeitsmittel, die Biologinnen und Biologen für ihre Arbeit verwenden.

3 Das Vergleichen
a Beschreibe, was Biologinnen und Biologen tun, wenn sie vergleichen.
b Vergleiche das Aussehen der beiden Enten in Bild 3.

Biologische Arbeitsmittel und Sicherheit

1 Ein typischer naturwissenschaftlicher Fachraum

3 Eine Schülerin und ein Schüler beim Mikroskopieren

Der Biologieunterricht findet meist in einem naturwissenschaftlichen Fachraum statt. Ein naturwissenschaftlicher Fachraum unterscheidet sich von anderen Schulräumen. Es gibt dort Anschlüsse für Wasser, Strom und Gas sowie zahlreiche Sicherheitseinrichtungen.

Die Sicherheitseinrichtungen

Den **Not-Aus-Schalter** findest du in naturwissenschaftlichen Fachräumen neben der Tür und am Lehrerpult. Mit einem Druck auf den Schalter werden alle Strom- und Gaszuleitungen direkt unterbrochen. Mit dem **Feuerlöscher**, dem **Löschsand** und der **Löschdecke** können Brände gelöscht werden. Die **Augendusche** wird verwendet, falls dir etwas ins Auge gelangt ist. Wenn du dich beim Experimentieren verletzt, dann kannst du Verbandsmaterial im **Erste-Hilfe-Kasten** finden. In dringenden Fällen wählen du oder die Lehrkraft die allgemeine Notrufnummer 112.

2 Sicherheitseinrichtungen im Fachraum

Optische Geräte

Biologinnen und Biologen verwenden Geräte als Hilfsmittel, um Objekte genauer beobachten zu können. Geräte, mit denen man Objekte besser sehen kann, heißen **optische Geräte**. Das Wort optisch bedeutet beim Sehen. Optische Geräte sind Ferngläser, Handlupen, Becherlupen, Stereolupen und Mikroskope. Mikroskope erzeugen sehr stark vergrößerte Bilder von Objekten. Mithilfe von Mikroskopen kann man den inneren Aufbau von Lebewesen erkennen.

Biologische Arbeitsmittel

Um biologische Fragen zu erforschen, führt man naturwissenschaftliche Untersuchungen durch. Wenn man Lebewesen in ihrer natürlichen Umgebung beobachten möchte, dann macht man einen Ausflug ins Freiland. So einen Ausflug nennt man auch **Exkursion**. Im Biologieunterricht machst du vielleicht mal Exkursionen in einen Wald oder zu einem See. Bei den Untersuchungen nutzt man **biologische** Arbeitsmittel. Das sind Geräte und Materialien. Dazu gehören Reagenzgläser und Becherngläser, Objektträger, Chemikalien, Pipetten, Pinzetten, Skalpelle, Filter und der Gasbrenner. Im Biologieunterricht lernst du einige Arbeitsmittel kennen. Beim Umgang mit den Arbeitsmitteln musst du Sicherheitsregeln beachten.

Die Messgeräte

Geräte, mit denen man etwas messen kann, heißen **Messgeräte**. Mit einem Thermometer kann man die Temperaturen von Luft, Wasser und Boden messen. Ein Windmessgerät zeigt die Windgeschwindigkeit an. Mit einem Luxmeter kann man die genaue Lichtmenge messen.

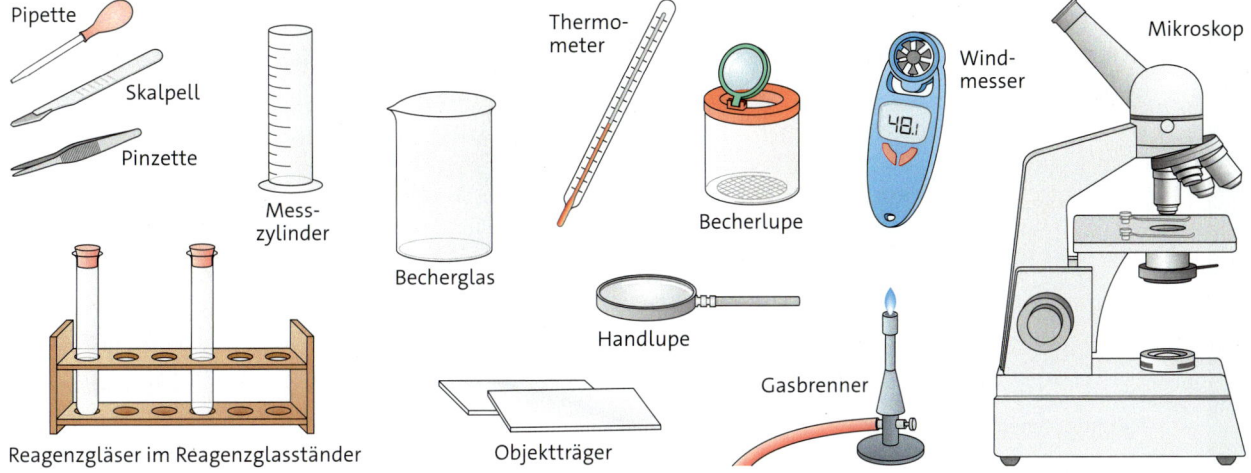

4 Biologische Arbeitsmittel und Messgeräte

Richtiges Verhalten im Fachraum
1. Betritt den Fachraum nur mit deiner Lehrkraft.
2. Laufe nicht herum und remple niemanden an.
3. Essen und Trinken sind im Fachraum nicht erlaubt!
4. Probiere niemals Chemikalien und atme sie auch nicht tief ein.
5. Berühre Geräte, Schalter und Chemikalien erst, wenn deine Lehrkraft dich dazu auffordert.
6. Gehe sorgfältig mit Materialien und Geräten um.
7. Melde dich, wenn du etwas Gefährliches bemerkst oder wenn etwas Unerwartetes passiert.
8. Räume am Ende der Stunde deinen Arbeitsplatz auf.

Sicherheit bei biologischen Untersuchungen
1. Lies die Versuchsanleitung und befolge die Anweisungen deiner Lehrkraft.
2. Verwende eine Schutzbrille und Schutzhandschuhe, wenn es in der Anleitung steht.
3. Binde lange Haare zusammen.
4. Stelle die notwendigen Materialien so auf deinen Tisch, dass sie nicht herunterfallen können.
5. Öffne Chemikalienbehälter nur, um den Stoff zu entnehmen. Benutze dabei ein sauberes Werkzeug. Verschließe das Gefäß sofort nach der Entnahme.
6. Achte beim Umgang mit Schere, Skalpell und Rasierklinge darauf, dass du dich nicht schneidest.

> In einem naturwissenschaftlichen Fachraum gibt es verschiedene Sicherheitseinrichtungen. Es gelten bestimmte Verhaltensregeln. Wenn alle die Regeln befolgen, dann können alle sicher experimentieren.

AUFGABEN
1 Die Sicherheitseinrichtungen
a Nenne drei Sicherheitseinrichtungen in einem naturwissenschaftlichen Fachraum.
b Nenne die Aufgaben der drei Sicherheitseinrichtungen aus Aufgabe 1a.

2 Richtiges Verhalten im Fachraum
Bild 5 zeigt eine Verhaltensregel in einem naturwissenschaftlichen Fachraum.
a Beschreibe, was du in Bild 5 siehst.
b Nenne die Verhaltensregel, die in Bild 5 dargestellt ist.

5 Eine Regel im Fachraum

ZUR VORBEREITUNG

zisupi

PRAXIS Arbeitsmittel verwenden

A Richtig mit dem Messer umgehen

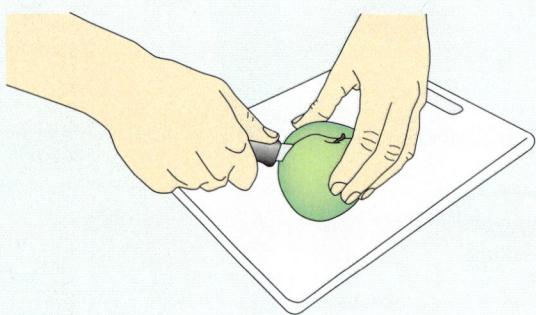

1 Richtig schneiden

Material:
drei Äpfel, Messer, Unterlage

Durchführung:
— Lege einen Apfel auf die Unterlage. Schneide ihn mit dem Messer einmal in der Mitte durch. Setze dazu die Messerklinge zwischen deinen Fingern an, wie in Bild 1 gezeigt.
— Schneide die beiden Apfelhälften noch einmal in der Mitte durch, sodass du vier Apfelstücke erhältst.
— Trenne vorsichtig alle Samen aus dem Kerngehäuse heraus.
— Zähle die Samen und notiere die Anzahl in deinem Heft.
— Wiederhole alle Schritte bei dem zweiten und dann bei dem dritten Apfel.
— Lege das Messer zur Seite, wenn du es nicht benutzt, sodass sich keiner verletzen kann.
— Wenn du das Messer weitergibst, dann gib es der anderen Person mit dem Griff voran.

Auswertung:
1 Liste die Samenanzahl der drei Äpfel in einer Tabelle auf.
2 Vergleiche die Samenanzahl in den drei Äpfeln.
3 Stelle Vermutungen über die Anzahl der Samen in anderen Äpfeln an.
4 Stell dir vor, du gibst das Messer mit der Klinge voran an andere Kinder weiter. Beschreibe, was dann passieren kann.
5 Formuliere in eigenen Worten zwei Regeln zum Umgang mit einem Messer und schreibe sie in dein Heft.

B Mit Chemikalien und Pipette umgehen

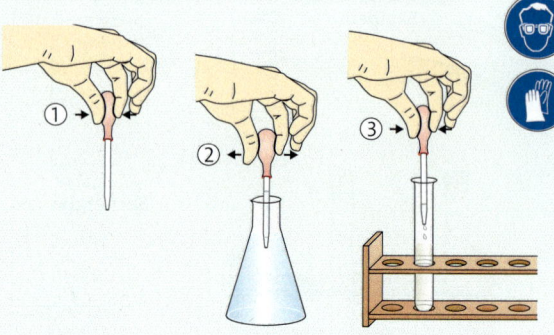

2 Richtig pipettieren

Material:
frisches Eiklar im Reagenzglas, Reagenzglashalter, Essigsäure (25%ige Essigsäure), Pipette

> **Achtung!**
> Essigessenz ist stark ätzend.
> Setze die Schutzbrille auf. Entsorge Reste nach dem Versuch über den Ausguss.

Durchführung:
— Greife die Pipette mit Daumen und Zeigefinger am Gummihütchen und drücke es zusammen.
— Tauche die Pipette in die Essigsäure und öffne langsam die Finger, sodass das Gummihütchen auseinandergeht. Dadurch wird Flüssigkeit in das Glasrohr der Pipette gesaugt. Die Flüssigkeit darf nicht bis ins Gummihütchen steigen.
— Halte die gefüllte Pipette senkrecht mit der Spitze des Glasrohrs nach unten. Bewege die Pipette über das Reagenzglas.
— Gib nun 15 Tropfen Essigsäure zum Eiklar, indem du das Gummihütchen langsam zusammendrückst.
— Notiere deine Beobachtungen in deinem Heft.

Auswertung:
1 Beschreibe, was mit dem Eiklar passiert, wenn du Essigsäure dazugibst.
2 Unser Auge besteht aus einem ähnlichen Stoff wie das Eiklar. Begründe, weshalb du bei Arbeiten mit Chemikalien eine Schutzbrille tragen musst.

C Verwendung von Pinzette und Lupe

3 Die Samen der Feuerbohne sind rot.

Material:
in Wasser gequollener Samen der Feuerbohne, Messer, Lupe, Pinzette, Stift, DIN A5-Papier

Durchführung:
- Entferne die Haut des Samens mit dem Messer.
- Schneide den Samen vorsichtig in der Mitte durch.
- Suche den Keimling. Schau dazu durch das Lupenglas und bewege die Lupe auf und ab, bis du den Keimling scharf sehen kannst.
- Nimm die Pinzette zur Hand und entferne den Keimling vollständig aus dem Samen. Achte darauf, dass du den Keimling nicht beschädigst.

Auswertung:
1. ◻ Fertige eine Skizze vom Keimling an und gib an, was du nur mit der Lupe gesehen hast.

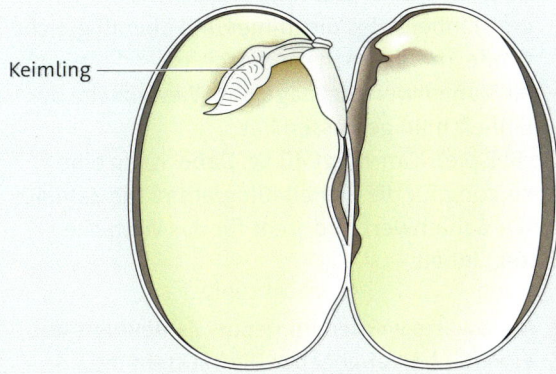

4 Ein aufgeklappter Samen der Feuerbohne

D Verwendung von Reagenzglas und Zubehör

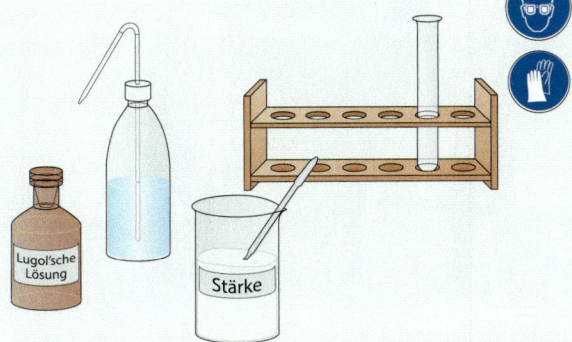

5 Die Materialien für den Versuch D

Material:
Reagenzglas, Reagenzglashalter, Stärke, Spritzflasche, Spatel, Lugol'sche Lösung, Pipette

> **Achtung!**
> Lugol'sche Lösung kann die Haut reizen. Setze die Schutzbrille auf und ziehe Schutzhandschuhe an.

Durchführung:
- Nimm mit dem Spatel etwas Stärke auf und gib sie in das Reagenzglas. Halte das Reagenzglas dabei schräg.

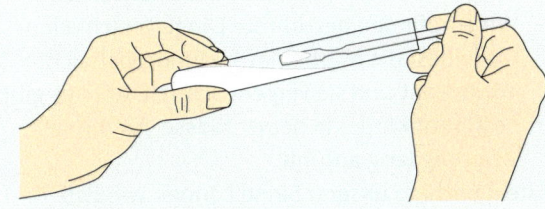

6 So füllst du die Stärke in das Reagenzglas.

- Fülle das Reagenzglas mithilfe der Spritzflasche ungefähr 4 cm hoch mit Wasser.
- Gib mit der Pipette vorsichtig 3 Tropfen Lugol'sche Lösung in das Reagenzglas.
- Notiere deine Beobachtungen in deinem Heft.

Auswertung:
1. ◻ Mithilfe der Farbänderung von Chemikalien kann man Stoffe nachweisen. Beschreibe, welches Ergebnis vorliegen muss, wenn man mit Lugol'scher Lösung Stärke nachweisen will.

ZUR VORBEREITUNG

Warum müssen wir messen?

1 Ein Problem im Treppenhaus

2 Wie groß ist der Schmied?

Im Möbelhaus sah das Sofa noch viel kleiner aus. Jetzt passt es nicht durchs Treppenhaus. Es wäre wohl besser gewesen, vorher zu messen.

Messen statt schätzen
Manchmal genügt es nicht, zu schätzen. Manchmal muss man **messen**, um sicher zu sein. Dafür gibt es viele Gründe:
- Unsere Sinne sind nicht genau genug: Ob das Sofa schmal genug ist, um durch die Tür zu passen, können wir nicht immer sicher sagen.
- Unsere Wahrnehmung lässt sich täuschen: Nach einer kalten Dusche fühlt sich das Wasser im Schwimmbad viel wärmer an als vorher.
- Wir empfinden bestimmte Dinge verschieden: Du findest die Mathematik-Stunde vielleicht interessant und sie vergeht schnell. Aber es gibt bestimmt Kinder in deiner Klasse, für die sie sich ewig lang anfühlt.

Allein mithilfe unserer Sinne können wir also häufig nicht sicher genug bestimmen, wie groß etwas ist, wie warm etwas ist oder wie lange etwas dauert. Und so ist es auch mit vielen anderen Empfindungen und Wahrnehmungen. Meist ist das nicht so schlimm. Aber manchmal muss man es genau wissen. Dann muss man messen.

> Messen ist notwendig, wenn Schätzungen nicht genau genug sind.

Menschen in der Wissenschaft messen ständig, denn sie wollen alles ganz genau wissen und verstehen. Sie müssen ihre Ergebnisse außerdem aufschreiben und sich darüber mit anderen austauschen können.

Messen ist vergleichen
Früher haben Menschen Längen oft mit ihren Körpern gemessen. Es hieß zum Beispiel: „Der Schmied ist 6 Fuß groß." Dabei haben sie die Größe des Schmieds mit der Länge ihres Fußes verglichen. Wir vergleichen auch heute noch, wenn wir messen. Wir vergleichen aber nicht mehr mit unseren Körperteilen, denn das führt zu Problemen: Für einen Menschen mit kleinen Füßen ist der Schmied vielleicht 6 Fuß groß, für einen Menschen mit großen Füßen aber nur 5 Fuß. Um das zu vermeiden, hat man sich zum Vergleichen auf Größen geeinigt, die immer und überall gleich sind. Diese Vergleichsgrößen nennt man **Einheiten**. Sie haben Namen wie Kilogramm, Meter oder Sekunde. Manchmal gibt es verschiedene Einheiten für das Gleiche: Gramm, Kilogramm und Tonne geben an, wie schwer etwas ist. Meter, Kilometer und Meilen sind Einheiten für Längen und Entfernungen.

Es sind also immer zwei Dinge nötig, wenn man das Ergebnis einer Messung angibt:
- eine Einheit, also die immer und überall gleiche Größe, mit der man vergleicht.
- ein Zahlenwert, der sagt, das Wievielfache der Einheit man gemessen hat.

Ein Beispiel: Kim wiegt 40 kg. Dabei ist kg eine Abkürzung für die Einheit Kilogramm. Die Zahl 40 ist der Zahlenwert und steht für das Vielfache dieser Einheit.

> Messwerte werden immer als Zahlenwert mit einer Einheit angegeben. Dabei steht die Einheit für den Vergleichswert und der Zahlenwert für das Vielfache der Einheit.

METHODE Messen

1 Ben, Elias und Aylin beim Sportfest

Egal ob du Längen, Zeiten, Temperaturen oder etwas anderes misst: Bestimmte Schritte sind immer gleich oder ähnlich.

1 Entscheiden, was gemessen werden soll
Zuerst legst du fest, was du messen willst und worauf du dabei achten musst.

Aylin und Elias helfen beim Sportfest.
Aylin soll die Zeiten beim 50-m-Lauf messen. Das bedeutet: Sie muss die Zeitspanne zwischen dem Startsignal und dem Moment messen, in dem „ihr" Läufer oder „ihre" Läuferin die Ziellinie überquert.
Elias soll messen, wie weit die anderen Kinder in seiner Klasse springen. Dazu muss er von der Kante des Sprungbalkens bis zum Beginn des Landeabdrucks in der Sprunggrube messen.

2 Eine Einheit festlegen
Wähle eine Einheit, bei der die Zahlen der Messwerte nicht zu groß und nicht zu klein werden. Wenn du deine Messwerte mit den Messwerten anderer vergleichen willst, solltet ihr dieselbe Einheit wählen.

Aylin überlegt kurz, ob sie die Messwerte in Minuten angeben soll. Aber der Sprint dauert viel weniger als eine Minute. Also entscheidet sie sich für Sekunden (abgekürzt: s).
Elias ist unsicher, ob er in Metern (abgekürzt: m) oder Zentimetern (abgekürzt: cm) messen soll. In den Punktelisten des Sportfests sind die Sprungweiten aber in Metern angegeben, also misst er auch in Metern.

3 Messgeräte auswählen
Wähle ein Messgerät,
– das du gut bedienen kannst,
– das genau genug misst,
– das die passende Einheit anzeigt und
– das beim Messen nicht kaputtgeht. Das kann zum Beispiel passieren, wenn du das falsche Thermometer oder den falschen Federkraftmesser wählst oder ein Elektrizitätsmessgerät falsch einstellst.

Aylin will mit ihrem Smartphone messen. Aber das Display reagiert nicht immer. Also leiht sie sich die Stoppuhr des Sportlehrers.
Am Rand der Sprunggrube sind alle 10 Zentimeter Markierungen angebracht, aber das ist zu ungenau. Also sucht Elias ein Maßband mit Metern und Zentimetern. Da die Besten in seiner Klasse fast 4 Meter weit springen, muss das Maßband mindestens 4 Meter lang sein.

4 Messgeräte vorbereiten
Manche Messgeräte müssen vorbereitet werden. Elektrische Messgeräte müssen häufig erst eingeschaltet werden. Manchmal muss man die Einheit auswählen oder das Messgerät zunächst auf null stellen. Manchmal braucht man auch eine zweite Person oder ein Hilfsmittel.

Aylin drückt auf die Taste der Stoppuhr. Das stellt die Stoppuhr auf null. Sie ist jetzt bereit. Elias muss nichts vorbereiten. Aber er bittet Ben, ihm zu helfen.

5 Messung durchführen und Messwert ablesen
Miss möglichst sorgfältig. Achte darauf, dass du genau das misst, was du messen willst. Gehe dabei pfleglich mit dem Messgerät um.

Aylin soll die Zeit von Leonie stoppen und konzentriert sich. Sie drückt exakt beim Startsignal auf den Knopf der Stoppuhr und dann noch mal, als Leonie die Ziellinie überquert. Sie liest ab, dass Leonie 9,0 s für den 50-m-Lauf gebraucht hat. Nach Janniks Sprung, hält Ben das Ende des Maßbands exakt an die Kante des Sprungbalkens. Elias rollt das Maßband bis zu der Stelle aus, wo Janniks Abdruck beginnt, und liest ab: 3,51 m.

ZUR VORBEREITUNG

METHODE   Experimente planen, durchführen, protokollieren

Naturwissenschaftlerinnen und Naturwissenschaftler wollen die Natur verstehen. Dabei gehen sie immer gleich vor: Sie beobachten, stellen Fragen und versuchen, Antworten zu finden. Das nennt man den **naturwissenschaftlichen Erkenntnisweg** (Bild 1).

1 Beobachten
Beobachtungen sind alles, was dir auffällt. Das können Objekte oder Vorgänge sein, die du siehst. Aber auch alles, was du hörst, riechst, fühlst oder misst, sind Beobachtungen.

Carlotta hat Kressesamen ausgesät. Sie beobachtet, dass aus manchen Samen Pflanzen wachsen, aus anderen Samen nicht.

2 Eine Frage stellen
Beginne nun mit dem Erstellen eines Protokolls. Notiere deinen Namen und auch das Datum. Formuliere dann die Frage, auf die du eine Antwort finden willst. Notiere diese Frage als Überschrift in deinem Protokoll.

Carlotta fragt sich: „Was brauchen Kressesamen, damit daraus Pflanzen wachsen?"

3 Eine Vermutung aufstellen
Überlege, wie die Antwort auf deine Frage lauten könnte. Formuliere deine Vermutung und notiere sie in deinem Protokoll.

Carlotta vermutet: „Kressesamen brauchen Wasser, damit daraus Pflanzen wachsen."

4 Ein Experiment planen
Plane ein Experiment, mit dem du deine Vermutung überprüfen kannst. Beachte, dass bei einem Experiment immer nur eine Bedingung verändert wird, alle anderen bleiben gleich. Erstelle eine Anleitung für dein Experiment. Beschreibe darin genau, wie du vorgehen willst. Notiere im Protokoll, welche Materialien du brauchst und wie das Experiment durchgeführt wird. Du kannst auch eine Skizze anfertigen.

Carlotta will je 15 Kressesamen auf feuchte Erde und auf trockene Erde streuen. Nach drei Tagen will sie die Samen zählen, aus denen Pflanzen gewachsen sind. Carlotta schreibt die Materialien in ihr Protokoll: zwei Schalen, trockene Erde, Wasser, Kressesamen. Sie schreibt auch auf, wie sie das Experiment durchführen wird.

5 Das Experiment durchführen
Besorge alle nötigen Materialien. Führe dann das Experiment nach deiner Anleitung durch. Arbeite sorgfältig und sauber.

Carlotta stellt zwei kleine Schalen, Erde, Wasser und Kressesamen bereit. Sie streut in beide Schalen etwas Erde. Dann gibt sie etwas Wasser auf die Erde in einer Schale, die Erde in der anderen Schale bleibt trocken. Nun streut Carlotta je 15 Kressesamen in jede Schale.

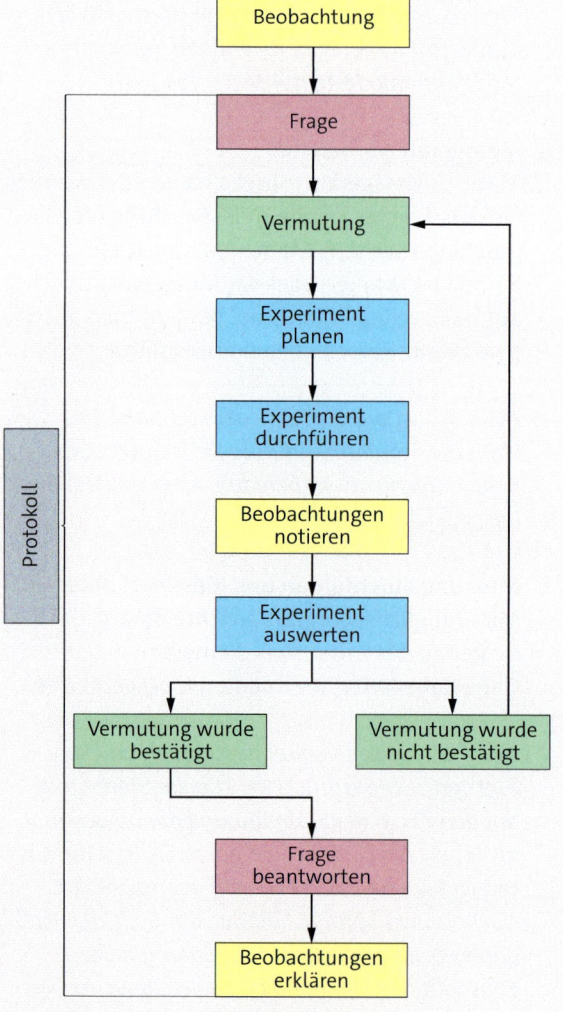

1 Der naturwissenschaftliche Erkenntnisweg

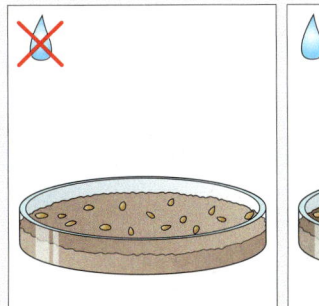

nach 3 Tagen:

2 Carlottas Experiment

3 Carlottas Protokoll

Name: Carlotta Stubbe   Datum: 17.04.2023

Was brauchen Kressesamen, damit daraus Pflanzen wachsen?

Vermutung: Kressesamen brauchen Wasser, damit daraus Pflanzen wachsen.

Material: zwei Schalen, trockene Erde, Wasser, Kressesamen

Durchführung:
Ich streue in beide Schalen gleich viel Erde. Dann gebe ich etwas Wasser auf die Erde in einer Schale, die Erde in der anderen Schale bleibt trocken. Nun streue ich in jede Schale 15 Kressesamen auf die Erde. Die Schalen stelle ich an einen warmen, hellen Ort.
Nach drei Tagen zähle ich, aus wie vielen Samen in den beiden Schalen Pflanzen gewachsen sind.

Beobachtung:

Schale	gewachsene Kressepflanzen
ohne Wasser	0
mit Wasser	13

Auswertung:
In der Schale mit Wasser sind aus den Samen Pflanzen gewachsen, in der Schale ohne Wasser nicht. Das Ergebnis des Experiments bestätigt meine Vermutung: Kressesamen brauchen Wasser, damit daraus Pflanzen wachsen.
Auf der feuchten Erde sind aus zwei Samen keine Pflanzen gewachsen. Diese Samen liegen am Rand der Schale, wahrscheinlich haben sie nicht genug Wasser abbekommen. Beim nächsten Experiment werde ich sorgfältiger arbeiten.

6 Die Beobachtungen notieren
Notiere deine Beobachtungen im Protokoll. Du kannst auch Tabellen, Diagramme, Zeichnungen, Fotos oder Videos erstellen.

Nach drei Tagen zählt Carlotta die Samen, aus denen Pflanzen gewachsen sind. Carlotta notiert die beiden Zahlen in einer Tabelle in ihrem Protokoll (Bild 3).

7 Das Experiment auswerten
Entscheide, ob deine Beobachtungen deine Vermutung bestätigen oder nicht. Wenn deine Vermutung bestätigt wird, dann ist sie wahrscheinlich richtig. Wenn deine Vermutung nicht bestätigt wird, dann überlege, warum: Vielleicht war das Experiment nicht geeignet, um die passenden Beobachtungen zu erhalten? Oder hast du bei der Durchführung einen Fehler gemacht? Notiere auch deine Fehler im Protokoll. Passe dann die Planung deines Experiments an und führe es erneut durch. Oder formuliere eine neue Vermutung und führe weitere Experimente durch, um deine Frage beantworten zu können. Notiere deine Auswertung im Protokoll.

In der Schale mit Wasser sind Pflanzen gewachsen. In der Schale ohne Wasser sind keine Pflanzen gewachsen. Diese Beobachtung bestätigt Carlottas Vermutung. Sie bemerkt, dass aus zwei Samen auf der feuchten Erde keine Pflanzen gewachsen sind. Diese Samen liegen am Rand der Schale, wahrscheinlich haben sie nicht genug Wasser bekommen. Carlotta notiert auch diese Beobachtung im Protokoll.

8 Die Frage beantworten
Wenn deine Vermutung bestätigt wurde, dann kannst du deine Frage beantworten.

Carlotta beantwortet die Frage: „Kressesamen brauchen Wasser, damit Pflanzen wachsen."

AUFGABEN

1 Der naturwissenschaftliche Erkenntnisweg
Nenne die Schritte des naturwissenschaftlichen Erkenntniswegs.

2 Das Protokoll
Beschreibe die Informationen, die in einem Protokoll stehen müssen.

METHODE   Fachwörter lernen

1 Astrid liest im Buch Fachwörter, die sie noch nicht kennt.

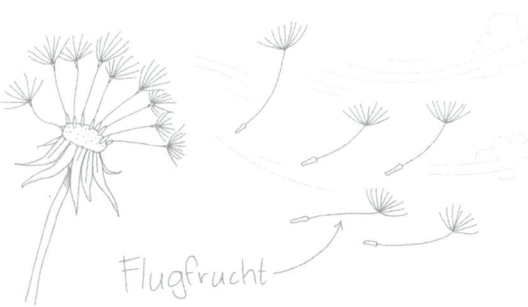

2 Astrids Skizze zur Flugfrucht

Im Fach Naturwissenschaften gibt es viele Wörter, die du vielleicht noch nie gehört hast. Du brauchst sie, um Vorgänge in der Natur, Körperteile oder Teile von Pflanzen genau zu beschreiben. Manchmal musst du diese Fachwörter wie Englisch-Vokabeln lernen. Andere Wörter kennst du schon, aber sie haben in der Fachsprache eine andere Bedeutung. Auch diese Wörter solltest du dir merken.

Du kannst Fachwörter lernen, indem du sie auflistest, ihre Bedeutung notierst und sie dann übst. Dabei kannst du so vorgehen:

1 **Neue Fachwörter auflisten**
Schreibe die neuen Wörter untereinander in eine Liste. Wenn du Schwierigkeiten mit den Artikeln der/die/das hast, dann schreib sie mit auf.

*Astrid will einige Wörter lernen, die sie vorher noch nicht kannte. Sie listet auf:
die Flugfrucht, die Winterruhe, der Frühblüher, das Heimtier, das Laichgewässer, der Allesfresser, die Sprossachse, wechselwarm.*

2 **Bedeutungen verstehen und notieren**
Wo und wie werden die Fachwörter verwendet? Was bedeuten sie? Notiere zu jedem Fachwort seine Bedeutung. Du findest sie entweder direkt im Text oder du formulierst sie selbst. Wichtig: Schreibe die Bedeutung so auf, dass du sie verstehst und dir merken kannst. Manchmal kannst du dir etwas besser merken, wenn du dir eine Skizze dazu machst. Auch Beispiele können hilfreich sein.

Tipp: Manche Wörter sind aus anderen Wörtern zusammengesetzt. Überlege dir zunächst, was die einzelnen Wörter bedeuten. Das hilft beim Verstehen.

Astrid will das Wort „Flugfrucht" lernen. Sie überlegt, aus welchen Wörtern das Wort Lageenergie zusammengesetzt ist:
– *Das Wort „Flug" kommt vom Verb „fliegen". Es steht also für die Fortbewegung in der Luft.*
– *Für „Frucht" findet sie eine Beschreibung im Buch, die sie versteht: „Die Frucht: Die Frucht einer Pflanze besteht aus den Samen und der Hülle um die Samen."*
Astrid notiert: „Die Flugfrucht: Eine Frucht, die in der Luft an andere Orte bewegt wird."

3 **Eine Lernmethode auswählen**
Zum Üben von Fachwörtern gibt es viele Methoden. Du kannst dir zum Beispiel eine Lernkartei erstellen. Auf die Vorderseite jeder Karte schreibst du das Fachwort, auf die Rückseite seine Bedeutung. Auch mit einem Quiz kannst du Fachwörter prima üben.
Tipp: In App-Stores oder im Internet gibt es kostenfreie Apps zum Erstellen von digitalen Lernkarteien und Ratespielen. Je nach App kannst du schwierige Wörter markieren und getrennt lernen.

Astrid hat sich eine passende App heruntergeladen. Nach dem Herunterladen gibt sie die neuen Wörter und ihre Bedeutungen ein. Ihre App gefällt Astrid besonders gut, weil sie sich an ihren Lernfortschritt anpasst. Wenn

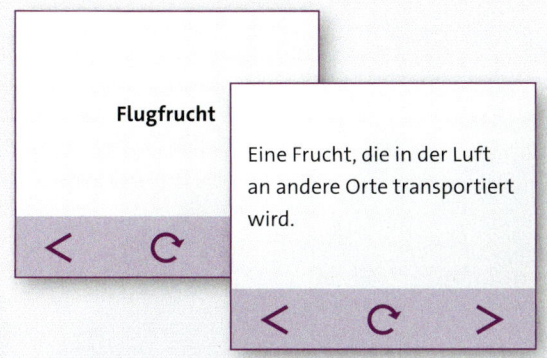

3 Fachwort und Astrids Erklärung in ihrer App

Astrid eine Bedeutung oder ein Wort nicht weiß, dann wird dieses schwierige Wort danach häufiger abgefragt. Außerdem hat die App einen Quiz-Modus, der ihr Spaß macht.

4 Die Fachwörter üben
Übe jetzt die Fachwörter, indem du dich selbst oder einen Partner abfragst. Bei einer Lernkartei schaust du dir dazu das Fachwort auf der Vorderseite der Karte an. Dann sagst oder denkst du dir seine Bedeutung und vergleichst deine Antwort anschließend mit der Erklärung auf der Rückseite der Karte. Wiederhole zum Schluss die Wörter, die du beim ersten Durchgang nicht richtig wusstest.

Astrid übt die neuen Fachwörter mit der App. Sobald sie sich auch bei den schwierigen Wörtern sicher fühlt, schickt sie ihrer Freundin Christina die Einladung zu einem Quiz.

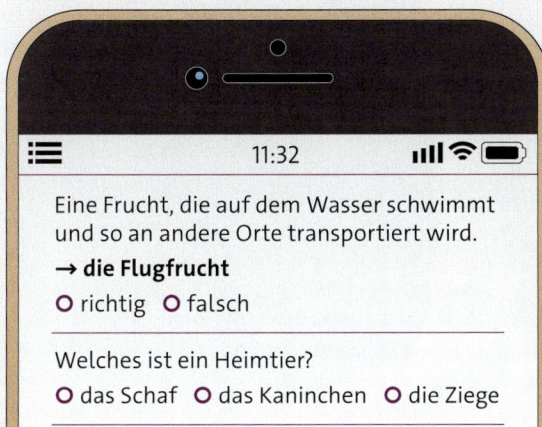

4 Beispiele für Quizfragen

AUFGABEN

1 Fachwörter lernen
a Liste 10 Fachwörter aus diesem Buch auf.
b Notiere zu jedem Fachwort einen Satz in eigenen Worten, der das Fachwort erläutert.
c Ergänze zu jedem Wort entweder ein Beispiel oder eine Skizze.

2 Fachwörter zerlegen – Bedeutungen erkennen
a Zerlege die Wörter aus Bild 1 in ihre Bestandteile.
b Versuche, die Wörter zu erläutern, indem du zuerst ihre Bestandteile erläuterst.
c Vergleiche deine Antworten mit Einträgen in einem Lexikon oder einer Fachwörter-Liste.

3 Verschiedene Lernmethoden
Du kannst mit Karteikarten lernen, mit Vokabel-Apps, Quiz-Apps – und vielleicht fallen dir noch mehr Möglichkeiten ein.
a Bildet Gruppen. Jede Gruppe sucht sich eine Lernmethode oder App aus und testet sie.
b Jede Gruppe stellt ihre Methode mit Vor- und Nachteilen der ganzen Klasse vor.

4 Ein Quiz erstellen
Stellt fest, welche Wörter aus dem Nawi-Unterricht ihr besonders schwierig findet. Erstellt ein Quiz zu diesen Fachwörtern.

5 Welche Gruppe gewinnt?

ZUR VORBEREITUNG

Tiere und Pflanzen, die nützen

In diesem Kapitel erfährst du, …
… welche Merkmale Lebewesen besitzen.
… wie Menschen Tiere halten und züchten.
… warum Menschen Pflanzen anbauen und züchten.
… was Fleischfresser, Pflanzenfresser und Allesfresser sind und wie die Gebisse an die Ernährung angepasst ist.

Merkmale der Lebewesen

1 Ein Pfeilgiftfrosch

3 Ein Goldhamster

Schau dir den Frosch in Bild 1 an. Pfeilgiftfrösche gibt es in allen Farben. Was meinst du: Ist er lebendig? Handelt es sich um ein Plastiktier? Wie könntest du herausfinden, ob der Frosch lebt?

Lebewesen bewegen sich
Eine Antilope flieht vor einem Löwen. Mit schnellen Sprüngen kann sie entkommen. Die Antilope bewegt sich mithilfe ihrer Muskeln. Auch Pflanzen bewegen sich: Eine Fliege setzt sich auf eine Venusfliegenfalle. Plötzlich klappt die Falle zu (Bild 2). Alle Lebewesen können sich ohne fremde Hilfe bewegen. Die **Bewegung** ist ein Merkmal der Lebewesen.

Lebewesen haben einen Stoffwechsel
Im Frühling sät ein Landwirt die Samen von Getreidepflanzen aus. Aus den Samen wachsen Getreidepflanzen. Die Getreidepflanzen haben aus der Luft und aus dem Boden Stoffe aufgenommen und umgewandelt. Die umgewandelten Stoffe nutzen die Pflanzen, um zu wachsen. Die Pflanzen geben auch ständig Stoffe in die Luft ab.

Ähnliches kann man bei einem Goldhamster beobachten. Er nimmt Nahrung auf (Bild 3). Die Stoffe in der Nahrung werden im Körper des Goldhamsters in andere Stoffe umgewandelt. Diese Stoffe nutzt der Goldhamster zum Beispiel, um zu wachsen. Stoffe, die er nicht nutzen kann, scheidet er aus. Alle Lebewesen nehmen Stoffe auf, wandeln sie um und scheiden Stoffe aus. Das Fachwort für die Umwandlung von Stoffen durch Lebewesen heißt **Stoffwechsel**. Der Stoffwechsel ist ein Merkmal der Lebewesen.

Lebewesen können Reize wahrnehmen
Ein Hund läuft mit der Nase am Boden durch den Garten und bellt in ein Gebüsch. Er hat einen Igel entdeckt. Tiere haben Organe, mit denen sie Informationen aus der Umwelt aufnehmen. Solche Informationen aus der Umwelt heißen **Reize**. Man sagt deshalb auch: Tiere sind reizbar. Dadurch finden sie sich in ihrer Umwelt zurecht. Pflanzen sind auch reizbar. Berührt man eine Mimose mit dem Finger, klappen ihre Blätter zusammen (Bild 4). Die **Reizbarkeit** ist ein Merkmal der Lebewesen.

2 Eine Fliege in der Venusfliegenfalle

4 Die Blätter der Mimose reagieren auf Berührung.

5 Lebewesen wachsen und verändern sich dabei – sie entwickeln sich: Ente (A–C), Eiche (D–F).

Lebewesen wachsen und entwickeln sich

Die Jungtiere der Enten heißen Küken. Sie sehen anders aus als ihre Mutter. Sie wachsen und entwickeln sich in einigen Monaten zu ausgewachsenen Enten (Bild 5). Lebewesen verändern sich, während sie wachsen. Diese Veränderung nennt man **Entwicklung**. Eine Eichel ist der Samen einer Eiche. Wenn die Eichel auskeimt, dann wächst daraus eine zarte junge Eiche. Die junge Eiche wächst und entwickelt sich zu einem großen Baum (Bild 5). Das **Wachstum** und die Entwicklung sind weitere Merkmale der Lebewesen.
Für alle Lebewesen gilt, dass sie eine begrenzte Lebensdauer haben und schließlich sterben.

Lebewesen pflanzen sich fort

Anfang Mai fliegen die Fallschirme der „Pusteblume" über eine Wiese. Das sind die Früchte des Löwenzahns. Aus ihren Samen können sich neue Pflanzen entwickeln. Auch die Kuh auf der gleichen Wiese hat Nachwuchs bekommen. Das Kalb trinkt an ihrem Euter. Lebewesen bringen Nachkommen hervor. Man sagt: Sie pflanzen sich fort. Die **Fortpflanzung** ist ein Merkmal der Lebewesen.

> Die Merkmale der Lebewesen sind: Bewegung, Stoffwechsel, Reizbarkeit, Wachstum und Entwicklung und Fortpflanzung. Jedes Lebewesen zeigt alle diese Merkmale.

AUFGABEN

1 Merkmale der Lebewesen
a Nenne die Merkmale der Lebewesen.
b Nenne fünf verschiedene Lebewesen, die du heute schon gesehen hast.
c Die folgenden Aussagen sind falsch. Lies die Aussagen und begründe für jede Aussage, warum sie falsch ist.
1. Eine Pflanze ist kein Lebewesen, weil sie sich nicht bewegen kann.
2. Eine Wolke ist ein Lebewesen, weil sie sich bewegt, weil sie wachsen kann und weil der Regen der Stoffwechsel ist.
3. Ein Androide ist ein Roboter, der aussieht wie ein Mensch. Er bewegt sich und reagiert auf Fragen und Befehle, genau wie ein Mensch es tun würde. Also muss der Androide ein Lebewesen sein.

2 Merkmale der Lebewesen beim Menschen
Erläutere die Merkmale der Lebewesen beim Menschen anhand von Beispielen. Fertige dazu eine Tabelle an.

3 Die Pflanzen sind auch Lebewesen.
In einem Garten wachsen jedes Jahr im Frühling Schneeglöckchen. Beschreibe, welche Merkmale der Lebewesen du daran entdecken kannst.

PRAXIS Pflanzen sind Lebewesen

A Ist die Kresse ein Lebewesen?

1 Ein Topf mit Kressepflanzen

Material:
Petrischale oder kleine Schale als Keimgefäß, Kressesamen, Watte, Wasser

Durchführung:
— Bedecke den Boden des Keimgefäßes mit Watte und befeuchte sie. Lege dann die Kressesamen darauf. Stelle das Gefäß an einen warmen, hellen Ort. Befeuchte die Watte regelmäßig.
— Beobachte die Kressesamen täglich zur gleichen Zeit. Notiere deine Beobachtungen in einer Tabelle in deinem Heft:

Datum	Beobachtung
...	...
...	...
...	...

2 Muster für eine Tabelle

Auswertung:
1 Beschreibe, wie du herausfinden kannst, ob es sich bei Kresse um ein Lebewesen handelt. Mache verschiedene Vorschläge. Die Auswertung der Beobachtungen kann dir dabei helfen.
2 Bildet Dreierteams in der Klasse. Einigt euch auf einen Vorschlag aus Aufgabe 1 und führt ihn durch. Beantwortet dann die Frage, ob Kresse ein Lebewesen ist.

B Pflanzen orientieren sich zum Licht

3 Der Aufbau des Experiments B

Material:
Blumentopf, feuchte Erde, gequollene Samen der Feuerbohne, Schuhkarton, Pappstreifen, Schere, Klebeband

Durchführung:
— Pflanze die Samen in den Blumentopf.
— Warte, bis sich ein Keimling entwickelt hat.
— Klebe zwei Streifen Pappe versetzt in den Karton, sodass ein Labyrinth entsteht.
— Schneide in eine Ecke des Deckels ein Loch.
— Stelle den Topf mit dem Keimling in den Schuhkarton, sodass das Loch dem Keimling gegenüberliegt.
— Lege den Deckel auf den Schuhkarton.
— Stelle den Schuhkarton an einen hellen, warmen Platz.
— Halte die Erde im Blumentopf feucht. Achte darauf, den Schuhkarton nicht länger als nötig zu öffnen.
— Betrachte die Pflanze im Schuhkarton nach einer Woche.
— Notiere deine Beobachtungen.

Auswertung:
1 Beschreibe und skizziere das Wachstum der Pflanze.
2 Nenne die Merkmale der Lebewesen, die die Pflanze in dem Experiment zeigt. Begründe deine Antwort.

AUFGABEN Merkmale der Lebewesen

1 Beobachtungen bei der Hundeerziehung

1 Ein Hund bei einer Hundeerziehung

Ein Hund erhält den Befehl „Sitz". Sobald er sich hinsetzt, erhält er als Belohnung ein Leckerli.

a ▣ Nenne alle Merkmale der Lebewesen, die an diesem Beispiel zu erkennen sind.
b ▣ Neben Wachstum und Entwicklung gibt es ein weiteres Merkmal, das in dieser Situation nicht zu erkennen ist. Notiere es.
c ▣ Ein Hund wächst und entwickelt sich. Beschreibe, wie Forschende vorgehen können, um dies zu beweisen.

2 Künstliche Körperteile: Prothesen

Alina hat ihren rechten Unterarm und ihre rechte Hand bei einem Unfall verloren. Jetzt trägt sie einen künstlichen Ersatz für die beiden Körperteile. So einen künstlichen Ersatz für Körperteile nennt man **Prothese**. Mit der Prothese kann Alina sogar wieder schreiben.

2 Alinas Prothese

a ▣ Nenne das Merkmal der Lebewesen, das die Prothese erfüllen kann.
b ▣ Nenne die Merkmale der Lebewesen, die eine Prothese nicht zeigt.

3 Ein Auto ist kein Lebewesen

Layla und Max haben geprüft, ob für ein Auto die Merkmale der Lebewesen zutreffen. Ihre Ergebnisse sind in der Tabelle zu sehen.

Merkmale der Lebewesen	Laylas Antwort	Antwort von Max
Eigenbewegung	nein	nein
Reizbarkeit	ja	nein
Stoffwechsel	ja	ja
Fortpflanzung	nein	nein
Wachstum und Entwicklung	ja	nein
Ist es ein Lebewesen?	nein	nein

3 Ergebnisse von Layla und Max

a ▣ Layla und Max haben sich bei Eigenbewegung für „Nein" und bei Stoffwechsel für „Ja" entschieden. Nenne jeweils den Grund für ihre Entscheidung.
b ▣ Bei einigen Merkmalen hat Layla eine andere Meinung als Max. Stelle diese jeweils in ganzen Sätzen dar. Ein Beispielsatz könnte sein: „Layla ist der Ansicht, Autos zeigen Wachstum und Entwicklung, weil ..." Füge jeweils an, ob du die Meinung teilst und warum.
c ▣ Beide sind sich einig, dass ein Auto kein Lebewesen ist. Erkläre ihre Entscheidung.

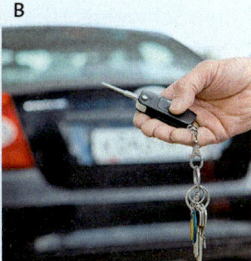

4 Überlegungen von Layla und Max zu den Merkmalen der Lebewesen

TIERE UND PFLANZEN, DIE NÜTZEN

Menschen halten Tiere

1 Meerschweinchen sind Heimtiere.

3 Schafe sind Nutztiere.

Laura hat zwei Meerschweinchen geschenkt bekommen. Laura freut sich sehr. Sie beobachtet die beiden oft. Denn sie will ihr Verhalten und ihre Gewohnheiten kennenlernen.

Die Haustiere
Tiere, die bei Menschen leben, heißen **Haustiere**. Alle Haustiere stammen von wilden Tieren ab. Wenn die Menschen Wildtiere bei sich aufnehmen und sie versorgen, dann gewöhnen sich die Tiere mit der Zeit an die Nähe der Menschen und haben Vertrauen zu den Menschen. Diesen Vorgang nennt man **Zähmung**. Bei unseren Haustieren unterscheiden wir zwischen **Nutztieren** und **Heimtieren** (Bild 2). Nutztiere liefern Fleisch, Eier, Milch, Honig oder Wolle. Zu den Nutztieren gehören Schweine, Hühner, Kühe, Honigbienen und Schafe. Heimtiere sind für uns oft wie Familienmitglieder. Wir verbringen viel Zeit mit ihnen und bauen eine enge Beziehung zu ihnen auf.

Was Haustiere brauchen
Wenn Menschen mit Haustieren leben und sie versorgen, dann sagt man auch: Menschen halten Haustiere. Bei der **Tierhaltung** ist es wichtig, dass man die Bedürfnisse der Tiere kennt. Haustiere haben ähnliche Bedürfnisse wie die Wildtiere, von denen sie abstammen. Wenn du ein Haustier halten willst, dann musst du wissen, was es frisst, ob es lieber allein oder in einer Gruppe lebt und wie es beschäftigt werden muss. Du muss auch beachten, wie groß der Käfig sein sollte und was darin enthalten sein sollte. Wichtig ist auch, dass du weißt, wie viel Bewegung das Tier braucht.

Die Lebensweise der Meerschweinchen
Die wilden Meerschweinchen leben in den Hochebenen der Anden. Das ist ein Gebirge in Südamerika. Dort leben sie in Gruppen von drei bis zehn Tieren in Höhlen und Erdbauten. Sie ernähren sich von Früchten, Gräsern und Samen.

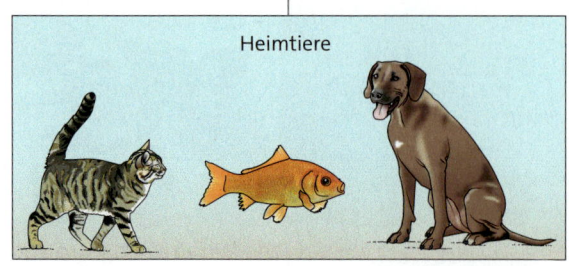

2 Bei den Haustieren unterscheiden wir zwischen Heimtieren und Nutztieren.

Die Bedürfnisse der Meerschweinchen

Da wilde Meerschweinchen in Gruppen leben, darf man sie auch als Haustiere nicht einzeln halten. Meerschweinchen bewegen sich viel. Deshalb muss ihr Käfig mindestens zwei Quadratmeter groß sein. Ein größeres Gehege bietet noch mehr Auslauf und Platz für Beschäftigung. Meerschweinchen brauchen neben einem Schlafhäuschen genug Heu und Möglichkeiten zum Verstecken und Klettern. An Wurzeln oder Ästen können sie nagen. Auch ein Futternapf und ein Wassernapf dürfen nicht fehlen.

Daran solltest du denken

Wenn du dir ein Haustier anschaffen willst, solltest du dir folgende Fragen stellen:
- Ist deine Familie einverstanden?
- Hat jemand in deiner Familie Allergien gegen Tierhaare?
- Wie alt kann das gewünschte Tier werden?
- Bist du bereit, auch später für das Tier zu sorgen, wenn du vielleicht noch andere Interessen hast?
- Welche Kosten, zum Beispiel für Anschaffung, Haltung, Futter, Tierarzt, Steuer, Versicherung, kommen auf dich zu?
- Welche Ansprüche an Haltung und Pflege hat das Tier?
- Wer kümmert sich um das Tier, wenn du nicht da bist?

Ein Haustier leihen

Wenn du nicht genug Zeit oder Geld für ein Haustier hast, dann kannst du dir ein Haustier leihen. Vielleicht freuen sich Nachbarn, wenn du mit ihrem Hund spazieren gehst. Du kannst auch Tiere im Tierheim besuchen, sie ausführen oder bei ihrer Pflege helfen. Darüber freuen sich die Tiere und die Menschen, die im Tierheim arbeiten. So kannst du auch testen, ob du wirklich die Verantwortung für ein Tier übernehmen willst.

> Haustiere stammen von Wildtieren ab. Die Gewöhnung von Wildtieren an den Menschen nennt man Zähmung. Jedes Haustier hat spezielle Bedürfnisse. Bei den Haustieren unterscheidet man zwischen Nutztieren und Heimtieren. Nutztiere liefern uns Nahrung und Materialien wie Wolle. Zu unseren Heimtieren bauen wir eine enge Beziehung auf.

4 Eine Familie mit ihrem Hund im Park

AUFGABEN

1 Vom Wildtier zum Haustier
Beschreibe, was mit dem Fachwort Zähmung gemeint ist.

2 Die Nutztiere und die Heimtiere
a Beschreibe, was Nutztiere und was Heimtiere sind.
b Nenne je zwei Nutztiere und Heimtiere.
c Ordne die folgenden Tiere den Heimtieren oder Nutztieren zu:
Pferd, Hamster, Esel, Goldfisch, Wellensittich, Ziege.
d Begründe deine Zuordnungen.

3 Die Tierhaltung
a Beschreibe, was mit dem Fachwort Tierhaltung gemeint ist.
b Erläutere am Beispiel der Meerschweinchen, was man bei der Tierhaltung beachten muss.

4 Die Meerschweinchen
a Beschreibe, wie Meerschweinchen in der freien Natur leben.
b Skizziere und beschrifte ein Gehege, in dem sich Meerschweinchen wohlfühlen könnten.

5 Berufe in der Tierhaltung
a Recherchiere, welche Berufe in der Tierhaltung und in der Tierpflege es gibt. Schreibe drei Berufe in dein Heft.
b Entscheide dich für einen Beruf, zu dem du weitere Informationen suchen willst.
c Suche im Internet nach weiteren Informationen zu dem Beruf deiner Wahl und erstelle einen Steckbrief.

Der Hund

1 Die Hündin Bella beim Spaziergang

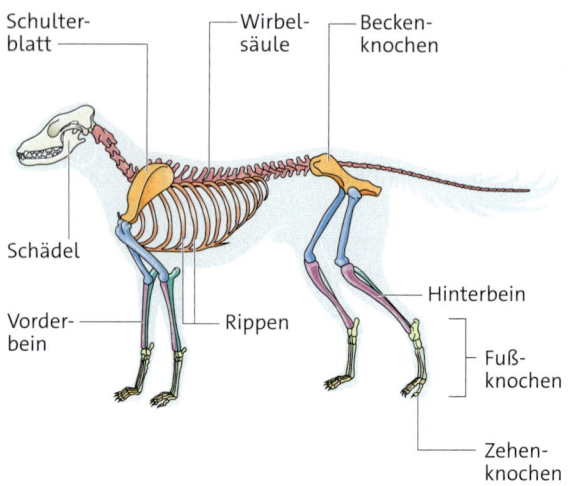

3 Das Skelett eines Hundes

Bella ist eine Hündin. Die Familie, bei der sie lebt, liebt sie sehr. Hunde sind beliebte Haustiere. Sie stammen von Wölfen ab und haben immer noch viel mit ihnen gemeinsam.

Die Verständigung der Hunde

Hunde können sich durch ihre Körpersprache verständigen (Bild 2). Dazu gehören die Stellung und die Bewegungen des Körpers und des Kopfes, die Stellung der Ohren und der Rückenhaare sowie die Haltung des Schwanzes. Mit ihren Augenbrauen, Mundwinkeln und Zähnen können Hunde verschiedene Gesichtsausdrücke machen. Hunde verständigen sich manchmal auch über Geräusche wie Knurren oder Bellen.

Der Körperbau der Hunde

Die Haut der Hunde ist mit Fell bedeckt. Im Körper haben sie ein Gerüst aus Knochen. Man nennt alle Knochen zusammen das **Skelett** (Bild 3). Das Skelett stützt den Körper. Es besteht unter anderem aus einer langen Säule aus Knochen. Diese Säule heißt **Wirbelsäule**. Sie verläuft vom Schädel bis in den Schwanz. Hunde treten nur mit ihren Zehen auf. Solche Tiere heißen **Zehengänger**. Jede Pfote hat vier Krallen, die die Hunde nicht einziehen können (Bild 4). Die Krallen wirken auf weichem Untergrund wie die Stollen beim Fußballschuh. Sie verhindern, dass die Hunde rutschen. Die Ballen federn Stöße beim Laufen ab. Der Fellrand wärmt und verhindert, dass die Pfoten auf glattem Untergrund rutschen.

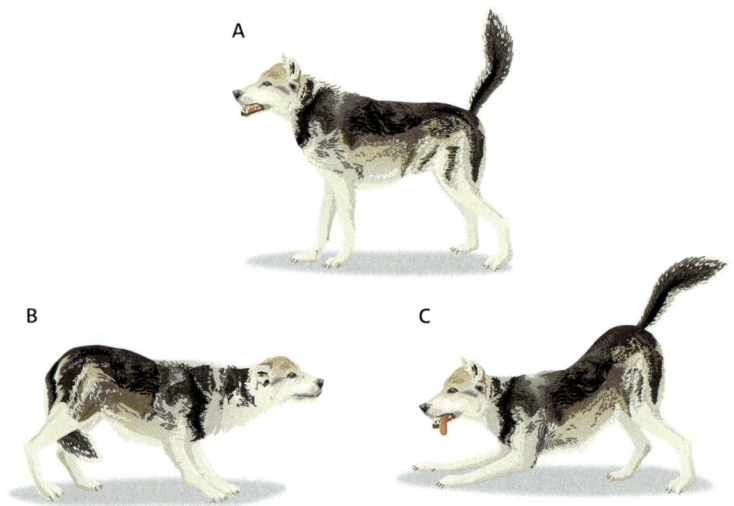

2 Die Körpersprache bei Hunden: aggressiv (A), ängstlich (B), freundlich (C)

4 Eine Hundepfote

TIERE UND PFLANZEN, DIE NÜTZEN

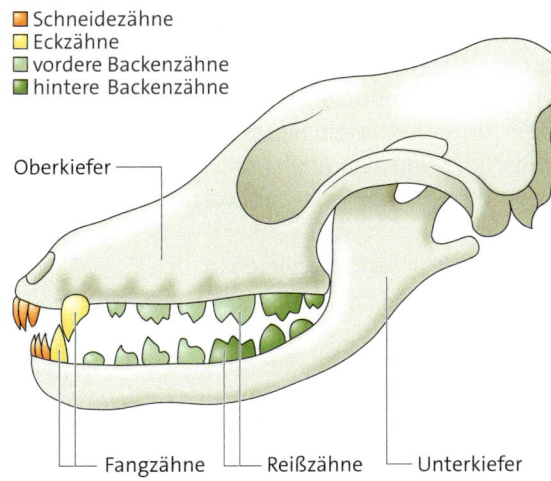

- Schneidezähne
- Eckzähne
- vordere Backenzähne
- hintere Backenzähne

Oberkiefer, Fangzähne, Reißzähne, Unterkiefer

5 Das Gebiss eines Hundes

Das Gebiss der Hunde

Hunde haben Zähne, mit denen sie Fleisch gut festhalten und zerkleinern können. Ein Gebiss mit solchen Zähnen nennt man **Fleischfressergebiss**. Die langen, spitzen Eckzähne im Fleischfressergebiss heißen **Fangzähne** (Bild 5). Mit den Fangzähnen ergreifen Hunde ihre Beute und halten sie fest. Die Backenzähne sind breit und kräftig. Die dritten Zähne von hinten sind besonders breit und kräftig. Diese Zähne heißen **Reißzähne**. Wenn Hunde zubeißen, dann können sie mithilfe der kräftigen Reißzähne sogar Knochen zerbrechen. Mit den übrigen Backenzähnen und mit den Schneidezähnen schaben Hunde Fleischstücke von Knochen ab.

Hunde und ihre Sinne

Hunde haben einen sehr guten Geruchssinn. Sie nehmen Gerüche aus ihrer Umwelt mit der Nase auf. Dazu atmen sie sehr schnell ein und aus. Das nennt man **schnüffeln**. So können sie andere Tiere und auch Menschen über große Entfernungen wahrnehmen.
Hunde können hervorragend riechen. Sie haben zudem einen sehr guten Gehörsinn. Sie hören zum Beispiel auch sehr hohe Töne, die der Mensch nicht mehr wahrnehmen kann.
Hunde sehen die Farben Rot und Grün nur sehr schwach. Ein Hund kann zum Beispiel einen roten Ball auf einer Wiese schlecht sehen. Sie können nur zwischen Blau und Gelb unterscheiden. Deshalb orientieren sie sich stärker an der Helligkeit und der Bewegung von Objekten.

Die Fortpflanzung der Hunde

Zweimal im Jahr kann eine Hündin zur Paarung mit einem männlichen Hund, dem **Rüden**, bereit sein. Diesen Zustand nennt man **läufig**. Bei der Paarung können Jungtiere gezeugt werden. Dann ist die Hündin schwanger. Nach etwa zwei Monaten werden drei bis zwölf Jungtiere geboren. Sie heißen **Welpen**. Ihre Augen und Ohren sind in den ersten Tagen nach der Geburt noch geschlossen. Sie schlafen viel und saugen an den Zitzen der Hündin, um Muttermilch zu trinken.

> Hunde verständigen sich durch Körpersprache und Geräusche. Ihre Haut ist mit Fell bedeckt. Hunde besitzen ein Skelett aus Knochen mit einer Wirbelsäule. Sie sind Zehengänger und haben ein Fleischfressergebiss. Hunde können gut riechen und hören. Die Jungtiere der Hunde heißen Welpen. Hunde säugen ihre Jungtiere mit Muttermilch.

AUFGABEN

1 Die Körpersprache der Hunde
a Nenne Formen der Körpersprache, mit denen ein Hund sich verständigt.
b Beschreibe, wie der Hund in Bild 2 zeigt, dass er ängstlich, aggressiv oder freundlich ist.

2 Der Körperbau der Hunde
a Beschreibe, was Zehengänger sind.
b Beschreibe den Bau einer Hundepfote.

3 Das Gebiss der Hunde
Erstelle eine Tabelle, in der du die Zähne in einem Fleischfressergebiss und ihre Aufgaben nebeneinander darstellst.

4 Hunde und ihre Sinne
Manche Hunde werden als Jagdhunde eingesetzt. Nenne die Sinne, die den Hunden beim Jagen helfen.

5 Die Fortpflanzung der Hunde
a Beschreibe, was mit dem Fachwort läufig gemeint ist.
b Beschreibe, wie die Welpen nach der Geburt ernährt werden.

sawewo

TIERE UND PFLANZEN, DIE NÜTZEN

Vom Wolf zum Haushund

1 Ein Rudel Wölfe

In alten Märchen wird der Wolf oft als böse dargestellt. Über Jahrhunderte bestimmte die Angst das Verhältnis von Mensch und Wolf. Deshalb wurde der Wolf rücksichtslos gejagt. Aber gibt es ihn wirklich, den „bösen Wolf"?

Wölfe leben im Rudel
Wölfe leben in festen Gruppen zusammen. Diese Gruppen werden als **Rudel** bezeichnet. Ein Wolfsrudel besteht aus den beiden Elterntieren und den Jungtieren der letzten beiden Jahre. Die Elterntiere führen das Rudel an. Gegen Ende des Winters ist die Wölfin bereit zur Paarung. Im Frühling werden vier bis sechs Welpen geboren. Das Rudel umsorgt die Welpen und zieht sie auf. Im Alter von 10 bis 22 Monaten sind die jungen Wölfe geschlechtsreif. Das heißt, sie können Jungtiere zeugen. Dann verlassen sie ihr Rudel und leben allein, bis sie selbst ein neues Rudel gründen. Wolfsrudel sind also Wolfsfamilien, deren Zusammensetzung jedes Jahr wechselt.

Wölfe leben in festen Revieren
Jedes Wolfsrudel beansprucht ein begrenztes Gebiet, das **Revier**. Es wird gegen andere Wölfe verteidigt. Die Rudelmitglieder markieren die Reviergrenzen mit Körperausscheidungen wie Urin und Kot. Die Größe eines Reviers hängt vor allem davon ab, wie viel Nahrung die Wölfe dort finden. Wenn es viele Beutetiere gibt, dann reichen 150 Quadratkilometer aus. Wenn die Wölfe nur wenig Nahrung finden, dann kann ein Revier über 2 000 Quadratkilometer groß sein. Das Rudel wandert ständig auf der Suche nach Nahrung durch das gesamte Revier.

Wölfe sind Hetzjäger
In Mitteleuropa jagen Wölfe vor allem Rehe, Hirsche und Wildschweine, aber auch Haustiere wie Schafe. Mithilfe ihres sehr guten Geruchs- und Gehörsinns spüren die Wölfe Beutetiere auf. Wenn die Beutetiere flüchten, dann verfolgen mehrere Wölfe die Beutetiere. Man sagt: die Wölfe hetzen die Beutetiere. Diese Form des Jagens bezeichnet man als **Hetzjagd**. Raubtiere, die ihre Beutetiere hetzen, werden **Hetzjäger** genannt. Kranke, schwache oder junge Beutetiere ermüden oft zuerst. Die Wölfe ergreifen die müden Beutetiere mit ihrem starken Gebiss und töten sie.

Wölfe in Deutschland
Früher waren Wölfe in Europa weit verbreitet. Sie wurden jedoch gejagt und fast überall ausgerottet. Wölfe, die nach Deutschland einwanderten, wurden getötet. Seit 1995 verbietet ein Gesetz das Jagen und Töten von Wölfen. Seitdem haben sich in mehreren Bundesländern wieder Wolfsrudel angesiedelt. Wölfe sind scheue Tiere. Sie flüchten vor Menschen. Den „bösen Wolf" gibt es also nur im Märchen.

Vom Wildtier zum Haustier
Vor mehr als 15 000 Jahren lebten bereits Wölfe in der Nähe von menschlichen Siedlungen. Dort

A: Österreich
CH: Schweiz
CZ: Tschechische Republik
D: Deutschland
F: Frankreich
I: Italien
PL: Polen

2 Die größten Wolfsvorkommen in Europa

TIERE UND PFLANZEN, DIE NÜTZEN

3 Die Welpen eines Wurfs sehen unterschiedlich aus.

fanden weniger scheue Tiere Nahrung in den Abfällen der Menschen. Vermutlich wurden einzelne Wölfe gefangen. Sie dienten als Spielgefährten oder als Nahrung in Notzeiten. Die Menschen wurden zu einem Ersatzrudel für die Tiere. Mit der Zeit wurden die Wölfe immer zutraulicher. Aus dem Wildtier Wolf entstand das Haustier Hund.

Nachkommen sind verschieden

Welpen, die zusammen zur Welt gekommen sind, bezeichnet man als einen **Wurf**. Die Welpen eines Wurfs sehen nicht alle gleich aus (Bild 3). Sie haben zum Beispiel unterschiedliche Fellfarben, verschieden geformte Ohren oder unterschiedlich lange Beine. Die Welpen unterscheiden sich auch in ihrem Verhalten. Ein anderes Wort für unterscheiden ist variieren. Das Auftreten von Unterschieden bei verwandten Tieren wird deshalb in der Fachsprache **Variabilität** genannt.

Durch Züchtung entstehen Rassen

Eltern vererben Merkmale an ihre Nachkommen. Dieses Wissen nutzen die Menschen. Sie wählen für die Fortpflanzung die Tiere aus, die gewünschte Merkmale haben. Diese kontrollierte Fortpflanzung heißt **Züchtung**. Durch Züchtung entstanden verschiedene Hunderassen. Ein Beispiel sind Jagdhunde mit kurzen Beinen. Ihr niedriger Körper soll in die Erdbauten der Beutetiere passen. Für die Züchtung dieser Jagdhunde werden nur Tiere mit kurzen Beinen ausgewählt. Aus den Nachkommen wählt man wieder nur die Tiere mit den kürzesten Beinen aus. Diesen Vorgang wiederholt man mehrmals. Durch Züchtung können auch Tiere entstehen, die Schmerzen oder Schäden haben. Dann spricht man von **Qualzucht**.

> Wölfe sind scheu. Sie leben in Rudeln in festen Revieren. Wölfe hetzen ihre Beutetiere. Sie sind Hetzjäger. Wölfe sind die Vorfahren unserer Hunde. Nicht alle Welpen eines Wurfs sind gleich. Durch diese Variabilität bei verwandten Tieren können Menschen Tiere mit gewünschten Eigenschaften züchten.

AUFGABEN

1 Die Wölfe
a Wölfe leben in Gruppen zusammen. Nenne das Fachwort für eine Gruppe Wölfe.
b Beschreibe die Zusammensetzung einer Gruppe von Wölfen.
c Nenne die Beutetiere der Wölfe.
d Beschreibe, wie Wölfe jagen.

2 Vom Wildtier zum Haustier
 Beschreibe in eigenen Worten, wie aus dem Wildtier Wolf das Haustier Hund wurde.

3 Die Züchtung
a Beschreibe, was mit dem Fachwort Züchtung gemeint ist.
b Vergleiche das Aussehen der verschiedenen Hunderassen in Bild 4.
c Recherchiere nach Hunderassen, die als Qualzucht bezeichnet werden.
d Schreibe zwei Hunderassen in dein Heft und begründe, warum sie als Qualzucht bezeichnet werden.

4 Verschiedene Hunderassen

TIERE UND PFLANZEN, DIE NÜTZEN

EXTRA   Wölfe in Deutschland?

Manche Völker achten den Wolf als Bruder. In Deutschland dagegen wurde er lange Zeit gnadenlos gejagt. Diese unterschiedlichen Sichtweisen treffen auch bei uns aufeinander, seit sich ab dem Jahr 2000 wieder Wölfe bei uns ansiedeln. Tierschutz und Landwirtschaft haben teils entgegengesetzte Meinungen.

Wölfe gehören in unsere Natur

Wölfe sind sehr anpassungsfähig. Sie können fast überall leben. In Regionen, in denen sie sich ansiedeln, müssen ausreichend Beutetiere und geschützte Bereiche für die Aufzucht ihrer Jungtiere vorhanden sein. Mit Ausnahme der Großstädte und ihrer Umgebungen finden sich in ganz Deutschland geeignete Regionen für Wölfe. Zu den Beutetieren der Wölfe zählen Rehe, Rothirsche und Wildschweine. Die Wölfe sorgen also dafür, dass der Bestand an Pflanzenfressern wie Rehen und Hirschen nicht zu groß wird. Zudem fressen sie vor allem alte und kranke Tiere. Dadurch halten die Wölfe den Bestand der Tiere gesund. Nutztiere wie Rinder und Schafe kann man vor Wölfen schützen. Herdenschutzhunde und Herdenschutzzäune haben sich in einigen Regionen bereits bewährt. Für die Menschen stellen die Wölfe keine Gefahr dar. Sie sind scheu und gehen Menschen in der Regel aus dem Weg. Die Angst vor dem „bösen Wolf" ist unbegründet.

1 Aus der Stellungnahme eines Tierschutzvereins

3 Ein Plakat gegen Wölfe

Gefahr für Nutztiere

Weitläufige Weiden mit Nutztieren bringen Mensch und Natur einander näher. Die Haltung von Nutztieren auf einer Weide ist eine natürliche und artgerechte Form der Tierhaltung. Wenn sich Wölfe in der Region niederlassen, dann muss man sich als Nutztierzüchter die Frage stellen, ob die Weidehaltung wirklich noch sinnvoll ist. Die Gefahr, dass die Wölfe Nutztiere töten, ist hoch. Dadurch entsteht auf Dauer ein großer wirtschaftlicher Schaden für die Betriebe. Die Menschen in der Region sind durch die Anwesenheit der Wölfe beeinträchtigt. Viele Eltern lassen ihre Kinder nicht mehr unbeaufsichtigt in der freien Natur spielen. Wanderer und Touristen meiden diese Gebiete. Die Regionen verlieren ihre Attraktivität. Die Menschen, die in der Landwirtschaft und im Tourismus arbeiten, verlieren dann ihre Lebensgrundlage.

4 Die Stellungnahme eines Landwirtschaftsvereins

2 Ein Plakat der NABU-Kampagne für den Wolf

AUFGABEN

1 Der Wolf in Deutschland

a Stelle die Argumente der Vereine aus Bild 1 und Bild 4 in einer Tabelle gegenüber.

b Nimm Stellung zu der Frage, ob der Wolf in Deutschland wieder heimisch werden soll. Notiere alle Argumente für deinen Standpunkt.

c Bildet Zweierteams. Tauscht eure Argumente aus Aufgabe b miteinander aus.

METHODE   Tiere beobachten

Forschende beobachten Tiere, um ihr Verhalten zu untersuchen. Die Beobachtungen erfolgen meist in der Natur und über einen längeren Zeitraum. Auch du kannst das Verhalten von Tieren beobachten. Dabei solltest du folgendermaßen vorgehen:

1 Fragen stellen:
Überlege dir Fragen, die mit deinen Beobachtungen beantwortet werden sollen.

Elias will das Verhalten seines Hundes Balu untersuchen. Er fragt sich: Was tut Balu während des Spaziergangs? Wie reagiert er, wenn er auf andere Hunde trifft?

2 Beobachtungen vorbereiten
Überlege, ob du für deine Beobachtungen Hilfsmittel benötigst. Besorge sie dir vorab. Bereite einen Beobachtungsbogen vor, auf dem du deine Beobachtungen notieren kannst.

Elias will Balu beim Spaziergang beobachten. Er bereitet einen Beobachtungsbogen vor. Er nimmt den Beobachtungsbogen wie in Bild 2, einen Stift und ein Smartphone mit.

1 Verschiedene Verhaltensweisen beim Hund

Beobachtung
Balu, ein Golden Retriever, beim Spaziergang

Name: Elias Dierksen
Datum: 23. März 2022
Uhrzeit: 15:00 Uhr bis 17:30 Uhr
Ort: Stadtwald

2 Ein Ausschnitt aus dem Beobachtungsbogen von Elias

3 Beobachtungen durchführen
Sei aufmerksam und sieh genau hin. Versuche das Tier oder die Tiere, die du beobachten willst, so wenig wie möglich zu stören.

Elias führt Balu zuerst an der Leine. Im Wald lässt er ihn frei laufen. Er redet so wenig wie möglich mit ihm und spielt nicht mit ihm, um ihn nicht abzulenken. Er achtet auf alle seine Bewegungen und Reaktionen.

4 Beobachtungen festhalten
Notiere, was du beobachtest und die Uhrzeit. Du kannst deine Beobachtungen auch zeichnen, fotografieren oder filmen.

Elias notiert alles, was ihm auffällt, auf seinem Beobachtungsbogen. Mit seinem Smartphone macht er Fotos und Videos von Balu.

5 Beobachtungen auswerten
Werte deine Beobachtungen aus. Mithilfe von Informationen über die Lebensweise der Tiere kannst du deine Ergebnisse deuten. Kannst du deine anfangs gestellten Fragen beantworten?

Elias konnte einige typische Verhaltensweisen bei Balu beobachten. Balu markiert verschiedene Stellen mit Urin. Wenn er auf andere Hunde trifft, kommuniziert er mit ihnen durch Körpersprache.

AUFGABEN
1 Verhaltensweisen beim Hund
„Beobachte" den Hund auf den Fotos in Bild 1. Werte deine Beobachtungen auf einem Beobachtungsbogen aus.

Die Katze

1 Die Katze schleicht sich an.

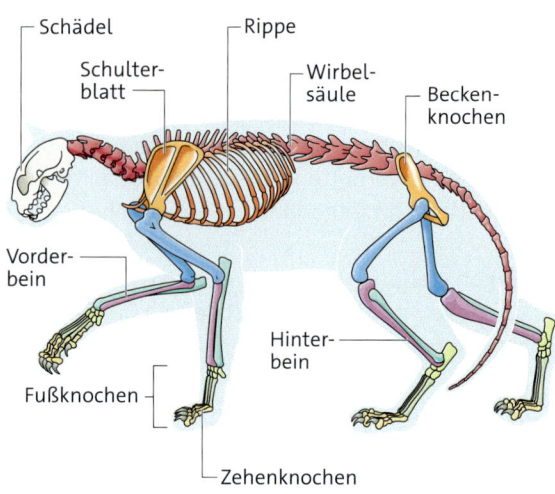

3 Das Skelett einer Katze

Die Katze hat einen Vogel entdeckt. Ganz leise und langsam schleicht sie sich an. Ihr Blick ist starr auf die Beute gerichtet. Sie duckt sich und wartet den besten Moment zum Sprung ab.

Die Verständigung zwischen Katzen

Katzen können sich durch ihre Körpersprache verständigen. Dazu gehört die Haltung des Körpers und des Kopfes, die Stellung der Ohren und der Fellhaare sowie die Haltung des Schwanzes (Bild 2). Mit ihren Augenbrauen, Mundwinkeln und Zähnen können sie auch verschiedene Gesichtsausdrücke erzeugen. Katzen verständigen sich auch über Geräusche wie Miauen oder Schnurren.

Der Körperbau der Katzen

Die Haut der Katzen ist mit Fell bedeckt. Im Körper haben Katzen ein Skelett mit einer Wirbelsäule. Die Wirbelsäule verläuft vom Schädel bis in den Schwanz (Bild 3). Der Schwanz der Katzen ist sehr beweglich. Wenn Katzen balancieren, dann können sie mit dem Schwanz das Gleichgewicht halten. Katzen laufen auf den weichen Ballen ihrer Zehen. Sie sind Zehengänger.

Katzen sind Schleichjäger

Die spitzen, scharfen Krallen an ihren Pfoten ziehen die Katzen beim Laufen ein (Bild 4). So können sie sich leise an ihre Beutetiere anschleichen und diese überraschen. Katzen werden deshalb auch **Schleichjäger** genannt. Wenn sie ein Beutetier fangen wollen, dann fahren sie die Krallen an ihren Vorderpfoten aus. Sie springen auf das Beutetier und halten es mit den Krallen fest. Dann töten sie das Beutetier mit einem Biss in den Nacken.

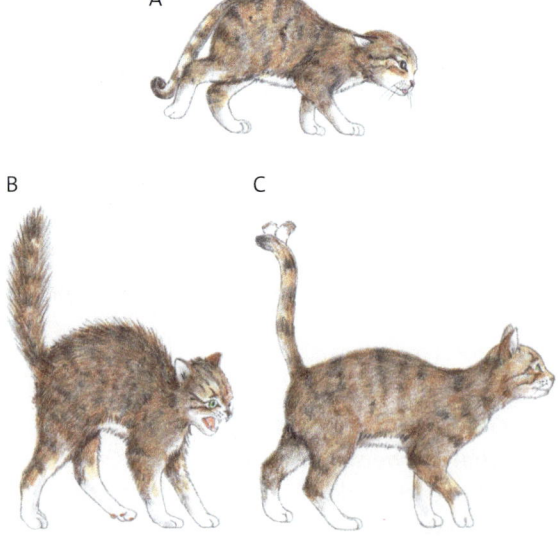

2 Körpersprache: ängstlich (A), aggressiv (B), freundlich (C)

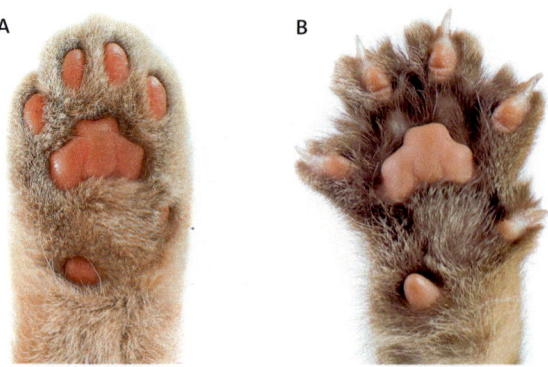

4 Katzenkrallen: eingezogen (A), ausgefahren (B)

TIERE UND PFLANZEN, DIE NÜTZEN

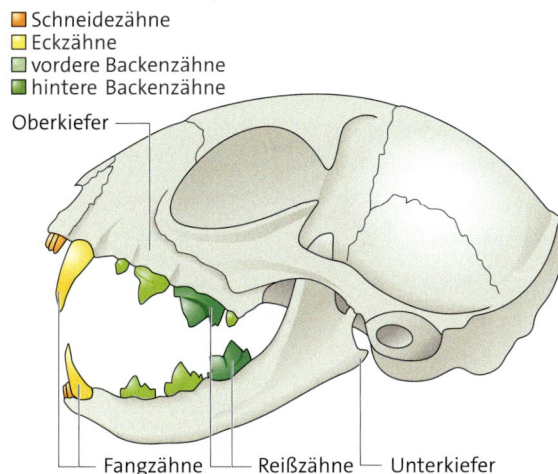

5 Das Gebiss einer Katze

Das Gebiss der Katzen
Katzen haben ein Fleischfressergebiss (Bild 5). Die langen spitzen Eckzähne heißen auch Fangzähne. Damit ergreifen Katzen ihre Beute und halten sie fest. Die hinteren Backenzähne sind groß und kräftig. Sie heißen auch Reißzähne. Damit zerreißen die Katzen größere Fleischstücke. Mit den vorderen Backenzähnen zerkleinern sie ihre Nahrung. Mit den kurzen, spitzen Schneidezähnen nagen die Katzen Fleisch von Knochen ab.

Die Sinne der Katzen
Katzen jagen allein und meist in der Dämmerung und nachts. Die Pupillen in ihren Augen sind am Tag klein und schlitzförmig. In der Dämmerung weiten sie sich zu kreisrunden Öffnungen (Bild 6). So gelangt viel Licht ins Auge. Bei Dunkelheit orientieren sich Katzen mit ihrem Gehör. Ihre Ohren sind sehr beweglich. Mit den Schnurrhaaren an der Oberlippe können sie Hindernisse erfühlen.

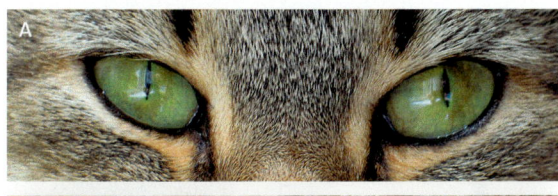

6 Katzenaugen: bei Tag (A), in der Dämmerung (B)

Die Fortpflanzung der Katzen
Eine Katze ist bis zu zweimal im Jahr zur Paarung mit einem Kater bereit. Dann bezeichnet man die Katze auch als **rollig**. Bei der Paarung kann die Katze schwanger werden. Nach etwa zwei Monaten werden bis zu sieben Jungtiere geboren. Ihre Augen und Ohren sind in den ersten Tagen noch geschlossen. Sie schlafen viel und saugen Milch an den Zitzen ihrer Mutter.

> Katzen verständigen sich durch Körpersprache und Geräusche. Ihre Haut ist mit Fell bedeckt. Sie besitzen ein Skelett aus Knochen mit einer Wirbelsäule. Katzen sind Zehengänger und haben ein Fleischfressergebiss. Sie sind Schleichjäger und jagen in der Dämmerung und nachts. Katzen säugen ihre Jungtiere mit Muttermilch.

AUFGABEN

1 Die Körpersprache der Katzen
a Nenne Formen der Körpersprache, mit denen eine Katze sich verständigt.
b Beschreibe, wie die Katze in Bild 2 zeigt, dass sie freundlich ist.

2 Katzen sind Schleichjäger
a Beschreibe, was Schleichjäger sind.
b Begründe, warum eine Katze sich trotz ihrer Krallen lautlos anschleichen kann.
c Beschreibe, wie Katzen ihre Krallen beim Jagen benutzen.

3 Das Gebiss der Katzen
Erstelle eine Tabelle, in der du die Zähne in einem Fleischfressergebiss und ihre Aufgaben nebeneinander darstellst.

4 Die Sinne der Katzen
Katzen jagen in der Dämmerung und nachts.
Nenne die Sinne, die bei Katzen besonders ausgeprägt sind und die sie deshalb zu guten Jägern auch im Dunkeln machen.

5 Die Fortpflanzung der Katzen
a Beschreibe, was mit dem Fachwort rollig gemeint ist.
b Beschreibe, wie die Jungtiere der Katzen nach der Geburt ernährt werden.

TIERE UND PFLANZEN, DIE NÜTZEN

AUFGABEN Katzen und Hunde

1 Katzen sind „Balancierkünstler"

1 Die Katze balanciert auf dem Zaun.

a ▸ Beschreibe, was Zehengänger sind.
b ▸ Beschreibe, was du in Bild 1 siehst.
c ▣ Stelle Vermutungen an, warum es hilfreich für die Katze ist, dass sie ein Zehengänger ist.
d ▣ Beim Balancieren streckst du deine Arme seitlich aus. Übertrage das Verhalten auf die Katze. Nenne den Körperteil, der einer Katze beim Balancieren als „ausgestreckte Arme" dient.

2 Nicht alle Katzen sind Einzelgänger

Tiere, die allein leben, bezeichnet man als **Einzelgänger**. Tiere, die mit anderen Tieren der gleichen Art zusammenleben, bezeichnet man als **soziale Tiere**. Früher glaubte man, dass Hauskatzen Einzelgänger sind. Heute weiß man, dass Hauskatzen soziale Tiere sind.

a ▣ Es gibt Katzen, die Einzelgänger sind. Recherchiere, welche Katzen in Bild 2 Einzelgänger sind und welche nicht.
b ▣ Erstelle eine Tabelle, in der du die Katzen in Einzelgänger und soziale Tiere ordnest.
c ▸ Ergänze die Hauskatze in der Tabelle.

Luchs   Löwe   Wildkatze

2 Verschiedene Katzenarten

3 Katzen sind Schleichjäger

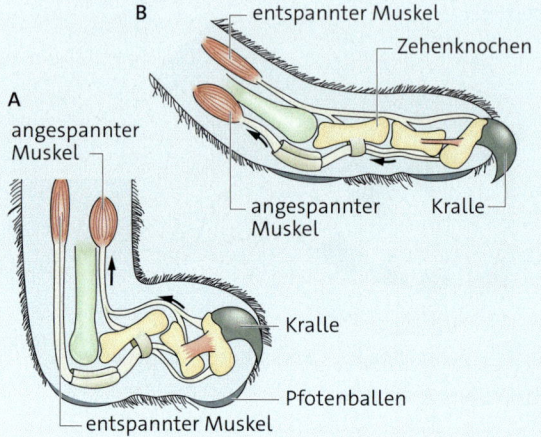

3 Katzenkralle: beim Anschleichen (A), beim Zupacken (B)

a ▸ Beschreibe, was Schleichjäger sind.
b ▸ Beschreibe mithilfe von Bild 3, wie sich Katzen trotz ihrer Krallen an ihre Beute anschleichen können.
c ▣ Katzen können sehr gut nach oben klettern. In die andere Richtung haben sie aber große Schwierigkeiten. Stelle Vermutungen an, warum das so ist.

4 „Wie Hund und Katze"

Wenn wir sagen: „Zwei Menschen verhalten sich wie Hund und Katze", dann meinen wir, dass sie sich nicht gut verstehen und oft streiten. Betrachte Bild 4.

a ▸ Beschreibe die Körpersprache von dem Hund und von der Katze in Bild 4.
b ▣ Erläutere an dem Beispiel, warum Hunde und Katzen sich manchmal nicht verstehen.

Begrüßung   Starkes Drohen

4 Die Körpersprache von Hund und Katze im Vergleich

TIERE UND PFLANZEN, DIE NÜTZEN

4 Polizeihunde

5 Ein Polizeihund bei der Gepäckkontrolle am Flughafen

Polizeihunde verfolgen Verbrecherspuren und spüren Drogen auf.

a ▣ Nenne die Sinne, die bei Hunden besonders ausgeprägt sind.
b ▣ Begründe, welcher Sinn für die Aufgaben von Polizeihunden besonders hilfreich ist.

Die Nase von Hunden und Menschen ist innen mit einer Schleimhaut ausgekleidet. In einem Teil der Schleimhaut befinden sich Riechsinneszellen. Das sind Sinneszellen, die Geruchsstoffe aufnehmen. Sie dienen dem Riechen. Die Anzahl der Riechsinneszellen gibt Auskunft darüber, wie gut der Geruchssinn eines Lebewesens ist. Je mehr Riechsinneszellen ein Lebewesen hat, umso besser ist sein Geruchssinn. Bild 6 zeigt die Anzahl der Riechsinneszellen beim Menschen und bei zwei Hunderassen.

c ▣ Vergleiche die Werte für die Anzahl der Riechsinneszellen in der Tabelle in Bild 6.
d ▣ Gib an, welches der drei Lebewesen den besten Geruchssinn hat.
e ▣ Begründe mithilfe von Bild 6, warum Schäferhunde und nicht Dackel als Polizeihunde eingesetzt werden.

	Zahl der Riechsinneszellen
Mensch	20 Millionen
Schäferhund	220 Millionen
Dackel	125 Millionen

6 Anzahl an Riechsinneszellen im Vergleich

5 Züchtung

7 Die Welpen sehen unterschiedlich aus.

a ▣ Beschreibe, wie man bei der Züchtung von Tieren allgemein vorgeht.
b ▣ „Variabilität ist die Voraussetzung für Züchtung." Begründe die Aussage mithilfe von Bild 7.
c ▣ Nenne das Ziel der Hundezüchtung in Bild 8.
d ▣ Beschreibe, wie die Züchter vorgegangen sind.

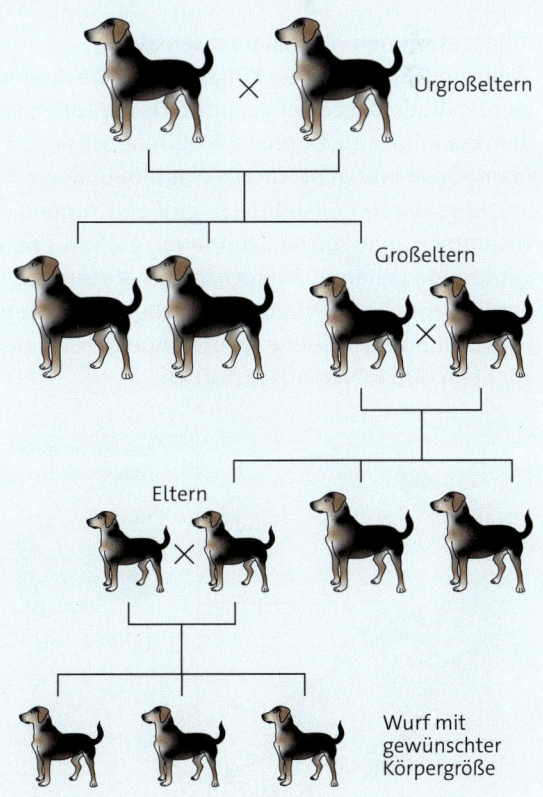

8 Ein Stammbaum einer Hundezüchtung

TIERE UND PFLANZEN, DIE NÜTZEN

Rinder sind Pflanzenfresser

1 Eine Kuh frisst Gras auf einer Weide.

Auf der Weide frisst ein Rind Gras. Das Rind umfasst Grasbüschel mit seiner Zunge. Dann reißt das Rind das Gras mit einem Ruck ab. Rinder fressen jeden Tag für viele Stunden.

Rinder stammen vom Auerochsen ab

Weibliche Rinder heißen **Kühe**. Männliche Rinder werden **Bulle** oder **Stier** genannt. Das Wildtier, von dem die Rinder abstammen, hieß Auerochse. Auerochsen lebten bei uns in Wäldern und auf feuchten Wiesen. Sie lebten in großen Gruppen zusammen. Eine solche Gruppe von großen Tieren wird **Herde** genannt. Auerochsen ernährten sich ausschließlich von Pflanzen. Ihre Nahrung waren Gräser und verschiedene Kräuter. Auerochsen sind vor etwa 400 Jahren ausgestorben.

Der Körperbau der Rinder

Rinder haben ein Fell. Sie haben ein Skelett aus Knochen mit einer Wirbelsäule. Rinder treten nur mit den Zehenspitzen auf. Solche Tiere nennt man **Zehenspitzengänger**. Die Zehen sind mit einer harten Schicht überzogen. Den Überzug über einen Zeh nennt man **Huf**. Tiere, die Hufe haben, bezeichnet man als **Huftiere**. Rinder haben an jedem Fuß zwei Zehen mit Huf. Wenn etwas zweimal vorkommt, dann spricht man auch von einem Paar. Rinder gehören deshalb zu den **Paarhufern**.

Ein Gebiss für Pflanzennahrung

Rinder ernähren sich von Pflanzen. Man bezeichnet sie deshalb als **Pflanzenfresser**. Das Gebiss der Rinder heißt **Pflanzenfressergebiss**. Im Oberkiefer befindet sich vorn eine Kauplatte (Bild 2). Im Unterkiefer sitzen vorn sechs Schneidezähne. Weiter hinten im Oberkiefer und im Unterkiefer befinden sich die breiten Backenzähne. Die Rinder umschlingen ein Grasbüschel mit ihrer Zunge. Zwischen den Schneidezähnen und der Kauplatte halten sie das Gras fest. Dann heben sie ihren Kopf und reißen das Gras ab. Die Backenzähne sind an ihrer Oberseite uneben und haben scharfe Kanten. Damit können die Rinder die Pflanzen gut zerreiben.

Rinder sind Wiederkäuer

Wenn ein Rind Gras abgerissen hat, dann schluckt es das Gras zuerst fast ungekaut. Durch die Speiseröhre gelangt das Gras in den ersten Magen. Dieser Magen ist sehr groß. Er wird **Pansen** genannt (Bild 3). Das Gras bleibt mehrere Stunden im Pansen und wird dort eingeweicht. Das eingeweichte Gras gelangt vom Pansen in den zweiten Magen. Die Wände des zweiten Magens sind innen gefaltet und sehen dadurch aus wie ein Netz. Dieser Magen heißt deshalb **Netzmagen**. Im Netzmagen entstehen aus dem weichen Gras mehrere feste Portionen. Diese Portionen gelangen durch die Speiseröhre zurück ins Maul. Dort wird das Gras mit viel Speichel gemischt. Dann kaut das Rind das Gras ein zweites Mal. Man kann auch sagen: Es kaut das Gras wieder. In der Fachsprache nennt man Tiere, die ihre Nahrung zweimal kauen, **Wiederkäuer**. Beim Wiederkauen kaut das Rind das Gras gründlich und zerreibt es dabei zwischen den Backenzähnen zu einem feinen Brei.

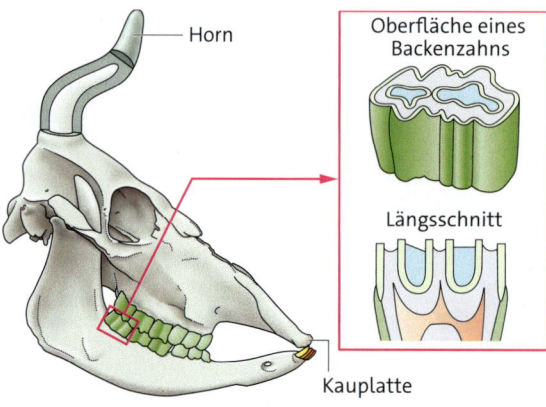

2 Der Schädel und die Zähne eines Rinds

Verdauung der Nahrung

Das Rind schluckt die gut zerkaute Nahrung zum zweiten Mal. Die Nahrung gelangt dann in den dritten Magen. Die Wände des dritten Magens sind innen gefaltet. Diese Falten sehen aus wie die Blätter eines Buchs. Der dritte Magen wird deshalb **Blättermagen** genannt. Im Blättermagen wird Wasser aus der Nahrung gepresst. Danach gelangt die Nahrung in den **Labmagen**. Im Labmagen beginnt die eigentliche Verdauung der Nahrung. Vom Labmagen aus wird die Nahrung in den Darm weitergegeben. Im Darm werden die Nährstoffe aus der Nahrung ins Blut aufgenommen. Die Reste, die nicht verdaut werden können, werden zu Kot. Der Kot wird ausgeschieden.

Die Fortpflanzung der Rinder

Im Alter von eineinhalb Jahren kann eine Kuh zum ersten Mal Nachwuchs bekommen. Bei der Paarung mit einem Bullen kann die Kuh schwanger werden. Nach etwa neun Monaten wird das Jungtier geboren. Das Jungtier der Rinder heißt **Kalb**. Ein Kalb kann sofort nach der Geburt sehen, hören und laufen. Tiere, deren Jungtiere sofort nach der Geburt sehen, hören und laufen können, heißen **Nestflüchter**. Kälber werden nach der Geburt mit Muttermilch ernährt. Das Organ der Kühe, in dem die Muttermilch gebildet wird, heißt **Euter**. Die Kälber saugen an den Zitzen am Euter, um die Muttermilch zu trinken.

> Rinder sind Pflanzenfresser. Ihr Gebiss hat große Backenzähne mit unebenen Zahnoberflächen. Damit können die Rinder Pflanzen gut kauen. Rinder haben vier Mägen. Sie sind Wiederkäuer. Die Jungtiere der Rinder heißen Kälber. Sie sind Nestflüchter und werden mit Muttermilch ernährt.

AUFGABEN

1 Das Rind
  Nenne die Fachwörter für ein weibliches und für ein männliches Rind.

2 Rinder sind Pflanzenfresser
a Beschreibe, was Wiederkäuer sind.
b Erstelle eine Tabelle mit zwei Spalten. Stelle darin die Zähne in einem Pflanzenfressergebiss und ihre Aufgaben nebeneinander dar.
c Beschreibe den Weg der Nahrung anhand eines Flussdiagramms. Nutze für den Weg der groben Nahrung und den Weg der feinen Nahrung unterschiedliche Farben. Der Text und Bild 3 helfen dir dabei.

3 Die Fortpflanzung der Rinder
a Nenne das Fachwort für das Jungtier der Rinder.
b Beschreibe, wie die Jungtiere der Rinder nach der Geburt ernährt werden.

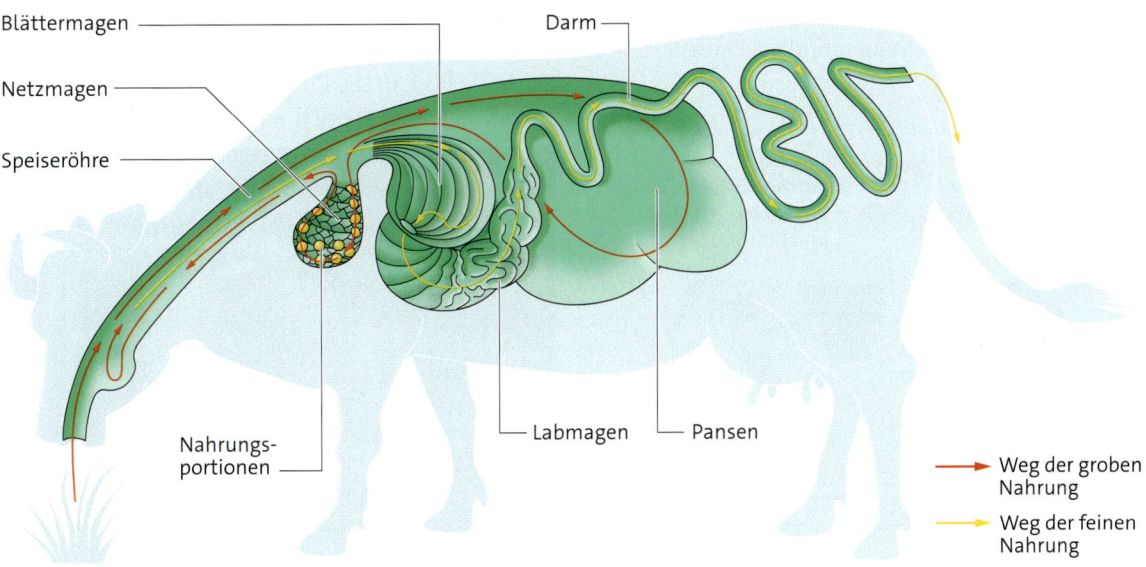

3 Die Verdauung beim Rind

TIERE UND PFLANZEN, DIE NÜTZEN

Die Rinderhaltung

1 Rinder lecken sich gegenseitig ab.

Die Rinder in einer Herde sind immer in Kontakt miteinander. Sie lecken sich zum Beispiel gegenseitig ab.

Rinder als Nutztiere

Menschen halten Rinder, weil sie Milch und Fleisch liefern. Kühe liefern Milch. Die Milch wird mithilfe von Maschinen aus den Eutern der Kühe gewonnen. Die Tätigkeit, bei der Milch aus den Eutern gewonnen wird, heißt **melken**. Ein Betrieb, in dem Milch weiterverarbeitet wird, heißt **Molkerei**. In Molkereien wird die Milch zu Milchprodukten wie Käse, Sahne, Butter und Joghurt verarbeitet. Für Rindfleisch werden vor allem Bullen gehalten. Der Mensch nutzt auch andere Körperteile der Rinder: Aus der Haut der Rinder stellt man Leder her. Aus den Rinderknochen macht man Leim. Die Hörner und Hufe werden gemahlen und als Dünger verwendet (Bild 2).

Die Lebensweise der Rinder

Wilde Rinder leben in Herden von 20 bis 30 Kühen mit ihren Kälbern. Bullen bilden ab einem Alter von zwei Jahren eigene Gruppen. Ältere Bullen leben allein. Innerhalb einer Rinderherde gibt es eine Rangordnung. Das bedeutet, dass es Tiere gibt, die die Herde anführen, und solche, die sich unterordnen. Manchmal kämpfen die Tiere um ihren Rang in der Herde. Dazu setzen sie Körpersprache, Laute oder ihre Hörner ein. Rinder nehmen ständig Kontakt mit anderen Tieren in der Herde auf. Sie lecken sich oft gegenseitig ab. Dadurch festigen sie die Rangordnung. Wenn sich Raubtiere der Herde nähern oder wenn andere Gefahr droht, dann laufen die Rinder weg. Ein anderes Wort für weglaufen ist fliehen. Man sagt auch: Die Tiere ergreifen die Flucht. Tiere, die bei Gefahr die Flucht ergreifen, bezeichnet man als **Fluchttiere**.

Die Haltung in Anbindeställen

In Deutschland regeln Gesetze, wie man Tiere halten darf. Es gibt verschiedene Haltungsformen, die die Bedürfnisse der Tiere unterschiedlich berücksichtigen. Viele Bauern halten ihre Rinder entweder das ganze Jahr über oder vom Herbst bis zum Frühling in Gebäuden. Ein Gebäude, in dem Tiere gehalten werden, nennt man **Stall**. Manche Landwirte binden die Rinder im Stall fest an (Bild 3). So können die Tiere weder sich noch die Landwirte verletzen. Diese Form der Haltung nennt man **Anbindehaltung**. Die Rinder stehen im Stall auf Gummimatten eng nebeneinander. So passen viele Tiere in einen Stall. Kot und Urin fallen durch Roste im Boden. Die Rinder bekommen viel Kraftfutter, damit sie schnell wachsen.

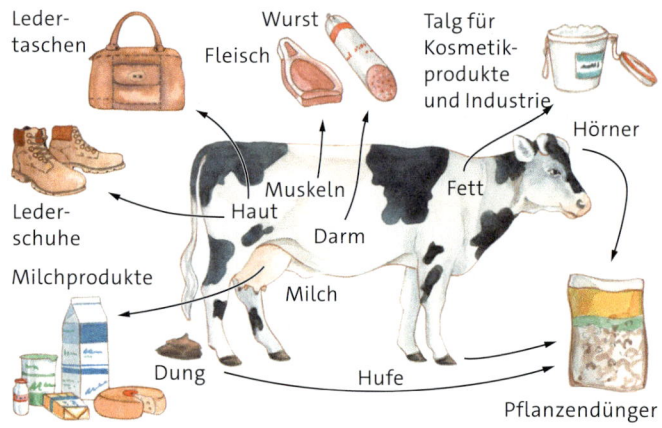

2 Rinder liefern Milch, Fleisch, Haut, Knochen, Hörner und Hufe.

3 Rinder in Anbindehaltung

4 Rinder im Boxenlaufstall

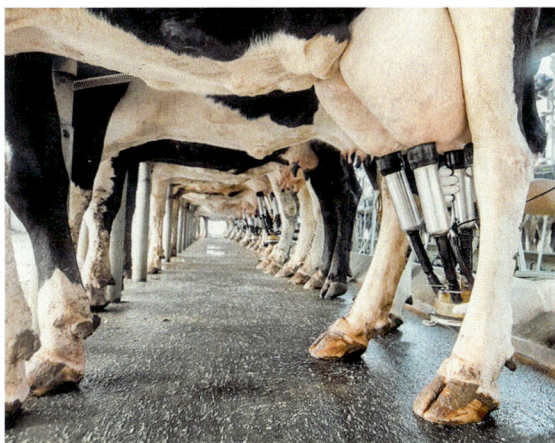

5 Kühe beim Melken im Melkstand

Die Haltung im Boxenlaufstall

Ställe, in denen Rinder frei herumlaufen können, nennt man **Laufställe**. Dort haben die Rinder viel Platz und direkten Kontakt untereinander. Manche Laufställe haben abgetrennte Plätze zum Liegen. Einen abgetrennten Liegeplatz kann man auch Box nennen. Ställe mit abgetrennten Boxen zum Liegen heißen deshalb **Boxenlaufställe** (Bild 4). Die Liegeboxen sind mit Stroh ausgelegt. Die Ställe sind hell und luftig. Es gibt Bürsten, die sich automatisch drehen. Damit können die Rinder ihr Fell pflegen. Heu und Gras können sich die Tiere am Futtertisch selbst holen. Zusätzlich gibt es Futterautomaten. Die Futterautomaten geben automatisch an jedes Tier eine bestimmte Menge Kraftfutter aus. Das Kraftfutter enthält besonders viele Nährstoffe.

Ohne Kalb keine Milch

Kühe geben nur Milch, wenn sie ein Kalb geboren haben. Kurz nach der Geburt werden Kuh und Kalb getrennt. Das Kalb wird mit Ersatzmilch gefüttert. Landwirte melken die Kuh dann meist zweimal am Tag. So gibt sie bis zu zehn Monate lang Milch. Nach zehn Monaten gibt die Kuh nur noch wenig Milch. Dann muss sie erneut schwanger werden. Die Maschinen, mit denen Kühe gemolken werden, heißen **Melkmaschinen**. Zum Melken werden Schläuche an die Zitzen der Euter angeschlossen. In modernen Ställen sind mehrere Melkmaschinen in einem **Melkstand** angebracht (Bild 5). Dort kann man mehrere Kühe gleichzeitig melken.

Die ökologische Tierhaltung

In der **ökologischen Tierhaltung** sollen die Tiere möglichst so leben, wie es ihren Bedürfnissen entspricht. Dazu gehören genug Platz im Stall, genug Auslauf im Freien und der Kontakt zu anderen Tieren. Das Futter für die Tiere stellen die Landwirte selbst her oder kaufen es von einem ökologischen Betrieb. Futterpflanzen dürfen nur natürlich gedüngt werden, zum Beispiel mit Gülle.

> Rinder liefern vor allem Milch und Fleisch. Die Haltung in Boxenlaufställen entspricht ihrer natürlichen Lebensweise. Eine Kuh gibt erst nach der Geburt eines Kalbs für etwa zehn Monate Milch.

AUFGABEN

1 Rinder als Nutztiere
Nenne Produkte, die Rinder dem Menschen liefern.

2 Die Rinderhaltung
a Beschreibe die natürliche Lebensweise von Rindern.
b Stelle in einer Tabelle Vorteile und Nachteile von Anbindehaltung, Haltung im Boxenlaufstall und ökologischer Tierhaltung gegenüber.

3 Die Milchkuh
Nenne die Voraussetzung dafür, dass eine Kuh Milch geben kann.

cezoho

AUFGABEN Die Haltung von Milchkühen

1 Der Boxenlaufstall

In Boxenlaufställen können sich die Kühe frei bewegen und sind dadurch weniger gestresst. Sie können in der weichen und trockenen Liegebucht wiederkäuen, die Einstreu verhindert Entzündungen des Euters. Das alles hat Einfluss auf den Gesundheitszustand und die Milchleistung der Tiere.

a Ordne den Buchstaben in Bild 1 die folgenden Wörter zu: Kraftfutterstation, Melkstand, Futtertisch, Fressgang, Milchkühltank, Fellpflegebürste, Liegebuchten.

b Nenne Einrichtungen des Stalls, die einer artgerechten Rinderhaltung entsprechen.

c Beschreibe den Vorteil von Liegebuchten für die Kühe.

d Eine Milchkuh wird zweimal am Tag gemolken. Pro Melkvorgang gibt eine konventionell gehaltene Kuh etwa 12,5 Liter Milch. Berechne, wie viel Liter Milch sie in einem Monat gibt.

e Bild 2 zeigt die durchschnittliche tägliche Milchleistung von Kühen in konventionellen und ökologisch geführten Betrieben. Werte das Säulendiagramm aus.

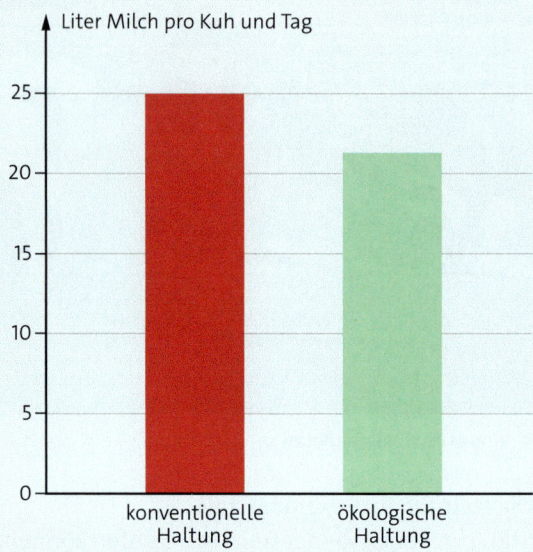

2 Milchleistung in verschiedenen Haltungsformen

f In Deutschland gibt es circa 3,9 Millionen Milchkühe, davon etwa 4 % (ca. 156 000 Tiere) in ökologischer Haltung. Berechne die Menge der täglich ökologisch produzierten Milch.

g Begründe, weshalb ökologisch produzierte Milch teurer ist und was dafür spricht, sie trotzdem zu kaufen.

1 Ein Boxenlaufstall

TIERE UND PFLANZEN, DIE NÜTZEN

EXTRA Ersatz für Milch und Milchprodukte

1 Milchersatz aus verschiedenen Pflanzen

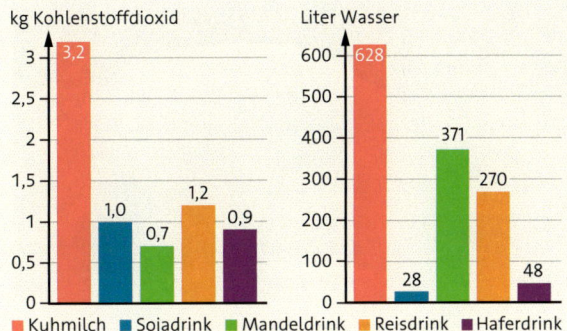

Bis 1 Liter Kuhmilch oder Pflanzendrink im Supermarkt steht, entstehen so viele Treibhausgase (als Ausstoß von Kohlenstoffdioxid angegeben) und wird so viel Wasser verbraucht:

2 Umweltbelastung bei der Herstellung

Die Kuhmilch als Nahrung
Für viele Menschen ist Kuhmilch ein wichtiges Nahrungsmittel. Aus Kuhmilch werden Produkte wie Käse, Joghurt und Quark hergestellt. Deshalb halten Menschen Kühe als Milchkühe. Die Milchkühe bekommen energiereiches Kraftfutter, damit sie in möglichst kurzer Zeit möglichst viel Milch geben. Nur so kann die hohe Nachfrage nach Milchprodukten gedeckt werden. Oftmals sind die Haltungsbedingungen der Kühe nicht optimal. Das führt dazu, dass die Kühe oft krank sind. Wenn sie nicht mehr genug Milch geben, dann werden sie geschlachtet. Verbesserte Haltungsbedingungen für die Kühe sind teurer. Deshalb ist auch die Milch aus Betrieben, die sich um artgerechte Tierhaltung bemühen, teuer. Um eine artgerechte Haltung der Kühe zu unterstützen, können wir im Supermarkt Milch und Milchprodukte wählen, die mit dem Siegel „Für mehr Tierschutz" gekennzeichnet sind.

Was steckt in der Kuhmilch?
Milch enthält Wasser, Fett, Eiweiß, Vitamine und Zucker. Dieser Milchzucker wird auch Lactose genannt. Manche Menschen vertragen Lactose nicht, weil ihr Körper keine Lactose verdauen kann. Sie greifen auf Milchprodukte zurück, die keine Lactose enthalten. Das können Produkte aus Kuhmilch sein, denen die Lactose entzogen wurde, oder Ersatzprodukte aus pflanzlichen Stoffen (Bild 1). Immer mehr Menschen entscheiden sich gegen den Verzehr von Kuhmilch und Kuhmilchprodukten, obwohl sie Lactose vertragen. Sie wollen Umwelt und Tiere schützen.

Milchersatz aus Pflanzen
Als Ersatz für Kuhmilch gibt es milchähnliche Getränke aus Pflanzen. Diese Getränke heißen Pflanzendrinks. Man kann zum Beispiel Pflanzendrinks aus Hafer, Reis, Mandeln und Kokos herstellen. Sie schmecken unterschiedlich und können unterschiedlich verwendet werden. Pflanzendrinks kann man in Supermärkten kaufen.

Unterschiedliche Belastung der Umwelt
Jedes Produkt belastet durch seine Herstellung, seinen Transport, seine Nutzung und seine Entsorgung die Umwelt. Man spricht von der **Umweltbilanz** eines Produkts. Dabei betrachtet man zum Beispiel den Wasserverbrauch, die benötigte Anbaufläche oder den Ausstoß an Treibhausgasen. Treibhausgase tragen mit dazu bei, dass es auf der Erde immer wärmer wird. Ein Treibhausgas ist Kohlenstoffdioxid. Die Wirkung anderer Treibhausgase kann man mit der von Kohlenstoffdioxid vergleichen. Bei der Umweltbilanz eines Produkts gibt man die Menge an Treibhausgasen deshalb oft als Menge Kohlenstoffdioxid an (Bild 2).

AUFGABEN
1 **Ersatz für Milch und Milchprodukte**
a Beschreibe, was Lactose ist.
b Nenne Gründe für die Verwendung von Ersatzprodukten aus pflanzlichen Stoffen.
c „Ersatzprodukte aus pflanzlichen Stoffen sind umweltfreundliche Alternativen zur Kuhmilch." Nimm Stellung zu der Aussage. Nimm den Text und Bild 2 zu Hilfe.

Schweine sind Allesfresser

1 Eine Bache mit Frischlingen am Wegrand

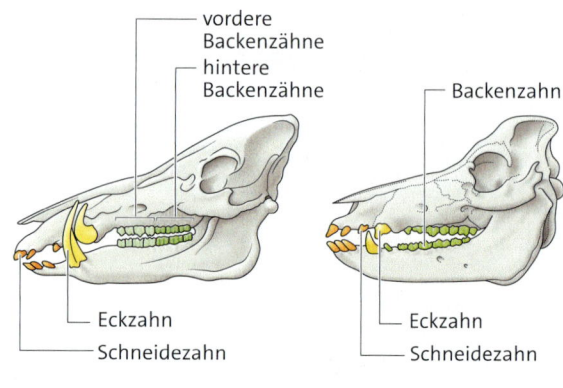

2 Schädel und Gebiss: Wildschwein (A), Hausschwein (B)

Immer öfter kann man Wildschweine in der Stadt beobachten. Auf den Wiesen in der Stadt und in den Abfällen finden sie Nahrung.

Der Körperbau von Wildschweinen

Wildschweine haben an jedem Fuß zwei Zehen mit Hufen. Sie sind Zehenspitzengänger. Der Kopf der Wildschweine ist vorne schmal und spitz. Nach hinten wird der Kopf breiter (Bild 1). Die Nase der Wildschweine ist vergrößert und heißt **Rüssel**. Wildschweine haben schmale, spitze Ohren. Ihre Haut ist mit dicken schwarz-braunen Deckhaaren bedeckt. Diese Deckhaare werden **Borsten** genannt. Männliche Wildschweine nennt man **Keiler**. Weibliche Wildschweine heißen **Bache**.

Wildschweine sind Allesfresser

Wildschweine fressen Pflanzen, Pilze und Tiere. Zu ihrer Nahrung zählen Kräuter, Wurzeln, Eicheln, Bucheckern, Würmer, Schnecken, Insekten und kleine Säugetiere, wie Mäuse. Tiere, die Pflanzen und Tiere fressen, nennt man **Allesfresser**. Das Gebiss der Allesfresser heißt **Allesfressergebiss**. Ein Allesfressergebiss hat Merkmale eines Pflanzenfressergebisses und eines Fleischfressergebisses. Die hinteren Backenzähne haben breite Kauflächen wie die Backenzähne in einem Pflanzenfressergebiss. Damit können die Wildschweine Pflanzen gut zerkleinern. Die vorderen Backenzähne haben scharfe Kanten wie die Backenzähne im Fleischfressergebiss. Die Eckzähne der Wildschweine sind spitz und lang. Beim Keiler sind die oberen und unteren Eckzähne nach oben gebogen (Bild 2). Die Wildschweine nutzen sie beim Wühlen im Boden und im Kampf als Waffen.

Die Lebensweise der Wildschweine

Wildschweine leben in Wäldern. Als Allesfresser finden sie auch in anderen Lebensräumen Nahrung. Mit den schwarz-braunen Borsten sind sie im Wald gut getarnt. Wildschweine wühlen oft im Schlamm. Wenn der Schlamm auf der Haut trocknet, dann bildet sich eine Kruste. Die Kruste schützt die Tiere vor Insektenstichen. Mehrere Bachen und ihre Jungtiere leben in Gruppen zusammen. Eine solche Gruppe nennt man **Rotte** (Bild 3). Ausgewachsene Keiler leben allein.

Die Fortpflanzung der Wildschweine

In der Paarungszeit suchen Keiler in den Rotten nach paarungsbereiten Bachen. Etwa vier Monate nach der Paarung kommen vier bis zehn Jungtiere zur Welt. Die Jungtiere der Wildschweine heißen **Frischlinge**. Sie werden zunächst mit Muttermilch ernährt. Das Fell der Frischlinge ist gelb-braun gestreift. Nach etwa einem Jahr sieht es aus wie das Fell der erwachsenen Tiere.

3 Eine Rotte Wildschweine auf Nahrungssuche

4 Eine Sau mit Ferkeln auf der Weide

Das Hausschwein
Hausschweine stammen vom Wildschwein ab. Sie sehen aber ganz anders aus als Wildschweine (Bild 4). Hausschweine haben kleinere Eckzähne, kleinere Rüssel und kürzere Beine als Wildschweine. Außerdem haben sie einen geringelten Schwanz. Der Kopf der Hausschweine ist kürzer als der Kopf der Wildschweine. Hausschweine haben weniger Borsten. Die Borsten der Hausschweine sind hell. Männliche Hausschweine nennt man **Eber**. Die weiblichen Hausschweine heißen **Sau**. Die Jungtiere der Hausschweine heißen **Ferkel**.

Durch Züchtung entstehen Rassen
Durch Züchtung entstanden aus dem Wildschwein verschiedene Hausschweinrassen. Bei der Züchtung wollten die Menschen vor allem Schweine züchten, die viel Fleisch haben, die viele Nachkommen bekommen und die schnell wachsen.

Die Lebensweise der Hausschweine
Die Bedürfnisse der Hausschweine sind die gleichen wie die der Wildschweine: Sie leben in Rotten zusammen und durchwühlen den Boden auf der Suche nach Nahrung. Hausschweine wälzen sich im feuchten Schlamm. Dadurch reinigen sie sich und kühlen sich ab. Der getrocknete Schlamm auf der Haut schützt sie vor Insektenstichen.

Die Haltung der Hausschweine
Viele Menschen essen Schweinefleisch. Deshalb muss viel Schweinefleisch produziert werden. Landwirte halten Hausschweine daher oft in großen Ställen, in denen viele Tiere leben. Dort füttern die Landwirte die Hausschweine mit Futter, das viel Energie und Nährstoffe erhält. Dadurch wachsen die Tiere schneller und können schneller geschlachtet werden.

> Schweine sind Allesfresser. Die Hausschweinrassen sind durch Züchtung aus dem Wildschwein entstanden. Hausschweine und Wildschweine sehen unterschiedlich aus. Ihre natürlichen Verhaltensweisen sind aber gleich.

AUFGABEN
1 Allesfresser
a Beschreibe, was Allesfresser sind.
b Nenne vier Beispiele für die Nahrung des Wildschweins.
c Schreibe die Merkmale eines Allesfressergebisses in dein Heft. Markiere die Merkmale eines Pflanzenfressergebisses in Grün, die eines Fleischfressergebisses in Rot.

2 Wildschwein und Hausschwein
a Beschreibe, was eine Rotte ist.
b Beschreibe die natürliche Lebensweise von Schweinen.
c Vergleiche Merkmale von Wildschwein und Hausschwein mithilfe einer Tabelle. Betrachte folgende Merkmale: Kopfform, Beine, Rüssel, Ohren, Behaarung, Schwanz, Gebiss, Gewicht, Anzahl der Jungtiere (Bild 2 und Bild 5).

Wildschwein
120 kg
bis zu 10 Jungtiere pro Jahr

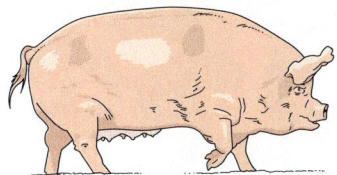

Hausschwein
250 kg
bis zu 14 Jungtiere pro Jahr

5 Vergleich von Wildschwein und Hausschwein

d Ergänze in deiner Tabelle die Fachwörter für die weiblichen Tiere, die männlichen Tiere und für die Jungtiere.

Die Haushühner

1 Der Hahn und die Hennen leben als Gruppe zusammen.

3 Das Haushuhn reinigt seine Federn bei einem Sandbad.

Die Klasse 5b macht einen Ausflug auf einen Bauernhof. Dort laufen Hühner frei herum. Kim und Sema bringen den Hühnern Futter an die Futterstelle. Die Kinder beobachten, dass es Hühner gibt, die sich zuerst Futter nehmen. Andere Hühner müssen warten. Sie fragen sich, warum das so ist.

Haushühner stammen vom Bankivahuhn ab

Ein weibliches Haushuhn nennt man **Henne**. Ein männliches Haushuhn heißt **Hahn**. Ein weibliches Haushuhn mit Jungtieren bezeichnet man auch als **Glucke**. Die Jungtiere der Haushühner heißen **Küken**. Das Wildtier, von dem die Haushühner abstammen, heißt Bankivahuhn (Bild 2). Bankivahühner leben in den Wäldern Südostasiens. Sie leben in Gruppen. Eine Gruppe besteht aus mehreren Hennen und meist einem Hahn.

2 Ein männliches Bankivahuhn

Bankivahühner fressen die Knospen und Samen von Waldpflanzen, Würmer und Larven. Mit den Füßen kratzen sie den Boden auf. Man sagt: Sie **scharren**. So suchen sie nach Nahrung. Mindestens einmal am Tag scharren sie eine Mulde in den Boden und wälzen sich darin im Sand. Durch dieses **Sandbad** reinigen und pflegen sie ihre Federn (Bild 3). Bankivahühner können nur kurze Strecken fliegen. Sie leben am Boden und verbringen die meiste Zeit des Tages damit, Nahrung zu suchen. Zum Schlafen fliegen sie auf Bäume. Dort sind sie vor Feinden geschützt.

Die Haushühner leben in Gruppen

Haushühner haben die gleichen Bedürfnisse wie die Bankivahühner. Die Haushühner leben in Gruppen von mehreren Hennen und einem Hahn (Bild 1). Der Hahn führt die Gruppe an. Bei den Hennen gibt es innerhalb der Gruppe eine feste Rangordnung. Die Hennen, die die Gruppe anführen, dürfen früher an den Futterplatz als die anderen Hennen. Die ranghohen Tiere bekommen auch die besten Schlafplätze. Die ranghohen Hennen verteidigen ihren Futterplatz und ihren Schlafplatz, indem sie die rangniederen Hennen mit dem Schnabel beißen. Man sagt: Sie **hacken**. Die Rangordnung der Haushühner bezeichnet man deshalb auch als **Hackordnung**. Haushühner verständigen sich über Laute. Sie gackern. Durch das Gackern können sich die Haushühner gegenseitig warnen, sich drohen und anlocken. Die Hähne markieren mit Lauten ihr Revier. Dazu krähen die Hähne.

TIERE UND PFLANZEN, DIE NÜTZEN

4 Der Körperbau eines Hahns

Der Körperbau der Haushühner

Haushühner sind Vögel. Ihre Haut ist mit Federn bedeckt. Sie haben ein Skelett aus Knochen mit einer Wirbelsäule. Die Hähne sind größer als die Hennen. Die Federn der Hähne sind oft bunter. Nur die Hähne haben lange gebogene Schwanzfedern. Am Kopf befindet sich der Schnabel aus Horn. Mit dem Schnabel können die Haushühner Nahrung greifen. Auf dem Kopf sitzt ein fleischiger Hautlappen mit Zacken. Durch die Zacken sieht der Hautlappen aus wie ein Kamm. Deshalb nennt man den Hautlappen **Kamm** (Bild 4). Am Hals der Haushühner befinden sich zwei weitere Hautlappen. Dieser Teil des Halses wird Kehle genannt. Die beiden Hautlappen bezeichnet man daher als **Kehllappen**. Durch die Haut am Kamm und an den Kehllappen geben die Haushühner Wärme aus dem Körper nach außen ab. So können sie ihren Körper kühlen. Haushühner haben zwei Flügel und zwei Beine mit Füßen. Im Vergleich zu ihrem Körper sind die Flügel klein. Deshalb können die Haushühner nur kurze Strecken fliegen. Meistens laufen sie auf ihren zwei Beinen. Die Füße bestehen aus dem Lauf und vier Zehen. Drei Zehen zeigen nach vorne. Eine Zehe zeigt nach hinten. An jedem Zeh sitzt eine Kralle. Bei den Hähnen befindet sich am Lauf ein spitzer Anhang aus Horn. Dieser Anhang heißt **Sporn**. Die Hähne setzen die Sporne ein, um Feinde abzuwehren und um ihr Revier zu verteidigen.

Die Haushühner sind Nutztiere

Die Menschen halten Haushühner als Nutztiere. Sie nutzen die Eier und das Fleisch der Haushühner als Nahrung. Hennen, die gehalten werden, damit sie für uns Eier legen, bezeichnet man auch als **Legehennen**. Hühner, die gehalten werden, damit wir ihr Fleisch nutzen können, nennt man auch **Fleischhühner**. Bei der Züchtung verschiedener Rassen der Haushühner haben die Menschen deshalb vor allem zwei Ziele: Die Legehennen sollen viele Eier legen. Die Fleischhühner sollen viel Fleisch am Körper haben.

> Die Haushühner leben in Gruppen aus mehreren Hennen und einem Hahn. Innerhalb einer Gruppe gibt es eine feste Rangordnung. Der Hahn führt die Gruppe an. Er markiert sein Revier durch Krähen. Als Nutztiere liefern uns die Haushühner Eier und Fleisch.

AUFGABEN

1 Haushühner stammen vom Bankivahuhn ab
a Nenne die Fachwörter für ein weibliches und ein männliches Haushuhn.
b Beschreibe, was Glucken und Küken sind.
c Beschreibe die Lebensweise des Bankivahuhns. Erstelle dazu eine Tabelle, in der du auf den Lebensraum, die Nahrung und auf das Verhalten im Tagesverlauf eingehst.

2 Die Haushühner leben in Gruppen
a Beschreibe, was eine Hackordnung ist.
b Begründe, warum sich manche Hühner zuerst Futter nehmen dürfen und andere Hühner warten müssen.

3 Der Körperbau der Haushühner
a Zeichne Bild 4 in dein Heft ab und beschrifte deine Zeichnung mit den Fachwörtern.
b Begründe, warum Haushühner nur kurze Strecken fliegen können.

4 Die Haushühner sind Nutztiere
a Beschreibe, was Legehennen und Fleischhühner sind.
b Nenne zwei Zuchtziele bei der Züchtung der Haushühner.

TIERE UND PFLANZEN, DIE NÜTZEN

EXTRA   Die Haltung von Haushühnern

Die Nachfrage nach Hühnereiern ist hoch. Um diesen Bedarf zu decken, werden Hühner in großen Betrieben gehalten. Bei der Haltung der Haushühner unterscheiden wir vier Haltungsformen:

Die Kleingruppenhaltung
In der Kleingruppenhaltung hält man Hühner in kleinen Gruppen in Käfigen. Der Platz für jedes Tier ist etwa so groß wie ein aufgeklapptes Schulbuch. Auf einem Quadratmeter Stallfläche leben 12,5 Tiere. Im Käfig hat nur ein kleiner Bereich einen festen Untergrund. Darauf können die Hühner scharren. Die Hühner sitzen auf Drahtgittern. Kot und Futterreste fallen durch die Gitter. Die Tiere haben keinen Auslauf. Sie greifen sich oft an und verletzen sich mit ihren Schnäbeln. Die Kleingruppenhaltung ist in Deutschland ab 2028 verboten.

Die Bodenhaltung
Bei der Bodenhaltung leben die Hühner in einem Stall. Der Stallboden ist zu einem Drittel mit Stroh, Holzspänen, Sand oder Torf ausgestreut. Im Stall gibt es Sitzstangen und Nester. Die Hühner können sich im Stall bewegen, scharren und picken. Die Hühner haben keinen Auslauf ins Freie. Auf einem Quadratmeter Stallfläche dürfen maximal 9 Hühner leben. Futter und Wasser bekommen die Hühner an Automaten.

Die Freilandhaltung
In der Freilandhaltung haben Hühner Zugang zu einem Stall und zum Freien. Im Freien haben sie Auslauf auf einer Fläche von mindestens vier Quadratmetern pro Huhn. Auf dieser Fläche können sich die Hühner frei bewegen, nach Futter scharren, picken, ihr Gefieder putzen, im Sand baden und mit den Flügeln schlagen. Es gibt einen Stall mit Tageslicht, in dem sich Sitzstangen und Nester auf verschiedenen Höhen befinden. In den Stall können sich die Tiere zum Eierlegen oder nachts zurückziehen. Auf einen Quadratmeter Stallfläche dürfen bis zu 9 Hühner leben.

Die biologische Haltung
Bei der biologischen Haltung werden Hühner wie bei der Freilandhaltung im Stall und im Freien gehalten. Der Aufbau des Stalls und die Fläche für den Auslauf im Freien sind gleich. Auf einem Quadratmeter Stallfläche dürfen aber nur maximal 6 Hühner leben. Die Hühner bekommen außerdem Futter aus ökologischer Landwirtschaft. Oft stellen die Betriebe das Futter selbst her.

Das Tierschutzgesetz
Das Tierschutzgesetz regelt unter anderem, wie Tiere gehalten werden müssen. Tiere müssen ihren Bedürfnissen entsprechend untergebracht, ernährt und gepflegt werden. Man darf ihnen ohne Grund keine Schäden zufügen. Im Gesetz steht auch, dass Tiere nur schmerzfrei, mit Betäubung und von ausgebildetem Personal getötet werden dürfen.

1 Natürliches Verhalten von Hühnern

AUFGABEN

1 Die Haltung von Haushühnern
a Beschreibe das natürliche Verhalten eines Huhns mithilfe von Bild 1.
b Vergleiche die beschriebenen Haltungsformen mithilfe einer Tabelle.
c Gib die Inhalte des Tierschutzgesetzes in eigenen Worten wieder.
d Informiere dich im Supermarkt über Preise von Eiern aus verschiedenen Haltungsformen.
e Begründe, für welche Eier du dich entscheiden würdest.

AUFGABEN Ernährung und Gebisse von Haustieren

1 Gebiss und Ernährung

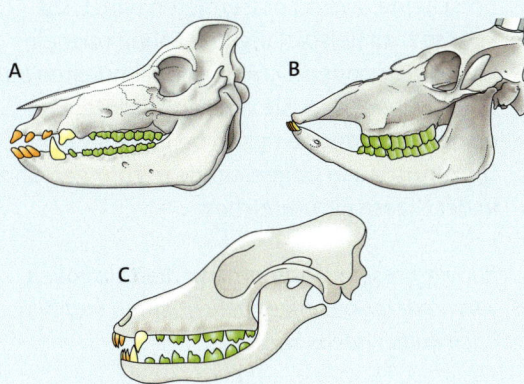

1 Schädel und Gebisse verschiedener Haustiere

Am Gebiss von Haustieren kann man erkennen, ob sie sich von Pflanzen, von Fleisch oder von beidem ernähren.

a ☒ Betrachte die Schädel und Gebisse in Bild 1. Gib für jeden Schädel an, ob es sich um einen Pflanzenfresser, Fleischfresser oder Allesfresser handelt.

b ☒ Nenne die Fachwörter für die Gebisse in Bild 1.

c ☒ Wenn man weiß, wovon Tiere sich ernähren, kann man darauf schließen, was für ein Gebiss sie haben. Lies die folgenden Aussagen über das Mufflon. Nenne das Fachwort für das Gebiss der Mufflons.
Das Mufflon, der Vorfahre des Hausschafs, frisst Laub, Gräser, Kräuter, Moose, Flechten und Baumrinden.

2 Die Ernährung und die Darmlänge

Der Darm ist ein schlauchförmiges Organ. Im Darm wird die Nahrung in kleinere Bestandteile zerlegt. Man sagt auch: Die Nahrung wird verdaut. Pflanzen werden nur langsam verdaut. Haustiere, die Pflanzen fressen, haben einen langen Darm. Der Darm von Haustieren, die Fleisch fressen, ist kurz. Fleisch wird im Körper schneller verdaut.

a ☒ Ordne die Tiere in Bild 2 den Pflanzenfressern, Allesfressern oder Fleischfressern zu.

b ☒ Ordne den Tieren in Bild 2 den richtigen Wert D zu, mit dem man die Darmlänge berechnen kann. Begründe deine Zuordnung.

c ☒ Stelle die Werte D für alle Tiere und den Menschen in einem Säulendiagramm dar. Übernimm dazu die Vorlage aus Bild 3:

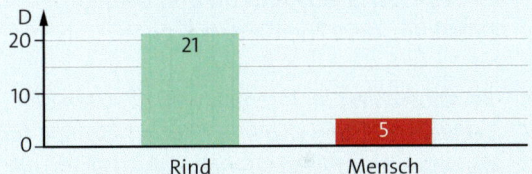

3 Darmlängen verschiedener Lebewesen

d ☒ Werte dein Säulendiagramm aus Aufgabe c aus. Formuliere einen Merksatz über die Darmlängen von Pflanzenfressern, Allesfressern und Fleischfressern. Notiere auch den Grund für die Darmlängen.

e ☒ Berechne die Darmlänge der Lebewesen in Bild 2 und notiere sie in deinem Heft.

Hund
Darmlänge = **D** × Körperlänge
(Körperlänge: 0,70 Meter)

Schaf
Darmlänge = **D** × Körperlänge
(Körperlänge: 1,50 Meter)

Schwein
Darmlänge = **D** × Körperlänge
(Körperlänge: 1,50 Meter)

Mensch
Darmlänge = **5** × Körperlänge
(Körperlänge: 1,70 Meter)

Katze
Darmlänge = **D** × Körperlänge
(Körperlänge: 0,50 Meter)

Rind
Darmlänge = **21** × Körperlänge
(Körperlänge: 2,00 Meter)

Werte für **D**
27 × Körperlänge
14 × Körperlänge
6 × Körperlänge
4 × Körperlänge

2 Die Darmlängen verschiedener Lebewesen

TIERE UND PFLANZEN, DIE NÜTZEN

METHODE Präsentieren

Eine Präsentation ist ein Vortrag zu einem bestimmten Thema. Folge diesen Schritten, um eine Präsentation zu erstellen und vorzutragen:

1 Fragen überlegen
Überlege, was dich und deine Klasse an deinem Thema interessiert. Notiere Fragen, die du in deiner Präsentation beantworten willst.

Bo soll eine Präsentation zum Thema Schweinezüchtung halten. Er notiert sich mehrere Fragen: Wie werden Schweine gehalten? Warum hat Schweinefleisch unterschiedliche Preise?

2 Informationen sammeln
Suche Antworten auf deine Fragen. Wenn du ein Wort nicht kennst, dann schlage es nach. Die Worterklärung hilft dir und deinem Publikum, dein Thema besser zu verstehen.

Bo recherchiert im Internet, welche Arten der Schweinehaltung es gibt. Er notiert Gründe für die unterschiedlichen Fleischpreise. Die Wörter „artgerecht" und „konventionell" kennt er nicht, deshalb schaut er nach, was sie bedeuten.

3 Die Informationen ordnen
Ordne deine Informationen inhaltlich. Informationen, die zueinandergehören, kommen in eine Gruppe. Überlege dir Überschriften für diese Gruppen. Notiere deine Überschriften als Gliederung für deine Präsentation.

Bo will seine Präsentation in vier Teile gliedern. Er gibt jedem Teil eine Überschrift.

4 Die Art der Präsentationsform festlegen
Entscheide, wie du präsentieren willst. Du kannst zum Beispiel digitale Folien oder ein Plakat verwenden. Du kannst neben Texten auch Bilder verwenden. Sie wecken das Interesse deiner Zuhörer und helfen beim Verstehen. Du kannst auch Gegenstände mitbringen und in der Klasse herumreichen.

Bo will für seine Präsentation digitale Folien verwenden. So kann er neben Texten und Bildern auch kurze Videos zeigen.

5 Die Präsentation erstellen
Erstelle nun alle Materialien für deine Präsentation. Formuliere verständliche Texte und erkläre unbekannte Wörter. Gib an, aus welchen Quellen deine Informationen und die Bilder stammen. Überlege dir einen spannenden Einstieg in dein Thema. Erstelle für den Abschluss der Präsentation eine kurze Zusammenfassung.

Bo erstellt zuerst die Gliederungsfolie und die Einstiegsfolie (Bild 1 und Bild 2). Dann erstellt er auch die anderen Folien.

6 Auf das Präsentieren vorbereiten
Notiere dir Stichpunkte als Erinnerungshilfen. Überlege, wie du von einem Punkt der Gliederung zum nächsten Punkt überleitest.

Bo macht sich Notizen auf Karteikarten. Er schreibt nur Stichpunkte auf, damit er nicht abliest.

Gliederung

1. Schweinehaltung in Deutschland
2. Transport und Schlachtung
3. Gründe für die unterschiedlichen Preise von Schweinefleisch
4. Verantwortung

1 Bos Gliederung

2 Bos Einstiegshilfe

3 Bo hält seine Präsentation.

7 Das Präsentieren üben
Übe deine Präsentation vor Freunden oder vor deiner Familie. Bitte sie um ihre Meinung zum Inhalt und zu der Art, wie du vorträgst. Überarbeite deine Präsentation entsprechend.

Bo übt seine Präsentation vor seiner großen Schwester, die ihm Verbesserungsvorschläge gibt. Wenn er nur vor dem Spiegel geübt hätte, dann wäre ihm wahrscheinlich nicht aufgefallen, dass er beim Sprechen schneller wird.

8 Den Raum vorbereiten
Wenn du deine Präsentation mit digitalen Folien hältst, dann solltest du vor deinem Vortrag alle Geräte ausprobieren. Lege deine Materialien, Gegenstände und Karteikarten bereit.

In der Pause vor seiner Präsentation testet Bo, ob auf dem Smartboard in der Schule alles so funktioniert wie auf seinem Computer zu Hause. Er klickt einmal durch alle Folien, um sicherzugehen. Er legt auch seine Karteikarten bereit.

9 Die Präsentation vortragen
Begrüße deine Zuhörer und nenne das Thema deines Vortrags. Wenn du bei deiner Präsentation nicht unterbrochen werden willst, dann sage, dass Fragen erst am Ende gestellt werden sollen. Sprich möglichst frei, also ohne viel abzulesen. Sprich langsam und deutlich. Schau dein Publikum an. Bedanke dich am Ende für die Aufmerksamkeit.

Zu Beginn des Vortrags bittet Bo, Fragen erst am Ende der Präsentation zu stellen. Dann beginnt er mit der ersten Folie. Er kann die Präsentation fast auswendig, weil er sie mehrmals vor seiner Schwester gehalten hat.

10 Fragen beantworten
Beantworte die Fragen deiner Mitschüler und Mitschülerinnen. Frag sie auch, wie sie deine Präsentation fanden. Notiere dir die Verbesserungsvorschläge für deinen nächsten Vortrag.

Am Ende der Präsentation bedankt sich Bo für die Aufmerksamkeit. Dann beantwortet er die Fragen der Zuhörer. Er schreibt sich auch auf, dass er beim nächsten Mal die Folien etwas länger zeigen sollte. Dann haben alle genug Zeit, sie zu lesen und sich Notizen zu machen.

AUFGABEN
1 Gut präsentieren
a ☒ Nenne die Merkmale eines guten Vortrags.
b ☒ In einem Vortrag ist es wichtig „frei zu sprechen". Beschreibe, was damit gemeint ist.
c ☒ Nenne zwei weitere Punkte, die beim Sprechen wichtig sind.
d ☒ Fasse zusammen, wie du am besten für deinen Vortrag üben kannst.
e ☒ Begründe, warum Schriftgröße und Farbe bei digitalen Folien und Plakaten wichtig sind.

– Berechne anhand der vorgegebenen Zeit für die Präsentation, wie viele Folien du brauchst. Plane pro Folie 2 bis 3 Minuten ein.
– Verwende eine einheitliche Gestaltung für alle Folien.
– Wähle eine gut lesbare Schriftfarbe und Schriftgröße (mindestens 24 pt).
– Nutze Fotos, Zeichnungen oder Videos zur Veranschaulichung.
– Animierte Übergänge zwischen den Folien können deine Präsentation interessanter machen, aber sie lenken auch von den Inhalten ab. Verwende sie daher nicht zu oft.

4 Tipps für digitale Folien

Von der Wildpflanze zur Nutzpflanze

1 Der Romanesco ist ein Kohl, der in Rom gezüchtet wurde.

Kohl gibt es in vielen verschiedenen Formen und Farben. Wie kam diese Vielfalt zustande?

Die Entstehung von Nutzpflanzen

Unsere Vorfahren waren Jäger und Sammler: Sie jagten Wildtiere und sammelten Wildpflanzen. Vor etwa 12 000 Jahren wurden die Menschen sesshaft. Das bedeutet, sie zogen nicht mehr umher, sondern gründeten Siedlungen. Sie pflanzten nun die Wildpflanzen in ihrer Nähe an, von denen sie sich ernährten. Die Menschen beobachteten, dass unterschiedliche Pflanzen verschieden große Früchte bilden. Um möglichst viel Nahrung zu erhalten, suchten sie für den Anbau nur die Samen von Pflanzen mit großen Früchten aus. Ein anderes Wort für dieses Aussuchen ist Auslese. Deshalb spricht man auch von **Auslesezüchtung**. Über Tausende von Jahren entstanden so Pflanzen, die sich deutlich von den Wildpflanzen unterscheiden. Die Menschen nutzen diese Pflanzen als Nahrung, aber auch für die Gewinnung von Fasern zur Herstellung von Kleidung. Deshalb werden sie **Nutzpflanzen** genannt. Nutzpflanzen sehen anders aus und schmecken anders als die Wildpflanzen, aus denen sie gezüchtet wurden. Aus einer Wildpflanze können verschiedene Nutzpflanzen gezüchtet werden. Man spricht von **Sorten**. Sie entsprechen den Rassen bei den Tieren.

Der Kohl

Der Wildkohl stammt ursprünglich aus dem Gebiet um das Mittelmeer. Durch Züchtung sind daraus Weißkohl, Rotkohl, Blumenkohl, Grünkohl und Brokkoli entstanden (Bild 2). Diese Kohlsorten werden heute in fast ganz Deutschland angebaut. Sie werden vor allem im Herbst und Winter geerntet. Aus Kohl kann man Eintöpfe, Kohlrouladen, Krautsalat und Sauerkraut machen. Kohl enthält viele Vitamine und Mineralstoffe.

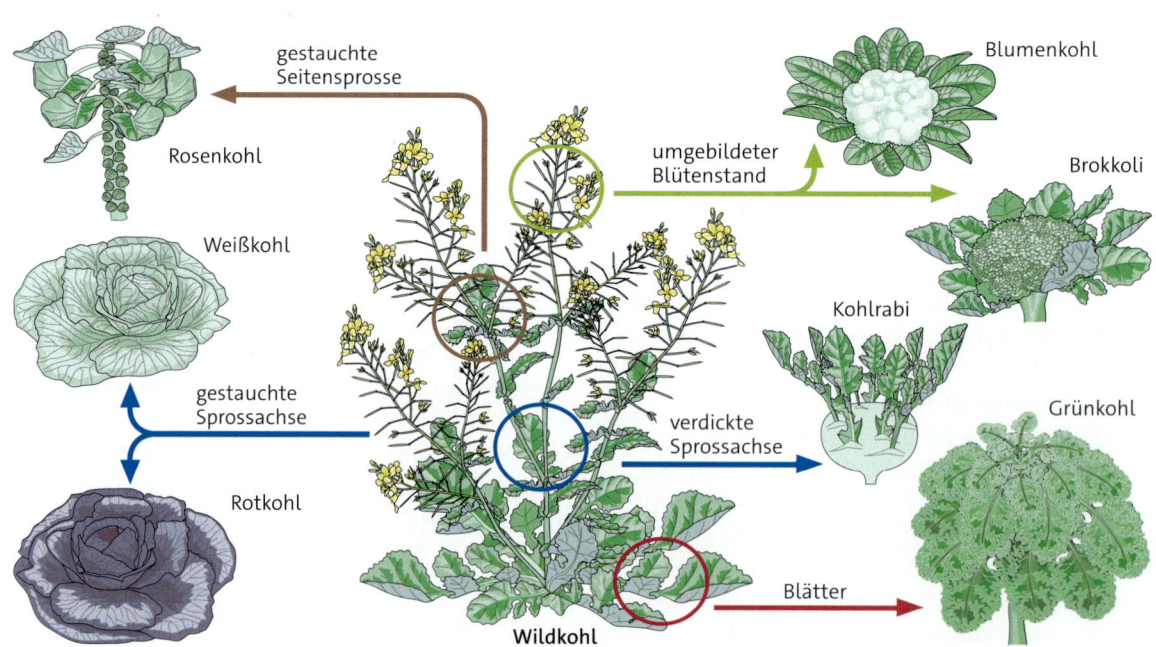

2 Der Wildkohl und einige gezüchtete Kohlsorten

TIERE UND PFLANZEN, DIE NÜTZEN

3 Blühende Rapsfelder

Der Raps

Auch der Raps stammt vom Wildkohl ab. Er blüht im Frühling, die gelb leuchtenden Felder sind schon von Weitem zu erkennen (Bild 3). Raps wird nicht als Gemüse gegessen. Stattdessen werden die Samen gepresst, um Pflanzenöl zu erhalten: das **Rapsöl**. Es wird für Salate und als Bratöl verwendet oder zu Margarine und Biodiesel weiterverarbeitet. Die Reste der Samen nennt man **Rapsschrot**. Er wird an Tiere verfüttert. Honigbienen bevorzugen Rapsblüten, wenn sie die Wahl haben. Deshalb sind Rapsfelder auch für die Honigproduktion wichtig.

Die Kartoffel

Ursprünglich stammt die Kartoffel aus Südamerika. Dort pflanzte man sie schon vor etwa 2000 Jahren an. Vor etwa 500 Jahren wurde die Kartoffel nach Europa gebracht. In Deutschland ist sie erst seit etwa 300 Jahren als Gemüse bekannt. Durch Züchtung sind viele verschiedene Sorten entstanden. Heute sind Kartoffeln eines der wichtigsten Grundnahrungsmittel der Welt. Sie sind beliebt als Beilage für viele Gerichte. Außerdem werden daraus Stärkemehl und verschiedene Fertigprodukte hergestellt. Kartoffeln werden auch als Viehfutter und zur Herstellung von Biokraftstoff genutzt. Blätter, Stängel und Früchte der Kartoffelpflanze sind giftig. Essbar sind nur die unterirdischen Organe der Kartoffel (Bild 4). Sie heißen **Knollen**. Darin speichert die Pflanze vor allem Stärke. Steckt man eine Kartoffel in die Erde, wächst daraus eine neue Kartoffelpflanze: Neue Pflanzenstängel wachsen aus den kleinen Knospen der Knolle. Die neuen Pflanzenstängel heißen **Triebe**, die Knospen werden **Augen** genannt.

> Nutzpflanzen sind durch Auslesezüchtung aus Wildpflanzen entstanden. Aus dem Wildkohl sind so viele unterschiedliche Sorten entstanden. Die Kartoffel gehört zu unseren wichtigsten Grundnahrungsmitteln.

AUFGABEN

1 Kohlsorten sind Nutzpflanzen
a Beschreibe, was Nutzpflanzen sind.
b Nenne drei Kohlsorten.
c Gib an, welche Pflanzenteile des Wildkohls sich bei der Züchtung der drei von dir genannten Kohlsorten aus Aufgabe 1b verändert haben. Bild 2 hilft dir dabei.

2 Raps und Kartoffel
a Nenne drei Produkte, die aus Raps gemacht werden.
b Beschreibe, was Kartoffeln sind.
c Nenne eine Aufgabe, die die Kartoffel für die Kartoffelpflanze hat.

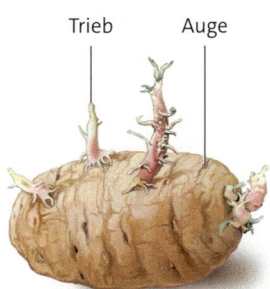

4 Eine Kartoffelpflanze und eine keimende Kartoffelknolle

TIERE UND PFLANZEN, DIE NÜTZEN

Getreide ernährt die Welt

1 Getreide ist vielfältig.

Das Frühstücksmüsli, die Spaghetti zum Mittagessen und das belegte Abendbrot schmecken lecker. Aber sie haben noch eine weitere Gemeinsamkeit.

Getreide
Menschen bauen bestimmte Gräser an, um ihre Samen als Nahrung zu nutzen. Solche Gräser werden **Getreide** genannt. Beispiele sind Weizen, Gerste, Roggen und Hafer, aber auch Mais, Hirse und Reis. Alle heute bekannten Getreidesorten sind durch Auslesezüchtung aus Wildgräsern entstanden. Die Samen der Getreidepflanzen heißen **Getreidekörner**. Sie werden in Mühlen zerrieben, so entsteht **Mehl**. Es enthält sehr viel Stärke sowie Eiweiß und verschiedene Mineralstoffe.

Der Weizen
Weizen wurde bereits vor 10 000 Jahren in den Tälern der Flüsse Nil, Euphrat und Tigris angebaut. Nach Europa kam er vor etwa 1000 Jahren. Weizenpflanzen werden bis zu einem Meter hoch. Die Weizenkörner sitzen am oberen Teil der Pflanze. Dieser Teil wird **Ähre** genannt. Wenn der Sommer trocken und warm ist, dann wächst Weizen am besten. In Deutschland ist Weizen das Getreide, das am häufigsten angebaut wird (Bild 2). Der größte Teil der Weizenkörner wird zu Mehl verarbeitet. Daraus werden Brot und viele andere Backwaren sowie Nudeln hergestellt. Die Pflanzenstängel von Getreidepflanzen heißen **Halme**. Wenn man sie trocknet, dann entsteht **Stroh**. Es wird als Tierfutter, Düngemittel, Brennmaterial und zur Herstellung von Biokraftstoffen verwendet.

Der Mais
Mais wird seit 7000 Jahren in Mittel- und Südamerika angebaut. Nach Europa kam der Mais erst vor etwa 500 Jahren. Maispflanzen werden bis zu zwei Meter hoch und bis zu fünf Zentimeter dick. Die Maiskörner sitzen an dicken Stielen, die seitlich am Stängel wachsen. Die Stiele mit den Körnern werden **Kolben** genannt. An einem Kolben können bis zu 800 Körner wachsen (Bild 3). Jeder Kolben ist von mehreren Blättern eingehüllt. Mais ist anspruchslos, das bedeutet, er kommt mit unterschiedlichem Wasserangebot, verschiedenen Böden und Temperaturen zurecht.

Mais ist das Getreide, das weltweit am häufigsten angebaut wird. Mais wird vor allem als Tierfutter verwendet, dabei wird die gesamte Pflanze verfüttert. In einigen Ländern backt man Brot aus Maismehl. In Italien wird aus Mais ein fester Brei gekocht, die Polenta. In Deutschland essen wir Maiskörner meist als Gemüse oder machen Popcorn daraus. Seit einigen Jahren wird aus Mais Biogas produziert, das dann zur Erzeugung von Strom und Wärme verwendet wird.

2 Ein Weizenfeld und zwei Weizenähren

3 Ein Maisfeld und ein Maiskolben

TIERE UND PFLANZEN, DIE NÜTZEN

4 Ein Hirsefeld und eine Hirserispe

Die Hirse

Hirse wurde bereits vor 8000 Jahren in China angebaut. In Europa war Hirse bis zur Einführung der Kartoffel ein wichtiges Nahrungsmittel. Hirse ist anspruchslos, genau wie Mais. Hirsepflanzen können 5 Meter groß werden (Bild 4). Die Hirsekörner sitzen am oberen Teil des Halms, liegen aber weiter auseinander als Weizenkörner in ihrer Ähre. Der obere Teil der Hirsepflanze wird **Rispe** genannt. Hirsekörner sind kleiner als Weizenkörner. In Europa wird nur selten Hirse angebaut, sie wird vor allem aus Afrika und Asien eingeführt. Dort ist Hirse in vielen Gebieten das Hauptnahrungsmittel. Hirsekörner haben eine Besonderheit: Sie enthalten kein Klebereiweiß wie die meisten anderen Getreidesorten. Das Klebereiweiß heißt **Gluten**. Manche Menschen vertragen Gluten nicht. Für sie ist Hirse eine Alternative zu Weizen.

Der Reis

Reis wurde bereits vor über 8000 Jahren in China angebaut. Heute wird Reis in vielen Teilen Asiens angepflanzt. Reispflanzen brauchen viel Wasser und Wärme. In Deutschland ist es nicht warm genug, deshalb wird bei uns kein Reis angebaut. Reispflanzen können 1,60 Meter groß werden (Bild 5). Die Reiskörner sitzen am oberen Teil des Halms in einer Rispe. Reis ist für mehr als die Hälfte der Weltbevölkerung das Hauptnahrungsmittel. In einigen Ländern Asiens macht Reis 80 Prozent der gesamten Nahrung aus. Reis und Weizen sind die beiden wichtigsten Getreidearten für die Ernährung des Menschen. Es gibt sehr viele verschiedene Reissorten. In Europa wird hauptsächlich Langkornreis gegessen.

> Weizen, Mais, Hirse und Reis sind durch Züchtung aus Wildgräsern entstanden. Getreide ist ein Grundnahrungsmittel für große Teile der Weltbevölkerung.

AUFGABEN

1 Getreide und Getreideprodukte
a Beschreibe, was Getreide ist.
b Beschreibe, wie Mehl hergestellt wird.
c Nenne vier Beispiele für Getreidesorten.
d Zu Hause findest du unterschiedliche Produkte, die aus Getreide hergestellt sind. Erstelle eine Liste mit mindestens vier Getreideprodukten in deinem Haushalt.
e Ordne den Produkten jeweils die Getreidepflanze zu, aus denen sie hergestellt wurden.

2 Der Weizen, der Mais und der Reis
a Nenne je drei Produkte, die aus Weizen hergestellt werden.
b Nenne drei Produkte, die aus Mais hergestellt werden.
c Begründe, warum Reis nicht in Deutschland wachsen kann.
d Mais wird weltweit am häufigsten angebaut. Stelle Vermutungen an, warum das so ist.

3 Getreide und das Gluten
a Beschreibe, was mit dem Fachwort Gluten gemeint ist.
b Nenne eine Getreidesorte, die kein Gluten enthält.
c Erstelle mithilfe des Textes einen Steckbrief für die Getreidesorte, die kein Gluten enthält.

5 Ein Reisfeld und eine Reisrispe

TIERE UND PFLANZEN, DIE NÜTZEN

TESTE DICH!

1 Merkmale der Lebewesen ↗ S. 22/23

1 Eine Ziege mit ihrem Jungtier

a ⊠ Schreibe den Text ab und unterstreiche die Merkmale der Lebewesen, die darin beschrieben sind:
Vor ein paar Tagen kamen im Betrieb von Familie Huber junge Ziegen zur Welt. Nun stehen sie auf der Wiese und folgen ihrer Mutter überallhin. Die jungen Ziegen saugen Milch bei der Mutter. Später werden sie Pflanzen fressen. Manchmal kommt der Hofhund auf die Wiese und bellt. Das erschreckt die jungen Ziegen. Dann rennen sie schnell davon. Die Ziegenmutter geht ihnen langsam hinterher. Sie hat schon gelernt, dass der Hofhund keine Gefahr für sie ist.

b ⊠ Nenne die Merkmale der Lebewesen, die in dem Text beschrieben sind.

2 Haustiere ↗ S. 26, 29, 38, 44

a ⊠ Beschreibe, was Nutztiere und Heimtiere sind. Nenne je drei Beispiele.
b ⊠ Ordne den Gebissen A, B, C in Bild 2 einen der drei Gebisstypen zu: Allesfressergebiss, Fleischfressergebiss, Pflanzenfressergebiss.
c ⊠ Wähle einen Gebisstyp aus und beschreibe seine Merkmale.
d ⊠ Nenne für jeden Gebisstyp ein Beispieltier.
e ⊠ Rinder sind Wiederkäuer. Beschreibe, was damit gemeint ist.

3 Verschiedene Verhaltensweisen ↗ S. 30, 34/35, 46

3 Katzenaugen: „bei Tag" oder „in der Dämmerung"?

a ⊠ Hunde jagen wie ihre Vorfahren die Wölfe. Sie hetzen ihre Beute. Beschreibe, was damit gemeint ist.
b ⊠ Katzen sind Schleichjäger. Beschreibe, was damit gemeint ist.
c ⊠ Ergänze die Legende von Bild 3. Ordne den Bildern A und B zu, ob sie die Katzenaugen „bei Tag" oder „in der Dämmerung" zeigen.
d ⊠ Beschreibe was ein Sandbad ist.
e ⊠ Begründe, warum Haushühner im Sand baden.

4 Die Züchtung und die Tierhaltung ↗ S. 26, 30/31, 40/41, 45

a ⊠ Beschreibe, wie man bei der Züchtung von Tieren vorgeht.
b ⊠ Nenne zwei Ziele bei der Züchtung von Hausschweinen.
c ⊠ Begründe, warum Milchkühe regelmäßig Nachwuchs bekommen müssen.
d ⊠ Beschreibe die natürliche Lebensweise von Rindern.

5 Nutzpflanzen ↗ S. 50–53

a ⊠ Nenne vier Nutzpflanzen, die in Deutschland angebaut werden.
b ⊠ Beschreibe, wozu der Mensch Nutzpflanzen anbaut.

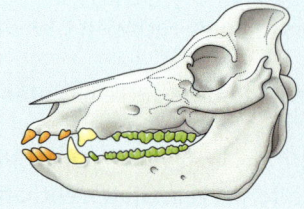 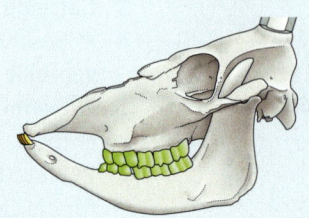 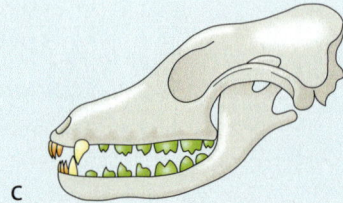

A   B   C

2 Die Gebisse von drei Haustieren

TIERE UND PFLANZEN, DIE NÜTZEN

ZUSAMMENFASSUNG Tiere und Pflanzen, die nützen

Die Merkmale der Lebewesen
Die Merkmale der Lebewesen sind: Bewegung, Stoffwechsel, Reizbarkeit, Wachstum und Entwicklung und Fortpflanzung. Jedes Lebewesen zeigt alle diese Merkmale.

Die Haustiere
Haustiere unterscheidet man in Nutztiere und Heimtiere. Nutztiere liefern uns Nahrung und Materialien wie Wolle. Menschen und ihre Heimtiere haben eine enge Beziehung zueinander. Hunde und Katzen sind sehr beliebte Heimtiere.

1 Haustiere unterscheidet man in Heimtiere und Nutztiere.

Die Zähmung
Alle Haustiere stammen von Wildtieren ab. Die Wildtiere gewöhnen sich an die Nähe des Menschen und werden so zu Haustieren. Diesen Vorgang nennt man Zähmung.

Die Variabilität und die Züchtung
Die Nachkommen der Haustiere haben unterschiedliche Merkmale. Merkmale von Tieren sind zum Beispiel ihr Körperbau, ihre Fellfarbe und ihr Verhalten. Die Unterschiede bei Tieren einer Art nennt man Variabilität. Für die Fortpflanzung ihrer Haustiere wählten die Menschen Tiere mit Merkmalen aus, die für die Menschen nützlich sind. Durch diese Züchtung entstanden verschiedene Haustierrassen.

Die Tierhaltung
Von Tierhaltung spricht man, wenn Menschen mit Tieren leben und die Tiere versorgen. Haustiere haben ähnliche Bedürfnisse wie die Wildtiere, von denen sie abstammen. Diese müssen bei der Tierhaltung beachtet werden. Es gibt verschiedene Haltungsformen.

Ernährung und Gebiss
Am Gebiss der Tiere erkennt man, wovon sie sich ernähren. Tiere mit einem Fleischfressergebiss fressen vor allem Fleisch. Pflanzenfresser haben ein Pflanzenfressergebiss. Ihre Nahrung besteht aus Pflanzen. Allesfresser haben ein Allesfressergebiss. Sie fressen sowohl Fleisch als auch Pflanzen.

Die Körpersprache von Katzen und Hunden
Katzen und Hunde verständigen sich durch Körpersprache und Geräusche. Daran kann man die Stimmung der Tiere erkennen. Zur Körpersprache gehören die Stellung und die Bewegungen des Körpers und des Kopfes, die Stellung der Ohren und der Rückenhaare, die Haltung des Schwanzes sowie verschiedene Gesichtsausdrücke. Die Körpersprache von Hunden und Katzen unterscheidet sich.

Von der Wildpflanze zur Nutzpflanze
Pflanzen, die Menschen als Nahrung und für die Herstellung von Kleidung oder als Baumaterial nutzen, heißen Nutzpflanzen. Nutzpflanzen sind durch Auslesezüchtung aus Wildpflanzen entstanden. Dazu gehören verschiedene Gemüsesorten und Getreidesorten. Weizen, Mais, Hirse und Reis sind Beispiele für Getreidesorten. Sie sind durch Züchtung aus Wildgräsern entstanden. Nutzpflanzen unterscheiden sich in ihren Merkmalen von den Wildformen. Nutzpflanzen sind Grundnahrungsmittel für die Weltbevölkerung.

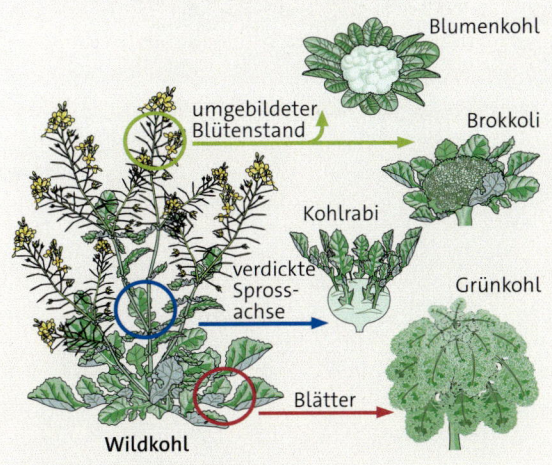

2 Wildkohl und gezüchtete Kohlsorten

Die Tiere in der Umgebung

In diesem Kapitel erfährst du ...
... welche Tiergruppen es gibt und was sie kennzeichnet.
... wie Tiere an verschiedene Lebensräume angepasst sind.
... wie sich Wirbeltiere und Wirbellose unterscheiden.

Die Wirbeltiere und ihre Lebensräume

1 Die Katze und die Fische haben etwas gemeinsam.

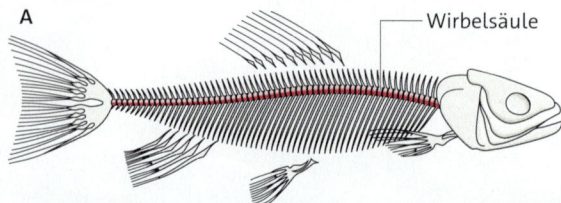

2 Das Skelett eines Hechtes (A), ein Hecht im Wasser (B)

Katzen und Fische sehen unterschiedlich aus. Sie leben in verschiedenen Lebensräumen. Der Fischkörper ist mit Schuppen bedeckt. Der Fisch lebt im Wasser. Der Körper der Katze ist mit Haaren bedeckt. Die Katze meidet das Wasser. Doch Katzen und Fische haben auch etwas gemeinsam.

Die Gemeinsamkeiten der Wirbeltiere

Die Katze und der Fisch besitzen im Körper ein Skelett aus Knochen. Man spricht von einem **Innenskelett**. Die zentrale Stütze dieses Skeletts besteht aus übereinanderliegenden Knochen, den **Wirbeln**. Die Anordnung der Wirbel kann man mit einer Säule vergleichen, die ein Dach stützt. Man nennt die zentrale Stütze im Skelett daher **Wirbelsäule**. Die Wirbel der Wirbelsäule sind beweglich verbunden. Die Wirbelsäule hat also zwei Aufgaben: Sie stützt den Körper und ermöglicht zugleich Bewegungen. Tiere, die eine Wirbelsäule haben, werden **Wirbeltiere** genannt. Man unterscheidet fünf Gruppen der Wirbeltiere: **Fische**, **Amphibien**, **Reptilien**, **Vögel** und **Säugetiere**.

Die Fortpflanzung der Wirbeltiere

Lebewesen können sich vermehren. Dieser Vorgang heißt **Fortpflanzung**. Bei Wirbeltieren gibt es männliche und weibliche Tiere. Sie vermehren sich mithilfe bestimmter Zellen. Diese Zellen heißen **Geschlechtszellen**. Die Geschlechtszellen der Weibchen sind die **Eizellen**, die Geschlechtszellen der Männchen sind die **Spermienzellen**. Wenn sie miteinander verschmelzen, dann entsteht ein neues Lebewesen. Dieses Lebewesen kommt nach den Eltern auf die Welt, daher spricht man auch von einem **Nachkommen**.

Die Fische am Beispiel des Hechtes

Hechte leben im Wasser von Flüssen, Seen und größeren Teichen. Sie schwimmen oft in Ufernähe zwischen den Schilfhalmen. Dort jagen sie andere Fische, Frösche, kleinere Säugetiere und Insekten. Deshalb gehören Hechte zu den **Raubfischen**. Ein Hecht kann über einen Meter lang und etwa 20 Kilogramm schwer werden (Bild 2).

Die Amphibien am Beispiel des Laubfroschs

Laubfrösche leben am Land im Schilfbereich von Teichen oder Seen. Dort ernähren sie sich von Fliegen, Käfern und Spinnen. Für ihre Fortpflanzung brauchen Laubfrösche Wasser. Die Nachkommen leben zunächst im Wasser. In einigen Wochen entwickeln sie sich im Wasser zu jungen Fröschen. Die Jungfrösche verlassen das Wasser und leben an Land. Laubfrösche gehören zur Gruppe der Amphibien. Das Wort bedeutet „in beidem lebend". Gemeint sind damit die beiden Lebensräume Land und Wasser. Erwachsene Laubfrösche sind bis zu fünf Zentimeter groß und wiegen etwa sechs Gramm (Bild 3).

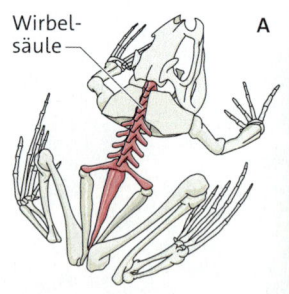

3 Das Skelett eines Laubfroschs (A), ein Laubfrosch an einem Stängel (B)

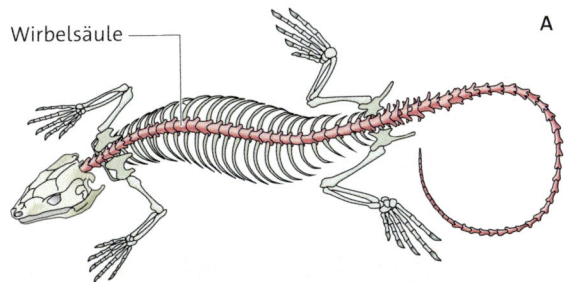
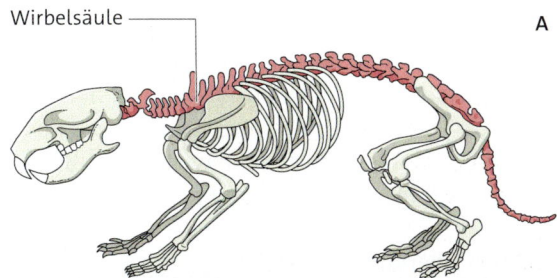

4 Das Skelett einer Eidechse (A), Eidechse auf einer Mauer (B)

6 Das Skelett eines Hamsters (A), ein Hamster im Feld (B)

Die Reptilien am Beispiel der Mauereidechse

Mauereidechsen leben in warmen, trockenen Lebensräumen wie Mauerritzen von Steinmauern oder Felsritzen von Bergen. Mit ihren kurzen Beinen kriechen sie am Boden. Sie gehören zur Gruppe der Kriechtiere. In der Fachsprache nennt man diese Reptilien. Die Mauereidechse ernährt sich von Insekten, Spinnen und Früchten. Erwachsene Tiere werden bis zu 20 Zentimeter lang und acht Gramm schwer (Bild 4).

Die Säugetiere am Beispiel des Feldhamsters

Feldhamster leben auf Äckern, Feldern oder Wiesen. Hier legen sie unterirdische Höhlen an. Ein Weibchen bringt in der Höhle die Jungtiere zur Welt und füttert sie mit Milch. Man sagt dazu: Sie säugt die Jungtiere. Daher gehören Feldhamster zu den Säugetieren. Die erwachsenen Tiere ernähren sich von Pflanzen. Ausgewachsene Feldhamster können bis zu 35 Zentimeter groß und etwa 500 Gramm schwer werden (Bild 6).

Die Vögel am Beispiel der Blaumeise

Blaumeisen leben in Laubwäldern und Gärten. Sie fliegen meist nur kurze Strecken zwischen Bäumen oder von Ast zu Ast. Blaumeisen fressen Spinnen und kleine Insekten wie Blattläuse. Im Winter ernähren sie sich von Beeren und Samen. Eine Blaumeise wird etwa zwölf Zentimeter lang und wiegt etwa 10 Gramm (Bild 5).

> Wirbeltiere haben ein Innenskelett mit einer Wirbelsäule. Wirbeltiere vermehren sich mithilfe von Geschlechtszellen. Wirbeltiere werden in die fünf Gruppen Fische, Amphibien, Reptilien, Vögel und Säugetiere eingeteilt. Wirbeltiere leben im Wasser, auf dem Land und in der Luft.

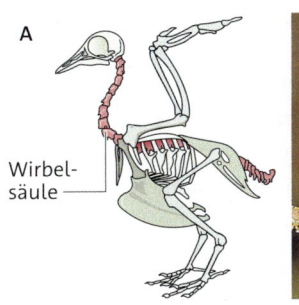

5 Das Skelett der Blaumeise (A), Blaumeise auf einem Ast (B)

AUFGABEN

1 Die Wirbeltiere
a Nenne zwei Merkmale der Wirbeltiere.
b Beschreibe die Entstehung eines Nachkommen in einem Flussdiagramm.

2 Die Wirbeltiergruppen
   Nenne zu jeder Wirbeltiergruppe die Lebensräume und das Beispieltier aus dem Text.

METHODE   Einen Sachtext verstehen

Vielleicht kennst du das: Du hast einen Text gelesen, aber du hast noch nicht alles verstanden. Wenn du Texte besser verstehen willst und dir die Inhalte merken willst, dann wendest du am besten die folgenden Schritte an:

1   Einen Überblick verschaffen
Bevor du den Text liest, solltest du dir einen Überblick verschaffen. Lies zuerst die Überschrift. Gibt es Bilder, Zwischenüberschriften oder hervorgehobene Wörter? Sie helfen dir zu erkennen, worum es in dem Text geht.

Jihe hat von ihrer Lehrerin den Text in Bild 1 bekommen. Die Überschrift „Unerwünschte Besucher" versteht sie nicht. Jihe sieht, dass der Text in Absätze unterteilt ist, die Zwischenüberschriften haben. Außerdem sind manche Wörter im Text schräg gedruckt. Jihe sieht auch, dass es ein Foto mit einer Bildunterschrift gibt. Das Foto zeigt einen Marder. Nun weiß Jihe, dass es in dem Text um Marder geht.

2   Die Bilder ansehen
Wenn Bilder oder Tabellen zum Text gehören, dann schau sie dir an. Lies die Bildunterschriften. Sie beschreiben, was auf den Bildern zu sehen ist, und geben zusätzliche Informationen.

Jihe schaut sich das Foto genauer an. Es zeigt einen Marder in einem Auto. Jetzt versteht Jihe die Überschrift des Textes. Es geht wohl um Marder in der Umgebung des Menschen.

3   Die Zwischenüberschriften lesen
Texte sind oft in Abschnitte gegliedert. Die Informationen in einem Abschnitt gehören zusammen. Lies die Zwischenüberschriften. Sie beschreiben, worum es in den einzelnen Abschnitten geht.

Die Zwischenüberschrift „Schäden durch Marder" deutet darauf hin, dass Marder Probleme verursachen. Jihe weiß aber nicht, was das mit „Katzenhaar und Ultraschall" zu tun haben soll.

Unerwünschte Besucher

Steinmarder sind etwa 1,5 kg schwere Raubtiere aus der Familie der *Hundeartigen,* die in ganz Mitteleuropa verbreitet sind. Normalerweise leben die Tiere in Wäldern oder auf Feldern. Aber die *nachtaktiven* Jäger sind *Kulturfolger.* Das heißt, sie halten sich in der Nähe von menschlichen Siedlungen auf. Dort finden sie reichlich Nahrung sowie zahlreiche Verstecke in Garagen, auf Dachböden oder in Stein- und Holzhaufen.

Ein Marder auf einem Motor

Schäden durch Marder
Früher waren Marder als *Hühnerdiebe* berüchtigt, heute jedoch bereiten die Tiere den Menschen andere Probleme. Während der Paarungszeit poltern *Dachmarder* nachts oft lautstark über Dachböden und rauben den Bewohnern den Schlaf. Auch der Geruch der Losungen, die sie hinterlassen, kann sehr unangenehm sein. Materielle Schäden verursachen *Automarder.* Sie beißen Schläuche und Kabel in Autos durch.

Katzenhaar und Ultraschall
Einen „Dachmarder" kann man in der Nacht aussperren, wenn man weiß, auf welchem Weg er hereinkommt. Unangenehme Geräusche und Gerüche können helfen, den Marder zu vertreiben. Beliebte Hausmittel sind laute Musik sowie das Verstreuen von Hunde- und Katzenhaaren. Es gibt auch spezielle Mardersprays und Ultraschallgeräte zu kaufen, um die Tiere von Häusern und Autos fernzuhalten.

1 Diesen Text hat Jihe von ihrer Lehrerin bekommen.

4 Die hervorgehobenen Wörter lesen
Viele Texte enthalten **fett** oder *kursiv* gedruckte Wörter. Dadurch fallen sie sofort auf. Diese Wörter helfen dir zu verstehen, um was es in dem Abschnitt geht.

Jihe liest die kursiv gedruckten Wörter. Daran erkennt sie, dass der erste Abschnitt allgemeine Informationen über Marder enthält. Im zweiten Abschnitt geht es um die Probleme, die Marder dem Menschen machen. Im letzten Abschnitt findet sie die Wörter „aussperren", „Geräusche", „Gerüche", „Marderspray" und „Ultraschallgeräte". In diesem Abschnitt geht es wohl um Maßnahmen gegen Marder.

5 Den Text lesen
Lies jetzt den gesamten Text aufmerksam durch. Wenn du Wörter findest, die du nicht kennst, dann schau nach, was sie bedeuten. Verwende dafür ein Lexikon oder das Internet. Wenn du einen Satz nicht verstanden hast, dann lies ihn noch mal.

Die Wörter „Losungen" und „Ultraschallgeräte" hat Jihe noch nie gehört. Sie gibt sie jeweils zusammen mit dem Wort „Marder" in einer Suchmaschine ein. So findet sie heraus, dass „Losung" ein anderes Wort für die Ausscheidungen von Tieren ist. Außerdem erfährt Jihe, dass Ultraschallgeräte hohe Töne aussenden, die Menschen nicht hören können.

6 Den Text zusammenfassen
Verwende Stift und Papier, um das Wichtigste zu notieren. Schreibe Stichwörter auf. Ordne, was inhaltlich zusammengehört. Stelle Zusammenhänge durch Pfeile dar. Du kannst auch Skizzen oder Zeichnungen anfertigen, um dir die Zusammenhänge zu verdeutlichen. Stelle W-Fragen, die du mit dem Text beantworten kannst. Damit kannst du überprüfen, ob du den Text wirklich verstanden hast. W-Fragen sind Fragen, die mit einem W beginnen, zum Beispiel: Wer? Was? Wann? Wo? Warum? Wie?

Jihe macht sich Notizen. Sie sind in Bild 2 zu sehen.

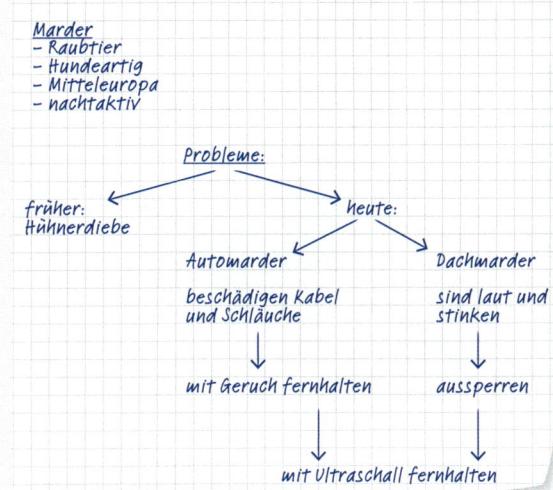

2 Jihes Notizen

AUFGABEN

1 Arbeiten mit Texten

a ☒ Beschreibe, wie du dir einen Überblick über einen Text verschaffen kannst, bevor du ihn genau liest.

b ☒ Nenne zwei Möglichkeiten, wie du die Bedeutung unbekannter Wörter herausfinden kannst.

c ☒ Erstelle eine Übersicht zu dieser Methode. Notiere dazu die einzelnen Schritte mit einigen Stichpunkten. Bewahre deine Übersicht auf, so kannst du die Schritte jederzeit schnell nachschauen.

Tipps
— Wenn keine Schlüsselwörter markiert sind, dann kannst du selbst wichtige Wörter im Text markieren oder auf einem Blatt Papier aufschreiben.
— Wenn die Textabschnitte keine Zwischenüberschriften haben, dann kannst du dir beim Lesen selbst Überschriften überlegen. Notiere sie auf einem Blatt Papier.
— Wenn du nach bestimmten Informationen suchst, dann überlege dir vorher Fragen, auf die du Antworten finden willst. Nutze die Zwischenüberschriften und die hervorgehobenen Wörter, um schnell den richtigen Abschnitt zu finden

3 Weitere Tipps für den Umgang mit Texten

DIE TIERE IN DER UMGEBUNG

watetu

Die Merkmale der Fische

1 Pauls Vater hat einen Fisch gefangen.

3 Das Skelett eines Fisches

Paul geht oft mit seinem Vater angeln. Sie schauen sich die Fische genau an, die sie fangen. Bei allen Fischen erkennen sie auf beiden Seiten des Körpers jeweils eine Linie, die vom Kopf bis zum Schwanz führt.

Der Körperbau
Alle Fische haben ein Innenskelett mit einer Wirbelsäule. Daher gehören sie zu den Wirbeltieren. Der Körper der Fische ist seitlich abgeflacht und läuft am Kopf und am Schwanz spitz zu. Diese Körperform heißt **Spindelform**. Ein spindelförmiger Körper kann leicht durch das Wasser gleiten. Auf dem Körper der Fische befinden sich kleine Platten. Das sind die **Schuppen**. Sie sind in der Haut befestigt und liegen wie Dachziegel übereinander. In der Haut befinden sich Organe, die Schleim bilden. Das sind die **Schleimdrüsen** (Bild 2). Der Schleim macht die Haut glitschig. So gleitet das Wasser leicht am Fischkörper vorbei.

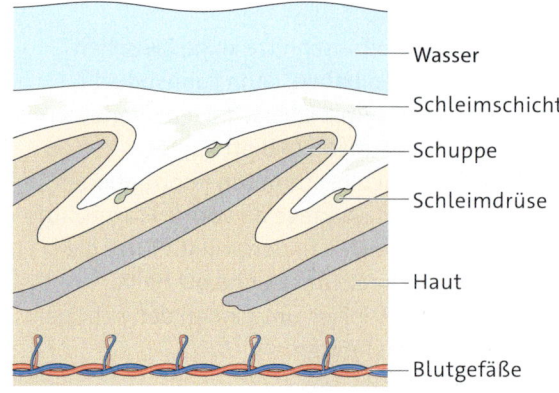

2 Der Bau der Fischhaut (Querschnitt)

Die Fortbewegung
Fische haben mehrere Körperteile aus langen, dünnen Knochen, die durch eine dünne Haut miteinander verbunden sind (Bild 3). Diese Körperteile heißen **Flossen**. Sie werden von Muskeln bewegt, die mit der Wirbelsäule verbunden sind. An den Namen der Flossen erkennt man, wo sie sich befinden. Die **Schwanzflosse** schlägt seitlich hin und her. Dadurch wird das Wasser nach hinten gedrückt und der Fisch gleitet vorwärts. Mit den beiden **Brustflossen** und den beiden **Bauchflossen** können Fische bremsen und die Richtung ändern. Mit der **Rückenflosse** und der **Afterflosse** halten Fische den Körper im Wasser aufrecht.

Schweben im Wasser
Fische sind schwerer als Wasser. Deshalb würden sie nach unten sinken und müssten ständig nach oben schwimmen. Aber Fische besitzen eine mit Luft gefüllte Blase in ihrem Körper. Diese Blase heißt **Schwimmblase**. Damit können die Fische ihr Gewicht an das Gewicht des Wassers um sie herum anpassen. Wenn Fische nach unten sinken oder schwimmen, dann geben sie mehr Luft in die Schwimmblase. Wenn Fische nach oben schwimmen, dann lassen sie Luft aus der Schwimmblase. So können die Fische in verschiedenen Wassertiefen schweben, ohne die Flossen zu bewegen.

Die Atmung
Fische atmen mit Organen, die sich an beiden Seiten hinter dem Kopf befinden. Diese Organe heißen **Kiemen**. Sie bestehen aus dünnen Hautblättchen, die sehr stark durchblutet sind.

4 Ein Blick unter den Kiemendeckel auf die Kiemen

Deshalb sehen sie rot aus (Bild 4). Die Kiemen sind durch eine harte Knochenplatte geschützt. Das ist der **Kiemendeckel**. Wenn Fische ihr Maul öffnen, dann strömt Wasser hinein. Wenn sie das Maul wieder schließen, dann öffnen sich die Kiemen. Durch sie fließt das Wasser wieder hinaus (Bild 5). Das Wasser enthält das Gas Sauerstoff. Es wird an den Kiemen ins Blut der Fische aufgenommen. Gleichzeitig wird das Gas Kohlenstoffdioxid aus dem Blut an das Wasser abgegeben. Dieser Austausch von Gasen wird **Atmung** genannt.

Erkennen der Umwelt
Fische haben auf jeder Seite des Kopfes ein Auge. Dadurch haben sie einen guten Blick rund um ihren Körper. Die Ohren der Fische bestehen aus kleinen Röhrchen, die hinter den Augen im Kopf liegen. Die Nase der Fische besteht aus vier kleinen Löchern, die vor den Augen liegen. Fische haben außerdem auf beiden Seiten des Körpers jeweils eine Linie, die vom Kopf bis zum Schwanz führt. Das ist das **Seitenlinienorgan**. Es besteht aus kleinen Löchern, die zu einer Röhre dicht unter der Haut führen. Mit diesem Organ können Fische Strömungen des Wassers erkennen.

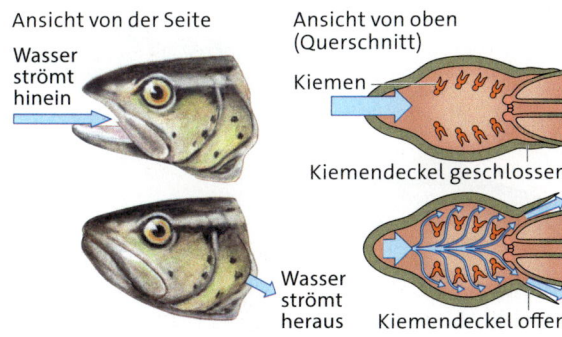

5 Der Bau der Kiemen

> **BASISKONZEPT Struktur und Funktion**
> Alle Lebewesen besitzen Organe oder Körperteile, die bestimmte Aufgaben erfüllen. Die Kiemen der Fische ermöglichen durch ihren Bau das Atmen im Wasser.
> Das Fachwort für den Bau eines Körperteils heißt **Struktur**. Die Struktur ermöglicht die Erfüllung der Aufgaben. Diese Aufgaben nennt man **Funktionen**. Bestimmte Strukturen ermöglichen also bestimmte Funktionen. Das gilt für alle Lebewesen. So einen grundlegenden Zusammenhang bezeichnet man als **Basiskonzept**.

> Fische sind Wirbeltiere. Ihr spindelförmiger Körper ist mit Schuppen und einer Schleimschicht bedeckt. Mit den Flossen können die Fische schwimmen, bremsen oder die Richtung ändern. Mit der Schwimmblase können die Fische im Wasser schweben. Fische atmen mit Kiemen. Mit verschiedenen Organen können die Fische ihre Umwelt erkennen.

AUFGABEN

1 Der Körperbau der Fische
a Nenne das Fachwort für die Körperform der Fische.
b Beschreibe, wie die Haut von Fischen gebaut ist.
c Begründe, warum Fische zu den Wirbeltieren gehören.

2 Das Leben im Wasser
a Liste die verschiedenen Flossen eines Fisches in einer Tabelle auf und ordne jedem Flossentyp seine Aufgabe zu.

Flosse	Aufgabe
Schwanzflosse	Fortbewegung
...	...

b Erläutere, wie Fische im Wasser schweben können.
c Beschreibe mithilfe von Bild 5, wie Fische atmen. Verwende dabei die Fachwörter Sauerstoff und Kohlenstoffdioxid.
d Erläutere das Basiskonzept Struktur und Funktion am Beispiel der Kiemen.

DIE TIERE IN DER UMGEBUNG

Die Fortpflanzung und die Entwicklung der Fische

1 Zwei Bachforellen bei der Paarung

Das Fachwort für den Nahrungsvorrat im Ei ist **Dotter**. Das Forellenmännchen gibt eine milchige Flüssigkeit mit Spermienzellen über dem Laich ab. Die Spermienzellen dringen in die Eier ein. In jedem Ei verschmilzt eine Spermienzelle mit einer Eizelle. Diesen Vorgang nennt man **Befruchtung**. Die Eizellen sind jetzt befruchtet. Die Befruchtung findet außerhalb des Körpers der Fische statt. Deshalb spricht man von **äußerer Befruchtung**.

Alina beobachtet zwei Forellen in einem Bach. Sie fragt sich, warum eine Forelle ihre Schwanzflosse stark hin- und herbewegt. Sie wirbelt dabei Steine und Sand vom Boden auf.

Die Fortpflanzung der Bachforelle

Manchmal schwimmen eine männliche und eine weibliche Bachforelle nebeneinander. Das Weibchen bewegt die Schwanzflosse dabei dicht über dem Boden des Bachs hin und her. Dadurch entsteht im Boden eine Vertiefung. Dazu sagt man auch Grube. Dann schlägt das Männchen mit der Schwanzflosse gegen den Körper des Weibchens. Daraufhin legt das Weibchen etwa 1500 Eier in die Vertiefung (Bild 2). Die Eier werden **Laich** genannt. Die Grube heißt **Laichgrube**. Jedes Ei enthält eine Eizelle und einen Nahrungsvorrat.

Die Entwicklung der Bachforelle

In den Eiern entwickeln sich die befruchteten Eizellen zu neuen Fischen. Ein neues Lebewesen, das aus einer befruchteten Eizelle entsteht, heißt **Embryo**. Der Embryo ernährt sich vom Dotter im Ei. Nach zwei Monaten hat sich der Embryo zu einem fast durchsichtigen Lebewesen entwickelt (Bild 2). Dieses Lebewesen heißt **Larve**. Die Fischlarve verlässt das Ei. Man sagt: Sie schlüpft. Die Larve lebt zwischen den Steinen am Boden des Bachs. Dort ist sie geschützt vor Tieren, die Larven fressen. Am Bauch hat die Larve einen Sack mit Resten des Dotters. Das ist der **Dottersack**. Davon ernährt sich die Fischlarve. Sie wächst und entwickelt sich zum **Jungfisch**. Wenn der Dottersack leer ist, dann sucht der Jungfisch in der Umgebung nach Nahrung. Bachforellen fressen Insekten, Schnecken und kleinere Fische. Nach drei Jahren sind Bachforellen ausgewachsen. Die erwachsenen Fische können sich fortpflanzen. Dazu schwimmen sie an den Ort im Bach zurück, an dem sie selbst geschlüpft sind.

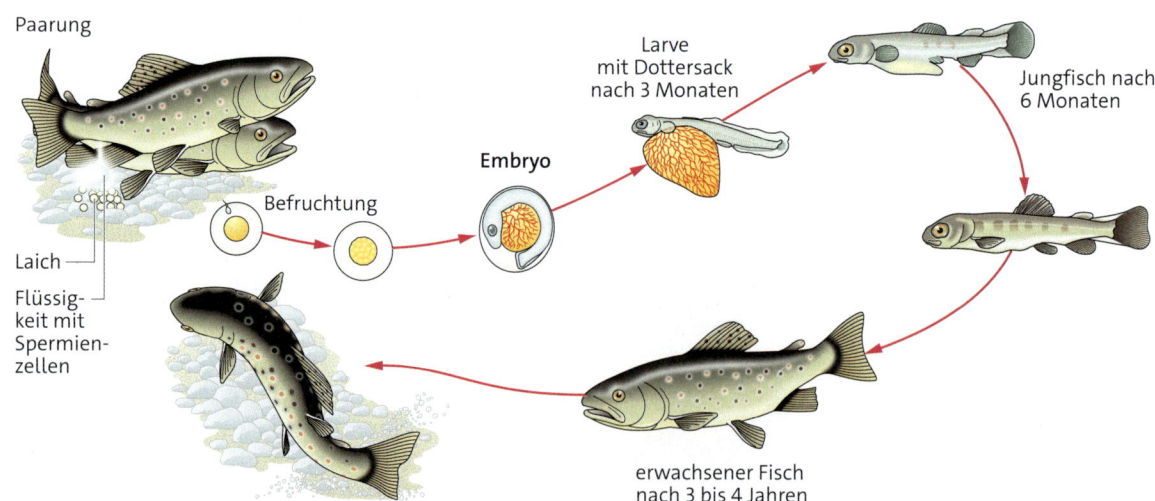

2 Die Fortpflanzung und die Entwicklung der Bachforelle

3 Eine geschlüpfte und eine schlüpfende Lachs-Larve

5 Ein Stichlingsmännchen bewacht seine Nachkommen.

Das Leben der Lachse

Lachse pflanzen sich in Flüssen fort. Die Weibchen legen dort die Eier ab und die Männchen geben die Spermienzellen dazu. Aus den Eiern schlüpfen nach etwa zwei Wochen die Larven (Bild 3). Sie entwickeln sich im Fluss zu jungen Lachsen. Nach ein bis zwei Jahren schwimmen die Lachse vom Fluss ins Meer. Hier werden sie bis zu 1,5 Meter lang und über 40 Kilogramm schwer. Wenn sie etwa vier Jahre alt sind, dann schwimmen sie vom Meer zurück in den Fluss, in dem sie geboren wurden. Dabei springen sie auch über Hindernisse wie Wasserfälle (Bild 4). Im Fluss pflanzen sich die Lachse fort. Lachse wechseln also ihren Lebensraum: Sie schwimmen vom Fluss ins Meer und zur Fortpflanzung vom Meer in den Fluss. Das Fachwort für dieses Verhalten ist **Fischwanderung**. Lachse werden deshalb auch als **Wanderfische** bezeichnet.

Die Brutpflege bei Fischen

Bei den Stichlingen baut das Männchen ein Nest aus Pflanzenteilen. Darin legen mehrere Weibchen ihre Eier ab. Das Männchen gibt seine Spermienzellen dazu. Wenn die Larven geschlüpft sind, dann bewacht das Männchen sie (Bild 5). Es beschützt sie, indem es Angreifer vertreibt. Es pflegt also seine Nachkommen. Die Nachkommen nennt man auch **Brut**. Deshalb wird das Verhalten des Männchens auch **Brutpflege** genannt.

> Fische pflanzen sich durch äußere Befruchtung fort. In einem befruchteten Ei entwickelt sich ein Embryo. Er schlüpft als Larve aus dem Ei und entwickelt sich zum Jungfisch. Lachse sind Wanderfische. Stichlinge betreiben Brutpflege.

AUFGABEN

1 Die Fortpflanzung der Fische
a ▢ Nenne die Fachwörter für die Fischeier und den Ort der Eiablage.
b ▢ Beschreibe, was mit dem Fachwort äußere Befruchtung gemeint ist.
c ▢ Stelle die Entwicklung einer Bachforelle in einem Flussdiagramm dar.

2 Lachse und Stichlinge
a ▢ Erkläre, warum Lachse als Wanderfische bezeichnet werden.
b ▢ Nenne zwei Unterschiede im Verhalten von Bachforellen und Stichlingen bei der Fortpflanzung und der Brutpflege.

4 Vier Lachse springen über einen Wasserfall.

DIE TIERE IN DER UMGEBUNG

kakuse

METHODE   Über Experimente sprechen

1 Emma berichtet von ihrem Experiment.

Wenn du über ein Experiment berichten willst, dann muss deine Beschreibung sehr genau sein. Hier findest du einige Wörter, Satzanfänge und Erklärungen, die dir dabei helfen.

In Bild 1 siehst du die Frage, die der Lehrer für die Klasse an die Tafel geschrieben hat. Er hat dazu auch eine Skizze gezeichnet. Den Arbeitsauftrag für die Schülerinnen und Schüler kannst du in Bild 2 lesen. Emma schaut sich die Skizze an der Tafel an. Sie erkennt, dass sie aus dem Papiertaschentuch Streifen schneiden muss. Emma vermutet, dass sie die Streifen dann zusammenbinden muss. Wenn sie das Kiemenmodell anschließend ins Wasser hält, dann kann sie hoffentlich erkennen, wie die Kiemen funktionieren.

> Baue ein Kiemenmodell. Nutze dazu das folgende Material: Papiertaschentücher, Schere, Stücke von Blumendraht (10 cm lang), Bechergläser, Wasser. Beantworte dann die Frage, die an der Tafel steht.
> Hinweis: Gehe vorsichtig mit der Schere um.

2 Der Arbeitsauftrag für die Schülerinnen und Schüler

Der Schritt	Die Erklärung
die Frage/ die Aufgabe	Auf die Frage sollst du mithilfe des Experiments eine Antwort finden. Die Aufgabe sollst du mithilfe des Experiments lösen.
die Vermutung	Beschreibe, was passieren wird. Was erwartest du? Die Antwort ist deine Vermutung.
das Material	Zähle alle Materialien auf, die du in deinem Experiment verwendest.
der Aufbau des Experiments	Beschreibe, wie dein Experiment aufgebaut ist.
die Durchführung	Erkläre, was du tust, während du das Experiment durchführst. Zähle alle Schritte auf.
die Beobachtung	Beschreibe, was du siehst, hörst oder misst oder was sich verändert. Das sind deine Beobachtungen.
die Auswertung	Wenn deine Beobachtungen deine Vermutung bestätigen, dann kannst du die Frage beantworten oder die Aufgabe lösen.

3 Die Schritte beim Berichten über ein Experiment

1   Die Schritte der Beschreibung planen
Berichte in sinnvollen Schritten über dein Vorgehen beim Experimentieren. Nutze dazu Bild 3. Nenne die Aufgabe oder die Frage und deine Vermutung. Beschreibe, welches Material du verwendet hast und wie du dein Experiment aufgebaut hast. Berichte dann über die Durchführung. Besonders wichtig ist eine verständliche Beschreibung deiner Beobachtungen. Beantworte damit die Frage oder nenne die Lösung der Aufgabe.

Emma will, dass die anderen Schülerinnen und Schüler wissen, wie sie beim Experimentieren vorgegangen ist. Sie hält sich an die Reihenfolge der Schritte in Bild 3. Emma beginnt mit der Frage. Danach spricht sie von ihrer Vermutung über die Kiemen von Fischen. Sie nennt die Materialien, die sie für ihr Experiment verwendet hat. Anschließend berichtet Emma über den Aufbau und die Durchführung des Experiments. Dann beschreibt sie ihre Beobachtungen ganz genau. Zum Schluss wertet sie das Experiment aus, indem sie die Frage beantwortet, die der Lehrer an die Tafel geschrieben hat.

Nomen	Verben	Verwandte Wörter	Satzanfänge – Beispiele
das Experiment	experimentieren	experimentell	„Ich habe ein Experiment zum … durchgeführt." „Das Experiment soll zeigen, wie …" „Mit diesem Experiment wollen wir eine Antwort auf die Frage finden, wie …"
die Vermutung	vermuten	vermutlich, vermutet	„Ich habe die Vermutung, dass …" „Vermutlich wird …"
die Verwendung	verwenden	verwendbar	„Für das Experiment habe ich … verwendet." „Für das Experiment kann man … verwenden."
die Durchführung	durchführen	durchführbar	„Für die Durchführung des Experiments braucht man …" „Ich habe … durchgeführt."
die Veranschaulichung	veranschaulichen	anschaulich, veranschaulicht	„Ich habe eine Skizze gemacht, die … veranschaulicht." „Meine Skizze zeigt …"
die Messung, die Messbarkeit, das Messgerät	messen	messbar, gemessen	„Die Messung hat den Wert … ergeben." „Ich habe den … mit dem … gemessen."
die Beobachtung	beobachten	beobachtbar, beobachtet	„Ich habe die Beobachtung gemacht, dass …" „Ich konnte beobachten, dass …"
die Auswertung	auswerten	auswertbar, ausgewertet	„Die Auswertung zeigt, dass …" „Wenn man das Experiment auswertet, dann …" „Das Experiment war nicht auswertbar, weil …"

4 Einige Wörter und mögliche Satzanfänge zum Beschreiben der Schritte beim Experimentieren

2 Satzanfänge helfen bei der Orientierung
Zeige mit einem einleitenden Satz, welchen Schritt des Experiments du gerade beschreibst. Verwende dazu Wörter, die zu den Schritten beim Experimentieren passen. In Bild 4 siehst du einige Vorschläge für Satzanfänge.

Emma beginnt so: „Das Experiment soll zeigen, warum Fische mit ihren Kiemen nur im Wasser atmen können. Ich hatte die Vermutung, dass die Kiemen außerhalb vom Wasser aneinanderkleben. Mit dem Material habe ich ein Kiemenmodell gebaut. Dann habe ich das Modell in das Becherglas mit Wasser gehalten. Bei der Durchführung habe ich darauf geachtet, dass … "

3 Verben machen Beobachtungen deutlich
Beschreibe alles, was du sehen, hören, riechen oder messen kannst. Erwähne auch, wenn sich nichts verändert. Nutze dazu passende Verben. In Bild 5 sind einige Beispiele zu sehen.

Emma beschreibt ihre Beobachtungen so: „Als ich das Kiemenmodell ins Wasser gehalten habe, haben sich die Papierstreifen voneinander getrennt." Sie beschreibt auch, wie sich das Modell an der Luft verhalten hat: „Wenn ich das Modell aus dem Wasser gezogen habe, dann klebten die nassen Papierstreifen aneinander."

AUFGABEN
1 Über Experimente sprechen
a ☒ Was hat Emma ihrer Klasse erzählt? Nutze die Informationen auf dieser Seite und erzähle Emmas Experiment nach.
b ☒ Werte Emmas Experiment aus und beantworte die Frage.
c ☒ Beschreibe deine Beobachtungen, wenn du statt des Papiertaschentuchs Alufolie für das Modell verwendest.

ins Wasser halten
aus dem Wasser herausziehen
schneiden
kleben
zusammenbinden
trennen

5 Einige Verben, die Vorgänge beschreiben

PRAXIS Schwimmen wie ein Fisch

A Die Körperform untersuchen

Material:
Knetmasse, Waage, 2 hohe Standzylinder, starker Draht, Wasser

Durchführung:
- Stellt aus der Knetmasse vier gleich schwere Stücke her. Wiegt sie dazu mit der Waage.
- Formt aus den Stücken einen Würfel, einen Zylinder, einen Tropfen und eine Scheibe (Bild 1).
- Füllt beide Standzylinder mit Wasser.
- Haltet nun jeweils ein Knetstück über jeden Standzylinder. Lasst die beiden Knetstücke gleichzeitig los und beobachtet, wie sie zu Boden sinken. Holt dann die Knetstücke mit dem Draht wieder aus dem Wasser.
- Notiert die Formen der beiden Körper auf einem Zettel und streicht den Namen der langsamer sinkenden Form durch.
- Wiederholt das Experiment so oft, bis ihr alle Formen gegeneinander getestet habt.

Auswertung:
1 Erstellt ein Protokoll zu eurem Experiment.
a ☒ Formuliert eine Frage und eine Vermutung.
b ☒ Notiert das Material und die Durchführung.
c ☒ Fügt eure Notizen mit den Ergebnissen ein.
d ☒ Wertet eure Ergebnisse aus. Welche Körperform sinkt am schnellsten zu Boden?
e ☒ Begründet mithilfe eurer Ergebnisse den Vorteil der Körperform von Fischen.
f ☒ Notiert mögliche Fehler, die beim Experiment zu falschen Ergebnissen führen können.

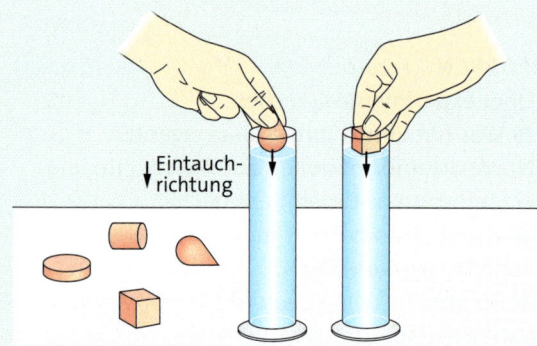

1 Ein Experiment zur Körperform

B Die Haut im Modell untersuchen

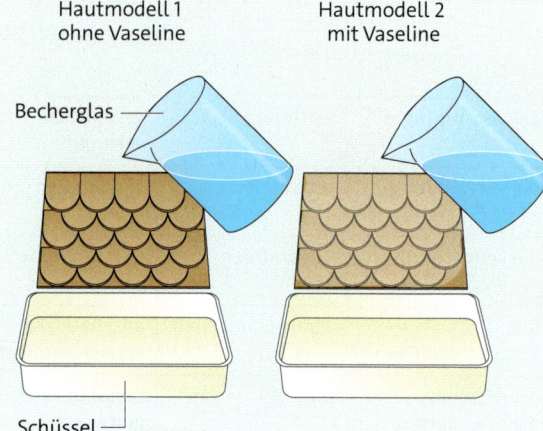

2 Ein Modell zum Bau der Fischhaut

Material:
2 Stück dickerer Pappkarton (je 15 cm × 15 cm), 1 DIN-A4-Zeichenkarton, Schere, Kleber, Vaseline, Becherglas, Wasser, große Schüssel

Durchführung:
- Baut ein Modell der Fischhaut. Schneidet dazu aus dem Zeichenkarton 40 große Papierschuppen aus und klebt je 20 auf jeden Pappkarton wie in Bild 2 gezeigt.
- Bestreicht eines der beiden Hautmodelle mit Vaseline.
- Haltet das Modell ohne Vaseline schräg über die Schüssel. Schüttet nun langsam Wasser über das Hautmodell.
- Wiederholt das Vorgehen mit dem Modell, das mit Vaseline bestrichen ist.
- Beschreibt eure Beobachtungen.

Auswertung:
1 ☒ Ordnet den Bauteilen der Modelle die entsprechenden Teile des Fischkörpers zu.
2 ☒ Formuliert die Frage, die mit dem Experiment beantwortet werden soll.
3 ☒ Notiert, was ihr bei der Durchführung des Experiments beobachten konntet.
4 ☒ Erklärt mithilfe der Ergebnisse des Experiments, welche Bedeutung die Schleimschicht auf der Körperoberfläche von Fischen hat. Bedenkt dabei auch, wie sich die Vaseline angefühlt hat.

EXTRA Soll man Lachs essen?

1 Eine Lachsfarm im Meer vor Chile

2 Lachs aus ökologischer Zucht auf dem Wochenmarkt

Die Lachszüchterin oder der Lachszüchter
Mein Vater ist noch mit dem Fischkutter auf das Meer gefahren, um Lachse zu fangen. Das war bei Sturm sehr gefährlich. Oft hat er nur wenige Lachse gefangen, die er dann verkauft hat. Unsere Familie war sehr arm. Ich habe dann eine Lachsfarm aufgebaut. Heute ist das ein großer Betrieb mit vielen Mitarbeitenden. So kann ich viele Lachse züchten und an Großhändler verkaufen. Davon kann meine Familie gut leben. Im Supermarkt kann der Lachs dann billig verkauft werden, sodass ihn sich jeder leisten kann.

Die Naturschützerin oder der Naturschützer
Eine Lachsfarm besteht aus Netzkäfigen, die im Meer liegen. In den Käfigen leben sehr viele Lachse eng zusammen. Diese Haltung ist nicht artgerecht. Heute weiß man, dass Fische auch Stress und Schmerzen fühlen. In das Futter der Tiere werden Vitamine und Medikamente gemischt. Außerdem enthält das Futter einen Farbstoff, damit das Lachsfleisch rot wird. Die Futterreste und der Kot der Fische verschmutzen das Meer.

Die Großmutter oder der Großvater
Früher gab es Lachs nur zu besonderen Gelegenheiten, zum Beispiel an Weihnachten oder Silvester. Heute essen die Menschen öfter mal Brötchen mit geräuchertem Lachs oder machen sich Nudeln mit Lachssahnesoße. Im Supermarkt stapeln sich die Lachspakete im Kühlregal und in der Tiefkühltruhe. Lachs ist zu einem Massenprodukt geworden. Das finde ich nicht gut.

Die Mutter oder der Vater
Ich will mich und meine Familie gesund ernähren. Dazu gehört auch Lachs, denn er enthält viel Eiweiß und gesunde Fette. Es gibt kaum noch wilde Lachse, also muss man sie züchten. Ich kaufe nur Lachs aus ökologischen Farmen, weil dort weniger Lachse in den Käfigen gehalten werden. So haben die Tiere mehr Platz, sie sind gesünder und brauchen nicht so viele Medikamente. Die Lachse werden mit Getreide aus ökologischer Landwirtschaft und mit Resten von Speisefischen gefüttert. Sie bekommen auch Garnelen, davon wird das Lachsfleisch rot. Außerdem gelangen weniger Futterreste und Kot ins Meer als bei nicht ökologischen Lachsfarmen.

AUFGABEN
1 Eine Diskussion über die Lachszucht
a ☒ Entscheide dich für die Position eines Diskussionsteilnehmers.
b ☒ Formuliere aus den Aussagen der in 1a gewählten Position gute Argumente.
c ☒ Überlege dir weitere Argumente, die diese Position unterstützen.
d ☒ Bereite dich auf die Diskussion vor: Lies die Positionen der anderen Teilnehmer, um mit deinen Argumenten auf ihre Argumente eingehen zu können.
e ☒ Diskutiert über die Lachszucht. Bringt dabei eure Argumente überzeugend ein und versucht so, die Meinung der anderen zu beeinflussen. Findet einen gemeinsamen Standpunkt oder schließt einen Kompromiss.

Die Merkmale der Amphibien

1 Ein Teichfrosch sitzt auf einem Seerosenblatt.

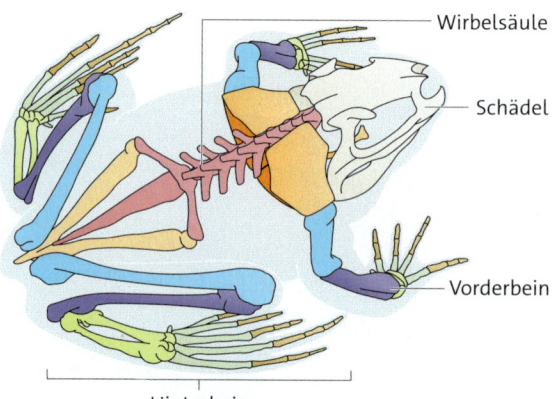

3 Das Skelett eines Teichfroschs

Keanu hat einen Teichfrosch entdeckt. Er sitzt auf einem Seerosenblatt in einem Teich. Langsam kommt Keanu näher. Plötzlich springt der Teichfrosch ins Wasser und taucht unter. Keanu fragt sich, wie der Frosch im Wasser atmen kann.

Leben im Wasser und auf dem Land

Frösche können im Wasser und auf dem Land leben. Sie sind **Amphibien**. Das Wort Amphibie bedeutet „in beidem lebend", die Tiere leben also in zwei verschiedenen Lebensräumen. Das deutsche Fachwort für die Amphibien ist **Lurche**. Es gibt zwei Gruppen von Amphibien. Die Frösche, die Kröten und die Unken haben keinen Schwanz. Diese Tiere gehören zur Gruppe der **Froschlurche**. Der Teichfrosch in Bild 1 ist ein Froschlurch. Die Salamander und die Molche haben einen Schwanz. Diese Tiere gehören zur Gruppe der **Schwanzlurche**. Der Feuersalamander in Bild 2 ist ein Schwanzlurch.

Der Körperbau

Alle Amphibien haben ein Innenskelett mit einer Wirbelsäule. Deshalb gehören Amphibien zu den Wirbeltieren. In Bild 3 siehst du, dass das Innenskelett aus verschiedenen Knochen besteht. Dazu gehören der Schädel, die Wirbelsäule und die Knochen der Vorderbeine und der Hinterbeine.

Die Fortbewegung

In Bild 4 siehst du, dass Froschlurche sehr lange Hinterbeine haben. Sie besitzen starke Muskeln, mit denen die Froschlurche weit springen können. Die Hinterbeine haben lange Zehen, zwischen denen sich Häute befinden. Sie heißen **Schwimmhäute**. Durch die Schwimmhäute ist die Fläche der Füße größer, sodass sie beim Schwimmen mehr Wasser nach hinten drücken.
Schwanzlurche haben vier kurze Beine, mit denen sie auf dem Land schlängelnd vorwärts kriechen. Den Schwanz nutzen sie im Wasser zum Steuern.

2 Ein Feuersalamander

4 Ein Laubfrosch springt von einem Blatt.

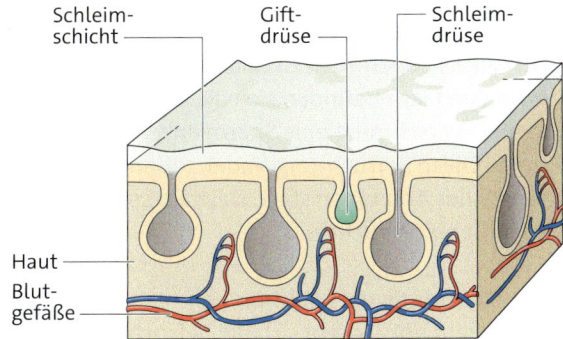

5 Der Bau der Amphibienhaut (Querschnitt)

Die Haut
In Bild 5 kannst du sehen, dass die Haut der Amphibien Schleimdrüsen enthält. Sie bilden Schleim und geben ihn an die Haut ab. Der Schleim enthält Wasser, dadurch bleibt die Haut feucht. In trockener Luft verdunstet das Wasser aus der Schleimschicht. Dadurch trocknet die Haut aus und dann auch der Körper: Die Amphibien sterben. Deshalb leben Amphibien nur in Gebieten mit feuchter Luft. Man sagt: Sie sind **Feuchtlufttiere.**
Einige Amphibien haben Drüsen in der Haut, die Gift bilden. Das sind die **Giftdrüsen**. Das Gift wird in die Schleimschicht auf der Haut abgegeben. Der giftige Schleim schützt die Amphibien davor, von Schlangen oder Vögeln gefressen zu werden.

Die Atmung
Wasser enthält Sauerstoff. Amphibien nehmen den Sauerstoff aus dem Wasser durch ihre dünne Haut ins Blut auf. So atmen Amphibien durch ihre Haut. Diese Atmung heißt **Hautatmung**. An Land atmen Amphibien zusätzlich mit Organen, die in ihrer Brust liegen. Das sind die **Lungen**. Die Amphibien saugen Luft durch die Nasenlöcher in ihren Mund. Dann schlucken sie die Luft in ihre Lungen. Deshalb heißt diese Atmung auch **Schluckatmung**.

Erkennen der Umwelt
Amphibien haben auf jeder Seite des Kopfes ein Auge. Dadurch haben sie einen guten Blick rund um ihren Körper. Die Ohren befinden sich am Kopf hinter den Augen. Damit können Amphibien zum Beispiel das Summen einer Fliege hören. Mit ihrem Tastsinn spüren Amphibien Stöße im Boden und können so vor Gefahren fliehen.

Die Ernährung
Amphibien sind Fleischfresser. Sie ernähren sich von Insekten, Schnecken oder Würmern. Man sagt: Das sind ihre **Beutetiere**. Die meisten Amphibien haben eine lange, klebrige Zunge. Diese Zunge schleudern sie in die Richtung des Beutetiers. Die Zunge bleibt am Beutetier kleben und wird zusammen mit dieser Nahrung zurück ins Maul gezogen.

> Amphibien sind Wirbeltiere. Sie werden auch Lurche genannt. Amphibien leben im Wasser und auf dem Land. Sie sind Feuchtlufttiere und atmen durch ihre Haut und mit Lungen.

AUFGABEN
1 Der Körperbau und die Atmung
a Nenne das Fachwort für Lurche.
b Begründe, warum Amphibien zu den Wirbeltieren gehören.
c Beschreibe, wie sich Schwanzlurche und Froschlurche fortbewegen.
d Nenne die Fachwörter für die beiden Formen der Atmung bei Amphibien.
e Begründe, warum Frösche lange tauchen können.
f Erkläre, was mit dem Fachwort Feuchtlufttier gemeint ist.

2 Die Vielfalt der Lurche
Ordne die Amphibien in Bild 6 den Froschlurchen oder den Schwanzlurchen zu. Begründe deine Zuordnungen.

6 Vier verschiedene Amphibien

DIE TIERE IN DER UMGEBUNG

Die Fortpflanzung und die Entwicklung der Amphibien

1 Ein Laubfroschmännchen klammert sich an ein Laubfroschweibchen.

Maira sieht in einem Teich zwei Laubfrösche. Der eine Frosch trägt den anderen auf dem Rücken.

Die Fortpflanzung der Laubfrösche

Wenn ein Männchen und ein Weibchen zur Fortpflanzung zusammenkommen, dann sagt man: Sie paaren sich. Das Verb stammt vom Wort **Paar**, das bedeutet zwei. Der Vorgang des Zusammenkommens heißt **Paarung**. Sie findet in einer bestimmten Zeit statt. Diese Zeit heißt **Paarungszeit**. Amphibien können sich nur im Wasser fortpflanzen. Die männlichen Laubfrösche locken die Weibchen mit quakenden Rufen. Diese Rufe heißen **Paarungsrufe**. Wenn sich ein Männchen und ein Weibchen begegnen, dann klettert das Männchen auf den Rücken des Weibchens (Bild 1). Das Weibchen trägt das Männchen ins Wasser. Dort gibt das Weibchen Eier in das Wasser ab (Bild 2A). Die Eier heißen **Laich**. Jedes Ei ist von einer festen, durchsichtigen Schleimhülle umgeben. Diese Hülle heißt **Gallerthülle**.

Das Männchen gibt Spermienzellen über dem Laich ab. Die Spermienzellen dringen in die Eier ein. In den Eiern befinden sich die Eizellen. In jedem Ei verschmilzt eine Spermienzelle mit einer Eizelle. Diese Befruchtung findet außerhalb des Körpers der Amphiben statt. Deshalb spricht man von **äußerer Befruchtung**.

Die Entwicklung der Laubfrösche

In den Eiern entwickeln sich die befruchteten Eizellen zu Embryonen (Bild 2B). Die Embryonen entwickeln sich zu Larven. Die Larven heißen **Kaulquappen**. Die **Kaulquappen** schlüpfen aus den Eiern. Kaulquappen sehen anders aus als erwachsene Frösche. In Bild 2C siehst du, dass sie einen langen Schwanz haben. Sie nutzen ihn beim Schwimmen zum Steuern. Am Kopf der Kaulquappen hängen an beiden Seiten Organe, die wie Büschel aussehen. Das sind die **Kiemen**. Kaulquappen nehmen durch die Kiemen Sauerstoff aus dem Wasser ins Blut auf: Sie atmen mit Kiemen. Nach drei Wochen verändert sich der Körper der Kaulquappen. Zuerst wachsen die Hinterbeine, dann wachsen die Vorderbeine. Der Schwanz und die Kiemen werden kleiner und verschwinden. Die Tiere sehen nun erwachsenen Fröschen immer ähnlicher (Bild 2E). In ihrem Körper haben sich Lungen gebildet, mit denen die Tiere an der Luft atmen können. In den Lungen wird Sauerstoff aus der Luft in das Blut aufgenommen. Wenn die Lungen vollständig entwickelt sind, dann verlassen die kleinen Frösche das Wasser (Bild 2F). Die Veränderung des Körpers während der Entwicklung von der Larve zum Frosch wird als Verwandlung bezeichnet. Das Fachwort dafür ist **Metamorphose**.

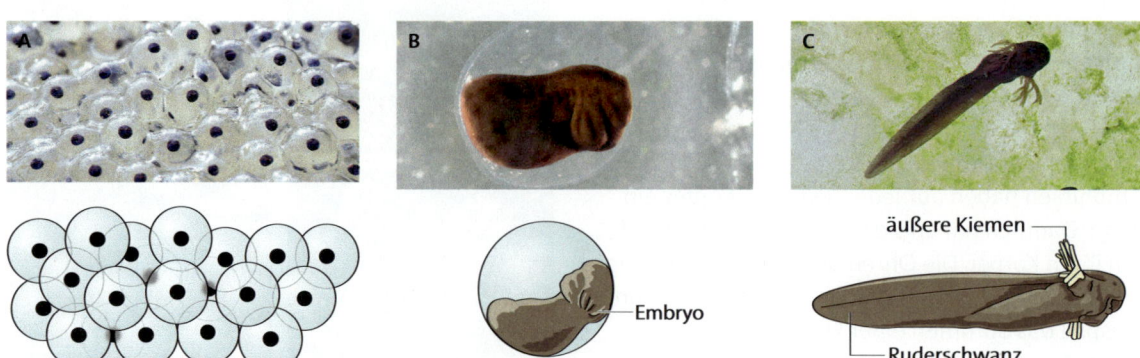

2 Laich (A), 8 Tage alter Embryo im Ei (B), 10 Tage alte Kaulquappe (C)

3 Ein Bergmolchmännchen

> Froschlurche pflanzen sich durch äußere Befruchtung fort. Schwanzlurche pflanzen sich durch innere Befruchtung fort. In den befruchteten Eiern entwickeln sich Embryonen. Sie schlüpfen als Kaulquappen aus den Eiern. Die Kaulquappen entwickeln sich durch Metamorphose zu erwachsenen Amphibien.

Die Fortpflanzung der Bergmolche

Bergmolche sind graubraun. In der Paarungszeit verändert sich die Farbe der Männchen: Ihr Rücken wird blau und ihr Bauch wird orange (Bild 3). Wenn ein Männchen auf ein Weibchen trifft, dann schwimmt es vor dem Weibchen her und gibt Duftstoffe ab. Dieses Verhalten vor der Paarung heißt **Balz**. Dann legt das Männchen Spermienzellen am Boden ab. Das Weibchen nimmt sie mit einer Öffnung auf, die sich am Übergang vom Bauch zum Schwanz befindet. Diese Körperöffnung heißt **Kloake**. Im Körper des Weibchens befruchten die Spermienzellen die Eizellen. Deshalb spricht man von **innerer Befruchtung**. Das Weibchen legt bis zu 250 Eier an Wasserpflanzen ab. Nach zwei bis vier Wochen schlüpfen die Larven. Bei den Larven der Schwanzlurche wachsen zuerst die Vorderbeine, dann die Hinterbeine. Die Kiemen werden kleiner und verschwinden. Im Gegensatz zu den Froschlurchen behalten die erwachsenen Schwanzlurche ihren Schwanz.

AUFGABEN

1 Vom Laich zum Frosch

a Nenne das Fachwort für die Verwandlung von der Kaulquappe zum Frosch.

b Beschreibe die Entwicklung eines Froschs in einem Flussdiagramm. Nutze dazu Bild 2.

2 Schwanzlurche und Froschlurche

a Vergleiche die Fortpflanzung der Froschlurche und der Schwanzlurche in einer Tabelle.

Kriterium	Froschlurche	Schwanzlurche
Befruchtung		
Eiablage		
Entwicklung der Larven		

4 Tabelle für den Vergleich

b Nur beim Feuersalamander schlüpfen die Larven im Mutterleib aus den Eiern. Die Larven werden erst im Frühjahr ins Wasser abgegeben. Stelle Vermutungen an, welchen Vorteil das für die Nachkommen hat.

c „Die meisten Amphibien werden nicht geboren, sie schlüpfen." Begründe mit den Informationen aus Aufgabe 2b, ob die Aussage richtig ist.

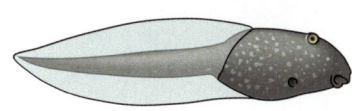

20 Tage alte Kaulquappe (D), 60 Tage alter Jungfrosch (E), 80 Tage alter Jungfrosch (F)

DIE TIERE IN DER UMGEBUNG

Die Merkmale der Reptilien

1 Eine Smaragdeidechse

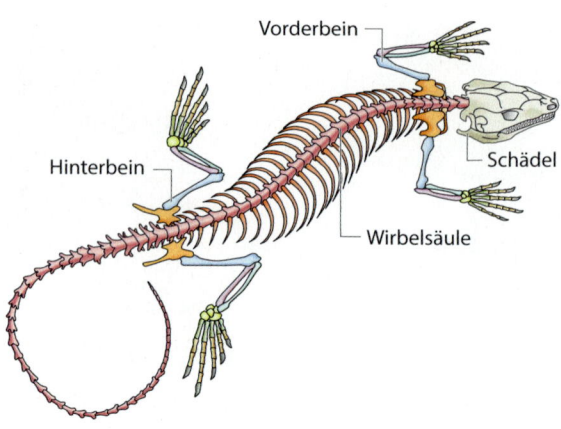

3 Das Skelett einer Eidechse

Luisa entdeckt eine Eidechse mit blauem Kopf und grünem Körper. Ihre Mutter sagt, dass es eine Smaragdeidechse ist. Sie heißt so, weil ihr Körper wie ein grüner Edelstein aussieht: ein Smaragd.

Die Eidechse
Eidechsen haben seitlich am Körper vier kurze Beine. Sie können das Körpergewicht nicht vollständig tragen. Der Bauch berührt dabei leicht den Boden: Die Eidechsen kriechen. Deshalb werden sie **Kriechtiere** genannt. In der Fachsprache werden die Kriechtiere als **Reptilien** bezeichnet. Beim Kriechen bewegt sich das linke Vorderbein zusammen mit dem rechten Hinterbein und umgekehrt. Dadurch biegt sich der Körper zuerst in die eine Richtung, dann in die andere. Diese Bewegung heißt **Schlängeln**. Eidechsen bewegen sie also schlängelnd kriechend. Wenn Eidechsen angegriffen werden, dann werfen sie einen Teil ihres Schwanzes ab. Der zuckende Schwanz lenkt den Angreifer ab und die Eidechse kann davonlaufen. In Bild 2 siehst du, dass dann ein kürzerer Schwanz nachwächst.

Der Körperbau
Alle Reptilien haben ein Innenskelett mit einer Wirbelsäule. Deshalb gehören sie zu den Wirbeltieren. In Bild 3 siehst du, dass die Wirbelsäule der Eidechse sehr lang ist. Der hintere Teil der Wirbelsäule ist der **Schwanz**. Alle Reptilien atmen mit Lungen. Zu den Reptilien gehören Echsen, Schlangen, Krokodile und Schildkröten.

Die Ernährung
Zauneidechsen fressen Insekten, Spinnen, Würmer und Schnecken. Ihre Beutetiere sehen oder riechen sie. Dazu strecken sie ihre Zunge heraus und nehmen Duftstoffe aus der Umgebung auf. Das nennt man **züngeln** (Bild 5).

Die Haut
Bei Reptilien ist die Haut von kleinen Platten bedeckt. Sie heißen **Schuppen**. Die Schuppen bestehen aus einem festen Stoff, dem Horn. Daher heißen sie **Hornschuppen** (Bild 4). Die Hornschuppen schützen die Haut vor Verletzungen und verhindern, dass sie austrocknet.

2 Eine Ruineneidechse mit nachgewachsenem Schwanz

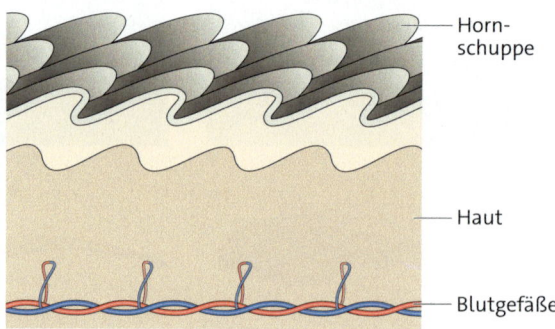

4 Der Bau der Reptilienhaut (Querschnitt)

DIE TIERE IN DER UMGEBUNG

5 Eine Zauneidechse züngelt und häutet sich.

6 Eine Ringelnatter verschlingt eine Kröte.

Wenn Reptilien wachsen, dann wächst die Haut mit den Hornschuppen nicht mit. Deshalb wird darunter eine neue Haut gebildet. In Bild 5 siehst du, dass sich die alte Haut ablöst. Diesen Vorgang nennt man **Häutung**.

Die Ringelnatter
Die Ringelnatter ist eine Schlange, die am und im Wasser lebt. Wie alle Schlangen hat sie keine Beine. Ihre Wirbelsäule besteht aus mehreren Hundert Wirbeln. Zwischen den Rippen und am Bauch haben Schlangen starke Muskeln. Sie ziehen sich abwechselnd auf der einen und auf der anderen Körperseite zusammen. Dadurch biegt sich der Körper zuerst in die eine Richtung, dann in die andere Richtung. So entsteht eine schlängelnde Bewegung. Viele Schlangen stoßen sich dabei an Steinen und Pflanzenteilen ab. Einige richten auch die Hornschuppen am Bauch auf und drücken sie in den Boden.

Schlangen schlingen
Die Ringelnatter ist nicht giftig. Sie schluckt ihre Beutetiere in einem Stück, ohne sie zu kauen. Dieses Verhalten beim Fressen nennt man **schlingen**. In Bild 6 siehst du, dass die Ringelnatter Tiere fressen kann, die größer sind als ihr Kopf. Das ist möglich, weil sie ihr Maul sehr weit öffnen kann. Ihr Unterkiefer besteht aus zwei Hälften, die sich beim Schlingen auseinander bewegen. Außerdem sind der Oberkiefer und der Unterkiefer an der Seite mit einem Knochen verbunden. Dieser Knochen kann aufgerichtet werden. Dadurch kann das Maul so weit geöffnet werden, dass ein großes Beutetier hineinpasst.

> Echsen, Schlangen, Krokodile und Schildkröten sind Reptilien. Die Haut besitzt Hornschuppen. Beim Wachsen häuten sich Reptilien, weil die Schuppenhaut nicht mitwächst. Schlangen haben keine Beine.

AUFGABEN
1 Die Reptilien
a Nenne das deutsche Wort für Reptilien.
b Begründe, warum Reptilien zu den Wirbeltieren gehören.
c Zähle vier Tiergruppen auf, die zu den Reptilien gehören.
d Begründe, warum sich Reptilien häuten.

2 Die Zauneidechse
a Beschreibe, was Eidechsen tun, um Angreifer abzulenken.
b Beschreibe mithilfe des Bildes, wie sich Eidechsen fortbewegen.

3 Die Ringelnatter
a Nenne einen Unterschied im Körperbau von Eidechsen und Schlangen.
b Beschreibe, wie sich Schlangen fortbewegen.
c „Schling doch nicht so!" Erläutere, was mit dieser Aussage gemeint ist.

Die Fortpflanzung und die Entwicklung der Reptilien

1 Zwei Zauneidechsen paaren sich.

Radesh hat ein Foto von einem Zauneidechsenpärchen gemacht. Er hat recherchiert und kann berichten, dass das grüne Tier das Männchen ist.

Die Fortpflanzung der Zauneidechsen
Im Frühling beginnt die Paarungszeit der Zauneidechsen. Wenn ein Männchen auf ein Weibchen trifft, dann folgt es dem Weibchen mit schnellen Schritten. Dieses Verhalten vor der Paarung heißt **Balz**. Wenn das Weibchen zur Paarung bereit ist, dann legen sich die beiden Tiere aufeinander. Das siehst du in Bild 1. Bei der Paarung gibt das Männchen Spermienzellen in den Körper des Weibchens ab. Im Körper des Weibchens befinden sich Eizellen. Die Spermienzellen verschmelzen mit den Eizellen. Weil dieser Vorgang im Körper des Weibchens stattfindet, spricht man von **innerer Befruchtung**.

Die Entwicklung der Zauneidechsen
Im Körper des Weibchens entwickeln sich aus den befruchteten Eizellen Embryonen. Um die Embryonen bildet sich eine weiche, weiße Hülle. Diese Hülle heißt **Schale**. Nach etwa vier Wochen gräbt das Weibchen ein Loch im warmen Sand. Dort legt es 5 bis 15 Eier hinein. Dann bedeckt das Weibchen die Eier mit Sand. Die Sonne wärmt die Eier. Die Schale verhindert, dass die Eier austrocknen. In den Eiern entwickeln sich die Jungtiere. Sie ernähren sich vom Dotter. Nach zwei bis drei Monaten sind die jungen Zauneidechsen vollständig entwickelt. Dann öffnen sie die Schale und schlüpfen aus den Eiern (Bild 2). Zum Öffnen der Schale nutzen sie einen harten Höcker auf ihrer Schnauze. Dieser Höcker sieht aus wie ein Zahn. Deshalb heißt er **Eizahn**. Die Jungtiere sind jetzt etwa fünf Zentimeter lang. Sie sind so weit entwickelt, dass sie ohne Hilfe überleben und Nahrung suchen können. Man sagt: Sie sind selbstständig. Zauneidechsen ernähren sich von Insekten, Spinnen, Würmern und kleinen Schnecken.

> Reptilien pflanzen sich durch innere Befruchtung fort. Die Jungtiere entwickeln sich in Eiern. Nach dem Schlüpfen sind sie sofort selbstständig.

AUFGABEN
1 Fortpflanzung der Zauneidechsen
a Nenne das Fachwort für die Verschmelzung von Spermienzellen und Eizellen im Körper des Weibchens.
b Stelle die Entwicklung einer Zauneidechse in einem Flussdiagramm dar.
c Beschreibe mithilfe des Bildes, wie die Eier von Zauneidechsen gebaut sind.

2 Eine schlüpfende Zauneidechse

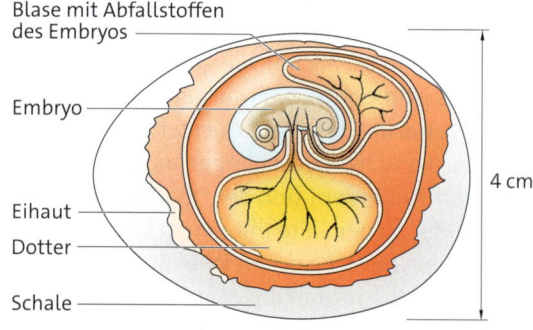

AUFGABEN   Reptilien sind unterschiedlich

1 Tiere hinterlassen Spuren

1 Zwei Spuren im Sand

a ☐ Wenn Tiere sich auf Sand fortbewegen, dann hinterlassen sie unterschiedliche Spuren. Ordne die beiden Spuren in Bild 1 einer Schlange und einer Echse zu.
b ☐ Begründe deine Zuordnung.
c Beim Schlängeln richten viele Schlangen ihre Hornschuppen am Bauch auf und drücken sie in den Boden. Zudem stoßen sie sich an Steinen oder Pflanzen ab.
☒ Begründe, warum das Schlängeln im Sand für eine Schlange schwierig ist.
d ☒ In einem Experiment wird die Fortbewegung einer Schlange untersucht. Dazu legt man sie auf eine Glasplatte. Stelle eine Vermutung über das Ergebnis an.

2 Schlange oder Echse

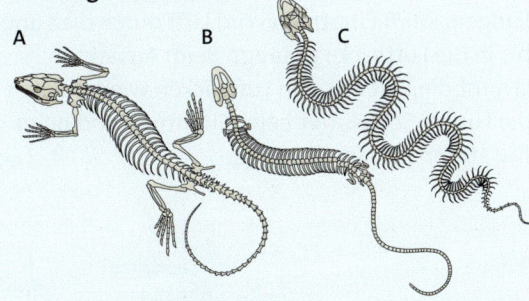

2 Die Skelette einer Echse (A), einer Blindschleiche (B) und einer Schlange (C).

a ☐ Vergleiche das Skelett der Blindschleiche in Bild 2 mit den Skeletten der Echse und der Schlange. Notiere dazu Gemeinsamkeiten und Unterschiede in einer Tabelle.
b ☒ Begründe, ob die Blindschleiche eine Schlange oder eine Echse ist.

3 Ein besonderer Schädel

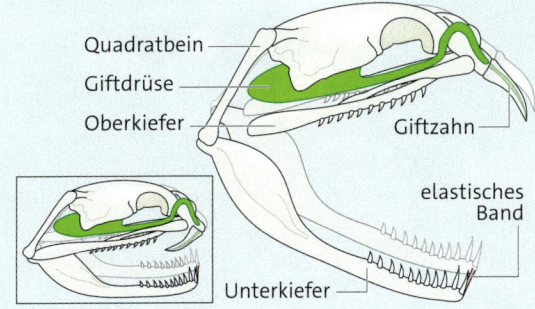

3 Der Schädel einer Kreuzotter

Kreuzottern haben im Oberkiefer zwei lange, hohle Zähne, die mit einer Giftdrüse verbunden sind. Wenn sie ein Tier beißen, dann gelangt das Gift durch die Zähne in den Körper des Tieres. Das Gift lähmt das Tier: Es kann sich nicht bewegen.

a ☐ Beschreibe mithilfe von Bild 3, wie sich die Giftzähne bewegen, wenn die Kreuzotter ihr Maul öffnet und schließt.
b ☐ Begründe mithilfe deiner Antwort aus Aufgabe 3a, warum sich die Kreuzotter mit ihren Giftzähnen nicht selbst verletzen kann.
c ☒ Begründe mithilfe deiner Antwort aus Aufgabe 3a, warum Schlangen ein Beutetier nicht wieder loslassen können, wenn sie es im Maul haben.
d ☐ Beschreibe mithilfe von Bild 3, wie die Zähne der Kreuzotter gebaut sind.
e ☒ Begründe mithilfe von Bild 3, warum Schlangen ihre Beutetiere nicht kauen können.
f ☐ Nenne das Fachwort für dieses Schlucken ohne Kauen.
g Schlangen können Beutetiere fressen, die größer sind als ihr Kopf.
☒ Beschreibe mithilfe von Bild 3, wie die Kreuzotter ihr Maul vergrößern kann. Verwende dabei die Fachwörter Quadratbein und elastisches Band.
h Beim Verschlingen eines Beutetiers wird das Maul der Kreuzotter stark gedehnt. Danach öffnet und schließt die Schlange mehrmals das Maul. Das sieht so aus, als würde sie gähnen.
☒ Stelle Vermutungen an, weshalb Schlangen diese Bewegungen machen.

Die Merkmale der Vögel

1 Eine singende Kohlmeise

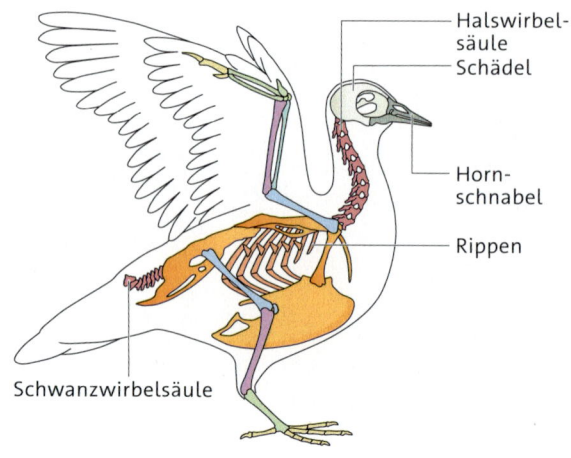

3 Das Skelett eines Vogels

Nazar beobachtet gerne die Vögel im Park. Auf einem Ast sieht er eine Kohlmeise. Sie singt.

Die Vielfalt der Vögel
Es gibt viele unterschiedliche Vögel. Einige Vögel können singen. Das sind die **Singvögel**. Die Kohlmeise in Bild 1 und die Amsel in Bild 2A sind Singvögel. Manche Vögel leben am und im Wasser. Sie heißen **Wasservögel**. Die Stockente in Bild 2B ist ein Wasservogel. Manche Vögel haben lange Beine, mit denen sie langsam laufen. Dazu sagt man auch schreiten. Daher heißen diese Vögel **Schreitvögel**. Der Weißstorch in Bild 2C ist ein Schreitvogel. Einige Vögel haben kräftige Beine und starke Krallen an den Zehen. Damit können sie Beutetiere greifen. Diese Vögel heißen **Greifvögel**. Der Habicht in Bild 2D ist ein Greifvogel.

Der Körperbau
Vögel haben ein Innenskelett mit einer Wirbelsäule (Bild 3). Deshalb gehören sie zu den Wirbeltieren. Das hintere Ende der Wirbelsäule ist ein kurzer Schwanz. Vögel haben hinten zwei Beine, mit denen sie laufen können. Vorne haben sie zwei Körperteile, mit denen die meisten Vögel fliegen können. Diese Körperteile heißen **Flügel**.

Die Atmung
Vögel atmen mit Lungen. Außerdem haben Vögel mehrere Säcke im Körper, die mit Luft gefüllt sind. Daher heißen sie **Luftsäcke**. In Bild 4 siehst du, dass die Luftsäcke mit der Lunge verbunden sind. Die Luftsäcke können sich ausdehnen und zusammenziehen. Dabei pumpen sie Luft durch die Lungen. Beim Einatmen wird Luft durch die Lunge bis in die Luftsäcke gesaugt. Beim Ausatmen strömt die Luft aus den Luftsäcken wieder durch die Lunge. So gelangt beim Einatmen und beim Ausatmen Luft in die Lunge.

2 Eine Amsel (A), eine Stockente (B), ein Weißstorch (C) und ein Habicht (D)

4 Die Luftsäcke im Vogelkörper

DIE TIERE IN DER UMGEBUNG

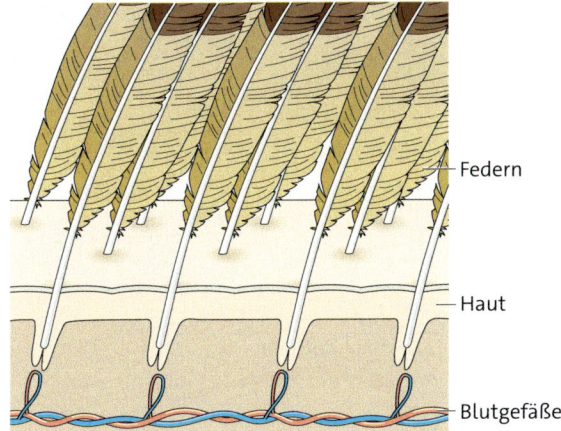

5 Der Bau der Vogelhaut (Querschnitt)

Die Federn

Der Haut von Vögeln bildet **Federn**. Sie bestehen aus Horn. Der mittlere Teil einer Feder ist hart. Er heißt **Kiel**. Der untere Teil des Kiels steckt in der Haut (Bild 5). Das ist die **Spule**. Der obere Teil des Kiels heißt **Schaft** (Bild 6). Der Schaft besitzt wie ein Baum viele Äste. Von jedem Ast gehen zwei Arten von Seitenästen ab. Diese Seitenäste heißen **Strahlen**. Einige Strahlen haben am Ende kleine Haken. Daher heißen sie **Hakenstrahlen.** Andere Strahlen sind gebogen. Daher heißen sie **Bogenstrahlen**. In Bild 6 siehst du, dass sich die Hakenstrahlen mit den Bogenstrahlen verhaken. So entsteht eine Fläche, durch die fast keine Luft hindurchströmen kann. Diese Fläche heißt **Fahne**. Federn können sich abnutzen. Alte Federn werden abgeworfen und durch neue ersetzt. Das Fachwort für diesen Wechsel der Federn heißt **Mauser**.

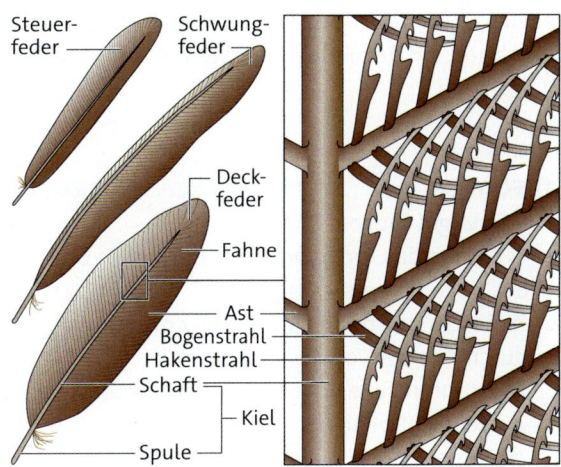

6 Der Bau einer Feder

Verschiedene Federn

Der Vogelkörper ist von kleinen Federn umhüllt, die den Vogel warm halten. Diese Federn heißen **Daunenfedern**. Darüber liegen größere so übereinander, dass eine glatte Oberfläche entsteht, die kein Wasser hindurchlässt. Das sind die **Deckfedern**. Am Schwanz befinden sich lange Federn, mit denen die Vögel im Flug steuern. Das sind die **Steuerfedern**. Mit den Federn der Flügel können die Vögel fliegen. Sie heißen **Schwungfedern**. Die Schwungfedern formen an den ausgebreiteten Flügeln eine Fläche, die den Vogel im Flug trägt. Diese Fläche heißt **Tragfläche**.

> Vögel sind Wirbeltiere. Sie atmen mit Lungen und Luftsäcken. Sie besitzen Flügel und Federn.

AUFGABEN

1 Der Bau der Vögel

a ▸ Nenne das Fachwort für die Teile des Vogelkörpers, mit denen die Vögel fliegen.

b ▸ Stelle die Atmung mit Lungen und Luftsäcken in einem Flussdiagramm dar. Beginne mit dem Einatmen.

c ▸ Zeichne eine Feder und beschrifte sie mit den Fachwörtern: Fahne, Kiel, Spule, Schaft, Ast.

d ▸ Beschreibe, wie Hakenstrahlen und Bogenstrahlen zusammenhängen.

e ▸ Übertrage die folgende Tabelle in dein Heft und fülle die Lücken:

Federform	Aufgabe
Daunenfedern	...
...	lassen kein Wasser hindurch
Steuerfedern	...
...	fliegen

7 Die Aufgaben der verschiedenen Federn

2 Verschiedene Vögel

In Bild 2 siehst du vier verschiedene Vögel.

a ▸ Begründe jeweils, ob die Vögel zu den Singvögeln, den Wasservögeln, den Schreitvögeln oder den Greifvögeln gehören.

b ▸ Beschreibe das Aussehen der Vögel. Du kannst dazu Merkmale wie Farbe, Beinlänge und Schnabelform verwenden.

Vögel fliegen

1 Ein Mäusebussard

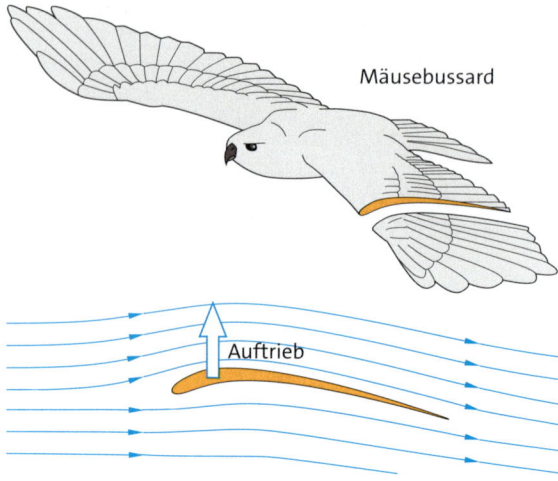

2 Der Auftrieb am Flügel

Susan beobachtet einen Mäusebussard. Er fliegt in großen Kreisen hoch in der Luft.

Ein leichter Körper
Vögel sind an das Fliegen angepasst. Der Vogelkörper läuft am Kopf und am Schwanz spitz zu. Dieser spindelförmige Körper kann leicht durch die Luft gleiten. Die Knochen der Vögel sind innen hohl und haben dünne Wände. Dadurch sind sie leichter als die Knochen anderer Wirbeltiere. Auch die Federn sind innen hohl und dadurch leicht. Vögel haben keine Zähne. Im Körper befinden sich Luftsäcke. Der Körper der Vögel ist also sehr leicht gebaut. Man spricht daher auch von der **Leichtbauweise**. Durch ihre Leichtbauweise sind Vögel leichter als andere Tiere mit der gleichen Körpergröße. Eine Singdrossel ist etwa so groß wie eine Ratte. Die Singdrossel wiegt etwa 80 Gramm, die Ratte wiegt etwa 300 Gramm.

Vögel brauchen viel Energie zum Fliegen. Deshalb fressen sie oft, nehmen aber immer nur kleine Mengen auf. Die Nahrung wird schneller verdaut als bei anderen Tieren. Die Reste werden als Kot und Urin schnell wieder ausgeschieden. Auch dadurch bleibt der Vogelkörper leicht.

Fliegen gegen die Schwerkraft
Die Anziehungskraft der Erde heißt Schwerkraft. Sie hält alle Lebewesen am Boden. Beim Fliegen müssen Kräfte erzeugt werden, die gegen diese Anziehungskraft wirken. Solche Kräfte entstehen, wenn Luft über eine Fläche strömt. Je schneller die Luft strömt, desto stärker sind die Kräfte.

Fliegen mit Auftrieb
In Bild 2 siehst du, wie ein Flügel aussieht, wenn du ihn von der Seite betrachtest: Der Flügel ist nach oben gebogen. Wenn Luft von vorne auf den Flügel trifft, dann muss sie oben und unten vorbeiströmen. Der Weg über die Oberseite ist länger als der Weg über die Unterseite. Deshalb muss die Luft auf der Oberseite schneller strömen. Wenn Luft schneller strömt, dann sinkt der Luftdruck. Der geringere Luftdruck über dem Flügel saugt den Flügel nach oben. Der größere Luftdruck unter dem Flügel drückt den Flügel nach oben. Auf den Flügel wirkt also eine Kraft, die ihn nach oben saugt und drückt. Diese Kraft heißt **Auftrieb**. Der Auftrieb wirkt entgegen der Schwerkraft.

> Vögel sind leicht gebaut. Ihre Knochen und Federn sind hohl. In ihrem Körper befinden sich Luftsäcke. Vögel verdauen ihre Nahrung schnell. An den Flügeln entsteht beim Fliegen Auftrieb.

AUFGABEN
1 **Wie Vögel fliegen**
a ☐ Nenne das Fachwort für den leichten Bau des Vogelkörpers.
b ☒ Beschreibe den Bau von drei Körperteilen, durch den der Vogelkörper leicht ist.
c ☒ Erläutere, wie Vögel durch ihre Ernährungsweise leicht bleiben.
d ☒ Beschreibe mithilfe von Bild 2, wie der Auftrieb das Fliegen ermöglicht.

PRAXIS Federn und Auftrieb untersuchen

A Eine Feder untersuchen

Material:
Schwanzfedern oder Schwungfedern, Fertigpräparate aus Federstücken, die mit einem durchsichtigen Klebestreifen auf einem Objektträger befestigt wurden, spitzer Bleistift, Lupe, Mikroskop

Durchführung:
- Betrachte die Feder mit bloßem Auge und danach mit der Lupe.
- Manchmal streift ein Vogel einen Ast mit dem Flügel. Zeige mithilfe des Bleistifts, was dabei mit einer Feder passieren kann (Bild 1B).
- Vögel ziehen ihre Federn durch den Schnabel. Stelle diesen Vorgang nach, indem du die Feder zwischen Daumen und Zeigefinger hindurchziehst.
- Betrachte ein Fertigpräparat eines Federstücks im Mikroskop. Finde die Bestandteile, die die Federäste zusammenhalten.

Auswertung:
1. Beschreibe deine Beobachtungen.
2. Skizziere eine Feder und beschrifte die verschiedenen Bauteile.
3. Erstelle eine Zeichnung des mikroskopischen Bildes und beschrifte sie.
4. Erläutere, wie der Bau der Feder es ermöglicht, dass eine ungeordnete Feder ganz einfach repariert werden kann.

1 Eine geordnete Feder (A) und eine ungeordnete Feder (B)

B Den Auftrieb im Modell untersuchen

2 Ein Modell eines Flügels

Material:
DIN-A5-Blatt, Buch, Büroklammern

Durchführung:
- Klemme das Papierblatt so in das Buch, dass der größte Teil des Blattes herausschaut.
- Befestige dann eine Büroklammer am äußeren Ende des Blattes.
- Halte nun das Buch mit dem Blatt vor dich wie in Bild 2 gezeigt. Puste dann über das Blatt hinweg.
- Befestige eine weitere Büroklammer an der ersten. Wiederhole dann das Experiment. Wie viele Büroklammern kannst du anhängen, bis sich das Blatt beim Pusten nicht mehr bewegt?

Auswertung:
1. Beschreibe deine Beobachtungen.
2. Erkläre deine Beobachtungen mit deinem Wissen über den Auftrieb.
3. Begründe, ob das Modell ein Strukturmodell oder ein Funktionsmodell ist.
4. Ordne den Teilen des Modells die entsprechenden Bestandteile des Originals zu.
5. Vergleiche das Modell mit einem Vogelflügel. Nenne dazu Gemeinsamkeiten und Unterschiede.
6. Bewerte das Modell. Beschreibe dazu, was es besonders gut zeigt und was es nicht gut zeigt.

Die Fortpflanzung und die Entwicklung der Vögel

1 Zwei frisch geschlüpfte Hühnerküken

Zwei Hühnerküken sind gerade aus ihren Eiern geschlüpft. Sie sind noch nass, doch bald werden sie trocknen. Dann laufen sie ihrer Mutter hinterher.

Die Eizelle
Ein männliches Huhn heißt **Hahn**, ein weibliches Huhn heißt **Henne**. Im Körper der Henne befindet sich ein Organ, das Eizellen bildet. Dieses Organ wird **Eierstock** genannt. Unter einem Stock stellst du dir im Alltag etwas anderes vor. Hier bedeutet das Wort aber Vorrat. Ein Eierstock enthält also einen Eizellvorrat. Um einige Eizellen bilden sich im Eierstock Kugeln aus Dotter. Diese Kugeln heißen **Dotterkugeln** (Bild 2). Die Eizelle ist als heller Fleck auf der Oberfläche der Dotterkugel zu sehen. Aus diesem Fleck entwickelt sich später der Embryo. Ein anderes Wort für Embryo ist Keim. Der helle Fleck heißt deshalb **Keimfleck**.

Die Dotterkugeln lösen sich einzeln vom Eierstock und bewegen sich durch eine Röhre zu einer Öffnung am hinteren Körperende. Die Röhre heißt **Eileiter**. Die Körperöffnung heißt **Kloake**.

Die Fortpflanzung der Hühner
Wenn sich ein Hahn mit einer Henne paaren will, dann nähert er sich mit ausgebreiteten Flügeln und springt um die Henne herum. Das ist die Balz. Wenn sich die Henne duckt und die Flügel ausbreitet, dann setzt sich der Hahn auf den Rücken der Henne. Die beiden pressen ihre Kloaken aneinander, dadurch können Spermienzellen vom Hahn in den Eileiter der Henne gelangen. Wenn eine Spermienzelle auf eine Eizelle trifft, dann verschmelzen sie miteinander. Diesen Vorgang nennt man **Befruchtung**. Die Eizelle ist jetzt befruchtet. Die Befruchtung findet im Körper der Vögel statt. Deshalb spricht man von **innerer Befruchtung**.

Die Entwicklung zum Hühnerei
Der Keimfleck mit der befruchteten Eizelle heißt **Keimscheibe** (Bild 3). Daraus entwickelt sich der Embryo. Um den Dotter bildet sich ein durchsichtiger Stoff. Dieser Stoff heißt **Eiklar** oder **Eiweiß**. Es schützt den Embryo. Um das Eiklar und den Dotter bilden sich Häute. Sie heißen **Eihäute**. Um die Eihäute bildet sich eine harte Schale aus Kalk. Sie heißt **Kalkschale** (Bild 3). Sie schützt das fertige **Ei**. Auch unbefruchtete Eizellen entwickeln sich zu fertigen Eiern. Diese Eier können wir im Laden kaufen. Weil sie keine Keimscheibe enthalten, kann sich in diesen Eiern kein Embryo entwickeln.

2 Die Entwicklung der Eier

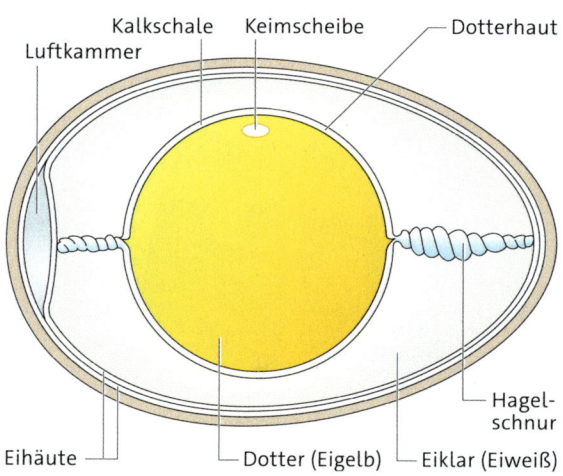

3 Der Bau eines befruchteten Hühnereies

Die Entwicklung im Ei

An einem geschützten Platz am Boden baut die Henne aus Laubblättern und Gras ein Nest. Etwa 24 Stunden nach der Befruchtung gibt die Henne ein Ei aus dem Körper ab. Man sagt: Sie legt ein Ei. In den nächsten Tagen legt die Henne täglich ein weiteres Ei in das Nest. Sie setzt sich auf die Eier und wärmt sie. Man sagt: Sie **bebrütet** die Eier. Vögel, die ihre Nester am Boden bauen und dort ihre Eier bebrüten, bezeichnet man als **Bodenbrüter**. Die Henne dreht die Eier immer wieder mit dem Schnabel, sodass sie von allen Seiten gleichmäßig gewärmt werden. Im Ei gibt es Schnüre von den Eihäuten zum Dotter. Diese Schnüre sehen aus wie aneinandergereihte Hagelkörner. Deshalb heißen sie **Hagelschnüre** (Bild 3). Sie sorgen dafür, dass der Embryo immer oben im Ei liegt, das ist die wärmste Stelle. Der Embryo ernährt sich vom Dotter und vom Eiklar. Er atmet Luft aus einem Hohlraum im Ei. Dieser Hohlraum heißt **Luftkammer** (Bild 3).

Nestflüchter und Nesthocker

Nach 21 Tagen ist das Jungtier im Ei voll entwickelt. Es öffnet die Kalkschale mit dem Eizahn und schlüpft aus dem Ei. Das Jungtier heißt jetzt **Küken**. Hühnerküken können kurz nach dem Schlüpfen laufen. Sie verlassen das Nest und folgen der Mutter. Deshalb werden sie **Nestflüchter** genannt. Frisch geschlüpfte Amselküken haben noch keine Federn. Ihre Augen und Ohren sind noch geschlossen. Sie werden im Nest gefüttert und bleiben dort sitzen. Ein anderes Wort für sitzen ist hocken. Daher nennt man sie **Nesthocker**. Nach 15 Tagen verlassen die jungen Amseln das Nest.

> Vögel pflanzen sich durch innere Befruchtung fort. Die Henne legt Eier in ein Nest und bebrütet sie. Der Embryo ernährt sich von Dotter und Eiklar. Küken können Nestflüchter oder Nesthocker sein.

AUFGABEN

1 Die Fortpflanzung der Hühner

a Nenne das Fachwort für die Eizelle auf der Dotterkugel.
b Beschreibe den Unterschied zwischen Keimfleck und Keimscheibe.
c Beschreibe, wie der Dotter und das Eiklar dem Embryo nutzen.
d Stelle eine Vermutung an, warum es im Hühnerstall vorbereitete Nester gibt.
e Nenne das Fachwort für das Wärmen des Hühnereies durch die Henne.
f Nenne das Fachwort für ein frisch geschlüpftes Huhn.
g Beschreibe mithilfe von Bild 4 die Entwicklung vom gelegten Ei bis zum Schlüpfen des Jungtiers in einem Flussdiagramm.

2 Nesthocker und Nestflüchter

a Erkläre, warum man Hühnerküken als Nestflüchter bezeichnet.
b Erkläre, warum man Amselküken als Nesthocker bezeichnet.
c Beschreibe die Aufgabe der Eltern von Nesthockern.
d Stelle eine Vermutung an, warum Amseln ihre Nester im dichten Laub von Büschen bauen.

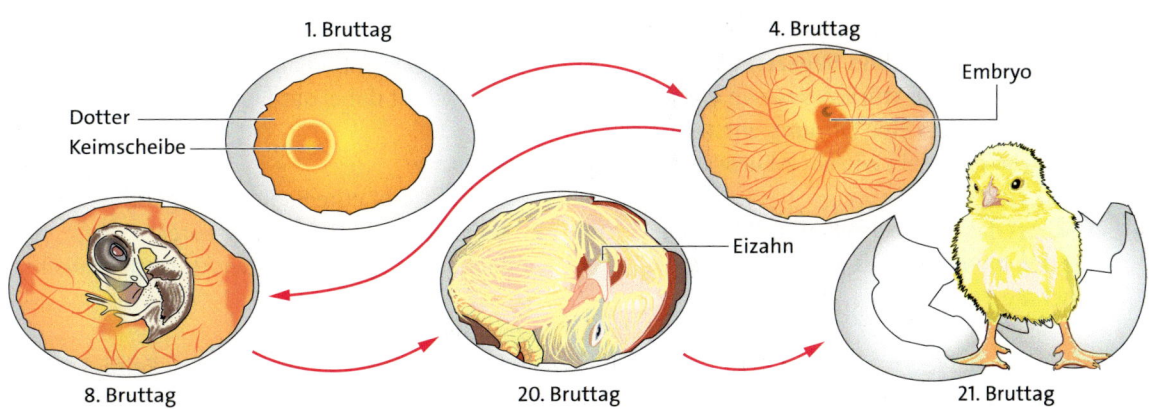

4 Die Entwicklung des Kükens im Ei

DIE TIERE IN DER UMGEBUNG

PRAXIS   Hühnereier untersuchen

A Der Blick in ein Hühnerei

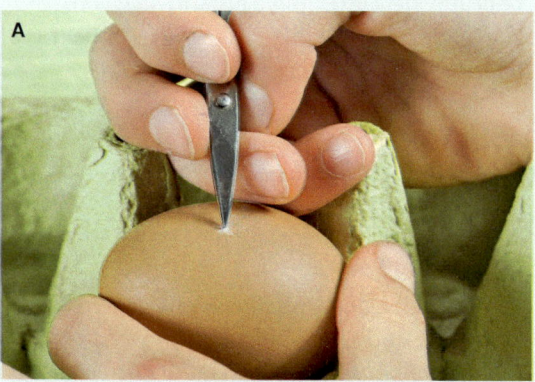

1 Ein Hühnerei wird geöffnet.

Material:
frisches rohes Hühnerei, spitze Schere, Pinzette, Eierkarton, Petrischale, Lupe

Durchführung:
– Arbeitet zu zweit. Legt das Ei längs auf eine Vertiefung im Eierkarton.
– Kratzt mit der Schere vorsichtig eine Kerbe in die Kalkschale wie in Bild 1A gezeigt.
– Hebt die Kalkschale stückchenweise mit der Pinzette ab, sodass eine Öffnung entsteht. Sie soll etwa so groß sein wie ein 2-Euro-Stück (Bild 1B).
– Betrachtet das Innere des Eies mit der Lupe.
– Gießt den Inhalt des Eies vorsichtig in die Petrischale.

Auswertung:
1 Zeichnet das Hühnerei in der Petrischale. Beschriftet es mithilfe von Bild 3 auf Seite 84.

B Ein Hühnerei ohne Schale

2 Ein Ei wird in Essigessenz eingelegt.

Material:
Glas, frisches Hühnerei, Essigessenz (25%ige Essigsäure)

> **Achtung!**
> Essigessenz ist stark ätzend. Setze die Schutzbrille auf und ziehe Schutzhandschuhe an. Sorge für eine gute Raumbelüftung.

Durchführung:
– Legt das Ei in Essigessenz, bis sich die Kalkschale vollständig aufgelöst hat. Das dauert etwa drei Tage.
– Spült das Ei vorsichtig und gründlich mit Wasser ab.
– Schaut euch das Ei an und betastet es.
– Dreht das Ei entlang der Längsachse. Beobachtet dabei das Eigelb.

Auswertung:
1 Beschreibt eure Beobachtungen.
2 Erläutert die Bedeutung eurer Beobachtung für die Entwicklung des Kükens.

Aufräumen:
Sammelt die Eier für den Kompost. Reinigt Schere, Pinzette, Petrischale und den Tisch. Wascht eure Hände mit Seife.

AUFGABEN Vögel sind unterschiedlich

1 Drei verschiedene Vögel

1 Eine Singdrossel (A), ein Pinguin (B) und ein Strauß (C)

Singdrosseln leben in den Wäldern von Europa, Asien und Nordafrika. Sie fressen Regenwürmer, Insekten und Beeren. Sie sind gute Flieger. Pinguine leben an den Südküsten von Afrika, Asien und Südamerika sowie in der Antarktis. Sie sind gute Schwimmer und ernähren sich von Fischen. Strauße leben in den heißen Gebieten, die in Afrika südlich der Saharawüste liegen. Sie sind gute Läufer und können bis zu 70 Kilometer pro Stunde schnell werden. Strauße fressen vor allem Pflanzen.

a Die Singdrossel, der Pinguin und der Strauß sind Vögel. Nenne drei typische Vogelmerkmale, die sie alle besitzen.

b Nenne jeweils zwei Merkmale, in denen sich der Körperbau von Strauß und Pinguin vom Körperbau eines typischen Vogels unterscheidet.

2 Der Knochenbau verschiedener Vögel

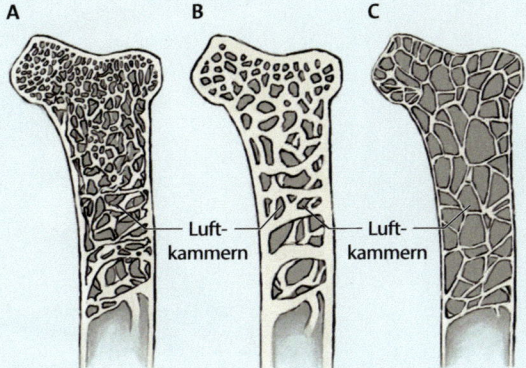

2 Die Oberschenkelknochen von drei Vögeln

Bild 2 zeigt die Oberschenkelknochen von einer Singdrossel, einem Strauß und einem Pinguin.

a Ordne die Knochen A bis C der Singdrossel, dem Strauß und dem Pinguin zu.

b Begründe jeweils deine Zuordnung.

3 Die Brutpflege verschiedener Vögel

3 Brutpflege beim Pinguin (A), bei der Singdrossel (B) und beim Strauß (C)

Singdrosseln legen drei bis sechs Eier in ein weich gepolstertes Nest auf einem Baum. Kaiserpinguine bauen keine Nester. Das Weibchen legt nur ein Ei. Es wird vom Männchen bebrütet. Strauße legen acht bis zwölf Eier. Die Jungen sind Nestflüchter.

 Recherchiere, warum die drei Vögel unterschiedlich viele Eier legen. Betrachte dazu auch Bild 3 und bedenke die Art des Nestes, das Wetter in den Lebensräumen der Tiere sowie die Gefahr durch Tiere, die Eier und Jungtiere fressen.

Die Merkmale der Säugetiere

1 Ein Eichhörnchen frisst eine Nuss.

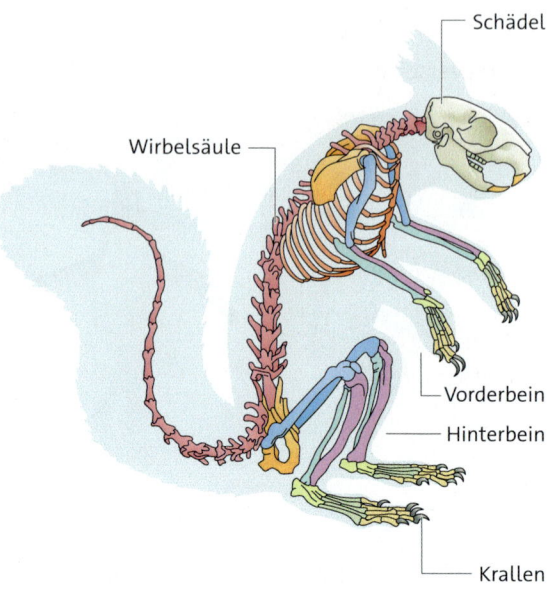

3 Das Skelett eines Eichhörnchens

Malia beobachtet ein Eichhörnchen. Es knabbert an einer Haselnuss. Wenn sich das Eichhörnchen erschrickt, dann klettert es schnell auf einen Baum.

Das Eichhörnchen
Eichhörnchen leben auf den Bäumen in Wäldern, Parks und Gärten. An den Pfoten haben sie Krallen. Damit halten sie sich beim Klettern fest. Wenn sie von Baum zu Baum springen, dann steuern sie dabei mit dem Schwanz. Eichhörnchen fressen Nüsse, Beeren, Schnecken und Insekten. Sie sind Allesfresser. Eichhörnchen bauen Nester aus Zweigen und Blättern. Diese Nester heißen **Kobel**. Im Kobel bringen Eichhörnchen ihre Jungtiere zur Welt. In Bild 2 kannst du sehen, dass die Jungtiere am Bauch der Mutter Milch saugen. Deshalb gehören Eichhörnchen zu den **Säugetieren**.

Der Körperbau und die Atmung
Eichhörnchen haben wie alle Säugetiere ein Innenskelett mit einer Wirbelsäule. Deshalb gehören Säugetiere zu den Wirbeltieren. In Bild 3 kannst du sehen, dass die Wirbelsäule bei Eichhörnchen sehr lang ist. Der hintere Teil der Wirbelsäule ist der Schwanz. Alle Säugetiere atmen mit Lungen.

Die Haut
Die Haut der Säugetiere ist mit Haaren bedeckt. Diese Haare nennt man **Fell**. Eichhörnchen haben kurze Fellhaare. Am Rücken sind sie hellrot bis braunschwarz, am Bauch weiß oder cremefarben. Viele Säugetiere haben im Winter mehr Haare. Sie haben also ein Sommerfell und ein Winterfell. Das Fell verhindert, dass der Körper Wärme verliert. Man sagt auch: Es schützt vor Wärmeverlust.

2 Junge Eichhörnchen saugen Milch.

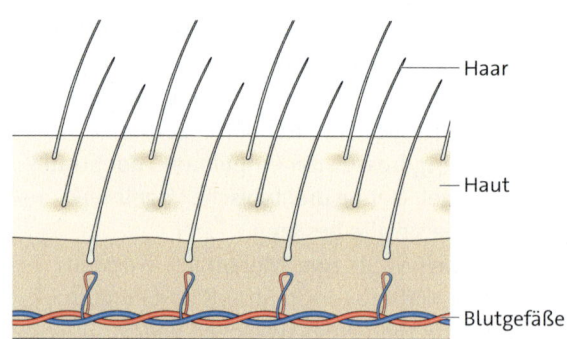

4 Die Haut der Säugetiere (Querschnitt)

DIE TIERE IN DER UMGEBUNG

5 Eine fliegende Fledermaus

7 Ein schwimmender Blauwal neben einer Taucherin

Die Vielfalt der Säugetiere

Säugetiere leben in verschiedenen Lebensräumen. Sie sind an die unterschiedlichen biotischen und abiotischen Umweltbedingungen anpasst.

Fledermäuse fliegen durch die Luft

In Bild 5 siehst du, dass Fledermäuse zwischen den Armknochen und den Fingerknochen dünne Häute haben. Diese Häute heißen **Flughäute**. Mit den Flughäuten können Fledermäuse fliegen. Sie fressen Insekten, die sie im Flug fangen.

Maulwürfe leben in der Erde

In Bild 6 siehst du, dass Maulwürfe Krallen an den Fingern der Vorderpfoten haben. Damit graben sie Gänge in die Erde. Die Erde aus den Gängen schieben sie an die Oberfläche. Dort entstehen Hügel aus Erde. Das sind die **Maulwurfshügel**. Maulwürfe haben lange Haare am Maul. Damit können sie Käfer, Schnecken und Spinnen in den dunklen Gängen fühlen. Ein anderes Wort für fühlen ist tasten. Deshalb heißen die Haare **Tasthaare**.

Wale leben im Meer

In Bild 7 siehst du, wie groß der Blauwal neben der Taucherin ist. Blauwale sind die größten Tiere der Erde. Sie können 30 Meter lang und 180 000 Kilogramm schwer werden. Alle Wale bringen Jungtiere zur Welt, die sie mit Milch säugen. Wale sind also Säugetiere. Sie haben eine glatte Haut und nur wenige Haare am Maul. Wale haben wie Fische einen spindelförmigen Körper und Flossen. Beim Schwimmen bewegen Wale ihre Schwanzflosse auf und ab. Fische dagegen bewegen ihre Schwanzflosse hin und her.

> Säugetiere bringen Jungtiere zur Welt und säugen sie mit Milch. Säugetiere gehören zu den Wirbeltieren. Ihre Haut ist meist mit Fell bedeckt. Sie atmen mit Lungen und leben in verschiedenen Lebensräumen.

6 Ein Maulwurf im Boden

AUFGABEN

1 Der Körperbau der Säugetiere
a Nenne vier Merkmale der Säugetiere.
b Beschreibe, wie das Eichhörnchen an das Leben auf den Bäumen angepasst ist.
c Erläutere die Aufgabe der Fellhaare.

2 Die Vielfalt der Säugetiere
a Beschreibe, wie Fledermäuse an das Fliegen angepasst sind.
b Die Vorderpfoten des Maulwurfs heißen Grabhände. Beschreibe, was mit diesem Fachwort gemeint ist.
c Vergleiche Wale und Fische. Notiere dazu in einer Tabelle Gemeinsamkeiten und Unterschiede.

DIE TIERE IN DER UMGEBUNG

Die Fortpflanzung und die Entwicklung der Säugetiere

1 Zwei Katzen paaren sich.

Nick beobachtet, wie sich eine Katze auf dem Boden rollt. Ein Kater geht zu ihr und legt sich auf ihren Rücken. Die beiden paaren sich.

Die Paarung

Wenn sich Säugetiere fortpflanzen, dann paart sich ein Männchen mit einem Weibchen. Für die Fortpflanzung nutzen sie bestimmte Organe. Diese Organe heißen **Fortpflanzungsorgane** oder **Geschlechtsorgane**. Zu den männlichen Geschlechtsorganen gehört das Glied. Man sagt auch **Penis** dazu. Zu den weiblichen Geschlechtsorganen gehört die Scheide. Man sagt auch **Vagina** dazu. Bei der Paarung schiebt das Männchen seinen Penis in die Vagina des Weibchens. Dann gibt das Männchen Spermienzellen in den Körper des Weibchens ab. Die Spermienzellen schwimmen durch die Vagina in die Eileiter.

Die Entwicklung im Körper der Mutter

Wenn eine Spermienzelle auf eine Eizelle trifft, dann verschmelzen sie miteinander. Diesen Vorgang nennt man **Befruchtung**. Die Befruchtung findet im Körper der Säugetiere statt. Deshalb spricht man von **innerer Befruchtung**. Bei vielen Säugetieren werden nach einer Paarung mehrere Eizellen befruchtet. Die befruchteten Eizellen gelangen durch den Eileiter zu einem weiteren Geschlechtsorgan. Das ist die **Gebärmutter**. Dieses Fachwort ist abgeleitet vom Wort gebären, das bedeutet „ein Jungtier hervorbringen". In der Gebärmutter entwickeln sich die befruchteten Eizellen zu Embryonen. Durch ein besonderes Organ werden sie mit Nahrung und Sauerstoff von der Mutter versorgt. Das Fachwort für dieses Organ ist **Mutterkuchen**. So können sich die Jungtiere im Körper der Mutter entwickeln und wachsen. Das Weibchen trägt die Jungtiere bis zur Geburt im Körper. Daher heißt diese Zeit **Tragzeit**.

Die Jungtiere

Nach etwa 65 Tagen kommen die Jungtiere aus dem Bauch der Katze auf die Welt. Man sagt: Sie werden **geboren**. Die Jungtiere der Katzen nennt man Kätzchen. Jungtiere, die zusammen zur Welt gekommen sind, werden als **Wurf** bezeichnet. Bei Katzen besteht ein Wurf aus vier bis sechs Kätzchen. Sie haben bereits ein Fell, ihre Augen sind noch geschlossen. Sie öffnen sich erst nach neun Tagen. Die Mutter der Kätzchen bildet **Milch** in Drüsen an ihrem Bauch. Diese Milch heißt **Muttermilch**. Die Kätzchen saugen die Muttermilch aus Zitzen (Bild 3). Die Kätzchen werden etwa sieben Wochen gesäugt. Sie sind Nesthocker.

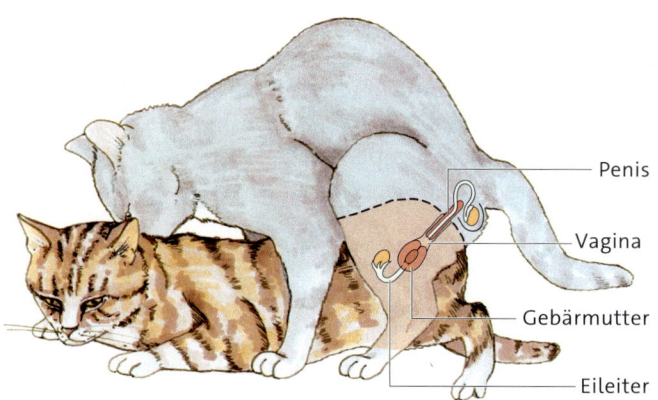

2 Ein Kater und eine Katze bei der Paarung

3 Die Jungtiere saugen Milch.

DIE TIERE IN DER UMGEBUNG

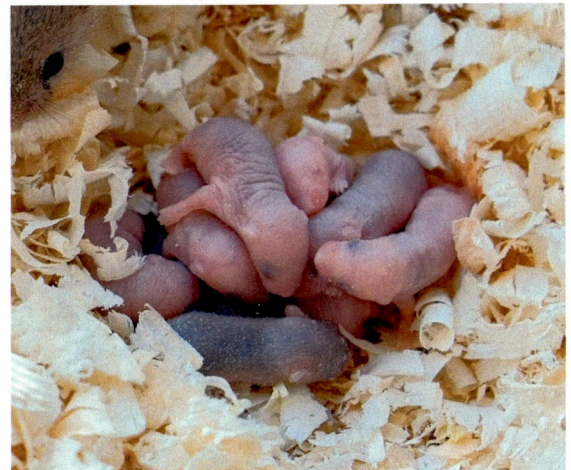

4 Eine Hausmaus mit ihren Jungtieren

Die Brutpflege

Viele Säugetiere kümmern sich nach der Geburt um ihre Jungtiere. Man sagt auch: Die Jungtiere werden von den Eltern gepflegt. Ein anderes Wort für Jungtiere ist **Brut**. Die Pflege der Jungtiere wird deshalb **Brutpflege** genannt. Zur Brutpflege gehört, dass die Eltern ihre Jungtiere füttern und beschützen. Nesthocker ohne Fell werden von den Eltern gewärmt. Wenn die Jungtiere nicht mehr gesäugt werden, dann zeigen die Eltern ihnen, welche Nahrung sie fressen können. Die Eltern geben also ihr Wissen an die Jungtiere weiter.

Nesthocker und Nestflüchter

Viele Säugetiere bauen vor der Geburt der Jungtiere ein Nest an einem sicheren Ort. Das kann zum Beispiel auf einem Baum oder in einer Höhle sein. Die Jungtiere von Mäusen, Igeln und Kaninchen kommen nach einer kurzen Tragzeit auf die Welt. Sie sind nackt und hilflos, ihre Augen sind noch geschlossen (Bild 4). Die Jungtiere werden im Nest von den Eltern gefüttert. So können sich die Jungtiere geschützt entwickeln. Wenn sie ein Fell haben, sehen und laufen können, dann verlassen sie das Nest. Mäuse, Igel und Kaninchen sind **Nesthocker**. Pferde, Rinder und Rehe sind Nestflüchter (Bild 5). Bei ihnen ist die Tragzeit deutlich länger. Die Jungtiere haben bei der Geburt ein Fell und ihre Augen sind offen. Sie können bereits kurz nach der Geburt stehen und laufen.

> Säugetiere pflanzen sich durch innere Befruchtung fort. Die Embryonen wachsen in der Gebärmutter der Mutter heran. Nach der Geburt saugen die Jungtiere Milch aus den Zitzen der Mutter. Säugetiere können Nesthocker oder Nestflüchter sein.

AUFGABEN

1 Die Fortpflanzung der Säugetiere

a Nenne das Fachwort für die Nahrung, die Jungtiere am Bauch der Mutter saugen.

b Beschreibe, was mit dem Fachwort innere Befruchtung gemeint ist.

c Beschreibe das Aussehen von neugeborenen Kätzchen.

d Begründe, warum Katzen zu den Säugetieren gehören.

e Stelle die Fortpflanzung der Säugetiere in einem Flussdiagramm dar.

2 Die Tragzeit bei Säugetieren

a Erstelle ein Diagramm aus den Informationen in der Tabelle.

Säugetier	Tragzeit
Elefant	22 Monate
Giraffe	15 Monate
Wolf	2 Monate
Goldhamster	16 Tage

7 Die Tragzeiten von verschiedenen Säugetieren

b Begründe, ob die Tiere in der Tabelle Nestflüchter oder Nesthocker sind.

c Beschreibe, wie die Tragzeiten bei Nestflüchtern und Nesthockern sind.

5 Ein Reh mit seinem Jungtier

METHODE   Tabellen erstellen

Naturwissenschaftlerinnen und Naturwissenschaftler sammeln Informationen. In Tabellen kannst du Informationen geordnet darstellen oder zeigen, wie sich zwei Größen oder Informationen zueinander verhalten. Dadurch kannst du Zusammenhänge erkennen. In einer Tabelle gibt es waagerechte **Zeilen** und senkrechte **Spalten**. In der obersten Tabellenzeile bekommt jede Spalte eine Spaltenüberschrift. Diese Zeile nennt man **Kopfzeile**. Die Zeilen und Spalten treffen sich jeweils in einer **Zelle**.

1 Das Thema formulieren
Überlege, welche Informationen du in der Tabelle darstellen willst. Formuliere eine Überschrift für deine Tabelle.

Lisa hat in der Schule alle Gruppen der Wirbeltiere kennengelernt. Nun will sie die Informationen zu den einzelnen Gruppen in einer Tabelle geordnet darstellen. Sie formuliert als Überschrift „Vergleich von Wirbeltiergruppen".

2 Die Tabelle planen
Überlege vor dem Zeichnen der Tabelle, welche Kriterien du betrachten willst. Kriterien können Tiernamen, Merkmale, aber auch Werte wie Datum, Temperatur, Größe oder Masse sein. Wie viele Zeilen und wie viele Spalten du dafür brauchst, hängt davon ab, welche Kriterien du in die erste Spalte und welche du in die Kopfzeile eintragen willst. In jede Zelle werden die Informationen geschrieben, die zu dieser Zeile und zu dieser Spalte passen.

Lisa plant, die Namen der Wirbeltiergruppen in die Kopfzeile zu schreiben. Es gibt fünf Wirbeltiergruppen, also braucht sie fünf Spalten. Zusätzlich braucht sie noch eine Spalte, um die Kriterien aufzulisten, die sie betrachten will. Insgesamt muss die Tabelle also sechs Spalten haben. In der ersten Tabellenzeile unter der Kopfzeile will Lisa Beispiele für Tiere aus den Wirbeltiergruppen notieren. In der zweiten Tabellenzeile will sie Informationen zur Fortbewegung aufschreiben. Später will sie sich weitere Kriterien für den Vergleich überlegen. Dafür plant sie weitere Zeilen ein.

Vergleich von Wirbeltiergruppen

Kriterium	Fische	Amphibien	...
		Frosch, Kröte	
Fortbewegung	schwimmen		
...			
...			

1 Ein Ausschnitt aus Lisas Tabelle

3 Die Tabelle zeichnen
Verwende Bleistift und Lineal zum Zeichnen der Tabelle. Wenn du auf kariertem Papier zeichnest, dann kannst du die Kästchen als Hilfslinien nutzen. Zeichne zuerst die Kopfzeile und unterteile diese in die geplante Zahl der Spalten. Ergänze dann weitere Zeilen. Wenn du Fotos, Zeichnungen oder längere Texte eintragen willst, dann brauchst du große Zellen.

Lisa zeichnet eine Tabelle mit einer Kopfzeile, sechs Spalten und sechs Zeilen. Über die Tabelle schreibt sie die Überschrift.

4 Die Informationen eintragen
Trage nun alle Informationen in die Tabelle ein.

Lisa notiert die Namen der Wirbeltiergruppen in der Kopfzeile. In die ersten zwei Zeilen schreibt sie die Kriterien „Beispiel" und „Fortbewegung". Dann füllt sie den Rest der Tabelle aus.

AUFGABEN

1 Eine Tabelle zu den Wirbeltieren erstellen
a Übertrage Lisas Tabelle aus Bild 1 in dein Heft und ergänze drei Spalten.
b Notiere die fehlenden Wirbeltiergruppen in der Kopfzeile.
c Überlege dir vier weitere Kriterien und notiere sie in der ersten Spalte.
d Notiere in die Tabelle die Informationen zu den Wirbeltiergruppen.

AUFGABEN Die Wirbeltiere

1 Die Fortpflanzung bei Amphibien
a ☐ Beschreibe, wie die Befruchtung der Eizellen bei den Amphibien erfolgt.
b ☒ Nenne die Wirbeltiergruppe, bei der die Eizellen auf die gleiche Art befruchtet werden.

> Die Paarung der Geburtshelferkröten findet an Land statt. Dabei werden die Eizellen im Laich befruchtet. Die Männchen tragen den Laich mit den befruchteten Eizellen nach der Paarung am Hinterleib. Wenn die Embryonen im Ei fertig entwickelt sind, dann suchen die Männchen ein Gewässer auf. Wenn die Eier Kontakt mit dem Wasser haben, dann schlüpfen die Kaulquappen ins Wasser. Dort entwickeln sie sich zu jungen Kröten. Die jungen Kröten gehen dann an Land.

1 Informationen zur Fortpflanzung der Geburtshelferkröte

2 Männliche Geburtshelferkröte mit befruchteten Eiern

c ☒ Stelle die Entwicklung der Geburtshelferkröte in einem Flussdiagramm dar (Bild 1).
d ☒ Zerlege das Wort Geburtshelferkröte in seine Bestandteile.
e ☒ Beschreibe für jeden der Bestandteile aus Aufgabe 1d, was damit gemeint ist.
f ☒ Begründe, mithilfe der Informationen in Bild 1, warum diese Krötenart Geburtshelferkröte heißt.
g ☒ Stelle Vermutungen an, welchen Vorteil es hat, dass der Laich der Geburtshelferkröte nach der Paarung zunächst vom Männchen getragen wird.
h ☒ Beschreibe den Unterschied in der Entwicklung der Geburtshelferkröte und der Entwicklung des Teichfroschs.

2 Delfine und Fische
Delfine ähneln Fischen. Sie bringen aber vollständig entwickelte Jungtiere zur Welt und säugen diese.
a ☐ Beschreibe die Entwicklung der Jungtiere bei Fischen.
b ☐ Begründe die Zuordnung der Delfine zu den Säugetieren.
c ☒ Vergleiche die Skelette und Körperformen von Delfin und Fisch in Bild 3.

Delfin
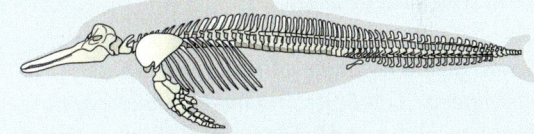

Fisch

3 Skelett und Körperform von Delfin und Fisch

3 Die Fortpflanzung bei Vögeln
Singdrossel, Pinguin und Strauß gehören zur Gruppe der Vögel. Die Singdrossel lebt bei uns. Sie legt 3 bis 6 Eier in ihr Nest auf einem Baum und bebrütet die Eier etwa 14 Tage. Strauße leben in Afrika. Sie legen bis zu 25 Eier in ihr Nest im Sandboden. Männchen und Weibchen bebrüten die Eier abwechselnd bis zu 6 Wochen lang. Das Weibchen des Kaiserpinguins legt nur ein Ei. Das Männchen legt das Ei auf seine Füße und bedeckt es mit einer Bauchfalte. Kaiserpinguine bauen keine Nester.
a ☐ Nenne für jede der drei beschriebenen Vogelarten den Ort, an dem sie ihre Nester bauen.
b ☒ Begründe den unterschiedlichen Ort der Nester bei der Singdrossel und beim Strauß.
c ☐ Nenne die Anzahl der Eier, die die drei Vogelarten legen.
d ☒ Stelle Vermutungen an, warum die Anzahl der Eier bei den Vogelarten unterschiedlich ist.

Die wirbellosen Tiere

1 Eine Spinne hat eine Biene gefangen.

Schau genau hin: Eine gelbe Krabbenspinne sitzt auf einer gelben Blüte und hat eine Biene gefangen. Krabbenspinne und Biene sehen auf den ersten Blick sehr unterschiedlich aus. Aber sie gehören beide zur gleichen Gruppe von Lebewesen.

Ein Körper ohne Wirbelsäule
Die Körper von Spinnen und Bienen besitzen eine Hülle, die sie schützt und stützt. Diese Hülle nennt man **Außenskelett**. Spinnen und Bienen besitzen kein Innenskelett aus Knochen und keine Wirbelsäule. Tiere ohne Wirbelsäule heißen **Wirbellose**. Zu den Wirbellosen gehören Insekten, Spinnen, Schnecken, Regenwürmer und viele weitere Tiere (Bild 2).

2 Wirbellose Tiere: ein Regenwurm (A), eine Weinbergschnecke (B), eine Ameise (C), ein Tausendfüßer (D)

Eine Gruppe mit vielen Arten
Eine Biene besitzt sechs Beine. Ihr Körper besteht aus Kopf, Brust und Hinterleib. Tiere mit diesen Merkmalen nennt man **Insekten**. Eine Spinne besitzt acht Beine. Ihr Körper besteht aus Kopf und Hinterleib. Tiere mit diesen Merkmalen gehören zur Gruppe der **Spinnen**. Die Beine und Füße von Insekten und Spinnen bestehen aus mehreren Abschnitten. Man sagt: Sie sind gegliedert. Deshalb gehören sie zu den **Gliederfüßern**. Der Körper von Regenwürmern ist in Ringe gegliedert. Sie gehören zu den **Ringelwürmern**. Insekten, Spinnen und Regenwürmer haben gegliederte Körper. Daher gehören sie zu den **Gliedertieren**. Der Körper von Schnecken ist nicht in Abschnitte gegliedert. Da ihr Körper sehr weich ist, werden sie zu den **Weichtieren** gezählt.

Wirbellose mit Bedeutung
Einige Wirbellose haben durch ihre Lebensweise eine Bedeutung für den Menschen. Regenwürmer durchmischen und lockern den Boden, so fördern sie das Wachstum von Pflanzen. Bienen bestäuben Blüten und ermöglichen so die Bildung von Früchten. Mehlkäfer in Lebensmitteln können Krankheitserreger übertragen. Auch Flöhe, Wanzen und Stechmücken schädigen den Menschen.

> Wirbellose besitzen kein Innenskelett und keine Wirbelsäule. Ihre Körper sind sehr unterschiedlich gebaut. Einige Wirbellose sind auch für den Menschen von Bedeutung.

AUFGABEN
1 **Die Gruppe der Wirbellosen**
a Nenne die gemeinsamen Merkmale aller Wirbellosen.
b Ordne in einer Tabelle den verschiedenen Gruppen der Wirbellosen die jeweiligen Merkmale zu.

Wirbellose	Merkmale
Insekten	…
Spinnen	…
…	…

c Erläutere die Bedeutung der Wirbellosen für den Menschen.

METHODE   Einen Steckbrief erstellen

Naturwissenschaftlerinnen und Naturwissenschaftler beschreiben wichtige Informationen zu einem Sachverhalt oft kurz und übersichtlich. Eine solche Beschreibung wird **Steckbrief** genannt. In einem Steckbrief sind die nur wichtigsten Tatsachen notiert. Dazu werden oft nur einzelne Wörter oder halbe Sätze verwendet. Solche unvollständigen Sätze sind **Stichpunkte**. Wenn ihr einen Steckbrief erstellen wollt, dann könnt ihr so vorgehen:

1 Die Oberbegriffe finden
Überlegt euch, welche Dinge ihr an einem Lebewesen, einem Lebensraum, einem Stoff oder einem Naturereignis wichtig und interessant findet. Sucht dafür passende Oberbegriffe. Notiert diese Oberbegriffe zunächst als Liste auf einem Notizblatt.

Marten und Julia wollen einen Steckbrief zur Gartenkreuzspinne erstellen. Sie interessieren sich besonders dafür, wie groß sie werden kann und wie sie ihre Nahrung fängt und frisst. Marten und Julia überlegen sich, welche Informationen sie brauchen, um ihre Fragen zu beantworten. So sammeln sie einige Oberbegriffe: Tiergruppe, Körpermerkmale, Lebensraum, Ernährung und Besonderheiten.

2 Die Informationen sammeln
Nutzt verschiedene Quellen wie Fachbücher, ein Lexikon oder das Internet, um Informationen zu finden. Notiert die Informationen auf eurem Notizblatt jeweils bei dem passenden Oberbegriff. In den Quellen könnt ihr auch schon nach geeigneten Bildern suchen.

Marten und Julia suchen Informationen im Internet. Sie finden einige Seiten, auf denen verschiedene Informationen stehen. In einem Online-Lexikon lesen sie, dass die Gartenkreuzspinne eine der größten Spinnen in Deutschland ist. Diese Information notiert Marten in der Liste beim Oberbegriff Besonderheiten. Sie finden auch ein Foto einer Gartenkreuzspinne in ihrem Spinnennetz. Julia will dieses Foto im Steckbrief verwenden und lädt es herunter.

3 Den Steckbrief erstellen
Überlegt euch, wie ihr den Steckbrief gestalten wollt. Ordnet die Oberbegriffe, indem ihr sie auf dem Notizblatt mit Zahlen nummeriert. Beginnt dann mit der Erstellung des Steckbriefs. Ihr könnt den Steckbrief auf Papier schreiben oder ihn mit dem Computer erstellen und dann ausdrucken.

Marten und Julia wählen ein blassgrünes Papier. Sie beginnen mit dem Namen und dem Foto. Damit der Steckbrief übersichtlicher wird, unterstreichen sie die Oberbegriffe. Zeile für Zeile ergänzen sie nun die Oberbegriffe und die Informationen.

1 Der Steckbrief von Marten und Julia zur Kreuzspinne

AUFGABEN

1 Einen Steckbrief erstellen
a ☐ Erstelle einen Steckbrief für ein wirbelloses Tier deiner Wahl.
b ☐ Präsentiert eure Steckbriefe in einer Ausstellung.

Der Regenwurm

1 Ein Regenwurm kriecht über einen Gehweg.

Gabriel geht nach einem Regenschauer nach draußen. Auf dem Gehweg sieht er einen Regenwurm. Er kann beobachten, wie er sich fortbewegt und wieder unter die Erde kriecht.

Der Boden als Lebensraum
Regenwürmer leben in den oberen Schichten des Erdbodens. Dort ist die Erde feucht. Beim Kriechen durch den Boden fressen die Regenwürmer abgestorbene Blätter und Erde. Dadurch entstehen Röhren im Boden, die durch Kot und Schleim verfestigt werden. Diese Röhren dienen den Regenwürmern als Wohnröhren. Wenn es regnet, dann kriechen die Regenwürmer an die Oberfläche. Durch dieses Verhalten haben die Regenwürmer ihren Namen bekommen.

Der äußere Bau
Regenwürmer können bis zu 30 Zentimeter lang werden. Ihr Körper ist lang gestreckt und in Ringe gegliedert. Diese Ringe nennt man **Segmente**. An jedem Segment befinden sich acht dicke, harte Haare, die **Borsten**. Im Innern sind die Segmente durch Trennwände voneinander getrennt (Bild 2). Ihre äußere Form erhalten Regenwürmer durch zwei Muskelschichten. Direkt unter der Haut liegen ringförmige Muskeln. Das ist die **Ringmuskelschicht**. Weiter innen liegen Muskeln, die vom vorderen Ende bis zum hinteren Ende des Regenwurms führen. Das ist die **Längsmuskelschicht**, weil die Muskeln den Wurm in Längsrichtung durchziehen. Die äußere Haut und die beiden Muskelschichten werden zusammen als **Hautmuskelschlauch** bezeichnet (Bild 2).

Der innere Bau
Regenwürmer besitzen keine Wirbelsäule und kein Innenskelett aus Knochen. Sie gehören zu den Wirbellosen. Im Innern ihres Körpers liegen die Blutgefäße, die Nerven und der Darm (Bild 2). Diese Organe reichen vom vorderen bis zum hinteren Ende des Wurms. In fast jedem Segment befindet sich ein Organ, das flüssige Abfallprodukte des Stoffwechsels nach außen abgibt. Diese Abgabe von Stoffwechselprodukten heißt Ausscheidung. Das Organ dafür heißt daher **Ausscheidungsorgan**. Regenwürmer atmen durch die Haut. Das ist nur möglich, wenn die Haut feucht ist. Deshalb leben Regenwürmer nur in feuchter Umgebung. Sie sind **Feuchtlufttiere**.

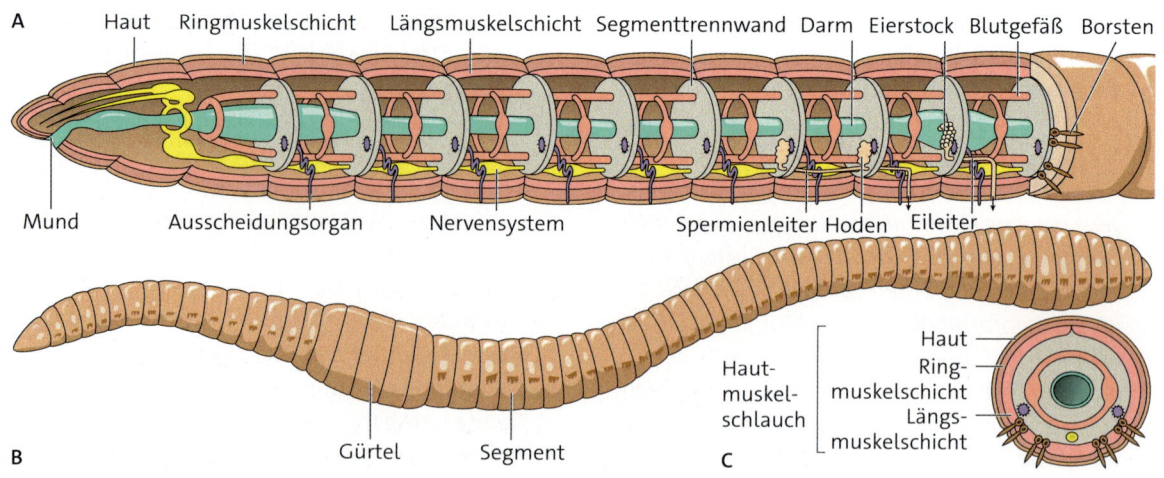

2 Der Bau eines Regenwurms: innerer Bau (A), äußerer Bau (B), Querschnitt (C)

Die Fortbewegung

Regenwürmer bewegen sich mit den Ringmuskeln und den Längsmuskeln sowie den Borsten fort. Zuerst ziehen sich die Ringmuskeln im vorderen Ende zusammen. Dadurch werden die Segmente dort länger und dünner. Auf diese Weise schiebt der Regenwurm sein vorderes Ende nach vorne. Die Borsten der Segmente verankern sich dabei im Boden und verhindern ein Zurückrutschen. Danach ziehen sich die Längsmuskeln zusammen. Dadurch werden die Segmente kürzer und dicker und der restliche Wurmkörper wird nach vorne gezogen. Beide Muskelgruppen wechseln sich ab.

Die Fortpflanzung

Jeder Regenwurm besitzt männliche und weibliche Organe für die Fortpflanzung. Solche Lebewesen nennt man **Zwitter**. Regenwürmer haben im vorderen Bereich einige Ringe, die dicker sind als die anderen Ringe. Diesen dickeren Bereich nennt man **Gürtel**. In den Ringen vor dem Gürtel befinden sich die Fortpflanzungsorgane. Darin werden Spermienzellen und Eizellen gebildet. Bei der Paarung legen sich zwei Regenwürmer jeweils mit ihren Vorderenden an den Gürtel des Partners. Aus den Gürteln geben sie eine klebrige Flüssigkeit ab, mit der sie sich am Partner anheften (Bild 3). Danach geben beide Tiere Spermienzellen an den Partner ab. Im Innern beider Regenwürmer findet dann die Befruchtung der Eizellen durch die Spermienzellen statt. Anschließend legen beide Regenwürmer die befruchteten Eier ab und umgeben sie mit einem schützenden Schleim aus dem Gürtel. Dieses Päckchen aus Eiern und Schleimhülle nennt man **Kokon**. Aus den Eiern schlüpfen später die kleinen Würmer.

3 Zwei Regenwürmer paaren sich.

Die Bedeutung der Regenwürmer

Regenwürmer lockern und durchmischen den Boden, während sie hindurchkriechen und Erde fressen. Pflanzenwurzeln können in lockerem Boden leichter und schneller in die Tiefe wachsen. Die Wohnröhren der Regenwürmer durchziehen den Boden bis in zwei Meter Tiefe. In diesen Röhren können Regenwasser und Luft leichter in den Boden gelangen. Der Kot der Regenwürmer enthält viele Mineralstoffe, die Pflanzen für ihr Wachstum brauchen. Regenwürmer düngen also den Boden und machen ihn so fruchtbarer.

> Regenwürmer gehören zu den Wirbellosen. Ihr Körper besteht aus Segmenten, die alle ähnlich gebaut sind. Regenwürmer sind Feuchtlufttiere und atmen über die Haut. Regenwürmer sind Zwitter. Bei der Paarung befruchten sie sich gegenseitig. Durch die Bildung von Röhren und durch ihren Kot verbessern sie die Bodenqualität.

AUFGABEN

1 Der Regenwurm

a Beschreibe mithilfe von Bild 2 den äußeren und den inneren Bau eines Regenwurms.

b Erläutere, warum der Regenwurm als Feuchtlufttier bezeichnet wird.

c Beschreibe die Fortbewegung des Regenwurms mithilfe des Bildes. Verwende dabei die Fachwörter Ringmuskelschicht und Längsmuskelschicht.

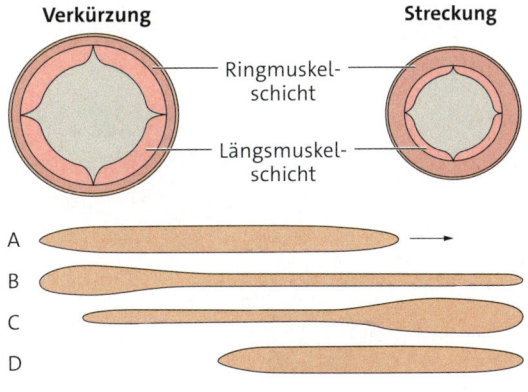

d Begründe, ob es bei Regenwürmern ein Vatertier und ein Muttertier gibt.

PRAXIS Regenwürmer beobachten

A Regenwürmer suchen die Dunkelheit

Material:
leere Streichholzschachtel, Schere, Petrischale, Regenwurm, Taschenlampe

> **Hinweis:** Ihr könnt mit Regenwürmern interessante Experimente durchführen. Behandelt die Regenwürmer immer sehr vorsichtig. Verletzt sie nicht und vermeidet alles, was die Tiere quälen könnte. Setzt die Regenwürmer nach den Experimenten zunächst in eine Petrischale, deren Boden mit feuchtem Filterpapier bedeckt ist. Setzt sie später wieder dort aus, wo ihr sie gefunden habt.

Durchführung:
– Nehmt das Innenteil aus der Streichholzschachtel heraus. Schneidet auf einer der kurzen Seiten von oben eine Öffnung hinein wie in Bild 1 gezeigt.
– Schiebt das Innenteil wieder in die Schachtel.
– Legt die Schachtel mit der Öffnung in die Petrischale und legt einen Regenwurm daneben.
– Beleuchtet die Schachtel und den Regenwurm von oben mit der Taschenlampe.
– Beschreibt, wie sich der Regenwurm verhält.

Auswertung:
1. Erstellt ein Protokoll zu diesem Experiment.
2. Erklärt eure Beobachtung mit eurem Wissen über den Lebensraum des Regenwurms.

1 Der Aufbau des Experiments

B Regenwürmer verbessern den Boden

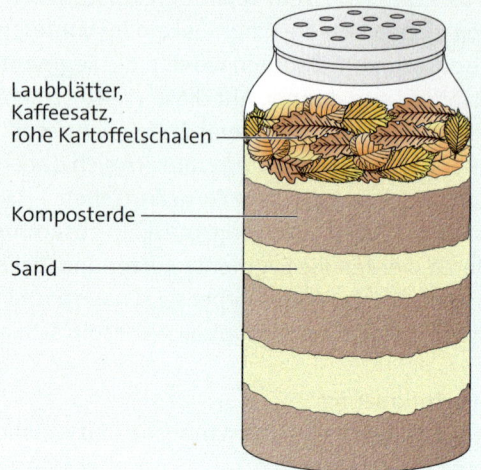

2 Der Aufbau des Experiments

Material:
durchsichtiges Gefäß mit luftdurchlässigem Deckel, Komposterde, Sand, Sprühflasche mit Wasser, 5 Regenwürmer, Laubblätter, Kaffeesatz, rohe Kartoffelschalen

Durchführung:
– Füllt das Gefäß abwechselnd mit Komposterde und Sand.
– Feuchtet mithilfe der Sprühflasche die oberste Schicht mit Wasser an.
– Setzt die Regenwürmer auf die oberste Schicht und bedeckt sie mit Laubblättern, etwas Kaffeesatz und einigen Kartoffelschalen.
– Legt den Deckel auf das Gefäß und stellt es an einen dunklen, kühlen Ort.
– Kontrolliert alle zwei Tage die Erde. Wenn sie getrocknet ist, dann feuchtet sie wieder an.
– Beschreibt eure Beobachtungen.

Auswertung:
1. Erstellt ein Protokoll zu diesem Experiment.
2. Vergleicht die Schichtung des Bodens zu Beginn und nach etwa 10 Tagen.
3. Begründe mithilfe deiner Beobachtungen, warum Regenwürmer bei Gärtnern sehr beliebt sind.
4. Nenne die beiden Merkmale von Lebewesen, die du hier beobachten kannst.

C Die Fortbewegung der Regenwürmer

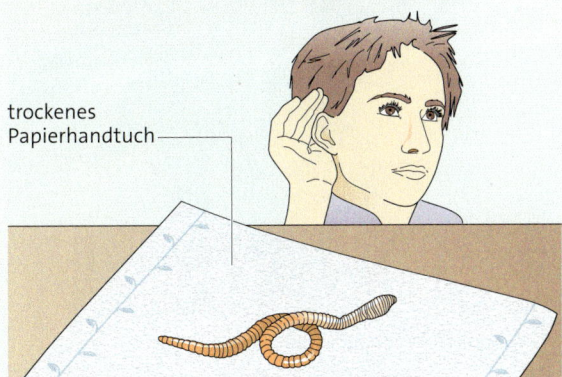

3 Experiment zur Fortbewegung von Regenwürmern

Material:
Regenwurm, trockenes Papierhandtuch, Becherglas mit Wasser, Pipette

Durchführung:
– Lege das trockene Papierhandtuch auf den Tisch und den Regenwurm vorsichtig auf das Papierhandtuch.
– Warte bis der Regenwurm beginnt, zu kriechen. Halte dein Ohr in seine Nähe. Notiere was du hörst.
– Drehe das Papierhandtuch mit dem Regenwurm vorsichtig in die Senkrechte. Notiere deine Beobachtung. Lege das Papierhandtuch dann wieder auf den Tisch.
– Entnimm mit der Pipette etwas Wasser aus dem Becherglas. Feuchte das Papierhandtuch und den Regenwurm an.
– Warte bis der Regenwurm beginnt, zu kriechen. Beobachte seine Bewegungen. Erstelle Skizzen, die seine Körperform und den Ablauf der Bewegungen darstellen.

Auswertung:
1. Beschreibe das Geräusch, das du gehört hast, als der Regenwurm über das trockene Papierhandtuch gekrochen ist.
2. Gib an, wodurch das Geräusch verursacht wird.
3. Begründe, warum Regenwürmer senkrecht nach oben kriechen können.
4. Beschreibe die Bewegungen eines Regenwurms beim Kriechen.

D Regenwürmer reagieren auf Berührung

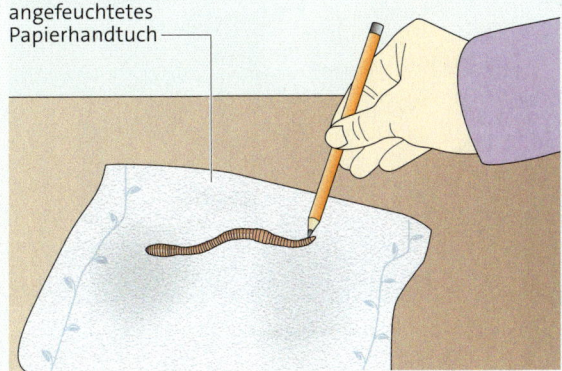

4 Wie reagieren Regenwürmer auf Berührungen?

Material:
Regenwurm, Papierhandtuch, Becherglas mit Wasser, Pipette, Bleistift

Durchführung:
– Lege das Papierhandtuch auf den Tisch und den Regenwurm vorsichtig auf das Papierhandtuch
– Entnimm mit der Pipette etwas Wasser aus dem Becherglas. Feuchte das Papierhandtuch und den Regenwurm an.
– Warte bis der Regenwurm beginnt, zu kriechen. Nimm den Bleistift und berühre den Regenwurm mit der Bleistiftspitze vorsichtig an seinem Vorderende. Notiere deine Beobachtungen.
– Warte einen Moment. Berühre den Regenwurm nun mit der Bleistiftspitze vorsichtig in seiner Körpermitte. Notiere deine Beobachtungen.
– Warte wieder einen kurzen Moment. Berühre den Regenwurm dann mit der Bleistiftspitze vorsichtig an seinem Hinterende. Notiere deine Beobachtungen.

Auswertung:
1. Beschreibe deine Beobachtungen.
2. Nenne die Körperregion, in der die Regenwürmer am stärksten auf Berührung reagieren.
3. In der Haut von Regenwürmern befinden sich Zellen, mit denen sie Berührungen wahrnehmen können. Diese Zellen heißen **Tastzellen**. Stelle eine begründete Vermutung an, in welcher Körperregion des Regenwurms am meisten Tastzellen liegen.

Die Merkmale der Insekten

1 Eine Honigbiene auf einer Blüte

3 Der Kopf einer Honigbiene

Auf einer Lavendelpflanze sitzt eine Honigbiene. Sie hat den Kopf tief in eine Blüte gesteckt und trinkt vom Nektar. Gleich wird sie zur nächsten Blüte weiterfliegen.

Der Körperbau
Am Beispiel der Honigbiene kann man den typischen Körperbau eines Insekts erkennen. Der Körper ist in drei Teile gegliedert: Das sind der Kopf, die Brust und der Hinterleib (Bild 2). Sie sind beweglich miteinander verbunden. An der Brust befinden sich sechs gegliederte Beine und vier durchsichtige Flügel. Je ein Vorderflügel ist mit einem Hinterflügel verhakt. Der Körper ist von einer harten Hülle umgeben. Man nennt sie **Außenskelett**. Das Außenskelett schützt und stützt den Körper. Es besteht aus einem harten, aber biegsamen Stoff, dem **Chitin**.

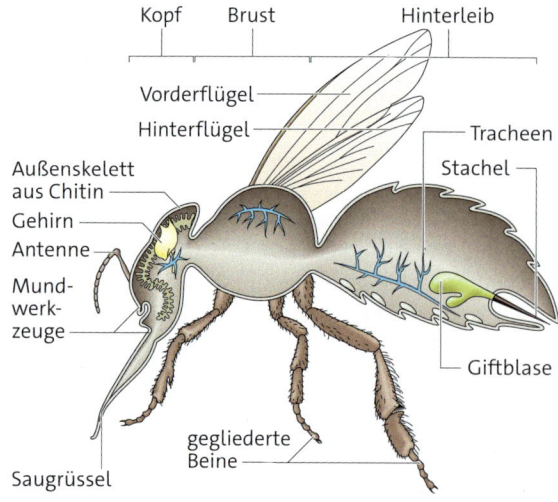

2 Der Körperbau der Biene

Der Kopf der Honigbiene
Seitlich am Kopf hat die Biene zwei große Augen. Sie bestehen aus vielen Einzelaugen. Damit sieht die Biene ein Bild aus vielen Einzelteilen. Ein anderes Wort für Einzelteil ist Facette. Deshalb heißen die Augen der Insekten auch **Facettenaugen** (Bild 3). Oben auf dem Kopf befinden sich zwei bewegliche Organe. Damit kann die Honigbiene tasten und riechen. Das sind die Fühler oder **Antennen**. Vorne am Kopf hat die Biene bewegliche Körperanhänge, mit denen sie Nahrung aufnimmt. Sie heißen **Mundwerkzeuge**. Eines davon ist der **Saugrüssel**, mit dem die Biene Nektar aufsaugt.

Die Atmung
Die Biene atmet durch viele kleine Öffnungen an Brust und Hinterleib. Durch sie gelangt Luft in feine Röhren, die durch den ganzen Körper führen. Diese Röhren heißen **Tracheen**. Die Atmung wird deshalb **Tracheenatmung** genannt.

Der Stachel
Die Biene hat am Hinterleib eine dünne und spitze Röhre. Das ist der **Stachel**. Er ist mit einer Blase verbunden, die Gift enthält (Bild 2). Wenn die Biene sticht, dann fließt Gift aus der Blase durch den Stachel.

Die Vielfalt der Insekten
Insekten sind die größte Tiergruppe der Welt. Fast eine Million Arten sind bisher bekannt. Sie werden nach gemeinsamen Merkmalen in Gruppen geordnet. Diese Gruppen nennt man **Ordnungen**.

4 Verschiedene Insekten: Maikäfer (A), Mistkäfer (B), Schwebfliege (C), Stechmücke (D), Schwalbenschwanz (E), Kohlweißling (F)

Die Flügel der Honigbiene sehen so aus, als wären sie nur von einer dünnen Haut überzogen. Anhand dieses Merkmals werden sie in die Ordnung der **Hautflügler** geordnet. Auch Wespen, Hornissen und Ameisen gehören zu den Hautflüglern. Bei einigen Ameisenarten werden die Flügel nur in bestimmten Lebensphasen ausgebildet.

Weitere Ordnungen der Insekten
Die **Käfer** sind die größte Ordnung der Insekten. Weltweit sind etwa 350 000 Arten bekannt. Käfer haben einen dicken Chitinpanzer und leben vor allem auf und im Boden. Ihre harten Vorderflügel bedecken die dünnen, häutigen Hinterflügel. Beim Fliegen werden die harten Deckflügel schräg nach vorne geklappt, die Hinterflügel dienen zum Fliegen. Zu den Käfern gehören der Maikäfer und der Mistkäfer (Bild 4A und 4B).
Die **Zweiflügler** sind eine weitere große Ordnung. Bisher sind etwa 160 000 Arten bekannt. Am Namen der Ordnung erkennt man ihr deutlichstes Merkmal: Sie besitzen nur ein Flügelpaar. Zu den Zweiflüglern gehören die Schwebfliege und die Stechmücke (Bild 4C und 4D).
Die **Schmetterlinge** sind ähnlich artenreich wie die Zweiflügler. Schmetterlinge haben zwei dünnhäutige Flügelpaare. Die Flügel besitzen winzige Schuppen, die dachziegelartig angeordnet sind. Außerdem sind die Flügel oft auffällig gefärbt oder gemustert. Zu den Schmetterlingen gehören der Schwalbenschwanz und der Kohlweißling (Bild 4E und 4F).

> Insekten sind in Kopf, Brust und Hinterleib gegliedert. Sie besitzen sechs Beine und meist vier Flügel. Insekten haben zwei Facettenaugen, zwei Fühler sowie Mundwerkzeuge. Insekten werden nach gemeinsamen Merkmalen in Ordnungen eingeteilt.

AUFGABEN

1 Der Körperbau von Insekten
a Nenne die drei Abschnitte, in die der Körper von Insekten gegliedert ist.
b Beschreibe mithilfe von Bild 2 den Bau der drei Abschnitte.
c Erkläre, warum eine Biene nur ein einziges Mal stechen kann.
d Beschreibe, wie sich Hautflügler und Zweiflügler unterscheiden.

2 Die Vielfalt der Insekten
a Nenne vier Ordnungen der Insekten.
b Ordne den Tieren in Bild 4 die passenden Insektenordnungen zu.
c Recherchiere eine weitere Tierart zu jeder der vier Ordnungen.

DIE TIERE IN DER UMGEBUNG

METHODE   Mit Bestimmungsschlüsseln arbeiten

Jedes Lebewesen hat Merkmale, an denen man es eindeutig erkennen kann. Biologinnen und Biologen haben diese Merkmale als Abfolge von Fragen und Antworten aufgeschrieben. Das nennt man **Bestimmungsschlüssel**. Zu jeder Frage nach einem Merkmal gibt es immer mindestens zwei mögliche Antworten. Wenn du einen Bestimmungsschlüssel nutzt, um den Namen eines Lebewesens herauszufinden, dann bestimmst du es.

1 Die Gruppe der Lebewesen erkennen
Entscheidet zuerst, zu welcher Gruppe von Lebewesen das Tier gehört. Beantwortet dazu folgende Fragen: Wie groß ist es? Wie sieht der Körper aus? Wie bewegt es sich fort?

Michael und Tomoyo haben ein großes Tier gefunden. Sie wollen genauer wissen, um was für ein Tier es sich handelt. Der Körper ist in Kopf, Brust und Hinterleib unterteilt. Daran erkennen Michael und Tomoyo, dass es ein Insekt ist.

2 Einen Bestimmungsschlüssel finden
Sucht nun einen Bestimmungsschlüssel für die Gruppe, zu der euer Lebewesen gehört. Bestimmungsschlüssel findet ihr zum Beispiel auch im Internet oder als App.

Michael und Tomoyo nutzen den Bestimmungsschlüssel für Insektenordnungen in Bild 2.

3 Die Merkmale vergleichen und entscheiden
Lest das erste Kriterium im Bestimmungsschlüssel. Betrachtet dann das Tier, das ihr bestimmen wollt. Wenn das Tier dieses Merkmal hat, dann lautet die Antwort „Ja". Wenn das Tier dieses Merkmal nicht hat, dann lautet die Antwort „Nein". Entscheidet euch für „Ja" oder „Nein" und folgt dem Bestimmungsweg weiter bis zur nächsten Abzweigung. Wiederholt dieses Vorgehen, bis ihr an einem Ende des Bestimmungsschlüssels angekommen seid.

Michael und Tomoyo lesen als erstes Kriterium „Flügel vorhanden". Sie betrachten ihr Tier, es hat Flügel. Deshalb entscheiden sie sich für „Ja". Sie folgen der Linie für „Ja" und kommen so zum nächsten Kriterium: „2 Paar Flügel".

1 Dieses Tier wollen Michael und Tomoyo bestimmen.

4 Fehler bei der Bestimmung von Lebewesen
Wenn ihr euch an einer Weggabelung falsch entscheidet, dann kann es zu Fehlern bei der Bestimmung kommen. Meist merkt ihr das schnell, da die weiteren Merkmale nicht mehr richtig passen. Manchmal könnt ihr auch beide Möglichkeiten versuchen. Wenn ihr merkt, dass der Weg in die falsche Richtung führt, dann geht noch mal einen Schritt zurück.

Michael und Tomoyo entscheiden sich beim Kriterium „Flügel durch Schuppen gefärbt" zunächst für „Ja". Der Weg führt sie zu den Schmetterlingen. Doch ihr Tier sieht nicht wie ein Schmetterling aus. Sie gehen zurück und entscheiden sich beim Kriterium „Flügel durch Schuppen gefärbt" nun für „Nein". So kommen sie zum Kriterium „Vorderflügel und Hinterflügel durch Häkchen miteinander verbunden".

5 Das Ergebnis der Bestimmung
Am Ende des Bestimmungsweges bekommt ihr als Ergebnis den Namen des gesuchten Lebewesens oder der gesuchten Ordnung. Überprüft, ob alle beschriebenen Merkmale mit eurem Tier übereinstimmen.

Michael und Tomoyo haben ihr Tier nun bestimmt. Es handelt sich um eine Libelle. Sie vergleichen das Bild im Bestimmungsschlüssel mit dem gefundenen Tier und sind sicher, dass sie das Tier der richtigen Ordnung zugeordnet haben.

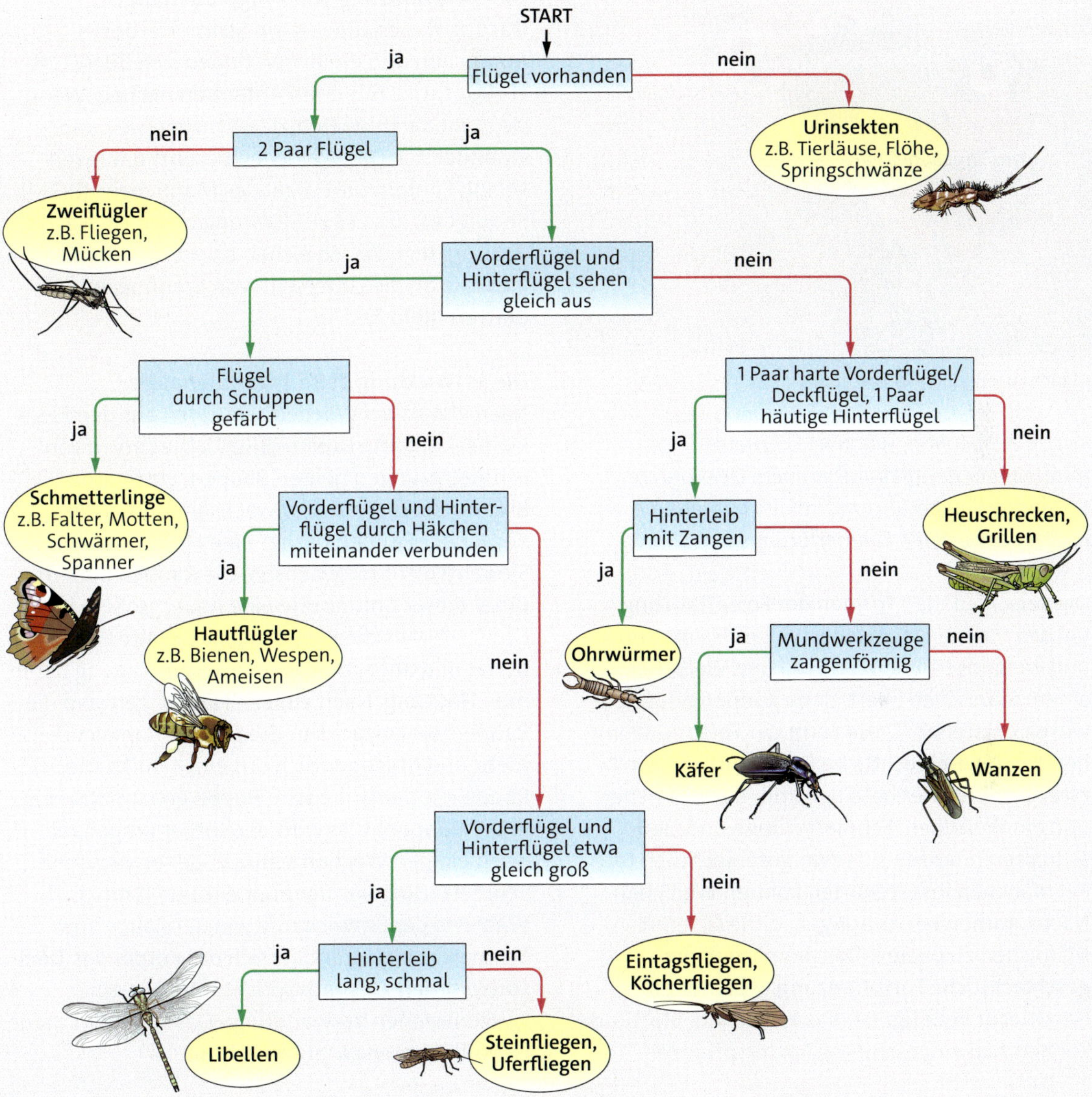

2 Ein Ausschnitt aus einem Bestimmungsschlüssel für Insektenordnungen

AUFGABEN

1 Ein Insekt bestimmen

a ▣ Bestimmt mithilfe des Bestimmungsschlüssels in Bild 2, zu welcher Ordnung das Insekt in Bild 3 gehört.

b ▣ Beschreibt, wie ihr bei den einzelnen Kriterien entschieden habt, um zur Lösung zu kommen.

c ▣ Findet den Namen des Tiers in Bild 3 heraus. Ihr könnt dazu die Funktion „Bildvergleich" im Internet oder auch eine App nutzen.

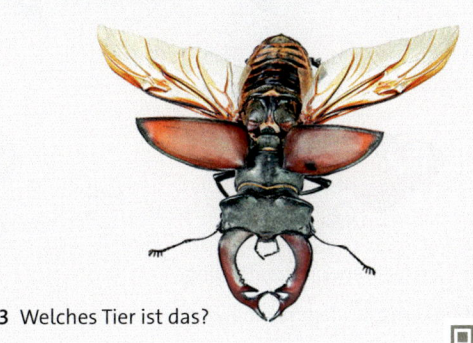

3 Welches Tier ist das?

DIE TIERE IN DER UMGEBUNG

Die Fortpflanzung und die Entwicklung der Insekten

1 Zwei Tagpfauenaugen auf einer Distelblüte

Die Fortpflanzung beim Tagpfauenauge
Das Tagpfauenauge ist ein Schmetterling. Männchen und Weibchen finden sich über Duftstoffe, die sie mit ihren Antennen riechen. Wenn sie sich paaren wollen, dann fliegen sie hintereinander her. Das Weibchen berührt dabei mit seinen Fühlern die Flügel des Männchens (Bild 1). So zeigt es, dass es zur Paarung bereit ist. Nach der Paarung legt das Weibchen bis zu 200 Eier. Es klebt sie an die Unterseite von Brennnesselblättern (Bild 2).

Kristin beobachtet, wie zwei Schmetterlinge miteinander Kontakt aufnehmen. Der vordere Schmetterling berührt mit seinen Fühlern die Flügel des hinteren Schmetterlings.

Die verschiedenen Formen der Fortpflanzung
Bei den meisten Insektenarten gibt es männliche und weibliche Tiere. Wenn sich ein Weibchen mit einem Männchen paart, dann können neue Lebewesen entstehen. Diese Form der Fortpflanzung heißt **zweigeschlechtliche Fortpflanzung**, weil zwei Geschlechter beteiligt sind: ein Männchen und ein Weibchen. Schmetterlinge und Heuschrecken pflanzen sich zweigeschlechtlich fort. Bei manchen Insektenarten können Weibchen Nachkommen hervorbringen, ohne sich mit Männchen zu paaren. Das nennt man **eingeschlechtliche Fortpflanzung**, weil nur ein Geschlecht beteiligt ist: das Weibchen. Blattläuse können sich eingeschlechtlich fortpflanzen.

Die Entwicklung beim Tagpfauenauge
Nach etwa zwei Wochen schlüpfen aus den Eiern kleine, behaarte Larven (Bild 2). Die Larven von Schmetterlingen heißen **Raupen**. Sie fressen die Brennnesselblätter und wachsen schnell. Der Körper der Raupen besitzt eine Hülle aus Chitin. Sie kann nicht mitwachsen. Die Raupen bilden unter dieser Chitinhülle eine neue, größere Haut. Dann schwillt die Raupe an, bis die alte Haut platzt und abgestreift wird. Diesen Vorgang nennt man **Häutung**. Nach einigen Häutungen sind die Raupen ausgewachsen. Sie fressen nun nicht mehr und umgeben sich mit einer Hülle. Die Raupe mit der Hülle wird **Puppe** genannt (Bild 2). In der Puppenhülle wird der Körper umgebaut. Nach einigen Wochen schlüpft der erwachsene Schmetterling aus der Puppenhülle (Bild 2). Während der Entwicklung von der Raupe zum Schmetterling verändert sich der Körper des Tiers vollkommen. Deshalb spricht man von einer vollkommenen Verwandlung. Das Fachwort dafür ist **vollkommene Metamorphose**.

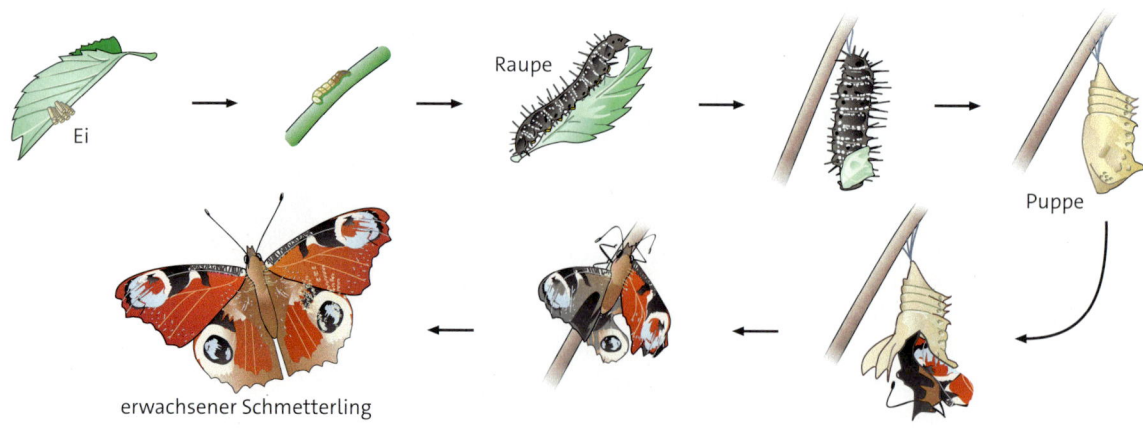

2 Die Entwicklung des Tagpfauenauges

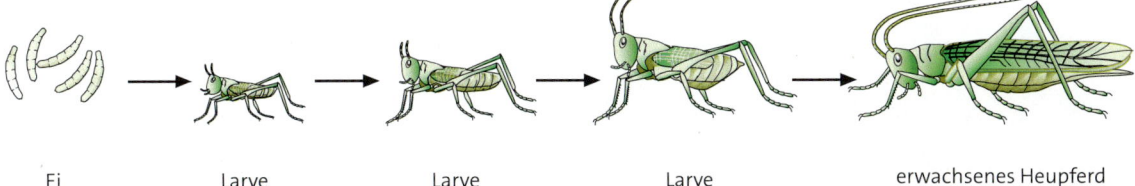

Ei — Larve — Larve — Larve — erwachsenes Heupferd

3 Die Entwicklung des Heupferds

Das Heupferd
Das Heupferd gehört zur Ordnung der Heuschrecken. Nach der Paarung mit dem Männchen legt das Weibchen bis zu 600 Eier in den Boden. Aus den Eiern schlüpfen kleine Larven ohne Flügel. Sie sehen den erwachsenen Heupferden schon etwas ähnlich (Bild 3). Die Larven wachsen und häuten sich mehrmals. Nach der letzten Häutung ist das Heupferd ausgewachsen. Bei dieser Entwicklung gibt es keine Puppe. Weil sich der Körper des Tiers nicht vollkommen verändert, spricht man von einer unvollkommenen Verwandlung. Das Fachwort dafür ist **unvollkommene Metamorphose**. Die Vorsilbe *un* bedeutet nicht.

Die Blattlaus
Viele Blattlausarten können sich eingeschlechtlich vermehren. Dabei entstehen aus unbefruchteten Eizellen weibliche Nachkommen. Sie werden vollständig entwickelt geboren (Bild 4). Ein Männchen wird dazu nicht gebraucht. Wenn das Angebot an Nahrung groß ist, dann pflanzen sich Blattläuse eingeschlechtlich fort. Auf diese Weise können sie sich sehr schnell vermehren und verbreiten. Gegen Ende des Sommers paaren sich männliche und weibliche Blattläuse. Bei dieser zweigeschlechtlichen Fortpflanzung legen die Weibchen die Eier an Pflanzen.

4 Ein Blattlausweibchen bringt ein Jungtier zur Welt.

> Bei Insekten gibt es weibliche und männliche Tiere. Nach der Paarung entwickeln sich aus den Eiern Raupen. Nach mehreren Häutungen entstehen Puppen, aus denen dann die erwachsenen Tiere schlüpfen. Diese Entwicklung nennt man vollkommene Metamorphose. Bei der unvollkommenen Metamorphose gibt es keine Puppe. Manche Insekten können sich eingeschlechtlich vermehren.

AUFGABEN

1 Die Fortpflanzung
a ▢ Nenne für die eingeschlechtliche Fortpflanzung und die zweigeschlechtliche Fortpflanzung je ein Tier als Beispiel.
b ▢ Beschreibe, wie sich die eingeschlechtliche und die zweigeschlechtliche Fortpflanzung unterscheiden.
c ▢ Erläutere, wie sich Blattläuse fortpflanzen.

2 Die Entwicklung
a ▢ Stelle die Entwicklung des Schmetterlings vom Ei bis zum erwachsenen Tier mithilfe eines Flussdiagramms dar.
b ▢ Beschreibe die Entwicklung eines Heupferds vom Ei bis zum erwachsenen Tier.
c ▢ Erkläre, was mit dem Fachwort Metamorphose gemeint ist.
d ▢ Vergleiche die Metamorphose beim Tagpfauenauge und beim Heupferd.

3 Schmetterlinge sind gefährdet!
Der Kohlweißling ist ein Schmetterling. Seine Larven ernähren sich vor allem von Wildkohlblättern, aber sie fressen auch angebauten Kohl.
▢ Begründe, ob der Kohlweißling geschützt werden sollte. Überlege dir dafür, welche Meinungen Landwirte und Naturschützer haben könnten. Beachte außerdem die Überschrift dieser Aufgabe.

EXTRA Die Bedeutung und der Schutz von Insekten

1 Eine Hummel an einer Tomatenblüte

Die Bedeutung der Insekten

Insekten sind die Nahrung vieler anderer Tiere wie Vögel und Amphibien. Doch die Insekten sichern auch durch ihre Lebensweise die Nahrungsgrundlage aller anderen Tiere. Wildbienen, Honigbienen, Hummeln, Schmetterlinge, Fliegen, Wespen und Käfer ernähren sich von Nektar und Pollen der Blüten. Beim Besuch der Blüten übertragen Insekten Pollen von Blüte zu Blüte und sorgen so für deren Befruchtung. Nur aus befruchteten Blüten können sich Früchte entwickeln. Früchte und die darin enthaltenen Samen dienen den Pflanzen zur Fortpflanzung. Von den Früchten ernähren sich Tiere und Menschen. Manche Insekten schaden Nutzpflanzen. Blattläuse saugen an Pflanzen und schwächen sie so. Die Pflanzen bilden dann kleinere oder keine Früchte oder sterben sogar ab. Insekten, die Pflanzen schädigen, heißen **Schädlinge**. Manche Käfer ernähren sich von Blattläusen (Bild 2). Weil sie so den Pflanzen nutzen, heißen sie **Nützlinge**.

Die Insekten sterben

Die Menge der Insekten und die Anzahl der Insektenarten nimmt weltweit seit Jahren ab: In den letzten 30 Jahren sind über 80 Prozent der Insekten verschwunden. Man spricht vom **Insektensterben**. Die Ursachen dafür sind vielfältig. Durch den Bau von immer mehr Straßen, Wohnhäusern und Fabriken geht Lebensraum für Insekten verloren. In der Landwirtschaft werden Giftstoffe eingesetzt, um Schädlinge zu bekämpfen. Diese Schädlingsbekämpfungsmittel schaden aber auch den Nützlingen. Für den Anbau von Nutzpflanzen werden immer größere Felder gebraucht. Große Felder haben im Verhältnis zu ihrer Fläche weniger Feldränder als kleine. An Feldrändern wachsen jedoch viele verschiedene Pflanzen, die den Insekten Nahrung bieten. Die nächtliche Beleuchtung in den Städten stört viele nachtaktive Insekten. Sie werden davon angelockt und verlieren die Orientierung.

Der Schutz der Insekten

Es sind viele Maßnahmen notwendig, um die Zahl und die Artenvielfalt der Insekten wieder zu erhöhen. Die Erhaltung oder Wiederherstellung blütenreicher Feldränder und weniger Einsatz von Schädlingsbekämpfungsmitteln in der Landwirtschaft können helfen. Im eigenen Garten oder auf dem Balkon kann man insektenfreundliche Pflanzen anpflanzen. Hilfreich sind auch besondere Holzhäuschen, die Insekten zum Überwintern und zum Ablegen der Eier nutzen können.

2 Ein Marienkäfer frisst Blattläuse.

AUFGABEN

1 Die Bedeutung der Insekten
a Nenne drei Beispiele für die Bedeutung der Insekten in der Natur.
b Beschreibe, was mit den Fachwörtern Schädling und Nützling gemeint ist.

2 Der Schutz von Insekten
a Erläutere, wie durch den Schutz und die Vielfalt von Lebensräumen auch die Insekten geschützt werden.
b Recherchiere, welche insektenfreundlichen Pflanzen man in Balkonkästen pflanzen kann. Gestalte ein Plakat dazu.

PRAXIS Hilfe für Insekten

A Ein Wildbienenhotel

1 So kann ein Wildbienenhotel aussehen.

Manche Insekten brauchen zum Überwintern oder zum Ablegen der Eier tote Äste, Mauerritzen oder trockene Lehmhänge. Diese finden sie in der Natur kaum noch. Mit einfachen Mitteln kannst du einen Lebensraum für Wildbienen bauen und im Garten aufstellen. Man nennt es **Insektenhotel**.

Material:
Strohhalme aus Bambus (8–10 mm Öffnung), Stängel eines Holunderstrauchs, Handsäge, fester Draht, Konservendose, Kaninchendraht (Maschenweite 3 cm × 3 cm)

Durchführung:
– Säge die Holunderstängel und die Strohhalme mit der Handsäge in Stücke von 10 bis 20 cm Länge. Achte darauf, dass die Röhren nicht gequetscht werden und die Kanten glatt sind.
– Entferne mit dem Draht das Mark aus den Holunderstängeln.
– Fülle die Konservendose mit den Stängeln und den Strohhalmen.
– Lege die Dose waagerecht an einen regengeschützten Ort.
– Biege den Kaninchendraht im Abstand von 2 cm so über die Öffnung, dass er die Löcher der Röhrchen vor Vögeln schützt.

Auswertung:
▶ Beobachte dein Wildbienenhotel über den Sommer. Beschreibe die Veränderungen, an denen du erkennen kannst, ob Insekten dein Hotel bezogen haben.

B Samenkugeln herstellen

2 So kann man Samenkugeln herstellen.

Viele Insekten ernähren sich von einem süßen Saft, den Pflanzen in ihren Blüten bilden. Dieser Nektar wird aber nicht von allen Pflanzen gebildet. Gräser bilden zum Beispiel keinen Nektar. Ihr könnt die Insekten unterstützen, indem ihr Flächen mit nektarbildenden Blütenpflanzen bepflanzt.

Material:
Wasser, Schüssel, Zeitungspapier, 200 g Tonerde (z. B. aus der Drogerie), 200 g Blumenerde, 3 Päckchen Samen von Wildblumen, z. B. Glockenblume, Kamille, Kornblume, Ringelblume

Durchführung:
– Gib die Blumenerde in die Schüssel. Entferne Rindenstücke, Wurzeln und kleine Ästchen.
– Vermische die Tonerde und die Samen mit der Blumenerde. Achte darauf, dass die Samen gleichmäßig verteilt sind.
– Gieße nach und nach etwas Wasser zu der Mischung, sodass ein fester Brei entsteht.
– Forme mit den Händen etwa walnussgroße Kugeln aus dem Brei. Lege die Kugeln zum Trocknen auf das Zeitungspapier.
– Lass die Kugeln zwei Tage lang trocknen. Drehe sie ab und zu, damit sie gleichmäßig trocknen.

Auswertung:
▶ Verteile die Samenkugeln auf einer Fläche ohne Blumen. Wenn die Wildblumen gewachsen sind, dann beobachte, welche Insekten die verschiedenen Blüten besuchen.

AUFGABEN Die Wirbellosen

1 Die Spinnen
Bei vielen Spinnenarten presst das Männchen seine Spermienzellen auf ein kleines Netz. Dann saugt es die Spermienzellen mit den Mundwerkzeugen auf und bringt sie in die weibliche Geschlechtsöffnung. Das Weibchen legt anschließend die befruchteten Eier ab und umwickelt sie mit Spinnfäden. Aus den Eiern schlüpfen Jungtiere, die bereits aussehen wie kleine Spinnen. Während ihrer Entwicklung wachsen sie und häuten sich dabei mehrmals.

a ☐ Begründe, ob sich Spinnen eingeschlechtlich oder zweigeschlechtlich fortpflanzen.
b ☐ Begründe, ob Spinnen während ihrer Entwicklung eine Metamorphose durchlaufen.
c ☐ „Spinnen gehören zu den Insekten." Bewerte diese Aussage mithilfe von Bild 1.

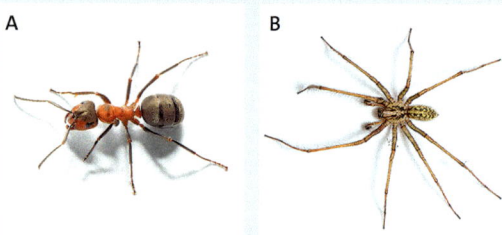

1 Eine Rote Waldameise (A) und eine Hausspinne (B)

2 Die Weinbergschnecke
Der Körper von Weinbergschnecken ist weich und mit Schleim bedeckt.

a ☐ Erläutere mithilfe von Bild 2, warum die Weinbergschnecke zu den Wirbellosen zählt.
b ☐ Begründe, zu welcher Gruppe der Wirbellosen die Weinbergschnecke gehört.
c ☐ Weinbergschnecken sind Zwitter. Erkläre, was das für die Fortpflanzung bedeutet.
d ☐ Stelle eine Vermutung an, wo diese Schneckenart häufig vorkommt.

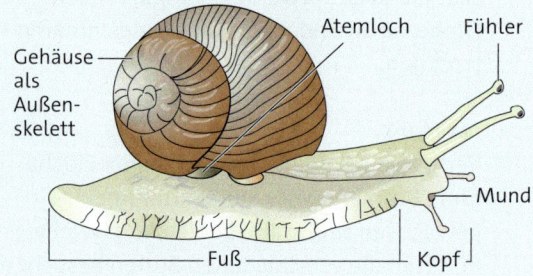

2 Der Bau der Weinbergschnecke

3 Die Entwicklung eines Marienkäfers

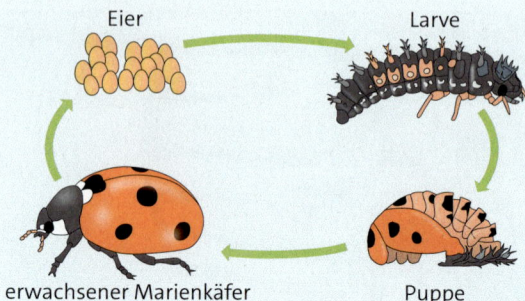

3 So entwickelt sich ein Marienkäfer.

a ☐ Beschreibe mithilfe von Bild 3 die Entwicklung des Marienkäfers. Verwende dabei Fachwörter.
b ☐ Begründe, ob Marienkäfer während ihrer Einwicklung eine vollkommene oder eine unvollkommene Metamorphose durchlaufen.
c ☐ Erkläre, warum sich manche Insekten während ihrer Entwicklung häuten müssen.

4 Der Fichtenborkenkäfer
Fichtenborkenkäfer befallen Fichten und fressen deren Rinde. So schädigen sie die Bäume, bis sie absterben. Für die Entwicklung vom Ei bis zum Käfer brauchen die Fichtenborkenkäfer eine Temperatur von mindestens 18 °C.

a ☐ Lies aus Bild 4 ab, wie lange die Entwicklung bei 18 °C und bei 22 °C dauert.

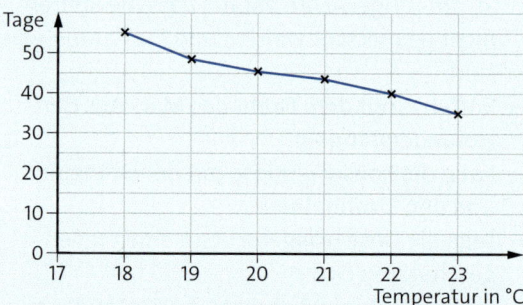

4 Die Entwicklungsdauer des Fichtenborkenkäfers

b ☐ Formuliere einen Je-desto-Satz über den Zusammenhang von Entwicklungsdauer und Temperatur bei Fichtenborkenkäfern.
c ☐ Stelle eine Vermutung an, welche Folgen höhere Temperaturen für Fichtenwälder haben.

Wirbeltiere und Wirbellose im Vergleich

1 Ein Bienenfresser hat eine Biene gefangen.

Der Bienenfresser ist ein Vogel, die Biene ist ein Insekt. Diese beiden Lebewesen sehen unterschiedlich aus. Doch sie haben auch einiges gemeinsam.

Die Tiergruppe
Vögel haben ein Innenskelett und eine Wirbelsäule aus Knochen. Sie gehören zu den Wirbeltieren. Insekten haben ein Außenskelett aus Chitin. Sie gehören zu den wirbellosen Tieren.

Der Körperbau
Der Körper von Vögeln besteht aus Kopf und Rumpf. Vögel haben zwei Beine und zwei Flügel. Der Schnabel der Vögel besteht aus Horn. Der Körper von Insekten besteht aus Kopf, Brust und Hinterleib. Insekten haben sechs Beine und zwei Paar Flügel. Am Kopf haben sie Mundwerkzeuge.

Die Fortbewegung
Vögel fliegen mithilfe von zwei Flügeln, an denen sich Federn befinden. Insekten fliegen mithilfe von vier Flügeln. Die Flügel der Biene sind nur von einer dünnen Haut überzogen.

Die Körpertemperatur
Die Körpertemperatur von Insekten verändert sich mit der Umgebungstemperatur. Sie sind wechselwarm. Die Körpertemperatur von Vögeln bleibt immer gleich. Sie sind gleichwarm.

Die Atmung
Vögel atmen mit Lungen. Außerdem haben sie mehrere Luftsäcke im Körper, die mit der Lunge verbunden sind.
Insekten atmen durch kleine Öffnungen an Brust und Hinterleib. Durch die Öffnungen gelangt Luft in feinen Röhren durch den ganzen Körper. Diese Atmung heißt Tracheenatmung.

Die Fortpflanzung und die Entwicklung
Vögel pflanzen sich zweigeschlechtlich fort. Die Weibchen legen Eier. Daraus schlüpfen Küken, die schon wie Vögel aussehen.
Insekten pflanzen sich eingeschlechtlich oder zweigeschlechtlich fort. Sie legen Eier, aus denen Larven schlüpfen. Diese entwickeln sich durch Metamorphose zu erwachsenen Tieren.

> Vögel und Insekten unterscheiden sich im Körperbau, der Fortbewegung, der Körpertemperatur, der Atmung sowie bei der Fortpflanzung und der Entwicklung.

AUFGABE
1 **Wirbeltiere und Wirbellose**
   Entscheide dich für ein Wirbeltier und ein wirbelloses Tier. Vergleiche diese beiden Tiere. Stelle dazu Gemeinsamkeiten und Unterschiede auf einem Plakat dar. Du kannst auch eine Präsentation erstellen.

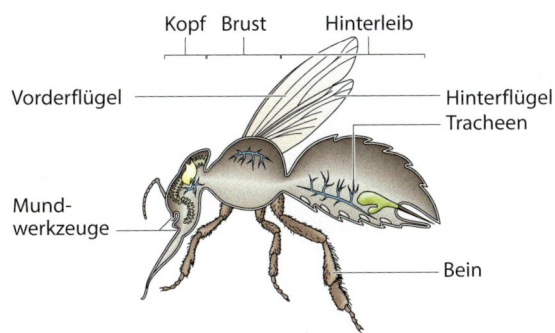

2 Der Bau einer Biene

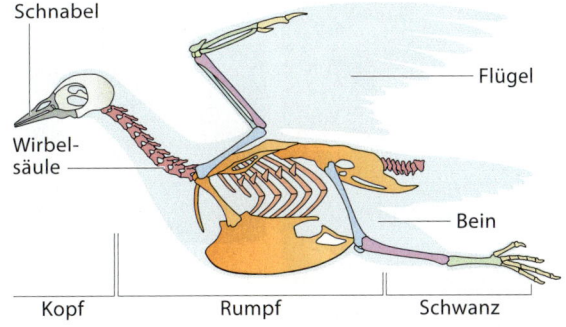

3 Der Bau eines Vogels

TESTE DICH!

1 Die Wirbeltiere ↗ S. 60/61

a ▸ Nenne das Merkmal, das alle Wirbeltiere gemeinsam haben.
b ▸ Beschreibe die Aufgaben der Wirbelsäule.
c ▸ Nenne die fünf Gruppen der Wirbeltiere. Erstelle eine Tabelle mit vier Spalten. Trage alle Wirbeltiergruppen untereinander in Spalte 1.
d ▸ Ordne die Wirbeltiergruppen in der Tabelle nach „leben an Land", „leben an Land und im Wasser" und „leben im Wasser".

Wirbeltier-gruppe	Lebens-raum		

e ▸ Ergänze die Überschrift „Fortbewegung" in Spalte 3 deiner Tabelle und die Überschrift „Beispiel" in Spalte 4 deiner Tabelle. Ergänze in der Spalte Fortbewegung zu jeder Wirbeltiergruppe ihre Fortbewegungsart.
f ▸ Ordne die Tiere auf den Bildern jeweils der richtigen Gruppe der Wirbeltiere zu. Trage sie als Beispiele in die 4. Spalte deiner Tabelle ein.
g ▸ Ordne die Tiere auf den Bildern ihren Lebensräumen zu.

Zauneidechsen

Hühnerküken

Bachforellen

Jungtiere der Eichhörnchen

Laubfrösche

2 Die Fische ↗ S. 64–67

a ▸ Benenne mithilfe des Bildes die verschiedenen Flossen der Fische und beschreibe ihre Aufgaben.

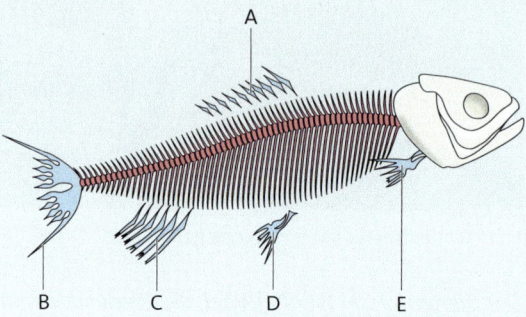

b ▸ Erkläre, wann Fische mehr Luft in ihre Schwimmblase geben und wann sie Luft aus der Schwimmblase herauslassen..
c ▸ Beschreibe die Entwicklung der Bachforelle.
d ▸ Erkläre, warum der Dottersack während der Entwicklung eines Fisches kleiner wird.
e ▸ Beschreibe, wie unterschiedlich sich die Männchen und Weibchen der Stichlinge um ihre Nachkommen kümmern.

3 Die Amphibien und die Reptilien ↗ S. 72–78

a ▸ Nenne jeweils drei Beutetiere von Amphibien und von Reptilien.
b ▸ Beschreibe, wie Amphibien ein Beutetier wahrnehmen und fangen.
c ▸ Begründe, warum eine Ringelnatter Tiere fressen kann, die größer sind als ihr Kopf.
d ▸ Ordne die folgenden Wörter in einem Flussdiagramm: Lurche, Feuersalamander, Amphibien, Kröten, Molche, Frösche, Unken, Laubfrosch, Froschlurch, Schwanzlurch.
e ▸ Beschreibe, wie Amphibien vor Schlangen oder Vögeln geschützt sind.
f ▸ Frösche haben Lungen. Erkläre, warum sie trotzdem sterben, wenn sie zu lange an Land sind.
g ▸ Erkläre, wie ein Frosch 50 Minuten unter Wasser bleiben kann, ohne zu ersticken.
h ▸ Nenne das Fachwort für die Larven von Laubfröschen.
i ▸ Beschreibe die innere Befruchtung bei Bergmolchen und bei Zauneidechsen jeweils mithilfe eines Flussdiagramms.

4 Die Vögel ↗ S. 80–85

a ☒ Nenne drei Merkmale, die alle Vögel haben.
b ☒ Nenne vier Vogelgruppen und dazu jeweils ein Beispiel.
c ☒ Beschreibe, wodurch Vögel leicht genug zum Fliegen sind.
d ☒ Beschreibe, wie ein Embryo im Ei atmet und wovon er sich ernährt.

5 Die Säugetiere ↗ S. 88–91

a ☒ Schreibe den folgenden Text in dein Heft und fülle die Lücken:
Säugetiere gehören zu den Wirbeltiere, denn sie haben ein ... mit einer Wirbelsäule. Alle Säugetiere atmen mit .... Die Haut der Säugetiere besitzt ein ... aus Haaren. Die Jungtiere der Säugetiere entwickeln sich im Körper der ....
b ☒ Zerlege das Wort „Säugetier" in seine Bestandteile. Notiere, was mit den beiden Wortbestandteilen gemeint ist.
c ☒ Begründe mit deiner Antwort aus Aufgabe b, warum man die Säugetiere so nennt.
d ☒ Erkläre, was mit dem Fachwort Brutpflege bei Säugetieren gemeint ist.
e ☒ Beschreibe den Unterschied zwischen Nesthockern und Nestflüchtern und nenne jeweils zwei Beispiele.

6 Die Wirbellosen ↗ S. 94

a ☒ Nenne das Merkmal, das die Wirbellosen von den Wirbeltieren unterscheidet.
b ☒ Gib an, welche der Tiere A–D im Bild zu den wirbellosen Tieren gehören.

7 Der Regenwurm ↗ S. 96/97

a ☒ Das Bild zeigt den Querschnitt eines Regenwurms. Ordne den Buchstaben im Bild die richtigen Fachwörter zu.
b ☒ Nenne die Aufgabe der Bestandteile aus Aufgabe 7a.

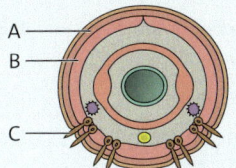

8 Die Insekten ↗ S. 100/101, 104/105

a ☒ Das Bild zeigt den Körperbau einer Biene. Ordne den Buchstaben im Bild die richtigen Fachwörter zu.

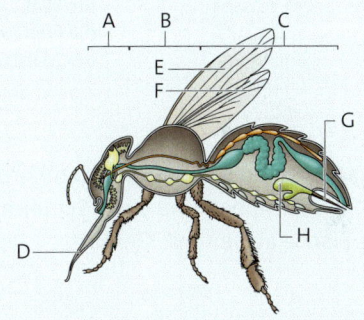

b ☒ Beschreibe die Entwicklung des Kohlweißlings mithilfe des Bildes.

c ☒ Begründe, ob beim Kohlweißling während der Entwicklung eine vollkommene oder unvollkommene Metamorphose stattfindet.
d ☒ Begründe, warum sich Insekten während ihrer Entwicklung mehrmals häuten.

ZUSAMMENFASSUNG Die Tiere in der Umgebung

Die Wirbeltiere und ihre Lebensräume
Alle Wirbeltiere haben ein Innenskelett mit einer Wirbelsäule. Wirbeltiere werden in fünf Gruppen eingeteilt. Das sind die Fische, die Amphibien, die Reptilien, die Vögel und die Säugetiere.

Wirbeltier-gruppe	Lebensraum	Beispiele
Fische	im Wasser	die Bachforelle
Amphibien	im Wasser und an Land	der Teichfrosch
Reptilien	an Land	die Zauneidechse
Vögel	in der Luft, im Wasser, an Land	die Amsel, die Stockente, der Strauß
Säugetiere	an Land, im Wasser, in der Luft, im Boden	der Hund, der Wal, die Fledermaus, der Maulwurf

Die Fische
Fische haben einen spindelförmigen Körper. Ihre Haut ist mit Schuppen und einer Schleimschicht bedeckt. Fische atmen mit Kiemen.

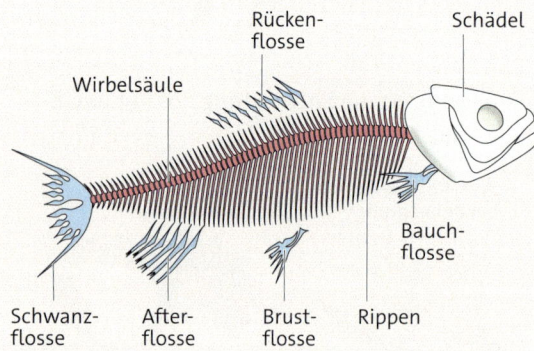

Fische pflanzen sich durch äußere Befruchtung fort. Mit den Flossen können die Fische schwimmen, bremsen oder die Richtung ändern. Mit der Schwimmblase können die Fische im Wasser schweben.

Die Amphibien
Amphibien heißen auch Lurche. Sie leben im Wasser und auf dem Land. Amphibien atmen mit Lungen und durch ihre Haut. Sie sind Feuchtlufttiere.

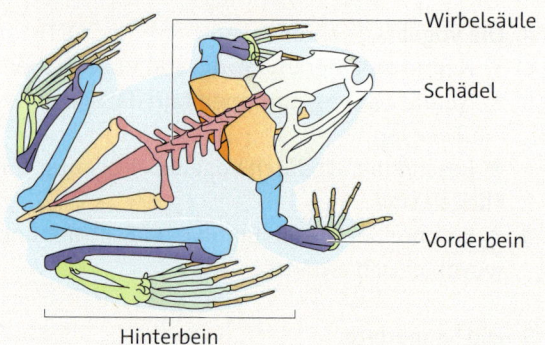

Froschlurche pflanzen sich durch äußere Befruchtung fort. Schwanzlurche pflanzen sich durch innere Befruchtung fort. In den befruchteten Eiern entwickeln sich Embryonen. Sie schlüpfen als Kaulquappen aus den Eiern. Die Kaulquappen entwickeln sich zu erwachsenen Amphibien. Diese Verwandlung heißt Metamorphose.

Die Reptilien
Echsen, Schlangen, Krokodile und Schildkröten sind Reptilien. Sie atmen mit Lungen. Ihre Haut besitzt Hornschuppen. Die Schuppenhaut wächst nicht mit, deshalb häuten sich Reptilien. Schlangen haben keine Beine.

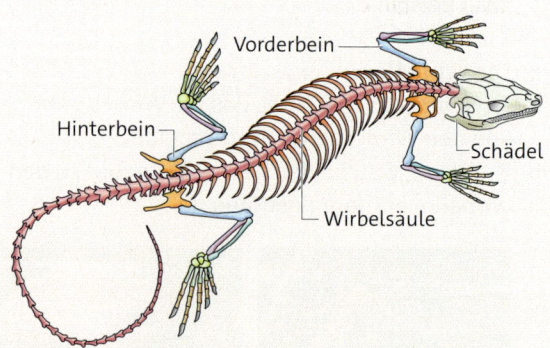

Reptilien pflanzen sich durch innere Befruchtung fort. Die Jungtiere entwickeln sich in Eiern, die sie zum Schlüpfen mit einem Eizahn öffnen.

Die Vögel
Vögel atmen mit Lungen und Luftsäcken. Alle Vögel besitzen Flügel und Federn. Vögel sind leicht gebaut. Ihre Knochen und Federn sind hohl. Vögel verdauen ihre Nahrung schnell. An den Flügeln entsteht beim Fliegen Auftrieb.

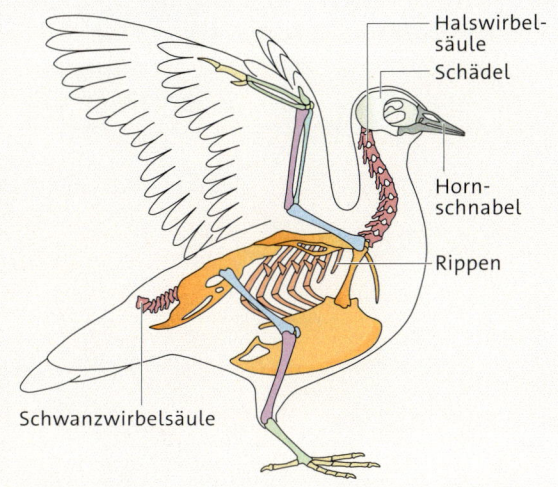

Vögel pflanzen sich durch innere Befruchtung fort. Sie legen Eier und bebrüten sie. Der Embryo ernährt sich von Dotter und Eiklar. Küken können Nestflüchter oder Nesthocker sein.

Die Säugetiere

Säugetiere atmen mit Lungen. Ihre Haut ist mit einem Fell bedeckt.
Säugetiere pflanzen sich durch innere Befruchtung fort. Die Jungtiere entwickeln sich im Mutterleib. Sie werden vollständig entwickelt geboren. Nach der Geburt saugen sie Muttermilch aus den Zitzen der Mutter. Säugetiere können Nesthocker oder Nestflüchter sein.

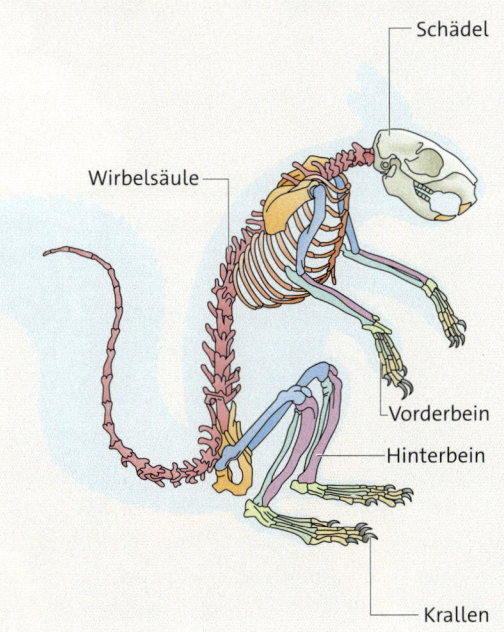

Die wirbellosen Tiere

Wirbellose Tiere besitzen kein Innenskelett und keine Wirbelsäule. Ihre Körper sind sehr unterschiedlich gebaut. Insekten, Spinnen, Ringelwürmer und Weichtiere sind Wirbellose.

Der Regenwurm

Der Körper von Regenwürmern ist in Segmente unterteilt. Regenwürmer sind Zwitter und Feuchtlufttiere. Durch den Bau von Röhren und durch ihren Kot verbessern sie den Boden.

Die Insekten

Insekten haben ein Außenskelett. Sie sind in Kopf, Brust und Hinterleib gegliedert. Sie besitzen sechs Beine und meist vier Flügel. Insekten haben zwei Facettenaugen, zwei Fühler sowie Mundwerkzeuge.

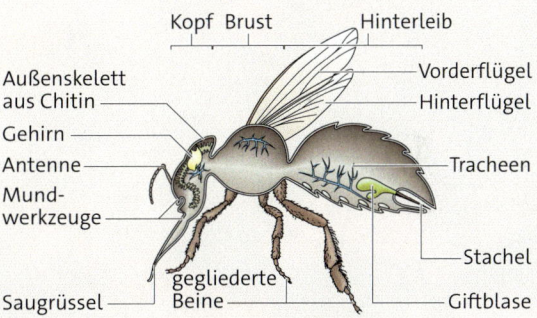

Insekten sind zweigeschlechtlich. Sie legen Eier, aus denen Raupen schlüpfen. Die Raupen entwickeln sich durch vollkommene oder unvollkommene Metamorphose zu erwachsenen Tieren. Manche Insekten können sich eingeschlechtlich vermehren.

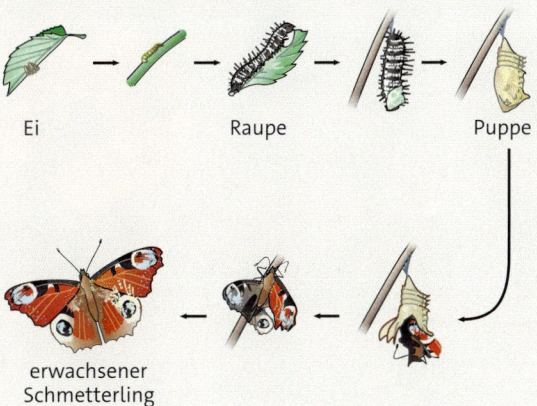

DIE TIERE IN DER UMGEBUNG

Die Pflanzen in der Umgebung

In diesem Kapitel erfährst du ...
... wie Pflanzen gebaut sind.
... welche Pflanzenfamilien es gibt und woran du sie erkennen kannst.
... wozu Blüten, Früchte und Samen dienen.
... wie Pflanzen an verschiedene Lebensräume angepasst sind.

Die Merkmale der Blütenpflanzen

1 Blühende Pflanzen in einem Park

Die Pflanzen im Park sehen alle unterschiedlich aus. Sie haben aber auch viel gemeinsam.

Die Vielfalt der Blütenpflanzen
Alle Pflanzen, die Blüten bilden, gehören zu den **Blütenpflanzen**. Es gibt viele verschiedene Blütenpflanzen. Sie unterscheiden sich in Form, Farbe und Größe voneinander.

Der Bau der Blütenpflanzen
Blütenpflanzen sehen unterschiedlich aus, doch sie sind alle ähnlich gebaut. Jede Blütenpflanze besteht aus zwei Teilen. Im Boden wächst die **Wurzel**, über dem Boden wächst der **Spross**. Zum **Spross** gehören die **Sprossachse** und die **Blätter**. Die Wurzel, die Sprossachse und die Blätter sind drei Organe, die bei allen Blütenpflanzen vorkommen. Man bezeichnet sie als die **Grundorgane** der Blütenpflanzen. In Bild 2 sind die Grundorgane an der Rapspflanze zu sehen. Alle anderen Pflanzenorgane sind Abwandlungen aus diesen drei Grundorganen. Zu den Blättern zählen die **Laubblätter** und die **Blütenblätter**. Blütenblätter sind veränderte Blätter. Wurzel, Sprossachse und Blätter sehen bei verschiedenen Blütenpflanzen unterschiedlich aus. Ihr Grundbauplan und ihre Aufgaben sind aber bei allen Blütenpflanzen gleich.

Die Wurzel
Die Wurzel wächst im Boden. Sie sorgt für den Halt der Pflanze im Boden. Das funktioniert wie der Anker bei einem Schiff. Man sagt deshalb auch: Die Wurzel verankert die Pflanze im Boden. Die Wurzel nimmt außerdem Wasser und Mineralstoffe aus dem Boden auf und leitet sie in den Spross. Eine Wurzel besteht meist aus einer Hauptwurzel, die sich in viele Seitenwurzeln verzweigt. An den Seitenwurzeln befinden sich feine Wurzelhaare.

Die Sprossachse
Vom oberen Teil der Wurzel ausgehend wächst das Organ, das den Spross der Blütenpflanze stützt. Dieses Organ heißt Sprossachse. Sie trägt die Laubblätter und die Blüten und verbindet sie mit der Wurzel. Durch die Sprossachse werden Wasser, Mineralstoffe und Nährstoffe transportiert. Wenn die Sprossachse nicht verholzt ist, dann bezeichnet man sie auch als **Stängel**.
Ein Beispiel für eine Pflanze mit einem Stängel ist die Rapspflanze.

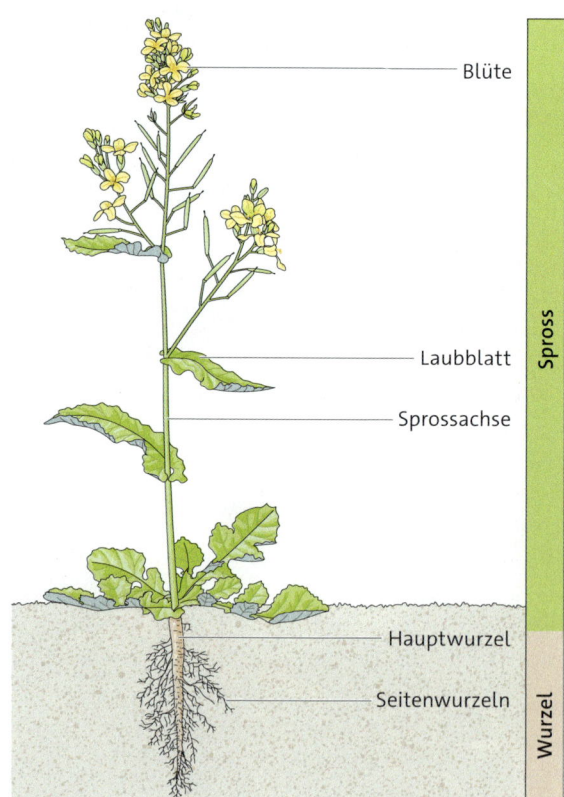

2 Der Bau einer Blütenpflanze (Beispiel: Rapspflanze)

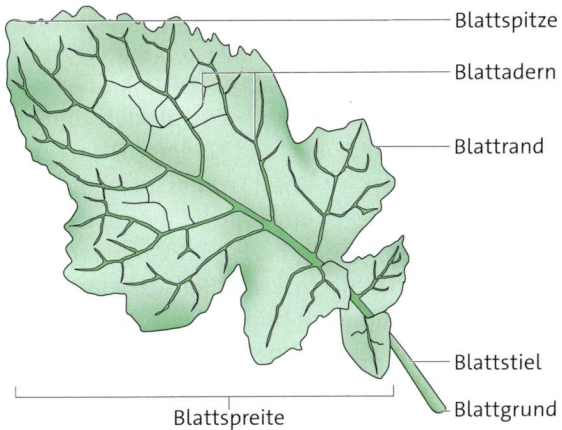

3 Der Bau eines Laubblatts

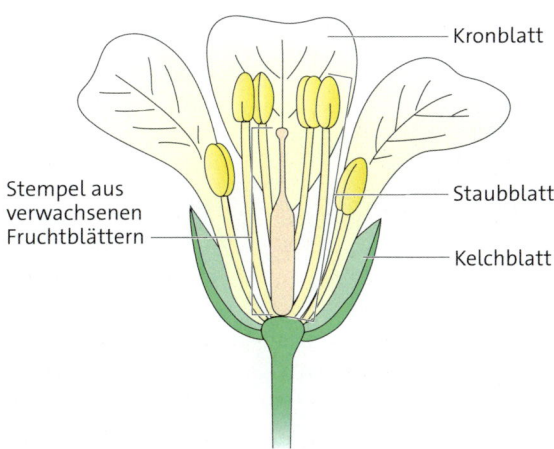

4 Der Bau einer Blüte

Die Laubblätter

An der Sprossachse wachsen grüne Blätter. Das sind die Laubblätter. Die Fläche eines Laubblatts heißt **Blattspreite**. Am unteren Ende der Blattspreite setzt der **Blattstiel** an (Bild 3). Er verbindet die Blattspreite mit der Sprossachse. Die Stelle, an der der Blattstiel an der Sprossachse sitzt, heißt **Blattgrund**. Das Blatt ist von Röhren durchzogen, die man von außen sehen kann. Ein anderes Wort für eine Röhre bei Lebewesen ist Ader. Im Blatt nennt man die Röhren deshalb **Blattadern**. In den Blattadern werden Wasser, Mineralstoffe und Nährstoffe transportiert. In den grünen Laubblättern werden mithilfe des Sonnenlichts Traubenzucker und Sauerstoff gebildet.

Die Blütenblätter

Eine Blüte besteht aus veränderten Blättern, den Blütenblättern. Die äußeren grünen Blütenblätter formen zusammen oft einen Kelch. Ein Kelch ist ein altes Wort für ein Trinkglas mit Stiel. Diese Blütenblätter heißen **Kelchblätter**. Die Kelchblätter schützen die inneren Blütenblätter, wenn die Blüte noch nicht geöffnet ist. Innen neben den Kelchblättern stehen farbige Blütenblätter. Zusammen sehen sie aus wie ein Kranz oder eine Krone. Diese Blütenblätter werden deshalb **Kronblätter** genannt. Durch die Farben der Kronblätter werden Insekten angelockt. Im Innern der Blüte befinden sich die Blütenblätter, die der Fortpflanzung der Pflanze dienen. Die Blütenblätter, die den Blütenstaub enthalten, heißen **Staubblätter**. Der Blütenstaub besteht aus vielen kleinen Körnern. Wenn die Körner durch die Luft fliegen, dann wirken sie wie Staubkörner. Die Blütenblätter, aus denen sich die Frucht der Pflanze entwickelt, heißen **Fruchtblätter**. Bei manchen Pflanzen ist ein Fruchtblatt verwachsen. Bei anderen Pflanzen sind mehrere Fruchtblätter verwachsen. Die verwachsenen Fruchtblätter werden auch als **Stempel** bezeichnet.

> Alle Blütenpflanzen bestehen aus drei Grundorganen. Die Grundorgane sind die Wurzel, die Sprossachse und die Blätter. Sprossachse und Blätter werden zusammen als Spross bezeichnet. Zu den Blättern zählen die Laubblätter und die Blütenblätter. Die Grundorgane haben bei allen Pflanzen die gleichen Aufgaben.

AUFGABEN

1 **Die Blütenpflanzen**
  Beschreibe, was Blütenpflanzen sind.

2 **Die Grundorgane der Blütenpflanzen**
  Erstelle eine Tabelle, in der du die Grundorgane der Blütenpflanzen und ihre Aufgaben nebeneinander darstellst.

3 **Die Laubblätter**
a Nenne die Bestandteile eines Laubblatts.
b Beschreibe, was Blattadern sind.
c Nenne die Aufgabe der Blattadern.

4 **Die Blütenblätter**
  Nenne die Fachwörter für die verschiedenen Blütenblätter in einer Blüte.

Die Bäume, die Sträucher und die Kräuter

1 Verschiedene Blütenpflanzen an einem Waldrand und auf der Wiese

Es gibt viele verschiedene Blütenpflanzen. Manche sind nur wenige Zentimeter hoch, andere viele Meter. Auch ihre Form ist sehr unterschiedlich.

Die Bäume

Die größten Blütenpflanzen sind die **Bäume.** Eine Buche kann bis zu 30 Meter hoch werden. Die Sprossachse der Bäume ist dick und aus Holz. Man bezeichnet sie als **Stamm**. Der Stamm eines Baumes wird jedes Jahr ein bisschen dicker. Wenn man einen Baum absägt, dann erkennt man im Querschnitt des Stamms mehrere Ringe. Da jedes Jahr ein weiterer Ring dazukommt, nennt man die Ringe auch **Jahresringe**. An der Anzahl der Jahresringe kann man das Alter der Bäume erkennen. Bäume können sehr alt werden. Der älteste lebende Baum in Deutschland ist über 1200 Jahre alt. Der Stamm eines Baumes verzweigt sich einige Meter über der Erde in dünnere **Äste** und **Zweige** aus Holz. Die Äste und Zweige tragen die Blätter der Bäume. Äste, Zweige und Blätter zusammen bezeichnet man als die **Baumkrone** (Bild 5). Das Wort Krone kennst du als den Kopfschmuck von Königinnen und Königen. Hier steht es für den oberen Teil eines Baumes, der die Blätter trägt. In der Baumkrone befinden sich auch die Blüten der Bäume. Es gibt Bäume mit großen flachen Blättern. Diese Blätter heißen **Laubblätter**. Bäume mit Laubblättern nennt man **Laubbäume**. Andere Bäume haben kleine nadelförmige Blätter. Diese Blätter heißen **Nadelblätter**. Bäume mit Nadelblättern bezeichnet man als **Nadelbäume**.

Die Laubbäume

Die Laubblätter verschiedener Laubbäume haben verschiedene Formen und Größen. Anhand der Form der Laubblätter kann man den Namen der Laubbäume herausfinden. Im Sommer sind die Laubblätter grün. Im Herbst verfärben sie sich und fallen vom Baum. Die häufigsten Laubbäume in Deutschland sind die Buche (Bild 2), die Eiche, der Ahorn und die Linde.

Die Nadelbäume

Die Nadelblätter der meisten Nadelbäume sind lang, dünn und nadelförmig. Anhand der Form, Größe und Anzahl der Nadelblätter kann man den Namen der Nadelbäume herausfinden. Die meisten Nadelbäume werfen ihre Nadeln im Winter nicht ab. Die häufigsten Nadelbäume in Deutschland sind die Fichte (Bild 3), die Kiefer und die Tanne.

2 Die Buche ist ein Laubbaum.

3 Die Fichte ist ein Nadelbaum.

DIE PFLANZEN IN DER UMGEBUNG

4 Ein Holunderstrauch

Die Sträucher

Blütenpflanzen mit einer holzigen Sprossachse, die sich dicht über der Wurzel in mehrere Stämme verzweigt, heißen **Sträucher** (Bild 5). Sträucher werden bis zu zehn Meter hoch und mehrere Jahre alt. Die Stämme der Sträucher verzweigen sich in dünnere Äste und Zweige aus Holz. Die Äste und Zweige tragen die Blätter und Blüten. Es gibt Sträucher mit Laubblättern und Sträucher mit Nadelblättern. Sträucher wachsen oft an Waldrändern. Dort stehen verschiedene Sträucher dicht nebeneinander (Bild 1). So eine Reihe dicht stehender Sträucher bezeichnet man als **Hecke**. Beispiele für Sträucher, die in Deutschland oft wachsen, sind die Hasel, der Weißdorn und der Holunder (Bild 4). Einige Sträucher tragen Früchte, die wir als Obst essen. Dazu gehören der Brombeerstrauch, der Himbeerstrauch und der Johannisbeerstrauch.

Die Kräuter

Es gibt Blütenpflanzen, bei denen die Sprossachse nicht verholzt ist. Man nennt sie **Kräuter** oder **krautige Pflanzen** (Bild 5). Kräuter sind die kleinsten Blütenpflanzen. Einige Kräuter wachsen aus einem Samen in einem Jahr zu einer blühenden Pflanze. Sie bilden dann Früchte und sterben ab. Solche Kräuter bezeichnet man als **einjährig**. Beispiele für einjährige Kräuter sind die Kamille und der Raps. Andere Kräuter wachsen mehrere Jahre bevor sie blühen und dann Früchte bilden und absterben. Diese Kräuter bezeichnet man als **mehrjährig**. Beispiele für mehrjährige Kräuter sind das Scharbockskraut und die Lupine.

> Bei den Blütenpflanzen unterscheidet man Bäume, Sträucher und Kräuter. Bäume und Sträucher haben verholzte Sprossachsen und werden mehrere Jahre alt. Die Sprossachsen der Kräuter sind nicht verholzt. Kräuter werden ein bis mehrere Jahre alt.

AUFGABEN

1 Die Bäume, die Sträucher und die Kräuter

a Vergleiche Bäume, Sträucher und Kräuter in einer Tabelle. Gehe darin auf die Sprossachse, die Größe und das Alter ein.

b Ergänze deine Tabelle um eine Spalte „Beispiele" und notiere jeweils zwei Pflanzen als Beispiele.

c Beschreibe, was Laubbäume und was Nadelbäume sind.

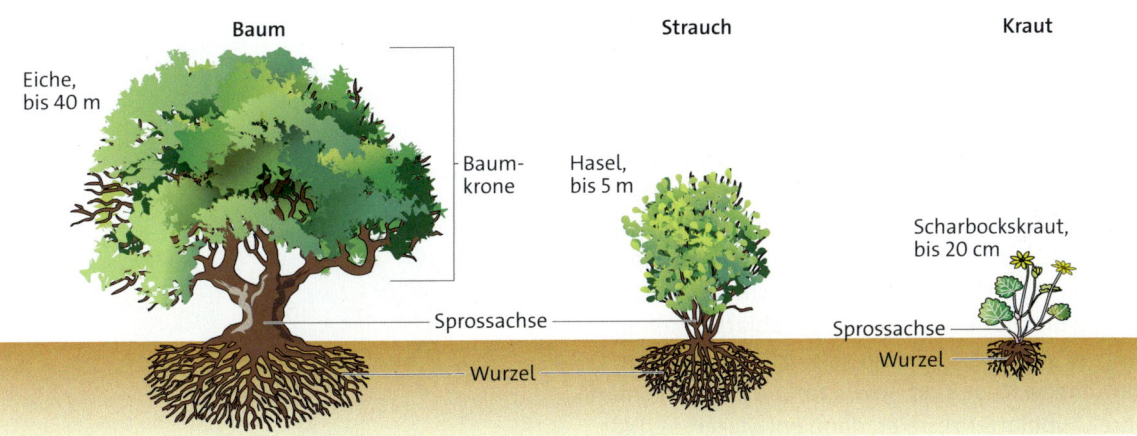

5 Die drei Wuchsformen der Blütenpflanzen: ein Baum, ein Strauch, ein Kraut

DIE PFLANZEN IN DER UMGEBUNG

Verschiedene Pflanzenfamilien

1 Blühende Pflanzen auf einer Wiese

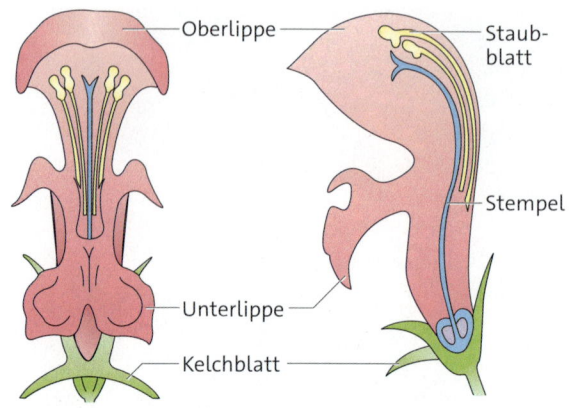

2 Der Bau einer Lippenblüte

Auf einer Sommerwiese wachsen viele verschiedene Blütenpflanzen. Manche sehen ähnlich aus, andere unterscheiden sich in ihren Merkmalen.

Die Pflanzenfamilien

Wenn man verschiedene Blütenpflanzen genauer betrachtet, dann stellt man fest, dass die Organe bei einigen Pflanzen ähnlich gebaut sind. Pflanzen mit ähnlichen Merkmalen fasst man zu **Pflanzenfamilien** zusammen. Im Alltag steht das Wort Familie für dich, deine Eltern, Geschwister und andere Verwandte. In der Biologie ordnet man Pflanzen, die sich im Bau ihrer Blüten und Laubblätter gleichen, ebenfalls Familien zu. Die Pflanzen einer Pflanzenfamilie sind miteinander verwandt. Sie haben sich aus gemeinsamen Vorfahren entwickelt. Wenn sich Pflanzen mit gleichen Merkmalen untereinander fortpflanzen können, dann gehören diese Pflanzen zu einer Pflanzenart. Als **Art** bezeichnet man in der Fachsprache jede Gruppe von Lebewesen, die gleiche Merkmale haben und sich untereinander fortpflanzen können.

Die Lippenblütengewächse

Bei manchen Pflanzen sind die Kronblätter der Blüten so miteinander verwachsen, dass sie wie eine **Oberlippe** und eine **Unterlippe** aussehen. Solche Pflanzen gehören zu den **Lippenblütengewächsen** (Bild 2). In der Mitte der Blüte befindet sich ein Fruchtknoten. Die Sprossachse ist vierkantig und hohl. Immer zwei Laubblätter stehen sich an der Sprossachse gegenüber. Viele Lippenblütengewächse sind Gewürzpflanzen. Wenn man ihre Laubblätter zerreibt, dann entwickelt sich oft ein würziger Geruch. In Deutschland wachsen verschiedene Lippenblütengewächse. Dazu gehören die Pfefferminze, die Taubnessel, die Goldnessel und der Wiesensalbei. Zu den Gewürzpflanzen zählen das Bohnenkraut, der Majoran, der Thymian und das Basilikum. Einige Lippenblütengewächse sind Heilpflanzen. Mit Melisse und Wiesensalbei werden zum Beispiel Entzündungen behandelt.

Die Rosengewächse

Die Blüten mancher Pflanzen haben fünf Kelchblätter und fünf Kronblätter. Diese Pflanzen gehören zu den **Rosengewächsen** (Bild 3). Die Kelchblätter und Kronblätter sind nicht verwachsen. Im Innern der Blüte befinden sich viele Staubblätter und viele Fruchtknoten. Zu den Rosengewächsen gehören zum Beispiel die Heckenrose, die Erdbeere und die Brombeere. Auch Obstbäume wie Apfel, Birne, Pfirsich, Pflaume und Kirsche gehören dazu. Außerdem sind viele Wildkräuter und Heilpflanzen Rosengewächse.

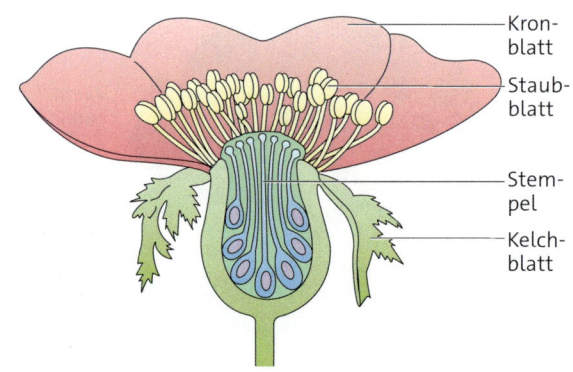

3 Der Bau einer Rosenblüte

DIE PFLANZEN IN DER UMGEBUNG

Die Korbblütengewächse

Bei einigen Pflanzen stehen viele einzelne Blüten eng zusammen und sehen dadurch aus wie eine einzige Blüte. Das nennt man einen **Blütenstand**. Wenn die Einzelblüten angeordnet sind wie ein Korb, dann gehört die Pflanze zur Familie der **Korbblütengewächse**. Bei der Sonnenblume besteht der Blütenstand aus über 100 einzelnen Blüten. Am Rand des Blütenstands befinden sich gelbe Blüten. Die Kronblätter dieser Blüten sind miteinander verwachsen, sodass sie wie Zungen aussehen. Deshalb heißen diese Blüten **Zungenblüten** (Bild 4). Durch ihre gelbe Farbe werden Insekten angelockt. In der Mitte des Blütenstandes stehen viele kleine braune Blüten dicht nebeneinander. Die Kelchblätter dieser Blüten sind so miteinander verwachsen, dass sie wie Röhren aussehen. Daher heißen diese Blüten **Röhrenblüten** (Bild 4). Im Innern der Röhre befinden sich ein Fruchtknoten und drei bis fünf Staubblätter. Die Staubblätter sind an ihren oberen Enden miteinander verwachsen. Zu den Korbblütengewächsen gehören die Sonnenblume, der Löwenzahn, die Ringelblume und die Wiesenschafgarbe. Die Menschen nutzen Teile einiger Korbblütengewächse als Nahrung, als Heilmittel oder als Gewürzpflanze.

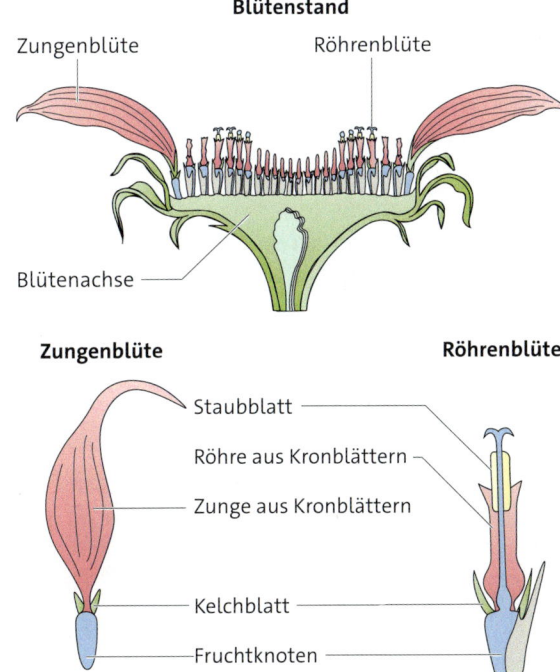

4 Der Bau einer Korbblüte

> Blütenpflanzen mit ähnlichen Merkmalen gehören zu einer Pflanzenfamilie. Vor allem am Bau der Blüten kann man die Pflanzenfamilien voneinander unterscheiden.

AUFGABEN

1 Die Pflanzenfamilien
a ▣ Beschreibe, was eine Pflanzenfamilie ist.
b ▣ Vergleiche die Merkmale der drei vorgestellten Pflanzenfamilien mithilfe einer Tabelle.

2 Der Vergleich von Blüten
▣ Vergleiche die beiden Blüten in Bild 5. Ordne sie jeweils einer der drei vorgestellten Pflanzenfamilien zu und begründe deine Entscheidung.

5 Zwei verschiedene Blüten

> **EXTRA Die Biodiversität**
> Auf einer Sommerwiese fällt auf, wie viele verschiedene Pflanzen es gibt. In Deutschland gibt es über 4000 verschiedene Pflanzenarten. Die Anzahl unterschiedlicher Arten in einem Lebensraum bezeichnet man als **Artenvielfalt**. Artenvielfalt gibt es auch bei Tieren. Die Artenvielfalt ist ein Teil der biologischen Vielfalt. Die biologische Vielfalt wird auch **Biodiversität** genannt. Dazu gehört auch die Vielfalt unterschiedlicher Lebensräume wie Wald, Wiese, Gebirge, Moor und Gewässer. Die biologische Vielfalt hat sich über Millionen von Jahren entwickelt und ist das Ergebnis der Angepasstheit der Lebewesen an verschiedene Umweltbedingungen. Biodiversität ist eine wichtige Lebensgrundlage für Lebewesen. Es liegt in der Verantwortung des Menschen, diese Vielfalt zu erhalten. Sie ist die beste Voraussetzung für den Schutz von Tieren und Pflanzen.

DIE PFLANZEN IN DER UMGEBUNG

PRAXIS   Ein Herbar anlegen

1 Eine Wiese mit verschiedenen Blütenpflanzen

Du kannst die Pflanzen in deiner Umgebung kennenlernen, indem du sie bestimmst und sammelst. Eine Sammlung von getrockneten Pflanzen oder Pflanzenteilen heißt **Herbarium**. Es wird auch kurz **Herbar** genannt. Wenn du ein Herbar erstellen willst, dann kannst du so vorgehen:

Material:
Bestimmungsbuch oder Bestimmungs-App, kleine Plastiktüten, Notizzettel, Stift, 2 Holzplatten, Tageszeitungen und dicke Bücher, weißes DIN-A4-Papier, durchsichtiges Klebeband

> **Hinweis:**
> Pflanzen sind Lebewesen. Überlege daher genau, was du sammeln willst. Nimm nur Pflanzen mit, die in großer Anzahl vorhanden sind. Es gilt die 1:20-Regel: Von 20 gleichen Pflanzen an einem Ort darfst du höchstens eine entfernen. Geschützte oder gefährdete Pflanzen darfst du nicht pflücken. Bestimme die Pflanzen deshalb vor dem Pflücken mithilfe eines Bestimmungsbuchs oder einer Bestimmungs-App.

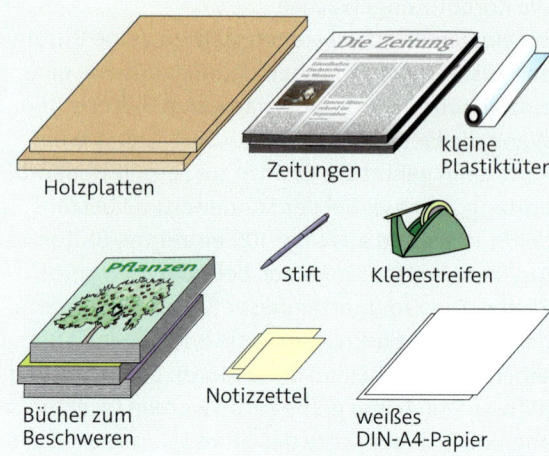

3 Das Material zum Herstellen eines Herbars

Durchführung:

Die Pflanzen sammeln
Du darfst überall Pflanzen sammeln, außer in Naturschutzgebieten, auf privaten Grundstücken und in gefährlichen Bereichen wie Straßen. Nimm immer vollständige Pflanzen mit Laubblättern und Blüten mit. Sie sollten nicht von Tieren angefressen sein. Gib jede Pflanze in eine eigene Tüte. Praktisch sind Gefriertüten mit Reißverschluss. Notiere auf einem Notizzettel das Datum und den Ort, an dem du die Pflanze gefunden hast. Schreibe auch den Namen der Pflanze und der Pflanzenfamilie dazu. Lege den Notizzettel zur Pflanze und verschließe dann die Tüte (Bild 3).

Die Pflanzen trocknen
Trockne die Pflanzen direkt nach dem Sammeln in einer Pflanzenpresse. Lege dazu eine Zeitung auf eine Holzplatte. Lege dann die Pflanzen einzeln so zwischen die Seiten der Zeitung, dass

2 Die Pflanzen bestimmen und verpacken

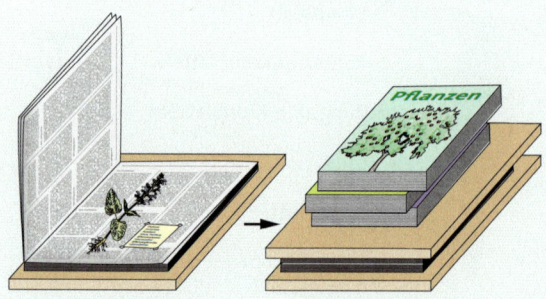

4 Die Pflanzen trocknen und pressen

DIE PFLANZEN IN DER UMGEBUNG

Blüten und Blätter nicht geknickt sind und auch nicht übereinanderliegen. Lege auch die Notizzettel dazu (Bild 4). Zwischen zwei Pflanzen müssen sich immer mindestens acht Blätter Zeitungspapier befinden. Wenn eine Zeitung mit Pflanzen gefüllt ist, dann lege eine weitere Zeitung auf die erste und fülle diese ebenfalls mit Pflanzen. Lege zum Schluss die zweite Holzplatte oben auf den Zeitungsstapel. Beschwere den Stapel mit mehreren dicken Büchern (Bild 4). Tausche die Zeitungen nach zwei bis drei Tagen durch neue Zeitungen aus, da das Papier sonst durch den Pflanzensaft schimmeln könnte. Presse die Pflanzen mindestens zwei Wochen.

Die Herbarbögen erstellen
Nimm die getrockneten Pflanzen nacheinander aus der Pflanzenpresse. Gehe vorsichtig mit den getrockneten Pflanzen um, da sie leicht zerbrechen können. Lege jede Pflanze zusammen mit ihrem Notizzettel auf ein eigenes, festes weißes DIN-A4-Blatt. Klebe dann die Pflanze und den Notizzettel mit Klebestreifen auf.

Das Herbar aufbewahren
In deinem Herbar sollten sich mindestens sieben Pflanzen befinden. Bewahre die Sammlung in einer Mappe auf.

Ein digitales Herbar
Du kannst ein Herbar auch mit frisch gepflückten Pflanzen anlegen. Dazu legst du sie mit den Notizzetteln auf die weißen DIN-A4-Blätter, ohne sie vorher zu trocknen und zu pressen. Dann fotografierst du die Herbarbögen. So erhältst du ein digitales Herbar, das du ausdrucken, digital bearbeiten und erweitern kannst. So kannst du zum Beispiel noch Informationen über die Giftigkeit bestimmter Pflanzenteile oder ihre Verwendung als Heilpflanze ergänzen.

Auswertung:
1. Lege ein Herbar mit 10 Pflanzen an.
2. Stelle die Pflanzen in deinem Herbar deinen Mitschülerinnen und Mitschülern vor.
3. Gestaltet mit euren Herbarbögen eine Ausstellung im Klassenraum oder im Schulgebäude.
4. Recherchiere, wo sich das größte Herbar Deutschlands befindet, wie viele Pflanzen sich darin befinden und wann es begonnen wurde.
5. Begründe, warum sich ein digitales Herbar besonders gut eignet, um die Früchte von Pflanzen zu sammeln.

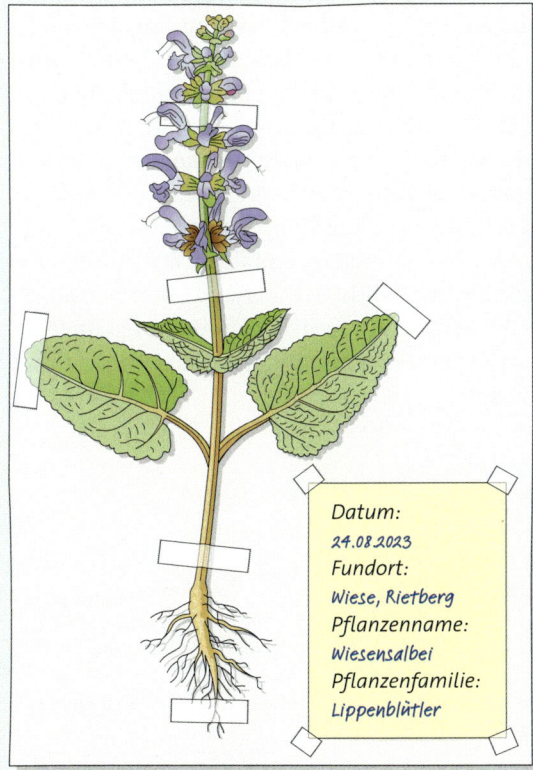

5 Ein Beispiel für einen Herbarbogen

6 Eine Ausstellung mit Herbarbögen

DIE PFLANZEN IN DER UMGEBUNG

Die Bestimmungsmerkmale

1 Diese Pflanze ist Arseni schon oft aufgefallen.

Beim Spazierengehen fallen Arseni manchmal Pflanzen auf, die er schön findet oder die irgendwie außergewöhnlich aussehen. Manchmal weiß er nicht, wie die Pflanze heißt.

Pflanzen bestimmen

Die Pflanzen einer Pflanzenfamilie weisen im Bau ihrer Blüten und Laubblätter Merkmale auf, die man bei allen Pflanzen wiedererkennt. An diesen Merkmalen lässt sich die Pflanzenfamilie erkennen. Wenn man den Namen einer Pflanze herausfinden will, dann sagt man in der Fachsprache auch: Man will die Pflanze bestimmen. Dazu muss man ihre besonderen Merkmale erkennen. Je mehr Merkmale bekannt sind, desto genauer kann man eine Pflanze bestimmen. Merkmale, mit denen man eine Pflanze eindeutig bestimmen kann, werden **Bestimmungsmerkmale** genannt.

Der Bau der Blüten

Ein wichtiges Bestimmungsmerkmal ist der Bau der Blüten. Hier kommt es auf die Anzahl der Blütenblätter, auf ihre Form und auf ihre Farbe an. Auch ob die Blütenblätter verwachsen sind oder nicht, ist ein wichtiges Bestimmungsmerkmal.

Das Geschlecht der Blüten

An den Blütenblättern kann man das Geschlecht der Blüten erkennen. Das Geschlecht ist ein weiteres Bestimmungsmerkmal. **Männliche Blüten** haben Staubblätter, aber keinen Stempel. **Weibliche Blüten** haben nur Fruchtblätter, aber keine Staubblätter. Blüten, die Staubblätter und Fruchtblätter besitzen, bezeichnet man als **zwittrige Blüten** (Bild 2). Zwittrig bedeutet zweigeschlechtig.

Der Blütenstand

Blütenpflanzen können einzeln stehende Blüten haben oder die Blüten stehen eng zusammen in einem **Blütenstand**. Der Blütenstand ist ein Bestimmungsmerkmal. Die Blüten in einem Blütenstand sind entlang einer Achse angeordnet. Man nennt diese Achse **Blütenachse**. Ein Blütenstand, bei dem einzelne Blüten entlang der Blütenachse an kurzen Stielen sitzen, heißt **Traube** (Bild 3). Wenn die einzelnen Blüten ohne Stiel an der Blütenachse sitzen, dann nennt man das eine **Ähre**. Wenn die Stiele der Blüten an der Spitze der Blütenachse sitzen, dann spricht man von einer **Dolde**. Bei den Korbblütengewächsen ist die Blütenachse verbreitert und flach. Die Blütenachse und die Hüllblätter sehen zusammen aus wie ein Korb. Darin sind die Röhrenblüten angeordnet. Dieser Blütenstand heißt **Körbchen**.

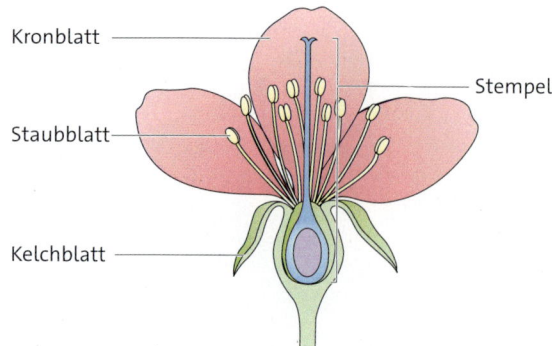

2 Der Bau einer zwittrigen Blüte

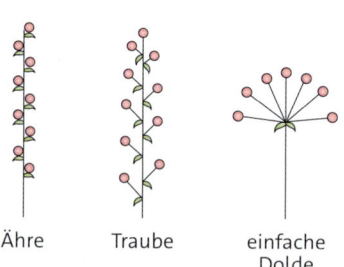

3 Verschiedene Blütenstände

Die Sprossachse und die Blattstellung

Die Oberfläche der Sprossachse und die Stellung der Laubblätter an der Sprossachse sind weitere Bestimmungsmerkmale. Bei krautigen Pflanzen kann der Stängel rund oder kantig, glatt oder fein behaart sein. Die Stellung der Laubblätter an der Sprossachse ist in Bild 4 zu sehen.

Das Aussehen der Laubblätter

Das Aussehen der Laubblätter ist ein weiteres Bestimmungsmerkmal. Die Blattform, der Blattrand und der Verlauf der Blattadern sind wichtige Merkmale, mit denen man Pflanzen unterscheiden kann. Bei einfachen Blättern ist die Blattspreite ungeteilt. Zusammengesetzte Blätter bestehen aus mehreren voneinander getrennten Blättchen. Wenn mehrere Blättchen zusammen so ähnlich aussehen wie eine Hand, dann sind die Blätter gefingert. Sind die Blättchen entlang einer Achse angeordnet, spricht man von gefiederten Blättchen.

> Bei der Bestimmung von Pflanzen helfen Bestimmungsmerkmale. Dazu gehören der Bau und die Anordnung der Blüten, der Bau der Sprossachse sowie das Aussehen und die Stellung der Laubblätter.

AUFGABEN

1 Bestimmungsmerkmale erkennen
a Sammle Blütenpflanzen.
b Zeichne zwei deiner gesammelten Pflanzen.
c Untersuche und beschreibe die Merkmale der beiden Pflanzen.

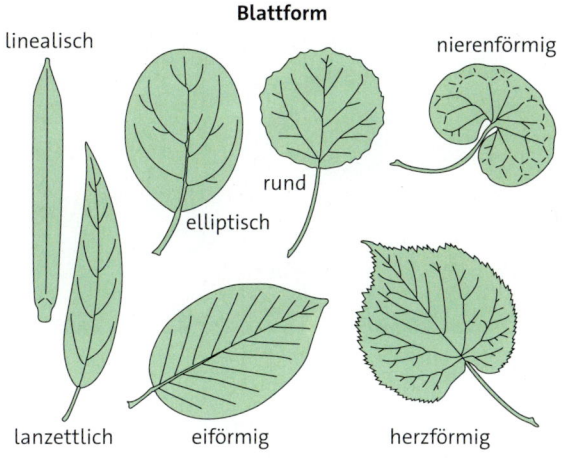

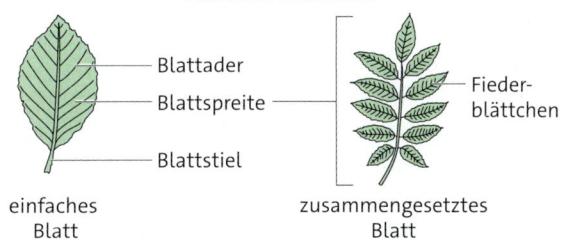
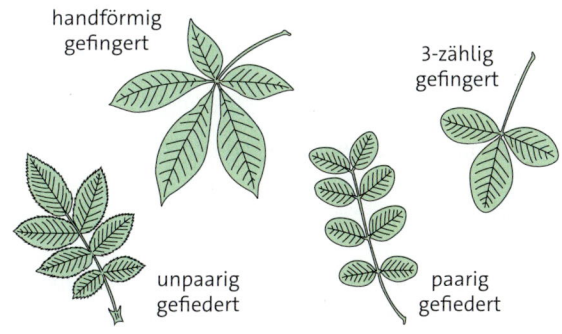

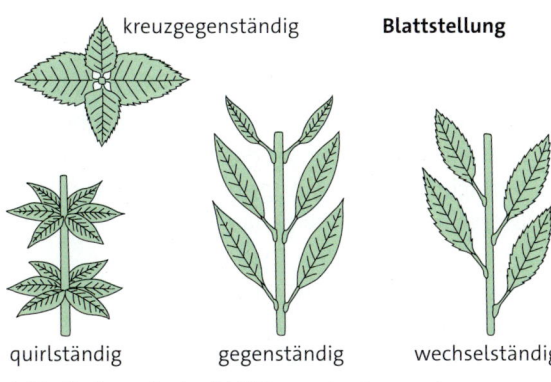

4 Die Stellung der Laubblätter an der Sprossachse

5 Das Aussehen der Laubblätter

DIE PFLANZEN IN DER UMGEBUNG

METHODE   Arbeiten mit einer Lupe

1 Lupen erzeugen vergrößerte Bilder.

2 Drei verschiedene Lupen

Die Bestandteile von Stoffgemischen, die Struktur von Steinen oder die Einzelheiten im Bau von Pflanzen und Tieren sind sehr klein. Du kannst sie mit bloßem Auge nicht erkennen. Lupen sind gute Hilfsmittel, um sich kleine Dinge genauer anzusehen.

Die Merkmale einer Lupe
Lupen enthalten eine durchsichtige Scheibe aus Glas oder Kunststoff. Diese Scheibe nennt man **Linse**. Die Linse ist nach außen gewölbt. Dadurch werden vergrößerte Bilder von Objekten erzeugt. Je stärker die Linse gewölbt ist, desto stärker vergrößert sind die Bilder.

Die Vergrößerungsleistung ist auf den Lupen oft mit einer Zahl und einem x angegeben. Steht 5x auf einer Lupe, bedeutet das, dass die Lupe ein fünffach vergrößertes Bild erzeugt.

Es gibt verschiedene Lupen. Jede Lupe eignet sich für einen bestimmten Zweck. Eine Stiellupe wird oft zum Lesen verwendet. Auch Pflanzen oder nicht lebende Objekte kann man mit Stiellupen betrachten. Eine Einschlaglupe passt in jede Hosentasche. Sie eignet sich für Untersuchungen in der Natur. Mit einer Becherlupe kann man zum Beispiel Insekten gut untersuchen. Sie können im Becher nicht wegkrabbeln. Nach der Untersuchung lässt man die Tiere wieder frei.

1   Die Auswahl der geeigneten Lupe
Überlege zunächst, welche Lupe für dein Vorhaben geeignet ist.

Ina soll sich die Grundorgane der Blütenpflanzen bei den Pflanzen im Schulgarten genauer ansehen. Sie entscheidet sich für eine Einschlaglupe.

3 Verschiedene vergrößerte Bilder einer Kirschblüte

2   Den richtigen Abstand finden
Schließe ein Auge. Halte die Lupe zwischen das geöffnete Auge und das Objekt. Die Lupe sollte nah an dem Objekt und an deinem Auge sein. Vergrößere dann den Abstand zwischen der Lupe und dem Objekt, bis du ein scharfes Bild siehst.

Ina kniet sich nah vor eine Pflanze, klappt die Lupe aus und kneift ein Auge zu. Sie hält die Lupe zwischen das geöffnete Auge und die Pflanze. Nun bewegt sie ihren Kopf von der Lupe weg, bis sie ein scharfes Bild sieht.

3   Das Objekt betrachten
Bewege die Lupe nun langsam im gleichen Abstand zum Objekt, bis der Teil, den du genauer betrachten willst, mittig vor der Lupe ist. Betrachte diesen Teil genauer.

Ina sieht sich zunächst die Blüte der Pflanze an, die sie untersuchen will. Sie betrachtet nacheinander die Kelchblätter, die Kronblätter, die Staubblätter und den Stempel.

METHODE   Arbeiten mit einer Stereolupe

Einige Einzelheiten in der Struktur von Stoffen und Steinen oder im Bau von Pflanzen und Tieren sind so klein, dass du sie mit Handlupen nicht gut untersuchen kannst. Dann kannst du zum Beispiel eine Stereolupe benutzen.

Die Merkmale einer Stereolupe
Mit einer Stereolupe betrachtest du ein Objekt mit beiden Augen gleichzeitig. Daher kommt auch der Name: *Stereo* bedeutet zwei. Eine Stereolupe enthält zwei Linsen. Die erste ist das **Objektiv**. Sie erzeugt ein vergrößertes Bild des Objekts. Die zweite Linse ist das **Okular**. Damit schaust du dir das vergrößerte Bild des Objekts noch einmal vergrößert an. Wie stark ein Bild vergrößert ist, kannst du berechnen: Multipliziere die Vergrößerung des Okulars mit der Vergrößerung des Objektivs. Vergrößert zum Beispiel das Okular 4-fach und das Objektiv 10-fach, erscheint das Objekt 40-fach vergrößert. Viele Stereolupen erzeugen ein 20- bis 40-fach vergrößertes Bild. Manche Geräte können sogar bis zu 100-fach vergrößerte Bilder erzeugen.

Der Aufbau einer Stereolupe
Stereolupen bestehen aus einem Ständer, aus dem Objekttisch, einer oder zwei Lampen, den beiden Okularen und dem Objektiv. Der Abstand zwischen Objekttisch und Objektiv ist relativ groß. So passen auch etwas größere Objekte dazwischen. Mithilfe des Stellrads kannst du die Entfernung des Objektivs zum Objekt verändern. So stellst du das Bild scharf. Die Lampen beleuchten das Objekt.

1 Das Objekt auf dem Objekttisch platzieren
Lege das Objekt, das du untersuchen willst, auf den Objekttisch. Manchmal bietet es sich an, das Objekt in eine Petrischale zu legen. Lege eine Pinzette bereit, mit der du das Objekt vorsichtig drehen kannst.

Juri will sich die Blüte einer Kirsche genauer ansehen. Er legt die Kirschblüte mittig auf den Objekttisch.

2 Das Objekt ausleuchten
Schalte die Lampe oder die Lampen der Stereolupe ein. Wenn deine Stereolupe zwei Lampen besitzt, dann teste, ob du eine oder beide Lichtquellen brauchst, um die Einzelheiten bei deinem Objekt gut erkennen zu können.

Juri kann die Kirschblüte mit seiner Stereolupe von oben und von unten beleuchten. Er beleuchtet die Blüte von oben. So erscheint ihm alles am besten erkennbar.

3 Das Bild scharf stellen
Drehe das Objektiv mithilfe des Stellrads zuerst ganz nach oben. Schau dann durch die beiden Okulare. Drehe das Objektiv langsam nach unten, bis du das Bild scharf siehst.

Juri dreht das Objektiv ganz nach oben. Er steht auf und schaut durch die beiden Okulare seiner Stereolupe. Dann bewegt er das Objektiv mithilfe des Stellrads langsam in Richtung Objekt. Sobald er die Kirschblüte scharf sieht, stoppt er.

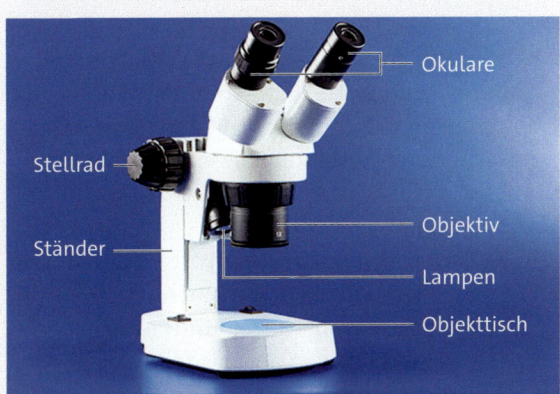

1 Der Aufbau einer Stereolupe

2 Die Staubblätter einer Kirschblüte (40x vergrößertes Bild)

DIE PFLANZEN IN DER UMGEBUNG

PRAXIS   Blütenpflanzenorgane untersuchen

A Untersuchung von Sprossachsen

Material:
verschiedene Pflanzen, die im Sommer blühen (zum Beispiel Lichtnelken, Klatschmohn, Wiesen-Glockenblume, Margeriten), Lupe, Pinzette, Rasierklinge, Unterlage, Lineal

Durchführung:
– Schneide die Blütenpflanzen direkt über der Wurzel ab.
– Stelle die Pflanzen in eine Vase mit Wasser.
– Betrachte und betaste die Sprossachsen. Beschreibe sie mit folgenden Wörtern: glatt, rau, behaart, unbehaart, rund, kantig.
– Betrachte die Oberfläche der Sprossachsen mit der Lupe. Beschreibe, welche Einzelheiten du erkennen kannst.
– Miss die Längen der Sprossachsen. Vergleiche sie.
– Schneide vorsichtig mit der Rasierklinge 2 cm vom unteren Ende der Sprossachse ab. Betrachte den Anschnitt mit der Lupe und beschreibe diesen Querschnitt der Sprossachsen.

1 Ein Strauß aus Wiesenblumen

B Untersuchung von Laubblättern

Material:
Laubblätter der gesammelten Blütenpflanzen, weitere Laubblätter von Bäumen, Lupe, Papier, Bleistift

Durchführung:
– Betrachte die gesammelten Laubblätter. Fertige von mindestens 4 Laubblättern eine Bleistiftskizze an.
– Beschrifte deine Skizzen mit den Fachwörtern für die Teile eines Laubblatts.
– Betrachte die Laubblätter zuerst mit bloßem Auge und dann mit der Lupe alle Blattbestandteile. Beschreibe das Aussehen und die Beschaffenheit von Blattrand, Blattfläche, Blattstiel und Blattgrund.
– Vergleiche Blattoberseite und Blattunterseite. Notiere deine Beobachtungen neben den Blattskizzen.

C Untersuchung von Blüten

Material:
frische Blüten der gesammelten Sommerblüher, Pinzette, Schere, Stereolupe, Bleistift, Papier

Durchführung:
– Schneide die Blüten von den Sprossachsen ab. Betrachte die einzelnen Blütenbestandteile, benenne sie und gib jeweils ihre Anzahl an.
– Betrachte eine ganze Blüte mit der Stereolupe bei 20-facher Vergrößerung. Beschreibe die Kelchblätter, die Kronblätter sowie die Staubblätter und die Stempel.
– Entferne die Staubblätter und den Stempel mit einer Pinzette. Betrachte sie bei der stärksten Vergrößerung mit einer Stereolupe. Fertige eine Zeichnung dieser Blütenteile an.

Auswertung:
1 ▣ Nenne jeweils das Fachwort für die weiblichen und die männlichen Fortpflanzungsorgane der Blütenpflanzen.
2 ▣ „Blüten bestehen aus besonderen Blättern." Begründe diese Aussage.

AUFGABEN   Die Blütenpflanzen

1 Blütenpflanzen
a ▢ Zeichne den Grundbauplan einer Blütenpflanze auf ein Blatt und beschrifte die Grundorgane.
b ▢ Beschreibe die Gemeinsamkeiten der Wiesenpflanzen in Bild 1.

Rot- Wiesen- Marge- Wiesen- Wiesen- Wilde
klee Knäuel- rite   Liesch- Glocken- Möhre
      gras   gras   blume

1 Verschiedene Pflanzen auf einer Wiese

2 Flache und tiefe Wurzeln

Bei einigen Pflanzen wachsen die Wurzeln dicht unterhalb der Bodenoberfläche. Sie verzweigen sich in die Breite und sehen aus wie ein flacher Teller. Deshalb heißen diese Wurzeln **Flachwurzeln**. Andere Pflanzen haben eine lange, verdickte Hauptwurzel. Sie dringt wie ein Pfahl tief in den Boden ein. Man bezeichnet die Wurzel daher als **Pfahlwurzel**. Die Pfahlwurzel verzweigt sich in viele Seitenwurzeln.

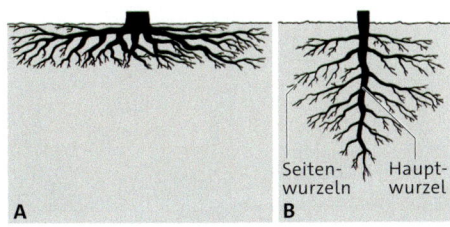

2 Eine Flachwurzel (A) und eine Pfahlwurzel (B)

a ▢ Beschreibe den Bau von Flachwurzeln und Pfahlwurzeln.
b ▢ Nach einem starken Sturm kann man im Wald manchmal entwurzelte Bäume sehen. Andere Bäume sind nur umgeknickt. Stelle begründete Vermutungen an, warum das so ist.

3 Pflanzenfamilien
Vor allem am Bau der Blüten kann man erkennen, zu welcher Pflanzenfamilie eine Blütenpflanze gehört.

 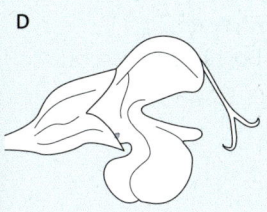
 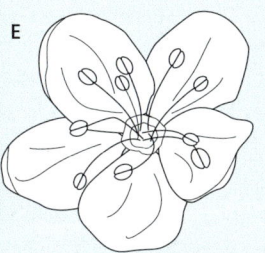
 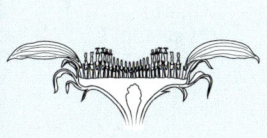

3 Drei Blüten von verschiedenen Pflanzenfamilien

a ▢ Ordne den Fotos A bis C in Bild 3 die Zeichnungen D bis F zu.
b ▢ Ordne die Blüten in Bild 3 jeweils der passenden Pflanzenfamilie zu: Lippenblütengewächse, Korbblütengewächse, Rosengewächse.
c ▢ Vergleiche in einer Tabelle den Bau der drei Blüten in Bild 3.
d ▢ „Die Blüte in Bild 4 gehört zu keiner der drei Pflanzenfamilien aus Aufgabe 1b." Begründe, ob diese Aussage richtig oder falsch ist.

4 Eine Blüte

DIE PFLANZEN IN DER UMGEBUNG

PRAXIS Bäume bestimmen

Im Wald, auf dem Schulhof oder dem Heimweg kannst du unterschiedliche Pflanzen sehen. Mit Bestimmungsschlüsseln kannst du herausfinden, um welche Pflanzenarten es sich handelt.

Material:
Bestimmungsschlüssel, Notizblock, Stift

Durchführung:
– Suche fünf Laubblätter oder Nadelblätter.
– Fertige beschriftete Zeichnungen davon an.

Auswertung:
1 Bestimme mithilfe von Bild 1, zu welchen Baumarten die Blätter gehören. Notiere die Artnamen neben deine Zeichnungen.

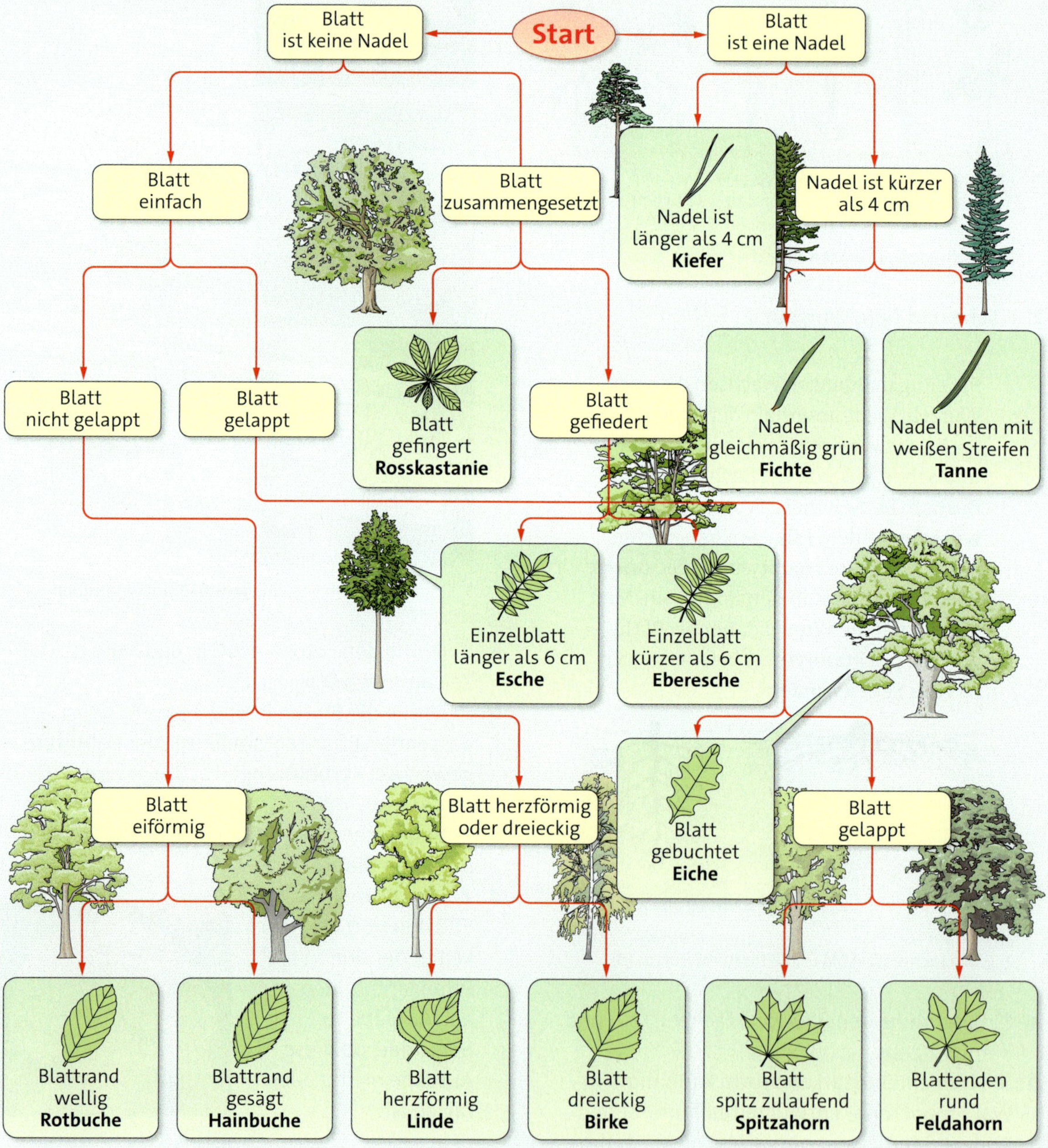

1 Ein Bestimmungsschlüssel für Bäume

130 DIE PFLANZEN IN DER UMGEBUNG

rowaje

PRAXIS Wiesenpflanzen bestimmen

Durchführung:
Sammle sieben verschiedene Wiesenpflanzen.

Hinweis: Pflanzen sind Lebewesen. Nimm nur Pflanzen mit, die in großer Anzahl vorhanden sind. Es gilt die 1:20-Regel: Von 20 gleichen Pflanzen am Standort solltest du höchstens eine entfernen.

Auswertung:
1 ☒ Bestimme mithilfe von Bild 1 die Pflanzen mindestens bis zum Familiennamen (blaue Kästen).
2 ☒ Erstelle Steckbriefe mit den Pflanzen.

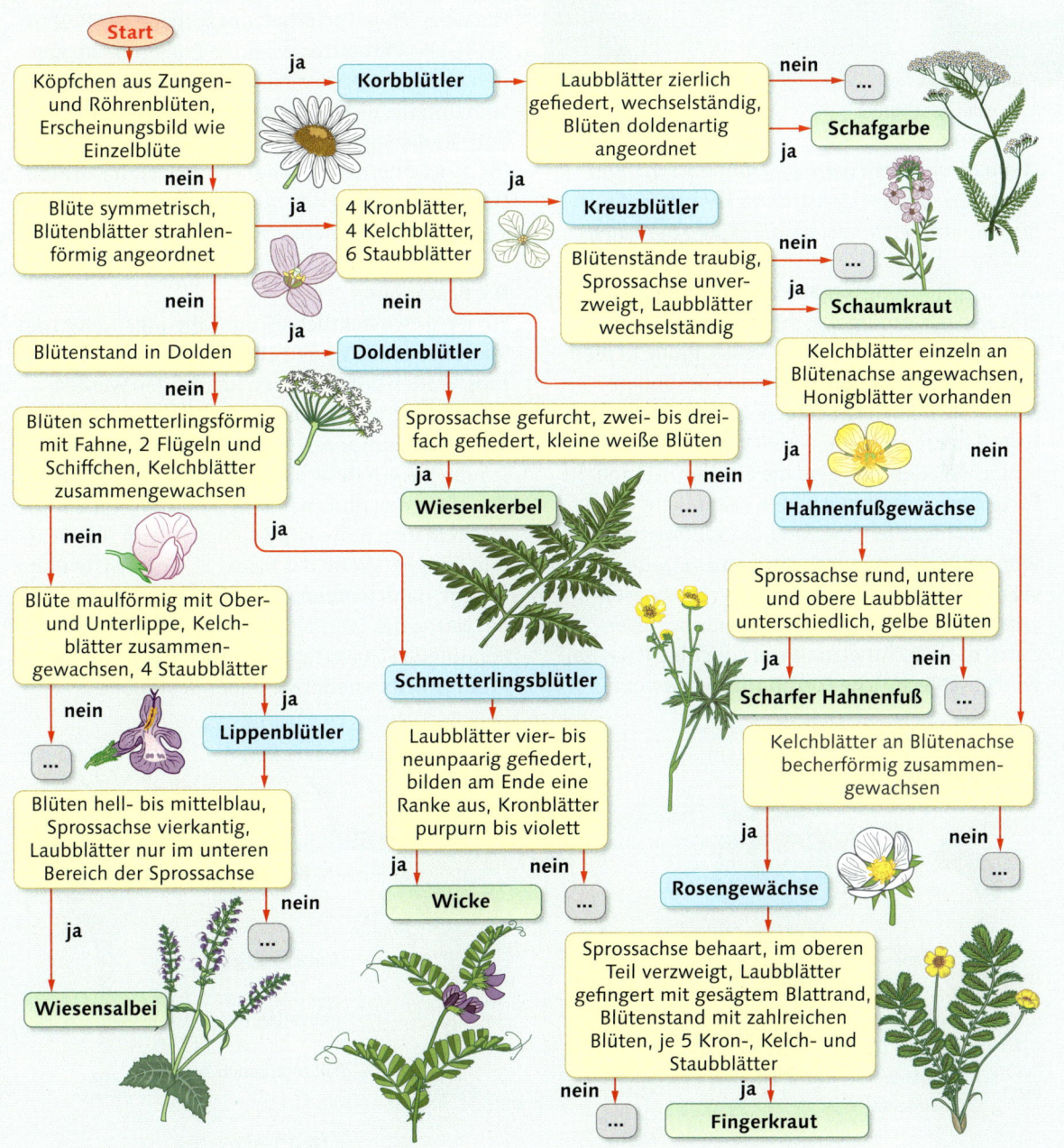

1 Ein Bestimmungsschlüssel für Wiesenpflanzen

DIE PFLANZEN IN DER UMGEBUNG

Von der Blüte zur Frucht

1 Eine Biene an einer Kirschblüte

Wenn du an einem warmen Frühlingstag unter einem Kirschbaum stehst, dann kannst du die Bienen summen hören, die die Blüten besuchen.

Die Fortpflanzungsorgane der Blütenpflanzen
Blüten besitzen Organe, mit denen sich die Pflanze fortpflanzen kann. Diese Organe heißen **Fortpflanzungsorgane**. Sie bilden besondere Zellen. Sie heißen **Geschlechtszellen**. Weibliche Fortpflanzungsorgane bilden weibliche Geschlechtszellen. Das sind die **Eizellen**. Männliche Fortpflanzungsorgane bilden männliche Geschlechtszellen. Das sind die **Spermienzellen**. Wenn eine Spermienzelle mit einer Eizelle verschmilzt, dann kann ein neues Lebewesen entstehen. Die Entstehung neuer Lebewesen durch die Verschmelzung von Geschlechtszellen wird **geschlechtliche Fortpflanzung** genannt.

Die männlichen Fortpflanzungsorgane
Die männlichen Fortpflanzungsorgane der Blüten sind die **Staubblätter**. Der längliche, fadenförmige Teil heißt **Staubfaden**. Sein oberes Ende ist rund und dick. Das ist der **Staubbeutel**. Der Staubbeutel enthält Blütenstaub, den **Pollen**. Er besteht aus vielen kleinen Pollenkörnern. Jedes Pollenkorn enthält eine Spermienzelle.

Die weiblichen Fortpflanzungsorgane
Die weiblichen Fortpflanzungsorgane der Blüten heißen **Fruchtblätter**. Mehrere Fruchtblätter können miteinander zu einem **Stempel** verwachsen. Sein unterer, dicker Teil heißt **Fruchtknoten**. Er enthält die Samenanlagen mit den Eizellen (Bild 2). Der mittlere, längliche Teil ist der **Griffel**. Das obere, breite Ende heißt **Narbe**. Sie ist oft klebrig, sodass Pollenkörner an ihr hängen bleiben.

Die Bestäubung
Für die geschlechtliche Fortpflanzung müssen die Spermienzellen zu den Eizellen gelangen. Dazu muss Pollen auf die Narbe übertragen werden. Diese Übertragung von Pollen heißt **Bestäubung**. Viele Blütenpflanzen werden von Insekten bestäubt. Sie ernähren sich von einem süßen Saft, den sie in den Blüten finden (Bild 1). Wenn ein Insekt in eine Blüte kriecht, dann bleibt Pollen an ihm hängen. Wenn das Insekt in die nächste Blüte kriecht, dann werden einige Pollenkörner an der Narbe des Stempels abgestreift. Bienen, Hummeln, Schmetterlinge und Käfer bestäuben Pflanzen. Man nennt sie daher **Bestäuber**.

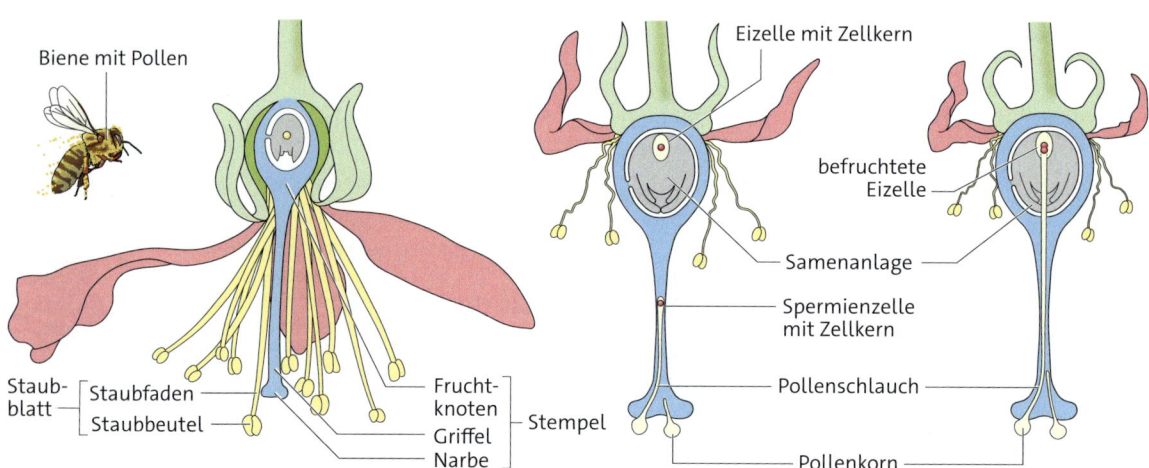

2 Von der Bestäubung der Blüte bis zur Befruchtung der Eizelle

DIE PFLANZEN IN DER UMGEBUNG

Die Birke, die Kiefer und die Haselnuss werden durch den Wind bestäubt. Die Blüten dieser Pflanzen sind sehr klein. Sie bilden jedoch sehr viele Pollenkörner, die vom Wind verbreitet werden.

Die Befruchtung
Nach der Bestäubung wächst auf der Narbe aus jedem Pollenkorn ein Schlauch. Das ist der **Pollenschlauch** (Bild 2). Er wächst durch die Narbe und den Griffel bis ins Innere des Fruchtknotens. In jedem Pollenschlauch befindet sich eine Spermienzelle. Der Pollenschlauch, der am schnellsten wächst, dringt in den Fruchtknoten ein. Dort wird die Spermienzelle freigegeben und kann dann mit der Eizelle in der Samenanlage verschmelzen. Diesen Vorgang nennt man **Befruchtung** (Bild 2).

Der Keimling im Samen
Nach der Befruchtung welken die Kelchblätter, die Kronblätter und die Staubblätter und fallen dann ab. Auch die Narbe vertrocknet. Der Fruchtknoten wächst. In seinem Innern entwickelt sich aus der befruchteten Eizelle eine junge Pflanze. Das ist der **Keimling**. Er ist von einer Schicht aus Nährstoffen umgeben. Das ist die **Nährschicht**. Der Keimling nutzt die Nährstoffe zum Wachsen. Um die Nährschicht bildet sich eine harte Schale, die den Keimling schützt. Das ist die **Samenschale**. Bei der Kirsche ist die Samenschale sehr hart, daher sagt man dazu auch **Stein**. Keimling, Nährschicht und Samenschale zusammen sind der **Samen**. Aus jedem Samen kann eine neue Pflanze heranwachsen.

Die Frucht
Die Hüllen um den Samen entwickeln sich aus dem Fruchtknoten. Der Samen und seine Hüllen werden zusammen als **Frucht** bezeichnet. Die innere Hülle ist die harte Samenschale. Die äußere Hülle ist eine dünne Haut, die **Fruchthaut**. Zwischen der inneren und der äußeren Hülle befindet sich das süße **Fruchtfleisch**. Jede Kirschfrucht enthält nur einen einzigen Samen (Bild 3).

> Bei der geschlechtlichen Fortpflanzung entstehen neue Lebewesen durch die Verschmelzung von Geschlechtszellen. Blüten bilden Geschlechtszellen in den Staubblättern und Fruchtblättern. Bei der Bestäubung werden Pollenkörner auf die Narbe übertragen. Die Verschmelzung einer Spermienzelle mit einer Eizelle heißt Befruchtung. Aus der befruchteten Eizelle entwickelt sich ein Keimling. Er befindet sich im Samen. Den Samen und seine Hüllen bezeichnet man als Frucht.

AUFGABEN

1 Die Fortpflanzungsorgane
a Nenne die Fachwörter für die männlichen und die weiblichen Geschlechtszellen.
b Beschreibe, was eine Geschlechtszelle ist.
c Beschreibe, wie die geschlechtliche Fortpflanzung bei Pflanzen erfolgt.

2 Von der Blüte zur Frucht
Arbeitet zu zweit. Entscheidet, wer von euch den Text zur Bestäubung liest und wer den Text zur Befruchtung liest.
a Fertigt kurze Notizen zu eurem Thema an.
b Erklärt euch gegenseitig, was die Fachwörter Bestäubung und Befruchtung bedeuten.
c Erstellt eine Lernlandkarte, die die Vorgänge von der Bestäubung der Blüte bis zur Bildung der Frucht zeigt.

3 Der Keimling im Samen
a Erläutere die Aufgaben der Nährschicht und der Samenschale für den Keimling.
b Der Samen ist durch die Samenschale gut geschützt. Stelle eine begründete Vermutung auf, welche Aufgaben Fruchtfleisch und Fruchthaut haben.

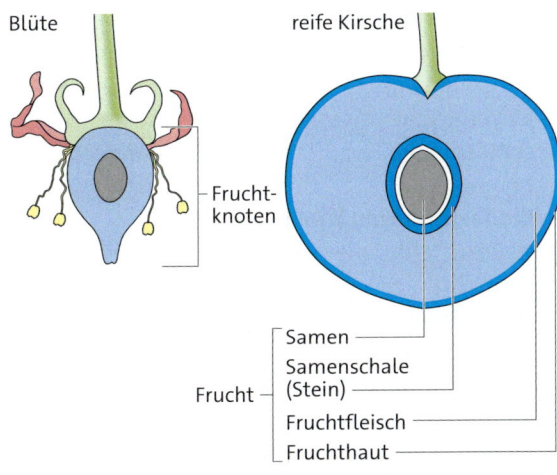

3 Die Entwicklung einer Kirschfrucht

DIE PFLANZEN IN DER UMGEBUNG

Die ungeschlechtliche Fortpflanzung

1 Eine Erdbeerpflanze mit Sprossausläufern

2 Die Knollen einer Kartoffelpflanze

Mika isst im Garten einer Freundin frische Erdbeeren direkt vom Strauch. Er nimmt sich einen Ableger mit, um zu Hause auch Erdbeeren anzubauen.

Die Fortpflanzung ohne Geschlechtszellen
Viele Blütenpflanzen pflanzen sich geschlechtlich fort. Einige Pflanzen können aber auch Nachkommen hervorbringen, ohne Geschlechtszellen zu bilden. Diese Form der Fortpflanzung wird **ungeschlechtliche Fortpflanzung** genannt. Bei der ungeschlechtlichen Fortpflanzung haben alle Nachkommen die gleichen Merkmale wie das Lebewesen, aus dem sie hervorgegangen sind.

Die Fortpflanzung durch Sprossausläufer
Manche Pflanzen bilden neue Sprosse, die über dem Boden oder im Boden parallel zur Erdoberfläche wachsen. Diese seitlich wachsenden Sprosse heißen **Sprossausläufer**. Aus den Sprossausläufern können neue Pflanzen wachsen. Diese neuen Pflanzen haben Wurzeln und eine aufrecht wachsende Sprossachse mit Laubblättern und Blüten. Die neuen Pflanzen werden **Ableger** genannt. Erdbeerpflanzen und Grünlilien vermehren sich zum Beispiel durch Sprossausläufer (Bild 1).

Die Fortpflanzung durch Knollen
Kartoffelpflanzen bilden Sprossausläufer, die im Boden wachsen. Die Sprossausläufer sind an den Enden stark verdickt. Diese verdickten Enden wachsen zu Speicherorganen heran. Man bezeichnet sie als **Knollen** (Bild 2). An den Knollen kann man Vertiefungen erkennen. Aus diesen Vertiefungen wachsen neue Kartoffelpflanzen heran.

Die Fortpflanzung durch Brutknospen
Die Brutblattpflanze bildet am Rand ihrer Laubblätter winzige Pflanzen mit Wurzeln und Blättern. Sie werden **Brutknospen** genannt. Wenn die Brutknospen auf den Erdboden fallen, dann bilden sie Wurzeln aus und entwickeln sich zu ausgewachsenen Pflanzen.

> Bei der ungeschlechtlichen Fortpflanzung entstehen Nachkommen ohne die Bildung von Geschlechtszellen. Diese Nachkommen haben die gleichen Merkmale wie die Lebewesen, aus denen sie hervorgegangen sind. Pflanzen, die sich ungeschlechtlich vermehren, bilden zum Beispiel Sprossausläufer, Knollen oder Brutknospen.

AUFGABEN

1 Die Fortpflanzung
a ▸ Nenne drei Formen der ungeschlechtlichen Fortpflanzung.
b ▸ Vergleiche ungeschlechtliche und geschlechtliche Fortpflanzung miteinander.

2 Erdbeerpflanzen können beides
a ▸ Beschreibe, wie sich die Erdbeerpflanze vermehrt.
b ▸ Die Früchte der Erdbeerpflanze besitzen auf ihrer Oberfläche winzige gelbgrüne Körnchen. Stelle Vermutungen über ihre Aufgabe an.
c ▸ „Die Ausläufer von Erdbeerpflanzen sind Klone der Mutterpflanze." Nimm Stellung zu dieser Aussage.

DIE PFLANZEN IN DER UMGEBUNG

AUFGABEN   Die Fortpflanzung

1 Die Fortpflanzung bei Pflanzen
a Nenne die zwei Arten, wie sich Blütenpflanzen fortpflanzen können.
b Beschreibe, worin sich diese beiden Fortpflanzungsarten unterscheiden.
c Nenne die Fachwörter für männliche und weibliche Geschlechtszellen und die Organe, in denen sie gebildet werden.
d Beschreibe, was bei der Bestäubung geschieht.
e Beschreibe, was bei der Befruchtung geschieht.
f Nenne das Fachwort für die junge Pflanze im Samen.
g Im Supermarkt kann man kernlose Trauben kaufen. Nenne das Fachwort für die Bestandteile, die diesen Früchten fehlen.
h Begründe, warum aus kernlosen Trauben keine neuen Pflanzen wachsen können.
i Trauben sind die Früchte der Weinrebe. Beschreibe mithilfe von Bild 1, wie Weinzüchter diese Pflanzen vermehren.
j Nenne die drei Arten der ungeschlechtlichen Vermehrung.

2 Die Fortpflanzung von Pflanzen und Tieren vergleichen
Wenn man die geschlechtliche Fortpflanzung bei Säugetieren und Blütenpflanzen vergleicht, dann kann man Gemeinsamkeiten und Unterschiede erkennen.
a Übertrage die Tabelle in Bild 2 in dein Heft.
b Fülle die Tabelle aus. Nutze dazu die Informationen in diesem Kapitel und auch Bild 3.

	Säugetiere	Blütenpflanzen
der Name der weiblichen Geschlechtszellen		
der Name der männlichen Geschlechtszellen		
der Vorgang, bei dem männliche und weibliche Geschlechtszellen zueinandergelangen		
der Vorgang der Befruchtung		
der Ort der Entwicklung der Nachkommen		

2 Eine Mustertabelle für den Vergleich der Fortpflanzung bei Säugetieren und Blütenpflanzen

1 Die Vermehrung einer Weinpflanze

k Begründe, welche Art der ungeschlechtlichen Fortpflanzung die Weinzüchter für die Vermehrung von kernlosen Trauben nutzen.

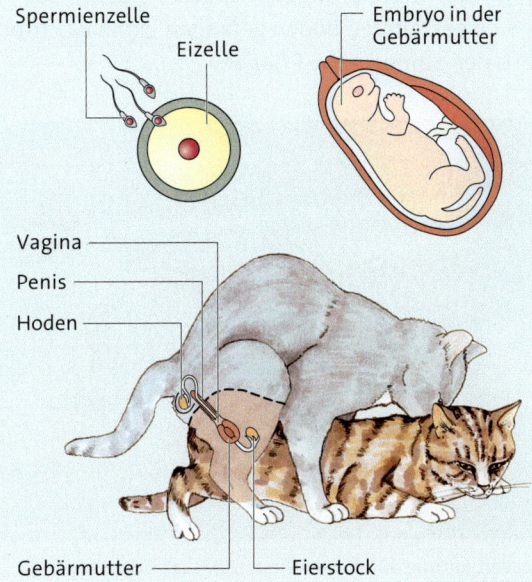

3 Die Fortpflanzung einer Katze

Die Verbreitung von Früchten und Samen

1 Dieser Baum wächst an einem ungewöhnlichen Ort.

Pflanzen kannst du an den ungewöhnlichsten Orten finden. Löwenzahn wächst zum Beispiel auch auf Mauern und Bäume manchmal sogar in der Dachrinne.

Die Verbreitung von Samen
Zu den voll entwickelten Früchten von Pflanzen sagt man auch: Sie sind **reif**. Die reifen Früchte vieler Pflanzen gelangen auf unterschiedliche Art und Weise an andere Orte. Diesen Vorgang nennt man in der Fachsprache **Verbreitung**. Die Verbreitung von Samen und Früchten kann durch Wind, Wasser, Tiere, Menschen oder durch die Pflanzen selbst erfolgen. Wenn die Früchte auf einen geeigneten Boden gelangen, dann wachsen aus den Samen neue Pflanzen.

Die Verbreitung durch den Wind
Viele Früchte werden durch den Wind verbreitet. Weil die Früchte mit dem Wind fliegen, nennt man sie **Flugfrüchte**. Die Flugfrüchte des Löwenzahns bestehen aus einem Samen, an dem ein Stiel befestigt ist. Das andere Ende des Stiels besitzt einen Kranz aus Härchen. Die Härchen sehen zusammen aus wie ein kleiner Schirm (Bild 2A). Durch diese Form können die Flugfrüchte vom Wind durch die Luft geweht werden. Sie können mehrere Kilometer weit fliegen. Die Früchte der Birke haben zwei dünne Flughäute. Diese wirken wie die Flügel eines Segelflugzeugs. Zwischen den Flughäuten befindet sich der Samen (Bild 2B). So können diese Früchte mehrere Kilometer durch die Luft gleiten. Alle Pflanzen, deren Samen durch den Wind verbreitet werden, bilden sehr viele Samen. So werden bestimmt einige Samen auf geeigneten Boden fallen und dort zu neuen Pflanzen heranwachsen.

Die Verbreitung durch Tiere
Einige Früchte werden durch Tiere verbreitet. Manche dieser Früchte sind klein, rund und haben saftiges Fruchtfleisch. Heidelbeeren und Johannisbeeren sind solche **Beerenfrüchte**. Von ihren auffälligen Farben werden Tiere angelockt. Sie fressen die Früchte und scheiden die unverdaulichen Samen später mit dem Kot an einem anderen Ort aus. Dort können aus den Samen neue Pflanzen wachsen. Einige Tiere wie Eichhörnchen vergraben Nussfrüchte wie Walnüsse und Haselnüsse und Samen als Wintervorrat (Bild 3).

2 Verbreitung durch den Wind: Die Flugfrüchte von Löwenzahn (A) und Birke (B)

3 Verbreitung durch Tiere: Ein Eichhörnchen vergräbt eine Walnuss (A), ein Hund mit Klettfrüchten im Fell (B).

DIE PFLANZEN IN DER UMGEBUNG

Sie finden aber nicht alle Vorräte wieder. Die Samen, die im Boden bleiben, können im Frühling austreiben. Manche Pflanzen bilden Früchte, die kleine Stacheln oder Haare mit Haken haben. Damit können die Früchte im Fell von Säugetieren hängen bleiben (Bild 3B). Solche Früchte heißen **Klettfrüchte**. Die Klettfrüchte fallen an einem anderen Ort wieder aus dem Fell. Dann können die Samen dort zu neuen Pflanzen heranwachsen.

Die Selbstverbreitung
Manche Pflanzen verbreiten ihre Früchte selbst. Wenn die reifen Früchte des Springkrauts trocknen, dann entsteht im Innern ein Druck. Wenn die Früchte berührt werden, dann platzen sie auf und schleudern die Samen mehrere Meter weit (Bild 4A). Daher werden diese Früchte **Schleuderfrüchte** genannt. Die Früchte des Klatschmohns haben oben kleine Öffnungen. Wenn die Früchte durch den Wind oder durch Berührung zur Seite gebogen werden, dann fallen die Samen durch die Öffnungen nach draußen (Bild 4B). Weil sie wie bei einem Salzstreuer aus der Frucht gestreut werden, heißen solche Früchte auch **Streufrüchte**.

Die Verbreitung durch Wasser
Wasserpflanzen bilden Früchte mit Hohlräumen, die mit Luft gefüllt sind. Dadurch können die Früchte auf dem Wasser schwimmen und werden so an andere Orte transportiert. Solche Früchte heißen **Schwimmfrüchte**. Ein Beispiel ist die Kokosnuss. Sie gelangt im Meer treibend über Tausende von Kilometern zu anderen Stränden.

Die Verbreitung durch den Menschen
Menschen verbreiten oft unabsichtlich Früchte und Samen. Sie bleiben zum Beispiel an Schuhen oder Autoreifen hängen und werden so an andere Orte transportiert. Früchte und Samen können auch zufällig in Eisenbahnen, Flugzeugen oder auf Schiffen landen und so weltweit an neue Orte transportiert werden. Dadurch siedeln sich manchmal auch Pflanzen bei uns an, die eigentlich in anderen Ländern heimisch sind.

> Früchte und Samen können durch Wind, Wasser, Tiere, Menschen oder die Pflanze selbst verbreitet werden. Die Verbreitungsart hängt vom Bau der Früchte und Samen ab.

AUFGABEN

1 Die Verbreitungsarten

a Liste in einer Tabelle die verschiedenen Verbreitungsarten auf und nenne jeweils eine Pflanze als Beispiel.

Verbreitungsart	Beispiel
Wind	…
Tiere	…
…	…

b Erkläre, wie der Baum in Bild 1 in die Dachrinne gelangen konnte.

2 Der Bau von Früchten und Samen

a Ordne die Fruchtarten ihren Verbreitungsarten zu: Schwimmfrucht, Klettfrucht, Streufrucht, Flugfrucht, Schleuderfrucht.

b „Die Form bestimmt die Funktion." Erläutere diese Aussage anhand einer Frucht.

c Die Früchte des Walnussbaums sind viel schwerer als die Früchte der Birke. Beschreibe, welche Auswirkung das Gewicht von Früchten auf die Verbreitungsart hat.

3 Tiere als Umweltschützer?

 Im Amazonas-Fluss in Südamerika leben Fische, die sich von Früchten ernähren. James sagt: „Diese Fische helfen, die Amazonas-Regenwälder zu erhalten." Nimm Stellung zu dieser Aussage.

4 Selbstverbreitung: Eine Schleuderfrucht des Springkrauts (A), eine Streufrucht des Klatschmohns (B)

Die Quellung, die Keimung und das Wachstum

1 Aus einem Bohnensamen wächst eine neue Pflanze.

Wenn man einen Bohnensamen in feuchte Erde steckt, dann kann daraus eine neue Bohnenpflanze wachsen. Zuerst ist sie ganz klein. Doch schon bald hat sich eine ausgewachsene Pflanze entwickelt.

Der Bau von Samen
Ein Samen besteht aus der Samenschale, der Nährschicht und dem Keimling. Der Keimling ist von der Nährschicht umhüllt. Sie besteht aus einem oder zwei Blättern und enthält viele Nährstoffe. Das sind die **Keimblätter** (Bild 2). Der Keimling besteht aus einem Stängel mit einer Wurzel und ersten Laubblättern. Der Stängel des Keimlings wird **Keimstängel** genannt. Die Wurzel des Keimlings heißt **Keimwurzel** (Bild 2).

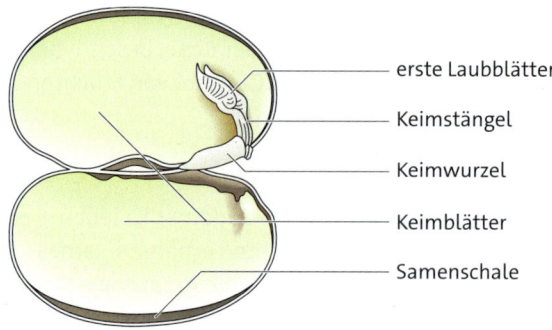

2 Der Bau eines Samens

Die Quellung
Wenn man einen Samen in feuchte Erde steckt, dann nimmt er Wasser auf. Dadurch wird der Samen größer. In der Fachsprache sagt man: Der Samen quillt. Der Vorgang, bei dem Samen Wasser aufnehmen und größer werden, wird **Quellung** genannt. Bei der Quellung werden vor allem der Keimling und die Keimblätter größer. Wenn sie eine bestimmte Größe erreicht haben, dann wird die Samenschale zu eng. Sie platzt auf.

Die Keimung
Nachdem die Samenschale geplatzt ist, kann der Keimling wachsen. Dafür nutzt er die Nährstoffe aus den Keimblättern. Zuerst wächst die Keimwurzel aus der Samenschale heraus. Sie dringt in den Boden ein. Aus dem Boden nimmt die Wurzel Wasser und Mineralstoffe auf. Dann wächst der Keimstängel nach oben aus der Samenschale heraus. Wenn der Keimstängel sich streckt, dann werden auch die beiden Keimblätter aus der Samenschale gezogen. Über der Erde entfalten sich am Keimstängel die ersten Laubblätter. Nun ist der Keimling vollständig entwickelt. Die Entwicklung des Keimlings beginnt also mit dem Wachstum der Keimwurzel und endet mit der Entfaltung der ersten Laubblätter. Diese Entwicklung des Keimlings wird **Keimung** genannt.

Die Bedingungen für die Keimung
Alle Samen brauchen Luft und Wasser, um keimen zu können. Die Ansprüche an Licht und bestimmte Temperaturen sind von Pflanze zu Pflanze unterschiedlich.
Die Samen mancher Pflanzen können nur im Dunkeln keimen. Solche Pflanzen heißen **Dunkelkeimer**. Ein Beispiel dafür sind Bohnenpflanzen. Pflanzen, deren Samen Licht zum Keimen brauchen, heißen **Lichtkeimer**. Ein Beispiel sind Tomatenpflanzen.
Die Samen mancher Pflanzen keimen nur bei höheren Temperaturen. Es muss also warm genug sein, daher werden solche Pflanzen als **Warmkeimer** bezeichnet. Bohnenpflanzen sind Warmkeimer, sie brauchen Temperaturen von 5 bis 11 °C. Die Samen anderer Pflanzen keimen nur, wenn es längere Zeit kalt ist. Daher werden solche Pflanzen als **Kaltkeimer** bezeichnet. Ein Beispiel sind Spinatpflanzen.

DIE PFLANZEN IN DER UMGEBUNG

Das Wachstum

Nach der Keimung beginnt die junge Pflanze zu wachsen. Die Wurzel bildet Seitenwurzeln mit Wurzelhaaren. In den ersten Laubblättern werden mithilfe des Sonnenlichts Nährstoffe gebildet. Dann welken die Keimblätter und fallen ab (Bild 3). Der Stängel streckt sich. Die Pflanze bildet weitere Laubblätter und schließlich auch Blüten. Nach der Bestäubung und der Befruchtung entstehen neue Samen und Früchte. Aus diesen Samen können wieder neue Pflanzen wachsen.

Bedingungen für das Wachstum

Ob Pflanzen wachsen können, hängt von den abiotischen Faktoren an ihrem Standort ab. Zum Wachsen brauchen Pflanzen eine bestimmte Temperatur und ausreichend Licht, Wasser, Mineralstoffe und Luft. Wenn einer dieser Faktoren nicht ausreichend vorhanden ist, dann wachsen Pflanzen langsamer oder gar nicht.

> Bei der Quellung nehmen Samen Wasser auf. Danach beginnt die Entwicklung des Keimlings, die Keimung. Dabei wachsen die Keimwurzel und der Keimstängel aus dem Samen heraus. Der Keimling nutzt die Nährstoffe in den Keimblättern zum Wachsen. Nach der Keimung wächst die Pflanze. Pflanzen brauchen zum Wachsen Wärme, Licht, Wasser, Mineralstoffe und Luft.

AUFGABEN

1 Die Keimung

a Nenne alle abiotischen Faktoren, die für die Keimung eines Samens wichtig sind.

b Erstelle ein Flussdiagramm, das die Vorgänge bei der Keimung darstellt.

c Erkläre, warum die Samen von Basilikum und Karotten nicht mit Erde bedeckt, sondern nur auf die Erdoberfläche gestreut werden.

2 Das Wachstum

a Begründe, warum die Keimblätter abfallen, sobald die ersten Laubblätter gebildet werden.

b Beschreibe die folgende Wachstumskurve:

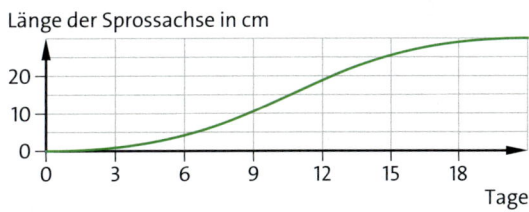

c Stelle eine Vermutung auf, wie die Wachstumskurve weiterverlaufen würde, wenn die junge Pflanze ab Tag 15 kein Licht mehr bekäme.

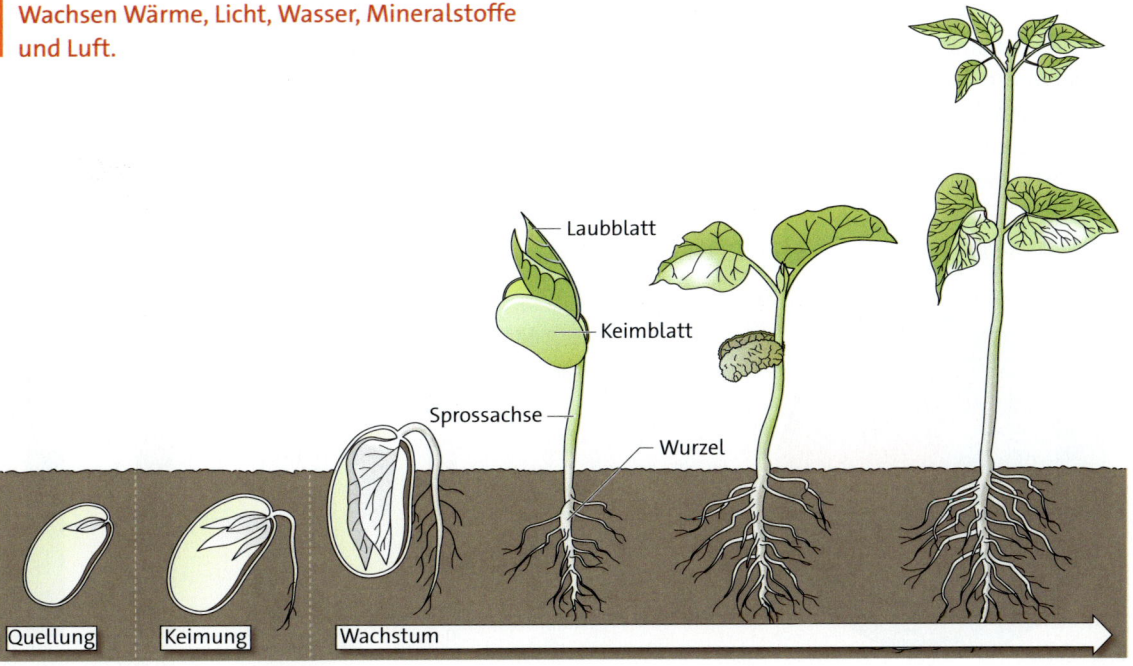

3 Die Entwicklung einer Gartenbohne

DIE PFLANZEN IN DER UMGEBUNG

METHODE   Diagramme zeichnen

In Diagrammen kannst du Zahlen oder Informationen anschaulich darstellen.

Beyza macht Experimente zur Keimung von Samen und zum Wachstum von Pflanzen. Ihre Ergebnisse will sie leicht verständlich zeigen.

A Ein Kreisdiagramm

Ein rundes Diagramm heißt **Kreisdiagramm** (Bild 1). Es zeigt Verteilungen oder Anteile.

Beyza will zeigen, wie viele Samen von Warmkeimern und Dunkelkeimern sie gepflanzt hat.

1 Das Kreisdiagramm zeichnen
Zeichne einen Kreis und markiere den Mittelpunkt. Ziehe nun eine senkrechte Linie von der Kreislinie zum Mittelpunkt. Teile dann nach und nach die einzelnen Anteile mit Linien ab.

Beyza hat 24 Samen gepflanzt. Davon sind 6 Samen von Warmkeimern und 18 Samen von Kaltkeimern. Sie muss den Kreis also in $\frac{1}{4}$ und $\frac{3}{4}$ aufteilen. Beyza zeichnet dazu eine waagerechte Linie vom Kreismittelpunkt nach rechts.

2 Das Diagramm beschriften
Male die verschiedenen Kreisanteile in unterschiedlichen Farben an. Notiere neben dem Diagramm, was die verschiedenen Farben bedeuten. Das ist eine **Legende**. Schreibe zum Schluss eine Überschrift über dein Diagramm, die beschreibt, was das Diagramm zeigt.

Beyzas Kreisdiagramm siehst du in Bild 1.

B Ein Säulendiagramm zeichnen

Ein Diagramm mit senkrechten Säulen heißt **Säulendiagramm** (Bild 2). Mit ihm kannst du Daten vergleichen und Unterschiede zeigen.

Beyza will zeigen, dass sie 2 Bohnensamen, 4 Basilikumsamen, 8 Schnittlauchsamen und 10 Dillsamen eingepflanzt hat.

1 Die Achsen zeichnen und beschriften
Zeichne eine senkrechte und eine waagerechte Linie. Diese Linien heißen **Achsen**. Die waagerechte Achse heißt **x-Achse**. Die senkrechte Achse heißt **y-Achse**. Trage auf der x-Achse die bekannte Größe ein und auf der y-Achse die Messwerte. Beschrifte die Achsen.

Beyza beschriftet die x-Achse mit den Pflanzennamen und die y-Achse mit dem Wort Anzahl.

2 Den Maßstab festlegen
Ein **Maßstab** gibt an, wie viele Zentimeter in der Zeichnung wie vielen Samen, Tagen oder anderen Werten entsprechen. Lege den Maßstab so fest, dass du die kleinsten und die größten Werte im Diagramm eintragen kannst.

Beyza hat 2 bis 10 Samen verwendet. Sie wählt als Maßstab 1 cm für 1 Samen.

3 Die Säulen zeichnen und die Überschrift formulieren
Zeichne für jeden Messwert eine Säule. Notiere dann eine Überschrift über deinem Diagramm, die beschreibt, was das Diagramm zeigt.

1 Beyzas Kreisdiagramm

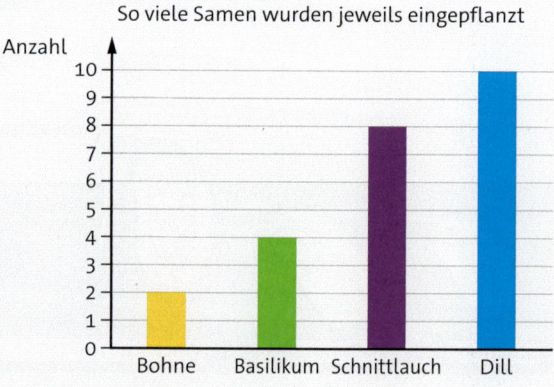

2 Beyzas Säulendiagramm

DIE PFLANZEN IN DER UMGEBUNG

C Ein Liniendiagramm

Ein Diagramm mit einer oder mehreren dünnen Linien heißt **Liniendiagramm** (Bild 3). Es zeigt Entwicklungen oder Veränderungen.

Beyza hat nach dem Einpflanzen der Samen regelmäßig die Temperatur gemessen. Die Messwerte hat sie in einer Tabelle notiert:

Datum	Temperatur in Grad Celsius
10.05.	20
15.05.	21
20.05.	25
25.05.	22
30.05.	23
04.06.	24
09.06.	28
14.06.	32
19.06.	35
24.06.	38

1 Ein Koordinatensystem zeichnen
Ein Koordinatensystem besteht aus einer waagerechten x-Achse und einer senkrechten y-Achse. Auf der x-Achse trägst du die bekannte Größe ein, das ist oft die Zeit. Auf der y-Achse trägst du die Messwerte ein.

Beyza hat alle 5 Tage die Temperatur gemessen. Die x-Achse ist daher ihre Zeit-Achse, die y-Achse ist ihre Temperatur-Achse.

2 Den Maßstab festlegen
Lege einen passenden Maßstab fest, damit du weißt, wie lang die Achsen sein müssen. Wähle den Maßstab so, dass du die kleinsten und die größten Werte im Diagramm eintragen kannst.

Beyza wählt als Maßstab 1 cm für 5 Tage und 0,5 cm für 5 Grad Celsius. Dadurch wird ihre y-Achse 2,5 cm und die x-Achse 9 cm lang.

3 Die Werte eintragen
Trage jedes Wertepaar aus deiner Tabelle mit einem Kreuz in das Koordinatensystem ein.

Beyza trägt ihre Messwerte in das Diagramm ein. Dazu sucht sie immer zuerst den Wert auf der waagerechten Achse und geht von dort senkrecht nach oben, bis sie auf der Höhe des passenden Wertes auf der senkrechten Achse ankommt. Dort macht sie ein kleines Kreuz.

4 Die Linie einzeichnen
Wenn du alle Kreuze eingetragen hast, dann zeichne Linien zwischen den Kreuzen ein.

Beyza zeichnet mit dem Lineal ein.

5 Das Diagramm beschriften
Beschrifte die Achsen des Diagramms mit den Maßeinheiten. Wenn es mehrere Linien in einem Diagramm gibt, dann zeichne sie in unterschiedlichen Farben ein. Notiere neben dem Kreisdiagramm, was die verschiedenen Farben bedeuten. Schreibe zum Schluss eine Überschrift über dein Diagramm, die beschreibt, was das Diagramm zeigt.

Beyza beschriftet die waagerechte Achse mit „Tage". Die senkrechte Achse beschriftet sie mit „T in °C". Das T steht für Temperatur und °C steht für Grad Celsius.

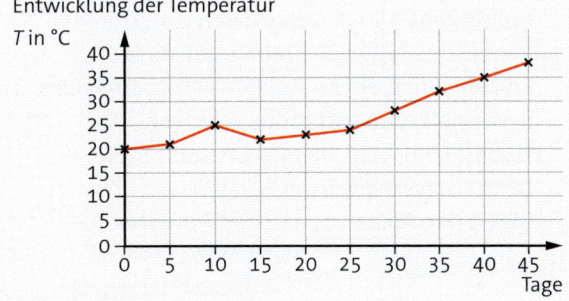

3 Beyzas Liniendiagramm

AUFGABEN

1 Ein Diagramm zeichnen
Bohnensamen brauchen 11 Tage, um zu keimen. Bei Basilikum sind es 15 Tage, bei Dill 20 und bei Schnittlauch 9 Tage.
a ☐ Begründe, mit welchem Diagramm du diese Keimungszeiten am besten darstellen kannst.
b ☒ Erstelle das Diagramm.

DIE PFLANZEN IN DER UMGEBUNG

PRAXIS   Die Verbreitung von Samen untersuchen

A Das Flugverhalten von Früchten

1 Ein Experiment zum Flugverhalten

Material:
Flugfrüchte verschiedener Waldbäume (zum Beispiel Bergahorn, Linde, Hainbuche, Esche, Birke), Standventilator, Stehleiter

Durchführung:
– Lasst nacheinander verschiedene Früchte aus mindestens 2,50 m Höhe in den Luftstrom des Ventilators fallen. Achtet darauf, dass die Früchte ihre typische Flugbewegung erreichen, bevor sie in den Luftstrom gelangen.
– Notiert Unterschiede und Gemeinsamkeiten beim Flugverhalten der Früchte.
– Messt den Abstand zwischen Abwurfstelle und Landeplatz der Flugfrüchte.

Auswertung:
1. Begründet das unterschiedliche Flugverhalten der verschiedenen Früchte.
2. Beschreibt mögliche Fehlerquellen während der Durchführung des Experiments.
3. Stellt Vermutungen an, welchen Vorteil die Früchte haben, die länger in der Luft sind.
4. Beschreibt, welche technischen Entwicklungen mit dem Flugverhalten der verschiedenen Früchte verglichen werden können.

B Modelle von Flugfrüchten bauen

2 Ein Löwenzahnsamen: Original (A) und Modell (B)

Material:
8 Büroklammern, Watte, Obstnetz, Frischhaltefolie, Papier, Faden, Schere, Klebeband

Durchführung:
– Schneidet aus der Watte, dem Obstnetz, der Frischhaltefolie und dem Papier jeweils einen Kreis mit einem Durchmesser von 5 cm aus.
– Befestigt ein Fadenende durch Knoten oder mithilfe eines Klebebands am Mittelpunkt jedes Kreises. Am anderen Ende der Fäden wird je eine Büroklammer angebracht.
– Lasst die verschiedenen Modelle aus 2 m Höhe zu Boden fallen.
– Hängt nun an jede Büroklammer eine zweite.
– Führt das Experiment ein weiteres Mal durch.
– Notiert eure Beobachtungen.

Auswertung:
1. Fertigt ein Protokoll an.
2. Beschreibt das unterschiedliche Flugverhalten eurer Flugmodelle.
3. Vergleicht das Flugverhalten und die Bestandteile von Modell und Löwenzahnsamen.
4. Übt Modellkritik, indem ihr eure Modelle mit echten Löwenzahnsamen vergleicht.

PRAXIS Die Keimung von Samen untersuchen

Samen brauchen zum Keimen bestimmte Bedingungen. Diese Bedingungen heißen **Faktoren**. In einem Experiment kannst du untersuchen, ob die Faktoren Erde, Wasser, Wärme, Licht und Luft für die Keimung von Kressesamen notwendig sind.

Material:
6 Petrischalen, Erde, Löffel, Kressesamen, Wasser, Watte, Schuhkarton, Gefrierbeutel, Trinkhalm, Klippverschluss

Durchführung:
— Gib in die erste Schale etwas Erde und befeuchte sie mit Wasser. Streue Kressesamen auf die feuchte Erde und stelle die Schale an einen warmen, hellen Ort. Das ist deine **Kontrolle**, denn sie enthält alle Faktoren.
— Ändere in den anderen Schalen immer nur jeweils einen Faktor. Der veränderte Faktor heißt **Variable**. Die Faktoren, die gleich bleiben, heißen **Konstanten**. Beschrifte die Schalen jeweils mit dem Namen der Variable.
— Gib in die zweite Schale Erde und streue Kressesamen darauf. Stelle die Schale an einen warmen, hellen Ort. Schreibe auf die Schale „ohne Wasser".
— Gib in die dritte Schale Watte, befeuchte sie mit Wasser und streue Kressesamen darauf. Stelle die Schale an einen warmen, hellen Ort. Schreibe auf die Schale „ohne Erde".
— Gib in die vierte Schale Erde, befeuchte sie mit Wasser und streue Kressesamen darauf. Schreibe auf die Schale „ohne Licht". Stelle sie in den Schuhkarton. Stelle den geschlossenen Schuhkarton an einen warmen Ort.
— Gib in die fünfte Schale Erde, befeuchte sie mit Wasser und streue Kressesamen darauf. Stelle die Schale an einen hellen, kalten Ort. Schreibe auf die Schale „ohne Wärme".
— Gib in die sechste Schale Erde, befeuchte sie mit Wasser und streue Kressesamen darauf. Schreibe auf die Schale „ohne Luft". Stelle die Schale in den Gefrierbeutel und sauge mit dem Trinkhalm die Luft heraus. Verschließe den Beutel luftdicht mit dem Klippverschluss. Stelle die Schale an einen warmen, hellen Ort.
— Zähle nach 3 bis 7 Tagen, wie viele Samen in jeder Schale gekeimt sind. Vergleiche auch das Aussehen der Pflänzchen. Notiere deine Beobachtungen in einer Tabelle.

Auswertung:
1 Erstelle ein Protokoll zu diesem Experiment.
2 Formuliere aus deinen Beobachtungen eine Erkenntnis dazu, welche Faktoren die Kressesamen zum Keimen brauchen.
3 Gib mögliche Fehlerquellen bei diesem Experiment an und nenne Möglichkeiten zu ihrer Vermeidung.

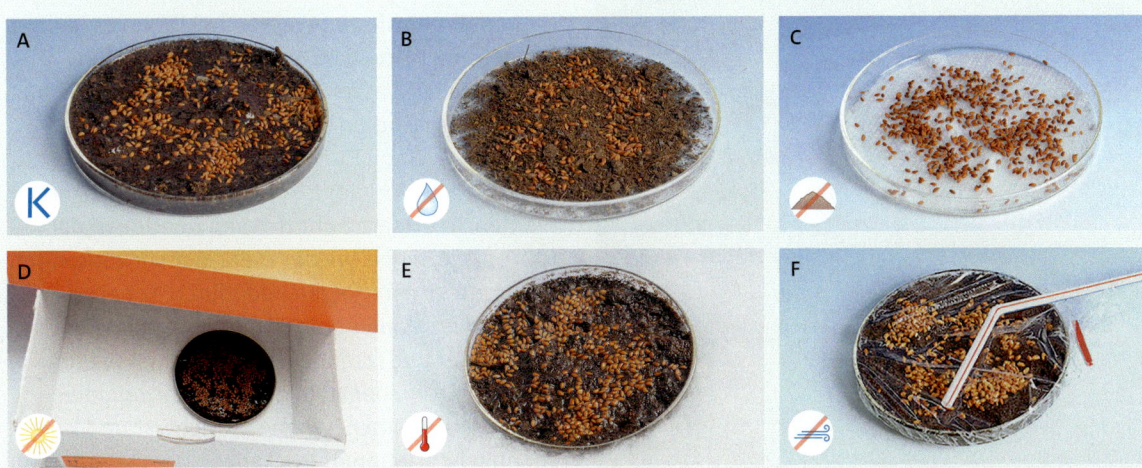

1 Petrischalen mit Kressesamen: Kontrolle (A), ohne Wasser (B), ohne Erde (C), ohne Licht (D), ohne Wärme (E), ohne Luft (F)

DIE PFLANZEN IN DER UMGEBUNG

Die Moose

1 Mateo und Kevin fragen sich, welche Pflanzen auf Felsen wachsen.

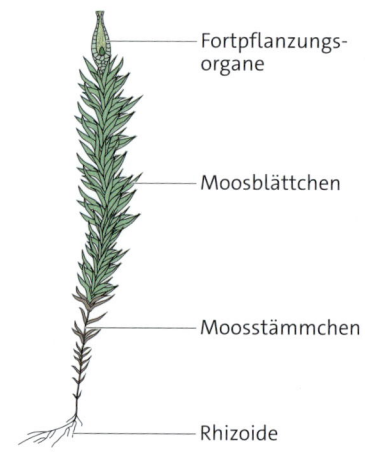

3 Der Bau einer Moospflanze

Mateo und Kevin gehen im Wald spazieren. Sie wundern sich über den Teppich aus kleinen grünen Pflanzen, den sie auf dem Waldboden, auf umgekippten Baumstämmen und sogar auf Steinen und Felsen sehen.

Die Moose
Moospflanzen sind sehr kleine Pflanzen. Sie sind nur wenige Millimeter bis zehn Zentimeter hoch. Oft wachsen viele Moospflanzen eng nebeneinander (Bild 2). Von oben sieht das aus wie ein grüner Teppich. Man nennt so einen Teppich aus Moospflanzen **Moospolster**. Moospflanzen sind keine Blütenpflanzen. Sie bestehen nicht aus den drei Grundorganen Wurzel, Sprossachse und Blatt.

Der Bau einer Moospflanze
Moose besitzen haarähnliche Organe, mit denen sie am Boden, auf Steinen oder auf Baumstämmen haften. Diese Haftorgane heißen **Rhizoide** (Bild 3). Das Wort Rhizoid bedeutet wurzelähnlich. Am oberen Teil des Rhizoids wächst das Organ, das die anderen Teile der Moospflanze trägt. Dieses Organ heißt **Moosstämmchen**. Am Moosstämmchen wachsen die grünen Blätter der Moospflanze. Man nennt sie **Moosblättchen**. In den Moosblättchen bilden die Moospflanzen mithilfe des Sonnenlichts Nährstoffe. Am oberen Teil des Moosstämmchens sitzen die Fortpflanzungsorgane der Moospflanze.

Moospflanzen sind wechselfeucht
Moospflanzen nehmen durch alle Pflanzenteile Wasser auf. Wenn es in ihrer Umgebung feucht ist, dann nehmen sie viel Wasser auf. Wenn es in ihrer Umgebung trocken ist, dann geben die Moospflanzen viel Wasser ab. Dadurch trocknen sie aus. Im ausgetrockneten Zustand gehen die Moospflanzen in einen Ruhezustand über. Das bedeutet, dass alle Vorgänge in der Pflanze verringert werden. In diesem Ruhezustand überleben die Moospflanzen bis wieder mehr Wasser vorhanden ist. Wenn es nach Regen oder durch Nebel wieder feuchter ist, dann nehmen die Moospflanzen wieder Wasser auf. Dann laufen auch alle Vorgänge in der Pflanze wieder verstärkt ab. Pflanzen, die Wasser aufnehmen, wenn es feucht ist und Wasser abgeben, wenn es trocken ist, bezeichnet man als **wechselfeucht**.

2 Viele Moospflanzen wachsen eng nebeneinander.

Die Fortpflanzung der Moospflanzen

Bei der Fortpflanzung der Moospflanzen wechseln sich geschlechtliche und ungeschlechtliche Fortpflanzung ab. Für die geschlechtlichen Fortpflanzung besitzen die Moospflanzen am oberen Ende weibliche oder männliche Fortpflanzungsorgane. In den männlichen Fortpflanzungsorganen werden männliche Geschlechtszellen gebildet. Sie heißen **Schwärmzellen**. In den weiblichen Fortpflanzungsorganen werden Eizellen gebildet. Wenn genügend Wasser vorhanden ist, dann schwimmen die Schwärmzellen im Wasser zu den Eizellen und befruchten diese.

Nach der Befruchtung beginnt die ungeschlechtliche Fortpflanzung der Moospflanzen. Aus der befruchteten Eizelle wächst ein Stiel, der eine Kapsel trägt. In der Kapsel werden die Zellen für die ungeschlechtliche Fortpflanzung gebildet. Diese Zellen heißen **Sporen**. Die Kapsel, in der sich die Sporen befinden, heißt **Sporenkapsel**. Wenn die Sporen reif sind und wenn es trocken ist, dann springt die Kapsel auf. Dadurch werden die Sporen herausgeschleudert und verstreut. An ihrem neuen Platz beginnen die Sporen zu keimen. Aus jeder Spore entwickelt sich die Anlage einer neuen Moospflanze. Diese Anlage heißt **Vorkeim**. Der Vorkeim wächst und entwickelt sich zu einer neuen Moospflanze. Moospflanzen haben keine Blüten und bilden keine Samen. Sie verbreiten sich durch Sporen. Alle Pflanzen, die sich durch Sporen verbreiten, bezeichnet man als **Sporenpflanzen**.

> Moospflanzen bestehen aus Rhizoid, Moosstämmchen und Moosblättchen. Am oberen Ende des Moosstämmchen sitzen die Fortpflanzungsorgane. Moospflanzen nehmen durch alle Pflanzenteile Wasser auf. Bei der Fortpflanzung der Moospflanzen wechseln sich geschlechtliche und ungeschlechtliche Fortpflanzung ab. Neue Moospflanzen entstehen ungeschlechtlich aus Sporen. Moose gehören daher zu den Sporenpflanzen.

AUFGABEN

1 Der Bau einer Moospflanze
a Zeichne eine Moospflanze in dein Heft und beschrifte die Zeichnung mit den Fachwörtern.
b Schreibe neben jeden Bestandteil in deiner Zeichnung, welche Aufgabe der Bestandteil der Moospflanze hat.

2 Moospflanzen sind wechselfeucht
Begründe, warum Moospflanzen zu den wechselfeuchten Pflanzen gehören.

3 Die Fortpflanzung der Moospflanzen
a Beschreibe, was mit dem Fachwort Spore gemeint ist.
b Beschreibe die ungeschlechtliche Fortpflanzung der Moospflanzen
c Begründe, warum Moospflanzen zu den Sporenpflanzen gehören.

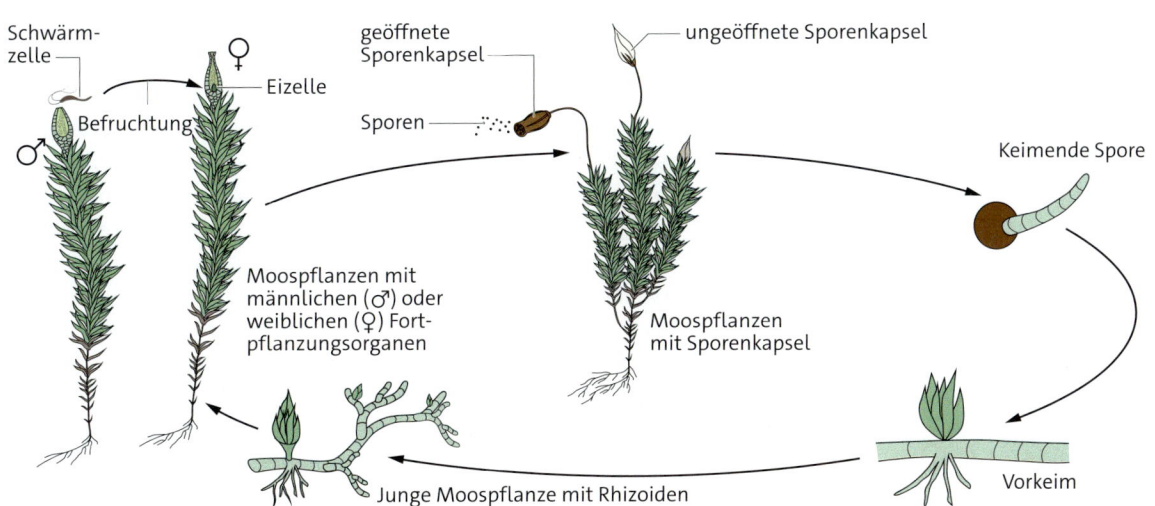

4 Die Fortpflanzung der Moospflanzen

DIE PFLANZEN IN DER UMGEBUNG

METHODE   Ordnen von Lebewesen

Lebewesen können in Gruppen geordnet werden. Dazu betrachtet ihr die unterschiedlichen Merkmale der Lebewesen, zum Beispiel ihre Größe, ihren Körperbau, ihren Lebensraum oder ihre Fortbewegungsart. Die Merkmale, nach denen ihr die Lebewesen ordnet, heißen **Kriterien**.

Max und Karim sollen verschiedene Lebewesen ordnen. Sie bekommen dazu die Bilder von einem Apfelbaumzweig, einem Kiefernzweig, einem Fichtenzweig, dem Blütenstand einer Rapspflanze, einem Brunnenlebermoos, einem Frauenhaarmoos, einer Armleuchteralge, einem Wurmfarn, einem Hund, einer Eidechse, einem Regenwurm, einer Schnecke, einer Biene und einer Kreuzspinne.

1 Lebewesen beschreiben
Betrachtet die Lebewesen, die ihr ordnen wollt. Beschreibt, wie sie aussehen und was ihr über sie wisst.

Max und Karim schauen sich die Bilder an. Sie sehen, dass man die Lebewesen leicht danach ordnen kann, ob sie zu den Pflanzen oder zu den Tieren gehören. Sie sehen, dass der Hund und die Eidechse vier Beine haben. Sie wissen auch, dass der Hund und die Eidechse eine Wirbelsäule haben. Der Regenwurm, die Schnecke, die Biene und die Spinne haben keine Wirbelsäule. Aus dem Biologieunterricht wissen sie, dass nur Blütenpflanzen Samen bilden. Sporenpflanzen wie die Moose bilden keine Samen. Sie recherchieren, ob Algen und Farne Samen oder Sporen bilden.

2 Erstes Kriterium festlegen
Benennt das erste Merkmal, nach dem ihr die Lebewesen unterscheiden wollt. Dieses Merkmal ist ein Kriterium.

Max und Karim ordnen die Lebewesen zuerst den Pflanzen und den Tieren zu. Danach legen sie fest nach welchem Merkmal sie die Tiere und die Pflanzen jeweils zuerst ordnen wollen. Bei den Tieren soll das Vorhandensein einer Wirbelsäule ihr erstes Kriterium sein. Bei den Pflanzen soll die Bildung von Samen ihr erstes Kriterium sein.

3 Nach dem Kriterium sortieren
Ordnet die Lebewesen in zwei Gruppen. Die erste Gruppe hat das Kriterium, die zweite hat das Kriterium nicht. Man sagt auch, dass die zweite Gruppe das Kriterium **nicht erfüllt**.

*Max und Karim ordnen die Tiere und die Pflanzen nacheinander. Sie beginnen mit den Tieren. Sie sortieren Hund und Eidechse in die erste Gruppe ein: die **Wirbeltiere**. Regenwurm, Schnecke, Biene und Spinne ordnen sie der zweiten Gruppe zu: den **Wirbellosen**. Kiefer, Fichte, Apfelbaum und Raps sortieren sie in die erste Gruppe der Pflanzen ein: die **Blütenpflanzen**. Die Moose und den Farn ordnen sie der zweiten Gruppe zu: den **Sporenpflanzen**. Bei der Alge sind sie sich nicht sicher. Sie ordnen sie den Sporenpflanzen zu. Sie notieren aber ein Fragezeichen dazu.*

4 Weitere Kriterien hinzufügen
Sucht weitere Kriterien, in denen sich die Lebewesen unterscheiden. Sortiert die Lebewesen innerhalb der Gruppen danach.

*Max stellt fest, dass der Körper der Schnecke nicht gegliedert ist. Die Körper von Regenwurm, Biene und Spinne sind gegliedert. Für die Gruppe der Wirbellosen legt er als nächstes Kriterium fest: Gliederung des Körpers. Damit lässt sich die Schnecke als Weichtier von den anderen Tieren, den Gliedertieren, unterscheiden. Karim schaut sich die Gliedertiere genauer an. Biene und Spinne haben gegliederte Füße. Mithilfe dieses Kriteriums ordnet er beide den **Gliederfüßern** zu. Der Regenwurm ordnet er den **Ringelwürmern** zu. Nun zählt Max die Beine der Gliederfüßer. Die Biene hat 6 Beine, deshalb ordnet er sie **Insekten** zu. Die Kreuzspinne hat 8 Beine, daher ordnet er sie den **Spinnen** zu.*

Karim erkennt, dass die Moose und die Alge nicht aus Wurzel, Sprossachse und Blatt bestehen. Der Wurmfarn besteht aus diesen drei Grundorganen. Für die Gruppe der Sporenpflanzen legen die beiden daher den Aufbau aus Wurzel, Sprossachse und Blatt als nächstes Kriterium fest.

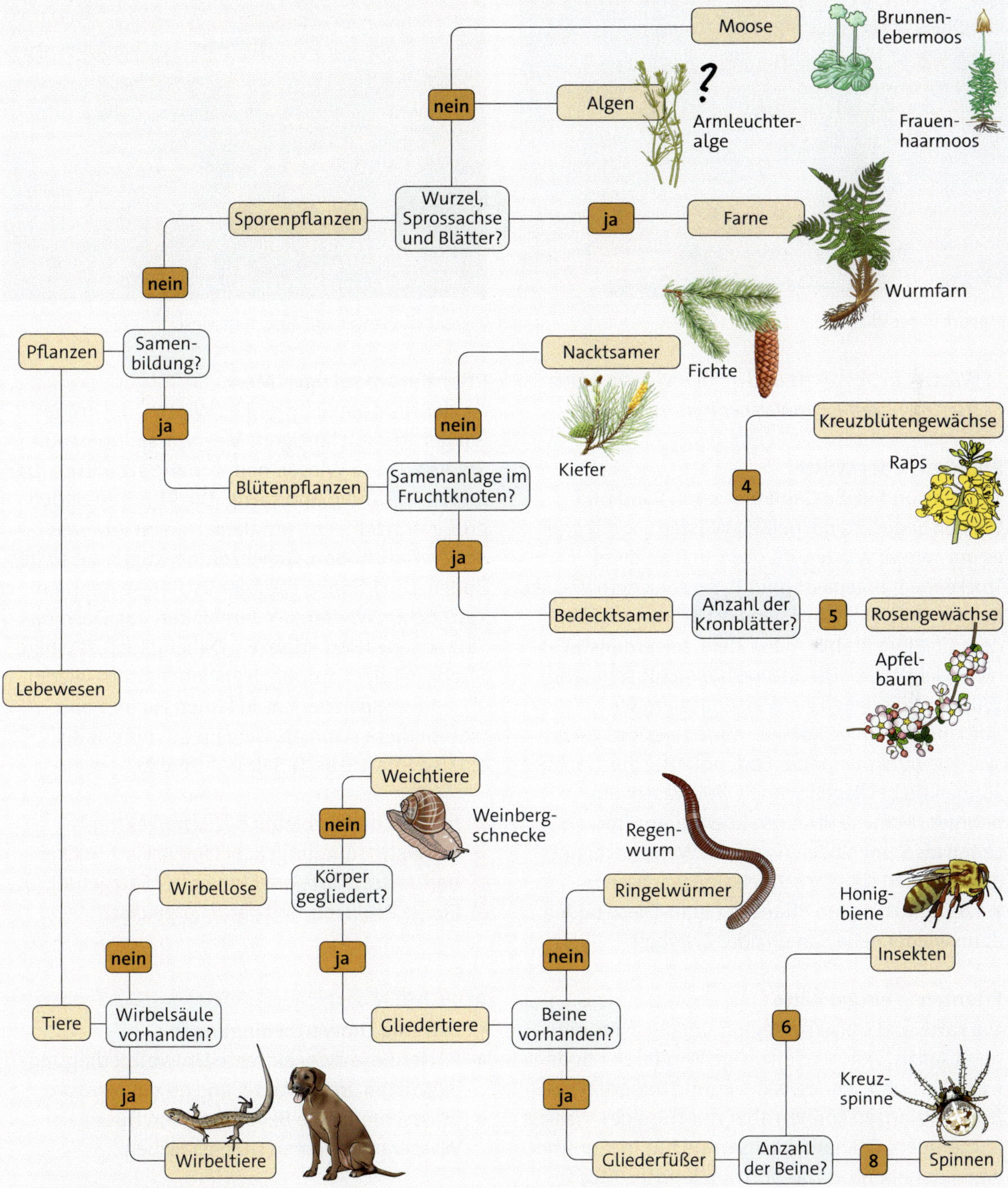

1 Das Ergebnis von Max und Karim

AUFGABEN

1 Das Kriterium beim Ordnen von Lebewesen
▶ Beschreibe, was ein Kriterium beim Ordnen von Lebewesen ist und nenne zwei Beispiele.

2 Das Vorgehen von Max und Karim
▶ Nenne das Kriterium, das Max und Karim für das Ordnen der Bedecktsamer gewählt haben.

DIE PFLANZEN IN DER UMGEBUNG

Pflanzen in extremen Lebensräumen

1 Ein Köcherbaum in der Wüste

2 Quellerpflanzen auf einer Salzwiese

In Wüsten, in der Arktis und an der Nordseeküste herrschen extreme Umweltbedingungen.

Pflanzen in der Wüste
Trockene und heiße Gebiete, die mit Sand und Steinen bedeckt sind, heißen **Wüsten**. Dort regnet es nur selten. Wüstenpflanzen sind an diese Trockenheit angepasst (Bild 1). Sie speichern Wasser in ihren Blättern, Stämmen und Wurzeln. Außerdem sind ihre Blätter meist klein, so verdunstet nicht viel Wasser. Die Bäume haben oft sehr lange Wurzeln, mit denen sie Wasser aus großer Tiefe aufnehmen. Einige Kakteen bilden riesige Wurzelsysteme direkt unter der Bodenoberfläche. Darüber können sie bei Regen schnell viel Wasser aufnehmen. Manche Pflanzen überdauern Trockenzeiten als Samen oder Zwiebeln. Wenn es regnet, dann keimen sie sehr schnell und wachsen in kurzer Zeit zu neuen Pflanzen heran. Diese bilden dann wieder neue Samen oder Zwiebeln.

Pflanzen in eisiger Kälte
Die kalte und trockene Region um den Nordpol heißt **Arktis**. Dort wehen eisige Winde. Der Boden ist mit Eis und Schnee bedeckt und dauerhaft gefroren. Pflanzen können aber nur flüssiges Wasser aufnehmen. Deshalb wachsen sie nur im Sommer, wenn der Boden etwas auftaut. Kräuter, Moose und Flechten wachsen in Gruppen und dicht am Boden, so sind sie vor dem eisigen Wind geschützt. Manche Pflanzen besitzen kleine Härchen, die wie ein Fell vor Wärmeverlust schützen. In der Arktis leben nur wenige Insekten, daher vermehren sich die Pflanzen meist ungeschlechtlich. Während des langen Winters überdauern sie zum Beispiel als Samen.

Pflanzen am salzigen Meer
An der Nordseeküste gibt es Wiesen, die immer wieder von salzhaltigem Meerwasser überspült werden. Diese Wiesen nennt man **Salzwiesen**. Der Boden ist sandig und salzig. Die Pflanzen bilden große Wurzelnetze, mit denen sie im lockeren Boden Halt finden. Gleichzeitig festigen sie so den Boden. Die Pflanzen auf der Salzwiese nehmen salzreiches Wasser aus dem Boden auf. Doch das Salz schadet den Pflanzen. Daher geben es einige Pflanzen über Öffnungen an den Blättern wieder ab, andere speichern es in feinen Haaren und werfen diese dann ab. Der Queller nimmt als einzige Pflanze aktiv Salz auf (Bild 2).

> In manchen Gebieten herrschen extreme Umweltbedingungen. Beispiele sind Trockenheit, Hitze, Kälte oder ein hoher Salzgehalt. Einige Pflanzen sind daran angepasst.

AUFGABEN

1 Extreme Umweltbedingungen
a Nenne je zwei extreme Umweltbedingungen in Wüsten, in der Arktis und an der Nordsee.
b Beschreibe die Bedeutung von flüssigem Wasser in extremen Lebensräumen.

2 An extreme Standorte angepasst
a Beschreibe zwei Strategien von Wüstenpflanzen, mit denen sie an Wasser gelangen.
b Beschreibe, wie Pflanzen in der Arktis vor eisigen Winden geschützt sind.
c Salz zieht Wasser an. Beschreibe, wie der Queller dies nutzt.

bekugu

WEITERGEDACHT Verschiedene Wachstumsbedingungen

1 Was das Wachstum beeinflusst

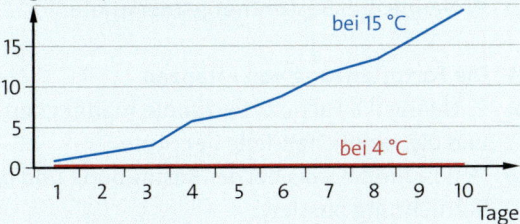

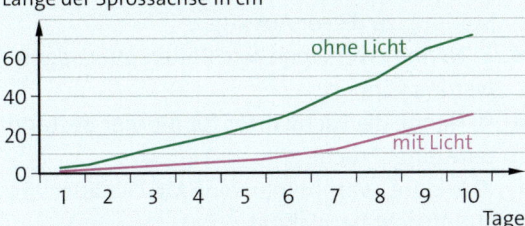

1 Die Ergebnisse von Experimenten mit Bohnen

a ▭ Nenne mithilfe von Bild 1 die optimalen Wachstumsbedingungen der Bohnenpflanze.
b ▭ Stelle eine Vermutung auf, warum Bohnenpflanzen ohne Licht schneller wachsen.
c ▭ Erläutere, warum ein Liniendiagramm zur Darstellung der Messwerte geeignet ist.
d ▭ Plane ein Experiment, um das Bohnenwachstum mit und ohne Luft zu untersuchen. Notiere eine Frage, eine Vermutung und beschreibe auch die Durchführung.
e ▭ In einem weiteren Experiment wurde das Bohnenwachstum mit und ohne Wasser untersucht. Bild 2 zeigt die Ergebnisse. Erstelle daraus ein Liniendiagramm.
f ▭ Werte das Liniendiagramm aus.

Tag	Größe der Pflanze ohne Wasser	Größe der Pflanze mit Wasser
1	0	3
3	3	7
5	5	13
7	8	18
9	9	23
11	10	24
13	11	26

2 Die Messwerte zum Wachstum mit und ohne Wasser

2 Extreme Wachstumsbedingungen

Vitus fotografiert im Urlaub gerne Pflanzen, die unter außergewöhnlichen Bedingungen wachsen. Hier sind einige seiner Urlaubsfotos:

3 Die Urlaubsbilder von Vitus

a ▭ Beschreibe die extremen Wachstumsbedingungen, unter denen die Pflanzen in Bild 3 wachsen.
b ▭ Stelle Vermutungen an, welche Angepasstheiten die drei Pflanzen in Bild 3 jeweils besitzen müssen.

Vitus will herausfinden, unter welchen extremen Bedingungen eine gewöhnliche Gemüsepflanze wie die Zucchini wachsen kann.

4 Die Zucchinipflanzen von Vitus

c ▭ Formuliere die Frage, die Vitus sich gestellt hat.
d ▭ Beschreibe, wie Vitus vorgegangen ist, um die Antwort auf seine Frage zu finden.
e ▭ Überlege dir weitere Möglichkeiten, wie Vitus etwas über die Bedingungen für das Wachstum der Zucchini herausfinden könnte.

DIE PFLANZEN IN DER UMGEBUNG

TESTE DICH!

1 Die Blütenpflanzen ↗ S. 116/117, 118/119

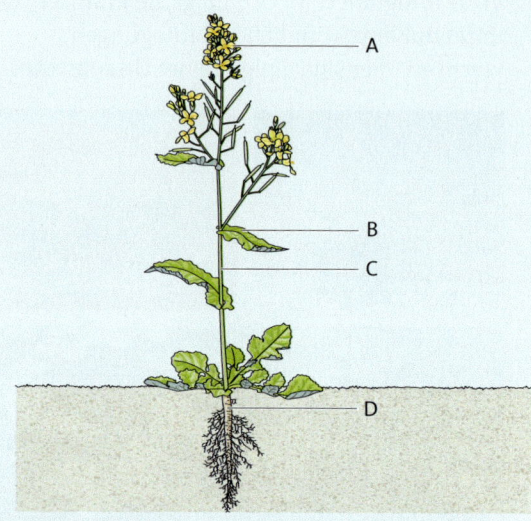

a 🖉 Benenne die mit Buchstaben gekennzeichneten Pflanzenteile mit den Fachwörtern.
b 🖉 Nenne die Aufgaben der Pflanzenteile.
c 🖉 Nenne die vier verschiedenen Blütenblätter.
d 🖉 Begründe, ob die folgenden Aussagen richtig oder falsch sind. Formuliere die falschen Aussagen so um, dass sie richtig sind.
*Durch die Wurzel werden Wasser und Mineralstoffe aus dem Boden aufgenommen.
Es gibt Kelchblätter, die Pollen enthalten. Sie heißen Staubblätter.
Der Raps ist eine krautige Pflanze, weil er eine verholzte Sprossachse hat.
Die Bäume und die Sträucher haben verholzte Sprossachsen und werden mehrere Jahre alt.*

2 Verschiedene Pflanzenfamilien ↗ S. 120/121

a 🖉 Beschreibe, was eine Pflanzenfamilie ist.
b 🖉 Nenne die Namen dieser beiden Pflanzen und ordne sie ihren Pflanzenfamilien zu.

3 Die Bestimmungsmerkmale ↗ S. 124/125

a 🖉 Beschreibe, was Bestimmungsmerkmale sind.
b 🖉 Nenne drei Bestimmungsmerkmale.

4 Die Fortpflanzung von Pflanzen ↗ S. 132–134

a 🖉 Nenne die Fachwörter für die männlichen und die weiblichen Teile der Blüte.
b 🖉 Beschreibe, was bei der Bestäubung und der Befruchtung passiert.
c 🖉 „Wenn die Bienen aussterben, dann sterben wenig später auch die Menschen." Nimm Stellung zu dieser Aussage.
d 🖉 Nenne zwei Wege, wie Pollen übertragen werden können.
e 🖉 Nenne die Fachwörter für die vier Bestandteile einer Frucht.
f 🖉 Erkläre, warum man eine Kirsche auch als Steinfrucht bezeichnet.
g 🖉 Vergleiche die geschlechtliche und die ungeschlechtliche Fortpflanzung miteinander.

5 Die Früchte und die Samen ↗ S. 136–139

a 🖉 Benenne die Früchte auf den drei Bildern.

b 🖉 Erkläre, wie die Samen dieser Früchte verbreitet werden.
c 🖉 Beschreibe, was bei der Keimung passiert.
d 🖉 Begründe, ob Bohnensamen Licht und Wärme für die Keimung brauchen.

6 Die Moose ↗ S. 144/145

a 🖉 Nenne die Bestandteile einer Moospflanze und ihre Aufgaben.
b 🖉 Beschreibe, was mit dem Fachwort wechselfeucht gemeint ist.
c 🖉 Moose sind Sporenpflanzen. Beschreibe, was damit gemeint ist.
d 🖉 Begründe, warum Moose nicht zu den Blütenpflanzen gehören.

DIE PFLANZEN IN DER UMGEBUNG

vuquvo

ZUSAMMENFASSUNG   Die Pflanzen in der Umgebung

Die Merkmale der Blütenpflanzen
Blütenpflanzen haben drei Grundorgane: Wurzel, Sprossachse und Blätter. Zu den Blättern zählen die Laubblätter und die Blütenblätter.

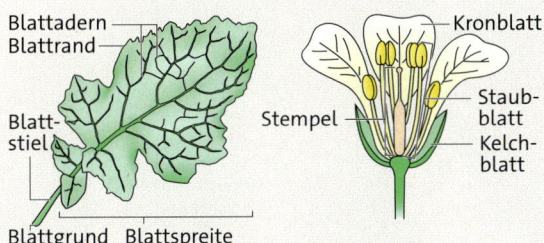

Bei den Blütenpflanzen unterscheidet man Bäume, Sträucher und Kräuter. Bäume und Sträucher haben verholzte Sprossachsen. Sie werden mehrere Jahre alt. Kräuter haben nicht verholzte Sprossachsen. Es gibt einjährige und mehrjährige Kräuter.

Verschiedene Pflanzenfamilien
Pflanzen mit ähnlichen Merkmalen werden zu Pflanzenfamilien zusammengefasst. Die Blütenform, das Geschlecht der Blüten sowie die Anordnung der Blüten in Blütenständen sind Merkmale, an denen man eine Pflanze erkennen kann. Auch die Form, der Bau und die Stellung der Laubblätter sowie der Bau der Sprossachse sind Bestimmungsmerkmale.

Von der Blüte zur Frucht
Bei der geschlechtlichen Fortpflanzung verschmilzt eine männliche mit einer weiblichen Geschlechtszelle. Das ist die Befruchtung. Die Spermienzellen werden in den Staubblättern gebildet, die Eizellen werden in den Fruchtblättern gebildet. Bei der Bestäubung werden Pollenkörner auf die Narbe des Stempels übertragen. Die Übertragung kann durch Insekten oder den Wind geschehen.

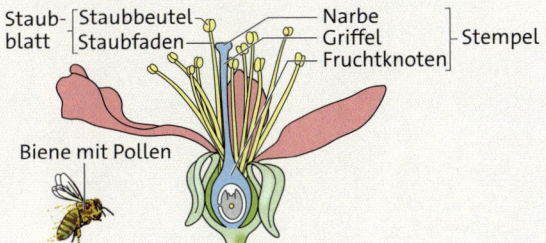

Die ungeschlechtliche Fortpflanzung
Bei der ungeschlechtlichen Fortpflanzung entstehen Nachkommen, ohne dass Geschlechtszellen gebildet werden. Beispiele für ungeschlechtliche Fortpflanzung sind Sprossausläufer der Erdbeere oder die Knollen der Kartoffel.

Die Verbreitung von Früchten und Samen
Eine Frucht besteht aus Samen, Fruchtfleisch und Fruchthaut. Früchte und Samen können durch Wind, Wasser, Tiere, Menschen oder die Pflanze selbst an andere Orte gelangen.

Die Quellung, die Keimung und das Wachstum
Ein Samen besteht aus der Samenschale, den Keimblättern und dem Keimling. Der Keimling besteht aus dem Keimstängel, der Keimwurzel und den ersten Laubblättern.

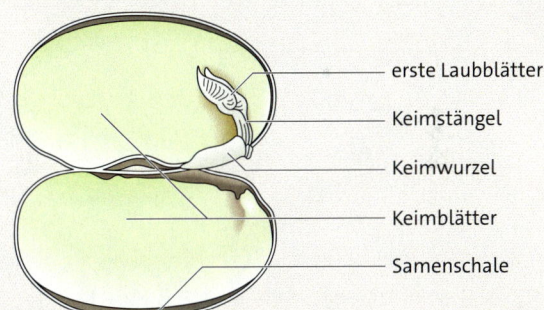

Bei der Quellung nimmt ein Samen Wasser auf. Bei der Keimung wachsen die Keimwurzel und der Keimstängel aus dem Samen heraus. Der Keimling nutzt die Nährstoffe in den Keimblättern zum Wachsen. Alle Samen brauchen Luft und Wasser zum Keimen. Die Ansprüche an Licht und Wärme sind verschieden: Es gibt Lichtkeimer, Dunkelkeimer, Warmkeimer und Kaltkeimer. Nach der Keimung wächst die Pflanze.

Die Moose
Moose bestehen aus Rhizoid, Moosstämmchen, Moosblättchen und den Fortpflanzungsorganen. Moose sind wechselfeucht: Sie nehmen Wasser auf, wenn es feucht ist und geben Wasser ab, wenn es trocken ist. Moose verbreiten sich durch Sporen.

Die Lebensräume entdecken

In diesem Kapitel erfährst du ...
... welche Lebensräume es gibt.
... wie die Bedingungen in einem Lebensraum die Lebewesen dort beeinflussen.
... was die Lebensräume Wald und See kennzeichnet.
... wie Menschen den Wald nutzen und warum er gefährdet ist.
... welche Nahrungsbeziehungen zwischen Lebewesen bestehen.
... warum Lebensräume gefährdet sind und wie sie geschützt werden können.

Die Lebensräume in der Umgebung

1 Eine Taube wird gefüttert.

Tauben leben eigentlich in Wäldern oder felsigen Gebieten. Aber sie leben auch in der Stadt. Sie ernähren sich zum Beispiel von Essensresten, die sie auf dem Boden finden. Das Füttern von Tauben ist in vielen Städten verboten, weil die Vögel sich dann zu stark vermehren.

Der Lebensraum
Ein Gebiet, in dem bestimmte Pflanzen und Tiere leben, nennt man **Lebensraum**. Im Lebensraum Stadt wachsen zum Beispiel Kastanienbäume. Außerdem leben dort Tauben und Spatzen. Die Tiere finden in der Stadt Nahrung und Schutz vor Fressfeinden. Sie können dort auch ihre Jungtiere aufziehen. Die Tiere und Pflanzen in einem Lebensraum sind eine **Lebensgemeinschaft**.

Die Umweltfaktoren
In jedem Lebensraum gibt es bestimmte Bedingungen. Sie werden **Umweltfaktoren** genannt. Auf das Wachstum einer Pflanze wirken zum Beispiel benachbarte Pflanzen oder Tiere wie Käfer und Raupe. Diese Umweltfaktoren sind lebendig. Man nennt sie **biotische Umweltfaktoren**. Die Vorsilbe *bio* im Wort biotisch heißt: Leben. Auf das Wachstum einer Pflanze wirken auch die Temperatur, die Bodenfeuchtigkeit und das Sonnenlicht. Diese Umweltfaktoren sind nicht lebendig. Man nennt sie daher **abiotische Umweltfaktoren**. Die Vorsilbe *a* im Wort abiotisch bedeutet: nicht.
Die Tiere und Pflanzen in einem Lebensraum kommen mit den Bedingungen dort gut zurecht. Man sagt: Sie sind **angepasst**.

Der Lebensraum Stadt
Der Mensch gestaltet und nutzt die Landschaft. Eine solche Landschaft nennt man **Kulturlandschaft**. Ein Beispiel dafür ist der Lebensraum Stadt. Städte bestehen aus Häusern und Straßen. Dort kann es im Sommer sehr heiß und trocken sein. In Städten gibt aber auch Bäume, Blumenbeete, Wiesen, Gärten, Parks und kleine Gewässer. Dort ist es kühler und feuchter.
In Städten leben Wildtiere wie Mäuse, Ratten, Füchse, Marder, Waschbären und sogar Wildschweine. Sie leben in Gärten und Parks und ernähren sich zum Beispiel von Essensresten aus Mülltonnen. Die Wildtiere folgen also dem Menschen aus dem Freiland in die Kulturlandschaft. Deshalb nennt man sie **Kulturfolger**.

Der Lebensraum Wiese
Eine Wiese ist ein Lebensraum, der von Menschen geschaffen und genutzt wird. Die Pflanzen auf der Wiese werden als Nahrung für Tiere verwendet. Wenn die Pflanzen direkt auf der Wiese von Tieren gefressen werden, dann spricht man von einer Weide. Oft werden die Wiesenpflanzen auch zu den Tieren gebracht. Dazu schneidet man die Pflanzen ab: Die Wiese wird gemäht. Wiesenpflanzen wachsen so dicht, dass das Sonnenlicht und der Wind den Erdboden nicht erreichen können. Deshalb ist die Luft über den Wiesenpflanzen warm, doch am Boden der Wiese ist es kühl. Die Feuchtigkeit am Boden ist für Schnecken und Regenwürmer überlebenswichtig. Auf einer Wiese leben verschiedene Insekten, die sich von den Wiesenpflanzen ernähren. Die Insekten werden von Vögeln und anderen Tieren gefressen.

2 Eine Wiese

3 Ein Wald

4 Ein See

Der Lebensraum Wald
In einem Nadelwald wachsen Nadelbäume wie Fichten und Tannen. In einem Laubwald wachsen Laubbäume wie Buchen und Eichen. In einem Mischwald wachsen Laubbäume und Nadelbäume. Im Wald ist die Luft auch im Sommer kühl. Nadelbäume werfen ihre Nadeln im Winter nicht ab. Deshalb gelangt das ganze Jahr nur wenig Licht zum Waldboden. Am Boden von Nadelwäldern wachsen daher nur wenige Pflanzen. Aus diesem Grund leben in Nadelwäldern kaum Rehe und Hirsche, sondern vor allem Insekten und Vögel. Laubbäume werfen ihre Blätter im Herbst ab. Im Frühjahr kann deshalb viel Licht bis zum Boden gelangen. Am Boden von Laubwäldern wachsen daher Farne, Sträucher und Kräuter. Hier leben zum Beispiel Waldspitzmäuse, Salamander, Erdkröten, Laufkäfer und Spinnen. Auch Wildschweine, Hirsche und Dachse finden im Laubwald Nahrung und Verstecke.

Lebensräume am und im Wasser
In Flüssen und Bächen fließt das Wasser, in Seen und Teichen steht es. Flüsse, Bäche, Seen und Teiche werden **Gewässer** genannt. Sie sind Lebensräume für Fische, Frösche, Kröten und viele Insekten. Viele Säugetiere und Vögel finden am und im Wasser ihre Nahrung. Am See ist es wärmer als im Wald, aber kühler als auf der Wiese. Das Wasser an der Seeoberfläche ist wärmer als in der Tiefe. Die meisten Fische bevorzugen das kühlere, tiefe Wasser. An den Pflanzen am Seeufer finden Enten und andere Vögel Schutz und können dort ihre Jungtiere aufziehen.

> Die Tiere und Pflanzen in einem Lebensraum sind eine Lebensgemeinschaft. Sie beeinflussen sich gegenseitig und werden als biotische Umweltfaktoren bezeichnet. Temperatur, Sonnenlicht und Feuchtigkeit sind abiotische Umweltfaktoren. Lebensräume bieten Tieren Nahrung, Schutz und die Möglichkeit, ihre Jungtiere aufzuziehen.

AUFGABEN
1 Die Lebensräume
a ▸ Nenne drei verschiedene Lebensräume.
b ▸ Beschreibe, was ein Lebensraum und was eine Lebensgemeinschaft ist.
c ▸ Entscheide, ob Bild 3 einen Laubwald oder einen Nadelwald zeigt. Begründe deine Entscheidung.

2 Die Umweltfaktoren
a ▸ Nenne zwei biotische und zwei abiotische Umweltfaktoren.
b ▸ Beschreibe an einem Beispiel den Einfluss der Umweltfaktoren auf einen Lebensraum.
c ▸ Stelle die abiotischen und biotischen Umweltfaktoren der Lebensräume Wald und Wiese in einer Tabelle gegenüber.

3 Menschen verändern Lebensräume
a ▸ Nenne das Fachwort für einen Lebensraum, der von Menschen geschaffen oder verändert wurde.
b ▸ Begründe, ob ein Maisfeld ein natürlicher Lebensraum ist.

DIE LEBENSRÄUME ENTDECKEN

Die Umweltfaktoren wirken auf Lebewesen

1 Die Gräser auf der Picknickwiese im Park sind vertrocknet.

Jamal will mit ein paar Freunden in den Park. Sie wollen Fußball spielen und picknicken. Auf der Picknickwiese sind alle Gräser vertrocknet. „Kein Wunder. Es war so heiß und so trocken in diesem Sommer." sagt Jamal.

Die Umweltfaktoren wirken zusammen
In jedem Lebensraum gibt es bestimmte biotische und abiotische Umweltfaktoren. Alle Umweltfaktoren zusammen bestimmen, welche Lebewesen in einem Lebensraum vorkommen.

Der Umweltfaktor Wasser
Wasser ist im Boden eines Lebensraums enthalten. Auch in der Luft ist Wasser enthalten. Wenn viel Wasser vorhanden ist, dann sagt man auch: Der Lebensraum ist feucht. Wenn kein oder sehr wenig Wasser vorhanden ist, dann sagt man: Der Lebensraum ist trocken. Die Menge an Wasser in der Luft nennt man die **Luftfeuchtigkeit**. Die Menge an Wasser im Boden bezeichnet man als die **Bodenfeuchtigkeit**. Alle Lebewesen brauchen Wasser, denn sie bestehen zu einem großen Teil aus Wasser. Pflanzen nehmen Wasser aus dem Boden auf. Sie können nur wachsen, wenn genug Wasser vorhanden ist. Wenn es zu wenig Wasser gibt, dann vertrocknen die Pflanzen (Bild 1). Die Tiere und die Menschen müssen genug trinken, um zu überleben.

Der Umweltfaktor Temperatur
Die Temperatur in einem Lebensraum wirkt auf die Pflanzen und Tiere, die dort leben. Die Samen von Pflanzen keimen zum Beispiel nur bei bestimmten Temperaturen. Die Warmkeimer brauchen hohe Temperaturen, damit sie keimen können. Die Kaltkeimer keimen nur bei niedrigen Temperaturen. Viele Tiere überleben die niedrigen Temperaturen im Winter in einem Ruhezustand. Einige Tiere schlafen zum Beispiel im Winter. Bei höheren Temperaturen im Frühling sind die Tiere wieder aktiv. Die Temperatur hat auch Einfluss auf die Wassermenge in einem Lebensraum. Wenn die Temperatur im Sommer längere Zeit sehr hoch ist, dann sagt man auch: Es ist heiß. Wenn es heiß ist, dann wird viel Wasser über die Laubblätter der Pflanzen und aus dem Boden an die Luft abgegeben. Der Boden trocknet dadurch schneller aus. Die Pflanzen können dann nur noch wenig Wasser aus dem Boden aufnehmen. Sie vertrocknen schneller (Bild 1).

2 Abiotische Umweltfaktoren (links) und biotische Umweltfaktoren (rechts) wirken auf Lebewesen

3 Ein Mückenschwarm am Abend

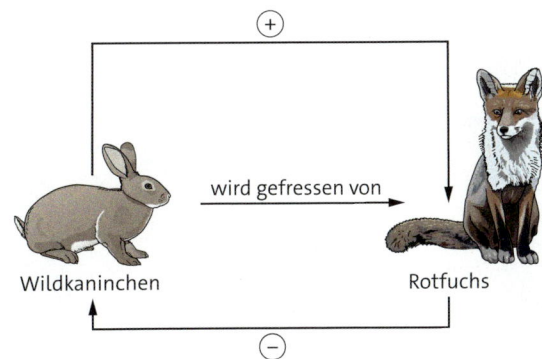

⊕ Je mehr …, desto mehr … ⊖ Je mehr …, desto weniger …
4 Die Lebewesen beeinflussen sich gegenseitig.

Der Umweltfaktor Licht
Das Licht der Sonne beleuchtet die Erde und liefert ihr Energie. Pflanzen können die Energie des Sonnenlichts nutzen, um Traubenzucker herzustellen. Die Samen einiger Pflanzen keimen nur, wenn es dunkel ist. Andere Samen brauchen Licht, damit sie keimen können. Es gibt Tiere, die sind aktiv, wenn es hell ist und schlafen, wenn es dunkel ist. Andere Tiere schlafen, wenn es hell ist und wachen auf, wenn es dunkel wird. Im Frühling singen die Vögel, wenn es morgens hell wird. Mücken und Fledermäuse werden aktiv, wenn es im Sommer abends langsam dunkel wird (Bild 3).

Der Umweltfaktor Boden
Es gibt verschiedene Bodenarten mit unterschiedlichen Merkmalen. Die Art des Bodens hat zum Beispiel Einfluss darauf, wie viel Wasser der Boden speichern kann. Ein Lehmboden speichert viel Wasser. In einem lockeren Sandboden kann nur wenig Wasser gespeichert werden. Die Bodenart bestimmt auch, welche Lebewesen in einem Lebensraum vorkommen. In lockerem Sandboden können sich kaum Pflanzen ansiedeln, weil ihre Wurzeln darin nur wenig Halt haben. Ein steiniger Boden bietet Verstecke für kleine Tiere.

Die Lebewesen als Umweltfaktoren
Wildkaninchen nutzen Kräuter als Nahrung. Füchse nutzen die Wildkaninchen als Nahrung. Der Fuchs ist der **Fressfeind** der Wildkaninchen, die Wildkaninchen sind die **Beutetiere**. Fressfeinde und Beutetiere beeinflussen sich gegenseitig: Je mehr Beutetiere es gibt, desto mehr Fressfeinde können sich davon ernähren (Bild 4). Je weniger Beutetiere es gibt, desto weniger Fressfeinde gibt es. Das liegt daran, dass die Fressfeinde dann weniger Nahrung finden und sich somit weniger stark fortpflanzen können. In einem Lebensraum gibt es nur eine bestimmte Menge Licht, Wasser und Bodenfläche. In einem Wald können nicht unendlich viele Bäume wachsen. Die Lebewesen konkurrieren also um diese Umweltfaktoren.

> Die Umweltfaktoren in einem Lebensraum wirken auf die Lebewesen, die dort leben. Sie bestimmen, wie gut die Lebewesen wachsen und sich fortpflanzen können. Die Umweltfaktoren beeinflussen auch das Verhalten und die Aktivität der Lebewesen.

AUFGABEN
1 Die abiotischen Umweltfaktoren
a ☒ Beschreibe, was die Luftfeuchtigkeit ist.
b ☒ Erläutere an einem Beispiel, welchen Einfluss der Umweltfaktor Licht auf Lebewesen hat.
c ☒ Nenne die Ursachen dafür, dass die Gräser auf der Wiese in Bild 1 vertrocknet sind.
d ☒ Begründe deine Antwort aus Aufgabe 1c.

2 Die biotischen Umweltfaktoren
a ☒ Erläutere, warum die Lebewesen in einem Lebensraum um die Umweltfaktoren in dem Lebensraum konkurrieren.
b ☒ Beschreibe mithilfe von Bild 4, wie sich Beutetiere und Fressfeinde gegenseitig beeinflussen. Formuliere Je-desto-Sätze.

DIE LEBENSRÄUME ENTDECKEN

METHODE Lebensräume untersuchen

1 Ein Blick von oben auf ein Schulgelände

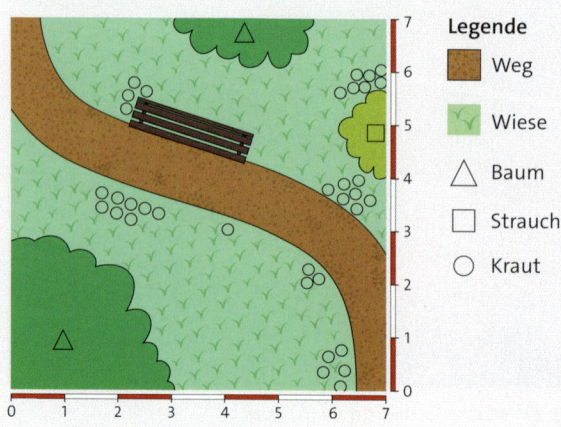

2 Eine Karte eines Geländes

Euer Schulgelände ist ein Lebensraum für viele Tiere und Pflanzen. Das erkennst du oft erst, wenn du die Lebensräume näher untersuchst.

1 Das Material besorgen
Besorgt alles, was ihr für die Untersuchung des Geländes braucht.

Die Klasse 5b braucht Papier, Stifte, Maßbänder, Schnüre, Stöcke und ein Thermometer.

2 Einen Überblick verschaffen
Betrachtet zuerst das Gelände. Ihr könnt euch auch einen Lageplan davon besorgen.

Die Klasse schaut sich auf dem Schulhof um. Sie vergleicht das Schulgelände mit dem Lageplan, den sie im Sekretariat bekommen hat.

3 Das Gelände aufteilen
Teilt das Schulgelände in kleine Flächen auf. Nutzt dazu den Lageplan. Eine Fläche von 10 m × 10 m ist übersichtlich. Messt die Flächen mit dem Maßband ab und markiert sie mit Stöcken. Bildet Gruppen. Jede Gruppe untersucht eine Fläche. Benennt die Lebensräume, die auf eurer Fläche zu finden sind.

Die Klasse teilt das Schulgelände in acht Flächen auf und bildet acht Gruppen. Sie legen fest, welche Gruppe welche Fläche untersucht. Jede Gruppe misst ihre Fläche ab und markiert sie. Viktor notiert die Lebensräume auf der Fläche seiner Gruppe: Weg, Wiese, Hecke.

4 Eine Karte anfertigen
Erstellt eine Karte von eurer Fläche, wie sie von oben betrachtet aussieht. Zeichnet alle Einzelheiten auf, auch Mauern, Zäune, Hecken, Bänke, Wege, Blumenbeete, Rasenflächen oder den Spielplatz. Zeichnet die einzelnen Teile des Geländes so auf eure Karte, dass sie ein verkleinertes Abbild der Wirklichkeit zeigen. Tragt Bäume und Sträucher in die Karte ein. Färbt die einzelnen Bestandteile eurer Karte mit Buntstiften. Kennzeichnet die verschiedenen Bestandteile mit Buchstaben oder Symbolen und schreibt eine Erklärung dazu. Das nennt man eine **Legende**.

Sugesh zeichnet die Karte für seine Gruppe. Er achtet darauf, dass die Größe der einzelnen Bestandteile und ihre Lage zueinander der Wirklichkeit entsprechen.

5 Die abiotischen Faktoren untersuchen
Fertigt einen Überblicksbogen an wie in Bild 3 gezeigt. Bestimmt die abiotischen Faktoren auf eurer Fläche. Wenn auf eurer Fläche verschiedene Lebensräume vorkommen, dann bestimmt die abiotischen Faktoren für jeden Lebensraum. Messt die Temperatur an verschiedenen Standpunkten etwa einen Meter über dem Boden und in Bodennähe. Notiert alles auf dem Überblicksbogen. Notiert auch, ob die Lebensräume auf der Fläche sonnig, halbschattig oder schattig sind. Beschreibt, wie der Boden beschaffen ist. Gebt auch an, ob der Boden feucht oder trocken ist.

Überblicksbogen

zur Untersuchung am:
untersucht von:

Lebensräume auf der Untersuchungsfläche

☐ Wald   ☐ Fließgewässer   ☐ natürlich
☐ Wiese   stehendes Gewässer   ☐ künstlich
☐ Hecke
☐ ...

Temperatur
am Boden:
einen Meter über dem Boden:

Lichtverhältnisse
☐ sonnig   ☐ halbschattig   ☐ schattig

Bodenbeschaffenheit
☐ Kies/Steine   ☐ Erde   ☐ ...
Anteil, der von Pflanzen bedeckt ist: %

Feuchtigkeit
☐ trocken   ☐ feucht

3 Ein Überblicksbogen

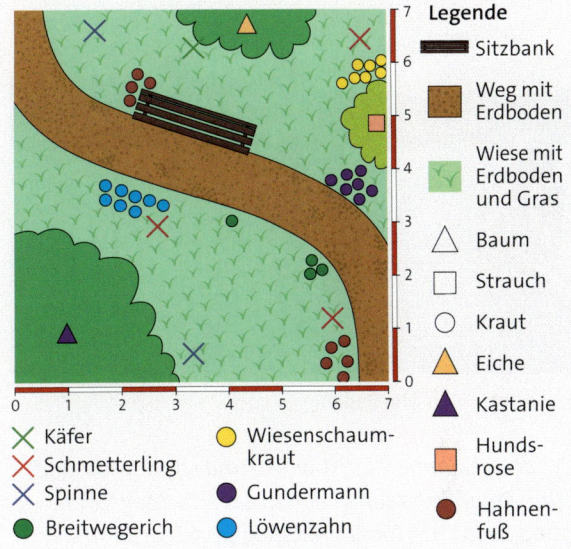

4 Eine Karte mit Pflanzen und Tieren

Madita notiert, dass die Wiese und der Weg einen Erdboden haben. Der Boden der Wiese ist fast vollständig mit Gras bewachsen. Die Wiese wird von der Sonne beschienen. Die angrenzende Straße ist durch eine Hecke vom Schulgelände getrennt. Madita misst mit dem Thermometer die Temperatur. Sie misst auf der Wiese und auch im Schatten eines Baumes. Sie notiert auch die Uhrzeit ihrer Messungen.

6 Die Pflanzen und Tiere bestimmen
Sucht nach Pflanzen und Tieren. Bestimmt sie mithilfe von Bestimmungsbüchern oder Bestimmungs-Apps. Ihr müsst die Lebewesen nicht exakt bestimmen. Wichtig ist, dass ihr sie einer Gruppe zuordnen könnt. Zeichnet die Fundorte aller Tiere und Pflanzen in eure Karte ein. Verwendet verschiedene Symbole und Farben. Wenn bestimmte Pflanzen oder Tiere häufig vorkommen, dann zeichnet mehrere Symbole in die Karte. Zeichnet alle Symbole aus eurer Karte mit einer Erklärung in die Legende eurer Karte.

Anwar hat neben einer Eiche ein Insekt gefunden. Er trägt den Fundort auf der Karte ein. In die Legende schreibt er „Käfer", weil er das Tier nicht genauer bestimmen kann. Anwar macht noch ein Foto von dem Käfer, um ihn den Jugendlichen aus den anderen Gruppen zu zeigen.

7 Die Ergebnisse zusammenführen
Fertigt eine Liste an mit allen Pflanzen und Tieren, die ihr gefunden habt. Einigt euch auf ein Symbol für jedes Lebewesen. Zeichnet eine Karte des gesamten Schulgeländes mit allen Einzelheiten und allen Lebewesen.

Die Gruppe von Leonie hat für die Eiche das gleiche Symbol verwendet wie Maditas Gruppe für den Löwenzahn. Die Klasse einigt sich darauf, das Symbol für die Eiche zu verwenden. Für den Löwenzahn finden sie ein anderes Symbol.

AUFGABEN

1 Die Umgestaltung eines Schulhofs
Ein gepflasterter Schulhof wird durch eine Rasenfläche mit einigen Bäumen ersetzt.
a ⊠ Nenne alle abiotischen Faktoren, die sich durch diese Umgestaltung verändert haben.
b ⊠ Vergleiche die beiden Lebensräume miteinander.
c ⊠ Formuliere eine Vermutung, wie ein Regenwurm diese Umgestaltung finden würde. Begründe deine Vermutung.

2 Ein Gelände kartieren
⊠ Besorge einen Lageplan deines Wohnorts oder deiner Straße. Wähle eine Fläche aus und kartiere sie.

DIE LEBENSRÄUME ENTDECKEN

Der Lebensraum See

1 Menschen nutzen Seen zum Baden

Endlich Sommer! Es ist warm und sonnig. Ida und ihre Freunde baden in einem See. Für Menschen sind Seen Orte für Freizeitspaß und Entspannung.

Die Umweltfaktoren im und am See
Jeder See hat ein Ufer, einen Seeboden und einen Bereich mit Freiwasser. Dort gibt es verschiedene Pflanzen und Tiere. Das Licht, die Temperatur, der Wind, das Wasser und der Boden bestimmen die Bedingungen für die Lebewesen.

Das Licht
Die Jahreszeit und das Sonnenlicht bestimmen, ab welcher Tiefe es im See dunkel ist. Im Wasser schweben kleine Pflanzen und Tiere, die das Wasser trüben. Wenn es im Sommer warm und hell ist, dann wachsen viele Pflanzen im Wasser. Auch kleine Lebewesen wie Wasserflöhe vermehren sich stark. Je mehr Lebewesen es in einem See gibt, desto weniger tief kann man in einen See schauen.

Die Temperatur
Die Jahreszeit, das Sonnenlicht und die Wassertiefe beeinflussen die Temperatur des Wassers im See. In flachen Seen ist die Temperatur meist überall gleich. In tiefen Seen entstehen im Sommer und im Winter unterschiedlich warme Wasserschichten (Bild 2A und 2C). Wasser mit einer Temperatur von 4 °C sinkt im See nach unten. Weil das Wasser in tiefen Seen im Winter nicht gefriert, können hier Tiere überwintern.

Die Mineralstoffe
Wenn tote Lebewesen im See zersetzt werden, dann werden viele Mineralstoffe frei. Sie gelangen in das Seewasser und in den Seeboden. Durch Bäche und bei Regen werden weitere Mineralstoffe in den See geschwemmt. Die Mineralstoffe wirken auf Pflanzen und Algen wie Dünger. Dadurch wachsen die Pflanzen und Algen stark.

Der Sauerstoff
Im Seewasser sind auch Gase wie Sauerstoff und Kohlenstoffdioxid gelöst. Die Lebewesen nehmen den Sauerstoff beim Atmen aus dem Wasser auf und geben Kohlenstoffdioxid ab. Kaltes Wasser enthält mehr Sauerstoff als warmes Wasser. In den Wasserschichten, in die das Sonnenlicht gelangt, produzieren Wasserpflanzen und Algen sehr viel Sauerstoff. Am Seeboden ist es dunkel. Hier ist das Wasser sauerstoffarm. Im Frühjahr und im Herbst durchmischen sich die Wasserschichten. Dadurch gelangt sauerstoffreiches Wasser in die Tiefe. Außerdem hat dann das Wasser überall im See die gleiche Temperatur (Bild 2B).

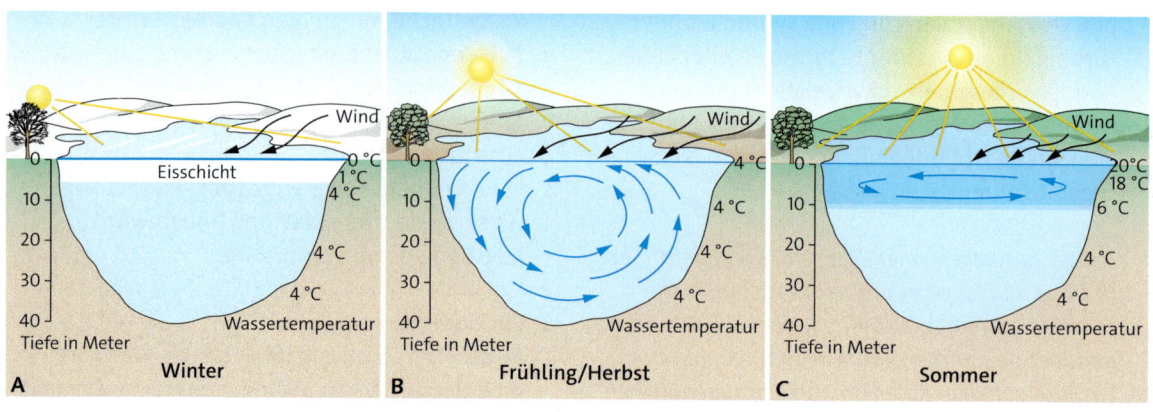

2 Die Temperaturen in einem See im Jahresverlauf

DIE LEBENSRÄUME ENTDECKEN

3 Die Tiere und Pflanzen in den Zonen im See

Die Pflanzen am und im See

In Bild 3 siehst du, dass der See in verschiedene Bereiche eingeteilt wird. Ein anderes Wort für Bereich ist Zone. In der ersten Zone wachsen Weiden und Erlen. An diesen Bäumen erkennt man die **Waldzone**. Pflanzen, die auf feuchtem Boden am Wasser wachsen, heißen **Feuchtpflanzen**. In der nächsten Zone findet man Rohrkolben und Schilfrohr. Sie gehören zu den Röhrichtgewächsen. Nach ihnen ist diese **Röhrichtzone** benannt. Hier wachsen auch Sumpfdotterblumen und Wasserschwertlilien (Bild 3). Pflanzen, die im Wasser wachsen, heißen **Wasserpflanzen**. Beispiele sind Teichrosen und Seerosen. Ihre Wurzeln sind im Seeboden verankert. Die Blätter schwimmen an der Wasseroberfläche. Daher spricht man von der **Schwimmblattzone**. Auch Wasserpest und Hornblatt sind Wasserpflanzen (Bild 3). Sie leben komplett untergetaucht, deshalb heißt diese Zone **Tauchblattzone**. Im Freiwasser wachsen Wasserlinse und Froschbiss. Weil das Licht hier nicht bis zum Seeboden gelangt, schwimmen sie an der Wasseroberfläche. Daher heißt diese Zone **Schwimmpflanzenzone**.

Die Tiere am und im See

Am Ufer bieten Bäume, Sträucher und Röhricht Verstecke und Nistplätze für Graureiher, Bachstelzen und Teichrohrsänger. Die Vögel ernähren sich von Insekten wie Käfern, Mücken und Eintagsfliegen. Im weichen Uferboden leben Regenwürmer. In der Schwimmblattzone und der Tauchblattzone leben Krebse, Wasserläufer und Libellen. Auf den Schwimmblättern der Seerosen sitzen Frösche. Im Freiwasser leben vor allem Fische wie Barsche, Hechte und Karpfen. Auf dem Wasser schwimmen Enten und Schwäne.

> Ein See ist in verschiedene Zonen eingeteilt. Die Umweltfaktoren in den Zonen bestimmen, welche Tiere und Pflanzen dort leben.

AUFGABEN

1 Die Umweltfaktoren
a Fülle die Lücken im Text: *Je tiefer im See, desto ... Licht. Je tiefer im See, desto ... Sauerstoff. Je tiefer im See, desto ... die Temperatur. Je mehr Mineralstoffe im Wasser sind, desto ... das Pflanzenwachstum.*
b Beschreibe, wie sich die Temperatur und die Sauerstoffmenge im See im Jahresverlauf verändern.

2 Die Lebewesen
a Erstelle eine Tabelle mit drei Spalten. Notiere in der ersten Spalte die Namen der fünf Zonen eines Sees. Notiere in der zweiten und dritten Spalte für jede Zone zwei Pflanzen und zwei Tiere, die dort leben.
b Nenne drei Vögel, drei Insekten und drei Fische, die am und im See leben.
c Beschreibe, wie sich Feuchtpflanzen und Wasserpflanzen unterscheiden.

DIE LEBENSRÄUME ENTDECKEN

PRAXIS Gewässer untersuchen

A Die Reinheit eines Gewässers bestimmen

1 Verschiedene Wasserproben

Material:
5 Marmeladengläser mit Schraubdeckeln, weißes Papier, Leitungswasser, wasserfester Stift

Durchführung:
— Entnehmt Wasserproben an verschiedenen Stellen des Gewässers. Füllt jede Probe in ein eigenes Marmeladenglas und beschriftet es.
— Füllt das fünfte Marmeladenglas mit Leitungswasser.
— Haltet das weiße Papier hinter jedes Glas und beurteilt dann die Farbe des Wassers.
— Vergleicht die Farben der Wasserproben mit der Farbe des Leitungswassers.
— Schüttelt die geschlossenen Gläser, öffnet sie dann und riecht am Wasser.
— Notiert eure Beobachtungen in einer Tabelle.

Auswertung:
1 ☒ Vergleicht eure Ergebnisse mit der folgenden Tabelle und lest die Wasserqualität ab.

Geruch	Farbe	Qualität
geruchlos	farblos bis schwach bräunlich, aber durchsichtig	nicht belastet
leichter Geruch, nicht unangenehm	leicht trüb, gelblich	gering belastet
leichter Geruch nach Abwasser	stärker getrübt, milchig, bräunlich oder grün	stark belastet
starker Abwassergeruch oder wie faule Eier	sehr stark getrübt, grauschwarz	sehr stark belastet

B Die Fließgeschwindigkeit messen

2 Material zur Messung der Fließgeschwindigkeit

Material:
2 Pfosten, Maßband, Stoppuhr, Korken

Durchführung:
— Messt an einem Fließgewässer mit dem Maßband eine Strecke von zehn Metern ab. Steckt am Startpunkt und am Endpunkt jeweils einen Pfosten in den Boden.
— Werft nun den Korken am Startpunkt ins Wasser. Messt mit der Stoppuhr die Zeit, die er braucht, um bis zum Endpunkt zu schwimmen. Notiert sie.
— Wiederholt das Experiment mehrmals.

Auswertung:
1 ☒ Zeichnet eine Skizze der Messstrecke.
2 ☒ Berechnet den Mittelwert eurer Messergebnisse.
3 ☒ Berechnet die Fließgeschwindigkeit:

$$\text{Fließgeschwindigkeit} = \frac{\text{Strecke in cm}}{\text{gemessene Zeit in s}}$$

4 ☒ Je nach Fließgeschwindigkeit werden verschiedene Teilchen transportiert. Vergleicht eure berechneten Werte mit den Angaben in der Tabelle.

Bodengrund	Korngröße in mm	Fließgeschwindigkeit in cm/s
Schlamm	< 0,2	sehr langsam (< 10)
Schlamm, Sand	0,2–2	langsam (10–25)
Sand, feiner Kies	2–20	mittel (25–50)
Kiesel	20–100	schnell (50–100)
Geröll, Felsbrocken	> 100	sehr schnell (> 100)

PRAXIS Wassertiere fangen und bestimmen

1 Ein selbst gebauter Kescher

Material:
Besenstiel, feines Küchensieb, Panzerklebeband, Schere, weiße Kunststoffschalen oder Becher, weicher Pinsel, Becherlupe

Durchführung:
— Verbindet das Küchensieb mithilfe des Panzerklebebands fest mit dem Holzstab.
— Streicht mit dem Kescher im Uferbereich vorsichtig durch die Wasserpflanzen, um kleine Wassertiere zu fangen.
— Gebt die Tiere sofort in eine Plastikschale mit genügend Wasser. Verwendet einen weichen Pinsel, um die Tiere vorsichtig vom Kescher in die Wasserschale zu transportieren.

Auswertung:
1 Bestimmt die Tiere mithilfe von Bild 2. Nutzt für sehr kleine Tiere die Becherlupe. Notiert die Namen und die Anzahl der gefundenen Tiere.

> **Hinweis:**
> Alle Tiere sind Lebewesen, auch die ganz kleinen, die ihr mit bloßem Auge nicht sehen könnt. Behandelt alle Tiere achtsam und verletzt sie nicht! Wenn ihr Wasser entnehmt, dann füllt es sofort in ein größeres Wassergefäß um. Es muss immer genügend Wasser in der Schale mit den Tieren sein. Die Schale muss im Schatten stehen. Wassertiere brauchen Wasser zum Atmen, sie ersticken an der Luft. Bringt die Tiere nach der Untersuchung zurück in das Gewässer. Schüttet die Wasserprobe vorsichtig und nur aus geringer Höhe in das Gewässer zurück.

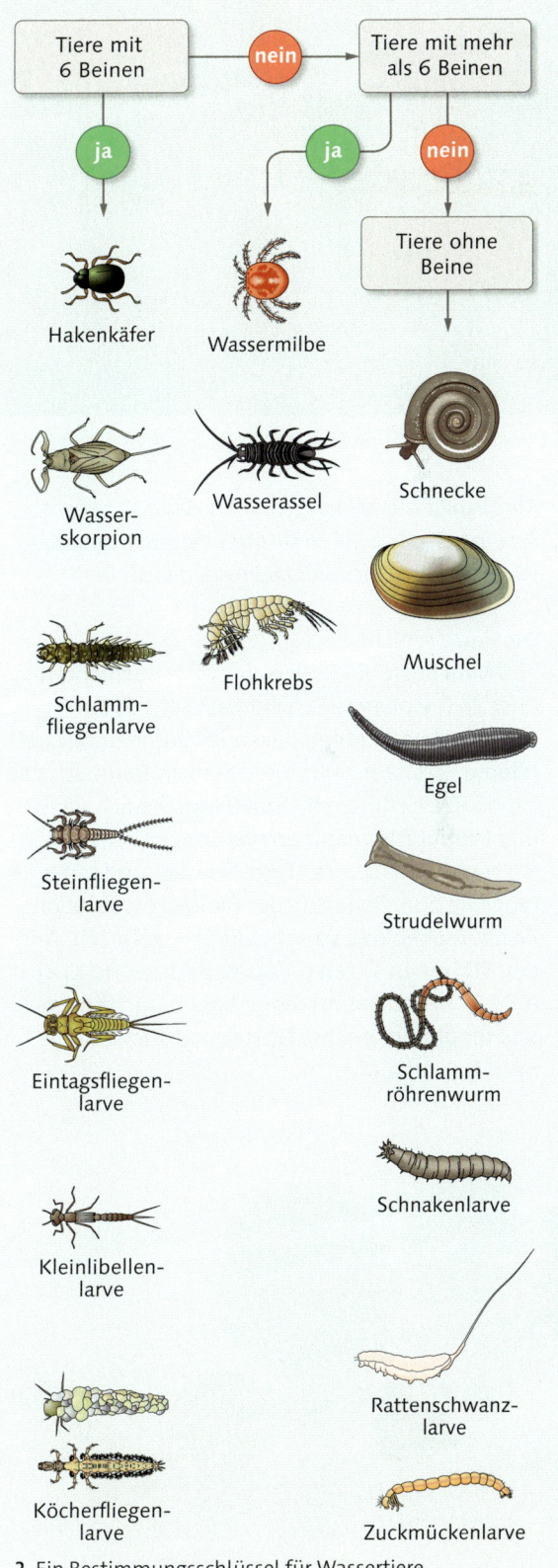

2 Ein Bestimmungsschlüssel für Wassertiere

DIE LEBENSRÄUME ENTDECKEN

Der Lebensraum Wald

1 In einem Wald gibt es verschiedene Pflanzen und Tiere.

3 Ein Kleiber sitzt an einem Baumstamm.

Malik geht mit seinen Eltern im Wald spazieren. An einer Stelle können sie gut erkennen, dass der Wald aus verschiedenen Bereichen besteht.

Die Baumschicht
Ein Wald besteht aus verschiedenen Schichten (Bild 2). Die oberste Schicht besteht aus den Stämmen und Kronen der Laubbäume und Nadelbäume. Deshalb heißt diese Schicht **Baumschicht**. Laubbäume können bis zu 40 Meter hoch werden. Ihre Laubblätter nehmen das Sonnenlicht auf. Sie sammeln auch das Regenwasser und leiten es langsam zum Boden. In der Baumschicht leben Eichhörnchen und verschiedene Vogelarten. An den Stämmen sitzen oft Buntspechte und Kleiber (Bild 3). In den Baumkronen bauen Buchfinken und Ringeltauben ihre Nester und suchen dort nach Nahrung.

Die Strauchschicht
Sträucher können bis zu drei Meter hoch werden. Sie werden als **Strauchschicht** bezeichnet. Im Wald wachsen Sträucher wie Holunder, Himbeere, Brombeere und Hasel (Bild 4). Sie wachsen vor allem am Waldrand und an Lichtungen. Eine **Lichtung** ist eine Stelle im Wald, an der keine Bäume wachsen. In den Sträuchern wachsen Kletterpflanzen wie Efeu und Waldrebe. Sie halten den Wind ab und verhindern so, dass der Boden austrocknet. In Sträuchern bauen Vögel wie Grasmücken, Singdrosseln und Amseln ihre Nester (Bild 4).

Die Krautschicht
Kräuter können bis zu 50 Zentimeter hoch werden. Sie werden als **Krautschicht** bezeichnet. Beispiele für Waldkräuter sind Buschwindröschen und

2 Die Schichten des Waldes

4 Eine Amsel sitzt in einer Hasel

5 Der Waldboden ist von Buschwindröschen bedeckt.

7 Eine Fuchshöhle in der Wurzelschicht

Bärlauch (Bild 5). In der Krautschicht wachsen auch verschiedene Gräser und Farne. Zwischen den Pflanzen leben Schmetterlinge, Bienen, Mäuse und Igel.

Die Moosschicht
Am Waldboden wachsen Moose und Pilze (Bild 5). Sie werden zusammen als **Moosschicht** bezeichnet. Moose können sehr viel Wasser speichern. Deshalb ist die Luft in der Moosschicht sehr feucht. Hier leben Milben, Käfer, Ameisen, Spinnen und Schnecken.

Die Wurzelschicht
Im Boden befinden sich die Wurzeln der Pflanzen. Sie werden als **Wurzelschicht** bezeichnet. Die Wurzelschicht kann bis zu 5 Meter dick sein. Mit den Wurzeln nehmen die Pflanzen Wasser und Mineralstoffe aus dem Boden auf. Im oberen Teil der Wurzelschicht zersetzen Regenwürmer, Tausendfüßer und Springschwänze die abgefallenen Blätter der Pflanzen. So entsteht ein mineralstoffreicher Boden, der **Humus**. Zwischen den Wurzeln der Pflanzen leben Spitzmäuse, Maulwürfe und Füchse in Höhlen im Boden (Bild 7).

Verschiedene Wälder
Buchen haben viele Laubblätter, dadurch gelangt in Buchenwäldern nur wenig Licht auf den Boden. Daher wachsen dort nur Pflanzen, die mit wenig Licht auskommen. Ein Beispiel ist das Perlgras. In Nadelwäldern enthält der Boden Säure, die beim Zersetzen der abgefallenen Nadelblätter entsteht. Daher wachsen hier nur Pflanzen, die mit diesen Bedingungen zurechtkommen. Beispiele sind der Sauerklee und die Heidelbeere.

> Wälder bestehen aus Baumschicht, Strauchschicht, Krautschicht, Moosschicht und Wurzelschicht. Wälder bieten Lebensraum für viele verschiedene Pflanzen und Tiere.

6 Ein Pilz wächst zwischen Moosen.

AUFGABEN
1 **Die Schichten des Waldes**
   Erstelle eine Tabelle mit 3 Spalten und 5 Zeilen.
   a Notiere in der ersten Spalte die Namen der fünf Schichten des Waldes.
   b Notiere in der zweiten Spalte für jede Schicht jeweils zwei Pflanzen, die dort leben.
   c Notiere in der dritten Spalte für jede Schicht jeweils zwei Tiere, die dort leben.

DIE LEBENSRÄUME ENTDECKEN

PRAXIS   Den Boden untersuchen

A Die Bodenart bestimmen

1 Eine Bodenprobe wurde zu einer Wurst gerollt.

Material:
Bodenprobe ohne Lebewesen, Wasser

Durchführung:
– Feuchte den Boden an, bis er leicht schmierig ist.
– Wenn du den Boden zwischen den Händen zu einer Wurst rollen kannst wie in Bild 1, dann ist der Boden tonig. Wenn du das nicht geht, dann ist der Boden sandig. Zerreibe den Boden zwischen deinen Handflächen. Wenn in deinen Handrillen Bodenspuren zu sehen, dann ist der Boden lehmig.
– Notiere deine Ergebnisse.

B Den Kalkgehalt bestimmen

Material:
etwa 1 Teelöffel Bodenprobe ohne Lebewesen, Petrischale, Pipette, Essigessenz (25%ige Essigsäure ⬥)

> **Achtung!**
> Essigessenz ist stark ätzend. Setze die Schutzbrille auf und ziehe Schutzhandschuhe an. Sorge für eine gute Raumbelüftung.

Durchführung:
– Gib die Bodenprobe in eine Petrischale. Tropfe mit der Pipette 8 Tropfen Essigessenz darauf. Je stärker die Essigessenz schäumt, desto mehr Kalk ist in der Bodenprobe. Vergleiche deine Beobachtungen mit den Angaben in Bild 3.
– Notiere deine Ergebnisse.

C Die Wasserhaltefähigkeit bestimmen

2 So kann man die Wasserhaltefähigkeit messen

Material:
verschiedene luftgetrocknete Bodenproben, mehrere Plastikflaschen, Schere, Messgefäß, Wasser, Nagel

Durchführung:
– Schneide mit der Schere bei allen Flaschen die Flaschenhälse ab.
– Durchbohre die Deckel der Flaschen mit dem Nagel.
– Fülle die Erdproben gleich hoch in die Flaschenhälse.
– Stelle die mit Erde gefüllten Flaschenhälse auf die abgeschnittenen Flaschen.
– Gieße jeweils die gleiche Menge Wasser auf jede Bodenprobe.
– Bestimme die Menge des durchgelaufenen Wassers mithilfe des Messgefäßes. Je weniger Wasser in die Flasche läuft, desto größer ist die Wasserhaltefähigkeit des Bodens.
– Notiere und vergleiche die Ergebnisse bei den verschiedenen Bodenproben.

Kalkgehalt im Boden	Stärke des Schäumens
unter 1 %	kein Schäumen
1 % – 2 %	schwaches Schäumen
3 % – 4 %	starkes Schäumen, aber nicht lange anhaltend
über 5 %	starkes, lange anhaltendes Schäumen

3 Den Kalkgehalt bestimmen

PRAXIS Tiere im und auf dem Boden fangen und bestimmen

A Eine Bodenprobe untersuchen

Der Boden ist Lebensraum für viele Tiere. Sie sind meist sehr klein und deshalb mit bloßem Auge kaum zu erkennen.

1 Eine Bodenprobe wird vorsichtig durchsucht.

Material:
frische Bodenprobe (z. B. Komposterde), Esslöffel, kleine Plastikschale, Holzspieße, Lupe

Durchführung:
– Füllt mit dem Esslöffel etwas Erde in die Plastikschale.
– Verschiebt mit dem Holzspieß vorsichtig die Bodenkrümel, um so die Tiere zu finden.
– Beobachtet die Tiere mithilfe der Lupe.

Auswertung:
1 Zeichnet Skizzen von einigen Tiere, die ihr besonders interessant findet.
2 Bestimmt die Tiere mithilfe eines Bestimmungsschlüssels oder einer App.

> **Hinweis:**
> Alle Tiere sind Lebewesen, auch die ganz kleinen, die ihr mit bloßem Auge nicht sehen könnt. Geht daher sehr vorsichtig mit den Proben um. Behandelt die Lebewesen achtsam und verletzt sie nicht! Bringt die Tiere nach der Untersuchung wieder zurück in ihren Lebensraum. Schüttet auch die Bodenprobe wieder vorsichtig zurück an die Stellen, an der ihr so entnommen habt.

B Eine Lichtfalle bauen

Die Tiere im Boden meiden oft das Licht und die Trockenheit. Sie suchen die Dunkelheit und die Feuchtigkeit.

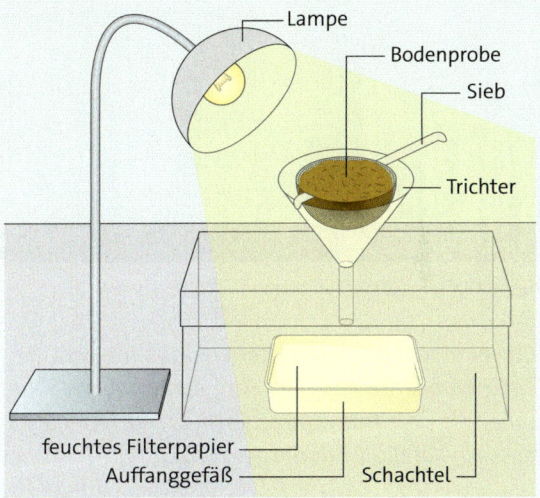

2 So wird eine Lichtfalle aufgebaut.

Material:
Bodenprobe, Schachtel aus Pappkarton, grobes Sieb, Trichter, Auffanggefäß, feuchtes Filterpapier, Lampe

Durchführung:
– Legt das feuchte Filterpapier in das Auffanggefäß. Stellt beides zusammen in die Schachtel.
– Bohrt in den Deckel der Schachtel ein Loch für den Trichter.
– Legt den Deckel auf die Schachtel und stellt den Trichter in das Loch.
– Legt das Sieb in den Trichter und gebt die Bodenprobe in das Sieb.
– Beleuchtet die Bodenprobe mit der Tischlampe.
– Nehmt das Auffanggefäß nach etwa 10 Minuten aus dem Karton.

Auswertung:
1 Notiert eure Beobachtungen.
2 Begründet eure Beobachtungen.
3 Bestimmt die Tiere mithilfe eines Bestimmungsschlüssels oder einer App.

DIE LEBENSRÄUME ENTDECKEN

Die Bedeutung und Gefährdung der Wälder

1 Abgestorbene Fichten auf der Achtermannshöhe

Esther macht mit ihren Eltern Urlaub im Harz. Bei einer Wanderung auf den Berg Achtermannshöhe sehen sie viele tote Bäume. Esthers Mutter erklärt, dass ein Käfer die Bäume geschädigt hat.

Wälder als Erholungsorte
Viele Menschen nutzen den Wald, um sich im Alltag oder im Urlaub zu entspannen. Sie genießen die Ruhe und die saubere Luft, während sie joggen, wandern, Rad fahren oder mit dem Hund spazieren gehen. Manche Menschen beobachten im Wald Vögel oder sammeln Pilze und Beeren. Doch Wälder haben auch für andere Bereiche unseres Lebens eine große Bedeutung (Bild 2).

Wälder schützen Mensch und Umwelt
Die Pflanzen halten mit ihren Wurzeln den Boden fest. Dadurch kann der Boden durch Wind und Regen nicht so leicht weggetragen werden. In Gebirgen können Wälder Schneelawinen verhindern oder abbremsen. Wälder verringern auch die Übertragung von Lärm. Ein 100 Meter breiter Waldstreifen schützt genauso gut vor Lärm wie eine Lärmschutzwand an der Autobahn.

Wälder als Luftreiniger
Alle grünen Pflanzen produzieren Sauerstoff. Eine 100 Jahre alte Buche produziert zum Beispiel etwa 4 600 Kilogramm Sauerstoff pro Jahr. Davon können 13 Erwachsene ein Jahr lang atmen. Die Pflanzen nehmen Kohlenstoffdioxid aus der Luft auf. Dieses Gas entsteht in großen Mengen durch die Verbrennung von Benzin oder Kohle, zum Beispiel in Autos oder Fabriken. 100 Quadratmeter Wald nehmen pro Jahr 100 Kilogramm Kohlenstoffdioxid aus der Luft auf. Pflanzen nehmen auch Schadstoffe aus der Luft auf. Die Bäume auf einer Fläche von 100 Quadratmetern filtern jedes Jahr 500 Kilogramm Staub und Ruß aus der Luft.

Wälder als Wasserspeicher
Ein Quadratmeter Waldboden kann bis zu 200 Liter Regenwasser aufnehmen. Dadurch können Wälder vor Überschwemmungen schützen. Wenn das Wasser versickert, dann filtert der Waldboden Schadstoffe aus dem Wasser. Anschließend verdunstet das Wasser langsam und erhöht so die Luftfeuchtigkeit im Wald.

Wälder als Holzlieferanten
Die Stämme und Äste von Bäumen bestehen aus Holz. Holz wird als Baustoff verwendet, zum Beispiel für Möbel und Häuser (Bild 3). Zerkleinertes Holz kann zu Papier weiterverarbeitet werden. Holz wird auch zum Heizen genutzt. In Kaminöfen werden große Holzstücke verbrannt. In Pelletheizungen werden Holzspäne verbrannt, die zu kleinen Stücken zusammengepresst wurden. Holz kann durch das Nachpflanzen von Bäumen immer wieder neu erzeugt werden. Weltweit werden Wälder geschädigt, weil Bäume gefällt und die freien Flächen für den Anbau anderer Pflanzen genutzt werden.

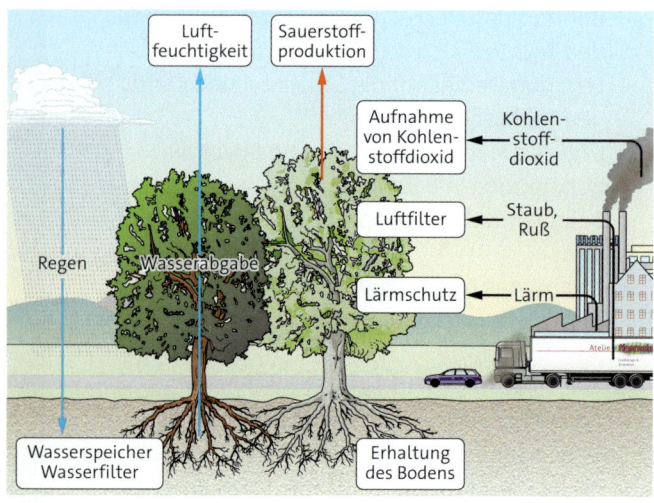

2 Die Funktionen des Waldes

3 Die Verwendung von Holz: beim Hausbau (A), für Möbel (B), für Papier (C), als Holzpellets (D)

5 Ein Borkenkäfer an einer Fichte

Schäden durch Säugetiere

In Deutschland gibt es kaum noch Bären, Luchse und Wölfe in den Wäldern. Deshalb können sich Rehe und Hirsche stark vermehren. Sie fressen die Knospen, die Triebe und die Rinde von jungen Bäumen (Bild 4). Weil die Wildtiere beim Fressen in die Pflanzen beißen, werden diese Schäden **Wildverbiss** genannt. Dadurch wachsen die Bäume langsamer oder sterben ab. Um die Wälder zu erhalten, werden Rehe und Hirsche gejagt.

Schäden durch Insekten

Die Raupen der Miniermotte fressen die Laubblätter von Kastanien von innen auf. Dadurch welken die Blätter schon im Sommer und fallen ab. Die Larven der Borkenkäfer fressen unter der Rinde am Stamm von Fichten und Kiefern (Bild 5).

Wenn sie die Leitungsbahnen des Baumes so stark schädigen, dass kein Wasser mehr zur Baumkrone fließen kann, dann stirbt der Baum.

Schäden durch Wetter

Durch extreme Hitze oder Kälte können Bäume ihre Blätter, Blüten und Früchte verlieren. Auch durch zu viel oder zu wenig Regen können Bäume absterben. Wenn Bäume bereits durch Wildverbiss oder Insekten geschädigt sind, dann brechen ihre Äste und Stämme bei starken Stürmen leichter. Fichten sind mit ihren Wurzeln nur flach im Boden verankert, deshalb werden sie bei Stürmen leichter umgeweht als andere Bäume.

> Wälder bieten Erholung, reinigen die Luft, speichern Wasser und schützen vor Lärm. Der Mensch, verschiedene Tiere und extreme Wetterereignisse gefährden die Wälder.

4 Ein Rothirsch frisst die Rinde eines Baumes.

AUFGABEN

1 Die Bedeutung der Wälder
a ▣ Nenne mithilfe von Bild 2 die Funktionen des Waldes.
b ▣ Sieh dich in deinem Zuhause um. Notiere alle Gegenstände aus Holz.

2 Die Gefährdung der Wälder
a ▣ Erläutere, was mit dem Fachwort Wildverbiss gemeint ist.
b ▣ Beschreibe, wie das Wetter den Wald schädigen kann.

Die Lebensgemeinschaft in der Wiese

1 Ein Feldhase frisst eine Löwenzahnpflanze.

Bennos Schulklasse macht einen Wandertag. Auf einer Wiese können sie Heuschrecken, Vögel und sogar einen Feldhasen beobachten. Benno sieht, wie der Feldhase an einem Löwenzahn knabbert.

Die Erzeuger
Pflanzen können mithilfe von Sonnenlicht energiereiche Stoffe erzeugen. Sie werden deshalb **Erzeuger** genannt. Ein anderes Wort für erzeugen ist produzieren. In der Fachsprache heißen sie daher **Produzenten**. Pflanzen sind die Nahrung für viele Tiere. Zu den Produzenten auf der Wiese gehören die Gräser und die Kräuter (Bild 2).

Die Verzehrer
Tiere können energiereiche Stoffe nicht selbst erzeugen. Deshalb müssen sie diese Stoffe mit der Nahrung aufnehmen. Tiere können Pflanzen oder das Fleisch von anderen Tieren fressen. Sie sind also **Pflanzenfresser** oder **Fleischfresser**. Feldhasen und Heuschrecken sind Pflanzenfresser. Maulwürfe und Mäusebussarde sind Fleischfresser (Bild 2). Statt fressen kann man auch verzehren sagen. Tiere werden daher **Verzehrer** genannt. Ein anderes Wort für verzehren ist konsumieren. In der Fachsprache heißen Verzehrer **Konsumenten**.

Die Zersetzer
Alle Lebewesen sterben irgendwann. Im Boden gibt es Lebewesen, die tote Pflanzen und Tiere zersetzen. Sie heißen **Zersetzer**. In der Fachsprache heißen sie **Destruenten**. Der Regenwurm ist ein Destruent im Boden der Wiese (Bild 2). Wenn Destruenten tote Lebewesen zersetzen, dann werden Stoffe frei. Diese Stoffe können dann wieder von den Produzenten genutzt werden. Alle Stoffe bewegen sich also in einem Kreislauf.

2 Die Nahrungsbeziehungen in einer Wiese: Löwenzahn (A), Rispengras (B), Rotschwingel (C), Storchschnabel (D), Eiche (E), Feldhase (F), Ackerschnecke (G), Feldmaus (H), Feldheuschrecke (I), Wiesenschnakenlarve (J), Wiesenschaumzikade (K), Kleiner Feuerfalter (L), Ackerhummel (M), Grauammer (N), Goldlaufkäfer (O), Blindschleiche (P), Maulwurf (Q), Wespenspinne (R), Mäusebussard (S), Regenwurm (T).

DIE LEBENSRÄUME ENTDECKEN

3 Eine Nahrungskette in einer Wiese

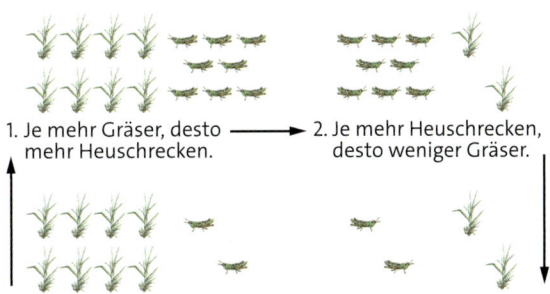

4 Lebewesen beeinflussen sich gegenseitig.

Die Nahrungskette
Die Lebewesen der Wiese fressen und werden gefressen. Sie sind also über ihre Nahrung miteinander verbunden. Ein anderes Wort für Verbindung ist Beziehung. Man sagt daher: Die Lebewesen stehen miteinander in **Nahrungsbeziehungen**. Ein Beispiel zeigt Bild 3: Die Heuschrecke frisst das Rispengras. Die Grauammer frisst die Heuschrecke. Die Nahrungsbeziehungen zwischen Lebewesen kann man darstellen, indem man sie in einer Reihe aufschreibt und mit Pfeilen zeigt, wer wen frisst:
Rispengras → Heuschrecke → Grauammer.
Die Pfeilspitze zeigt dabei immer auf den Konsumenten. Das Fachwort für diese Reihe ist **Nahrungskette**.

Das Nahrungsnetz
Lebewesen fressen oft nicht nur eine Nahrung, sondern mehrere verschiedene. Ein Beispiel ist der Mäusebussard. Er frisst Blindschleichen und Feldmäuse. Die Blindschleiche frisst Ackerschnecken und Regenwürmer. Die Ackerschnecke frisst Rispengräser und Käfer. Auch die Feldmaus frisst Rispengräser. Wenn man alle Nahrungsketten aufschreibt, dann überkreuzen sich die Pfeile (Bild 2). Es entsteht ein verzweigtes Netz. Es heißt **Nahrungsnetz**. Die Nahrungsketten sind also miteinander verbunden. Je mehr Arten in einem Lebensraum leben, desto mehr Nahrungsketten gibt es. Je mehr Nahrungsketten es gibt, desto stärker ist das Nahrungsnetz verzweigt.

Das biologische Gleichgewicht
Wenn sich die Pflanzen stark vermehren, dann haben die Pflanzenfresser mehr Nahrung. Dadurch können sie sich ebenfalls stark vermehren. Wenn es mehr Pflanzenfresser gibt, dann haben auch die Fleischfresser mehr Nahrung. Dadurch können auch sie sich stark vermehren. Doch wenn es mehr Pflanzenfresser gibt, dann fressen sie auch mehr Pflanzen. Dadurch sinkt die Zahl der Pflanzen auf der Wiese. Die Pflanzenfresser finden weniger Nahrung und können sich weniger stark vermehren. Die Zahl der Pflanzenfresser sinkt. Dadurch sinkt auch die Zahl der Fleischfresser. Die verschiedenen Lebewesen in einem Lebensraum beeinflussen sich also gegenseitig (Bild 4). Wenn die Umweltfaktoren in einem Lebensraum gleichbleiben, dann verändert sich die Anzahl der Lebewesen im Laufe der Zeit immer weniger. Schließlich verändert sie sich kaum noch. Das nennt man **biologisches Gleichgewicht**. Je mehr Arten es in einem Lebensraum gibt, desto stabiler ist das biologische Gleichgewicht.

> Produzenten, Konsumenten und Destruenten stehen in Nahrungsbeziehungen. Dadurch bewegen sich Stoffe in Kreisläufen und das biologische Gleichgewicht bleibt erhalten.

AUFGABEN
1 **Die Nahrungsbeziehungen in der Wiese**
a Nenne die Fachwörter für die Erzeuger, die Verzehrer und die Zersetzer.
b Notiere zwei möglichst lange Nahrungsketten aus Bild 2.
c Erstelle eine weitere Nahrungskette, an deren Ende der Mensch steht.
d Beschreibe mithilfe eines Flussdiagramms, wie sich die Stoffe in einem Kreislauf bewegen.
e Erläutere, was das biologische Gleichgewicht ist.

AUFGABEN   Die Lebensräume Wald und See

1 Nahrungsbeziehungen im Wald

Stieleiche

Wildschwein Früchte, Wurzeln, Insekten, Larven, Mäuse, Jungvögel, Aas

Haselmaus Eicheln, Früchte, Bucheckern,

Blaumeise Insekten, Larven, Spinnen, im Winter Samen und kleine Früchte

Schwarzer Holunder

Grüner Eichenwickler junge Eichenblätter

Reh Gräser, Knospen, Kräuter

Wildkatze Mäuse, Jungvögel, Kaninchen, Amphibien, Insekten, Eidechsen, Aas

Wolf Rehe, Hirsche, Wildschweine, Früchte, Mäuse, Eichhörnchen, Aas

1 Verschiedene Lebewesen im Wald und ihre Nahrung

a ☑ Beschreibe, was eine Nahrungskette und was ein Nahrungsnetz ist.

b ☑ Notiere mithilfe der Informationen zu den Lebewesen in Bild 1 drei verschiedene Nahrungsketten in deinem Heft.

c ☑ Nimm ein leeres DIN-A4-Blatt zur Hand. Schreibe die Namen der Lebewesen aus Bild 1 durcheinander auf. Verteile die Namen auf dem gesamten Blatt.

d ☑ Recherchiere sechs weitere Lebewesen, die im Wald leben, und schreibe sie auf das Blatt aus Aufgabe.

e ☑ Erstelle mit den Lebewesen auf deinem Blatt ein Nahrungsnetz, indem du die Nahrungsbeziehungen zwischen den Lebewesen mit Pfeilen darstellst.

f ☑ In einem Wald haben Menschen vor vielen Jahren die letzten Wölfe ausgerottet. Daraufhin wuchsen in dem Wald weniger Nadelbäume und weniger Laubbäume. Stelle eine begründete Vermutung an, warum das so war.

g ☑ Der Wald aus Aufgabe 1f wurde zu einem Naturschutzgebiet gemacht. Seitdem wachsen wieder mehr Bäume. Erläutere, auf welche Maßnahmen dies zurückzuführen sein könnte. Verwende in deiner Antwort die Wörter *Nahrungskette* und *biologisches Gleichgewicht*.

2 Der Sauerstoff in einem See

Die Menge an Sauerstoff in Abhängigkeit von der Wassertemperatur

Menge an Sauerstoff in mg/l

2 Die Menge an Sauerstoff in einem See bei verschiedenen Wassertemperaturen

a ☑ Das Diagramm in Bild 2 zeigt die Menge an Sauerstoff in einem See bei verschiedenen Wassertemperaturen. Formuliere den Zusammenhang zwischen der Wassertemperatur und der Menge an Sauerstoff im Wasser in einem Je-desto-Satz.

b ☑ Begründe, warum die Menge an Sauerstoff im Wasser für die Lebewesen im Wasser wichtig ist.

c ☑ In der Zeitung steht am 18. September 2022, dass im Diemelsee viele Fische sterben. Lies die Überschriften in der Zeitung in Bild 3. Nenne einen möglichen Grund für das Fischsterben im Diemelsee im September 2022.

3 Die Zeitung berichtet über das Fischsterben im Diemelsee.

d ☑ Begründe deine Antwort aus Aufgabe 1d.

WEITERGEDACHT Der Fichtenborkenkäfer

1 Der Fichtenborkenkäfer ist ein Schädling

1 Ein Fichtenborkenkäfer

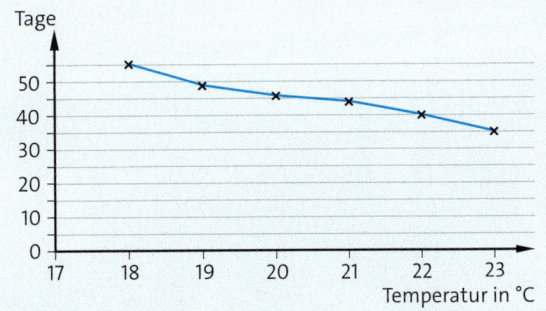

2 Die Entwicklungsdauer des Fichtenborkenkäfers

Die Fichtenborkenkäfer leben in Mischwäldern und in Nadelwäldern, in denen Fichten wachsen. Die Käfer pflanzen sich in der Rinde der Fichten fort. Dort bohren sie Kammern und Gänge in das Holz, in denen die Paarung, die Eiablage und die Entwicklung zum Käfer stattfindet. Die Gänge der Käfer können die Leitungsbahnen zerstören, in denen der Baum Wasser und Nährstoffe transportiert. Wenn nicht mehr alle Pflanzenteile ausreichend mit Nährstoffen und Wasser versorgt werden, dann stirbt der Baum. Die Fichtenborkenkäfer kommen in natürlichen Wäldern und in Wäldern vor, die die Menschen geschaffen haben. Die Menschen legen viele Wälder an, in denen nur Fichten wachsen. Sie nutzen das Holz der Fichten. Gesunde Fichten stellen eine klebrige Flüssigkeit her, die die Käfer abwehrt. Diese Flüssigkeit heißt **Harz**. Geschädigte oder kranke Bäume können nicht genug Harz herstellen. Die Fichtenborkenkäfer befallen deshalb vor allem die kranken oder geschädigten Fichten. Wenn die Fichten durch schwere Stürme oder lange Trockenheit geschwächt sind, dann können auch gesunde Fichten nicht mehr genug Harz herstellen. Dann befallen die Käfer auch die gesunden Bäume und vermehren sich dadurch stark.

a ☒ Nenne den Ort, an dem die Fichtenborkenkäfer sich fortpflanzen.
b ☒ Als Schädling bezeichnet man Lebewesen, die Schaden anrichten. Ein Schaden entsteht zum Beispiel, wenn die Schädlinge Pflanzen zerstören. Begründe, warum die Fichtenborkenkäfer zu den Schädlingen gehören.
c ☒ „Die Fichtenborkenkäfer haben eine wichtige Aufgabe in einem natürlichen Wald." Begründe, ob diese Aussage wahr oder falsch ist.
d ☒ Beschreibe, was das Diagramm in Bild 2 zeigt.
e ☒ Formuliere mithilfe von Bild 2 den Zusammenhang zwischen der Entwicklungsdauer des Fichtenborkenkäfers und der Temperatur in einem Je-desto-Satz.
f ☒ Lies im Diagramm in Bild 2 ab, wie lange die Entwicklung vom Ei bis zum fertigen Käfer bei 18 °C und bei 22 °C dauert.

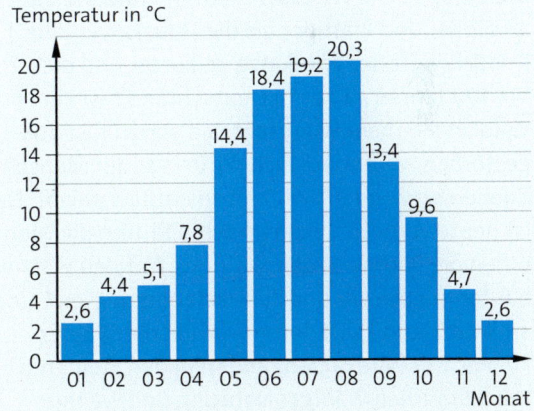

3 Die Durchschnittstemperaturen in Deutschland 2021

g ☒ Fichtenborkenkäfer brauchen für die Entwicklung eine Temperatur von mindestens 18 °C. Lies aus dem Diagramm in Bild 3 ab, in welchen Monaten im Jahr 2021 sich die Fichtenborkenkäfer vermehren konnten.
h ☒ Gib mithilfe von Bild 2 an, wie oft sich die Käfer in der Zeit vermehren können.
i ☒ Durch den Klimawandel wird es in Deutschland dauerhaft wärmer. Stelle eine Vermutung an, wie sich das auf die Fichtenwälder auswirken könnte.
j ☒ Begründe deine Antwort aus Aufgabe h.

Der Mensch verändert Lebensräume

1 Eine europäische Wildkatze

Immer mehr Menschen auf der Erde
Heute leben mehr Menschen auf der Erde als früher. Weltweit sind es acht Milliarden. Diese große Zahl sieht ausgeschrieben so aus: 8.000.000.000. Maschinen erleichtern den Menschen heute viele Arbeiten. Zusammen mit den Möglichkeiten in der Medizin führt das dazu, dass die Menschen länger leben und sich stärker vermehren. Je mehr Menschen auf der Erde leben, desto mehr Platz und Nahrung brauchen sie für Straßen, Häuser und für den Anbau von Nutzpflanzen sowie für die Haltung von Nutztieren.

Kira und Owen sehen im Tierpark eine Katze in einem Gehege. Owen meint, dass sich eine Hauskatze in den Tierpark geschlichen hat. Doch Kira liest auf dem Schild am Zaun, dass es eine europäische Wildkatze ist.

Die Wildkatze war fast verschwunden
Die europäische Wildkatze lebt in Wäldern. Sie ist größer und kräftiger als die Hauskatze (Bild 1). Der Schwanz der Wildkatze ist kürzer und dicker. Vor 100 Jahren gab es in Deutschland fast keine Wildkatzen mehr. Man sagt: Sie waren fast **ausgestorben**. Verantwortlich dafür war der Mensch. Zum einen wurden Wildkatzen damals gejagt. Das ist heute verboten. Zum anderen fällten die Menschen die Bäume in den Wäldern. Auf den Flächen bauten sie Häuser und Fabriken oder legten Felder an (Bild 2 und 3). Dadurch wurden die Wälder kleiner. Die Wildkatzen fanden in den kleineren Lebensräumen weniger Nahrung und weniger Partnerinnen und Partner für die Fortpflanzung.

Weitere Veränderungen durch den Menschen
Autobahnen teilen Wälder in zwei Hälften. Wildtiere laufen über die Fahrbahn, um auf die andere Seite zu gelangen. Dabei werden viele Wildtiere überfahren.
Nutzpflanzen werden oft auf riesigen Flächen angepflanzt. Dadurch gibt es weniger Feldränder mit Hecken und Wildblumen als bei kleinen Feldern. Diese Lebensräume werden also weniger (Bild 3). Wenn Nutzpflanzen geschädigt werden, dann kann man weniger Früchte von ihnen ernten. Deshalb werden Nutzpflanzen mit Giftstoffen gegen Schädlinge besprüht. Dadurch sterben aber auch viele Insekten, die Pflanzen nützen.
Wenn man viele Nutztiere hält, dann entstehen viel Kot und Urin. Sie werden als Dünger auf den Feldern verteilt. Mit dem Regenwasser gelangt ein Teil davon in den Boden, in Bäche und in Flüsse. In den Boden unter Häusern und Straßen gelangt kein Regenwasser. Dadurch verändert sich dieser Lebensraum und der natürliche Wasserkreislauf wird gestört.

2 Bau von Wohnhäusern, Bürogebäuden und Fabriken

3 Hier wird Mais auf einer riesigen Fläche angebaut.

4 Ein trockener Boden (A), eine überschwemmte Straße (B)

6 Eine Grünbrücke über der Autobahn A31 bei Dorsten

Die Folgen für die Erde

Die Eingriffe der Menschen in die Natur verändern auch das Wetter. Das Wetter wird auch **Klima** genannt. Wenn sich das Klima dauerhaft verändert, dann spricht man vom **Klimawandel**. An einigen Orten der Erde wird es wärmer. Wenn es dort auch weniger regnet, dann trocknet der Boden aus und es können keine Pflanzen mehr wachsen (Bild 4A). Man spricht von einer **Dürre**. An anderen Orten regnet es durch den Klimawandel mehr. Wenn sehr viel Regen fällt, dann kann das Wasser nicht mehr im Boden versickern. Kleine Bäche werden zu großen Flüssen, die über sonst trockene Flächen fließen. Man spricht von einer **Überschwemmung**. Die großen Wassermengen können Autos wegspülen und Häuser beschädigen (Bild 4B). Auch durch den Klimawandel verändern sich Lebensräume. Die Tiere finden weniger Nahrung. Es gibt weniger Orte, um Eier abzulegen oder Jungtiere zur Welt zu bringen. Dadurch leben weniger Tierarten in einem Lebensraum. Manche Arten sterben sogar aus. Wenn Arten aussterben, dann nimmt die Artenvielfalt ab. Dadurch wird das biologische Gleichgewicht gestört.

Die Schutzmaßnahmen

Seltene Tierarten wie der Feldhase und der Fischotter werden geschützt (Bild 5). Sie dürfen nicht gefangen oder getötet werden. Man sagt dazu auch: Sie stehen unter **Naturschutz**.
Auch Lebensräume werden geschützt. Sie heißen **Naturschutzgebiete**. Sie dürfen nicht verändert oder zerstört werden. Über Autobahnen werden Brücken gebaut, um die Lebensräume auf den beiden Seiten zu verbinden (Bild 6). Die Brücken sind mit grünen Pflanzen bewachsen. Deshalb heißen sie **Grünbrücken**. Sie werden von Wildtieren wie der Wildkatze genutzt.
Auch kleine Maßnahmen helfen. Beim Schutz von Insekten helfen beispielsweise insektenfreundliche Gärten, in denen Wildblumen wachsen.

> Menschen verändern die Lebensräume und das Klima auf der Erde. Die Lebewesen und ihre Lebensräume werden heute geschützt, um ihre Vielfalt zu erhalten.

5 Der Feldhase (A) und der Fischotter (B) sind geschützt.

AUFGABEN

1 **Die Veränderung von Lebensräumen**
a Beschreibe, wieso die Wildkatze vor 100 Jahren fast ausgestorben ist.
b Erläutere an einem Beispiel, wie Menschen Lebensräume verändern.
c Erkläre, was mit dem Fachwort Klimawandel gemeint ist.
d Nenne drei Maßnahmen zur Erhaltung der Artenvielfalt.
e Überlegt in der Klasse, was ihr tun könnt, um die Natur zu schützen und die Artenvielfalt zu erhalten.

TESTE DICH

1 Die Lebensräume ↗ S. 154/155
a ☐ Nenne das Fachwort für die Tiere und Pflanzen, die in einem Lebensraum leben.
b ☐ Entscheide, ob die folgenden Wörter einen Lebensraum oder eine Lebensgemeinschaft beschreiben: Wald, Fische, Insekten, Wiesenpflanzen, Stadt, Tauben, Wildschweine, Wiese.
c ☐ Begründe, warum Waschbären und Ratten auch in Städten leben.
d ☐ Erkläre, warum der Fuchs als Kulturfolger bezeichnet wird.
e ☐ Auf deinem Schulweg siehst du verschiedene Lebensräume. Benenne diese Lebensräume und beschreibe ihre Lage.

2 Die Umweltfaktoren ↗ S. 156/157
a ☐ Nenne die Fachwörter für lebendige und nicht lebendige Umweltfaktoren.
b ☐ Nenne zwei biotische und zwei abiotische Umweltfaktoren.
c ☒ Beschreibe an einem Beispiel, wie der Umweltfaktor Temperatur die Aktivität von Tieren beeinflusst.
d ☒ Erläutere, warum auf sandigem Boden kaum Pflanzen wachsen können.

3 Der Lebensraum See ↗ S. 160/161
a ☐ Nenne die fünf Zonen eines Sees.
b ☒ Beschreibe, wie die Anzahl der Lebewesen und die Sichttiefe im See zusammenhängen.
c ☒ Beschreibe, wie im Sommer und Winter unterschiedlich warme Wasserschichten in einem See entstehen.
d ☒ Erkläre, wie Mineralstoffe auf Pflanzen und Algen wirken.
e ☒ Begründe, warum das Wasser am Seeboden im Sommer sauerstoffarm ist.
f ☒ Beschreibe, was Feuchtpflanzen und was Wasserpflanzen sind.

4 Der Lebensraum Wald ↗ S. 164/165, 168/169
a ☒ Benenne die Schichten des Waldes, die im Bild mit Buchstaben gekennzeichnet sind.
b ☒ Gib für jede Schicht zwei Pflanzen und Tiere an, die dort leben.
c ☒ Begründe, warum der Sauerklee in Nadelwäldern gut wächst. Der Name der Pflanze gibt dir einen Hinweis.
d ☒ Nenne vier Funktionen des Waldes.
e ☒ Beschreibe anhand von drei Beispielen, wie Menschen den Wald nutzen.
f ☒ Beschreibe an vier Beispielen, wie der Wald geschädigt werden kann.

5 Die Lebewesen in der Wiese ↗ S. 170/171
a ☐ Nenne je ein Beispiel für einen Produzenten, einen Konsumenten und einen Destruenten.
b ☒ Die folgende Nahrungskette enthält Fehler: Mäusebussard → Löwenzahn → kleiner Feuerfalter → Blindschleiche → Regenwurm
Ordne die Tiere in der richtigen Reihenfolge. Ein Lebewesen passt nicht in die Nahrungskette. Nenne es.
c ☒ Erkläre, warum Produzenten für Tiere und Menschen wichtig sind.
d ☒ Beschreibe mögliche Folgen für den Goldlaufkäfer, wenn auf der Wiese kein Löwenzahn mehr wächst. Nutze dazu Bild 2 auf Seite 170.

6 Der Mensch verändert Lebensräume ↗ S. 174/175
a ☐ Nenne drei Beispiele dafür, wie der Mensch Lebensräume verändert.
b ☒ Erläutere, welche Folgen die Eingriffe des Menschen haben können.
c ☒ Beschreibe die Folgen von Dürren und Überschwemmungen für Pflanzen und Tiere, die in den betroffenen Gebieten leben.
d ☒ Beschreibe drei Maßnahmen, mit denen Lebewesen und Lebensräume geschützt werden.

DIE LEBENSRÄUME ENTDECKEN

ZUSAMMENFASSUNG Die Lebensräume entdecken

Die Lebensräume in der Umgebung
Ein Lebensraum ist ein Gebiet, in dem bestimmte Pflanzen und Tiere leben. Die Pflanzen und Tiere in einem Lebensraum werden als Lebensgemeinschaft bezeichnet. Sie beeinflussen sich gegenseitig und werden biotische Umweltfaktoren genannt. Temperatur, Sonnenlicht und Feuchtigkeit sind abiotische Umweltfaktoren. Die Pflanzen und Tiere in einem Lebensraum sind an die Umweltfaktoren dort angepasst.

Die Umweltfaktoren wirken auf Lebewesen
Die Umweltfaktoren in einem Lebensraum wirken auf die Lebewesen, die dort leben. Sie bestimmen, wie gut die Lebewesen wachsen und sich fortpflanzen können. Die Umweltfaktoren beeinflussen auch das Verhalten und die Aktivität der Lebewesen.

Der Lebensraum See
Ein See besteht aus verschiedenen Zonen: der Waldzone, der Röhrichtzone, der Schwimmblattzone, der Tauchblattzone und der Schwimmpflanzenzone. Die Umweltfaktoren Licht, Temperatur, Mineralstoffe und Sauerstoff bestimmen, welche Tiere und Pflanzen in welchen Zonen leben.

Der Lebensraum Wald
Wälder bestehen aus verschiedenen Schichten: der Baumschicht, der Strauchschicht, der Krautschicht, der Moosschicht und der Wurzelschicht. Wälder bieten Lebensraum für viele verschiedene Pflanzen und Tiere.

Die Bedeutung und Gefährdung der Wälder
Menschen nutzen Wälder zur Erholung und Entspannung. Das Holz der Bäume wird als Baustoff und Brennstoff verwendet. Wälder reinigen die Luft und das Regenwasser, sie speichern Wasser und schützen vor Lärm. Menschen, verschiedene Tiere und extreme Wetterereignisse gefährden die Wälder.

Die Lebensgemeinschaft in der Wiese
Zwischen Lebewesen bestehen Nahrungsbeziehungen. Pflanzen sind Produzenten, Tiere sind Konsumenten. Destruenten zersetzen abgestorbene Lebewesen. Nahrungsbeziehungen kann man in Nahrungsnetzen darstellen. Durch die Nahrungsbeziehungen zwischen den Lebewesen bewegen sich Stoffe in Kreisläufen und das biologische Gleichgewicht bleibt erhalten.

Pflanze — Pflanzenfresser — Fleischfresser
Rispengras — Heuschrecke — Grauammer

Menschen verändern Lebensräume
Menschen verändern die Lebensräume und das Klima auf der Erde. Wenn Lebewesen und Lebensräume geschützt werden, dann wird so die Artenvielfalt erhalten.

Pflanzen und Tiere in den Jahreszeiten

In diesem Kapitel erfährst du ...
... wie Pflanzen die Energie der Sonne für andere Lebewesen nutzbar machen.
... aus welchen Bausteinen Lebewesen bestehen.
... wie Pflanzen und Tiere an die Jahreszeiten angepasst sind.
... wie Tiere in extremen Lebensräumen an ihre Lebensräume angepasst sind.

Die Energie der Sonne

1 Maike läuft mit ihrer Schwester durch ein Maislabyrinth.

3 Das Mädchen isst und nimmt dabei Energie auf.

Maike und ihre große Schwester laufen durch ein Labyrinth aus Maispflanzen. Dabei genießen sie den Sonnenschein. Sie reden darüber, dass die Maispflanzen ohne die Sonne gar nicht da wären. Ohne die Sonne könnten die Pflanzen, die Tiere und die Menschen auf der Erde nicht leben.

Die Energie
Alle Vorgänge in der Natur und in der Technik können nur ablaufen, wenn Energie vorhanden ist. Man kann auch sagen: **F**ür alle Vorgänge ist Energie notwendig. Du brauchst zum Beispiel Energie, damit du dich bewegen, damit du atmen und damit du lernen kannst. Energie kommt in verschiedenen Formen vor. Beispiele für **Energieformen** sind Licht, Wärme und chemische Energie.

Die Wärme der Sonne
Die Strahlung der Sonne enthält Energie in Form von Wärme und in Form von Licht. Die Wärme der Sonne erwärmt die Erde. Dadurch sind die Temperaturen auf der Erde hoch genug, damit Lebewesen auf der Erde leben können.

Das Licht der Sonne
Das Licht der Sonne bewirkt, dass es auf der Erde hell wird. Grüne Pflanzen können das Licht der Sonne aufnehmen. Die Pflanzen nutzen das Licht, um zu wachsen. Dabei wandeln sie die Energieform Licht in chemische Energie um. Man sagt deshalb auch: Pflanzen sind **Energiewandler**. Einen Teil der chemischen Energie speichern die Pflanzen in ihren Pflanzenteilen. Wenn Tiere oder Menschen die Pflanzen als Nahrung aufnehmen, dann nehmen sie die chemische Energie in den Pflanzen auf. Die Pflanzen machen die Energie der Sonne also für andere Lebewesen auf der Erde nutzbar. Das Mädchen in Bild 3 isst einen Maiskolben. In dem Maiskolben ist die Energie des Sonnenlichts als chemische Energie gespeichert. Der Körper des Mädchens kann diese chemische Energie aufnehmen und in andere Energieformen umwandeln. Wenn das Mädchen zum Beispiel durch ein Maislabyrinth läuft, dann wird die chemische Energie aus ihrer Nahrung in Bewegungsenergie und Wärme umgewandelt. Die Bewegungsenergie ist eine weitere Energieform.

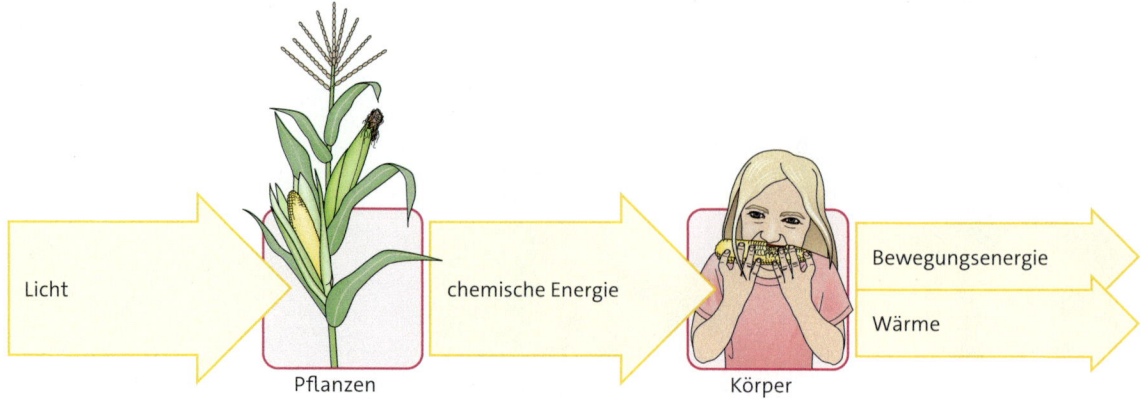

2 Die Energie des Sonnenlichts wird umgewandelt.

4 Die Sonne liefert der Erde Energie.

Für alle Vorgänge ist Energie notwendig. Die Sonnenstrahlen enthalten die Energieformen Wärme und Licht. Die Wärme der Sonne erwärmt die Erde. Grüne Pflanzen wandeln die Energie des Sonnenlichts in chemische Energie um. Andere Lebewesen können die chemische Energie dann aufnehmen und nutzen.

AUFGABEN

1 Die Sonne liefert Energie
a Beschreibe, was mit den Fachwörtern Energieform und Energiewandler gemeint ist.
b Nenne die Energieform, die Menschen und Tiere aufnehmen können.
c Beschreibe, wie Pflanzen die Energie des Sonnenlichts für andere Lebewesen nutzbar machen.

2 Energie ist überall
a Erstelle eine Tabelle und liste darin die in Bild 4 dargestellten Energieformen auf. Ordne ihnen die jeweiligen Vorgänge zu, bei denen sie auftreten.
b Nenne weitere Vorgänge aus deinem täglichen Leben, denen du Energieformen zuordnen kannst.

EXTRA Energieumwandlungen darstellen
In den Naturwissenschaften stellt man Energieumwandlungen mithilfe von Flussdiagrammen dar. Die Flussdiagramme bestehen aus Pfeilen und Kästen. In der Fachsprache heißen diese Flussdiagramme **Energieketten**. Energieketten zeigen:
– die Energieformen in Pfeilen
– die Energiewandler in Kästen
Bei vielen Vorgängen wird die Energie nacheinander in verschiedene Energieformen umgewandelt. Man kann auch sagen: Die Energie durchläuft mehrere Stufen. Die Energieketten, die diese Stufen darstellen, nennt man auch **mehrstufige Energieketten**. Bild 2 zeigt die Energieumwandlungen in der Maispflanze und beim anschließenden Essen eines Maiskolbens. Die Energiewandler, also die Maispflanze und der Körper des Mädchens, sind jeweils in den Kästen dargestellt. Die Energieformen – also Licht, chemische Energie, Bewegungsenergie und Wärme – stehen in den Pfeilen. Mit unterschiedlich breiten Pfeilen kann man die Menge der umgewandelten Energie darstellen.

EXTRA   Wie entstehen Tag und Nacht und die Jahreszeiten?

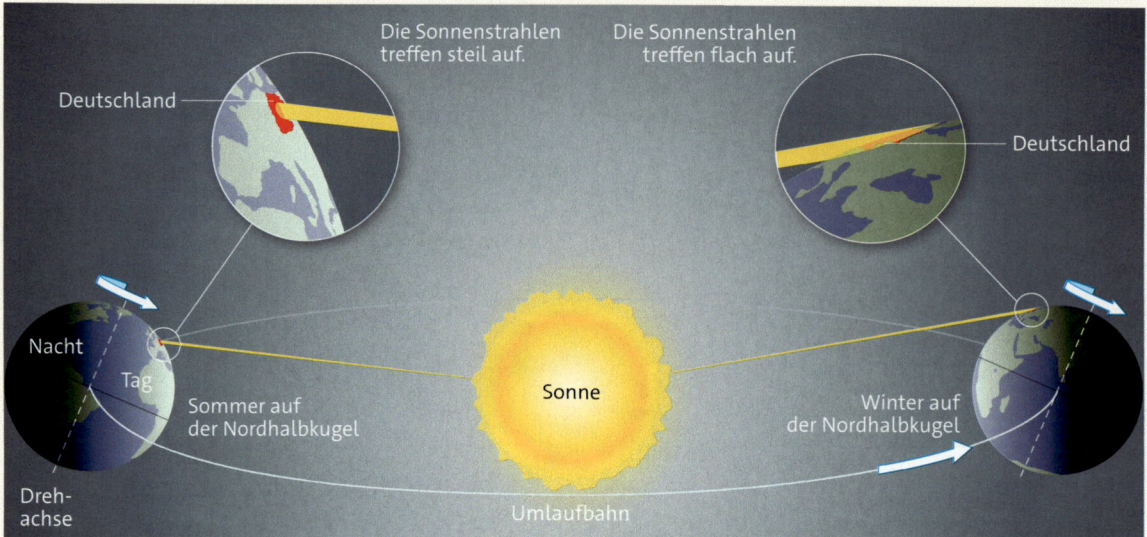

1 So entstehen Sommer und Winter

Der Wechsel von Tag und Nacht

Das Licht der Sonne beleuchtet die Erde. Dadurch wird es auf der Erde hell. Die Erde dreht sich innerhalb von 24 Stunden einmal um sich selbst. Die Achse, um die sich die Erde dreht, heißt **Drehachse**. Sie verläuft vom Nordpol zum Südpol. Die Sonne beleuchtet immer nur eine Seite der Erde. Dort ist **Tag**. Die andere Seite der Erde ist zur gleichen Zeit unbeleuchtet. Dort ist **Nacht**.

Die Entstehung der Jahreszeiten

Innerhalb eines Jahres bewegt sich die Erde einmal um die Sonne. Die Bahn, auf der sich die Erde um die Sonne bewegt, heißt **Umlaufbahn**. Die Sonnenstrahlen treffen an jedem Ort auf der Erde anders auf. Das liegt daran, dass die Drehachse der Erde etwas schräg zu ihrer Umlaufbahn um die Sonne steht. Man sagt auch: Die Drehachse ist **geneigt**.
Es gibt deshalb Orte auf der Erde, auf denen die Sonnenstrahlen steiler auf die Erde treffen als an anderen Orten. Je steiler die Sonnenstrahlen auf einen Ort auf der Erde treffen, desto wärmer wird es dort. In Bild 1 siehst du links, dass die Nordhalbkugel der Sonne zugeneigt ist. Dann treffen die Sonnenstrahlen dort steiler auf. Es wird wärmer. Wir haben Sommer. Rechts in Bild 1 ist die Nordhalbkugel von der Sonne weggeneigt. Dann treffen die Sonnenstrahlen dort flacher auf. Deshalb wird es nicht so warm. Es ist Winter.

AUFGABEN

1 Der Wechsel von Tag und Nacht
a Beschreibe, was die Drehachse der Erde ist.
b Beschreibe, wie Tag und Nacht auf der Erde entstehen.
c Zeichne ein Bild der Erde, das von der Sonne beschienen wird. Beschrifte dein Bild mit den Begriffen: Tag, Nacht, Drehachse, Nordpol und Südpol.

2 Die Entstehung der Jahreszeiten
a Nenne den Grund für die Entstehung der Jahreszeiten auf der Erde.
b Ordne den Bildern 2A und 2B je eine der beiden Jahreszeiten Sommer und Winter zu.

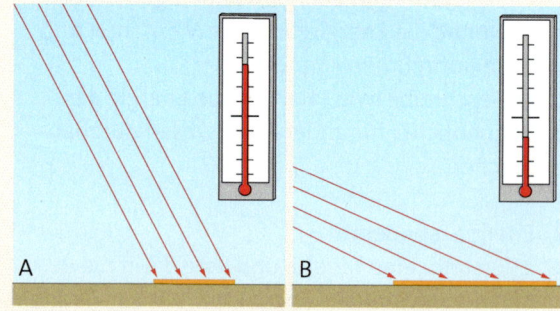

2 Sonneneinstrahlung zu verschiedenen Jahreszeiten

c Begründe, warum auf der Südhalbkugel Winter ist, wenn auf der Nordhalbkugel Sommer ist.

Pflanzen brauchen Wasser

1 Ima gießt die Pflanzen auf dem Balkon.

Ima und ihr Vater haben blühende Pflanzen in ihre Balkonkästen gepflanzt. Ima gießt die Pflanzen regelmäßig, damit sie nicht vertrocknen.

Die Wasseraufnahme in die Wurzel
Die Wurzel einer Pflanze besteht aus dicken und dünnen Wurzeln. Die dünnen Wurzeln besitzen Wurzelhaare. Durch die Wurzelhaare gelangt Wasser aus dem Boden in die Wurzel. Im Wasser sind Mineralstoffe gelöst. Das Wasser mit den Mineralstoffen wird ins Innere der Wurzel transportiert. Dort sammelt sich das Wasser. Wenn sich viel Wasser an einem Ort sammelt, dann steigt dort der Druck. Dieser Wasserdruck in der Wurzel heißt **Wurzeldruck**. Wenn der Wurzeldruck hoch genug ist, dann drückt er das Wasser aus der Wurzel in die Sprossachse.

Die Wasserleitung durch die Sprossachse
Durch die Wurzel und die Sprossachse bis in die Blätter verlaufen durchgehende Bahnen. Man kann sie sich wie Rohre vorstellen. Durch diese Bahnen wird das Wasser in alle Pflanzenteile geleitet. Sie heißen deshalb **Leitungsbahnen**.

Die Wasserabgabe im Laubblatt
An der Unterseite der Laubblätter wird ein Teil des Wassers als Wasserdampf an die Luft abgegeben. Diesen Vorgang nennt man **Verdunstung**. Wenn Wasser an den Laubblättern verdunstet, dann wird dort neues Wasser gebraucht. Dadurch entsteht in den Laubblättern eine **Saugkraft**, die neues Wasser aus der Wurzel durch die Sprossachse nach oben saugt. Das funktioniert ähnlich wie beim Trinken mit einem Trinkhalm. Diese Saugkraft bewirkt, dass eine Pflanze ständig Wasser aus dem Boden aufnimmt, das dann durch die Leitungsbahnen bis in die Laubblätter gelangt.

> Eine Pflanze nimmt Wasser und darin gelöste Mineralstoffe durch die Wurzelhaare aus dem Boden auf. Durch die Leitungsbahnen gelangt das Wasser in alle Pflanzenteile. An den Laubblättern wird Wasser als Wasserdampf an die Luft abgegeben. Dieser Vorgang heißt Verdunstung.

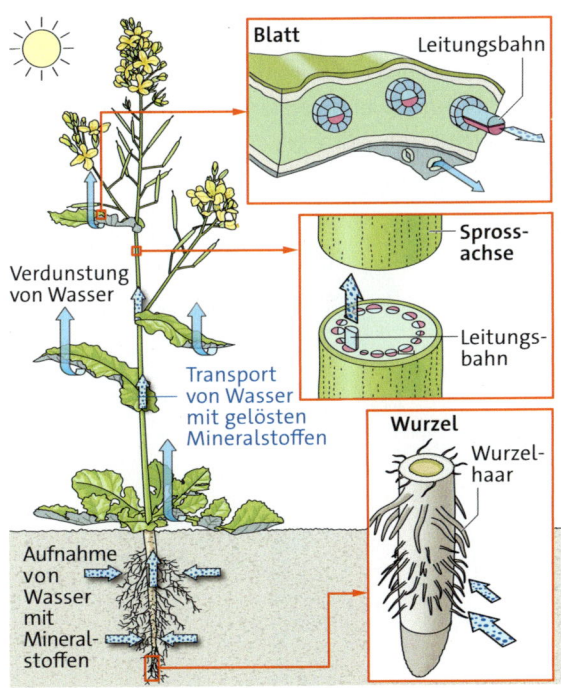

2 Wasseraufnahme und Wasserleitung in der Pflanze

AUFGABEN

1 Die Wurzel nimmt Wasser auf
a Zeichne die Skizze einer Wurzel in dein Heft und beschrifte die Teile der Wurzel.
b Markiere den Teil der Wurzel, durch den eine Pflanze Wasser aus dem Boden aufnimmt.
c Nenne die Stoffe, die eine Wurzel aus dem Boden aufnimmt.

2 Die Wasserleitung durch die Pflanze
a Beschreibe den Weg des Wassers aus dem Boden bis in die Laubblätter.
b Beschreibe, was mit dem Fachwort Verdunstung gemeint ist.
c In einer Pflanze bewirken ein Druck und eine Kraft, dass das Wasser von unten nach oben transportiert wird. Schreibe die Fachwörter für den Druck und für die Kraft in dein Heft und ergänze eine Worterklärung.

PRAXIS Wassertransport

A Die Wasseraufnahme

Material:
2 Messzylinder (100 ml), 1 Stängel mit Wurzeln und 1 Stängel ohne Wurzeln vom Fleißigen Lieschen (etwa die gleiche Anzahl Blätter), Wasser, Öl, Folienstift

Durchführung:
— Fülle beide Messzylinder mit jeweils gleich viel Wasser und stelle je einen Spross hinein.
— Markiere den Wasserstand mit dem Folienstift.
— Gib etwas Speiseöl auf das Wasser, sodass die Oberfläche bedeckt ist.
— Lass beide Gefäße in einem Raum bei Zimmertemperatur stehen.
— Notiere nach mehreren Stunden oder in der nächsten Biologiestunde den jeweiligen Wasserstand in den beiden Gefäßen.

Auswertung:
1 Beschreibe deine Beobachtungen.
2 Begründe deine Beobachtungen.
3 Nenne den Grund, warum etwas Öl auf die Wasseroberfläche gegeben wird.
4 Nenne die Ursachen, die zu den Ergebnissen geführt haben.
5 Begründe, warum beide Ansätze bei gleicher Umgebungstemperatur durchgeführt werden müssen.

B Die Wasserleitung zur Blüte

Material:
1 Becherglas mit gefärbter Lösung blauer Tinte, 1 Becherglas mit gefärbter Lösung roter Tinte, 1 Spross von weiß blühendem Fleißigen Lieschen mit mehreren Laubblättern

Durchführung:
— Entferne die Wurzel vom Spross und schneide die Sprossachse frisch an.
— Schneide die Sprossachse in der Mitte längs etwa 5 cm hoch ein.
— Stelle die eine Hälfte der angeschnittenen Sprossachse in das Becherglas mit der blauen Lösung, die andere Hälfte in das Becherglas mit der roten Lösung.
— Nimm die Pflanze alle 15 Minuten aus den Lösungen. Betrachte die Blüte und miss, wie weit die Farbe bereits gewandert ist.
— Notiere deine Beobachtungen. Stelle die Pflanze dann wieder zurück in die Lösungen.

Auswertung:
1 Beschreibe deine Beobachtungen.
2 Begründe deine Beobachtungen.
3 Berechne, wie weit das Wasser in der Sprossachse pro Minute gewandert ist.
4 Nenne zwei Ursachen für den Wassertransport in Pflanzen.

1 Der Nachweis der Wasseraufnahme

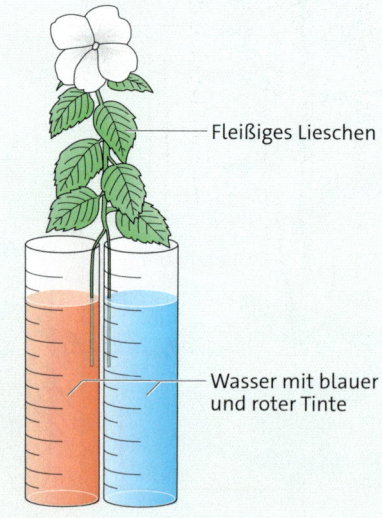

2 Der Nachweis der Wasserleitung

C Die Wasserabgabe

Material:
Cobaltchloridpapier, Klebestreifen, eine Topfpflanze mit großen grünen Blättern (zum Beispiel eine Begonie)

Durchführung:
− Schneide zwei 2 cm lange Streifen Cobaltchloridpapier zu.
− Befestige einen Streifen Cobaltchloridpapier mit Klebestreifen auf der Oberseite und einen Streifen auf der Unterseite des Laubblatts.
− Notiere die Farbe des Cobaltchloridpapiers.
− Entferne das Cobaltchloridpapier am nächsten Tag oder in der nächsten Biologiestunde.
− Notiere deine Beobachtungen in dein Heft.

Auswertung:
1 Vergleiche die Farbe des Cobaltchloridpapiers und deine Beobachtungen an der Oberseite und an der Unterseite des Laubblatts.
2 Wenn Cobaltchloridpapier mit Wasser in Berührung kommt, dann verfärbt es sich. Deshalb eignet sich Cobaltchloridpapier für den Nachweis von Wasser. Benenne mithilfe dieser Information die Seite des Laubblatts, an der du Wasser nachweisen konntest.
3 Begründe das Ergebnis des Experiments. Denke dabei an die Funktion der Laubblätter.

D Die Verdunstung

Material:
3 Messzylinder (100 ml), Wasser, 2 Sprosse vom Fleißigen Lieschen mit etwa gleich vielen Laubblättern, 1 Spross mit nur 1 bis 2 Laubblättern, Skalpell, Folienstift, Speiseöl, Gefrierbeutel (3 l), Gummiband

Durchführung:
− Fülle die 3 Messzylinder jeweils mit gleich viel Wasser.
− Schneide die Sprossachsen frisch an.
− Stelle je einen Spross in jeden Messzylinder.
− Markiere die Wasserstände mit dem Folienstift.
− Gib etwas Speiseöl auf die Wasseroberflächen.
− Stülpe einen Gefrierbeutel über einen Spross mit vielen Laubblättern. Befestige ihn luftdicht mit einem Gummiband am Zylinderrand.
− Notiere deine Beobachtungen frühestens nach einem Tag oder in der nächsten Biologiestunde in deinem Heft.

Auswertung:
1 Vergleiche die Ergebnisse in den 3 Gefäßen.
2 Erkläre die Ergebnisse. Gehe dabei auf die Bedeutung des Gefrierbeutels ein.

3 Der Nachweis der Wasserabgabe

4 Der Nachweis der Wasserverdunstung

PFLANZEN UND TIERE IN DEN JAHRESZEITEN

METHODE Vorgänge in Stop-Motion-Filmen darstellen

Viele naturwissenschaftliche Vorgänge kannst du nicht sehen. Mithilfe von Stop-Motion-Filmen kannst du solche Vorgänge darstellen.

Stop-Motion ist eine Filmtechnik, bei der man Fotos von nicht bewegten Gegenständen oder Bildern macht und diese Fotos später aneinanderreiht. Nach jedem Foto verändert man die Gegenstände oder Bilder leicht. Entweder bewegt man sie ein kleines Stück, man entfernt etwas oder man fügt etwas hinzu. Wenn man am Ende alle Fotos aneinanderreiht, dann scheint es, als würden sich die Gegenstände oder Bilder bewegen.

Die Klasse 5d soll einen Stop-Motion-Film erstellen. Der Film soll zeigen, wie Wasser aus dem Boden in die oberen Pflanzenteile gelangt. Niklas, Imani und Rico arbeiten in einer Gruppe zusammen.

1 Informationen zum Thema sammeln
Sammelt Informationen über das Thema eures Films.

Niklas, Imani und Rico sammeln Informationen zum Wassertransport in Pflanzen. Sie notieren die Schritte bei der Wasseraufnahme, beim Wassertransport und bei der Wasserabgabe. Sie schreiben zu jedem Schritt, welche Pflanzenorgane beteiligt sind.

2 Die Abfolge der Schritte im Film festlegen
Überlegt, welche Schritte des Vorgangs euer Film zeigen muss, damit der Vorgang nachvollziehbar ist. Plant die Reihenfolge der Schritte.

Niklas, Imani und Rico wollen zuerst zeigen, dass Wasser aus dem Boden in die Wurzel aufgenommen wird. Dann wollen sie den Wassertransport durch die Sprossachse in die Laubblätter zeigen. Am Ende soll die Wasserabgabe aus den Laubblättern zu sehen sein.

3 Das Storyboard erstellen
Erstellt einen Plan für den Ablauf eures Stop-Motion-Films. Einen solchen Plan der Szenen eines Films nennt man **Storyboard**. Schreibt alle Szenen untereinander auf. Zeichnet für jede Szene Skizzen, die zeigen, was zu sehen sein soll. Beschreibt daneben, wie die Szene aufgebaut sein soll. Gebt jeder Szene einen Titel. Notiert, welche Materialien ihr für die Szenen braucht.

Tipp: Überlegt, welche Materialien ihr nutzen wollt. Das können Stifte, Papier, Bilder, Textschnipsel, Knete oder Legosteine sein. Überlegt, wie ihr die Materialien in die Szenen einbringt. Ihr könnt sie langsam hinein und heraus bewegen. Bilder oder Texte auf Papier könnt ihr auch zerschneiden oder zerknüllen.

Szene 1: Wasseraufnahme aus dem Boden

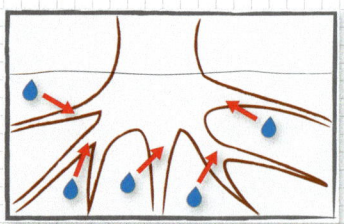 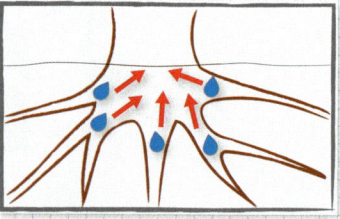 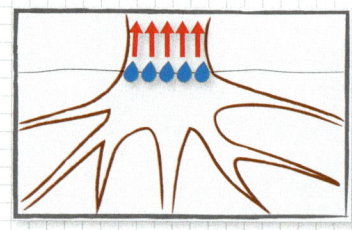

Handlung
Die Wassertropfen und die Pfeile werden vom Boden in die Wurzeln bewegt.

Die Wassertropfen und die Pfeile werden in den Wurzeln in Richtung der Sprossachse bewegt.

Übergang zu Szene 2:
Die Wassertropfen und die Pfeile werden in der Sprossachse nach oben bewegt.
→ dann herauszoomen, damit man die ganze Sprossachse sieht

Material
Eine große Zeichnung einer kompletten Pflanze, Wassertropfen aus blauem Tonpapier, Pfeile aus rotem Tonpapier

1 Ein Ausschnitt aus dem Storyboard von Niklas, Imani und Rico

4 Die Filmerstellung vorbereiten
Richtet den Bereich ein, in dem ihr die Fotos machen wollt. Achtet darauf, dass es dort hell genug ist. Legt alle Materialien bereit.

Folgende Materialien braucht ihr:
– ein Aufnahmegerät (eine Kamera, ein Tablet oder ein Smartphone)
– wenn möglich eine Halterung für euer Aufnahmegerät
– einen Tisch oder eine geeignete Unterlage
– eine geeignete Software oder App
– alle Materialien, die ihr fotografieren wollt

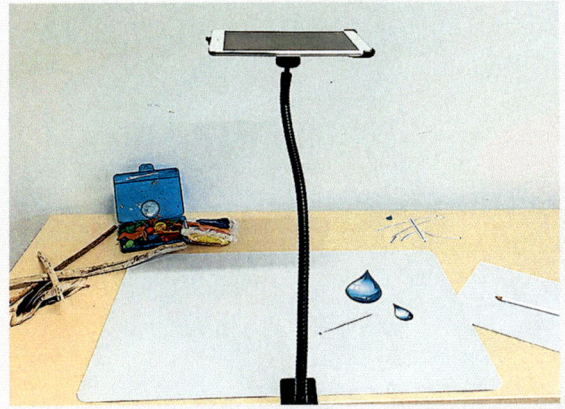

2 Die Aufnahmefläche von Niklas, Imani und Rico

Niklas, Imani und Rico bekommen von ihrer Schule ein Tablet, um den Stop-Motion-Film zu erstellen. Auf dem Tablet ist eine App installiert, mit der man Stop-Motion-Filme erstellen kann. Sie bereiten die Aufnahmefläche wie in Bild 2 vor. Sie installieren eine Halterung für das Tablet. So stellen sie sicher, dass sie jedes Foto aus dem gleichen Blickwinkel aufnehmen.

5 Die Aufgaben verteilen
Verteilt die Aufgaben in eurer Gruppe. Legt fest, wer darauf achtet, dass das Storyboard umgesetzt wird. Bestimmt, wer die Materialien zwischen den einzelnen Fotos verändert und wer die Fotos macht.

Niklas achtet auf die Umsetzung des Storyboards. Rico legt die Materialien zwischen den Fotos zurecht. Imani bedient die Kamera.

6 Mit der Technik vertraut machen
Macht euch mit dem Gerät vertraut, das ihr für die Aufnahmen benutzen wollt. Testet, ob die Kamera funktioniert. Übt auch, mit der Software oder der App umzugehen. Probiert aus, welche Möglichkeiten die App oder Software für die Gestaltung eures Films bietet.

In der App für Stop-Motion-Filme kann Imani die Fotos machen. Die App zeigt beim Fotografieren Hilfslinien an. Daran sieht Imani, ob alle Fotos aus dem gleichen Winkel aufgenommen werden. Sogar Musik und andere Geräusche wie Knistern lassen sich später einfügen.

7 Die Fotos machen
Legt die Materialien für jede Szene auf die Aufnahmefläche. Erstellt die Fotos. Verschiebt die Materialien zwischen den einzelnen Fotos nur ein paar Millimeter. Je kleiner die Bewegungen sind, die ihr von Foto zu Foto macht, desto flüssiger erscheinen die Bewegungen später im Film.

Rico legt die Materialien nach Anweisung von Niklas nacheinander in die Aufnahmefläche. Imani macht die Fotos.

8 Den Film erstellen und bearbeiten
Mithilfe der Software oder App reiht ihr jetzt alle Fotos aneinander. Spielt den Film ab und prüft, ob alle Einzelheiten gut erkennbar sind.

Die Fotos, die Imani in der App gemacht hat, werden automatisch aneinandergereiht. Niklas, Imani und Rico können den Stop-Motion-Film direkt ansehen. Bei einer Szene merken sie, dass sie zu kurz gezeigt wird und man nicht alle Informationen erfassen kann. Sie kopieren das Foto in der App und fügen es mehrmals ein. Nun passt alles.

AUFGABEN
1 **Einen Stop-Motion-Film erstellen**
a ◻ Teilt eure Klasse in Gruppen auf.
b ◼ Erstellt einen Stop-Motion-Film zum Wassertransport in Blütenpflanzen.

Lebewesen sind aus Zellen aufgebaut

1 Noah fragt sich, woraus ein Laubblatt aufgebaut ist.

Noah untersucht das Blatt einer Zimmerpflanze. Er will sich mit seiner Lupe die Bausteine anschauen, aus denen ein Blatt besteht. Er kann aber nichts erkennen.

Die Zellen
Alle Lebewesen bestehen aus kleinen Bausteinen. Diese Bausteine heißen **Zellen**. Zellen sind so klein, dass sie erst in einem Mikroskop sichtbar werden. Die Zellen von Pflanzen und Tieren sind ähnlich gebaut. Es gibt aber auch Unterschiede.

Der Bau von Pflanzenzellen
Im Mikroskop erkennt man, dass ein Laubblatt aus vielen kleinen, eckigen Zellen besteht (Bild 2). Die Zellen haben eine feste Wand. Das ist die **Zellwand**. Sie schützt die Zellen und gibt ihnen ihre Form. Durch winzige Löcher in der Zellwand können Zellen Stoffe mit der Umgebung austauschen. Diese Löcher in der Zellwand heißen **Tüpfel**. Die Zellen besitzen noch eine weitere Hülle, die innen an der Zellwand liegt. Das ist die **Zellmembran**.

Im Innern der Zelle befindet sich eine zähe Flüssigkeit aus Wasser und gelösten Stoffen. Sie wird **Zellplasma** genannt.

Im Zellplasma liegen die kleinen „Organe" der Zelle. Das Fachwort für ein kleines Zellorgan ist **Organelle**.

Die Organellen in Pflanzenzellen
Jede Zelle enthält alle Informationen über die Merkmale des Lebewesens. Diese Informationen heißen **Erbinformationen**. Sie sind in einem Stoff gespeichert. Dieser Stoff wird **Erbsubstanz** genannt. Die Erbsubstanz befindet sich im **Zellkern** (Bild 3). Der Zellkern steuert mithilfe der Erbsubstanz alle Vorgänge in der Zelle.

In den Zellen von Laubblättern befinden sich viele kleine grüne Körner (Bild 2). Diese Körner heißen **Chloroplasten**. Sie enthalten einen grünen Farbstoff, das **Chlorophyll**. Chloroplasten nutzen die Energie des Sonnenlichts, um Traubenzucker herzustellen.

Im Zellplasma von Pflanzenzellen gibt es einen großen Raum, in dem Wasser und Stoffe gespeichert werden. Dieser Raum ist die **zentrale Vakuole**. Sie drückt wie ein prall mit Flüssigkeit gefüllter Luftballon von innen gegen die Zellwand und macht die Zelle stabil.

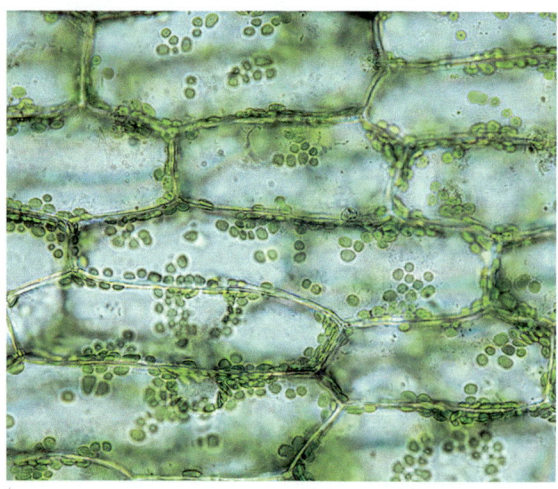

2 Pflanzenzellen im Mikroskop

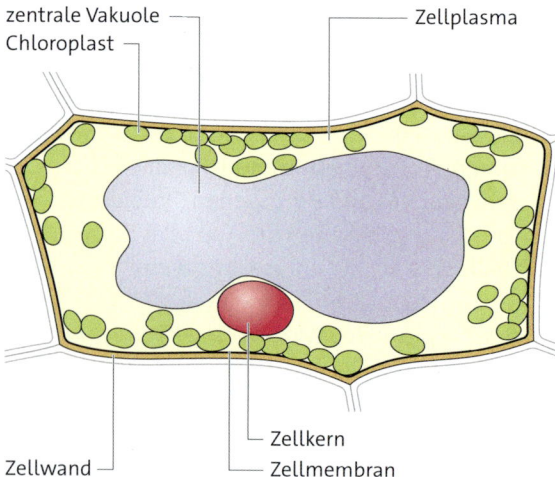

3 Schemazeichnung einer Pflanzenzelle

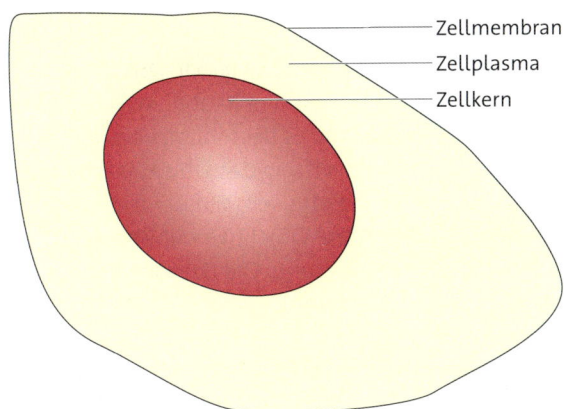

4 Schemazeichnung einer Tierzelle

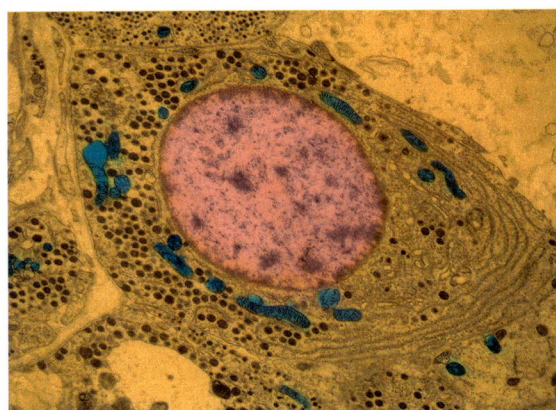

5 Tierzelle im Mikroskop

Der Bau von Tierzellen

Tierzellen besitzen eine Zellmembran und sind mit Zellplasma gefüllt. Im Zellplasma liegt der Zellkern (Bild 4). Tierzellen besitzen keine feste Zellwand und keine zentrale Vakuole. Dadurch sind Tierzellen verformbar und weniger stabil als Pflanzenzellen. Tierzellen haben auch keine Chloroplasten (Bild 5). Deshalb können Tierzellen die Energie des Sonnenlichts nicht nutzen, um selbst Traubenzucker herzustellen.

> Lebewesen bestehen aus Zellen. Pflanzenzellen und Tierzellen sind ähnlich gebaut, unterscheiden sich aber auch. Pflanzenzellen und Tierzellen besitzen eine Zellmembran und Zellplasma. Im Zellkern befindet sich die Erbsubstanz. Pflanzenzellen besitzen zusätzlich eine Zellwand, Chloroplasten und eine zentrale Vakuole.

AUFGABEN

1 Zellen von Pflanzen und Tieren

a Erstelle eine Tabelle mit vier Spalten. Vergleiche die Bestandteile einer Pflanzenzelle und einer Tierzelle in der Tabelle.

b Lies aus deiner Tabelle ab, welche Organellen den Tierzellen fehlen.

c Notiere die Aufgaben der Zellbestandteile in der vierten Spalte der Tabelle aus Aufgabe 1a.

d Begründe, warum Tierzellen das Sonnenlicht nicht nutzen können, um Traubenzucker herzustellen.

e Stelle Vermutungen an, warum Pflanzenzellen durch eine feste Zellwand geschützt sind, Tierzellen jedoch nicht.

f Erstelle eine Skizze von einer Pflanzenzelle und von einer Tierzelle. Die Bilder 3 und 4 helfen dir dabei. Beschrifte deine Skizzen mit den Fachwörtern.

BASISKONZEPT System

Eine Zelle ist nach außen abgegrenzt durch die Zellmembran, bei Pflanzenzellen auch durch die Zellwand. Die Zelle tauscht Stoffe mit der Umgebung aus. Sie besteht aus mehreren Bestandteilen. Dazu gehören die Zellmembran, das Zellplasma und der Zellkern. Alle Bestandteile haben bestimmte Aufgaben. Die Zelle kann nur leben, wenn alle Bestandteile vorhanden sind und ihre Aufgaben erfüllen. So etwas wie die Zelle bezeichnet man in der Biologie als **System**. Jedes System besteht aus mehreren Teilen, die zusammenarbeiten. Dadurch bewirken die Teile, dass das System als Ganzes seine Aufgabe erfüllen kann. Die Teile eines Systems nennt man auch **Systemelemente**. Die Grenze, die ein System nach außen abgrenzt, heißt **Systemgrenze**. Biologische Systeme tauschen Informationen oder Stoffe mit der Umwelt aus. Man sagt deshalb auch: Biologische Systeme sind **offen**. Beispiele für biologische Systeme sind eine Zelle, ein Lebewesen, ein Organsystem oder ein einzelnes Organ. Ein Pflanzenorgan zum Beispiel ist ein System. Die ganze Pflanze ist auch ein System.

METHODE   Mikroskopieren

Ein **Mikroskop** ist ein Gerät, das sehr stark vergrößerte Bilder von sehr kleinen Dingen erzeugt. Dadurch kannst du kleinste Einzelheiten erkennen. Um ein Mikroskop richtig benutzen zu können, musst du wissen, wie es aufgebaut ist.

Du schaust am oberen Ende in das Mikroskop. Dieses Bauteil heißt **Okular**. Es besteht aus mehreren Linsen. An der Beschriftung des Okulars kannst du ablesen, wie stark diese Linsen ein Bild vergrößern. Wenn auf dem Okular zum Beispiel „10x" steht, dann bedeutet das „10-fache Vergrößerung".

Das Okular ist über ein Rohr mit dem restlichen Gerät verbunden. Dieses Rohr wird **Tubus** genannt. Der Tubus ist schräg angebracht und drehbar. Dadurch kannst du beim Mikroskopieren eine angenehme Körperhaltung einnehmen.

Unter dem Tubus befindet sich eine Drehscheibe mit mehreren vergrößernden Bauteilen. Ein solches Bauteil heißt **Objektiv**. Es besteht aus mehreren Linsen. An der Beschriftung des Objektivs kannst du die Vergrößerung ablesen. Auf der Drehscheibe befinden sich mehrere Objektive mit unterschiedlicher Vergrößerung. Die Drehscheibe wird **Objektivrevolver** genannt.

Unter den Objektiven erkennst du die Auflagefläche für das Objekt, das du betrachten willst. Diese Fläche ist der **Objekttisch**. Er besitzt oft kleine Metallklammern, mit denen du das Objekt festklemmen kannst. Diese Klammern heißen **Objekthalter**.

In der Mitte des Objekttischs ist ein Loch. Darunter befindet sich auf der Unterseite des Objekttischs eine Vorrichtung, mit der das Licht gebündelt wird. Das ist die **Blende**. Du kannst sie weiter öffnen oder schließen, bis das Objekt gleichmäßig ausgeleuchtet ist.

Unterhalb der Blende befindet sich eine **Lichtquelle**. Sie beleuchtet das Objekt von unten.

Die Lichtquelle ist auf einem schweren Gehäuse am unteren Ende des Mikroskops angebracht. Das Gehäuse heißt **Fuß**. Er enthält die Technik für die Beleuchtung.
Am Fuß des Mikroskops ist eine Halterung für die restlichen Teile des Mikroskops verankert. Diese Halterung heißt **Stativ**.
Fasse das Mikroskop zum Tragen immer nur am Fuß und am Stativ an.

Am Stativ siehst du einen Drehknopf zum Scharfstellen des Bildes. Wenn du daran drehst, dann bewegt sich der Objekttisch nach oben oder unten. Dadurch verändert sich der Abstand zwischen dem Objekt und dem Objektiv. Der Drehknopf ist oft zweigeteilt. Mit dem größeren Teil kannst du den Abstand schneller verändern, die Einstellung ist also sehr grob. Deshalb spricht man vom **Grobtrieb**. Mit dem kleinen Teil des Drehknopfs kannst du den Abstand sehr langsam verändern, die Einstellung ist also sehr fein. Deshalb spricht man vom **Feintrieb**.

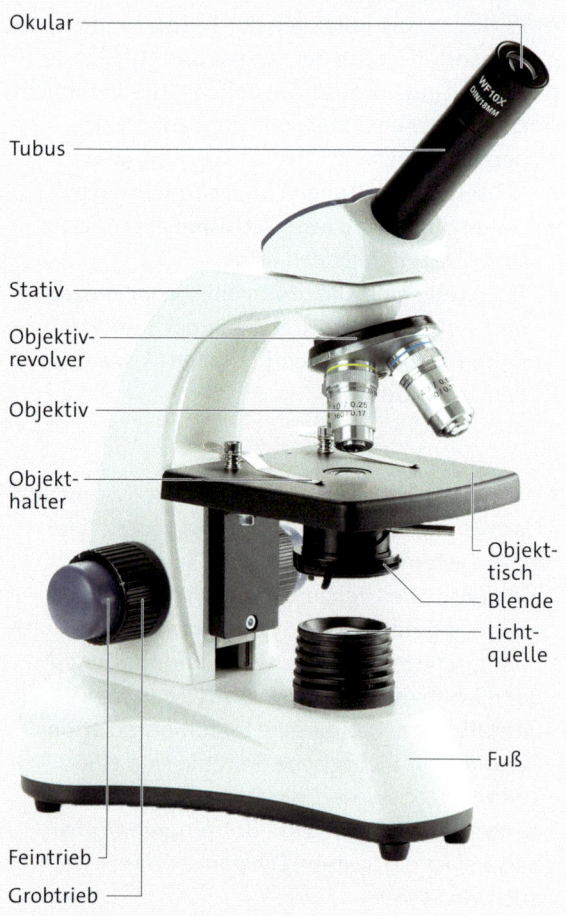

1 Die Bauteile eines Mikroskops

Wenn du ein Mikroskop verwendest, um kleinste Einzelheiten zu betrachten, dann mikroskopierst du. Gehe dabei immer nach den folgenden Schritten vor:

1 Das Mikroskop aufstellen
Trage das Mikroskop immer mit einer Hand am Stativ und mit der anderen Hand unter dem Fuß. Stelle es auf den Tisch und stecke den Stecker in die Steckdose.

2 Die Grundeinstellung vornehmen
Drehe den Objekttisch mit dem Grobtrieb ganz nach unten. Drehe den Objektivrevolver so, dass das Objektiv mit der kleinsten Vergrößerung über dem Loch des Objekttischs ist. Schalte die Lampe ein und schließe die Blende zu einem Drittel.

3 Das Präparat auflegen
Lege den Objektträger mit dem vorbereiteten Objekt über das durchleuchtete Loch des Objekttischs. Klemme den Objektträger mit den Objekthaltern fest.

4 Das Bild scharf stellen
Schau von der Seite auf das Mikroskop und drehe den Objekttisch mit dem Grobtrieb nach oben, bis sich Deckgläschen und Objektiv gerade noch nicht berühren (Bild 2). Schau nun durch das Okular und bewege den Objekttisch mit dem Feintrieb langsam nach unten, bis du ein scharfes Bild siehst. Stelle mit der Blende die Helligkeit so ein, dass du scharfe Kontraste siehst.

3 Valeria mikroskopiert.

5 Einen Überblick verschaffen
Betrachte zunächst das gesamte Objekt. Suche eine besonders schöne oder interessante Stelle und schau sie dir genauer an. Bringe sie dazu in die Mitte des Bildes, indem du den Objektträger vorsichtig auf dem Objekttisch verschiebst.

6 Vergrößern und scharf stellen
Drehe den Objektivrevolver, bis das Objektiv mit der nächsten Vergrößerung über deinem Objekt ist. Schaue durch das Okular und drehe den Feintrieb, bis du ein scharfes Bild siehst.

Die Regeln zum Umgang mit dem Mikroskop
– Fasse das Mikroskop zum Tragen immer nur am Stativ und am Fuß an.
– Berühre die Linsen von Okular und Objektiv niemals mit den Fingern.
– Beginne beim Mikroskopieren immer mit der kleinsten Vergrößerung.
– Drehe immer am Objektivrevolver, niemals am Objektiv.
– Stelle das Bild immer zuerst mit dem Grobtrieb, dann erst mit dem Feintrieb scharf.
– Achte darauf, dass das Objektiv niemals das Objekt berührt.
– Stelle nach dem Mikroskopieren wieder die kleinste Vergrößerung ein.

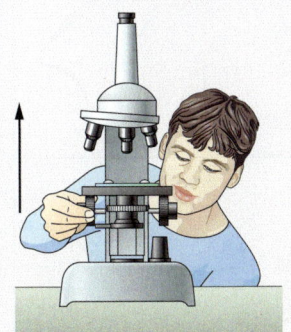 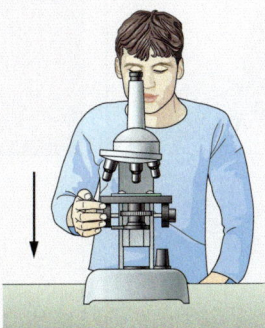

Heben des Objekttischs   Einstellen der Bildschärfe

2 Das Scharfstellen des Bildes

PFLANZEN UND TIERE IN DEN JAHRESZEITEN

METHODE Mikroskopische Präparate anfertigen

Mit einem Mikroskop kannst du sehr kleine Dinge betrachten. Manchmal musst du die Objekte dazu erst vorbereiten. Ein vorbereitetes Objekt nennt man Präparat. Wenn du ein Objekt vorbereitest, dann sagt man dazu: Du stellst ein Präparat her.

Drilon will sich Zwiebelzellen im Mikroskop ansehen. Dazu stellt er ein Präparat her.

1 Das Arbeitsmaterial bereitlegen
Lege alles bereit, was du zur Herstellung des Präparats brauchst. Gib dann mit einer Pipette einen Wassertropfen auf einen sauberen Objektträger.

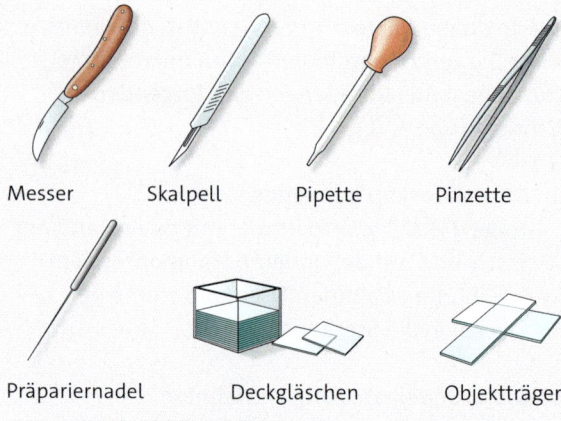

Drilon legt eine Zwiebel, ein Messer, ein Schneidebrett, ein Skalpell, eine Pipette, eine Pinzette, eine Präpariernadel, einen Objektträger, Deckgläschen und Küchenpapier bereit. Dann bereitet er den Objektträger mit dem Wassertropfen vor.

2 Eine dünne Schicht des Objekts herstellen
Stelle eine möglichst dünne, durchsichtige Schicht von deinem Objekt her. Nur dann kann das Objekt vom Licht des Mikroskops durchstrahlt werden.

Drilon entfernt die äußere trockene Schale der Zwiebel. In die Zwiebelschuppe darunter schneidet er mit dem Skalpell ein Viereck (Bild 1C). Mit der Pinzette löst er von einer Ecke des Vierecks ausgehend vorsichtig etwas Zwiebelschuppenhaut ab.

2 Einige Hilfsmittel zur Herstellung von Präparaten

3 Das Objekt auf den Objektträger bringen
Lege die dünne Schicht deines Objekts auf den Wassertropfen auf dem Objektträger. Lege dann ein sauberes Deckgläschen auf.

Drilon legt die dünne Zwiebelschuppenhaut mit der Pinzette auf den Wassertropfen auf dem Objektträger. Dann stellt er das Deckgläschen schräg an den Rand des Wassertropfens. Er senkt es vorsichtig mit der Präpariernadel ab, bis es flach auf dem Wassertropfen mit dem Objekt liegt. Überflüssiges Wasser saugt Drilon mit einem Stück Küchenpapier auf.

AUFGABEN
1 Ein Präparat einer Zwiebelhaut herstellen
a ☒ Stelle ein Präparat einer Zwiebelhaut her.
b ☒ Mikroskopiere dein Präparat.

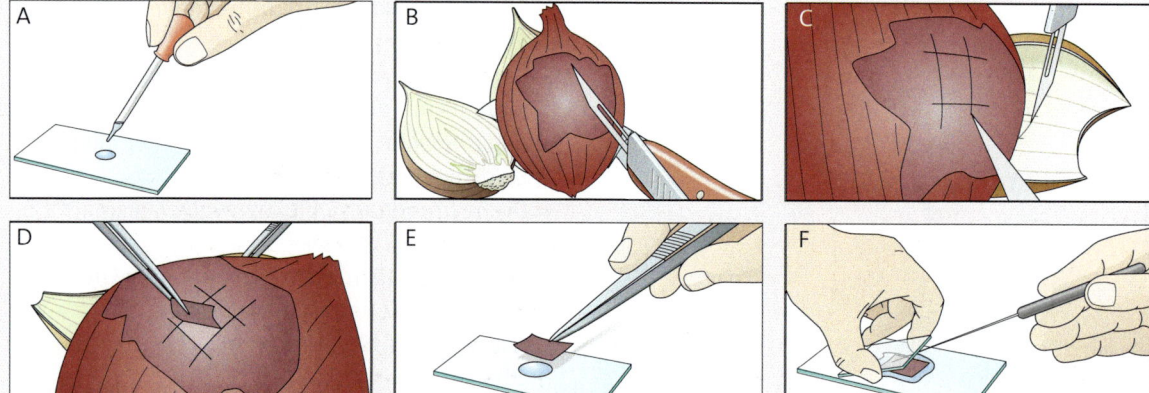

1 So stellt Drilon ein Präparat einer Zwiebelhaut her.

METHODE Mikroskopische Zeichnungen anfertigen

Mikroskope sind oft mit einer Kamera verbunden. Damit können die im Mikroskop betrachteten Präparate fotografiert werden. Zeichnungen sind jedoch ein wichtiges Arbeitsmittel, um gezielt die Einzelheiten darzustellen, auf die es ankommt.

1 Das Arbeitsmaterial bereitlegen
Zeichne immer mit Bleistift auf weißem Papier. Spitze den Bleistift und lege auch einen Radiergummi bereit.

2 Das Zeichenblatt beschriften
Notiere oben auf dem Zeichenblatt den Namen des Objekts und des untersuchten Objektteils. Schreibe auch die Vergrößerung auf, die du am Mikroskop eingestellt hast. Berechne sie, indem du die Werte von Okularvergrößerung und Objektivvergrößerung miteinander multiplizierst. Notiere unten auf dem Zeichenblatt deinen Namen und das Datum.

3 Die Zeichnung erstellen
Wähle eine gut sichtbare Stelle des Präparats aus. Beginne mit dem Zeichnen in der Mitte des Zeichenblatts. Zeichne nur einen kleinen Ausschnitt des mikroskopischen Bildes, aber mindestens 5 bis 10 Zellen. Genauigkeit ist wichtiger als Vollständigkeit. Zeichne klare, durchgezogene Linien. Achte darauf, Formen und Größenverhältnisse richtig darzustellen. Halte beide Augen offen, so kannst du mit einem Auge in das Mikroskop und mit dem anderen auf das Zeichenblatt schauen.

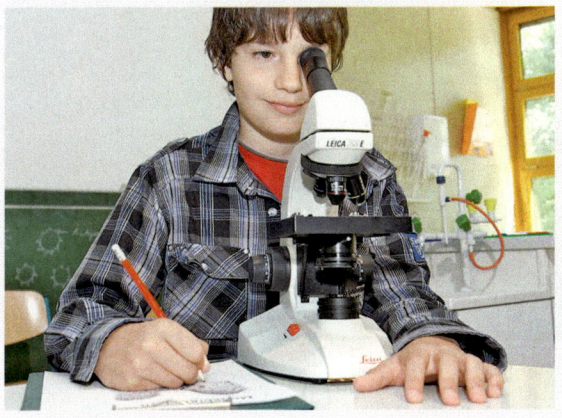

2 Arnit mikroskopiert und zeichnet.

4 Mit einer Schemazeichnung vergleichen
Informiere dich in Biologiebüchern, Lexika oder im Internet, wie die Einzelteile deiner Zeichnung heißen. Ziehe mit Bleistift und Lineal Bezugslinien und notiere daran die passenden Fachwörter. Achte auf eine vollständige Beschriftung.

AUFGABEN

1 Zwiebelhautzellen zeichnen
✎ Fertige eine Zeichnung von Zwiebelhautzellen an. Gib auch die Vergrößerung an.

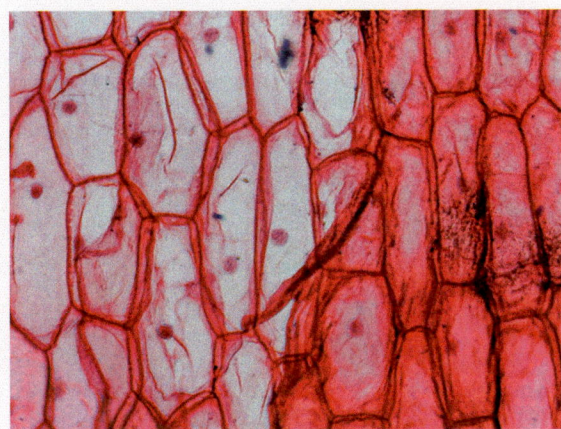

1 Die Zellen einer roten Zwiebel im Mikroskop

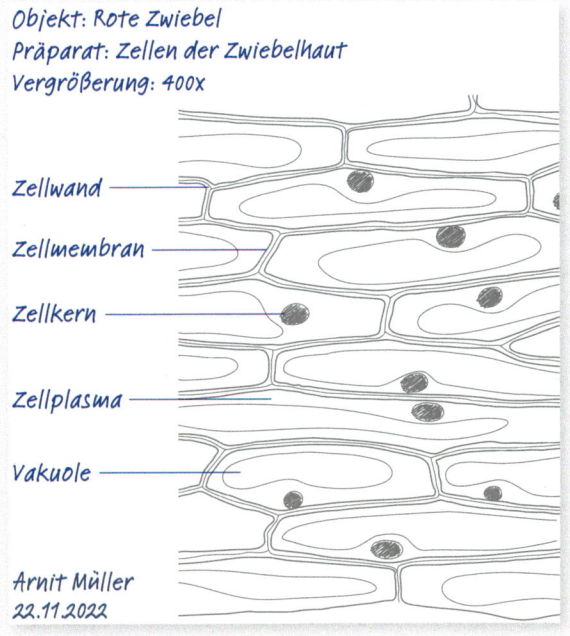

3 Die fertige Zeichnung von Arnit

PFLANZEN UND TIERE IN DEN JAHRESZEITEN

Der Bau und die Aufgaben von Laubblättern

1 Ein Laubblatt von einem Ahorn

3 Zwei Spaltöffnungen auf der Blattunterseite

Die Laubblätter verschiedener Pflanzen haben unterschiedliche Formen. Im Innern sind alle Laubblätter aber gleich gebaut.

Die Begrenzung eines Laubblatts
Laubblätter besitzen oben und unten jeweils eine Schicht aus farblosen Zellen. Diese Schichten heißen **obere Epidermis** und **untere Epidermis** (Bild 2). Sie sind von einer Wachsschicht überzogen, die das Blatt vor Austrocknung schützt. Das Fachwort für diese Schicht ist **Kutikula**.

Die Öffnungen eines Laubblatts
In der unteren Epidermis befinden sich kleine Öffnungen. Sie bestehen aus zwei bohnenförmigen Zellen, zwischen denen sich ein kleiner Spalt befindet. Deshalb werden die Öffnungen als **Spaltöffnungen** bezeichnet. Die bohnenförmigen Zellen können die Größe des Spalts verändern und ihn auch komplett schließen. Deshalb werden diese Zellen als **Schließzellen** bezeichnet (Bild 2 und 3). Durch die Spaltöffnungen wird das Gas Kohlenstoffdioxid aus der Luft aufgenommen und das Gas Sauerstoff an die Luft abgegeben. Diesen Vorgang nennt man **Gasaustausch**. Zudem regeln die Spaltöffnungen die Abgabe von Wasserdampf. Wenn es draußen sehr warm ist, dann schließen die Schließzellen die Spaltöffnungen. So wird verhindert, dass zu viel Wasser verdunstet und die Pflanze austrocknet.

Die inneren Schichten eines Laubblatts
Unter der oberen Epidermis liegt eine Schicht aus lang gestreckten Zellen. Das Fachwort für diese Schicht ist **Palisadengewebe** (Bild 2). Es enthält sehr viele Chloroplasten, in denen mithilfe von Licht energiereiche Stoffe aufgebaut werden. Unter dem Palisadengewebe liegen unregelmäßig geformte Zellen, zwischen denen sich viele Hohlräume befinden. Diese Schicht heißt **Schwammgewebe**. Die Hohlräume zwischen den Zellen sorgen für die Durchlüftung des Gewebes. Laubblätter besitzen außerdem dünne Röhren, in denen Wasser, Mineralstoffe und Nährstoffe durch die Pflanze geleitet werden. Diese Röhren heißen **Leitbündel** (Bild 2).

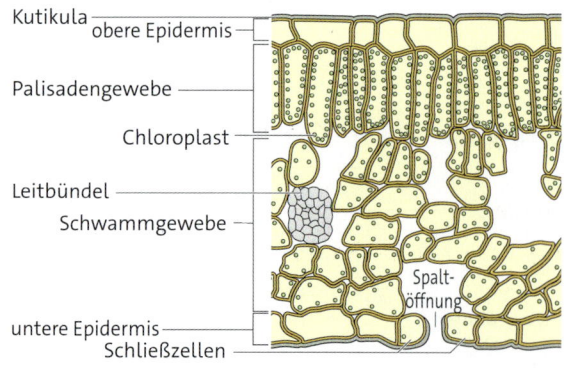

2 Die Schichten eines Laubblatts

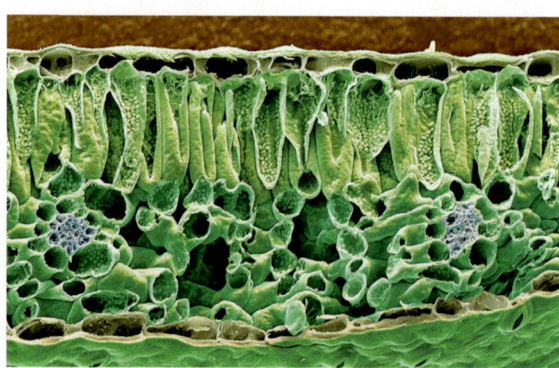

4 Ein Querschnitt durch ein Laubblatt

PFLANZEN UND TIERE IN DEN JAHRESZEITEN

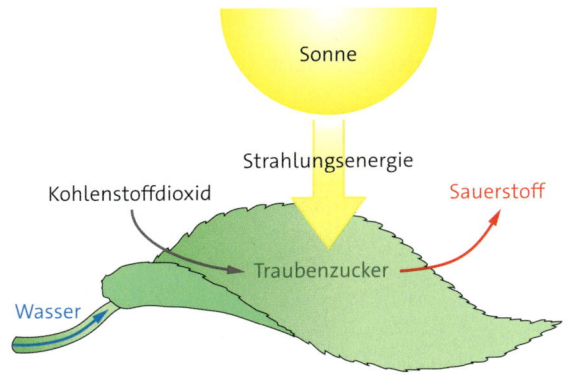

5 Der Ablauf der Fotosynthese

Die Fotosynthese

Pflanzen wandeln die Strahlungsenergie der Sonne in chemische Energie um. Das geschieht in den Pflanzenzellen, die Chloroplasten mit dem grünen Farbstoff Chlorophyll enthalten. Dort werden Kohlenstoffdioxid und Wasser mithilfe von Strahlungsenergie in Traubenzucker und Sauerstoff umgewandelt (Bild 5 und 6). Das Fachwort für diesen Vorgang heißt **Fotosynthese**. Das Wort Foto bedeutet Licht. Das Wort Synthese bedeutet zusammenfügen. Die Fotosynthese ist also das Zusammenfügen von Stoffen mithilfe von Licht. Das Wasser für die Fotosynthese wird über die Wurzeln aufgenommen und durch die Leitbündel in die Blätter transportiert. Kohlenstoffdioxid gelangt über die Spaltöffnungen in das Schwammgewebe der Blätter. Der freigesetzte Sauerstoff wird über die Spaltöffnungen an die Luft abgegeben. Der gebildete Traubenzucker wird über die Leitbündel in der Pflanze verteilt.

Die Nährstoffe werden gespeichert

Pflanzen können mit den Mineralstoffen aus dem Boden und dem selbst gebildeten Traubenzucker alle Stoffe aufbauen, die sie zum Leben brauchen. Den Traubenzucker, den eine Pflanze nicht sofort braucht, wandelt sie in einen Speicherstoff um. Dieser Stoff heißt **Stärke**. Die Stärke wird durch die Leitbündel zu den Körnern, Knollen, Zwiebeln oder Wurzeln transportiert und dort gespeichert. So kann die Pflanze die Stärke später für ihr Wachstum oder für die Fortpflanzung nutzen.

Kein Leben ohne Fotosynthese

Tiere und Menschen können keine Fotosynthese betreiben. Sie müssen energiereiche Stoffe aufnehmen, die von Pflanzen gebildet werden. In den Zellen wird Sauerstoff gebraucht, um Energie aus den Nährstoffen freizusetzen. Dabei entsteht Kohlenstoffdioxid, das ausgeatmet wird.

> Laubblätter bestehen aus oberer Epidermis, Palisadengewebe, Schwammgewebe und unterer Epidermis. Spaltöffnungen regeln Verdunstung und Gasaustausch. In Chloroplasten werden aus Wasser und Kohlenstoffdioxid mithilfe von Strahlungsenergie Traubenzucker und Sauerstoff hergestellt. Traubenzucker kann in Stärke umgewandelt und gespeichert werden.

AUFGABEN

1 Der Bau von Laubblättern
a Nenne die Schichten eines Laubblatts.
b Beschreibe die einzelnen Blattschichten.
c Erläutere, was der Gasaustausch ist.
d Beschreibe, wozu Spaltöffnungen dienen.

2 Die Fotosynthese
a Nenne die Wortgleichung der Fotosynthese.
b Erläutere, was während der Fotosynthese geschieht. Verwende dazu die Erklärung des Fachworts.
c Erkläre, wofür Pflanzen einen Speicherstoff wie Stärke brauchen.
d Begründe, ob Pflanzen nachts Fotosynthese betreiben können.

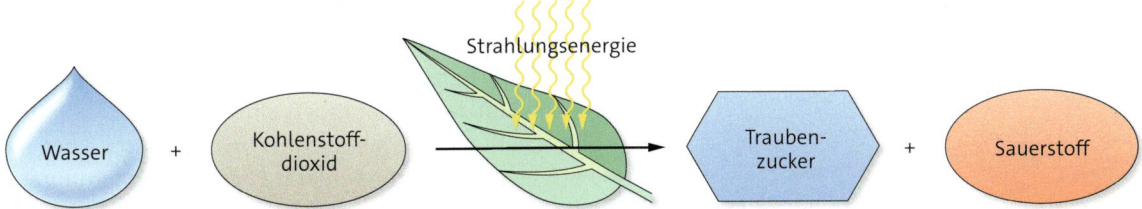

6 Die Wortgleichung der Fotosynthese

PFLANZEN UND TIERE IN DEN JAHRESZEITEN

PRAXIS Mikroskopieren

A Die Wasserpest

Material:
Pipette, Wasser, Objektträger, Wasserpest, Pinzette, Präpariernadel, Deckgläschen, Küchenpapier, Mikroskop, Stift, DIN-A4-Blatt

Durchführung:
– Gib mit der Pipette einen Tropfen Wasser auf die Mitte des Objektträgers.
– Zupfe mit der Pinzette ein Blättchen von einer Wasserpestpflanze ab.
– Lege das Blättchen in den Wassertropfen auf dem Objektträger.
– Lege ein Deckgläschen auf.
– Sauge überschüssiges Wasser am Rand des Deckgläschens vorsichtig mit etwas Küchenpapier ab.
– Mikroskopiere das Präparat. Stelle dazu zuerst die kleinste Vergrößerung ein. Suche eine schöne Stelle. Stelle erst dann die nächste Vergrößerung ein.

Auswertung:
1. 🗷 Zeichne und beschrifte 3 bis 5 Zellen.
2. 🗷 Berechne die Gesamtvergrößerung, mit der du das Präparat betrachtet hast.

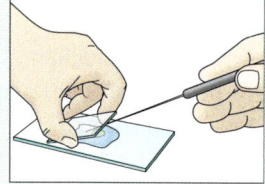
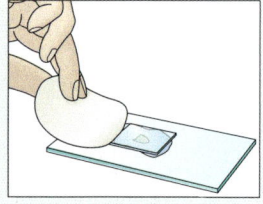

1 Ein Präparat der Wasserpest herstellen

B Die Mundschleimhaut

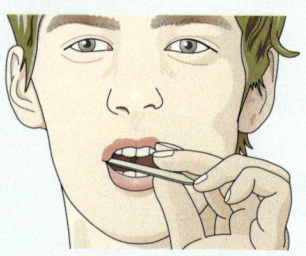

2 Mundschleimhautzellen abschaben

Material:
2 Pipetten, Wasser, Objektträger, Holzspatel, Deckgläschen, Mikroskop, Methylenblau ⚠, Küchenpapier

> **Achtung!** Methylenblaulösung ist gesundheitsschädlich. Setze die Schutzbrille auf. Der Farbstoff ist von Tischen und Kleidung nur sehr schwer wieder zu entfernen. Vermeide Hautkontakt.

Durchführung:
– Gib mit der ersten Pipette einen Tropfen Wasser auf die Mitte des Objektträgers.
– Schabe mit dem Holzspatel etwas Mundschleimhaut von der Innenseite deiner Wange. Verwende jeden Spatel nur einmal!
– Gib die Mundschleimhautzellen in den Wassertropfen auf dem Objektträger.
– Lege ein Deckgläschen auf.
– Mikroskopiere das Präparat. Beginne mit der kleinsten Vergrößerung und steigere sie dann.
– Gib mit der zweiten Pipette einen Tropfen Methylenblau neben den Rand des Deckgläschens.
– Sauge mit dem Küchenpapier vom gegenüberliegenden Rand des Deckgläschens die farbige Lösung durch das Präparat.
– Mikroskopiere das Präparat erneut.

Auswertung:
1. 🗷 Zeichne und beschrifte 3 bis 5 Zellen.
2. 🗷 Berechne die Gesamtvergrößerung, mit der du das Präparat betrachtet hast.
3. 🗷 Viktoria sieht nichts im Mikroskop. Überlege, welche Fehler sie bei der Herstellung ihres Präparats oder beim Mikroskopieren gemacht haben könnte.

PRAXIS   Die Fotosynthese untersuchen

A Nachweis der Sauerstoffproduktion

Material:
Becherglas, Wasser, Wasserpest, Trichter, Reagenzglas, Stativ, Holzspan, Feuerzeug

> Achtung! Setzt die Schutzbrillen auf.

Durchführung:
Gebt mehrere Stängel der Wasserpest in ein Becherglas mit Wasser und stellt es ins Licht. Stülpt den Glastrichter umgekehrt über die Wasserpest, sodass der Trichter ganz untertaucht. Füllt ein Reagenzglas mit Wasser. Stülpt es unter der Wasseroberfläche über den Trichter, sodass das Wasser im Reagenzglas bleibt. Befestigt es am Stativ. Wartet mehrere Tage, bis sich das Reagenzglas mit Gas gefüllt hat. Haltet es unter Wasser mit dem Daumen zu und nehmt es vom Trichter.
Führt eine Glimmspanprobe durch. Entzündet dazu einen Holzspan und pustet ihn aus. Haltet die noch glühende Spitze des Holzspans in das Gas im Reagenzglas. Beschreibt eure Beobachtungen.

Auswertung:
1. Erstellt ein Protokoll zu diesem Experiment.
2. Mit der Glimmspannprobe kannst du das Gas bestimmen, das von der Wasserpest freigesetzt wird. Nenne das Gas.

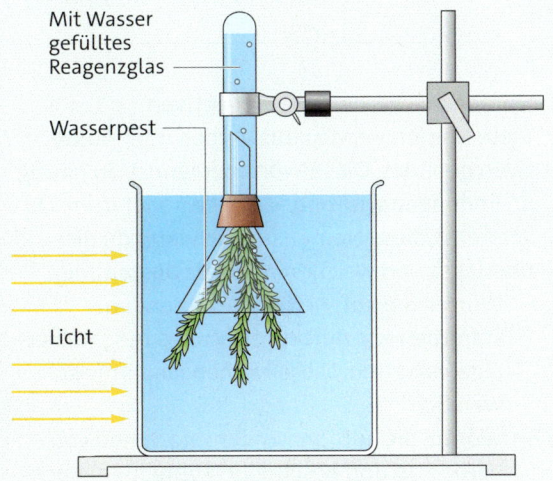

1 Der Aufbau des Experiments

B Nachweis der Stärkeproduktion

2 Der Ablauf des Experiments

Material:
grünweiße Forellenbegonie, Alufolie, Heizplatte, großes und kleineres Becherglas, Wasser, Brennspiritus, Pinzette, 2 Petrischalen, Pipette, Lugol'sche Lösung, Speisestärke

> Achtung! Brennspiritus ist leicht entzündlich und kann schwere Augenreizungen verursachen. Lugol'sche Lösung kann die Haut reizen. Setzt die Schutzbrille auf und zieht Schutzhandschuhe an.

Durchführung:
Deckt einen Teil eines Begonienblatts mit einem Streifen Alufolie ab. Stellt die Pflanze einen Tag ins Sonnenlicht. Trennt das abgedeckte Blatt und ein normales Blatt ab und legt sie kurz in kochendes Wasser. Stellt das Becherglas mit dem Brennspiritus in das heiße Wasser und gebt die Blätter hinein. Wenn sie fast farblos sind, dann entnehmt sie mit der Pinzette. Spült die Blätter mit Wasser ab und legt sie für 15 Minuten in die Petrischale mit Lugol'scher Lösung. Gebt in die zweite Petrischale einige Tropfen Lugol'sche Lösung auf etwas Speisestärke. Beschreibt eure Beobachtungen.

Auswertung:
1. Erstellt ein Protokoll zum Experiment.
2. Vergleicht die Wirkung der Lugol'schen Lösung auf die weißen und grünen Teile der Begonienblätter und auf die Speisestärke.
3. Erklärt eure Beobachtung.

METHODE   Schwierige Wörter verstehen

Der Boden hat Durst

Durch die Erhitzung des Klimas nehmen Dürren weltweit zu. Auch Deutschland hat immer häufiger mit Dürrezeiten zu kämpfen. Nach der Trockenheit der Jahre 2018 bis 2020 waren die Böden so hart, dass sie kaum noch die Fähigkeit hatten, Wasser aufzunehmen. Fällt dann ein Starkregen, fließt das Wasser ungenutzt ab. Das schadet der Landwirtschaft, denn Pflanzen brauchen im Wachstum viel Wasser. Reicht die Verfügbarkeit des Wassers dann nicht aus, kann es zu schweren Ernteausfällen kommen. Noch können die Felder mit künstlicher Bewässerung versorgt werden. Aber irgendwann wird das Wasser vermutlich auch in Deutschland knapp.

1 Fachtext aus einer Regionalzeitung zur Klimakrise

Die Texte in diesem Buch sind Fachtexte. Aber auch viele Texte in Zeitungen, Büchern und im Internet sind Fachtexte. Fachtexte sind häufig schwer zu verstehen. Das liegt unter anderem daran, dass sie viele komplizierte oder unbekannte Wörter enthalten. Manche Wörter haben in der Wissenschaft auch eine ganz andere Bedeutung. Die Bedeutung dieser Wörter musst du dir erst erschließen, um den Text verstehen zu können. Dafür gibt es aber einige hilfreiche Tipps.

Annabella liest den oben abgebildeten Fachtext. Die Wörter, die sie nicht versteht, unterstreicht sie. Um diese Wörter zu knacken, nutzt sie jeweils den passenden der folgenden Tipps:

1 Zusammengesetzte Wörter
Längere Wörter in Fachtexten sind häufig aus mehreren Wörtern zusammengesetzt, zum Beispiel das Wort Starkregen. Es hilft, wenn du die Wörter voneinander trennst. Überlege dann, was die Wörter einzeln bedeuten. Wenn du die Bedeutung nicht kennst, schlage sie nach. Das Wort *Starkregen* besteht aus dem Adjektiv stark, das kräftig oder heftig bedeutet, und dem Nomen Regen.
– Das Wort am Ende sagt immer, worum es sich handelt: Stark*regen* ist Regen.
– Das Wort am Anfang sagt, was für eine Art es ist: *Stark*regen ist eine besonders starke, also kräftige Art von Regen.
Das zusammengesetzte Wort hat immer denselben Artikel wie das Wort am Ende.

Annabella hat im Text mehrere zusammengesetzte Wörter entdeckt und legt eine Tabelle an. Dabei trennt sie die jeweiligen Wortbestandteile mit einem Strich ab. Wortbestandteile, die sie nicht kennt, schlägt sie nach.

Zusammengesetztes Wort	Bedeutung des zusammengesetzten Wortes
die Dürre | zeit	eine Zeit, in der Dürre herrscht die Dürre: eine lange Trockenheit, ohne Regen
der Stark | regen	ein Regen, der besonders stark ist; besonders starker Regen
der Ernte | ausfall	das Ausfallen einer Ernte; wenn eine Ernte ausfällt – die Ernte: was Bauern von Feldern oder Bäumen sammeln können – der Ausfall: wenn etwas wegfällt

2 Nomen aus Verben oder Adjektiven
Viele Nomen werden aus Verben oder Adjektiven gebildet. Diese Wörter erkennst du häufig an Endungen wie -ung, -keit, -heit oder -tum. Du verstehst diese Nomen besser, wenn du dir überlegst, von welchem Wort sie abstammen.
– Wörter, die auf *-heit* oder *-keit* enden, stammen von Adjektiven ab und beschreiben Eigenschaften. Diese Nomen sind immer weiblich.
– Wörter, die auf *-ung* enden, stammen von Verben ab und beschreiben Vorgänge. Auch diese Nomen sind immer weiblich.

Annabella hat einige Nomen im Text gefunden und sucht Umschreibungen dafür. Einige Wörter schlägt sie nach und vereinfacht den Text dann weiter.

Nomen und Verb	Umschreibung
die Erhitz*ung* ⇒ von erhitzen	die Erhitzung des Klimas ⇒ weil sich das Klima erhitzt erhitzen = heiß werden
das Wachs*tum* ⇒ von wachsen	im Wachstum ⇒ solange sie wachsen
die Bewässer*ung* ⇒ von bewässern	mit künstlicher Bewässerung ⇒ dadurch, dass künstlich bewässert wird bewässern = mit Wasser versorgen

Nomen und Adjektiv	Umschreibung
die Trocken*heit* ⇒ von trocken	nach der Trockenheit ⇒ nachdem es trocken war
die Fähig*keit* ⇒ von fähig	die Fähigkeit hatten ⇒ fähig waren
die Verfügbar*keit* ⇒ von verfügbar	die Verfügbarkeit reicht nicht aus ⇒ es ist nicht genug verfügbar über etwas verfügen = etwas haben

Trockene Böden

Weil das Klima heißer wird, nehmen Dürren weltweit zu. Auch Deutschland hat immer häufiger mit Zeiten zu kämpfen, in denen Dürre herrscht. Nachdem es in den Jahren 2018 bis 2020 trocken war, waren die Böden so hart, dass sie kaum noch fähig waren, Wasser aufzunehmen. Fällt dann starker Regen, fließt das Wasser ungenutzt ab. Das schadet der Landwirtschaft, denn Pflanzen brauchen, solange sie wachsen, viel Wasser. Haben sie dann nicht genug Wasser, kann die Ernte ausfallen.
Noch können Felder künstlich mit Wasser versorgt werden. Aber irgendwann wird das Wasser vermutlich auch in Deutschland knapp.

2 Annabellas „Übersetzung" des Fachtextes

AUFGABEN

1 Zusammengesetzte Wörter

a ▫ Nenne Gründe, warum Fachtexte schwierig zu verstehen sind.

b ▫ Zerlege diese zusammengesetzten Nomen in ihre Bestandteile: Winterschlaf, Sonnenstrahlung, Wärmeisolation, Körpertemperatur, Sauerstoffkreislauf, Zellwand, Laubblatt.

c ▫ Umschreibe die Wörter aus Aufgabenteil b.

2 Nomen verstehen

Standvogel   Feuchtigkeit   Winterruhe
Schwammgewebe   Speicherorgan
Angepasstheit
Messung   Frühlingswanderung   Überwinterung
Blattnarbe   Spaltöffnung

a ▫ Ordne die Wörter aus der Wortwolke.

Zusammengesetzte Wörter	Nomen, die von Verben stammen	Nomen, die von Adjektiven stammen
...	...	...

b ▫ Umschreibe die Wörter aus Aufgabe 2a. Gehe dabei vor wie Annabella.

3 Einen Fachtext vereinfachen

> Die Wirtschaftlichkeit beim Nutzpflanzenanbau hängt stark von der Ausprägung der Umweltbedingungen wie Regenmenge und Bodenbeschaffenheit ab. Auch die Verfügbarkeit landwirtschaftlicher Nutzflächen sowie die Notwendigkeit der Einhaltung gesetzlicher Vorschriften spielen dabei eine Rolle.

a ▫ Schreibe den Text in dein Heft ab.
b ▫ Unterstreiche alle Nomen im Text.
c ▫ Lege eine Tabelle mit zwei Spalten an. Notiere in der linken Spalte die Nomen.
d ▫ Formuliere Umschreibungen für die Nomen. Notiere sie in der rechten Tabellenspalte.
e ▫ Schreibe eine vereinfachte Version des Textes auf.

PFLANZEN UND TIERE IN DEN JAHRESZEITEN

Bäume im Herbst und im Winter

1 Laubbäume mit bunten Laubblättern im Herbst

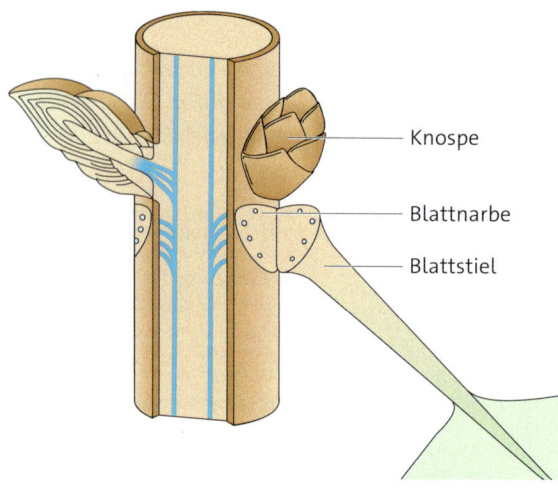

3 Eine Blattnarbe an einem Zweig mit Knospe

Im Herbst verfärben sich die Laubblätter der Laubbäume. Die Nadelblätter der meisten Nadelbäume bleiben das ganze Jahr über grün.

Bunte Laubblätter im Herbst

Laubblätter enthalten Chlorophyll und andere Farbstoffe. Im Frühling und im Sommer betreiben die Laubbäume Fotosynthese. Dann überlagert das Chlorophyll die anderen Farbstoffe im Laubblatt. Deshalb sehen die Laubblätter grün aus. Im Herbst betreiben die Laubbäume keine Fotosynthese mehr. Dann wird das Chlorophyll abgebaut. Die Abbauprodukte speichert der Baum im Stamm und in den Wurzeln. Im nächsten Frühling wird daraus neues Chlorophyll gebildet. Wenn das Chlorophyll abgebaut wurde, dann sind die anderen Farbstoffe in den Laubblättern nicht mehr davon überdeckt. Die Laubblätter verfärben sich (Bild 2).

Die Laubbäume werfen ihre Laubblätter ab

Während die Laubblätter sich verfärben, bilden die Laubbäume am Ende der Blattstiele eine Korkschicht aus. Die Korkschicht bewirkt, dass die Laubblätter nicht mehr mit Wasser und Mineralstoffen versorgt werden. Die Laubblätter fallen ab. Die Stellen, an denen die Laubblätter am Zweig hingen, sind noch erkennbar. Das ist so ähnlich wie bei einer Wunde: Wenn die Wunde verheilt ist, kann man sie noch als Narbe erkennen. Die Stelle, an der sich ein Laubblatt vom Zweig getrennt hat, wird deshalb auch **Blattnarbe** genannt (Bild 3). Die Korkschicht bedeckt die Blattnarbe. So schützt sie den Zweig vor eindringenden Krankheitserregern. Außerdem kann durch die Korkschicht kein Wasser aus dem Zweig verdunsten.

Knospen als Überwinterungsorgane

Im Sommer bilden die Laubbäume Anlagen von neuen Laubblättern und Blüten für das nächste Jahr. Diese Anlagen heißen **Knospen**. In den Knospen überstehen die neuen Laubblätter und Blüten den Winter. Die Knospen nennt man deshalb auch **Überwinterungsorgane**. Sie sind von kleinen, harten Blättern umhüllt, die wie die Schuppen bei einem Fisch dicht übereinanderliegen. Diese Blätter heißen **Knospenschuppen**. Bei manchen Laubbäumen sind sie mit einer Wachsschicht überzogen oder behaart. Die Knospenschuppen schützen die neuen Laubblätter und Blüten im Winter vor Frost. Im Frühling öffnen sich die Knospen. Dann fallen die Knospenschuppen ab und die Laubblätter und Blüten treten hervor.

2 Die Laubblätter verfärben sich.

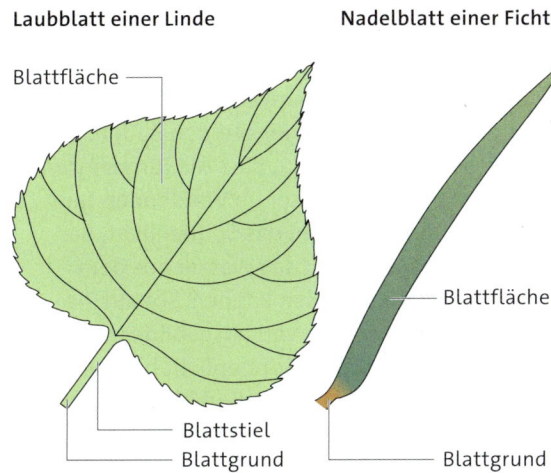

4 Der Bau von Laubblatt und Nadelblatt im Vergleich

Ohne Laubblätter durch den Winter

Laubbäume geben durch die Spaltöffnungen in ihren Laubblättern Wasser in Form von Wasserdampf an die Luft ab. Die Bäume müssen deshalb durch ihre Wurzeln ständig neues Wasser aus dem Boden aufnehmen. Im Winter ist das Wasser im Boden oft gefroren. Dann können die Bäume nur wenig Wasser aufnehmen. Das wenige Wasser reicht aber aus, weil die Bäume ohne ihre Laubblätter im Winter weniger Wasser an die Luft abgeben. Wenn es im Winter sehr kalt ist, dann gefriert auch das Wasser in der Pflanze. Das kann die feinen Blattadern zerstören, weil Wasser sich beim Gefrieren ausdehnt. Wenn die Äste und Zweige der Laubbäume keine Laubblätter haben, dann kann weniger Schnee darauf liegen bleiben. Die Äste brechen nicht so schnell ab, weil dann weniger Gewicht auf ihnen lastet.

5 Nadelbäume im Winter

Mit Nadelblättern durch den Winter

Die meisten Nadelbäume werfen ihre Nadelblätter im Winter nicht ab. Die Nadelblätter sind schmal und nadelförmig (Bild 4). Sie sind mit einer Wachsschicht bedeckt. Deshalb geben sie über ihre kleine Oberfläche wenig Wasser ab. Die Wachsschicht schützt die Nadelblätter vor Frost. Schnee rutscht an den schmalen Nadelblättern ab.

> Im Herbst stellen Laubbäume die Fotosynthese ein. Dann werfen sie ihre Laubblätter ab. Davor bilden sie Anlagen für neue Laubblätter und Blüten. Diese Anlagen heißen Knospen. Sie schützen die neuen Laubblätter und Blüten im Winter. Nadelbäume werfen ihre Nadelblätter nicht ab.

AUFGABEN

1 Bunte Laubblätter im Herbst
a Begründe, warum Laubblätter im Frühling und im Sommer grün aussehen.
b Beschreibe, was passiert, wenn sich die Laubblätter im Herbst verfärben.
c Begründe, weshalb die Abbauprodukte des Chlorophylls im Stamm und in den Wurzeln gespeichert werden.

2 Die Laubbäume werfen ihre Laubblätter ab
a Beschreibe, wie ein Laubblatt im Herbst von einem Laubbaum getrennt wird.
b Nenne zwei Vorteile der Korkschicht an den Trennstellen der Laubblätter.

3 Die Knospen der Laubbäume
a Beschreibe den Bau einer Knospe.
b Nenne die Aufgabe der Knospen.

4 Laubblatt und Nadelblatt
Vergleiche den Bau eines Laubblatts und eines Nadelblatts mithilfe des Textes und Bild 4.

5 Bäume im Winter
a Nenne Vorteile, die Laubbäume haben, wenn sie im Herbst ihre Laubblätter abwerfen.
b Begründe, warum es für die Nadelbäume kein Nachteil ist, wenn sie ihre Nadeln im Winter behalten.

Die Frühblüher

1 Buschwindröschen im Frühlingswald

Im Frühling kann man in manchen Laubwäldern am Boden sehr viele weiße Blüten sehen. Das könnten die weißen, sternförmigen Blüten der Buschwindröschen sein.

Bunt blühende Frühblüher

Die ersten Pflanzen, die im Frühling wachsen und blühen, werden **Frühblüher** genannt. Beispiele für Frühblüher sind der Krokus, das Scharbockskraut, das Buschwindröschen, die Narzisse und das Schneeglöckchen (Bild 2 und Bild 3).

Schnelles Wachstum im Frühlingswald

Am Frühlingsanfang sind die Laubblätter der Laubbäume noch nicht gewachsen. Deshalb gelangt das Sonnenlicht bis auf den Boden. Die Wärme der Sonne bewirkt, dass die Temperatur steigt und dass das Wasser im Waldboden taut. Die Frühblüher brauchen das Sonnenlicht, die höhere Temperatur und das Wasser aus dem Boden, damit sie wachsen können. Sobald die Laubbäume ihre Blätter voll ausgebildet haben, gelangt nur noch wenig Sonnenlicht bis zum Waldboden. Dann haben die Frühblüher nicht mehr genug Sonnenlicht, um wachsen und blühen zu können. Deshalb müssen die Frühblüher in einem Laubwald wachsen und blühen, bevor sich die Laubblätter der Laubbäume ausgebildet haben.

Speicherorgane liefern Nährstoffe und Energie

Damit die Frühblüher wachsen können, sind Nährstoffe und Energie notwendig. Diese erhalten die Frühblüher aus einem Vorrat an Nährstoffen, den sie in bestimmten Organen gespeichert haben. Diese Organe heißen **Speicherorgane**. Sie befinden sich unter der Erde und werden aus Pflanzenorganen gebildet. Die gespeicherten Nährstoffe enthalten Energie in Form von chemischer Energie. Wenn die Frühblüher wachsen, dann nutzen sie die gespeicherten Nährstoffe und die Energie in den Nährstoffen.

Verschiedene Speicherorgane

Bei Krokussen ist der untere Teil der Sprossachse verdickt. Solche Speicherorgane werden Knollen genannt. Da die Knollen beim Krokus aus der Sprossachse entstanden sind, nennt man sie **Sprossknollen** (Bild 2). Das Scharbockskraut bildet Knollen aus Teilen seiner Wurzel. Sie heißen Wurzelknollen. Bei dem Buschwindröschen dient eine Sprossachse, die im Erdboden parallel zur Erdoberfläche wächst, als Speicherorgan. Sie heißt **Erdspross**. Ein Speicherorgan, bei dem verdickte Blätter den Spross einer neuen Pflanze umgeben, heißt **Zwiebel**. Die Narzisse und das Schneeglöckchen bilden Zwiebeln als Speicherorgane aus. Frühblüher bilden ihre Speicherorgane jedes Jahr neu aus. Dies geschieht in der Zeit, in der die Pflanzen wachsen und blühen.

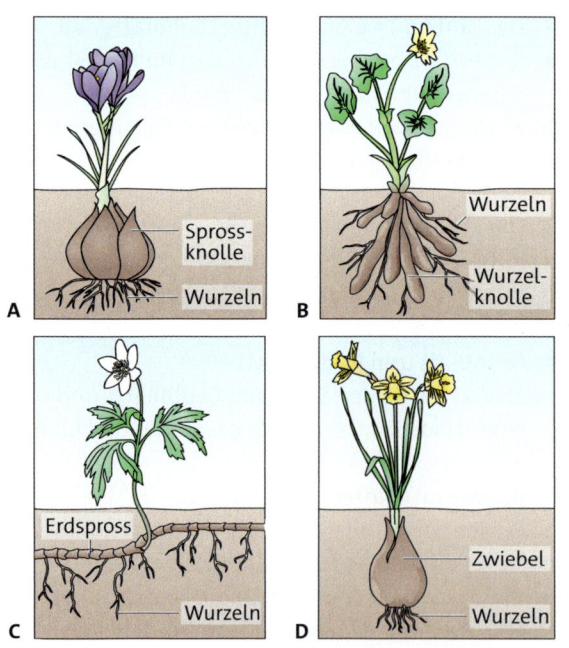

2 Frühblüher mit ihren Speicherorganen: Krokus (A), Scharbockskraut (B), Buschwindröschen (C), Narzisse (D)

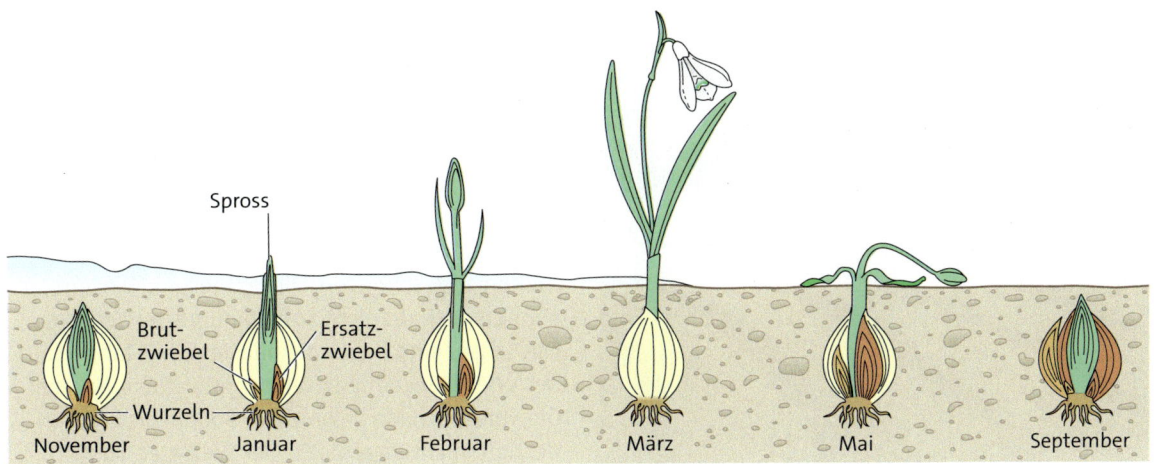

3 Das Schneeglöckchen im Jahresverlauf

Das Schneeglöckchen im Jahresverlauf

In den Zwiebelblättern einer Schneeglöckchenzwiebel sind Nährstoffe gespeichert. Am unteren Teil der Zwiebel befinden sich Wurzeln. Mit den Wurzeln nimmt die Zwiebel Wasser aus dem Boden auf. Im Januar beginnt der Spross des neuen Schneeglöckchens zu wachsen (Bild 3). Die Nährstoffe in den Zwiebelblättern liefern die Energie und die Nährstoffe dafür. Beim Wachsen werden die Nährstoffe verbraucht. Dann vertrocknen die Zwiebelblätter. Im Februar oder März hat das Schneeglöckchen seine volle Größe erreicht und blüht. In den Laubblättern werden mithilfe des Sonnenlichts neue Nährstoffe gebildet. Unter der Erde bildet das Schneeglöckchen eine neue Zwiebel aus. Darin speichert es die gebildeten Nährstoffe. Im Mai ist das Schneeglöckchen verblüht. Die Laubblätter und der Stängel vertrocknen. Am Ende des Sommers ist über dem Erdboden von dem Schneeglöckchen nichts mehr zu sehen. Die neue Zwiebel mit dem Spross des neuen Schneeglöckchens im Innern übersteht den Herbst und den Winter im Boden. Die Zwiebelblätter schützen den Spross des neuen Schneeglöckchens vor Frost. Im Januar oder Februar beginnt das neue Schneeglöckchen zu wachsen.

> Frühblüher sind Pflanzen, die im Frühling wachsen und blühen. Sie besitzen Speicherorgane, in denen Nährstoffe gespeichert sind. Diese Nährstoffe nutzen die Pflanzen, um zu wachsen. Die Speicherorgane werden jedes Jahr neu gebildet.

AUFGABEN

1 Verschiedene Frühblüher
a Beschreibe, was Frühblüher sind.
b Nenne drei Beispiele für Frühblüher.

2 Die Wachstumsbedingungen für Frühblüher
a Nenne drei Bedingungen, die Frühblüher brauchen, um wachsen zu können.
b Begründe, warum Frühblüher im Sommer in einem Laubwald nicht mehr wachsen können.

3 Die Speicherorgane von Frühblühern
a Beschreibe, was Speicherorgane sind.
b Nenne vier verschiedene Speicherorgane von Frühblühern.
c Nenne die Grundorgane, aus denen die Speicherorgane jeweils gebildet werden.
d Begründe, warum die Speicherorgane von Frühblühern jedes Jahr neu gebildet werden.

4 Der Bau einer Zwiebel
a Zeichne mithilfe von Bild 3 und dem Text eine Zwiebel. Beschrifte deine Zeichnung.
b Erstelle eine Tabelle mit zwei Spalten. Schreibe die Bestandteile einer Zwiebel in die erste Spalte untereinander. Schreibe die Aufgabe jedes Bestandteils jeweils in die zweite Spalte daneben.

5 Das Schneeglöckchen im Jahresverlauf
 Beschreibe die Entwicklung des Schneeglöckchens von Januar bis März mithilfe von Bild 3 und dem Text.

Die Wiesenpflanzen im Jahresverlauf

1 Die geernteten Wiesenpflanzen werden getrocknet.

Viele Wiesen werden landwirtschaftlich genutzt. Die Wiesenpflanzen dienen als Futter für Nutztiere. Bei der Ernte schneidet man die Wiesenpflanzen ab. Wenn man sie trocknet, dann wird zum Beispiel Heu daraus. Nach der Ernte wachsen viele Pflanzen auf der Wiese wieder.

Eine Wiese im Frühling und Frühsommer

Die ersten Pflanzen, die im Frühling auf einer Wiese wachsen, sind Frühblüher wie Veilchen und Schlüsselblumen. Ab Ende April wachsen die Gräser. Im Frühling und im Frühsommer scheint die Sonne von Tag zu Tag länger. Die Temperaturen steigen. Dann wachsen und blühen mit der Zeit immer mehr Wiesenpflanzen. Anfang Juni ist die Wiese dicht bewachsen. Viele Pflanzen haben ihre volle Größe erreicht und blühen (Bild 3). Jetzt erntet man die Wiesenpflanzen. Dazu schneidet man sie mithilfe von Maschinen ab. Das nennt man **Mähen**. Die Maschinen schneiden die Blüten und die oberen Pflanzenteile ab.

Die Wiesenpflanzen überstehen die Ernte

Gräser haben am unteren Ende ihrer Sprossachsen einen Bereich, aus dem nach dem Mähen schnell wieder neue Pflanzen wachsen. Ein anderes Wort für Bereich ist Zone. Dieser Bereich heißt deshalb **Wachstumszone**. Bei vielen anderen Wiesenpflanzen befinden sich die Wachstumszonen am oberen Ende der Sprossachsen. Sie werden beim Mähen abgeschnitten. Diese Wiesenpflanzen können deshalb nicht so schnell nachwachsen. Die Gräser sind daher die häufigsten Pflanzen auf der Wiese. Bei einigen Wiesenpflanzen wachsen die Sprossachsen liegend am Boden. Sie werden deshalb nicht abgemäht. Der Weißklee zum Beispiel hat so eine liegende Sprossachse. Gänseblümchen und Löwenzahn haben Laubblätter, die nah am Boden kreisförmig um die Sprossachse wachsen. Diese **Blattrosetten** bleiben beim Mähen erhalten. Nach der Ernte wachsen diese Pflanzen wieder. Sie werden aber nicht mehr ganz so hoch (Bild 2). Im August mäht man ein zweites Mal. In Regionen, in denen es länger warm ist und in denen genug Wasser vorhanden ist, kann man noch öfter mähen.

Die Fortpflanzung der Wiesenpflanzen

Viele Wiesenpflanzen pflanzen sich ungeschlechtlich mithilfe von Erdsprossen oder Ausläufern fort. Diese wachsen im Boden oder am Boden und werden deshalb nicht abgemäht. Wiesenpflanzen, die sich geschlechtlich vermehren, bilden ihre Früchte und Samen vor dem ersten Mähen oder erst danach. Frühblüher und der Löwenzahn blühen früh im Jahr. Sie bilden noch vor dem ersten Mähen Früchte und Samen. Die Kohldistel, die Wilde Möhre und der Bärenklau blühen erst nach dem ersten Mähen. Dann werden auch ihre Früchte und Samen gebildet.

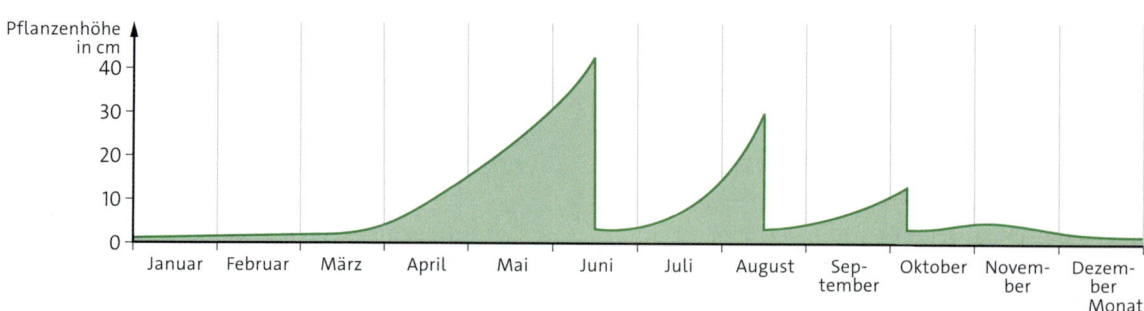

2 Die Höhe von Wiesenpflanzen im Jahresverlauf

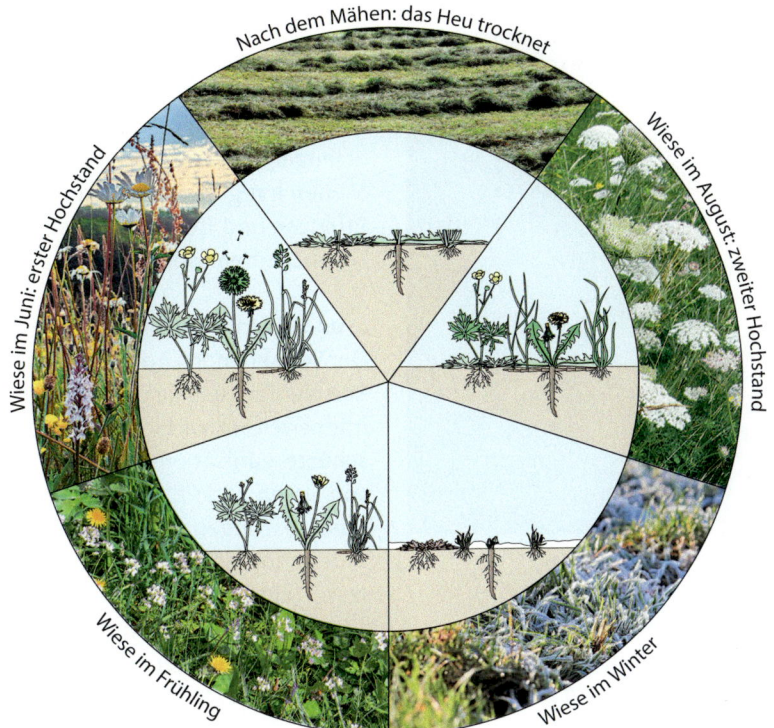

3 Die Wiesenpflanzen im Jahresverlauf

Die Wiese im Herbst und im Winter
Im Herbst sind die meisten Wiesenpflanzen verblüht. Sie wachsen nach dem letzten Mähen nicht mehr nach. Die Pflanzenteile über dem Boden vertrocknen. Viele Pflanzen haben im Boden Speicherorgane wie Erdsprosse, Zwiebeln oder Wurzelknollen gebildet. Im nächsten Frühling wachsen sie daraus wieder heran.

> Landwirtschaftlich genutzte Wiesen werden mindestens einmal im Jahr gemäht. Die Wiesenpflanzen wachsen nach dem Mähen schnell nach oder bilden ihre Pflanzenorgane nahe am Boden aus, sodass diese nicht abgemäht werden. Viele Wiesenpflanzen pflanzen sich ungeschlechtlich fort. Andere bilden vor oder nach dem Mähen Früchte und Samen.

AUFGABEN

1 Die Wiesenpflanzen werden gemäht
a ◻ Gib an, wofür Wiesenpflanzen in der Landwirtschaft genutzt werden.
b ◻ Beschreibe, was mit dem Wort Mähen gemeint ist.
c ◻ Beschreibe das Diagramm in Bild 2.
d ◻ Nenne die Voraussetzungen dafür, dass eine Wiese dreimal im Jahr gemäht werden kann.

2 Die Wiesenpflanzen im Jahresverlauf
a ◻ Beschreibe das Aussehen einer Wiese im Jahresverlauf mithilfe des Textes und Bild 3.
b ◻ Beschreibe, wie Wiesenpflanzen den Winter überstehen.

3 Die Wiesenpflanzen überstehen die Ernte
a ◻ Schreibe die Fachwörter aus dem Abschnitt „Die Wiesenpflanzen überstehen die Ernte" in dein Heft und ergänze eine Worterklärung.
b ◻ Nenne drei Möglichkeiten, mit denen Wiesenpflanzen die Ernte überstehen.

4 Die Fortpflanzung der Wiesenpflanzen
a ◻ Begründe, warum die Wiesenpflanzen, die sich ungeschlechtlich fortpflanzen, auf der Wiese überleben können.
b ◻ Begründe, warum es ein Vorteil ist, wenn die Wiesenpflanzen vor oder nach dem Mähen Früchte und Samen bilden.

EXTRA Schaden und Nutzen durch das Mähen

1 Ein Wiesenknopf-Ameisenbläuling

Der Wiesenknopf-Ameisenbläuling ist ein Schmetterling. Er lebt auf wenig genutzten feuchten Mähwiesen. Seine Eier legt er nur in die Blüten des Großen Wiesenknopfs. Wenn die Wiesen zu früh gemäht werden, dann finden die Wiesenknopf-Ameisenbläulinge keine Blüten, in die sie ihre Eier ablegen können. Durch großflächiges Mähen gefährdet man den gesamten Bestand dieser Schmetterlingsart.

Die Interessen der Landwirte ...
Ein Landwirtschaftsbetrieb lässt seine Wiese mähen. Das Grünfutter ist für die 60 Kühe im Stall. Früher mähte man Wiesen per Hand mit der Sense erstmals um den Johannistag am 24. Juni. Heute wird oft schon früher gemäht. Dadurch kann man häufiger mähen und somit mehr Futter erzeugen. Doch der gewählte Zeitpunkt für das Mähen hat große Auswirkungen auf einzelne Pflanzen und Tiere und damit auch auf die Lebensgemeinschaft Wiese.

... und die Interessen des Naturschutzes
Der Wiesenknopf-Ameisenbläuling stellt nur ein Beispiel für viele gefährdete Arten dar, die durch intensive Landwirtschaft bedroht sind. Naturschutzorganisationen haben zum Ziel, die Vielfalt von Tieren und Pflanzen zu erhalten. Durch Vereinbarungen mit der Landwirtschaft kann unter anderem der Zeitpunkt für das Mähen festgelegt werden. Sinken dadurch die Einnahmen für die landwirtschaftlichen Betriebe, weil sie weniger Grünfutter ernten, bekommen sie zum Ausgleich Geld.

AUFGABEN
1 Landwirtschaft und Naturschutz
Formuliere die Interessen der Landwirtschaft und die des Naturschutzes in eigenen Worten.

2 Auswirkungen des Mähens
Beschreibe mithilfe von Bild 2 die Auswirkungen von einmaligem, zweimaligem und dreimaligem Mähen.

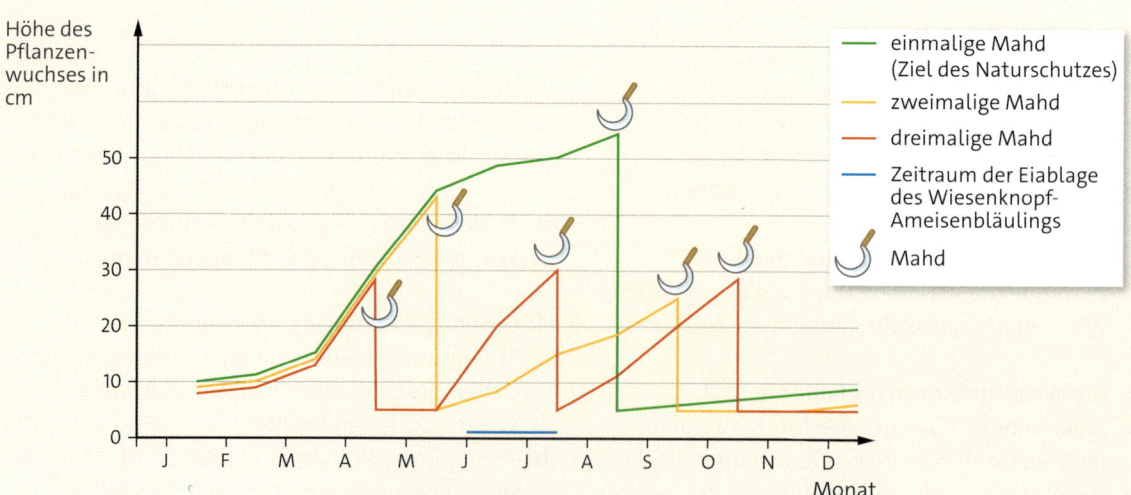

2 Auswirkungen des Mähens auf die Pflanzenhöhe

AUFGABEN   Rasen oder Wiese?

1 Die Düngung und die Artenanzahl

Pflanzen brauchen Luft, Wasser, Wärme, Licht und Nährstoffe aus dem Boden, damit sie wachsen können. Im Garten und in der Landwirtschaft reichert man den Boden deshalb oft mit Nährstoffen an. Dazu benutzt man Dünger. Dünger enthält Nährstoffe für Pflanzen. Man nennt den Vorgang, bei dem man Dünger auf den Boden gibt, Düngung. Nach der Düngung wachsen bestimmte Pflanzen wie Gräser und Gemüse schneller als andere Pflanzen.

1 Eine Wiese: ungedüngt (A), gedüngt (B)

a ▫ Beschreibe die beiden Wiesen in Bild 1.
b ▫ Beschreibe anhand von Bild 2, wie sich das regelmäßige Düngen einer Wiese auf die Pflanzen und Tiere der Wiese auswirkt.
c ▫ Begründe, weshalb sich die Artenanzahl der Insekten durch mehrmaliges Düngen verändert.

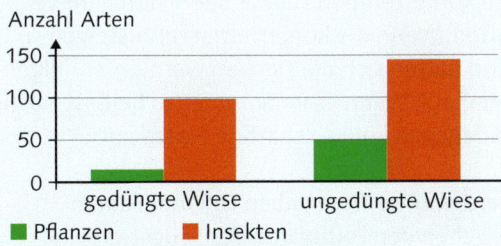

2 Artenanzahl auf gedüngter und ungedüngter Wiese

d ▫ Recherchiere im Internet nach der Wirkung von Dünger auf das Wachstum von Wiesenpflanzen. Begründe, weshalb auf gedüngten Flächen nur noch wenige blühende Wiesenpflanzen wachsen.
e ▫ Ein Rasenstück im Garten soll in eine naturnahe Wiese umgewandelt werden. Beschreibe, wie man vorgehen muss.

2 Ein gepflegter Rasen

3 Ein Rasen im Fußballstadion

Ein gepflegter Rasen besteht ausschließlich aus bestimmten Gräsern. Den Rasen muss man häufig mähen, düngen, bewässern und belüften, damit keine anderen Wiesenpflanzen auf der Fläche wachsen.

a ▫ Vergleiche die beiden Diagramme in Bild 4.
b ▫ Plane ein Experiment, mit dem man zu diesen Ergebnissen kommt.
c ▫ Beschreibe die Bedeutung des Düngers für das Rasenwachstum.

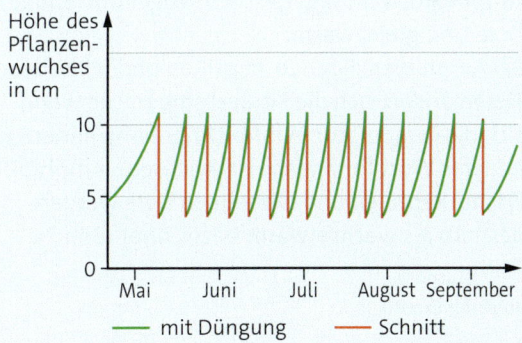
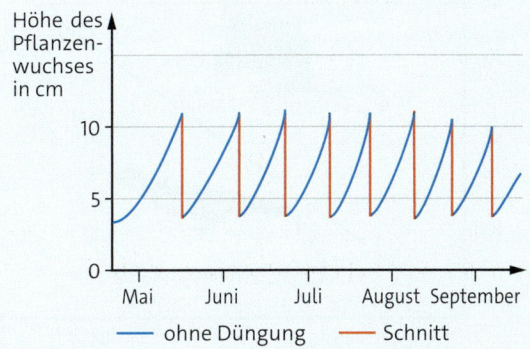

4 Die Pflege von Rasen mit und ohne Düngung

PFLANZEN UND TIERE IN DEN JAHRESZEITEN

Tiere regulieren ihre Körpertemperatur

1 Ein Rotkehlchen im Winter

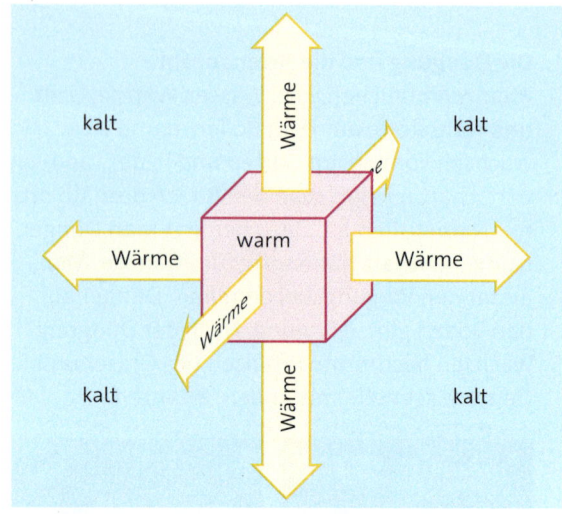

3 Die Wärme strömt von warm zu kalt.

Wenn es sehr kalt ist, dann stellen viele Vögel ihre Federn auf. Man sagt: Sie plustern sich auf.

Die Körpertemperatur
Die Temperatur im Körper von Tieren und Menschen heißt **Körpertemperatur**. Bei Vögeln und bei Säugetieren bleibt die Körpertemperatur gleich, egal ob es in ihrer Umgebung wärmer oder kälter wird. Man sagt deshalb: Vögel und Säugetiere sind **gleichwarm**.
Bei Amphibien, Fischen, Reptilien und wirbellosen Tieren ändert sich die Körpertemperatur, wenn sich die Temperatur in ihrer Umgebung ändert. Ein anderes Wort für ändern ist wechseln. Amphibien, Fische, Reptilien und wirbellose Tiere werden deshalb als **wechselwarm** bezeichnet (Bild 2).

Wechselwarme Tiere
Wenn die Temperatur im Körper wechselwarmer Tiere anders ist als in ihrer Umgebung, dann gleichen sich die beiden Temperaturen aus. Die Wärme wird dabei vom Warmen zum Kalten transportiert (Bild 3). Das geschieht so lange, bis die Körpertemperatur und die Temperatur in der Umgebung gleich sind. Wenn es in der Umgebung kälter ist als im Körper, dann wird Wärme aus dem Körper an die Umgebung abgegeben. Dadurch sinkt die Körpertemperatur. Wenn die Temperatur in der Umgebung höher ist als im Körper, dann nimmt der Körper Wärme auf. Dadurch steigt die Körpertemperatur. Wechselwarme Tiere regeln ihre Körpertemperatur vor allem durch ihr Verhalten. Wenn die Körpertemperatur steigen soll, dann halten sich die Tiere an warmen, sonnigen Orten auf. Wenn es im Sommer zu heiß ist, suchen sie dagegen kühle, schattige Plätze auf.

Gleichwarme Tiere haben Fell und Federn
Zwischen den Fellhaaren der Säugetiere und zwischen den Federn der Vögel ist Luft eingeschlossen. Luft ist ein schlechter Wärmeleiter. Die eingeschlossene Luft wirkt deshalb wie eine Hülle, durch die weniger Wärme nach außen oder innen gelangt. Dieses Verringern des Wärmetransports durch eine Hülle bezeichnet man auch als **Wärmeisolation**. Durch ihr Fell oder ihre Federn sind gleichwarme Tiere also davor geschützt, dass ihr Körper im Winter zu viel Wärme abgibt und im Sommer zu viel Wärme aufnimmt.

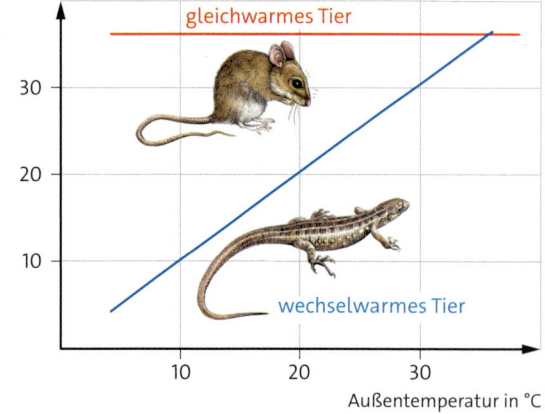

2 Die Körpertemperatur und die Außentemperatur

PFLANZEN UND TIERE IN DEN JAHRESZEITEN

Das Aufstellen der Haare und Federn
Wenn es im Winter sehr kalt ist, dann richten Säugetiere ihre Fellhaare auf. Vögel richten ihre Federn auf. Dadurch wird die mit Luft gefüllte Schicht, die den Körper der Tiere umgibt, dicker. Das verstärkt die Wärmeisolation.

Fett schützt vor Wärmeverlust
Viele gleichwarme Tiere nehmen vor dem Winter große Mengen Nahrung zu sich, damit sich unter ihrer Haut eine Fettschicht bildet. Die Fettschicht schützt vor Wärmeverlust, denn Fett leitet Wärme schlecht. Zudem enthält Fett viel Energie. Wenn die Tiere im Winter wenig Nahrung finden, dann können sie die Energie aus der Fettschicht nutzen.

Gleichwarme Tiere im Sommer
Im Sommer kühlen gleichwarme Tiere ihren Körper, damit ihre Körpertemperatur gleich bleibt. Der Mensch und einige Tiere geben Schweiß ab, um den Körper zu kühlen. Wenn Schweiß auf der Haut verdunstet, dann wird dem Körper Wärme entzogen. Viele Tiere können aber nicht schwitzen. Hunde öffnen ihr Maul und atmen schnell und heftig. Das nennt man **hecheln** (Bild 4). Durch das Hecheln verdunstet Speichel auf der Zunge und auf der Schleimhaut im Maul des Hundes. Dabei wird dem Körper Wärme entzogen. Viele gleichwarme Tiere kühlen sich auch beim Baden im Wasser oder beim Wälzen im Schlamm ab. Zudem bewegen sich gleichwarme Tiere im Sommer weniger, weil dann weniger Wärme frei wird und ihr Körper nicht so schnell aufheizt.

Gleichwarme Tiere brauchen viel Energie
Im Winter wärmen gleichwarme Tiere ihren Körper, damit ihre Körpertemperatur gleich bleibt. Dafür ist Energie notwendig. Die Energie erhalten die Tiere aus ihrer Nahrung. Die Muskeln und die Organe im Körper wandeln die Energie in der Nahrung in andere Energieformen um. Dabei wird Wärme frei. Die Wärme wird mit dem Blut im Körper verteilt. Wenn es im Winter sehr kalt ist, dann beginnen die Muskeln zu zittern. Dadurch wird mehr Energie umgewandelt und somit mehr Wärme frei. Auch das Kühlen des Körpers durch Schwitzen oder Hecheln kostet Energie.

> Die Körpertemperatur von wechselwarmen Tieren ändert sich mit der Temperatur der Umgebung. Sie regulieren ihre Körpertemperatur durch ihr Verhalten. Vögel und Säugetiere sind gleichwarm. Ihre Körpertemperatur ist immer ungefähr gleich hoch. Damit sie ihre Körpertemperatur aufrechterhalten können, ist Energie notwendig. Fell, Federn und Fett schützen gleichwarme Tiere vor Wärmeverlust.

AUFGABEN
1 Wechselwarme Tiere
a ⊠ Beschreibe, was mit dem Fachwort wechselwarm gemeint ist.
b ⊠ Wechselwarme Tiere regulieren ihre Körpertemperatur durch ihr Verhalten. Beschreibe, wie sie dabei vorgehen.
c ⊠ Erkläre, warum sich die Körpertemperatur wechselwarmer Tiere ändert, wenn sich die Umgebungstemperatur ändert.

2 Gleichwarme Tiere
a ⊠ Beschreibe, was mit dem Fachwort gleichwarm gemeint ist.
b ⊠ Erkläre, wie Fell vor Wärmeverlust schützt.
c ⊠ Nenne die beiden Vorteile einer Fettschicht für Tiere im Winter.
d ⊠ Begründe, warum gleichwarme Tiere viel Energie brauchen.
e ⊠ Beschreibe, wie die gleichwarmen Tiere Energie in Wärme umwandeln.
f ⊠ Stelle Vermutungen an, warum einige gleichwarme Tiere den Winter nicht überleben.

4 Ein Hund mit heraushängender Zunge

PFLANZEN UND TIERE IN DEN JAHRESZEITEN

Die Säugetiere im Winter

1 Ein Siebenschläfer in seiner Höhle

Vor dem Winter graben Siebenschläfer eine Höhle in die Erde. Dort schlafen sie mehrere Monate und verbringen so den Winter.

Schlafen im Winter
Siebenschläfer, Fledermäuse und Igel schlafen den ganzen Winter, ohne aufzuwachen. Man sagt auch: Die Tiere halten **Winterschlaf** (Bild 1). Die Tiere fressen sich vor dem Winter eine Fettschicht an. Die Fettschicht verringert die Abgabe von Wärme an die Umgebung und speichert Energie, damit die Tiere die lange Zeit ohne Nahrung überleben. Während des Winterschlafs schlägt das Herz langsamer und die Tiere atmen langsamer. Dann sinkt die Körpertemperatur der Tiere auf etwa 5 °C ab. Dadurch wird Energie gespart. Wenn die Körpertemperatur zu niedrig ist, erwachen die Tiere kurz, damit sie nicht erfrieren. Dann wandeln die Muskeln im Körper die Energie aus den Zellen in der Fettschicht in Wärme um. Die Wärme wird mit dem Blut im Körper verteilt. Danach schlafen die Tiere weiter.

2 Das Eichhörnchen hat eine versteckte Nuss gefunden.

Ruhen im Winter
Eichhörnchen, Dachse und Braunbären schlafen zwar im Winter, aber zwischendurch wachen sie öfter auf. Das nennt man **Winterruhe**. Ihre Körpertemperatur sinkt in der Zeit nur wenig. Auch die Anzahl ihrer Herzschläge und Atemzüge bleibt gleich. Einige Tiere, die Winterruhe halten, nehmen Nahrung auf, wenn sie aufwachen. Eichhörnchen legen dafür im Herbst Vorräte an (Bild 2).

Aktiv durch den Winter
Viele Säugetiere halten weder Winterschlaf noch Winterruhe. Dazu gehören zum Beispiel Rehe, Wildschweine, Füchse und Feldmäuse. Man sagt: Sie sind den ganzen Winter **aktiv**. Das ist möglich, weil sie gut gegen Wärmeverlust geschützt sind. Säugetiere, die im Winter aktiv sind, bekommen im Winter oft ein dickeres Fell. Dieses **Winterfell** hat viele Wollhaare und ist sehr dicht. Dadurch wird weniger Wärme nach außen abgegeben. Außerdem haben sich die Tiere im Herbst eine Fettschicht angefressen. Die Fettschicht verringert die Wärmeabgabe an die Umgebung und liefert Energie. Das ist wichtig, denn im Winter finden die Tiere weniger Nahrung.

> Viele Säugetiere sind im Winter aktiv. Andere schlafen im Winter, wachen aber öfter auf. Sie halten Winterruhe. Säugetiere, die den ganzen Winter schlafen, halten Winterschlaf.

AUFGABEN
1 Der Winterschlaf
a Beschreibe die Veränderungen im Körper von Säugetieren während des Winterschlafs.
b Erkläre, warum sehr leichte Igel einen strengen Winter vermutlich nicht überleben.

2 Die Winterruhe
a Nenne zwei Tiere, die Winterruhe halten.
b „Squirrel" ist die englische Bezeichnung für Eichhörnchen. Im Englischen bedeutet to squirrel away „auf die hohe Kante legen". Erkläre diese Redewendung.

3 Winteraktive Tiere
Beschreibe, wie sich winteraktive Tiere vor Wärmeverlust schützen.

PRAXIS Schutz vor Wärmeverlust

A Isolierung schützt vor Wärmeverlust

Material:
6 Bechergläser (600 ml), 6 Bechergläser (250 ml), 6 Thermometer, glatte Schnur, flauschige Wolle, Öl, Wasser, Wasserkocher

Durchführung:
- Fülle die großen Bechergläser jeweils mit einem der folgenden Materialien: kaltes Wasser, glatte Schnur, flauschige Wolle, nasse Wolle, Öl. Ein großes Becherglas bleibt nur mit Luft gefüllt.
- Stelle in jedes Becherglas ein kleines Becherglas, sodass es vom Füllmaterial gleichmäßig umgeben ist.
- Erwärme Wasser im Wasserkocher auf 60 °C.
- Verteile das heiße Wasser auf die kleinen Bechergläser.
- Stelle ein Thermometer in das Wasser.
- Lies alle 3 Minuten die Temperatur ab, bis sich das Wasser im letzten Becherglas auf 20 °C abgekühlt hat.
- Protokolliere die Messergebnisse.

Auswertung:
1. Stelle die Messergebnisse in einem Liniendiagramm dar. Nutze für jedes Becherglas eine andere Farbe.
2. Beschreibe das Diagramm aus Aufgabe 1. Nenne die Materialien, die sich am besten als Schutz vor Wärmeverlust eignen.
3. Begründe mithilfe der Messergebnisse, weshalb viele Tiere im Herbst doppelt so viel Nahrung zu sich nehmen wie im Sommer.

B Je enger, desto wärmer

Material:
großes Becherglas, 8 Reagenzgläser, 3 Thermometer, Gummiband, Eiswasser, Wasserkocher, warmes Wasser (60 °C)

Durchführung:
- Fülle alle Reagenzgläser mit warmem Wasser.
- Binde 7 Reagenzgläser mit dem Gummiband zusammen und stelle sie in das große Becherglas.
- Das 8. Reagenzglas bleibt im Reagenzglasständer.
- Fülle das Eiswasser in das Becherglas. Miss die Temperatur alle 3 Minuten:
  - in dem einzelnen Reagenzglas
  - in dem mittleren Reagenzglas
  - in einem der Randreagenzgläser
- Protokolliere deine Messergebnisse.

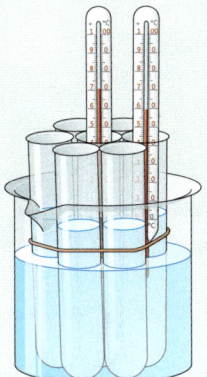

2 Der Aufbau zu Experiment B

Auswertung:
1. Stelle die Messergebnisse in einem Liniendiagramm dar. Nutze für jedes Reagenzglas eine andere Farbe.
2. Beschreibe das Diagramm.
3. Begründe mithilfe der Messergebnisse, warum viele Tiergruppen im Winter eng zusammenstehen.

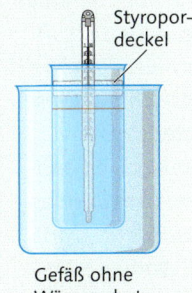
Styropordeckel
Gefäß ohne Wärmeschutz

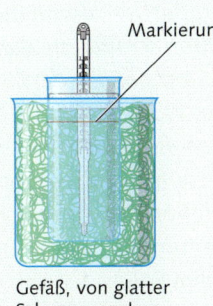
Markierung
Gefäß, von glatter Schnur umgeben

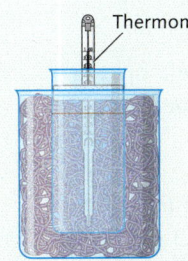
Thermometer
Gefäß, von flauschiger Wolle umgeben

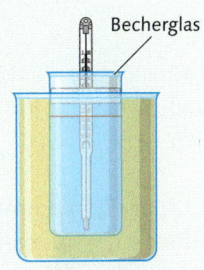
Becherglas
Gefäß mit Ölmantel

1 Ein Modellexperiment zur Wärmeisolierung

METHODE   Im Internet recherchieren

1 Esben und Maxi recherchieren im Internet.

Wenn du im Internet nach Informationen suchst, dann sagt man auch: Du **recherchierst**. Dabei helfen dir die folgenden Schritte:

1 Die Frage formulieren
Formuliere eine Frage, auf die du eine Antwort suchst. Oder notiere das Thema, zu dem du Informationen finden willst.

Esben und Maxi fragen sich: „Wie verbringen die Tiere im Garten den Winter?" Sie wollen Informationen sammeln, wie ein Garten aussehen muss, damit darin verschiedene Tiere überwintern können.

2 Die Suchwörter festlegen und suchen
Eine Internetrecherche nach einem einzelnen Wort ergibt oft sehr viele Treffer. Überlege dir deshalb zu deiner Frage oder zu deinem Thema passende Suchwörter. Das sind einzelne Wörter aus deiner Frage oder deinem Thema. Gib die Suchwörter in das Suchfeld einer Suchmaschine ein. Achte darauf, dass du die Wörter richtig schreibst.

Esben und Maxi geben die Wörter „Tiere", „Garten" und „Winter" in das Suchfeld der Suchmaschine ein.

Tipp: Es gibt spezielle Suchmaschinen für Kinder und Jugendliche, die nur wenige Treffer mit leicht verständlichen Informationen anzeigen. Beispiele sind schule.helles-koepfchen.de und schule.fragFinn.de.

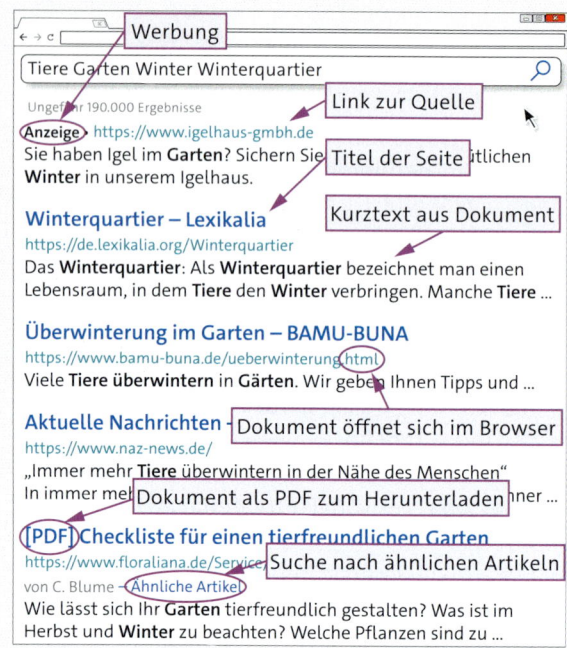

2 Trefferliste für die Suchwörter von Esben und Maxi

3 Die Suchergebnisse ansehen
Die Ergebnisse der Suche werden als Liste von Internetseiten angezeigt. Manche Suchmaschinen zeigen ganz oben in der Liste Werbeeinträge an. Diese Einträge kannst du an dem Wort „Anzeige" oder „Werbung" erkennen. Beachte sie nicht. Schau dir mindestens zehn Treffer aus deiner Trefferliste an. Lies den Kurztext. Daran kannst du abschätzen, welche Informationen du auf der Internetseite findest. Wenn du zu viele Treffer angezeigt bekommst, dann füge Suchwörter hinzu. So bekommst du oft ein genaueres Ergebnis.

Die Suche von Esben und Maxi ergab viele Treffer. Sie ergänzen als Suchwort noch das Wort „Winterquartier", damit ihre Suche noch genauer wird. Dann scrollen sie durch ihre Trefferliste in Bild 2. Ganz oben in der Liste sind zwei Einträge mit dem Wort „Werbung" gekennzeichnet. Diese beachten die beiden nicht. Darunter stehen Internetseiten von Tageszeitungen und Fernsehsendern, von Naturschutzvereinen, vom Bundesministerium für Umwelt und Naturschutz und von einem Forum für Gärtner. Sie wählen fünf Internetseiten aus, die sie sich genauer ansehen wollen.

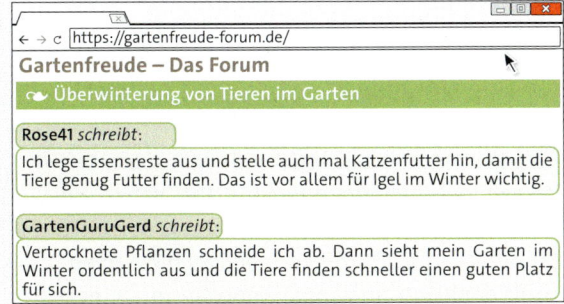

3 Ein Forum, das Maxi und Esben gefunden haben

4 Die Internetseiten bewerten und speichern
Im Internet können alle Menschen Texte, Bilder oder Videos veröffentlichen. Es wird nicht geprüft, ob die Informationen korrekt sind. In Bild 5 findest du Kennzeichen, an denen du verlässliche Informationen auf Internetseiten erkennen kannst. Sei kritisch, denn jeder Betreiber einer Internetseite stellt seine Sichtweise dar. Behörden, Universitäten und öffentliche Einrichtungen wollen meist sachlich und objektiv informieren. In sozialen Medien werden oft Meinungen ausgetauscht. Wenn du eine zuverlässige und passende Internetseite gefunden hast, dann speichere sie als Lesezeichen in deinem Browser.

Die Texte auf den Seiten, die Esben und Maxi sich ansehen, sind manchmal schwer zu verstehen. Auf anderen Seiten tauschen Menschen ihre Meinungen aus. Esben und Maxi finden auf der Seite des WWF Informationen zur Überwinterung von Tieren im Garten, die sie verstehen. Da die Informationen auf der Seite der bekannten Naturschutzorganisation stehen, halten sie die Informationen für verlässlich.

4 Eine Internetseite, die Maxi und Esben gefunden haben

- Die Webseite oder das Video stammt aus einer vertrauenswürdigen Quelle, zum Beispiel einer Universität oder Behörde.
- Die Inhalte sind verständlich formuliert.
- Das Datum der Veröffentlichung liegt noch nicht lange zurück.
- Die Informationen auf der Seite stimmen mit Informationen auf anderen verlässlich wirkenden Seiten überein.

5 Einige Kennzeichen von verlässlichen Internetseiten

5 Die Informationen notieren und ordnen
Notiere die wichtigsten Informationen der Internetseiten, die du ausgewählt hast. Übernimm nur Informationen, die du verstehst. Überlege, wie du die Informationen ordnen kannst. Notiere die Quellen, denen du etwas entnommen hast.

Esben und Maxi notieren die wichtigsten Informationen in Stichpunkten. Dabei ordnen sie die Informationen nach Tiergruppen, die im Garten vorkommen. Als Quelle notieren sie die Internetseite, auf der sie die Informationen gefunden haben.

AUFGABEN

1 Recherchieren im Internet
   Beschreibe, wie du geeignete Suchwörter für eine Internetrecherche festlegst.

2 Internetseiten bewerten
a Erstelle anhand von Bild 5 eine Liste mit Kriterien, an denen du nicht vertrauenswürdige Internetseiten erkennst.
b Begründe mithilfe deiner Kriterien aus Aufgabe 2a, welche der Internetseiten in Bild 3 und 4 Esben und Maxi nicht nutzen sollten.

3 Eine Internetrecherche durchführen
a Recherchiere im Internet zur Frage von Esben und Maxi.
b Erstelle eine Liste mit Tipps, wie man seinen Garten anlegen sollte, damit verschiedene Tiere dort überwintern können.

Das Igeljahr

1 Ein Igel auf Futtersuche

Manchmal kann man nachts im Garten ein Rascheln, Schnaufen und Schmatzen hören. Das könnte ein Igel sein, der dort nach Nahrung sucht.

Der Lebensraum der Igel
Igel leben in Gärten, Parks oder an Waldrändern. Nachts sind sie wach und suchen nach Nahrung. Tagsüber schlafen sie in einem Nest aus trockenem Laub und Moos.

Durch Stacheln geschützt
Die Körperoberseite der Igel ist vollständig mit Stacheln bedeckt. Bei Gefahr rollt sich ein Igel zu einer Kugel ein. Dabei richten sich die Stacheln auf. Durch die Stacheln sind die Igel vor fast allen heimischen Raubtieren geschützt.

Die Hauptnahrung sind Insekten
Igel ernähren sich vor allem von Insekten. Sie fressen aber auch andere wirbellose Tiere wie Spinnen, Tausendfüßer und Regenwürmer. Manchmal erbeuten die Igel auch kleine Wirbeltiere wie einen Frosch oder eine Maus. Im Herbst fressen Igel manchmal Früchte. Igel haben ein **Insektenfressergebiss**. Es besteht aus 36 spitzen Zähnen (Bild 2). Damit können Igel die harten Insektenpanzer und sogar Knochen zerkleinern.

Im Sommer ist Paarungszeit
Von April bis August sind Igelweibchen zur Paarung mit einem Igelmännchen bereit. Die Igelmännchen begeben sich in dieser Zeit auf die Suche nach einem paarungsbereiten Weibchen. Nach der Paarung bauen die Weibchen ein Nest. Dort bringen sie im August vier bis fünf Jungtiere zur Welt. Die Stacheln der Jungtiere sind bei der Geburt weich und weiß (Bild 3). Ihre Augen sind noch geschlossen. Die Jungtiere saugen an den Zitzen des Weibchens, um Muttermilch zu trinken. Sie sind noch einige Zeit unselbstständig und müssen versorgt werden.

Vorbereitungen im Herbst
Im Herbst gibt es viele Insekten. Dann nehmen Igel sehr viel Nahrung zu sich. Sie fressen sich für den Winter eine Fettschicht an. Die Fettschicht schützt die gleichwarmen Tiere vor Wärmeverlust. Außerdem enthält Fett viel Energie. Im späten Herbst suchen Igel Orte auf, die vor Nässe und Frost geschützt sind. Dort bauen sie sich ein

2 Die Igel haben ein Insektenfressergebiss.

3 Eine Igelmutter mit Jungtieren

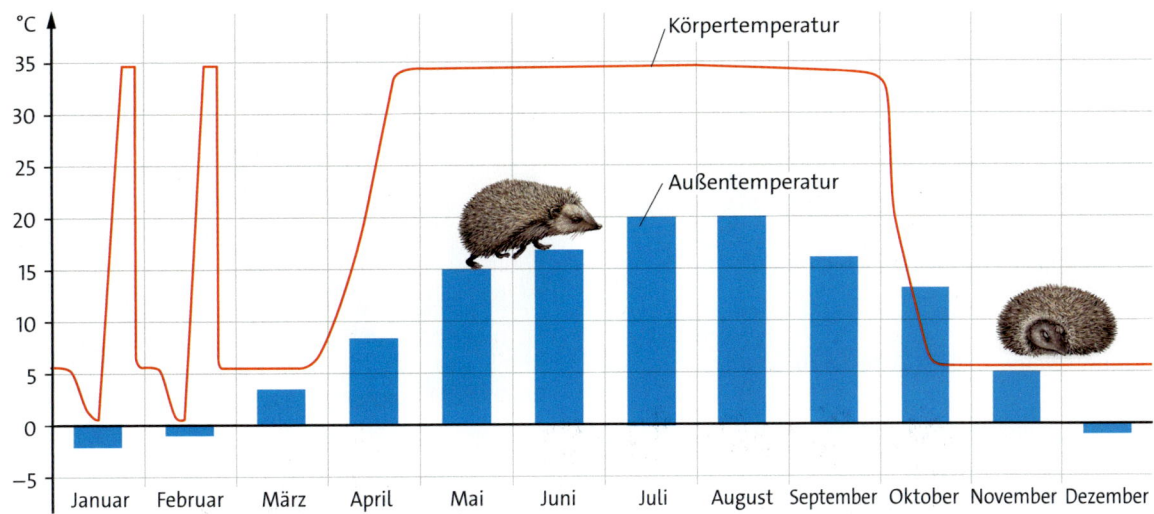

4 Die Körpertemperatur des Igels im Jahresverlauf

trockenes Nest. Geeignete Plätze finden die Igel in dichtem Gebüsch, in Laub- oder Komposthaufen sowie unter Holzstapeln.

Igel halten Winterschlaf
Im Winter halten Igel Winterschlaf. Dann nehmen sie keine Nahrung zu sich. Die Energie, die sie zum Überleben brauchen, erhalten sie aus der Fettschicht unter ihrer Haut. Das Herz schlägt während des Winterschlafs langsamer und die Anzahl der Atemzüge wird weniger. Dann sinkt auch die Körpertemperatur der Igel auf 5°C (Bild 4).

Das Erwachen im Winter
Wenn die Körpertemperatur eines Igels unter einen bestimmten Wert fällt, dann wacht er auf. Das ist wichtig, damit der Igel nicht erfriert. Seine Körpertemperatur erhöht sich dann für kurze Zeit wieder auf 35 °C (Bild 4). Dafür muss Energie in Wärme umgewandelt werden. Säugetiere, die Winterschlaf halten, haben ein spezielles Fettgewebe. Dieses **braune Fettgewebe** wandelt Energie in Wärme um, sobald die Tiere aufwachen.

Das Erwachen im Frühling
Im Frühling erwachen die Igel aus dem Winterschlaf. Sie haben dann etwa ein Drittel ihres Körpergewichts verloren. Nun finden sie endlich wieder genug Nahrung, damit sie wieder an Gewicht zulegen. Nach dem Aufwachen erhöhen sich die Anzahl der Herzschläge und Atemzüge sowie die Körpertemperatur (Bild 4).

> Igel fressen vor allem Insekten. Ihre Stacheln schützen sie vor den meisten Feinden. Die Jungtiere werden nach der Geburt sechs bis sieben Wochen mit Muttermilch gesäugt. Igel halten Winterschlaf. Wenn ihre Körpertemperatur zu niedrig ist, dann wachen die Igel auf. Dann wird ihr Körper mithilfe des braunen Fettgewebes erwärmt. Im Frühling erwachen die Igel aus dem Winterschlaf.

AUFGABEN

1 Die Nahrung der Igel
a ▸ Nenne fünf Beispiele für Nahrung der Igel.
b ▸ Beschreibe ein Insektenfressergebiss.

2 Igel im Winter
a ▸ Beschreibe die Veränderungen im Igelkörper während des Winterschlafs.
b ▸ Werte das Diagramm in Bild 4 aus.
c ▸ Suche nach Gründen, warum nicht alle Igel den Winterschlaf überleben.

3 Der Lebensraum der Igel
a ▸ Nenne Orte, an denen Igel leben.
b ▸ Beschreibe einen igelfreundlichen Garten.

4 Igel schützen sich
a ▸ Beschreibe, wie sich Igel vor Angreifern schützen.
b ▸ Stelle Vermutungen an, warum Autos eine Gefahr für Igel sind.

PRAXIS   Einen Winterschlafplatz für Igel anlegen

In Siedlungen und aufgeräumten Gärten finden Igel nur noch selten Überwinterungsquartiere. An einem trockenen und schattigen Platz könnt ihr auf dem Schulgelände oder im eigenen Garten Winterquartiere für Igel anlegen.

A Einen Reisighaufen aufschichten

Material:
dünne Zweige, dickere Äste, Laub, Stroh

Durchführung:
— Sucht einen ruhigen Platz auf dem Schulgelände. Er sollte vor Regen, Schnee und Sonne geschützt sein.
— Schichtet zunächst dickere Äste übereinander, sodass Hohlräume entstehen. Sie sollten circa 30 cm × 30 cm × 30 cm groß sein.
— Füllt etwas Stroh in die Hohlräume.
— Schichtet nun dünne Zweige über die dicken Äste, sodass eine Kuppel entsteht.
— Bedeckt die Kuppel mit Laub.
— Neben dem Haufen sollte weiteres Laub aufgehäuft werden.

Auswertung:
1. Beschreibe, wo der Igel sein Nest im Reisighaufen bauen kann.
2. Igel bauen sich ein weiches, gepolstertes, trockenes Nest. Beschreibe, wofür der Igel Laub neben seinem Nest benötigt.
3. Begründe, warum es problematisch für den Igel ist, wenn sein Nest im Frühling von der Sonne stark erwärmt wird.

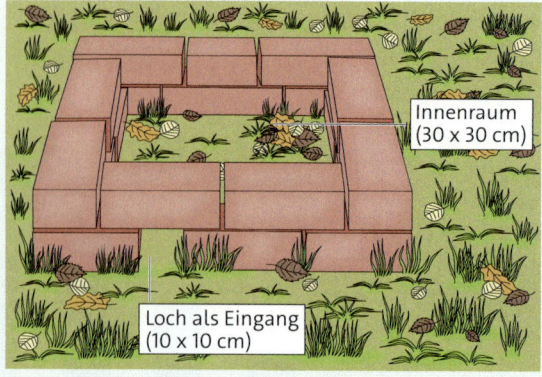

2 So legst du die Steine für das Winterquartier.

B Ein Winterquartier für Igel bauen

Material:
Backsteine oder Pflastersteine (circa 10 cm dick), 1–2 Holzbretter, Kies, Folie

Durchführung:
— Suche einen ruhigen, trockenen und schattigen Platz auf dem Schulgelände.
— Lege die untere Reihe der Steine so, dass ein 10 cm × 10 cm großes Loch zwischen zwei Steinen bleibt und der Innenraum mindestens 30 cm × 30 cm groß ist.
— Schütte den Innenraum mit Kies aus.
— Lege weitere Reihen Steine auf die untere Reihe, bis das Haus mindestens 30 cm hoch ist.
— Lege ein oder zwei Holzbretter als Dach oben auf die Steine.
— Lege die Folie über das Dach. Sie sollte 10 cm über den Rand reichen.
— Beschwere das Dach mit mehreren Steinen.

1 Ein Reisighaufen als Winterquartier für Igel

3 Das fertige Winterquartier

AUFGABEN Säugetiere im Winter

1 Das warme Winterfell
Viele Säugetiere bekommen im Winter ein Winterfell. Das Winterfell ist besonders dicht und schützt dadurch besser vor Wärmeverlust.
a ▸ Beschreibe die Unterschiede zwischen dem Sommerfell und dem Winterfell des Hermelins mithilfe der Bilder 1 und 2.
b ▸ Begründe, warum ein Fellwechsel im Frühjahr und Herbst für Tiere mit Fell überlebenswichtig ist.
c ▸ Erkläre den Zusammenhang zwischen den dichten Wollhaaren und der Luft als schlechtem Wärmeleiter.
d ▸ Nenne Gründe, weshalb es so wichtig ist, dass die Grannenhaare wasserabweisend sind.
e ▸ Nenne Gründe, die für den Farbwechsel des Hermelinfells sprechen.

2 Verschiedene Überwinterungsstrategien
Säugetiere überwintern unterschiedlich. Einige sind den gesamten Winter aktiv, andere halten Winterruhe oder Winterschlaf. Die Diagramme in Bild 3 zeigen die Körpertemperatur und die Herzschläge pro Minute im Jahresverlauf bei Eichhörnchen und Fledermaus.
a ▸ Beschreibe den Verlauf der Körpertemperatur und die Anzahl der Herzschläge beim Eichhörnchen und bei der Fledermaus in Bezug zur Außentemperatur.
b ▸ Vergleiche den Verlauf der Körpertemperatur und die Anzahl der Herzschläge beim Eichhörnchen und bei der Fledermaus.
c ▸ Gib an, ob die beiden Tierarten jeweils Winterruhe oder Winterschlaf halten.
d ▸ Eichhörnchen ernähren sich von Nüssen und Samen. Fledermäuse sind Insektenfresser. Erläutere die Zusammenhänge zwischen der Nahrung und der Überwinterungsstrategie.

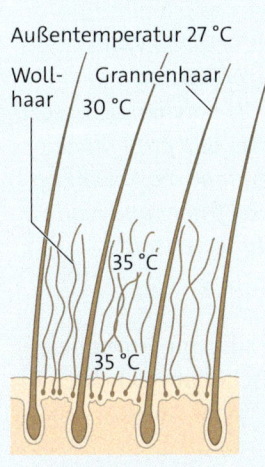

1 Ein Hermelin im Sommerfell

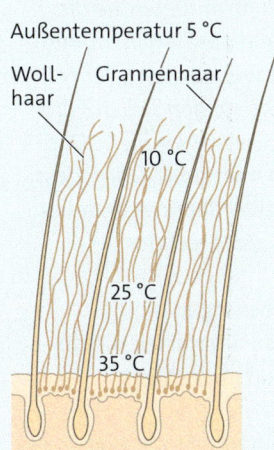

2 Ein Hermelin im Winterfell

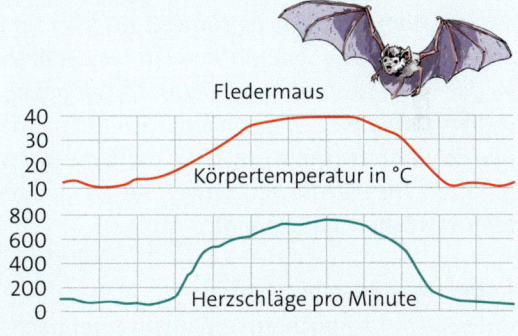
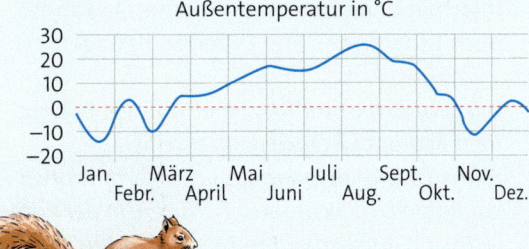
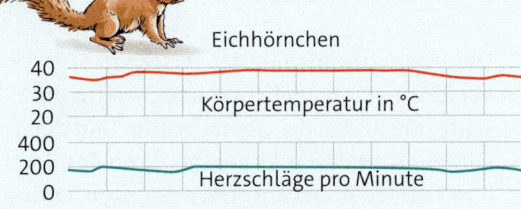

3 Die Körpertemperatur und die Herzschläge von Eichhörnchen und Fledermaus im Jahresverlauf

PFLANZEN UND TIERE IN DEN JAHRESZEITEN

METHODE   Ein Plakat erstellen

1 Die Umwelt-AG erstellt Plakate.

Auf einem Plakat werden wichtige Informationen kurz zusammengefasst. Ein Plakat kann dich beim Präsentieren unterstützen. Manche Plakate sind auch dafür gedacht, dass sich andere die Informationen selbstständig durchlesen.

Lea und Ahmed sind in der Umwelt-AG ihrer Schule. Sie wollen für den „Internationalen Tag der Artenvielfalt" ein Plakat über ein bedrohtes Säugetier erstellen. Damit wollen sie anderen Schülerinnen und Schülern zeigen, wie wichtig es ist, die Natur zu schützen. Die Plakate der Umwelt-AG werden später in der Schule aufgehängt.

1 Informationen beschaffen
Suche in Fachbüchern und im Internet nach Informationen zu deinem Thema. Du kannst auch Expertinnen und Experten befragen.

*Lea geht in die Stadtbücherei, um sich Bücher über bedrohte Tierarten auszuleihen.
Ahmed sucht im Internet nach Informationen zur Roten Liste bedrohter Tierarten. In der Roten Liste sind alle bedrohten Tierarten aufgelistet.*

2 Das Informationsmaterial verstehen
Verschaffe dir einen Überblick: Sieh dir die Texte, die Bilder, die Überschriften und die hervorgehobenen Wörter an. Lies dann den Text und schlage unbekannte Wörter nach. Ordne, was inhaltlich zusammengehört. Du kannst auch Skizzen oder Zeichnungen anfertigen, um dir die Zusammenhänge zu verdeutlichen.

Ahmed und Lea lesen ihre Informationen und suchen nach der Bedeutung unbekannter Wörter im Internet. Sie machen Notizen. Dann erzählen sie sich, was sie herausgefunden haben. Sie überlegen, über welches Säugetier sie mit ihrem Plakat informieren wollen.

3 Informationen auswählen
Überlege, welche Informationen du auf dem Plakat zeigen willst. Schreibe wichtige Wörter auf. Überlege dir auch, was als Text auf dem Plakat stehen soll und was als Bild, Tabelle oder Diagramm.

Ahmed und Lea wollen ein Plakat über den Feldhamster machen. Sie schreiben erst alles auf, was sie wichtig finden: Jedes Wort schreiben sie auf einen eigenen Zettel. Lea schreibt zum Beispiel: Lebensraum, Nahrung und Winterschlaf. Ahmed notiert: Fortpflanzung und intensive Landwirtschaft. Sie notieren sich, wozu sie später einen Text oder ein Bild präsentieren wollen. Ahmed findet, dass man die Anzahl der Feldhamster in Deutschland früher und heute in einem Diagramm oder Bild zeigen sollte.

4 Informationen ordnen
Ordne die Informationen sinnvoll. Formuliere eine Überschrift und Zwischenüberschriften für das Plakat.

Lea und Ahmed ordnen ihre Zettel mit den wichtigen Wörtern. Dann formulieren sie die Überschrift des Plakats und die Zwischenüberschriften. Die Überschrift wird lauten „Der Feldhamster ist in Gefahr!". Sie einigen sich auf drei Zwischenüberschriften: „Die Merkmale", „Das Problem" und „Das kann man tun!". Unter dem dritten Punkt wollen sie zwei Bereiche erstellen: „Interessenkonflikt" und „Artenschutz".

5 Material für das Plakat besorgen
Besorge dir Material und Hilfsmittel, die du zum Anfertigen des Plakats benötigst.

Die beiden besorgen sich bunte Stifte, Kleber, ein großes Blatt Papier und eine Schere. Sie besorgen sich außerdem noch ein paar große Zettel.

6 Die Texte schreiben

Schreibe nicht alles sofort auf das Plakat. Notiere die Zwischenüberschriften auf großen Zetteln oder Karten. Formuliere darunter knappe und verständliche Texte in eigenen Worten. Die Schrift sollte gut lesbar sein. Du kannst die Texte auch am Computer erstellen. Die Farbe sollte auf dem Plakat deutlich erkennbar sein. Unterstreiche wichtige Informationen.

Wenn Ahmed und Lea sich verschreiben oder nicht ganz zufrieden mit ihren Texten sind, dann tauschen sie einen der Zettel aus und müssen nicht direkt auf dem Plakat korrigieren.

7 Die Bilder vorbereiten

Ergänze die Informationen durch Bilder, Tabellen oder Diagramme.

Ahmed und Lea erstellen am Computer ein Diagramm und drucken es aus. Eine Figur zeichnet Ahmed selbst auf einen Zettel.

8 Alles auf dem Plakat anordnen

Schreibe die Überschrift groß und deutlich auf das Plakat. Ordne die Texte und die Bilder, Tabellen und Diagramme so auf dem Plakat an, dass du den Platz gut ausnutzt. Klebe die Zettel und Bilder nun auf.

AUFGABEN

1 Gute Plakate
a Nenne wichtige Merkmale eines guten Plakats.
b Bewerte Leas und Ahmeds Plakat in Bild 2. Begründe deine Meinung.

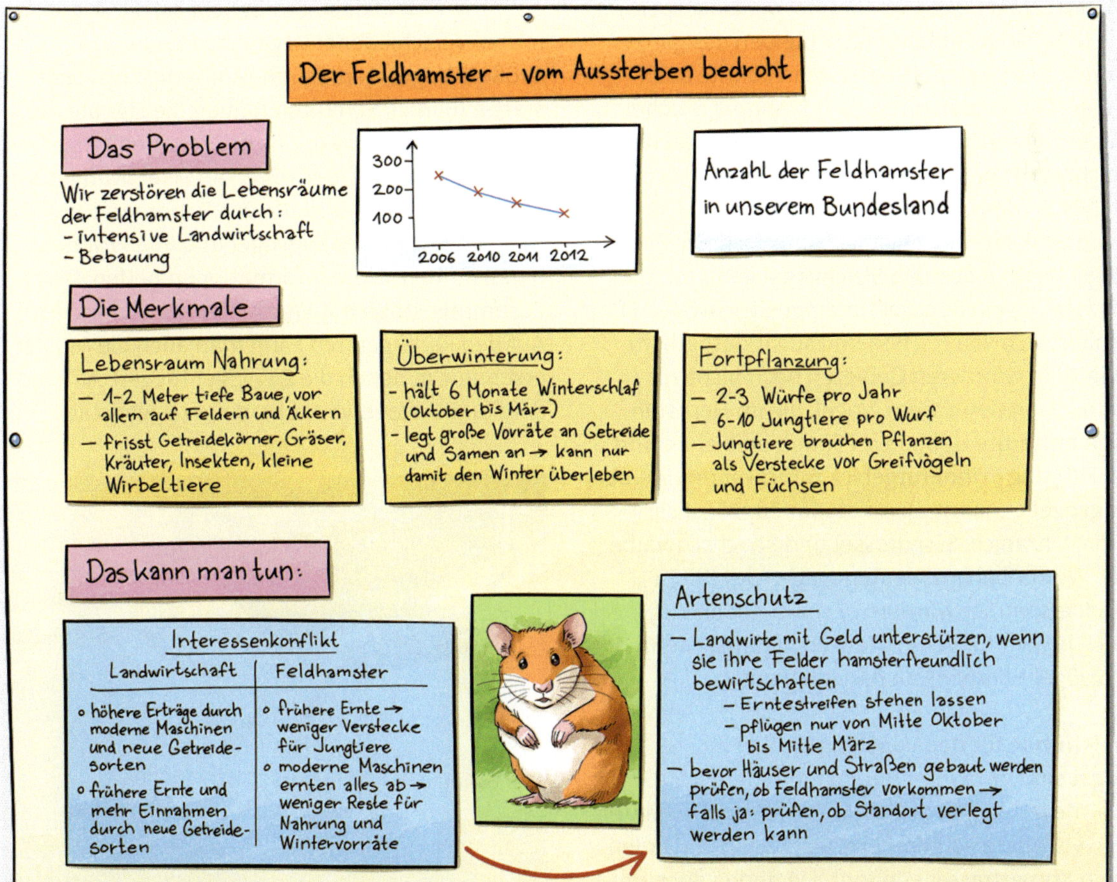

2 Leas und Ahmeds Plakat zum Thema Feldhamster

PFLANZEN UND TIERE IN DEN JAHRESZEITEN

Die Vögel im Winter

1 Zugvögel in V-Formation

Im Herbst kann man am Himmel manchmal eine Gruppe von Vögeln beobachten, die in Form des Buchstabens V vorbeifliegt. Die Zeit des Vogelzugs hat begonnen.

Verschiedene Vögel im Winter

Manche Vögel wie zum Beispiel der Haussperling, die Kohlmeise und die Elster bleiben das ganze Jahr über im selben Gebiet. Man könnte auch sagen: Sie bleiben am selben Standort. Solche Vögel werden deshalb auch als **Standvögel** bezeichnet. Andere Vögel wechseln im Winter in ein Gebiet, in dem sie mehr Nahrung finden. Ein anderes Wort für Gebiet ist Landstrich. Solche Vögel werden deshalb **Strichvögel** genannt. Der Eisvogel ist ein Beispiel für einen Strichvogel. Er ernährt sich von Fischen und sucht deshalb im Winter in wärmeren Gebieten nach nicht zugefrorenen Gewässern. Vögel, die im Herbst in weit entfernte Gebiete im Süden umziehen und im Frühling in ihr Brutgebiet zurückkehren, werden **Zugvögel** genannt. Beispiele für Zugvögel sind Storch, Kranich, Singdrossel und Rauchschwalbe. Die Winter bei uns werden wegen des Klimawandels immer wärmer. Deshalb finden Zugvögel auch im Winter genug Nahrung. Immer mehr Zugvögel überwintern daher bei uns.

Die Gründe für den Vogelzug

Vögel sind im Winter durch ihre Federn vor Wärmeverlust geschützt. Manche Vögel ernähren sich vor allem von Körnern. Solche Vögel werden auch **Körnerfresser** genannt. Sie finden auch im Winter ausreichend Nahrung. Deshalb können sie den Winter in Deutschland verbringen. Vögel, die sich von Schnecken, Würmern und Insekten ernähren, finden dagegen im Winter wenig Nahrung. Deshalb fliegen sie in wärmere Regionen, in denen genug Nahrung vorhanden ist. Das regelmäßige Umziehen der Zugvögel zwischen ihrem Brutgebiet und dem Winterquartier wird **Vogelzug** genannt. Jede Zugvogelart fliegt einen bestimmten Weg. Das Fachwort für diesen Weg ist **Zugroute**.

Den Vogelzug erforschen

Um die Zugrouten von Zugvögeln zu erforschen, werden die Vögel schon seit vielen Jahren mit Aluminiumringen markiert. Die Aluminiumringe sind sehr leicht. Jeder Ring ist mit einer Nummer versehen. Die Vögel werden gefangen. Dann wird ein Ring um einen Vogelfuß befestigt. Jede Nummer wird aufgeschrieben. Dann werden die Vögel wieder freigelassen. Wer einen toten Vogel mit Aluminiumring findet, wird gebeten, den Ring unter Angabe des Fundorts zu melden. Die Auswertung vieler Funde ermöglicht es, die Zugrouten verschiedener Vogelarten herauszufinden. Größere Vögel werden mit Minisendern ausgestattet (Bild 2). Satelliten fangen die Signale der Minisender auf. So können die genauen Wege und die Gewohnheiten der Vögel auf ihrer Wanderung erforscht werden. Mithilfe von Radargeräten kann man die Anzahl der Zugvögel und ihre Flughöhe herausfinden. Diese Informationen helfen dabei, Zusammenstöße mit Flugzeugen zu verhindern. Auf den Radargeräten kann man auch die Muster erkennen, in denen die Zugvögel fliegen. Anhand der Flugmuster erkennt man die Zugvogelart.

2 Ein Weißstorch mit Minisender

Wie sich Zugvögel orientieren

Wohin die Zugvögel fliegen und wann sie ihren Hin- und Rückflug beginnen, ist angeboren. Damit sie den richtigen Weg finden, orientieren sich Vögel, die vor allem tagsüber fliegen, am Stand der Sonne. Vögel, die nachts fliegen, orientieren sich an den Sternen. Zugvögel haben außerdem eine besondere Fähigkeit: Sie können das Magnetfeld der Erde wahrnehmen. Diese Fähigkeit wird als **Magnetsinn** bezeichnet. Dadurch haben sie eine Art „inneren Kompass", der ihnen den richtigen Weg weist. Große Gebirge, Städte, Seen oder Flüsse sind auffällige Orte, die man auch **Landmarken** nennt. Solche Landmarken können Zugvögel zusätzlich nutzen, um sich noch besser zu orientieren.

Die Zugrouten nach Afrika

Viele Zugvögel verbringen den Winter in Afrika. Sie fliegen manchmal große Umwege, um nicht über ein offenes Meer, über Wüsten oder über Gebirge fliegen zu müssen. Viele Zugvögel fliegen die **Westroute** über Frankreich, Spanien und Marokko. Die **Ostroute** verläuft über Südosteuropa nach Griechenland und über die Türkei. Manche kleinere Zugvogelarten überqueren Italien und fliegen auf der **Mittelmeerroute** über das Mittelmeer (Bild 3).

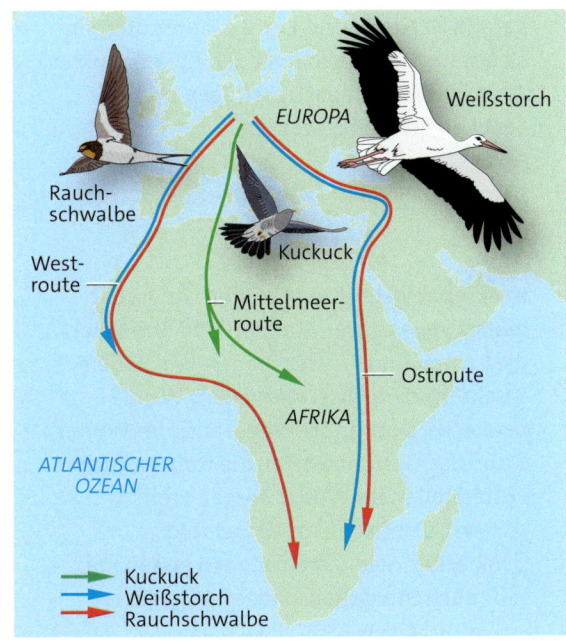

3 Die Zugrouten verschiedener Zugvogelarten

Gefahren für die Zugvögel

Wenn Zugvögel über Meere, Wüsten oder Gebirge fliegen, dann können sie vor allem bei schlechtem Wetter schnell erschöpft sein. Wenn sie auf ihrem Weg nur wenig Nahrung finden, dann fehlt ihnen Energie, die sie für den langen Flug brauchen. Die größte Gefahr für die Vögel geht aber vom Menschen aus. In manchen Ländern werden Singvögel gejagt. Zugvögel machen auf ihren Zugrouten in bestimmten Gebieten eine Pause. Man sagt auch: Sie machen **Rast**. Wenn diese Gebiete durch menschliche Eingriffe zerstört werden, dann finden die Vögel keine geeigneten Rastplätze mehr. Viele Gebiete, die Zugvögel zur Rast nutzen, stehen deshalb heute unter Naturschutz.

> Standvögel bleiben das ganze Jahr im gleichen Gebiet. Strichvögel wechseln im Winter in ein Gebiet, in dem sie Nahrung finden. Zugvögel ziehen im Winter in weit entfernte Gebiete im Süden, weil sie bei uns wenig Nahrung finden. Im Sommer kommen sie zurück.

AUFGABEN

1 Verschiedene Vögel im Winter
Schreibe die fett gedruckten Fachwörter aus dem Absatz „Verschiedene Vögel im Winter" in dein Heft. Schreibe zu jedem Fachwort dazu, was damit gemeint ist.

2 Die Gründe für den Vogelzug
Nenne Gründe für die unterschiedliche Überwinterung der Vögel.

3 Den Vogelzug erforschen
Beschreibe zwei Möglichkeiten, den Vogelzug zu erforschen.

4 Wie sich Zugvögel orientieren
Beschreibe, wie sich Zugvögel orientieren.

5 Gefahren für die Zugvögel
a Nenne Gefahren für die Zugvögel auf ihren Zugrouten.
b Beschreibe, was ein Rastgebiet ist.
c Begründe, warum Rastgebiete unter Naturschutz stehen.

EXTRA   Soll man Vögel im Winter füttern?

Der Natur ganz nah sein

1 Eine Blaumeise am Futterspender

Die Winterfütterung von Vögeln hat in unserem Land eine lange Tradition. Auch ich liebe es, wenn die verschiedenen Vögel im Winter unser Futterhaus besuchen. Mit meinen Kindern beobachte ich das bunte Treiben aus nächster Nähe. Immer wieder entdecken wir neue Verhaltensweisen. Solche Erlebnisse begeistern auch meine Kinder. Ich denke, ich kann ihnen dadurch ein bisschen Naturverbundenheit vermitteln und nebenbei lernen sie ein paar Vogelarten kennen.

2 Die Aussage eines Vogelfreunds

Den Vögeln Gutes tun

Verkehr, Bebauung und Umweltverschmutzung zerstören die Lebensräume der Vögel. Dadurch finden die Tiere weniger geeignete Nistplätze und die Nahrungssuche wird immer schwieriger. Mit der Vogelfütterung können wir zumindest teilweise einen Ausgleich schaffen. Die Fütterung der Vögel ist daher für mich ein Beitrag zum Natur- und Vogelschutz. Ich stelle den Vögeln auf meinem Balkon das ganze Jahr über Futter zur Verfügung. Wenn wir den Vögeln die Lebensgrundlage entziehen, sollten wir sie zumindest mit Futter unterstützen.

3 Die Aussage einer Vogelfreundin

Nur wenige Arten kann man füttern!

4 Erlenzeisige sind typische Gäste am Vogelhaus.

Vor allem die seltenen, bedrohten Arten kommen gar nicht zu den Futterstellen. Von der Fütterung profitieren hauptsächlich Arten wie Meisen, Finken, Rotkehlchen und Drosseln, die in ihrem Bestand nicht gefährdet sind. Daher trägt die Winterfütterung wenig zum Erhalt gefährdeter Arten bei. Im Gegenteil: Die Vögel, die zum Futterhäuschen kommen, verlieren ihre Fähigkeit, nach natürlichen Nahrungsquellen zu suchen, und werden möglicherweise aus dem Gebiet verdrängt. Außerdem besteht an künstlichen Futterstellen Ansteckungsgefahr. Gesunde und kranke Tiere kommen sich sehr nahe. Auch über den Kot erkrankter Tiere können Erreger übertragen und Seuchen verbreitet werden.

5 Die Aussage einer Vogelkundlerin

In einer abwechslungsreichen Landschaft gibt es viele Gräser, Stauden und Sträucher, die Samen und Früchte tragen. Sie dienen Insekten sowie ihren Larven als Winterverstecke. Dort finden Vögel auch im Winter Nahrung. Gartenbesitzer, die für natürliche Futterstellen im Winter sorgen wollen, sollten Gartenstauden, Gräser und „Unkräuter" wie Disteln stehen lassen. Das hilft auch menschenscheuen Vogelarten.

6 Die Aussage eines Naturschützers

Die Fütterung von Wasservögeln

7 Enten zu füttern ist nicht nur im Winter beliebt.

Tipps für die Vogelfütterung
- Füttere Wildvögel erst bei anhaltendem Frost oder Schnee.
- Wenn du Vögel fütterst, dann solltest du regelmäßig Futter bereitstellen. Die Vögel gewöhnen sich schnell an die neue Futterquelle.
- Wähle am besten Futterspender, bei denen die Tiere nicht im Futter herumlaufen und es mit Kot verschmutzen können.
- Wenn du herkömmliche Futterhäuschen verwenden willst, dann reinige sie regelmäßig mit heißem Wasser. Trage dabei Handschuhe.
- Wasche dir nach dem Reinigen gründlich die Hände.
- Verwende nur geeignetes Futter. Informationen findest du im Internet, zum Beispiel auf der Webseite des Naturschutzbunds.
- Stelle auch einen Napf mit Trinkwasser bereit. Das Wasser solltest du regelmäßig austauschen.
- Platziere den Futterspender oder das Futterhäuschen mit genug Abstand zur nächsten Glasscheibe und möglichst sicher vor Katzen.

Ich füttere die Vögel an unserem Teich so gern. Es erfreut mich, ihnen zuzusehen. Im Winter ist der Teich manchmal zugefroren. Und wenn es dann auch noch geschneit hat, dann finden die Tiere doch gar nichts mehr zu fressen. Da helfe ich ihnen gern. Das ist doch auch eine Form von Naturschutz: Ich helfe den Tieren, den Winter zu überleben. Und im Sommer schadet es doch auch nicht, wenn sie von Menschen gefüttert werden. Den Kindern macht es so viel Spaß, die Vögel zu füttern. Das ist herzerwärmend. So werden die Kinder doch auch gleich etwas mehr an die Natur herangeführt. Das ist für die Menschen und für die Vögel gut.

8 Die Aussage einer Rentnerin

Wasservögel zu füttern ist unnötig. In Städten sind die Vögel so sehr daran gewöhnt, gefüttert zu werden, dass sie regelrecht nach Futter „betteln". Das ist problematisch. Denn sie gehen nicht mehr selbst auf Nahrungssuche. Zudem wird den Vögeln oft so viel Futter angeboten, dass gar nicht alles aufgefressen wird. Brot, das nicht gefressen wird, sinkt auf den Grund des Gewässers. Das eingetragene Brot und anderes Futter führt zunehmend zu einer Verschlechterung der Wasserqualität.

9 Die Argumente eines Naturschutzvereins

AUFGABEN

1 Eine Diskussion über die Vogelfütterung

a ☒ Lies die Textabschnitte. Schreibe die wichtigsten Aussagen aus jedem Textabschnitt in Stichpunkten in dein Heft.

b ☒ Gib für die Textabschnitte an, wer für und wer gegen die Vogelfütterung argumentiert.

c ☒ Erstelle eine Tabelle mit zwei Spalten. Liste in einer Spalte die Argumente aus den Textabschnitten auf, die für die Vogelfütterung sprechen. Liste in der anderen Spalte die Argumente aus den Textabschnitten auf, die gegen die Vogelfütterung sprechen.

d ☒ Sammle auf der Webseite des NABU weitere Informationen über die Fütterung von Vögeln. Ergänze deine Tabelle eventuell.

e ☒ Bildet Zweierteams. Diskutiert darüber, ob man Vögel füttern sollte. Entscheidet vorher, wer in der Diskussion für und wer gegen die Fütterung von Vögeln ist.

f ☒ Schreibe deinen eigenen Standpunkt zur Fütterung von Vögeln in einem Text auf. Begründe deinen Standpunkt in dem Text. Finde eine Überschrift für deinen Text.

g ☒ Diskutiere mit Kindern aus deiner Klasse, die nicht deinen Standpunkt vertreten. Versucht, euch zu einigen.

Wechselwarme Tiere im Winter

1 Eine Erdkröte im Winterquartier

2 Marienkäfer in Kältestarre

Kilian und seine Mutter wollen den Haufen mit Gartenabfällen an eine andere Stelle versetzen. Plötzlich entdeckt Kilian einen Hohlraum unter dem Haufen. Darin liegt eine Erdkröte. Sie ist starr und bewegt sich nicht.

Wechselwarme Tiere im Winter
Wenn es im Winter draußen kälter wird, dann sinkt die Körpertemperatur wechselwarmer Tiere. Wenn ihre Körpertemperatur zu niedrig wird, dann können sich die Tiere nicht mehr bewegen. Dann schlägt auch ihr Herz langsamer und die Tiere atmen weniger. Weil die Tiere dann fast unbeweglich oder starr sind, nennt man diesen Zustand auch **Kältestarre**. Vor dem Winter suchen wechselwarme Tiere Plätze auf, an denen sie vor Frost geschützt sind. Dort verbringen sie den Winter in Kältestarre.

Die Amphibien und die Reptilien
Amphibien und Reptilien verbringen den Winter zum Beispiel in Komposthaufen oder Erdhöhlen. Wenn es sehr kalt ist, dann sinkt die Temperatur auch an diesen Orten unter den Gefrierpunkt. Die Tiere produzieren jedoch einen bestimmten Stoff. Dieser Stoff verhindert, dass das Blut gefriert. Deshalb können die Tiere Temperaturen bis −5 °C überleben. Bei Umgebungstemperaturen unter −5 °C erfrieren die Tiere.

Die Fische
Im Winter ist die Wassertemperatur in einem Teich und in einem See am Boden der Gewässer am höchsten. Dort beträgt sie den ganzen Winter 4 °C. Die Fische in Teichen und Seen verbringen den Winter deshalb an den tiefsten Stellen der Gewässer. Dort sind sie gut vor Frost geschützt.

Die wirbellosen Tiere
Auch wirbellose Tiere wie Insekten, Spinnen, Schnecken und Würmer verbringen den Winter an Plätzen, die vor Frost geschützt sind. Das sind zum Beispiel hohle Baumstümpfe, Laubhaufen oder Dachböden. Bei einigen Insektenarten sterben die erwachsenen Tiere vor dem Winter. Ihre Nachkommen überstehen den Winter als Larve oder Puppe. Marienkäfer und einige andere Käferarten produzieren einen bestimmten Stoff, der verhindert, dass die Körperflüssigkeiten gefrieren. Weinbergschnecken vergraben sich im Boden. Sie verschließen ihr Haus bis zum Frühjahr mit einem Deckel aus Kalk (Bild 3).

3 Eine Weinbergschnecke mit Kalkdeckel

Die Körpertemperatur wechselwarmer Tiere passt sich der Umgebungstemperatur an. Bei niedrigen Temperaturen fallen die Tiere in Kältestarre. Dann sind der Herzschlag und die Atmung verlangsamt. Die Tiere bewegen sich nicht mehr und nehmen keine Nahrung auf. Um den Winter zu überleben, suchen sie Plätze auf, die vor Frost geschützt sind. Manche Tiere produzieren einen Stoff, der verhindert, dass das Blut gefriert. Bei zu niedrigen Umgebungstemperaturen erfrieren wechselwarme Tiere.

EXTRA Die Verbreitung von Reptilien
Von über 6500 Reptilienarten weltweit leben nur 15 Arten in Deutschland. Die meisten Reptilienarten kommen in wärmeren Gebieten vor. Dort erreichen die wechselwarmen Tiere schnell ihre optimale Körpertemperatur. Das ist zum Beispiel bei der Flucht vor Feinden wichtig, weil sich die Tiere bei niedriger Körpertemperatur nur langsam bewegen können. Wenn die Körpertemperatur von wechselwarmen Tieren zu stark ansteigt, dann fallen sie in eine Hitzestarre. In diesem Zustand können sich die Tiere nicht bewegen. Längere Hitzestarre führt zum Tod, weil die Baustoffe des Körpers zerstört werden. In besonders heißen Gebieten schützen sich die Tiere deshalb vor der Hitze. Sie vergraben sich zum Beispiel im Sand.

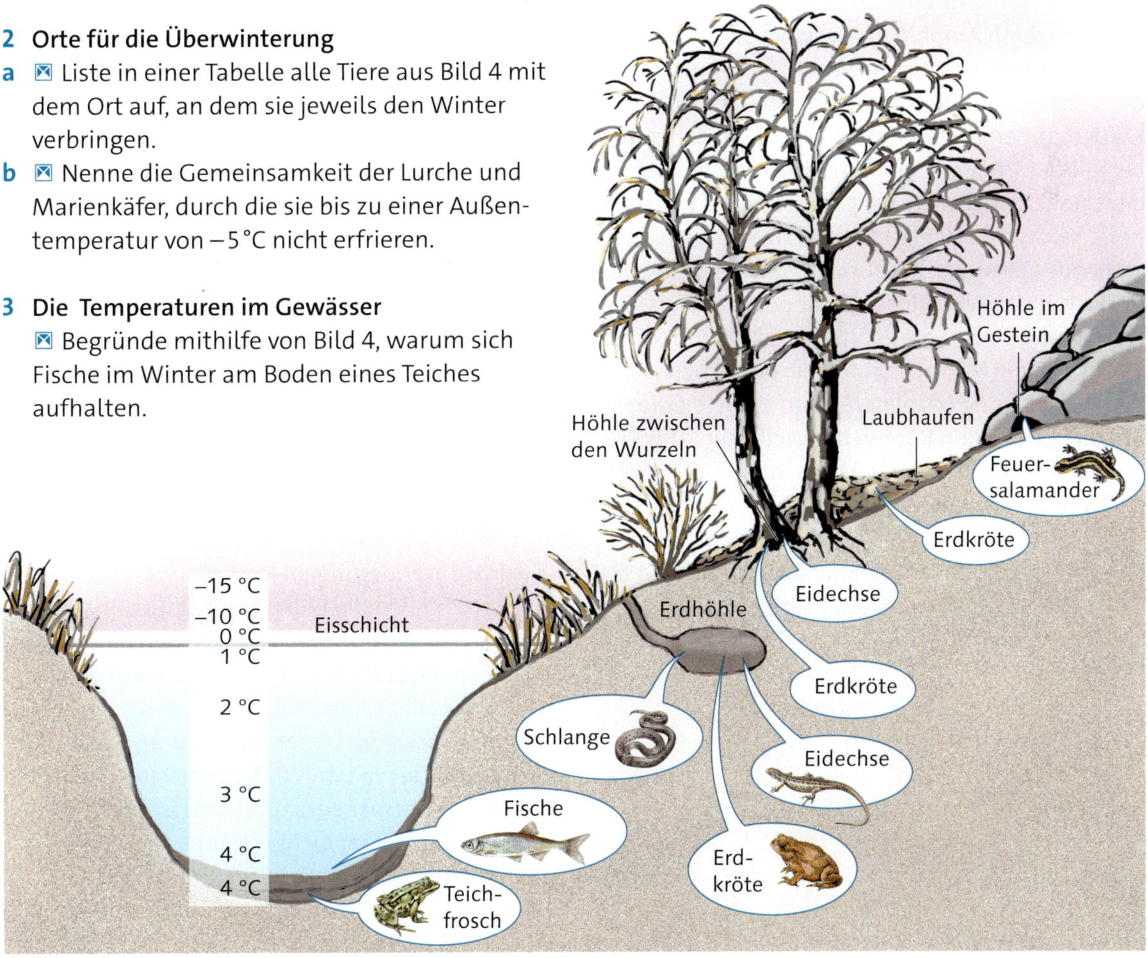

AUFGABEN

1 Wechselwarme Tiere im Winter
a Beschreibe, was mit dem Fachwort Kältestarre gemeint ist.
b Nenne die körperlichen Veränderungen der Tiere während der Kältestarre.

2 Orte für die Überwinterung
a Liste in einer Tabelle alle Tiere aus Bild 4 mit dem Ort auf, an dem sie jeweils den Winter verbringen.
b Nenne die Gemeinsamkeit der Lurche und Marienkäfer, durch die sie bis zu einer Außentemperatur von −5 °C nicht erfrieren.

3 Die Temperaturen im Gewässer
Begründe mithilfe von Bild 4, warum sich Fische im Winter am Boden eines Teiches aufhalten.

4 Winterquartiere einiger wechselwarmer Tiere

PFLANZEN UND TIERE IN DEN JAHRESZEITEN

Die Wanderungen der Erdkröten

1 Viele junge Erdkröten auf Wanderung

3 Mit ihrer klebrigen Zunge fangen Erdkröten ihre Beute.

Im Juni wandern manchmal Hunderte junge Erdkröten gemeinsam in dieselbe Richtung.

Die erste Wanderung

Erdkröten sind Amphibien. Sie wechseln dreimal im Jahr ihren Lebensraum. Wenn die Temperatur der Luft im Frühling steigt, dann steigt auch die Körpertemperatur der Erdkröten. Sie erwachen aus der Kältestarre und wandern zu dem Gewässer, in dem sie selbst geschlüpft sind. Dieses Gewässer heißt **Laichgewässer** (Bild 3). Laichgewässer sind stehende Gewässer wie Tümpel, Teiche, Seen oder die Seitenarme von Flüssen. Mit der **Frühlingswanderung** startet die Paarungszeit der Erdkröten. Wenn sich ein Männchen und ein Weibchen auf ihrer Wanderung begegnen, dann springen die Männchen auf den Rücken der Weibchen. Das Erdkrötenweibchen trägt das Männchen Huckepack bis zum Laichgewässer (Bild 2).

Die zweite Wanderung in das Sommerquartier

Nach ihrer Paarung verlassen die Erdkröten das Laichgewässer. Sie wandern in den Lebensraum, in dem sie den Sommer verbringen. Dieser Lebensraum heißt **Sommerquartier**. Das Quartier ist ein anderes Wort für Unterkunft. Hier steht es für Lebensraum. Als Sommerquartiere dienen Laubwälder, Gärten, Parks und Hecken. Tagsüber verstecken sich die Erdkröten und schlafen. In der Dämmerung und nachts sind sie aktiv. Das heißt, dass sie wach sind und zum Beispiel auf die Jagd gehen. Erdkröten fressen Würmer, Schnecken, Spinnen und Insekten. Sie haben eine lange, klebrige Zunge (Bild 3). Damit fangen sie ihre Beute. Im Juni haben sich die Kaulquappen im Laichgewässer zu jungen Erdkröten entwickelt. Dann verlassen die jungen Erdkröten das Laichgewässer. Bild 1 zeigt junge Erdkröten, die in das Sommerquartier wandern.

2 Ein Erdkrötenpaar

Die dritte Wanderung im Herbst

Im Herbst gehen die Erdkröten auf ihre dritte Wanderung im Jahr. Bei dieser Herbstwanderung verlassen die Erdkröten ihr Sommerquartier und wandern in den Lebensraum, in dem sie den Winter verbringen. Dieser Lebensraum heißt **Winterquartier**. In den Winterquartieren sind die Erdkröten vor Frost geschützt. Das ist wichtig, damit sie im Winter nicht erfrieren. Als Winterquartiere dienen zum Beispiel Komposthaufen, Laubhaufen, Baumwurzeln oder Löcher in der Erde. Im Winterquartier verbringen die Erdkröten den Winter in Kältestarre.

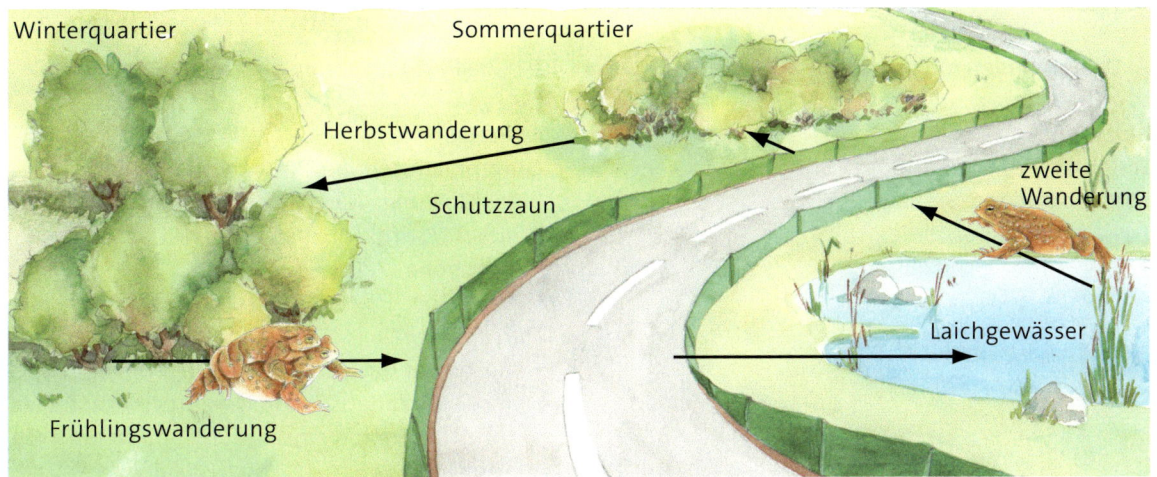

4 Die Wanderungen der Erdkröten im Jahresverlauf

Die Erdkröten sind gefährdet

Auf ihren Wanderungen ist es vor allem auf den Straßen gefährlich für die Erdkröten. Wenn die Erdkröten auf ihrem Weg eine Straße überqueren, dann werden viele Kröten von Autos überfahren. Wenn Menschen Gebiete trockenlegen und Straßen, Städte oder Dörfer bauen, dann zerstören sie viele Lebensräume der Erdkröten. In der Landwirtschaft setzen Menschen oft Mittel gegen Unkraut oder Schädlinge ein. Diese Mittel sind giftig. Sie können über die dünne Haut der Erdkröten in ihren Körper gelangen.

Der Schutz der Erdkröten

Erdkröten und alle anderen Amphibien stehen in Deutschland unter besonderem Schutz. Man darf keinen Laich, keine Kaulquappen und keine erwachsenen Tiere aus ihrem Lebensraum entnehmen. An vielen Straßen, über die Kröten wandern, stellen Naturschutzvereine Zäune auf. Diese Zäune heißen **Schutzzäune**. Sie bestehen aus einer durchgehenden Folie. Vor den Zäunen gräbt man in regelmäßigen Abständen Eimer in die Erde ein. Wenn die Erdkröten bei ihrer Wanderung auf einen Zaun treffen und nicht weiterkommen, dann wandern sie am Zaun entlang. Dabei fallen sie in einen der Eimer. In den Eimern trägt man die Tiere dann auf die andere Straßenseite und lässt sie dort frei. Beim Bau neuer Straßen werden oft Tunnel für die Kröten angelegt. Diese **Krötentunnel** führen unter den Straßen durch. Durch die Tunnel gelangen die Kröten ohne Gefahr auf die andere Straßenseite.

> Erdkröten wechseln dreimal im Jahr ihren Lebensraum. Im Frühling wandern sie zu ihrem Laichgewässer. Den Sommer verbringen die Erdkröten im Sommerquartier. Erdkröten überwintern in Kältestarre in ihrem Winterquartier. Auf ihren Wanderungen sind die Erdkröten vor allem durch den Straßenverkehr gefährdet.

AUFGABEN

1 Die Wanderungen der Erdkröten
a Nenne die Fachwörter für die drei Lebensräume der Erdkröten.
b Nenne für jeden der drei Lebensräume ein Beispiel.
c Beschreibe die Wanderungen der Erdkröten im Jahresverlauf mithilfe von Bild 4.
d Begründe, weshalb alle Erdkröten eines großen Gebiets aussterben könnten, wenn ein kleiner Tümpel zugeschüttet wird.

2 Die Nahrung der Erdkröten
a Nenne Beispiele für Nahrung der Erdkröten.
b Beschreibe, wie Erdkröten Beute fangen.

3 Die Gefährdung und der Schutz der Erdkröten
a Nenne mögliche Gefahren für Erdkröten.
b „Amphibien stehen unter besonderem Schutz." Beschreibe, was mit dieser Aussage gemeint ist.
c Beschreibe eine Maßnahme für den Schutz der Erdkröten auf ihrer Wanderung.

PFLANZEN UND TIERE IN DEN JAHRESZEITEN

PRAXIS   Hilfe für Amphibien

A Das Auffinden möglicher Gefahrenstellen

Material:
Landkarte des Heimatraums, Stift, Notizpapier, Fotoapparat oder Smartphone

1 Eine Landkarte

Durchführung:
Die folgenden Arbeiten sollten bis spätestens Anfang März abgeschlossen sein:
– Sucht auf der Karte nach möglichen Laichgewässern für Amphibien.
– Achtet auf die Nähe von Sommerquartieren, zum Beispiel Felder oder feuchte Wiesen, und Winterquartieren wie Wälder oder kleine Gehölze.
– Markiert die Stellen in der Landkarte, an denen die Amphibien auf ihrem Weg zum Laichgewässer Straßen überqueren müssen.

Auswertung:
1 Nehmt Kontakt mit einer örtlichen Naturschutzgruppe auf. Hier sind alle Laichgebiete der Umgebung sowie alle gefährlichen Straßenübergänge bekannt.
2 Vergleicht, ob eure markierten Stellen und Laichgewässer mit denen von der Naturschutzgruppe übereinstimmen.
3 Wählt eines dieser Gebiete aus und schaut es euch vor Ort an. Überprüft, ob an den Straßen Zäune zum Schutz der Kröten aufgestellt wurden. Notiert alle Einzelheiten, die ihr in dem Gebiet entdeckt habt.
4 Macht Fotos von den Zäunen und von der Umgebung.

B Eine Rettungsaktion am Zaun

Material:
Gummihandschuhe, Plastikeimer, Warnwesten, helle Kleidung, Warndreiecke, Bestimmungsschlüssel, Stift, Notizpapier, Schreibunterlage, Smartphone

Durchführung:
– Besprecht mit der Naturschutzgruppe, zu der ihr Kontakt habt, wo und wann ihr Amphibien am Straßenrand einsammeln und retten könnt.
– Sichert den Straßenabschnitt, an dem ihr Amphibien sammelt, durch Warndreiecke.
– Sucht den Amphibienschutzzaun sorgfältig nach Amphibien ab.
– Bestimmt mithilfe des Bestimmungsschlüssels, welche Amphibien ihr gefunden habt.
– Erfasst in einer Strichliste, wie viele Amphibien ihr von jeder Art gefunden habt.
– Setzt die gezählten Tiere in die Eimer und tragt sie über die Straße. Lasst sie auf der anderen Straßenseite wieder frei.

2 Ein gerettetes Krötenpaar

Auswertung:
1 Zählt eure Strichlisten aus. Gebt für jede Art, die ihr bestimmt habt, an, wie viele Tiere ihr gezählt habt.
2 Berechnet, wie viele Amphibien ihr bei eurer Aktion insgesamt gerettet habt.
3 Informiert die Naturschutzgruppe über das Ergebnis eurer Rettungsaktion.
4 Gestaltet ein Plakat über die Rettungsaktion. Ihr könnt Fotos, die Strichliste, den Kartenausschnitt und Steckbriefe dazu verwenden.

AUFGABEN Wechselwarme Tiere

1 Atmung und Herzschläge beim Grasfrosch
In einem Experiment wurden bei einem Grasfrosch die Anzahl der Atemzüge und die Anzahl der Herzschläge bei unterschiedlichen Temperaturen gemessen.

Außentemperatur in °C	Anzahl Atemzüge pro Minute	Anzahl Herzschläge pro Minute
0	0	10
5	0	15
10	0	20
15	4	30
20	10	40
25	30	60

1 Die Messwerte beim Grasfrosch

a ▢ Beschreibe, was mit den Fachwörtern wechselwarm und gleichwarm gemeint ist.
b ▢ Stelle die Werte für die Anzahl der Atemzüge pro Minute in Abhängigkeit von der Außentemperatur in einem Liniendiagramm dar. Die Werte findest du in Bild 1.
c ▢ Formuliere einen allgemeinen Merksatz zum Einfluss der Außentemperatur auf die Anzahl der Atemzüge beim Grasfrosch. Nutze dazu dein Diagramm aus Aufgabe 1b.
d ▢ Stelle die Werte für die Anzahl der Herzschläge pro Minute in Abhängigkeit von der Außentemperatur in einem Liniendiagramm dar. Die Werte findest du in Bild 1.
e ▢ Formuliere einen allgemeinen Merksatz zum Einfluss der Außentemperatur auf die Anzahl der Herzschläge beim Grasfrosch. Nutze dazu dein Diagramm aus Aufgabe 1d.
f ▢ Gib an, ob es sich beim Grasfrosch um ein wechselwarmes oder um ein gleichwarmes Tier handelt. Begründe deine Antwort mithilfe der Ergebnisse des Experiments.
g ▢ Begründe, weshalb Frösche bei einer Wassertemperatur von 4 °C am Boden eines Sees in Kältestarre überwintern können.
h ▢ Mit Fischen könnte man ein ähnliches Experiment durchführen. Stelle Vermutungen an, welche Ergebnisse bei dem Experiment mit Fischen zu erwarten wären. Begründe deine Vermutungen.

2 Unterschiedliche Körpertemperatur
In einem Experiment haben Wissenschaftler im Laufe des Tages die Lufttemperatur sowie die Körpertemperatur von zwei verschiedenen Wirbeltieren gemessen und in einer Tabelle festgehalten.

Uhrzeit	Temperatur in °C		
	Umgebung	Tier A	Tier B
08:00 Uhr	16,0	42,0	16,5
12:00 Uhr	30,5	42,5	31,0
16:00 Uhr	34,0	42,5	34,5
20:00 Uhr	19,5	42,0	20,0

2 Die Tabelle mit Messwerten

a ▢ Erstelle aus den Werten in Bild 2 für Tier A und Tier B je ein Liniendiagramm.
b ▢ Beschreibe den Einfluss der Außentemperatur auf die Körpertemperatur von Tier A und Tier B mithilfe deiner Diagramme aus Aufgabe a.
c ▢ Fasse das Ergebnis für jedes Tier in einem allgemeinen Satz zusammen.
d ▢ Ordne den Tieren A und B die folgenden Fachwörter zu: gleichwarm, wechselwarm.
e ▢ Nenne für jedes Tier ein Beispiel.

3 Die Wanderungen der Erdkröten
a ▢ Beschreibe eine Landschaft, die geeignete Lebensräume für Erdkröten bietet.
b ▢ Zwischen zwei Städten soll eine Straße gebaut werden. In dem Gebiet, in dem die Straße gebaut werden soll, befindet sich ein Lebensraum von Erdkröten. Übertrage Bild 3 in dein Heft. Zeichne ein, wo die Straße verlaufen muss, damit der Lebensraum der Erdkröten erhalten bleibt. Begründe den Verlauf der Straße.

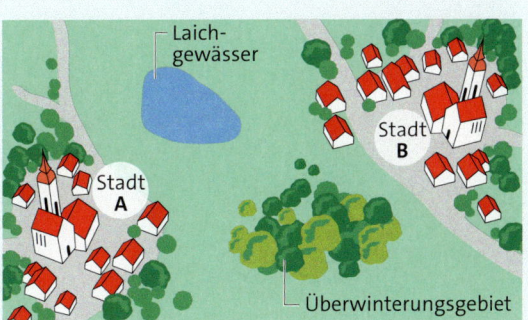

3 Hier soll eine Straße gebaut werden.

Leben in der Arktis und Antarktis

1 Ein Eisbärenweibchen mit ihren Jungtieren

Eisbären leben in der Arktis. Im Winter können die Temperaturen dort auf bis −50 °C sinken.

Die Angepasstheiten an das Leben in der Kälte

Eisbären können in der Arktis überleben, weil ihr Körper dazu geeignet ist. Man sagt auch: Ihr Körperbau ist an diesen Lebensraum angepasst. Die Merkmale, die es Lebewesen ermöglichen, in einem Lebensraum zu überleben, nennt man **Angepasstheiten**. Eisbären haben ein Fell aus Deckhaaren und dichten Wollhaaren. Das Fell schützt die Tiere vor Wärmeverlust. Die Fellhaare sind eingefettet. Dadurch gelangt kein Wasser durch die Haare bis zur Haut der Eisbären. Die Haare sind hohl und mit Luft gefüllt (Bild 2). Die Luft in den Haaren schützt vor Wärmeverlust und sorgt beim Schwimmen für Auftrieb. Eisbären haben eine dicke Fettschicht unter der Haut. Diese Fettschicht schützt vor Wärmeverlust und dient als Vorrat für Energie. Die Haut der Eisbären ist schwarz. Dadurch kann sie die Wärmestrahlung der Sonne gut aufnehmen. Die Pfoten der Eisbären sind groß. Deshalb sinken die Eisbären beim Laufen im Schnee nicht tief ein. Die Haare auf den Pfoten verhindern, dass zu viel Wärme abgegeben wird. Zwischen den Zehen haben die Eisbären Schwimmhäute. Dadurch wirken die Pfoten im Wasser wie Paddel. So können die Eisbären gut und lange schwimmen. Die Ohren der Eisbären sind klein und ihr Schwanz ist kurz, sodass darüber nur wenig Wärme abgegeben wird.

Die Eisbären sind geschickte Jäger

Eisbären jagen Robben. Robben jagen Fische unter dem Eis. Um zu atmen, tauchen die Robben auf. Dafür nutzen sie Löcher im Eis. Eisbären haben einen guten Geruchssinn. Sie riechen die Löcher, an denen die Robben auftauchen. Wenn die Eisbären ein Atemloch gefunden haben, dann warten sie dort, bis eine Robbe auftaucht. Mit ihrer Pfote packen sie die Robbe und ziehen sie aus dem Wasser. Dann töten sie die Robbe.

Die Fortpflanzung der Eisbären

Von März bis Juni ist die Zeit, in der Eisbären sich paaren. Wenn ein Eisbärenweibchen schwanger ist, dann gräbt es sich vor dem Winter eine Höhle und lässt sich einschneien. In der Höhle bringt es ein bis zwei Jungtiere zur Welt. Die Jungtiere werden mit Muttermilch gesäugt. Nach etwa vier Monaten verlassen die Eisbären die Schneehöhle.

2 Angepasstheiten des Eisbären

Die Kaiserpinguine in der Antarktis

Die Antarktis ist mit bis zu −70 °C im Winter die kälteste Region der Erde. Dort leben die Kaiserpinguine. Kaiserpinguine werden bis zu 130 Zentimeter groß und 37 Kilogramm schwer. Sie haben kurze Deckfedern, die wie die Schuppen bei einem Fisch dicht übereinanderliegen. Die Federn sind eingefettet. So kommt das kalte Wasser nicht an die Haut der Pinguine. Unter den Deckfedern befinden sich Daunenfedern. Die Deckfedern und die Daunenfedern schützen die Tiere vor Wärmeverlust. Unter der Haut haben die Kaiserpinguine eine dicke Fettschicht. Die Fettschicht liefert den Tieren Energie und schützt vor Wärmeverlust. Mit ihren stark verkürzten Flügeln können die Kaiserpinguine beim Schwimmen unter Wasser steuern.

Die Fortpflanzung der Kaiserpinguine

Im April wandern die Kaiserpinguine vom Meer aus zu den Plätzen, auf denen sie ihre Eier ausbrüten. Dort paaren sich die Pinguine. Danach legt jedes Pinguinweibchen ein Ei und übergibt es dem Männchen. Das Männchen legt das Ei auf seine Füße und umschließt es mit seiner Bauchfalte. Die Oberseite der Füße ist stark durchblutet. Dadurch wird das Ei gewärmt. Die Unterseite der Füße ist wenig durchblutet. So wird über die Füße wenig Wärme abgegeben. Für die nächsten 60 Tage steht das Männchen auf dem Eis, um das Ei auszubrüten. In dieser Zeit nimmt es keine Nahrung zu sich. Die Weibchen kehren zurück zum Meer, um Futter zu holen. Während die Pinguinmännchen das Ei auf ihren Füßen ausbrüten, stehen sie in Gruppen eng zusammen. Die Plätze innerhalb der Gruppe sind wärmer und windgeschützt. Am Rand der Gruppe ist es kälter. In regelmäßigen Abständen wechseln die Pinguinmännchen ihre Plätze in der Gruppe von innen nach außen und umgekehrt. So schützen sie sich vor Auskühlung.

Die Aufzucht der Jungtiere

Die Jungtiere der Pinguine heißen Küken. Nachdem die Küken geschlüpft sind, müssen sie gefüttert werden. Nach der Rückkehr der Weibchen suchen beide Elterntiere abwechselnd nach Nahrung für das Jungtier und für sich selbst. Die Jungtiere bleiben in kleinen Gruppen zurück. Sie stehen eng zusammen, um sich vor Auskühlung und vor dem Wind zu schützen.

3 Die Küken wärmen sich auf den Füßen eines Elterntiers.

> Eisbären und Pinguine sind durch ihren Körperbau und ihr Verhalten an ein Leben in der Kälte angepasst. Das dichte Fell und die schwarze Haut der Eisbären sowie die Deckfedern und Daunenfedern der Pinguine schützen die Tiere vor Wärmeverlust. Die Fellhaare der Eisbären und die Deckfedern der Pinguine sind eingefettet und halten so Wasser von der Haut der Tiere ab.

AUFGABEN

1 Die Eisbären in der Arktis
a ▪ Beschreibe, was Angepasstheiten sind.
b ▪ Nenne die körperlichen Angepasstheiten der Eisbären an das Leben in der Kälte.
c ▪ Beschreibe die Nahrungssuche von Eisbären.
d ▪ Begründe, weshalb die Eisbärenweibchen sich eine dicke Fettschicht anfressen, bevor sie ihre Jungen zur Welt bringen.

2 Die Pinguine in der Antarktis
a ▪ Nenne die körperlichen Angepasstheiten der Kaiserpinguine an das Leben in der Kälte.
b ▪ Begründe, warum Kaiserpinguine nur ein Ei legen können.
c ▪ Begründe, warum der Kaiserpinguin das Ei auf seinen Füßen ausbrütet.
d ▪ Beschreibe, wie sich die jungen Kaiserpinguine vor Wärmeverlust schützen, während die Eltern auf Nahrungssuche sind.

Leben in der Wüste

1 Ein Dromedar in der Wüste

In der Wüste ist es sehr trocken. Die Temperatur am Tag ist viel höher als die Temperatur in der Nacht. Dromedare können in diesem Lebensraum überleben.

Die Angepasstheiten an das Leben in der Hitze
Dromedare haben ein dichtes Fell. Dadurch sind sie am Tag davor geschützt, dass ihr Körper zu viel Wärme aufnimmt. In den kalten Nächten schützt das Fell davor, dass ihr Körper zu viel Wärme abgibt. Beim Laufen spreizen sie die Zehen ihres breiten Fußes. So vergrößert sich die Fläche und die Füße sinken nicht im Sand ein. Das spart Kraft beim Laufen. Am Brustbein, an den Füßen und an den Beingelenken haben die Dromedare Stellen, die verdickt und verhornt sind (Bild 2). Dadurch sind diese Stellen vor heißem Sand geschützt. Die Ohren, die Augen und die Nase sind durch ihren Bau davor geschützt, dass zu viel Sand eindringt: Die Ohren sind klein und dicht behaart. Die Wimpern sind sehr lang. Die Dromedare können ihre Nasenlöcher öffnen und schließen.

Harte Pflanzen als Nahrung
Dromedare fressen harte Gräser und Dornenbüsche. Mit den kräftigen Schneidezähnen im Unterkiefer beißen sie Teile der Pflanzen ab. Die Oberlippe ist gespalten und kann auseinandergezogen und zurückgezogen werden. So ist das Maul vor Verletzungen geschützt.

Auf Wassermangel eingestellt
Dromedare können bis zu einer Woche ohne Wasser auskommen. Sie können viel Wasser aufnehmen und speichern und geben nur wenig Wasser aus ihrem Körper ab. Wenn Dromedare eine Wasserstelle finden, dann können sie innerhalb weniger Minuten bis zu 100 Liter trinken. Sie speichern das Wasser in ihrem Magen. Im Höcker der Dromedare befindet sich eine Fettschicht. Wenn die Tiere Energie brauchen, dann wird das Fett in der Fettschicht abgebaut. Dabei wird auch Wasser freigesetzt. Durch die Nasenschleimhaut nehmen Dromedare beim Ausatmen Wasser aus der Atemluft auf. Dadurch geben sie beim Ausatmen weniger Wasser an die Luft ab. Im Urin und im Kot ist sehr wenig Wasser enthalten. Dadurch scheiden Dromedare weniger Wasser wieder aus.

2 Angepasstheiten des Dromedars

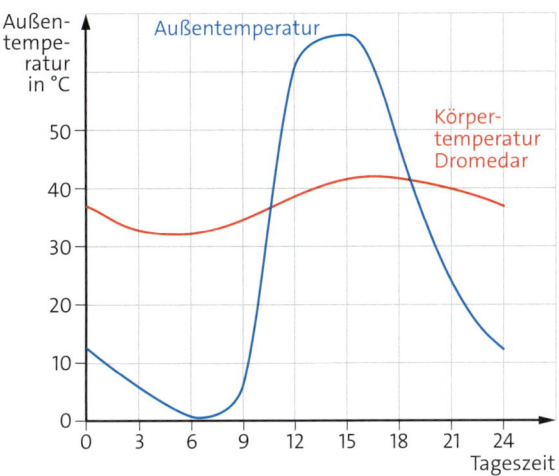

3 Die Körpertemperatur des Dromedars im Tagesverlauf

4 Das Kalb trinkt Muttermilch.

Die Körpertemperatur ändert sich
Am Tag erhöht sich die Körpertemperatur eines Dromedars auf bis zu 42 °C. Erst dann beginnt es zu schwitzen, um den Körper zu kühlen. In den kalten Wüstennächten sinkt die Körpertemperatur auf etwa 32 °C (Bild 3). Am nächsten Tag erhöht sich die Körpertemperatur erst langsam wieder. Deshalb dauert es länger, bis das Dromedar wieder schwitzt und dadurch Wasser verliert.

Die Fortpflanzung der Dromedare
Dromedare leben in Gruppen aus mehreren Weibchen, ihren Jungtieren und einem Männchen. Im Winter paart sich das Männchen mit den Weibchen aus der Gruppe. Dabei können die Weibchen schwanger werden. Eine Schwangerschaft dauert etwas mehr als ein Jahr. Danach bringt ein Weibchen meist ein Jungtier zur Welt. Das Jungtier heißt Kalb. Es kann nach der Geburt stehen und laufen. Es ist ein Nestflüchter. Dromedare säugen ihre Jungtiere bis zu eineinhalb Jahre mit Muttermilch (Bild 4).

Das Dromedar als Nutztier
Für die Menschen, die in Afrika und in Asien in den Wüsten leben, sind Dromedare wichtige Nutztiere. Die Menschen reiten auf den Dromedaren, um sich fortzubewegen. Dromedare dienen auch als Lastentiere. Ein Dromedar kann Lasten von über 200 Kilogramm tragen. Den Kot der Tiere nutzen die Menschen als Baumaterial und zum Heizen. Außerdem liefern Dromedare den Menschen Fleisch, Milch, Leder und Wolle.

> Dromedare sind an den Lebensraum Wüste angepasst. Für die dort lebenden Menschen sind sie ein wichtiges Nutztier.

AUFGABEN
1 Die Angepasstheiten des Dromedars
a Erstelle eine Tabelle und liste die Angepasstheiten des Dromedars an das Leben in der Wüste auf. Schreibe daneben, wovor diese Angepasstheiten schützen.

Angepasstheit	Schutz vor …
dichtes Fell	am Tag wird weniger Wärme aufgenommen, in der Nacht weniger Wärme abgegeben

b Begründe, weshalb Dromedare an den Ellenbogen, Knien und an der Brust verdickte und verhornte Stellen haben.
c Begründe, warum es wichtig ist, dass die Körpertemperatur in der Nacht stark absinkt.

2 Nahrung und Wasser
a Nenne die hauptsächliche Nahrung der Dromedare.
b Beschreibe vier Strategien der Dromedare, um Wasser zu gewinnen und zu speichern.

3 Das Dromedar als Nutztier
Dromedare werden in Afrika und Asien als Arbeitstiere eingesetzt. Beschreibe Beispiele.

WEITERGEDACHT Körperbau und Temperatur

Gleichwarme Tiere wärmen ihren Körper, indem sie einen Teil der Energie aus ihrer aufgenommenen Nahrung in Wärme umwandeln. Je größer das Volumen ihres Körpers ist, desto mehr Wärme kann im Körper freigesetzt werden. Tiere geben Wärme über ihre Körperoberfläche ab. Wie viel Wärme sie abgeben, hängt von der Körperbedeckung und von der Größe der Körperoberfläche ab. In kalten Gebieten darf der Körper nicht zu viel Wärme abgeben, damit er nicht unterkühlt. In warmen Gebieten muss ein Körper mehr Wärme abgeben, damit er nicht überhitzt.

1 Beobachtungen zu Körperanhängen
Beine, Ohren und der Schwanz von Tieren werden auch als Körperanhänge bezeichnet. Körperanhänge vergrößern die Körperoberfläche.

a ⊠ Die Bilder zeigen einen Rotfuchs, einen Polarfuchs und einen Wüstenfuchs. Recherchiere die Lebensräume der drei Fuchsarten.
b ⊠ Ordne die Namen der Fuchsarten aus Aufgabe a den Bildern 1A, 1B und 1C zu.
c ⊠ Vergleiche die Größe der Ohren der drei Fuchsarten in Bild 1.
d ⊠ Berechne für jede Fuchsart die Differenz aus Kopf-Rumpf-Länge und Schwanzlänge.
e ⊠ Gib an, welche der drei Fuchsarten im Vergleich zur Körperlänge den längsten Schwanz hat und welche den kürzesten Schwanz hat.
f ⊠ Vergleiche die Beinlänge der drei Fuchsarten in Bild 1.
g ⊠ Formuliere einen Zusammenhang zwischen der Größe der Körperanhänge und der Temperatur im Lebensraum der Fuchsarten.

In einem Experiment soll untersucht werden, welchen Einfluss die Größe der Körperanhänge auf die Wärmeabgabe hat.
h ⊠ Formuliere eine Vermutung.
i ⊠ Plane ein Experiment, um deine Vermutung zu überprüfen. Die Materialien in Bild 2 stehen dir dafür zur Verfügung.

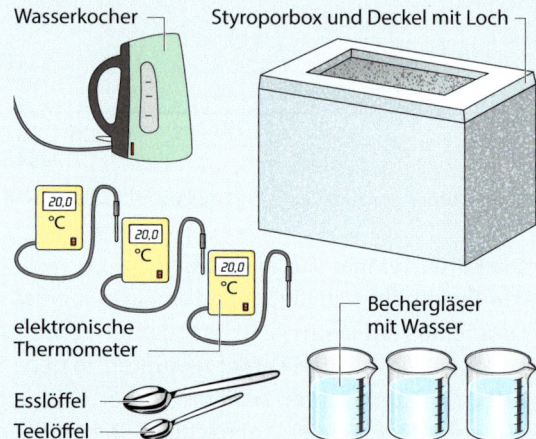

2 Die Materialien für das Experiment zu Körperanhängen

j ⊠ Fertige eine Skizze vom Aufbau deines Experiments an.
k ⊠ Führe das Experiment durch.
l ⊠ Fertige ein Protokoll an und dokumentiere die Ergebnisse.
m ⊠ Formuliere den Zusammenhang zwischen der Größe der Körperanhänge und der Geschwindigkeit der Wärmeabgabe in einem Je-desto-Satz.
n ⊠ Begründe, warum die Größen der Körperanhänge der drei Fuchsarten in Bild 1 in ihrem jeweiligen Lebensraum ein Vorteil sind.

A

Schulterhöhe: 30 cm
Kopf-Rumpf-Länge: 60 cm
Schwanzlänge: 30 cm

B

Schulterhöhe: 20 cm
Kopf-Rumpf-Länge: 35 cm
Schwanzlänge: 25 cm

C

Schulterhöhe: 40 cm
Kopf-Rumpf-Länge: 65 cm
Schwanzlänge: 40 cm

1 Drei Fuchsarten und ihre durchschnittlichen Körpermaße

2 Beobachtungen zur Körpergröße

Pinguine leben auf der Südhalbkugel der Erde. Es gibt verschiedene Pinguinarten. Sie leben in verschiedenen Regionen auf der Südhalbkugel.

a ▣ Recherchiere, wo die Pinguinarten aus Bild 4 leben. Ordne die Buchstaben A bis D in der Karte in Bild 3 die dort lebende Pinguinart zu.

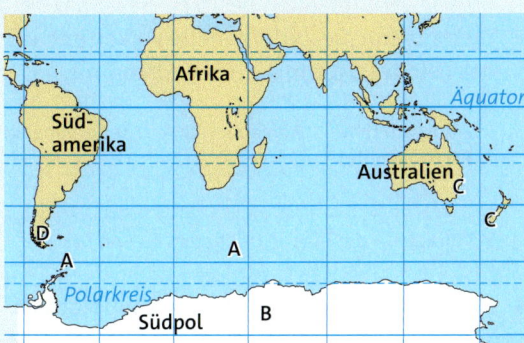

3 Karte der Südhalbkugel unserer Erde

b ▣ Die Temperatur auf der Erde nimmt vom Äquator zu den Polen hin ab. Formuliere den Zusammenhang zwischen der Körpergröße der Pinguinarten aus Bild 4 und der Temperatur in ihrem Lebensraum in einem Je-desto-Satz.

c ▣ Galapagospinguine leben auf den Galapagosinseln in der Nähe des Äquators. Stelle Vermutungen über die Größe der Galapagospinguine an.

4 Die Körpergrößen verschiedener Pinguinarten

3 Der Einfluss der Körpergröße

In einem Experiment hat man drei unterschiedlich große Gefäße mit 80 °C heißem Wasser gefüllt. Dann hat man das Wasser abkühlen lassen. Dabei hat man alle fünf Minuten die Temperatur des Wassers gemessen.

Messung nach	100 ml	250 ml	1000 ml
5 Minuten	70 °C	73 °C	75 °C
10 Minuten	67 °C	69 °C	73 °C
15 Minuten	57 °C	66 °C	71 °C

5 Erkalten von Wasser in unterschiedlich großen Gefäßen

a ▣ Stelle die gemessenen Temperaturwerte aus Bild 5 in Abhängigkeit von der Zeit für jedes Gefäß in einem Liniendiagramm dar. Verwende für jedes Gefäß eine andere Farbe.

b ▣ Beschreibe das Diagramm.

c ▣ Formuliere den Zusammenhang zwischen der Größe des Gefäßes und der Geschwindigkeit, mit der das Wasser abkühlt, in einem Satz.

d ▣ Bild 6 zeigt drei Würfel mit unterschiedlichen Kantenlängen. Berechne für jeden Würfel das Volumen und die Oberfläche.

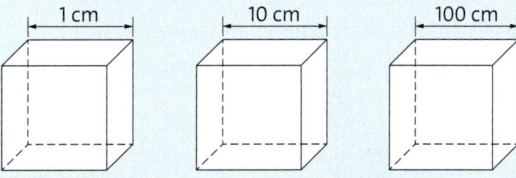

6 Drei Würfel mit unterschiedlicher Kantenlänge

e ▣ Vergleiche den Wert für die Oberfläche von Würfel A mit dem Wert für das Volumen von Würfel A.

f ▣ Wiederhole den Vergleich aus Aufgabe 3e für die Würfel B und C.

g ▣ Schreibe den folgenden Satz in dein Heft und fülle die Lücke aus:
Je größer ein Würfel ist, desto ____ ist seine Oberfläche im Vergleich zu seinem Volumen.

h ▣ Den Satz aus Aufgabe 3g kannst du auf die Körpergröße von Tieren übertragen. Viele gleichwarme Tiere in kalten Regionen sind größer als nah verwandte Arten in wärmeren Regionen. Begründe, warum dies für die Tiere ein Vorteil ist.

PFLANZEN UND TIERE IN DEN JAHRESZEITEN

TESTE DICH!

1 Die Energie der Sonne ↗ S. 180/181

a ▸ Nenne die beiden Energieformen, die die Sonnenstrahlung enthält.
b ▸ Begründe, warum ohne die Sonne keine Lebewesen auf der Erde leben könnten.
c ▸ Beschreibe, was Energiewandler sind.
d ▸ In Bild 1 sind 4 Energieformen zu sehen. Nenne sie und gib an, in welchem Feld sie zu sehen sind.

1 Verschiedene Energieformen

2 Der Wassertransport in Pflanzen ↗ S. 183

a ▸ Benenne die in Bild 2 mit Buchstaben markierten Bestandteile einer Pflanze.
b ▸ Nenne die Aufgabe jedes Bestandteils.

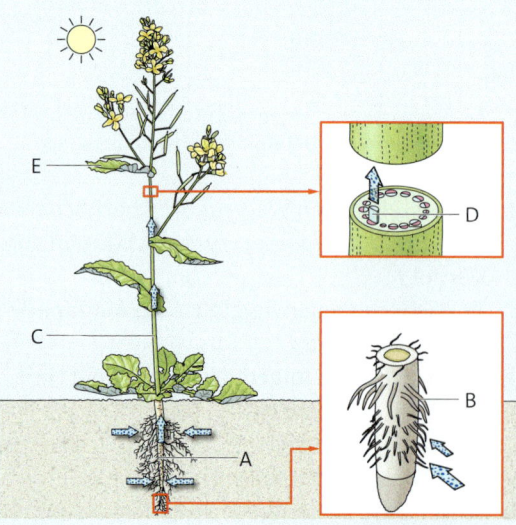

2 So wird in einer Pflanze Wasser transportiert.

c ▸ Wenn eine Leitungsbahn verletzt wird, dann vertrocknet der Teil oberhalb der Verletzung. Erläutere am Beispiel eines Trinkhalms.

3 Die Zellen ↗ S. 188/189

a ▸ Erstelle eine Tabelle mit drei Spalten. Liste die Organellen einer Pflanzenzelle untereinander in der ersten Spalte auf.
b ▸ Schreibe die Aufgabe jeder Zellorganelle in die zweite Spalte jeweils daneben.
c ▸ Gib in der dritten Spalte an, welche Zellorganellen Tierzellen besitzen. Setze dazu ein Kreuz, wenn die Zellorganelle vorkommt. Lass das Feld leer, wenn sie nicht vorkommt.

Zellorganellen (Pflanzenzelle)	Aufgabe	Zellorganellen (Tierzelle)
...	...	...

3 Vorlage für die Tabelle (Aufgaben 6a und 6c)

4 Der Bau und die Aufgaben von Laubblättern ↗ S. 194/195

a ▸ Skizziere den Bau eines Laubblatts und beschrifte die einzelnen Schichten.
b ▸ Beschreibe den Bau der Spaltöffnungen.

5 Die Fotosynthese ↗ S. 194/195

a ▸ Zeichne Bild 4 in dein Heft und notiere die Fachwörter an den Pfeilen.

4 Ein Schema zur Fotosynthese

b ▸ Erläutere, wieso die Fotosynthese auch für die Menschen wichtig ist.
c ▸ Begründe, welche der Pflanzen in Bild 5 besser Fotosynthese betreiben können.

5 Welche Pflanze kann besser Fotosynthese betreiben?

236 PFLANZEN UND TIERE IN DEN JAHRESZEITEN

6 Pflanzen im Jahresverlauf ↗ S. 200–205

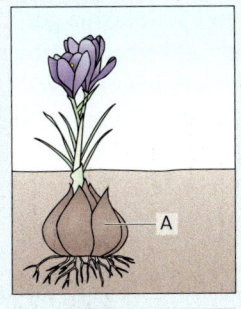
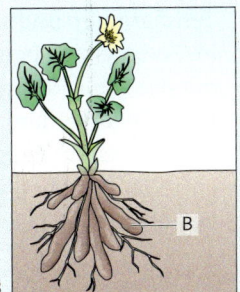

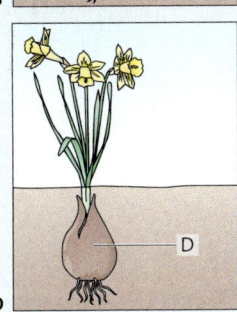

6 Frühblüher mit Speicherorganen

a Beschreibe, was ein Speicherorgan ist.
b Benenne die Speicherorgane A, B, C, D in Bild 6.
c Begründe, warum Frühblüher jedes Jahr neue Speicherorgane bilden.
d Begründe, warum in einem Laubwald am Frühlingsanfang viel Sonnenlicht bis zum Boden gelangt.
e Begründe, warum sich die Laubblätter der Laubbäume im Herbst verfärben.
f Nenne das Fachwort für die Überwinterungsorgane der Laubbäume.
g Beschreibe zwei Möglichkeiten, durch die die Pflanzen auf einer Wiese nach dem Mähen schnell wieder wachsen können.

7 Die Wanderung der Erdkröten ↗ S. 252/253

a Beschreibe, was ein Sommerquartier ist.
b Nenne Beispiele für Sommerquartiere der Erdkröten.
c Stelle die Wanderungen der Erdkröten im Jahresverlauf in einem Flussdiagramm dar.
d Begründe, warum Erdkröten gefährdet sind.
e Erdkröten stehen wie alle Amphibien unter besonderem Schutz. Beschreibe, was damit gemeint ist.

8 Tiere im Winter ↗ S. 208–210, 220/221, 224/225

Der Teichmolch (ein Amphibium) – zieht sich vor dem Winter in ein frostsicheres Versteck an Land oder am Grund eines Gewässers zurück.

Die Schwalbe (ein Vogel) – frisst vor allem Insekten. Diese findet sie im Winter in Afrika.

Der Siebenschläfer (ein Säugetier) – übersteht den Winter ohne Nahrung. Seine Körpertemperatur fällt auf 5 °C ab. Beim Aufwachen wandelt das braune Fettgewebe schnell Energie in Wärme um.

Der Dachs (ein Säugetier) – frisst sich vor dem Winter eine dicke Fettschicht an. Dann schläft er in seinem Bau. Seine Körpertemperatur bleibt fast gleich. Ab und zu wacht er auf, um zu fressen.

7 Steckbriefe verschiedener Tiere im Winter

a Beschreibe, was wechselwarme und was gleichwarme Tiere sind.
b Lies die Steckbriefe in Bild 7. Gib an, ob die Tiere wechselwarm oder gleichwarm sind.
c Der Siebenschläfer und der Dachs sind Säugetiere. Nenne das Fachwort für ihre jeweilige Überwinterungsform (Bild 7).
d Es gibt neben den Überwinterungsformen aus Aufgabe 11c eine weitere Überwinterungsform bei Säugetieren. Nenne sie.
e Beschreibe, wie gleichwarme Tiere im Winter vor Wärmeverlust geschützt sind.
f Begründe, warum einige Vögel im Winter in den Süden fliegen.
g Beschreibe, wie sich Zugvögel während ihres Fluges orientieren.
h Beschreibe, was sich im Körper von wechselwarmen Tieren im Winter verändert.
i Begründe, warum wechselwarme Tiere den Winter in Kältestarre verbringen.
j Beschreibe, was ein Platz bieten muss, den wechselwarme Tiere zum Überwintern aufsuchen.

ZUSAMMENFASSUNG Pflanzen und Tiere in den Jahreszeiten

Die Energie der Sonne
Die Strahlung der Sonne enthält Energie in den Formen Wärme und Licht. Das Licht der Sonne bewirkt, dass es auf der Erde hell wird. Die Wärme der Sonne erwärmt die Erde. Dadurch können Lebewesen auf der Erde leben.

Energie und Energieformen
Energie ist für alle Vorgänge in der Natur und in der Technik notwendig. Energie kommt in verschiedenen Formen vor. Beispiele für Energieformen sind Wärme, Licht, chemische Energie und Bewegungsenergie.

Energiewandler wandeln Energie um
Grüne Pflanzen können die Lichtenergie der Sonne aufnehmen und umwandeln. Sie wandeln die Energie des Sonnenlichts in chemische Energie um. Menschen und Tiere können die chemische Energie dann aufnehmen und zum Beispiel in Bewegungsenergie umwandeln. Pflanzen, Menschen und Tiere sind also Energiewandler.

Der Wassertransport in Pflanzen
Pflanzen nehmen Wasser und darin gelöste Mineralstoffe durch die Wurzelhaare aus dem Boden in die Wurzel auf. Der Wasserdruck in der Wurzel heißt Wurzeldruck. Er drückt Wasser in die Sprossachse. Durch die Leitungsbahnen gelangt das Wasser in alle Pflanzenteile. An den Laubblättern wird Wasser als Wasserdampf an die Luft abgegeben. Dieser Vorgang heißt Verdunstung. Durch die Verdunstung entsteht in den Laubblättern eine Saugkraft. Die Saugkraft saugt Wasser aus den unteren Pflanzenteilen nach oben. Die Pumpkraft in der Wurzel und die Saugkraft in den Laubblättern sind notwendig, um das Wasser in einer Pflanze von unten nach oben zu transportieren.

Lebewesen bestehen aus Zellen
Pflanzenzellen und Tierzellen besitzen eine Zellmembran und sind mit Zellplasma gefüllt. Im Zellplasma liegen der Zellkern, die Mitochondrien und die Ribosomen. Pflanzenzellen besitzen außerdem eine feste Zellwand, viele Chloroplasten und eine zentrale Vakuole. Einzeller bestehen aus einer Zelle. Vielzeller bestehen aus vielen Zellen.

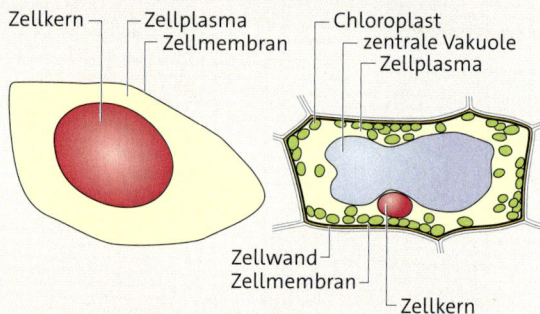

Der Bau und die Aufgaben von Laubblättern
Laubblätter bestehen aus oberer Epidermis, Palisadengewebe, Schwammgewebe und unterer Epidermis. Obere und untere Epidermis sind von einer Wachsschicht überzogen, der Kutikula. Die Verdunstung von Wasser und der Gasaustausch werden von den Spaltöffnungen geregelt. Sie bestehen aus zwei bohnenförmigen Schließzellen. Die Leitbündel in den Laubblättern sind dünne Röhren, in denen Wasser, Mineralstoffe und Nährstoffe transportiert werden.

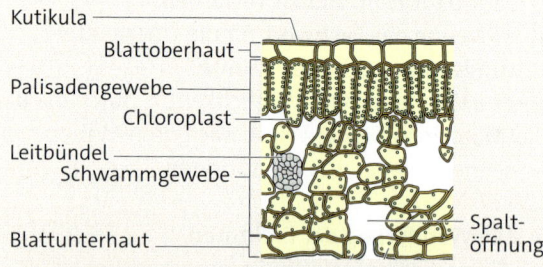

Pflanzen wandeln die Lichtenergie der Sonne in chemische Energie um. Das geschieht in den Chloroplasten: Hier werden aus Wasser und Kohlenstoffdioxid mithilfe von Sonnenlichtenergie Traubenzucker und Sauerstoff hergestellt. Das ist die Fotosynthese. Der Traubenzucker kann in Stärke umgewandelt und gespeichert werden.

Pflanzen im Jahresverlauf

Frühblüher sind Pflanzen, die im Frühling wachsen und blühen. In ihren Speicherorganen sind Nährstoffe gespeichert. Die Speicherorgane werden jedes Jahr neu gebildet. Im Herbst werfen Laubbäume ihre Laubblätter ab. Die Anlagen für neue Laubblätter und Blüten überstehen den Winter in Überwinterungsorganen, den Knospen. Nadelbäume werfen ihre Nadelblätter nicht ab. Landwirtschaftlich genutzte Wiesen werden mindestens einmal im Jahr gemäht. Die Wiesenpflanzen sind daran angepasst. Sie wachsen nach dem Mähen schnell nach oder bilden ihre Pflanzenorgane nahe am Boden aus, sodass diese nicht abgemäht werden.

Wechselwarme und gleichwarme Tiere

Fische, Amphibien und Reptilien sind wechselwarm. Ihre Körpertemperatur ändert sich mit der Umgebungstemperatur. Vögel und Säugetiere sind gleichwarm. Ihre Körpertemperatur bleibt immer ungefähr gleich. Dafür ist Energie notwendig. Die Energie erhalten die Tiere aus ihrer Nahrung. Fell, Federn und Fett schützen gleichwarme Tiere vor Wärmeverlust.

Säugetiere im Winter

Viele Säugetiere sind im Winter aktiv. Andere schlafen im Winter, wachen aber öfter auf. Sie halten Winterruhe. Säugetiere, die den ganzen Winter schlafen, halten Winterschlaf. Alle Säugetiere schützen sich vor Wärmeverlust durch ein dichtes Winterfell und eine Fettschicht. Säugetiere, die Winterschlaf halten, haben braunes Fettgewebe, das Energie in Wärme umwandelt, sobald die Tiere aufwachen.

Vögel im Winter

Standvögel verbringen das gesamte Jahr im Gleichen Gebiet. Strichvögel wechseln im Winter in ein Gebiet, in dem sie Nahrung finden. Zugvögel ziehen im Winter in weit entfernte Gebiete im Süden, weil sie bei uns wenig Nahrung finden. Im Sommer kommen sie zurück.

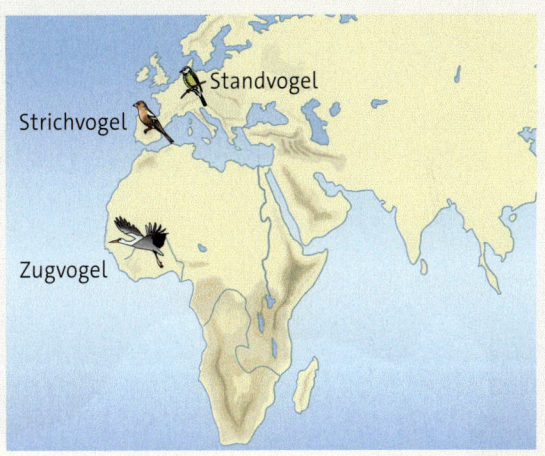

Wechselwarme Tiere im Winter

Wechselwarme Tiere verbringen den Winter in Kältestarre. Dazu suchen sie Plätze auf, die vor Frost geschützt sind.

Die Wanderung der Erdkröten

Erdkröten wandern dreimal im Jahr in verschiedene Lebensräume. Diese Lebensräume sind das Laichgewässer, das Sommerquartier und das Winterquartier. Auf ihren Wanderungen sind die Erdkröten vor allem durch den Straßenverkehr gefährdet. Menschen stellen Schutzzäune auf und bauen Krötentunnel, um die Tiere zu schützen.

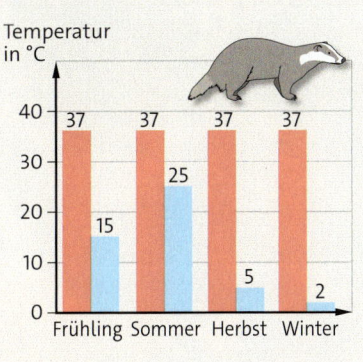

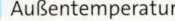

PFLANZEN UND TIERE IN DEN JAHRESZEITEN

Der Körper des Menschen

In diesem Kapitel erfährst du ...
... wie Knochen und Gelenke gebaut sind.
... wie Muskeln arbeiten.
... woher der Körper Energie bekommt.
... wie die Nahrung verdaut wird.
... welche Aufgaben das Herz-Kreislauf-System hat.
... wie die Atmung funktioniert.
... wie du deinen Körper gesund erhältst.

Der Bau unseres Körpers

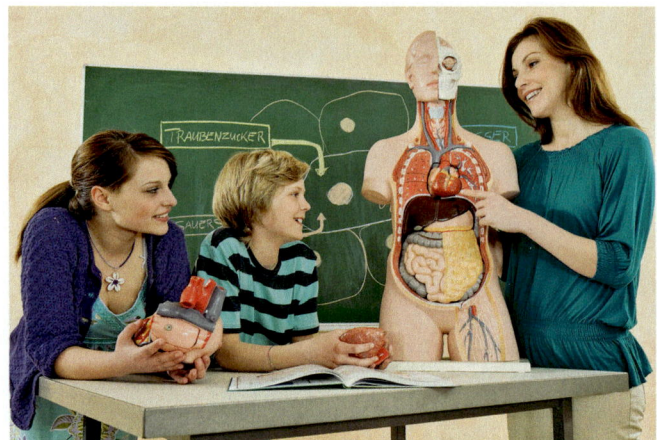

1 Mila und Leo betrachten ein Modell des menschlichen Körpers.

Die Lehrerin stellt ein Modell des menschlichen Körpers auf den Tisch. Daran kann sie den Schülerinnen und Schülern zeigen, wie das Innere des Menschen gebaut ist.

Der Körper besteht aus Organen
Bei einem Modell des menschlichen Körpers haben verschiedene Bereiche unterschiedliche Formen und Farben. Diese Körperbereiche werden **Organe** genannt. Das Herz, die Lunge und das Gehirn sind Beispiele für Organe. Alle Organe zusammen ergeben ein Lebewesen.

Die Organe bestehen aus Zellen
Unser Körper besteht aus kleinsten Bausteinen. Diese Bausteine werden **Zellen** genannt. Zellen sind sehr klein, man kann sie nur im Mikroskop erkennen. Es gibt verschiedene Arten von Zellen. Muskelzellen, Nervenzellen und Knochenzellen sind Beispiele für Zellen. In jedem Organ befinden sich verschiedene Arten von Zellen. Ein Muskel besteht zum Beispiel aus Muskelzellen und Nervenzellen (Bild 2). Jede Zellart hat bestimmte Aufgaben. Eine Muskelzelle kann sich zusammenziehen, eine Nervenzelle kann Signale weiterleiten. Die verschiedenen Zellen in einem Organ arbeiten zusammen. Die Nervenzellen leiten die Signale zum Zusammenziehen an die Muskelzellen weiter.

Die Zellen arbeiten zusammen
In einem Organ arbeiten viele gleich gebaute Zellen zusammen und erfüllen die gleiche Aufgabe. Solche Zellen werden als **Gewebe** bezeichnet. Das Wort Gewebe bedeutet zusammenhängen. Die Muskelzellen im Herzen werden Muskelgewebe genannt. Die Knochenzellen im Knochen werden Knochengewebe genannt.

Die Organe arbeiten zusammen
Die Muskeln bewegen den Körper und die Knochen stützen ihn. Die Muskeln sind über Sehnen mit den Knochen verbunden. Dadurch kann die Bewegung von den Muskeln auf die Knochen übertragen werden. Die Organe arbeiten also in Gruppen zusammen und erfüllen bestimmte Aufgaben. Eine solche Gruppe von Organen heißt **Organsystem**. Es gibt ein Organsystem, das den Körper bewegt und stützt. Dieses Organsystem heißt **Bewegungs- und Stützsystem**.

Weitere Organsysteme des Körpers
Die Bewegungen des Körpers werden vom Gehirn gesteuert. Im Gehirn finden die Wahrnehmung der Umwelt und die Planung von Reaktionen statt. Das Gehirn sendet Signale an den Körper, die über Nervenzellen weitergeleitet werden. Das Organsystem aus Nervenzellen und Gehirn heißt **Nervensystem**.
Der Magen und der Darm sind an der Verdauung der Nahrung beteiligt. Zusammen mit weiteren Organen werden sie als **Verdauungssystem** bezeichnet. Die Luftröhre und die Lunge sind an der Atmung beteiligt. Zusammen mit weiteren Organen werden sie **Atmungssystem** genannt. Das Blut wird vom Herzen durch den Körper gepumpt. Weil das Blut dabei in einem Kreislauf fließt, spricht man vom **Herz-Kreislauf-System**.

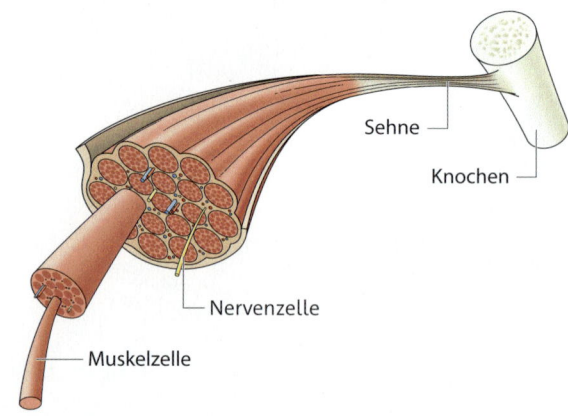

2 Einige Bestandteile eines Muskels

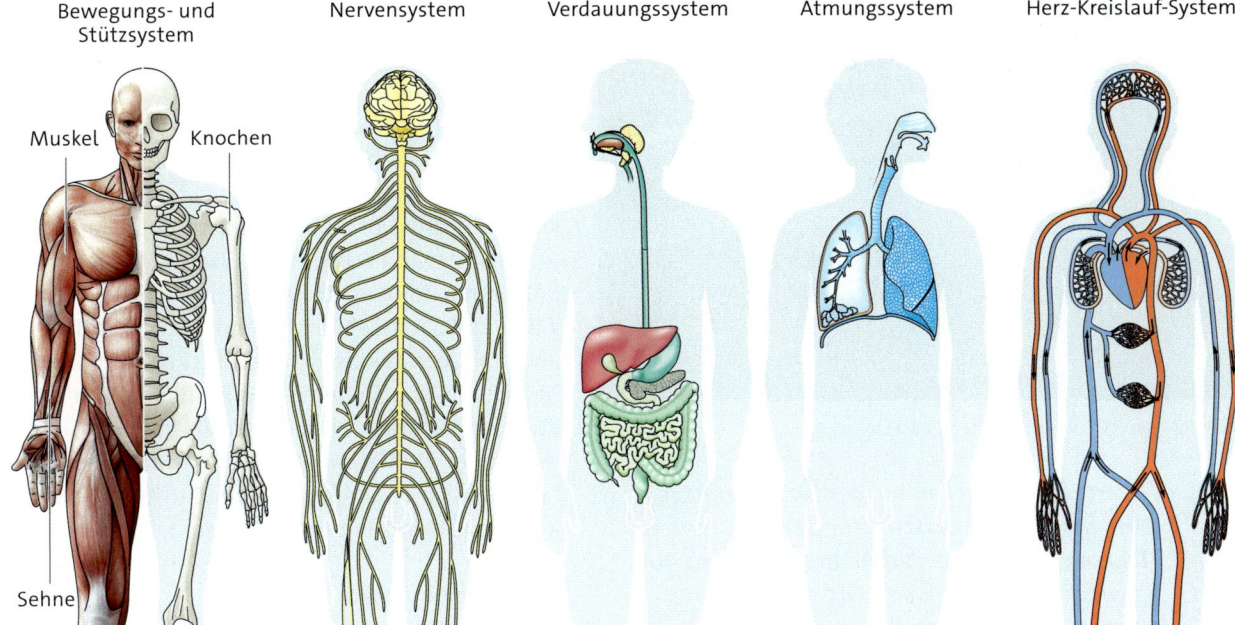

3 Fünf Organsysteme im Körper des Menschen

> Ein Lebewesen besteht aus verschiedenen Organsystemen. Ein Organsystem besteht aus verschiedenen Organen. Ein Organ besteht aus verschiedenen Geweben. Ein Gewebe besteht aus gleich gebauten Zellen.

AUFGABEN

1 Der Bau von Organismen
 Erstelle aus den Informationen in den roten Merksätzen ein Flussdiagramm, das den Bau von Lebewesen zeigt. Beginne so:
Lebewesen → Organsystem → ...

2 Die Organe im Torso
a Suche am Torso die Organe, die in Bild 4 beschriftet sind.
b Beschreibe, wo die Leber, der Magen und der Dünndarm im Körper liegen. Ein Beispielsatz ist: „Das Herz liegt in der oberen Mitte des Körpers zwischen den Lungenflügeln."
c Zeige an deinem Körper die Lage der Organe Leber, Magen, Herz, linker Lungenflügel und Kehlkopf. Beachte, dass du spiegelverkehrt auf den Torso und Bild 4 schaust.
d Nenne zwei Organsysteme, die besonders gut in Bild 4 zu sehen sind, und zwei weitere, die weniger gut oder gar nicht zu sehen sind.

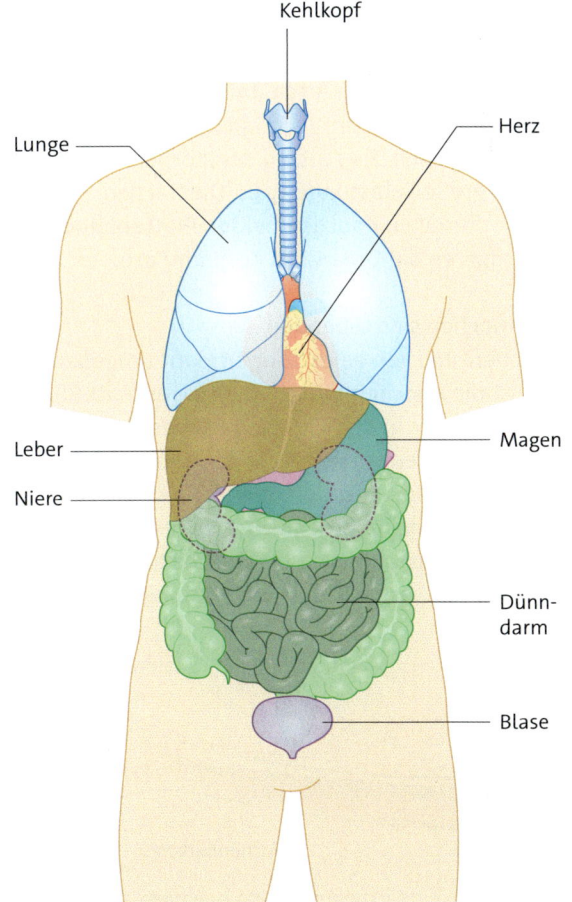

4 Verschiedene Organe im Torso

DER KÖRPER DES MENSCHEN

Die Knochen

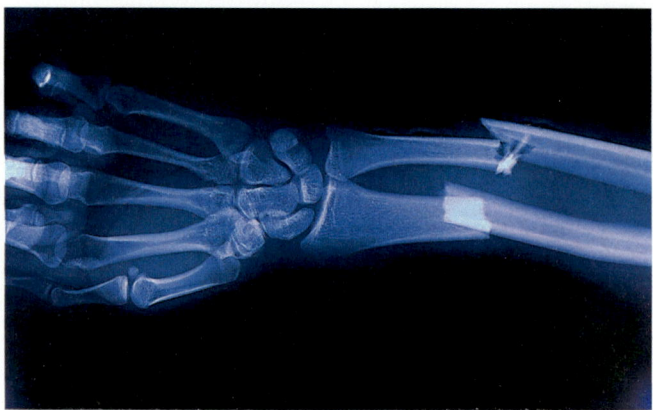

1 Ein Röntgenbild von Finns Hand und Unterarm

Henry ist mit dem Fahrrad gestürzt. Jetzt ist sein Arm geschwollen und tut sehr weh. Im Krankenhaus werden Röntgenaufnahmen von Finns Arm gemacht. Auf den Bildern sieht man, dass zwei Knochen gebrochen sind.

Die verschiedenen Knochenarten

Im Innern unseres Körpers befinden sich feste und stabile Organe. Das sind die **Knochen**. An ihrer Form kann man zwei Arten unterscheiden. Die langen röhrenförmigen Knochen heißen **Röhrenknochen**. Sie stützen den Körper und halten große Belastungen aus. Die flachen plattenförmigen Knochen heißen **Plattenknochen**. Sie schützen die Organe im Körperinnern.

Die Knochen sind lebendig

Knochen sind von einer dünnen Haut umgeben. Das ist die **Knochenhaut** (Bild 2). Sie enthält Blutgefäße, die bis in den Knochen reichen und ihn mit Nährstoffen versorgen. In der Knochenhaut liegen auch Nervenzellen. Wenn die Knochenhaut bei einem Knochenbruch verletzt wird, dann senden die Nervenzellen elektrische Impulse an das Gehirn. Diese nehmen wir als Schmerz wahr.

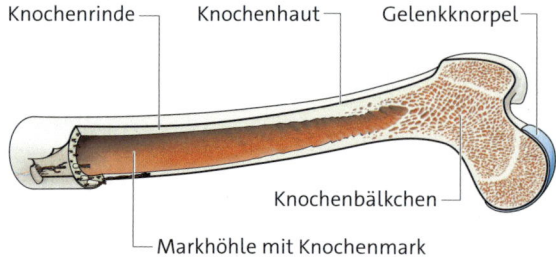

2 Der Bau eines Röhrenknochens

Der innere Bau von Knochen

Unter der Knochenhaut liegt die **Knochenrinde**. Sie besteht aus Knochengewebe, das von Knochenzellen gebildet und ständig erneuert wird. Die Nährstoffe dafür erhalten die Knochenzellen durch die Blutgefäße. Bei ungeborenen Kindern sind die Knochenzellen vor allem von biegsamem Knorpel umgeben. Während das Kind wächst, werden Kalk und andere Mineralstoffe in den Knorpel eingelagert. So entstehen Knochen, die sehr stabil, aber auch etwas elastisch sind. Im Knocheninnern besteht die Knochenrinde aus kleinen Balken, den **Knochenbälkchen**. Diese bilden ein stabiles Gerüst mit großen Hohlräumen. In den Hohlräumen befindet sich das **Knochenmark** (Bild 2). Es besteht aus Fett und blutbildenden Zellen.

Die Röhrenknochen

Die dicken Enden der Röhrenknochen bestehen ebenfalls aus Knochenbälkchen. Durch ihre Anordnung leiten sie die Kräfte, die auf die Knochenenden wirken, an die dickere Knochenrinde weiter. Dadurch sind die Knochenenden sehr stabil. Auf den Knochenenden befindet sich eine glatte Schicht, der **Knorpel**. (Bild 2). Der lange Mittelteil der Röhrenknochen heißt **Schaft**. Darin befindet sich ein Hohlraum. Das ist die **Markhöhle**. Sie ist mit Knochenmark gefüllt.

> Knochen sind Organe. Sie bestehen aus Knochenhaut, Knochenrinde und Knochenmark. Die Knochenrinde enthält Knorpel, in den Kalk und Mineralstoffe eingelagert sind.

AUFGABEN

1 Die Aufgaben von Knochen
a ◼ Nenne die Knochenarten und ihre Aufgaben.
b ◼ Beschreibe die Aufgaben der Knochenbälkchen in den Knochenenden.
c ◼ Begründe anhand von zwei Beispielen, dass Knochen lebendig sind.

2 Die Heilung von Knochen
a ◼ Erkläre, weshalb bei einem Knochenbruch ein Arzt die Bruchstelle richten muss.
b ◼ Erläutere, welche Folgen eine mineralstoffarme Ernährung für das Knochenwachstum hat.

PRAXIS   Knochen untersuchen

A Die Eigenschaften von Knochen

Material:
3 Geflügelknochen, Becherglas, Essigessenz (Essigsäure, 25%ig ⚠), Pinzette, Tiegelzange, Gasbrenner, Messer

> **Achtung!**
> Essigessenz ist stark ätzend. Setze die Schutzbrille auf und ziehe Schutzhandschuhe an. Sorge für eine gute Raumbelüftung.

Durchführung:
- Der erste Knochen bleibt unbehandelt.
- Lege den zweiten Knochen in das Becherglas und fülle es etwa zur Hälfte mit der Essigessenz. Entnimm den Knochen mithilfe der Pinzette nach drei Tagen, spüle ihn mit viel Wasser ab und trockne ihn.
- Halte den dritten Knochen mit der Tiegelzange in die Flamme des Gasbrenners, bis er nicht mehr glüht. Alternativ kannst du ihn auch 1 bis 2 Stunden bei 200 °C in den Backofen legen.
- Untersuche, wie biegsam, druckfest und schnittfest die drei Knochen sind.
- Notiere deine Beobachtungen in einer Tabelle.

Auswertung:
1. ⊠ Erstelle ein Protokoll zu diesem Experiment.
2. ⊠ Begründe deine Beobachtungen mit deinem Wissen über den Bau von Knochen.

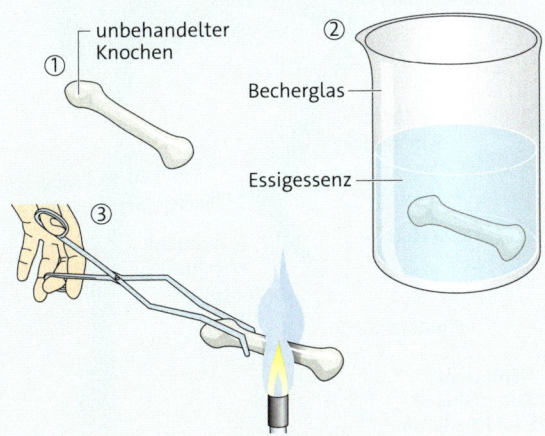

1 Die Bearbeitung von Geflügelknochen

B Die Belastbarkeit von Modellknochen

Material:
2 DIN-A4-Blätter, Klebeband, 2 Stühle, Bindfaden, mehrere 50-g-Massestücke

Durchführung:
- Falte ein Blatt Papier in Längsrichtung viermal zu einem mehrlagigen Streifen.
- Wickle das andere Blatt zu einer Röhre und fixiere die Enden mit Klebeband.
- Der Durchmesser der Röhre und die Breite des Streifens sollen gleich sein.
- Baue das Experiment auf wie in Bild 2 gezeigt. Knote zwei Schlaufen aus Bindfaden, daran werden die Massestücke befestigt.
- Teste nacheinander die Belastbarkeit der beiden Knochenmodelle.
- Notiere deine Beobachtungen.

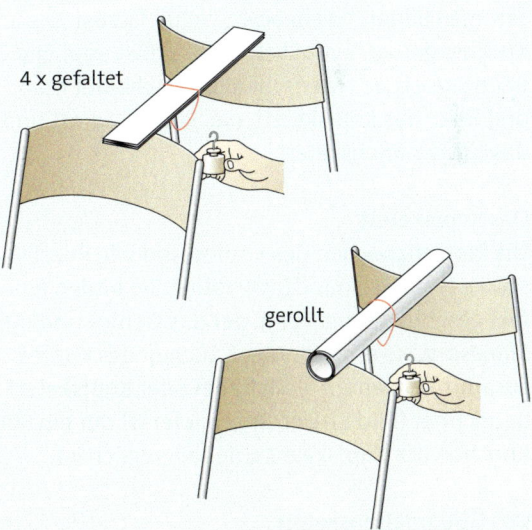

2 Der Aufbau des Experiments

Auswertung:
1. ⊠ Nenne je eine Gemeinsamkeit sowie einen Unterschied der beiden Knochenmodelle.
2. ⊠ Erstelle ein Protokoll zu diesem Experiment.
3. ⊠ Formuliere eine Erkenntnis aus deinen Beobachtungen.
4. ⊠ Begründe, welche der beiden im Experiment getesteten Knochenarten man in den Gliedmaßen findet.

Das Skelett

1 Naima turnt auf dem Schwebebalken.

Turnen ist Naimas Leidenschaft. Am liebsten macht sie einen Handstand auf dem Schwebebalken. Der menschliche Körper kann unterschiedliche Haltungen einnehmen.

Das Gerüst des Körpers
Unser Körper enthält über 200 Knochen. Zusammen bilden sie ein bewegliches Gerüst. Dieses Knochengerüst heißt **Skelett**. Du siehst es in Bild 2. Beim Skelett des Menschen unterscheidet man drei Teile: das Kopfskelett, das Rumpfskelett und das Gliedmaßenskelett.

Das Kopfskelett
Die Plattenknochen des Kopfes sind wie Puzzlestücke fest miteinander verzahnt. Sie bilden einen fast geschlossenen Helm, der das Gehirn und die Sinnesorgane schützt. Alle Knochen des Kopfes zusammen werden als **Schädel** oder **Kopfskelett** bezeichnet (Bild 2). Der Unterkiefer ist der einzige Knochen des Kopfskeletts, der beweglich ist.

Das Gliedmaßenskelett
Die Röhrenknochen der Arme und Beine sind beweglich miteinander verbunden. Sie stützen den Körper und halten große Belastungen aus. Arme und Beine bestehen aus mehreren Abschnitten. Das Fachwort für einen Abschnitt heißt Glied. Manchmal werden Körperteile als Maß für Längen verwendet. Man sagt zum Beispiel: „Es war eine Handbreit Platz" oder „Sie war eine Armlänge entfernt". Daher werden die Arme und Beine auch **Gliedmaßen** genannt. Die Knochen der Gliedmaßen werden deshalb als **Gliedmaßenskelett** bezeichnet (Bild 2).

Das Rumpfskelett
Der mittlere Teil unseres Körpers ohne Kopf, Hals und Gliedmaßen heißt **Rumpf**. Die Knochen im Rumpf werden deshalb **Rumpfskelett** genannt (Bild 2). Dazu gehören die Wirbelsäule, der Brustkorb, das Becken, die Schulterblätter und die Schlüsselbeine. Bein ist ein altes Wort für Knochen. Die zentrale Stütze unseres Körpers besteht aus 33 übereinanderliegenden Knochen. Diese Stütze heißt **Wirbelsäule** (Bild 2). Ihre Knochen heißen Wirbelknochen oder kurz Wirbel. Die Wirbelsäule trägt den Schädel und schützt die Nervenzellen des Rückenmarks. Die Rippen sind hinten mit der Wirbelsäule und vorne mit einem plattenförmigen Knochen verbunden. Dieser Plattenknochen heißt Brustbein (Bild 2). Die Rippen, ein Teil der Wirbelsäule und das Brustbein werden zusammen **Brustkorb** genannt. Er schützt Herz und Lunge. Das untere Ende der Wirbelsäule ist mit dem **Becken** verwachsen. Zusammen bilden sie eine nach vorn geöffnete Schüssel. Das Becken trägt und schützt die Organe des Bauchraums.

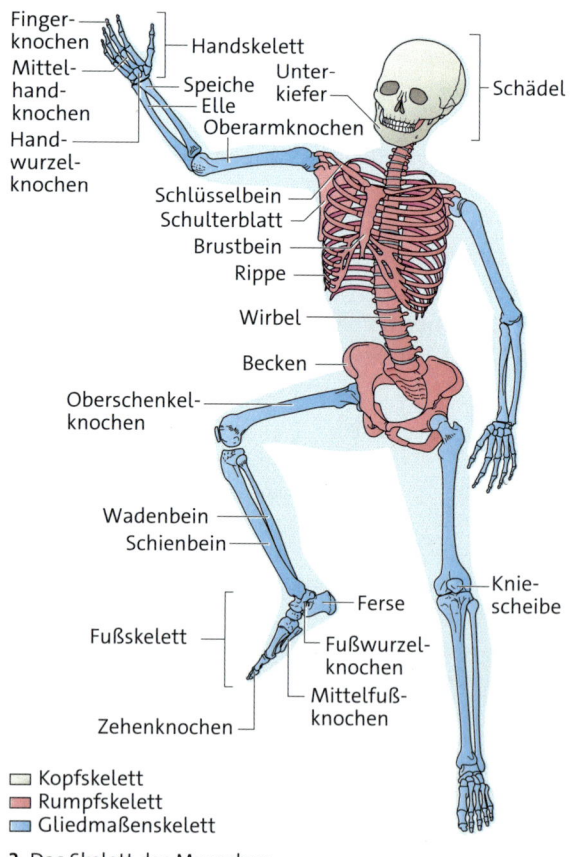

2 Das Skelett des Menschen

DER KÖRPER DES MENSCHEN

Die Verbindung der Gliedmaßen mit dem Rumpf

Die Schlüsselbeine und die Schulterblätter werden zusammen als **Schultergürtel** bezeichnet (Bild 2). Er verbindet die Arme mit dem Rumpf.
Das Becken und das Kreuzbein werden zusammen als **Beckengürtel** bezeichnet (Bild 2). Er verbindet die Beine mit dem Rumpf.

Die Wirbelsäule

Von vorne gesehen ist die Wirbelsäule gerade. Wenn man sie von der Seite betrachtet, dann erkennt man vier leichte Krümmungen. Es sieht aus, als würde der Buchstabe S zweimal untereinanderstehen. Man spricht von der **Doppel-S-Form**. Sie ermöglicht es der Wirbelsäule, Stöße abzufedern. Die Wirbelsäule besteht aus fünf Abschnitten (Bild 3). Die Halswirbel, die Brustwirbel und die Lendenwirbel sind gegeneinander leicht beweglich. Deshalb kann der Oberkörper in alle Richtungen gebeugt und gedreht werden. Die Wirbel im Kreuzbein und im Steißbein sind fest miteinander verwachsen (Bild 3).

Die Wirbelknochen und die Bandscheiben

Jeder Wirbelknochen besteht aus einem Wirbelkörper und einem Knochenring (Bild 3). In der Mitte des Rings befindet sich ein Loch. Die Wirbelknochen liegen so übereinander, dass die Wirbellöcher eine durchgehende Röhre bilden. Diese Röhre heißt **Wirbelkanal**. Im Wirbelkanal liegen die Nervenzellen des Rückenmarks (Bild 3). Zwischen den Wirbelkörpern befinden sich Scheiben aus Knorpel. Sie verhindern, dass die harten Wirbel aufeinanderreiben und dadurch abgenutzt werden. Diese Knorpelscheiben werden als **Bandscheiben** bezeichnet (Bild 3). Die Bandscheiben sind elastisch und enthalten viel Wasser. Dadurch wirken sie wie Wasserkissen und federn Stöße ab.

> Das Skelett des Menschen besteht aus Kopfskelett, Rumpfskelett und Gliedmaßenskelett. Der Schultergürtel und der Beckengürtel verbinden die Gliedmaßen mit dem Rumpf. Schädel, Brustkorb und Becken schützen die inneren Organe. Die Wirbelsäule ist die zentrale Stütze des Körpers. Ihre Doppel-S-Form und die Bandscheiben federn Stöße ab.

AUFGABEN

1 Die Knochen schützen und stützen
a ▫ Nenne die drei Teile, in die man das Skelett des Menschen untergliedert.
b ▫ Nenne mithilfe von Bild 2 je zwei Beispiele für Röhrenknochen und Plattenknochen.
c ▫ Beschreibe, an welchen Stellen des Körpers Plattenknochen zu finden sind.
d ▪ Erkläre, weshalb sich im Gliedmaßenskelett nur Röhrenknochen befinden.
e ▪ Erläutere an einem Beispiel, wie innere Organe von Knochen geschützt werden.

2 Stabilität und Beweglichkeit der Wirbelsäule
a ▫ Nenne die fünf Abschnitte der Wirbelsäule.
b ▪ Vergleiche einen Halswirbel mit einem Lendenwirbel. Nutze dazu Bild 3.
c ▪ Stelle Vermutungen an, weshalb die Wirbelknochen unterschiedlich groß sind (Bild 3).
d ▪ „Die Bandscheiben haben die gleiche Aufgabe wie die Stoßdämpfer eines Autos." Begründe diese Aussage.

3 Die Wirbelsäule (A) und ein einzelner Wirbelknochen (B)

AUFGABEN   Die Körpergröße und die Wirbelsäule

1 Die Körpergröße verändert sich

Wochentag	Körpergröße in cm	
	morgens	abends
Montag	148,5	147,4
Dienstag	148,5	147,0
Mittwoch	148,6	147,1
Donnerstag	149,9	147,1
Freitag	148,4	146,9
Samstag	148,5	147,0
Sonntag	148,3	147,0
Montag	148,5	148,5
Dienstag	148,4	146,9
Mittwoch	148,5	146,9
Donnerstag	148,5	147,1
Freitag	148,4	146,8
Samstag	148,5	147,0
Sonntag	148,6	146,9

1 Die Körpergröße von Erik

Johanna hat gelesen, dass man im Laufe des Tages unterschiedlich groß ist. Ihr Bruder Erik glaubt, dass man immer die gleiche Größe hat. Gemeinsam überlegen sie, wie sie herausfinden können, wer von beiden recht hat. Sie planen ein Experiment und führen es durch. In Bild 1 kannst du die Messwerte ihres Langzeit-Experiments sehen.

a ☐ Formuliere die Frage, die Johanna und Erik beantworten wollen.
b ☐ Für ihr Experiment brauchen die Geschwister einen Meterstab mit 2 Metern Länge, ein Buch, einen Bleistift und einen Notizblock. Beschreibe, wie sie vorgegangen sind, um die Frage aus Aufgabe 1a zu beantworten.
c ☐ Vergleiche die Messwerte und deute sie im Hinblick auf die Frage. Formuliere das Ergebnis des Experiments.
d ☐ Erkläre das Ergebnis des Experiments mit deinem Wissen über den Bau der Wirbelsäule.
e ☐ Ist es bei der Durchführung des Experiments zu Fehlern gekommen? Zwei Messwerte fallen auf. Benenne und beschreibe sie.
f ☐ Suche nach möglichen Gründen für diese fehlerhaften Messwerte.

2 Die Form der Wirbelsäule

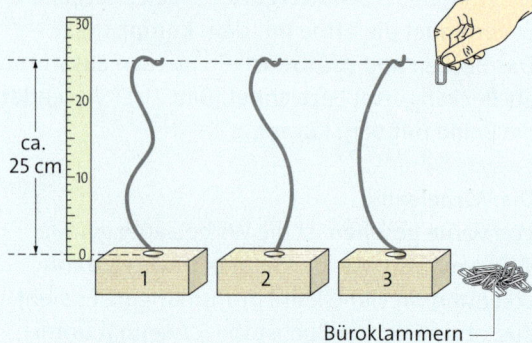

2 Verschiedene Wirbelsäulenmodelle

Eine Klasse soll herausfinden, welchen Vorteil die Form der menschlichen Wirbelsäule hat. Dazu bauen die Schülerinnen und Schüler 3 Wirbelsäulenmodelle. Sie erhalten hierfür 3 Holzplatten, Blumendraht, Reißzwecken, Lineal, Zange, 20 Büroklammern sowie Bild 2. Die Schülerinnen und Schüler präsentieren im Anschluss an das Experiment ihre Ergebnisse und schildern dabei ihre Erfahrungen und Probleme.

a ☐ Formuliere die Frage, die von den Schülerinnen und Schülern mithilfe des Experiments beantwortet werden soll.
b ☐ Beschreibe, wie die Schülerinnen und Schüler das Experiment durchgeführt haben.
c ☐ Die meisten Schülerinnen und Schüler konnten die in Aufgabe 2a gestellte Frage richtig beantworten. Formuliere eine Begründung für ihre Antwort.
d ☐ Einige Schülerinnen und Schüler kamen zu falschen Ergebnissen. Suche nach möglichen Gründen.

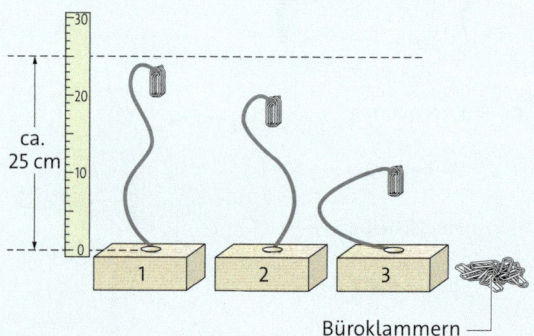

3 Verschiedene Wirbelsäulenmodelle

kokimu

WEITERGEDACHT   Die Knochen und das Skelett

1 Der Knochenschwund

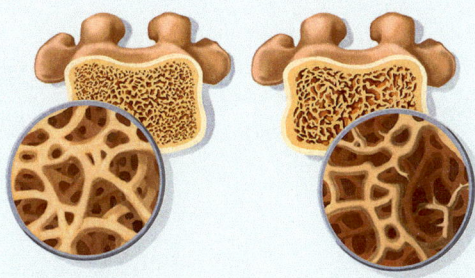

1 Zwei vergrößerte Darstellungen des Knocheninnern

Osteoporose ist eine Krankheit, bei der die Knochen ihre Stabilität verlieren. Dann können sie leicht brechen. Die Ursache dafür ist, dass zu wenig Knochengewebe neu gebildet wird. Bild 1 zeigt einen gesunden Knochen und einen Knochen mit Osteoporose.

a ☐ Nenne den Teil des Knochens, aus dem die beiden Darstellungen in Bild 1 stammen.
b ☒ Entscheide, welcher der beiden Knochen geschädigt ist. Begründe deine Entscheidung.
c ☒ Aus Bild 2 kannst du herauslesen, ab welchem Alter die Knochen aufgrund von Osteoporose brechen können. Beschreibe, wie du die Lösung gefunden hast.

2 Die Entwicklung von Knochengewebe

d ☒ Begründe, weshalb Knochenbrüche bei Osteoporose schlecht heilen.
e ☒ Recherchiere, was die Wörter *osteo* und *porös* bedeuten.
f ☒ Formuliere mit deinen Ergebnissen eine Übersetzung für das Fachwort Osteoporose.

2 Die Fontanellen sind Wachstumsfugen

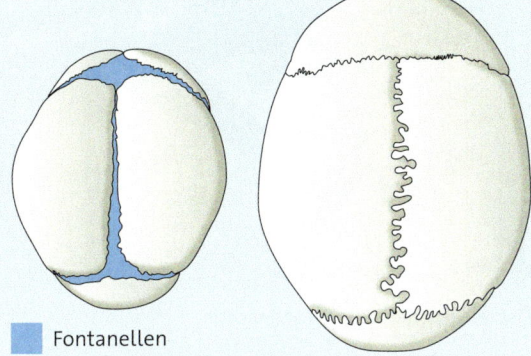

■ Fontanellen

3 Schädel von einem Säugling und einem Erwachsenen

Die weichen, noch nicht verwachsenen Stellen zwischen den Schädelknochen von Neugeborenen heißen **Fontanellen**. Sie sind erst nach etwa zwei Jahren zugewachsen.

a ☐ Beschreibe, worin sich die beiden Schädel in Bild 3 unterscheiden.
b ☒ „Bei der Geburt muss der Kopf des Kindes durch das Becken der Mutter passen." Stelle mithilfe dieser Aussage Vermutungen über die Bedeutung der Fontanellen an.

3 Das Fußskelett

Die Fußskelette federn die Belastungen ab, die beim Gehen, Stehen oder Laufen entstehen.

a ☐ Ordne den Röntgenbildern in Bild 4 den jeweils passenden Fußabdruck zu.
b ☒ Begründe, welches der beiden Röntgenbilder einen Plattfuß zeigt.
c ☒ Erkläre, welchen Nachteil ein Plattfuß hat.

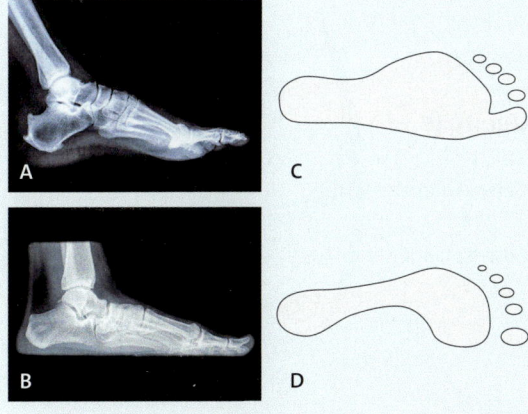

4 Zwei Fußskelette und zwei Fußabdrücke

DER KÖRPER DES MENSCHEN

Die Gelenke und die Muskeln

1 Valentina ist leidenschaftliche Breakdancerin.

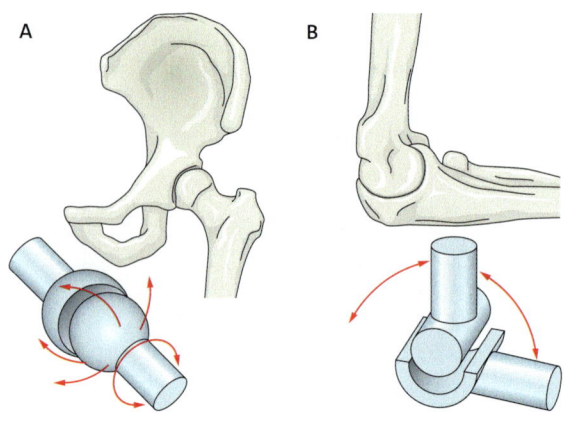

3 Zwei Gelenktypen: Kugelgelenk (A), Scharniergelenk (B)

Breakdancer versuchen, sich in Battles gegenseitig mit beeindruckenden Moves zu übertreffen. Solche Bewegungen des Körpers sind nur durch das Zusammenspiel von Knochen, Muskeln, Sehnen, Bändern und Gelenken möglich.

Der Bau eines Gelenks

Knochen sind beweglich miteinander verbunden. Eine solche bewegliche Verbindung heißt **Gelenk**. In einem Gelenk hat immer ein Knochen ein rundes Ende. Das ist der **Gelenkkopf**. Ein anderer Knochen des Gelenks hat eine Vertiefung. Das ist die **Gelenkpfanne**. Der Gelenkkopf und die Gelenkpfanne passen genau ineinander (Bild 2). Sie sind mit glattem Knorpel überzogen, dem **Gelenkknorpel**. Er verringert die Reibung zwischen den Knochenenden. Dadurch nutzen sie sich nicht so schnell ab. Zwischen Gelenkkopf und Gelenkpfanne befindet sich eine kleine Lücke, sie wird **Gelenkspalt** genannt.

Der Gelenkspalt ist mit einer klaren, zähen Flüssigkeit gefüllt. Diese Flüssigkeit heißt **Gelenkschmiere**. Sie verringert ebenfalls die Reibung zwischen den Knochenenden. Jedes Gelenk besitzt eine feste und gleichzeitig elastische Hülle aus Bindegewebe. Das ist die **Gelenkkapsel** (Bild 2). Sie besitzt dehnbare Fasern, die in Gruppen nebeneinanderliegen. Eine solche Fasergruppe heißt **Gelenkband**. Die Gelenkkapsel und die Gelenkbänder verhindern, dass Gelenkkopf und Gelenkpfanne bei Bewegungen auseinanderrutschen. Dadurch machen sie das Gelenk stabil.

Verschiedene Gelenke

Gelenke lassen sich nicht in alle Richtungen gleich bewegen. Die Bewegungsrichtung eines Gelenks hängt davon ab, wie Gelenkkopf und Gelenkpfanne geformt sind. Das Hüftgelenk und das Schultergelenk lassen sich in viele Richtungen bewegen. Das ist möglich, weil der Gelenkkopf kugelförmig ist. Deshalb werden solche Gelenke als **Kugelgelenke** bezeichnet (Bild 3A). Das Kniegelenk und das Ellenbogengelenk können nur in zwei Richtungen bewegt werden. Der Grund dafür ist, dass Gelenkkopf und Gelenkpfanne wie das Scharnier einer Tür gebaut sind. Solche Gelenke werden **Scharniergelenke** genannt (Bild 3B).

Die Muskeln des Körpers

Unser Körper enthält Organe, die sich zusammenziehen und entspannen können. Diese Organe heißen **Muskeln**. Alle Muskeln eines Körperbereichs zusammen werden als **Muskulatur** bezeichnet. Man spricht zum Beispiel von der Beinmuskulatur oder der Armmuskulatur.

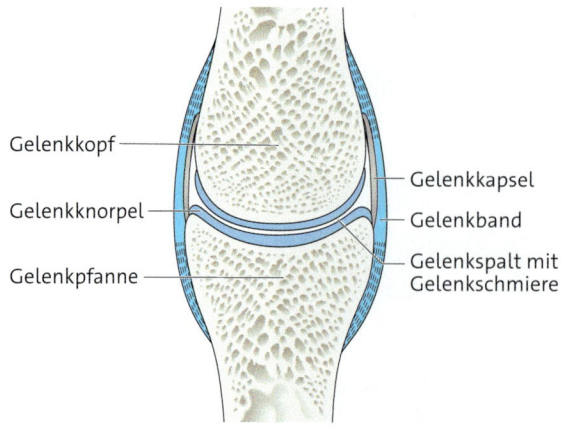

2 Der Bau eines Gelenks

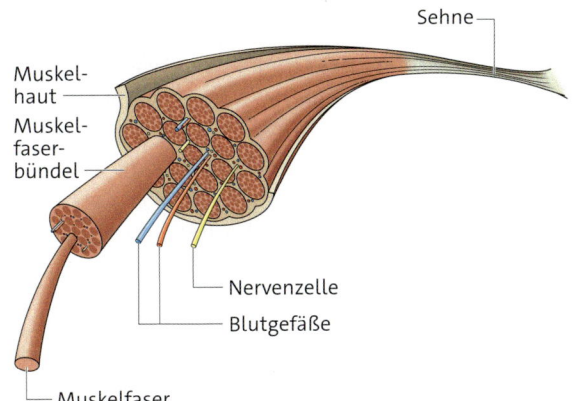

4 Der Bau eines Muskels

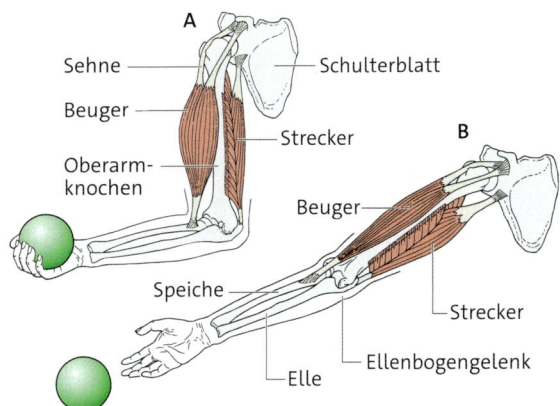

5 Die Bewegung des Arms: Beugen (A) und Strecken (B)

Der Bau eines Muskels

Ein Muskel besteht aus vielen langen, dünnen Zellen. Sie heißen **Muskelfasern**. Mehrere Muskelfasern zusammen sind ein Bündel, man sagt dazu **Muskelfaserbündel** (Bild 4). Jeder Muskel ist von einer festen Hülle umgeben, der **Muskelhaut**. Die Muskelhaut geht an den Enden des Muskels in reißfeste Stränge über. Sie sind mit den Knochen verwachsen und nicht dehnbar. Eine solche Verbindung heißt **Sehne** (Bild 4). Der Muskel ist mit Sehnen an mindestens zwei verschiedenen Knochen befestigt und liegt oft über einem Gelenk. In den Muskeln befinden sich Blutgefäße und Nervenzellen (Bild 4). Durch die Blutgefäße gelangen Nährstoffe und Sauerstoff zu den Muskeln.

Die Muskeln arbeiten zusammen

Im Körper wirken Knochen als Hebel. Sie werden von Muskeln und Sehnen bewegt. Die Nervenzellen leiten Impulse vom Gehirn an die Muskeln. Dadurch verkürzen sich die Muskelfasern. Der gesamte Muskel zieht sich zusammen, dabei wird er dicker. Die Sehnen übertragen den Muskelzug auf die Knochen: Dadurch bewegen sie sich aufeinander zu. Gelenke sind die Drehpunkte, die angrenzenden Knochen sind die Lastarme und die Kraftarme. Muskeln können sich nur zusammenziehen, aber nicht selbst strecken. Deshalb arbeiten immer zwei Muskeln zusammen. Beim Beugen und Strecken des Arms ist das gut zu erkennen. Zieht sich der Muskel auf der Vorderseite des Oberarms zusammen, wird der Arm gebeugt (Bild 5A). Deshalb heißt dieser Muskel **Beuger**. Beim Beugen des Arms wird der Muskel auf der Rückseite des Oberarms gedehnt. Zum Strecken des Arms zieht sich der Muskel auf der Armrückseite zusammen (Bild 5B). Dieser Muskel heißt **Strecker**. Beim Strecken des Arms wird der Beuger gedehnt. Zum Beugen und Strecken des Arms arbeiten also Beuger und Strecker in entgegengesetzte Richtungen zusammen. Sie werden deshalb **Gegenspieler** genannt. Das Zusammenspiel von zwei Muskeln heißt deshalb **Gegenspielerprinzip**.

> Gelenke sind bewegliche Verbindungen von Knochen. Muskeln bewegen die Knochen. Muskeln können sich nur zusammenziehen. Immer zwei Muskeln arbeiten als Gegenspieler zusammen. Sehnen übertragen die Muskelkraft auf die Knochen.

AUFGABEN

1 Die Gelenke ermöglichen Bewegungen
a ▶ Suche für die beiden Gelenke in Bild 3 jeweils ein Beispiel an deinem Körper.
b ✉ Beschreibe die Aufgaben von Gelenkknorpel und Gelenkschmiere.
c ✉ Der menschliche Unterarm kann als Hebel verwendet werden. Erläutere mithilfe von Bild 5, ob es ein einseitiger oder ein zweiseitiger Hebel ist.

2 Gegenspieler arbeiten zusammen
a ▶ Nenne mithilfe von Bild 5 die Knochen, an denen die Sehnen von Beuger und Strecker angewachsen sind.
b ✉ Erläutere, was das Gegenspielerprinzip ist.

DER KÖRPER DES MENSCHEN

METHODE   Arbeiten mit Strukturmodellen

In den Naturwissenschaften werden oft vereinfachte Nachbildungen von natürlichen Objekten verwendet. Sie heißen Modelle. Sie unterscheiden sich vom Original in Material, Größe und Einzelheiten. Modelle werden zum Beispiel verwendet, wenn die Untersuchung der Originale unmöglich, kompliziert, zeitaufwendig oder gefährlich ist.

A Arbeiten mit einem Strukturmodell

Modelle, die den Bau von etwas zeigen, heißen **Strukturmodelle**. Sie können euch helfen, eine bessere Vorstellung über den Bau eines Objekts zu bekommen.

1 Das Modell betrachten
Stellt das Modell gut sichtbar auf. Schaut es von allen Seiten genau an. Beschreibt, welche Teile voneinander unterscheidbar sind.

Fleur und Bjarne legen das Kniemodell aus Bild 1 auf ihren Tisch. Sie sehen zwei feste Knochen, die an den Enden mit glatten weißen Flächen überzogen sind. Außerdem gibt es weiche gelbe Stränge. Unter dem oberen gelben Strang liegt eine feste weiße Scheibe.

2 Die Fachwörter zuordnen
Benennt die Bestandteile des Modells mit den richtigen Fachwörtern. Nutzt dazu das Schulbuch, die Modellanleitung oder eine Wörterliste.

Fleur und Bjarne benennen die zwei festen Knochen als Oberschenkelknochen und Unterschenkelknochen. Die glatten weißen Flächen stellen Gelenkknorpel dar. Die weichen gelben Stränge sind Sehnen. Die weiße Scheibe unter der oberen Sehne ist die Kniescheibe.

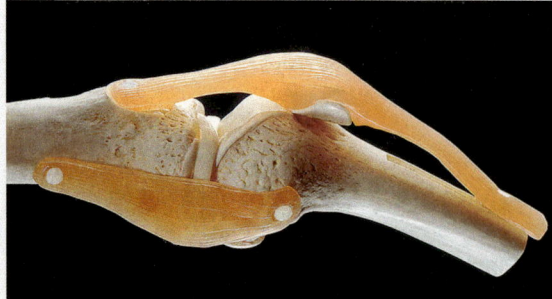

1 Ein Modell eines menschlichen Kniegelenks

3 Das Modell und das Original vergleichen
Vergleicht das Modell mit dem Original oder einer Aufnahme davon. Ordnet die einzelnen Teile des Modells den entsprechenden Teilen des Originals zu. Stellt fest, welche Details übereinstimmen und welche abweichen.

Fleur und Bjarne vergleichen das Modell mit ihren Knien und einer Querschnittsaufnahme von einem Kniegelenk. Sie notieren die Ergebnisse ihres Vergleichs in einer Tabelle.

Kriterium	Vergleich: Modell und Original
Größe	entspricht dem Original
Form	entspricht dem Original
Teile des Originals, die im Modell fehlen	Gelenkkapsel, Gelenkbänder, Gelenkschmiere, Muskeln fehlen, die Knochen sind nur teilweise dargestellt
Teile des Modells, die es im Original nicht gibt	die Sehnen sind in Wirklichkeit nicht mit Schrauben an den Knochen befestigt

4 Das Gelernte überprüfen
Zeigt auf einzelne Bestandteile des Modells und benennt diese sowie ihre Aufgaben.

Bjarne zeigt auf ein Teil des Modells. Fleur nennt das Fachwort dafür und beschreibt seine Aufgabe. Dann zeigt Fleur auf ein Teil des Modells und Bjarne nennt das Fachwort und beschreibt die Aufgabe.

5 Das Modell bewerten
Beschreibt, was das Modell sehr gut zeigt und was nicht. Überlegt, ob das Modell euch dabei hilft, den Bau des Originals besser zu verstehen.

Fleur sagt, dass im Modell nicht alle Kniebestandteile dargestellt sind. Sie findet aber, dass die wichtigsten Teile gut zeigen, wie Oberschenkel und Unterschenkel durch das Kniegelenk miteinander verbunden sind. Bjarne meint, dass das Modell groß genug ist, um den Bau eines Kniegelenks zu erkennen. Es fällt ihm leicht, die einzelnen Teile des Modells den entsprechenden Teilen des Originals zuzuordnen.

B Modelle erstellen

Wenn ihr euch mit einem Objekt auskennt, dann könnt ihr auch selbst ein Modell erstellen.

1 Das Original betrachten

Überlegt zunächst, was genau das Modell zeigen soll. Betrachtet das Objekt sorgfältig, das ihr im Modell darstellen wollt. Manchmal müsst ihr verschiedene Originale betrachten.

Farah und Luis wollen ein dreidimensionales Modell eines Kugelgelenks bauen. Dazu schauen sie sich im Internet ein Video an, das ein menschliches Skelett zeigt. Die Stellen, an denen das Hüftgelenk und das Schultergelenk gezeigt werden, schauen sie mehrmals an.

2 Das Modell beschreiben

Überlegt nun, wie das Modell aufgebaut sein soll. Beschreibt, was gezeigt werden soll und was weggelassen werden kann. Überlegt auch, welches Material ihr verwenden wollt.

Farah und Luis entscheiden, dass ihr Modell nur den Gelenkkopf und die Gelenkpfanne zeigen soll. Sie wollen das Modell aus Modelliermasse bauen und mit Farbe bemalen.

3 Das Modell bauen

Baut mit den passenden Materialien das Modell. Oft sind mehrere Versuche notwendig, bevor ihr mit dem Modell zufrieden seid.

Farah und Luis zeichnen zuerst eine Skizze ihres Modells. Dann formen sie die Teile aus der Modelliermasse und bemalen sie.

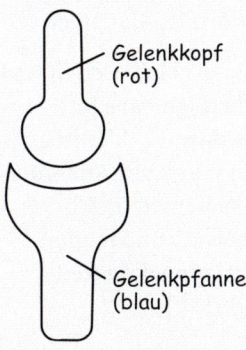

2 Die Skizze und das Modell von Shumaila und Matteo

AUFGABEN

1 Einfache Gelenkmodelle

a ▶ Stelle mit deinen Händen modellhaft ein Kugelgelenk und ein Scharniergelenk dar.

b ⊠ Bewerte die Gelenkmodelle.

2 Verschiedene Modelle zum Kniegelenk

a ⊠ Vergleiche die beiden Modelle in Bild 3 mit dem Original. Verwende dabei die Kriterien aus der Tabelle von Fleur und Bjarne.

b ⊠ Bewerte für jedes der beiden Modelle, was es gut zeigt und was es weniger gut zeigt.

c ⊠ „Ein Modell ist weder richtig noch falsch, sondern immer nur für einen bestimmten Zweck geeignet oder ungeeignet." Begründe diese Aussage mithilfe der Modelle auf dieser Methodenseite.

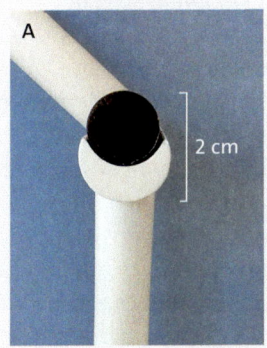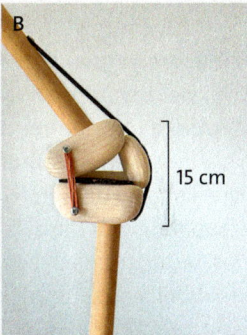

3 Zwei Modelle zum Kniegelenk

3 Das Scharniergelenk

Ein Scharniergelenk wird häufig mit einem Türscharnier verglichen.

a ▶ Nenne Unterschiede und Gemeinsamkeiten von Türscharnier und Scharniergelenk.

b ⊠ Ordne den Einzelteilen des Türscharniers die entsprechenden Teile des Scharniergelenks zu.

c ⊠ Manchmal müssen Türscharniere geschmiert werden. Erkläre, inwieweit dies auf ein Gelenk übertragen werden kann.

Bewegung fördert die Gesundheit

1 Daria liebt das Laufen.

Daria will im nächsten Jahr unbedingt am Minimarathon teilnehmen. Dieser größte Schülerlauf Deutschlands findet jedes Jahr in Berlin statt. Daria trainiert fleißig für die 4,2 km lange Strecke.

Früher bewegten sich die Menschen mehr
Vor über 2 Millionen Jahren jagten die Menschen Wildtiere und sammelten Wildpflanzen als Nahrung. Als Jäger und Sammler gingen sie weite Strecken zu Fuß, um Nahrung zu beschaffen. Bewegung war damals also überlebenswichtig. Das Bedürfnis nach Bewegung ist auch heute noch in uns verwurzelt. Doch unser modernes Leben ist ganz anders: Wir sitzen jeden Tag viele Stunden still auf einem Stuhl, in der Schule oder im Büro. Oft bewegen wir uns nur noch, wenn es sein muss, und ruhen uns aus, wenn wir es können.

Sport ist gut für den Körper
Schwere Arbeiten werden heute oft von Maschinen ausgeführt. Dadurch müssen sich viele Menschen nur noch selten körperlich anstrengen. Die Folge davon ist, dass die Leistungsfähigkeit des Körpers sinkt. Doch schon 30 Minuten Sport am Tag reichen aus, um die körperliche Leistungsfähigkeit zu erhöhen und sich fit zu halten. Beim Sport werden Herz und Lunge trainiert. Außerdem verbessern sich der Knochenaufbau und das Zusammenspiel der Muskeln. Körperliche Bewegung fördert also die Gesundheit. Sport ist auch keine Frage des Alters. Jeder kann sportlich aktiv sein.

Sport ist gut für die Seele
Bei körperlicher Bewegung werden Hormone ausgeschüttet. Sie bewirken, dass man gute Laune hat und sich wohlfühlt. Daher heißen diese Hormone auch **Glückshormone**. Gemeinsamer Sport mit anderen Menschen stärkt Beziehungen. Beim sportlichen Spiel kann man auch lernen, in einem Team zusammenzuarbeiten. Sportliche Erfolge fördern zudem das Selbstbewusstsein.

Daria, 11 Jahre
Hobbys: Joggen, Schwimmen, Modellflugzeuge bauen

Zum Laufen braucht man nicht viel: einfach Schuhe an und los. Es ist ein guter Ausgleich zum langen Stillsitzen in der Schule. Wenn ich mal schlechte Laune habe, kann ich sie durch das Laufen vertreiben.

Matthias, 42 Jahre
Hobbys: Fußball, Radfahren, Gartenarbeit

Ich mache Sport, weil dadurch meine kleinen Fettpölsterchen verschwinden. Die Bewegung hilft mir auch, den Stress aus meinem Berufsalltag abzubauen. Dadurch kann ich auch besser schlafen.

Theresa, 84 Jahre
Hobbys: Spazierengehen, Kreuzworträtsel, Stricken

Durch Sport bleibe ich fit und beweglich. Ich habe festgestellt, dass ich dadurch seltener krank bin. Außerdem haben sich mein Gleichgewichtssinn und meine Konzentrationsfähigkeit verbessert.

2 Bewegung ist für Menschen in jedem Alter wichtig.

3 Beim Bogenschießen ist Konzentration wichtig.

Die Wahl der richtigen Sportart
Verschiedene Menschen interessieren sich für unterschiedliche Sportarten. Nicht jeder Sport ist für alle Menschen gleich gut geeignet. Wichtig ist, dass Sport auch Spaß macht. Manchmal ist aber auch eine bestimmte Art des Trainings notwendig, zum Beispiel als Vorbereitung auf einen Marathon oder zur Wiederherstellung der Beweglichkeit nach einem Unfall. Kinder und Jugendliche sollten beachten, dass ihre körperliche Entwicklung noch nicht abgeschlossen ist. Daher sollten sie sich beim Sport nicht überanstrengen. Sport soll die Gesundheit fördern und nicht gefährden.

> Regelmäßige Bewegung kann dazu beitragen, dass der Körper fit und gesund bleibt. Sport macht gute Laune und kann das Selbstbewusstsein fördern.

EXTRA Welcher Sporttyp bist du?
Teamsportler bewegen sich am liebsten zusammen mit Freunden. Das gemeinsame Durchhalten beim Fußball oder die geteilte Freude beim Gardetanz sind das wichtigste.
Natursportler fühlen sich bei sportlichen Aktivitäten im Freien am wohlsten. Egal ob Regen, Wind oder hohe Temperaturen, sie gehen joggen oder wandern. **Ausgleichssportler** mögen eher ruhige Bewegungen und wollen sich beim Sport nicht nur auspowern, sondern auch entspannen. Das kann beim Bogenschießen, Golfen oder Yoga gelingen.
Einzelkämpfer wollen unabhängig von anderen Menschen Sport treiben. In Wettkämpfen sind sie am liebsten allein für ihre Leistungen verantwortlich. Sie sind Leichtathleten oder Schwimmer.

AUFGABEN

1 Sport bewirkt ganz viel
☒ Nenne positive Wirkungen von Sport. Ordne sie in körperliche und seelische Wirkungen.

2 Wer macht wie oft Sport?
a ☒ Werte die Diagramme aus.

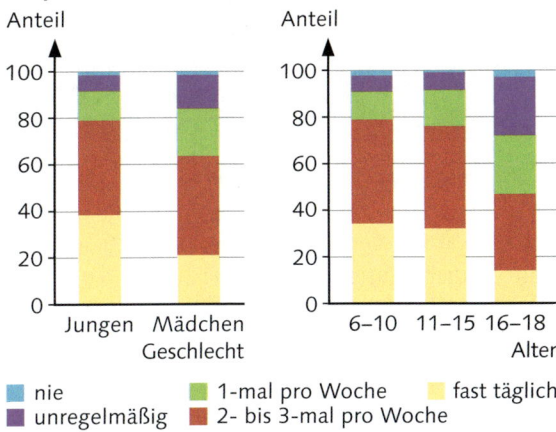

Sportliche Aktivitäten nach Geschlecht und Alter

■ nie ■ 1-mal pro Woche ■ fast täglich
■ unregelmäßig ■ 2- bis 3-mal pro Woche

b ☒ Stelle Vermutungen an, warum Jungen und Mädchen unterschiedlich viel Sport machen.
c ☒ Stelle Vermutungen an, warum Kinder und Jugendliche verschiedenen Alters unterschiedlich viel Sport machen.

3 Wie viel Bewegung hast du eigentlich?
a ☒ Notiere vier Tage lang in einer Tabelle, wie aktiv du bist und wie lange die Aktivitäten jeweils dauern. Unterscheide dabei Ruhezeiten wie Hausaufgabenmachen oder Lesen, anstrengende Bewegungen wie Fußballspielen sowie nicht anstrengende Bewegungen wie das Gehen zur Schule und nach Hause.
b ☒ Erstelle aus deinen Notizen ein Säulendiagramm. Es soll für jeden Tag zeigen, wie lange du dich bewegt hast.

4 Fußballspielen macht Spaß, ist aber auch anstrengend.

PRAXIS   Auf die Wirbelsäule achten

A Richtiges Bücken

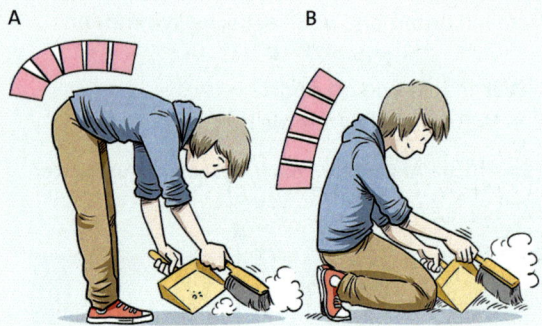

1 Falsches (A) und richtiges Bücken (B)

Schäden am Skelett kannst du verhindern, indem du dich richtig bückst. Gehe zuerst in die Hocke und lass dich dann nach vorne sinken, bis du mit beiden Knien den Boden berührst. Dadurch werden die Bandscheiben gleichmäßig belastet und die Wirbelsäule entlastet. Verlagere zum Aufstehen zuerst dein Gewicht nach hinten auf die Füße und richte dich dann langsam auf. Wenn du länger am Boden knien musst, dann nutze ein Kissen als Polster für deine Knie. Dadurch schützt du deine Kniescheiben vor zu starkem Druck.

B Richtiges Heben

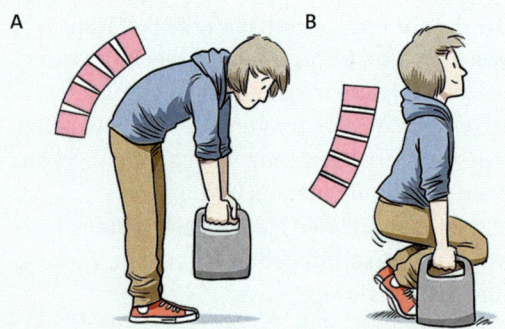

2 Falsches (A) und richtiges Heben (B)

Schäden im Bereich der Lendenwirbelsäule kannst du durch richtiges Heben verhindern. Stelle dich vor schwere Dinge oder seitlich neben leichte Gegenstände. Gehe dann in die Knie und halte dabei den Rücken gerade. Greife den Gegenstand und richte dich langsam wieder auf. Auch dabei bleibt dein Rücken gerade.

C Richtiges Sitzen

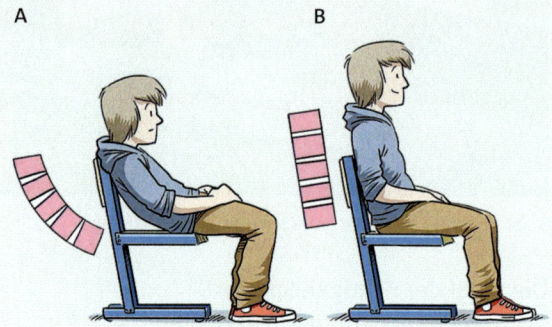

3 Falsche (A) und richtige Haltung (B) beim Sitzen

Durch die richtige Sitzhaltung kannst du die Bandscheiben gleichmäßig belasten und dadurch Veränderungen am Skelett verhindern. Setze dich aufrecht auf einen Stuhl. Deine Oberschenkel liegen dabei komplett auf der Sitzfläche auf. Dein Rücken berührt die Lehne. Deine Füße stehen auf dem Boden, deine Unterschenkel bilden mit den Oberschenkeln einen rechten Winkel. Deine Oberschenkel bilden mit deinem Oberkörper ebenfalls einen rechten Winkel. Lass jemanden aus deiner Klasse kontrollieren, ob du richtig sitzt.

D Richtiges Tragen

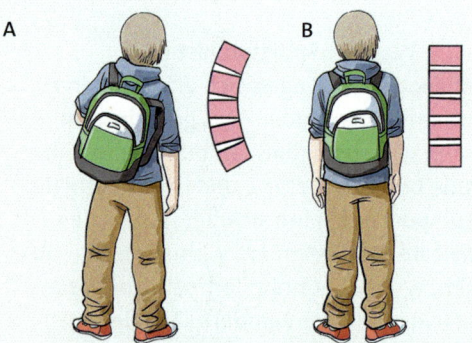

4 Falsches (A) und richtiges Tragen (B) der Schultasche

Wenn du deine Schultasche richtig trägst, dann wird deine Wirbelsäule gleichmäßig belastet. Übt das Tragen eurer Schultasche zu zweit. Kontrolliert gegenseitig, ob euer Rücken beim Tragen der Schultasche gerade ist. Die Schultergurte müssen so eingestellt sein, dass die Oberkante der Schultasche waagerecht ist.

AUFGABEN   Körper und Bewegung

1 Das Skelett ist gelenkig

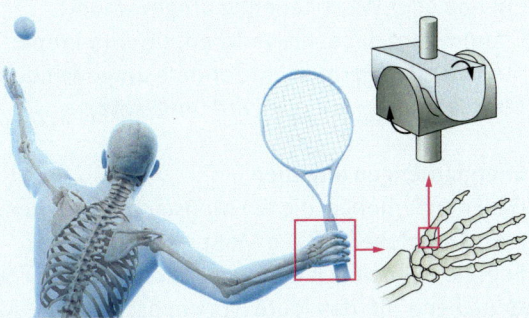

a ▸ Finde im Bild ein Kugelgelenk und ein Scharniergelenk. Nenne die Knochen, die die beiden Gelenke bilden.
b ▸ Dein Daumen besitzt ein Sattelgelenk. Beschreibe mithilfe des Bildes, welche Bewegungsrichtungen dieses Gelenk deinem Daumen ermöglicht.
c ▸ Für den Aufschlag heben Tennisspieler den Ball vom Boden auf und werfen ihn nach oben. Dabei drehen sie die Handfläche von unten nach oben. Beobachte, wie sich Elle und Speiche verhalten, wenn du deine Handfläche von unten nach oben drehst. Fertige zwei Zeichnungen von den Arm- und Handknochen dazu an. Nimm auch das Schulskelett zu Hilfe.
d ▸ Erstelle ein Lapbook, in dem du den Bau und die Aufgaben des Skeletts darstellst. Beziehe den Bau der Knochen und die Gelenke mit in die Gestaltung ein.

2 Die Physiotherapie

Nach einer Verletzung bekommen Patienten oft eine Physiotherapie. Umgangssprachlich sagt man dazu auch Krankengymnastik.
▸ Informiere dich über den Beruf der Physiotherapeutin oder des Physiotherapeuten. Erstelle einen Berufe-Steckbrief.

3 Die Muskeln arbeiten als Gegenspieler

a ▸ Erkläre, was das Gegenspielerprinzip ist.
b ▸ Das Bild zeigt ein Modell des Gegenspielerprinzips, das ein Schüler gebaut hat. Erkläre, welches Körperteil als Beispiel gewählt wurde.
c ▸ Ordne in einer Tabelle die Teile des Modells den Bestandteilen des Körpers zu.
d ▸ Begründe, weshalb das Modell das Gegenspielerprinzip nicht darstellt.

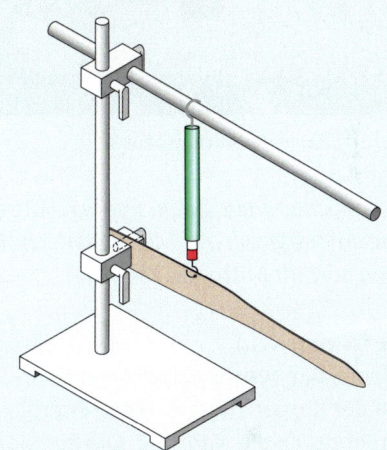

4 Prothesen ermöglichen wieder Bewegung

Krankheiten oder Unfälle können dazu führen, dass Gliedmaßen entfernt werden müssen. Nach erfolgreicher Operation und Wundheilung wird eine Prothese angefertigt, die zum Bewegungsbedarf des Patienten passt.
a ▸ Beschreibe, welchen Teil des Körpers die Prothesen im Bild ersetzen.
b ▸ Formuliere eine eigene Definition für das Wort Prothese.
c ▸ Das Bild zeigt drei verschiedene Prothesen. Begründe, warum man neben Alltagsprothesen auch verschiedene Sportprothesen herstellt.

Unser Körper braucht Nahrung

1 Schülerinnen und Schüler in der Mittagspause

Die Jugendlichen freuen sich: Endlich Pause! Gemeinsam laufen sie zur Mensa der Schule und genießen dort ihr Mittagessen.

Energie für den Körper
Beim Sport, beim Lernen und sogar beim Schlafen braucht der Körper Energie. Diese Energie erhält der Körper durch die Nahrung. Die Bestandteile der Nahrung, die dem Körper Energie liefern, heißen **Betriebsstoffe**. Das Wort Betrieb stammt von betreiben, das bedeutet arbeiten. Betriebsstoffe sind also Stoffe, die der Körper braucht, um seine Aufgaben erfüllen zu können. Betriebsstoffe sind für den Körper das Gleiche wie der Kraftstoff für ein Auto.

Verschiedene Energieformen
Die Sonne liefert die Energie für das Leben auf der Erde. Pflanzen bauen mithilfe der Strahlungsenergie Stoffe auf und speichern sie (Bild 2). Beim Essen wird diese gespeicherte Energie mit der Nahrung aufgenommen. Die aufgenommene Energie wird im Körper zum Beispiel in Bewegungsenergie oder Wärmeenergie umgewandelt. Energie geht dabei nie verloren, sie wird immer nur von einer Form in eine andere umgewandelt. Man sagt auch: Energie wird umgesetzt.

Energiemengen angeben
Die Energiemenge, die ein Mensch braucht, nennt man **Energiebedarf**. Die Maßeinheit für die Energie wurde nach dem Physiker James Prescott Joule benannt: das **Joule** (sprich: dschuul). Im Alltag wird oft eine andere Maßeinheit verwendet, um den Energiegehalt von Nahrungsmitteln anzugeben: die **Kalorie**. Das Wort Kalorie bedeutet Wärme. Eine Kalorie ist die Menge an Wärmeenergie, die nötig ist, um ein Gramm Wasser um ein Grad Celsius zu erwärmen.
Joule und Kalorie werden mit J und cal abgekürzt. Auf Lebensmittelverpackungen stehen meist Kilojoule oder Kilokalorien. Die Vorsilbe *Kilo* bedeutet 1000. Ein Kilojoule sind also 1000 Joule. Kilojoule und Kilokalorie werden mit kJ oder kcal abgekürzt.

Der Energiebedarf in Ruhe
Der Körper braucht Energie für Lebensvorgänge wie Herzschlag, Atmung, Körpertemperatur und Gehirntätigkeit. Die Energiemenge, die dafür pro Tag in völliger Ruhe gebraucht wird, heißt **Grundumsatz**. Der Grundumsatz hängt vom Alter, von der Größe, dem Körpergewicht und dem Geschlecht ab. In der Kindheit und der Jugend braucht der Körper viel Energie zum Wachsen. Je älter man wird, desto niedriger wird der Energiebedarf (Bild 3). Männer haben meist einen etwas höheren Grundumsatz als Frauen, weil sie etwas mehr Muskelmasse besitzen.

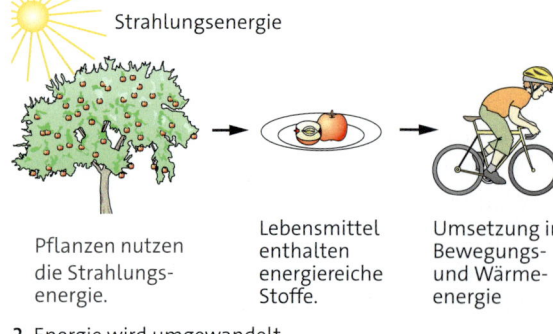

2 Energie wird umgewandelt.

Alter	Männer	Frauen
11–15 Jahre	1570 kcal / 6 580 kJ	1380 kcal / 5 780 kJ
15–19 Jahre	1820 kcal / 7 628 kJ	1460 kcal / 6 113 kJ
19–25 Jahre	1820 kcal / 7 628 kJ	1390 kcal / 5 820 kJ
25–51 Jahre	1740 kcal / 7 285 kJ	1340 kcal / 5 610 kJ
51–65 Jahre	1580 kcal / 6 615 kJ	1270 kcal / 5 317 kJ

3 Der durchschnittliche Grundumsatz pro Tag nach Alter und Geschlecht

4 Energiebedarf bei verschiedenen Tätigkeiten in 30 Minuten

Der Energiebedarf durch Aktivität

Für jede körperliche oder geistige Aktivität wird zusätzliche Energie gebraucht. Die Energiemenge, die zusätzlich zum Grundumsatz gebraucht wird, nennt man **Leistungsumsatz**. Der Energiebedarf des Körpers ist also auch abhängig von der Lebensweise: Wenn man körperlich aktiv ist und sich viel bewegt, dann braucht der Körper mehr Energie (Bild 4). Wenn man viel sitzt und wenig Sport macht, dann braucht der Körper weniger Energie. Die Energie, die ein Mensch pro Tag braucht, besteht also aus Grundumsatz plus Leistungsumsatz. Diesen gesamten Energiebedarf nennt man **Gesamtumsatz**.

Baustoffe für den Körper

Unser ganzes Leben lang wird der Körper ständig aufgebaut und erneuert. Am Wachsen der Haare und Fingernägel oder an der Wundheilung kann man das gut beobachten. Der Körper braucht Baumaterial, um sich aufzubauen und zu erneuern. Dieses Baumaterial erhält der Körper aus der Nahrung. Die Bestandteile der Nahrung, die der Körper als Baumaterial nutzt, heißen **Baustoffe**. Für das Knochenwachstum und das Körperwachstum sowie die Gewichtszunahme in der Kindheit und Jugend werden viele Baustoffe gebraucht.

> Die Nahrung liefert dem Körper Betriebsstoffe und Baustoffe. Den gesamten Energiebedarf des Körpers nennt man Gesamtumsatz. Er besteht aus Grund- und Leistungsumsatz.

AUFGABEN

1 Betriebsstoffe und Baustoffe
a Betriebsstoffe und Baustoffe gibt es überall. Ordne in einer Tabelle die folgenden Beispiele den Betriebsstoffen oder den Baustoffen zu: Mauersteine, Batterien, Holz, Eisen, Strom.
b Vergleiche Betriebsstoffe und Baustoffe.

2 Verschiedene Energieformen
 Betrachte Bild 2. Ordne jeweils einen Satz aus dem Text der Sonne, dem Baum, dem Apfel, dem Kind sowie dem gesamten Bild 2 zu.

3 Energiemengen
a Auf Lebensmittelverpackungen wird die enthaltene Energiemenge angegeben. Stelle eine Vermutung an, warum das so ist.
b Berechne, wie viele Kalorien nötig sind, um 200 g Wasser um 1 °C zu erwärmen.
c Eine Tafel Schokolade hat etwa 500 kcal. Berechne, wie viel Wasser man mit dieser Energiemenge um 1 °C erwärmen könnte.

4 Der Energiebedarf
a Erkläre in eigenen Worten, was mit den Fachwörtern Grundumsatz, Leistungsumsatz und Gesamtumsatz gemeint ist.
b Recherchiere und berechne deinen persönlichen Gesamtumsatz.
c Nenne zwei mögliche Gründe, warum ältere Menschen einen geringeren Energiebedarf haben als Kinder.

5 Ein aktiver Tag
Enrico ist 12 Jahre alt. Gestern hatte er 270 Minuten Unterricht, ist mit dem Fahrrad 15 Minuten zur Schule und zurückgefahren und hat mit seinen Freunden 120 Minuten Fußball gespielt. Abends hat er eine Stunde seine Lieblingsserie geschaut.
a Nenne mithilfe von Bild 3 Enricos Grundumsatz.
b Berechne mithilfe von Bild 4 Enricos Leistungsumsatz.
c Berechne Enricos Gesamtumsatz.
d Schau dir verschiedene Lebensmittelverpackungen an. Stelle Mahlzeiten zusammen, die Enricos Gesamtumsatz decken.

wuqewi

Die Nährstoffe in unserer Nahrung

1 Verschiedene Lebensmittel

Essen schmeckt lecker und macht satt. Durch die Inhaltsstoffe kann sich dein Körper warm halten und du kannst denken, laufen und wachsen.

Die Nährstoffe
Die Nahrung enthält Stoffe, die der Körper als Baustoffe und Betriebsstoffe nutzt. Diese Stoffe heißen **Nährstoffe**. Es gibt drei Gruppen von Nährstoffen: Fette, Kohlenhydrate und Eiweiße.

Die Fette
Fette sind Baustoffe und Betriebsstoffe. Sie werden für den Stoffwechsel und die Erneuerung der Zellen gebraucht. Unter der Haut dient Fett als Energiespeicher und schützt vor Wärmeverlust. An Fersen und Fußballen wirkt Fett als Stoßdämpfer. Öle und Butter enthalten viel Fett (Bild 2A). In Wurst und Käse sind Fette oft nicht sichtbar. Fette aus Pflanzenölen und von Fischen sind sehr gesund.

Die Kohlenhydrate
Kohlenhydrate sind Betriebsstoffe. Sie liefern Energie für die Muskeln und das Gehirn. Zucker und Stärke sind Beispiele für Kohlenhydrate. Traubenzucker wird direkt ins Blut aufgenommen und zu den Zellen transportiert. So liefert der Traubenzucker dem Körper schnell Energie. Stärke liefert dem Körper langsam Energie. Sie muss zuerst in Einzelbausteine zerlegt werden, nur diese können ins Blut aufgenommen werden. Stärke ist in Brot, Kartoffeln und Nudeln vorhanden (Bild 2B). Sie schmeckt nicht süß. Obst, Honig und Süßigkeiten enthalten Zucker.

Die Eiweiße
Eiweiße sind Baustoffe. Sie werden für den Stoffwechsel und den Aufbau von Zellen gebraucht. Kinder und Jugendliche brauchen mehr Eiweiß als Erwachsene, weil sie noch wachsen. Eiweißreiche Lebensmittel sind Fleisch, Fisch, Käse und Milchprodukte (Bild 2C). Auch Linsen, Bohnen und Soja enthalten viel Eiweiß.

> Fette, Kohlenhydrate und Eiweiße sind Nährstoffe. Nährstoffe sind Baustoffe und Betriebsstoffe für den Körper.

AUFGABEN
1 **Die Nährstoffe und ihre Aufgaben**
a Lege eine Tabelle mit einer Spalte für jeden Nährstoff und zwei Zeilen für „Nahrungsmittel" und „Aufgaben" an.
b Notiere in jeder Spalte mindestens zwei Nahrungsmittel, in denen der jeweilige Nährstoff enthalten ist.
c Notiere die Aufgaben jedes Nährstoffs in deiner Tabelle.
d Kennzeichne in der Tabelle die Baustoffe und die Betriebsstoffe.

2 Lebensmittel enthalten Nährstoffe: Fette (A), Kohlenhydrate (B) und Eiweiße (C).

PRAXIS Nährstoffe nachweisen

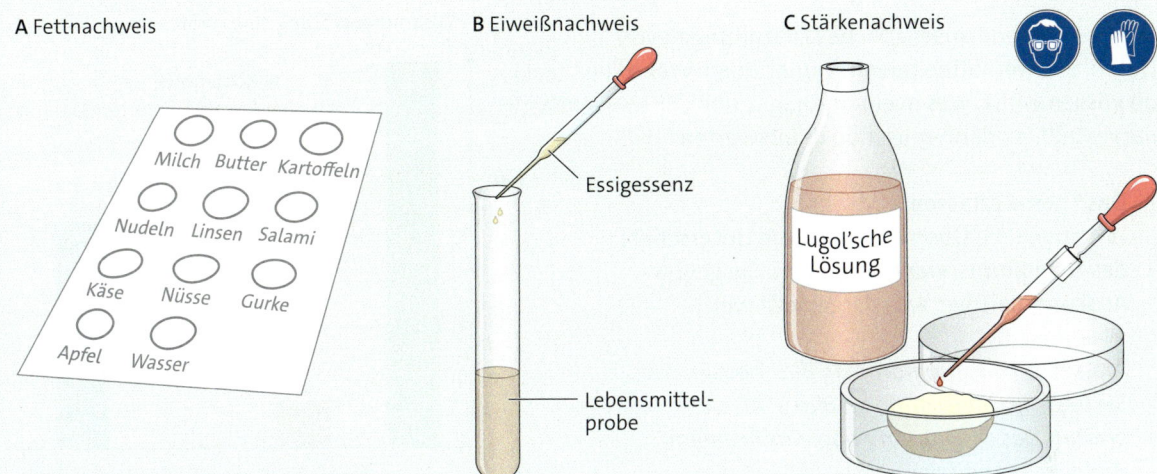

A Fettnachweis **B** Eiweißnachweis **C** Stärkenachweis

1 Die Materialien für den Fettnachweis (A), für den Eiweißnachweis (B) und für den Stärkenachweis (C)

Material für den Fettnachweis:
Papier, Stift, Haartrockner, Milch, Butter, Kartoffeln, Nudeln (gekocht), Linsen (gekocht), Salami, Käse, Nüsse, Gurke, Apfel, Wasser

Durchführung des Fettnachweises:
- Reibe die Lebensmittel und auch das Wasser auf ein Blatt Papier.
- Markiere die Stellen mit Kreisen und notiere jeweils daneben, was sich dort befindet.
- Lass die Proben trocknen. Mit einem Haartrockner kannst du sie schneller trocknen.

Hinweis: Fett hinterlässt auf Papier einen bleibenden durchscheinenden Fleck.

Material für den Eiweißnachweis:
Reagenzgläser, Glasstab, Pipette, (Essigsäure, 25%ig ⚠), Milch, Apfelsaft, Sojamilch, Linsen (gekocht, püriert, filtriert), Wasser

> **Achtung!**
> Essigessenz ist stark ätzend. Setze die Schutzbrille auf und ziehe Schutzhandschuhe an.

Durchführung des Eiweißnachweises:
- Fülle jedes Reagenzglas 4 cm hoch mit einem Lebensmittel und ein Reagenzglas mit Wasser.
- Gib dann jeweils 10 bis 15 Tropfen Essigessenz hinzu und rühre mit dem Glasstab um.

Hinweis: Eiweiße verklumpen nach Zugabe von Essigessenz. Dabei entstehen kleine Flocken in der Flüssigkeit.

Material für den Stärkenachweis:
Petrischalen, Pipette, Lugol'sche Lösung ⚠, Milch, Butter, Kartoffeln, Reis, Nudeln, Linsen (alle gekocht), Weißbrot, Salami, Käse, Gurke, Apfel, Wasser

> **Achtung!**
> Lugol'sche Lösung kann die Haut reizen. Setze die Schutzbrille auf und ziehe Schutzhandschuhe an.

Durchführung des Stärkenachweises:
- Gib auf jedes Lebensmittel und in das Wasser je zwei Tropfen Lugol'sche Lösung.

Hinweis: Stärke verfärbt Lugol'sche Lösung dunkelviolettblau.

Auswertung:
1. ▢ Erstelle eine Tabelle (Bild 2). Notiere die Lebensmittel in der ersten Spalte und deine Beobachtungen in den weiteren Spalten.
2. ▢ Formuliere für jeden Nachweis die Ergebnisse des Experiments.
3. ▣ Begründe, warum bei allen Nachweisen auch Wasser getestet wird.
4. ▣ Erkläre, warum sauberes Arbeiten bei diesem Experiment sehr wichtig ist.

Lebensmittel	Stärke	Fett	Eiweiß
Milch	...	...	...
Nudeln	...	...	...

2 Eine Vorlage für deine Tabelle

DER KÖRPER DES MENSCHEN

METHODE Diagramme auswerten

Diagramme sind anschauliche Darstellungen von Daten, Sachverhalten oder Informationen. Wenn du wissen willst, was in einem Diagramm dargestellt ist, dann musst du es auswerten.

1 Das Thema erfassen
Lies zuerst die Überschrift und die Unterschrift des Diagramms, wenn es sie gibt. Sie geben Auskunft darüber, was dargestellt wird.

Alessio soll das Diagramm in Bild 2 auswerten. Sie liest die Überschrift von Bild 2. Alessio erfährt: Das Diagramm zeigt, was in einem Brötchen enthalten ist.

2 Den Diagrammtyp erkennen
Betrachte das Diagramm:
– Ein rundes Diagramm heißt **Kreisdiagramm** (Bild 1A). Kreisdiagramme zeigen Verteilungen und Anteile.
– Ein Diagramm mit einer oder mehreren dünnen Linien heißt **Liniendiagramm** (Bild 1B). Liniendiagramme zeigen Entwicklungen oder Veränderungen.
– Ein Diagramm mit senkrechten Säulen heißt **Säulendiagramm** (Bild 3A).
– Ein Diagramm mit waagerechten Balken heißt **Balkendiagramm** (Bild 3B).
Säulendiagramme und Balkendiagramme eignen sich gut, um Daten zu vergleichen und Unterschiede deutlich zu machen.

Alessio sieht Säulen in Bild 2. Es ist also ein Säulendiagramm. Darin werden die Anteile der verschiedenen Inhaltsstoffe eines Brötchens verglichen.

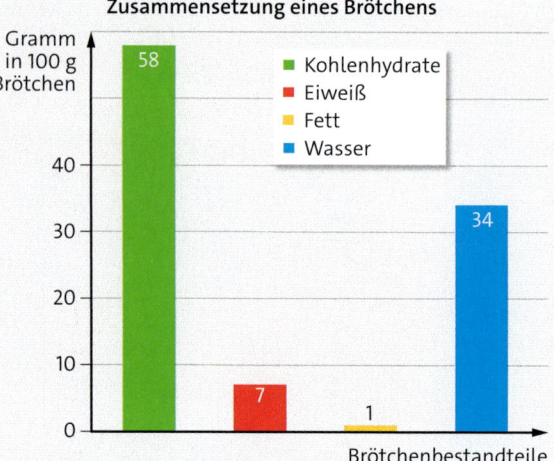

2 Dieses Diagramm soll Alessio auswerten.

3 Die Legende und die Achsenbeschriftung lesen
Betrachte die **Legende**. Hier steht, was die verschiedenen Farben und Symbole im Diagramm bedeuten. Liniendiagramme, Säulendiagramme und Balkendiagramme besitzen **Achsen**. Das sind Linien, die zum Ablesen der Werte genutzt werden. Die waagerechte Achse heißt **x-Achse**. Die senkrechte Achse heißt **y-Achse**. Lies an den beiden Achsen ab, welche Größen und Einheiten im Diagramm verwendet werden.

Alessio schaut sich die Legende an. Sie erkennt, dass die verschiedenen Farben für die verschiedenen Inhaltsstoffe stehen: Kohlenhydrate, Eiweiße, Fette und Wasser. Alessio liest auch die Beschriftung der Achsen: An der x-Achse sind die verschiedenen Bestandteile des Brötchens aufgelistet. Die y-Achse gibt die Menge der Inhaltsstoffe in 100 Gramm Brötchen an.

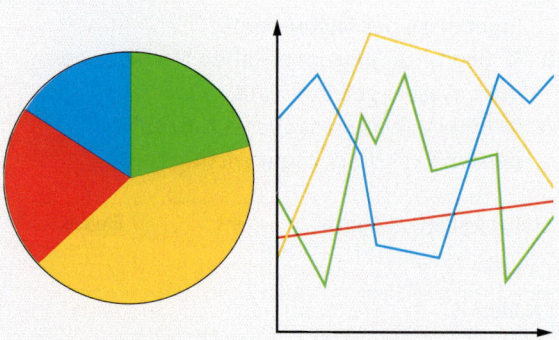

1 Ein Kreisdiagramm und ein Liniendiagramm

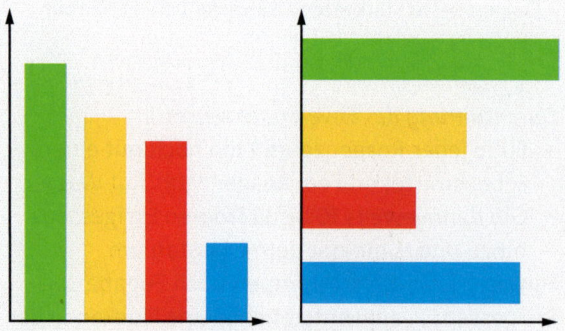

3 Ein Säulendiagramm und ein Balkendiagramm

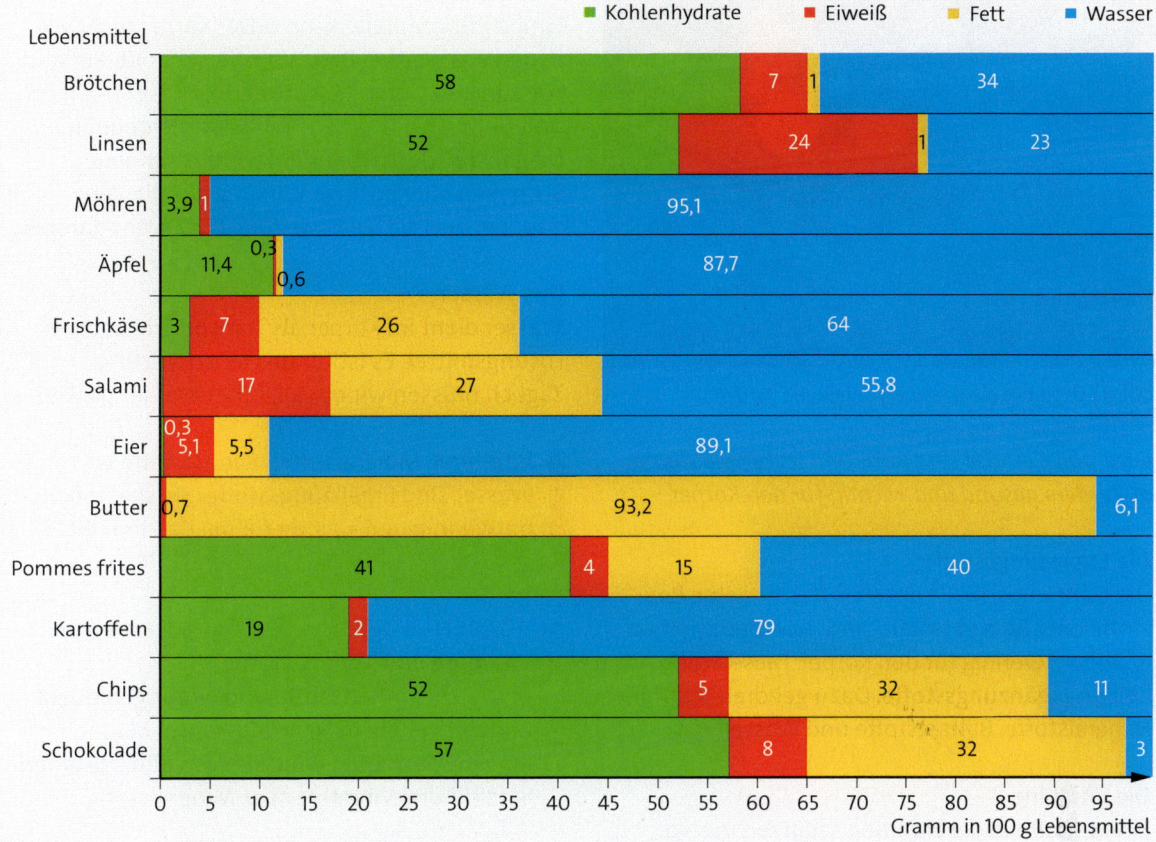

4 Ein Diagramm, mit dem die Inhaltsstoffe unterschiedlicher Lebensmittel verglichen werden können

4 Die Werte ablesen

Lies nun die Werte aus dem Diagramm ab. Suche bei Diagrammen mit Achsen für jeden Wert auf der x-Achse den dazugehörigen Wert auf der y-Achse. Notiere diesen Wert zusammen mit der angegebenen Einheit.

Alessio liest die Werte aus dem Diagramm ab.
Kohlenhydrate: 58 g, Eiweiße: 7 g, Fette: 1 g,
Wasser: 34 g.

5 Die Informationen auswerten

Werte die abgelesenen Daten aus, indem du sie miteinander und auch mit anderen Informationen vergleichst.

Alessio erkennt anhand der Werte, dass die Kohlenhydrate den größten Anteil eines Brötchens ausmachen. Den zweitgrößten Anteil macht das Wasser aus. Brötchen enthalten nur wenig Eiweiße und fast kein Fett.

AUFGABEN

1 Mit Diagrammen arbeiten
a Nenne den Typ des Diagramms in Bild 4.
b Vergleiche die Darstellung der Inhaltsstoffe eines Brötchens in den Bildern 1 und 4.
c Nenne den Vorteil, den die Darstellung in Bild 4 hat.
d Erstelle mithilfe von Bild 4 ein Säulendiagramm zu den Inhaltsstoffen von Schokolade.

2 Die Zusammensetzung von Lebensmitteln
a Nenne die drei Lebensmittel aus Bild 4, die die meisten Fette enthalten.
b Nenne die vier Lebensmittel aus Bild 4, die die meisten Kohlenhydrate enthalten.
c „Linsen sind ein besonderes pflanzliches Nahrungsmittel." Erläutere diese Aussage.
d Begründe mithilfe von Bild 4, warum Äpfel und Möhren auf einer Wanderung an einem heißen Sommertag eine gute Ergänzung des Picknicks sind.

DER KÖRPER DES MENSCHEN

Die Ergänzungsstoffe in unserer Nahrung

1 Obst und Gemüse gibt es in vielen verschiedenen Farben.

Obst und Gemüse sind bunt und lecker. Sie sind außerdem gesund und wichtig für den Körper.

Die Ergänzungsstoffe
Die Nahrung enthält auch Stoffe, die keine Baustoffe oder Betriebsstoffe sind. Trotzdem sind sie lebensnotwendig für den Körper. Diese Stoffe heißen **Ergänzungsstoffe**. Dazu gehören Vitamine, Mineralstoffe, Ballaststoffe und Wasser.

Die Vitamine
Einige Stoffe in der Nahrung schützen uns vor Krankheiten. Diese Stoffe heißen **Vitamine**. Es gibt 13 verschiedene Vitamine. Sie sind vor allem in Gemüse, Obst, Milchprodukten und Vollkornprodukten enthalten (Bild 2). Der Körper braucht jeweils nur geringe Mengen davon. Viele Vitamine können durch starkes Erhitzen oder lange Lagerung zerstört werden.

Die Mineralstoffe
Viele Vorgänge im Körper können nur ablaufen, wenn genug Salze vorhanden sind. Diese Salze heißen **Mineralstoffe**. Sie sind wichtig für die Nervenzellen und die Muskeln, das Körperwachstum und die Blutbildung (Bild 2). Mineralstoffe werden meist in Wasser gelöst aufgenommen. Von den Mineralstoffen Calcium, Kalium, Magnesium und Natrium braucht der Körper nur wenige Gramm pro Tag. Von den Mineralstoffen Fluor, Iod, Zink und Eisen sind es sogar nur wenige Milligramm. Ein anderes Wort für eine so kleine Menge ist Spur. Zu einem Bestandteil sagt man auch Element. Deshalb nennt man Fluor, Iod, Zink und Eisen auch **Spurenelemente**.

Die Ballaststoffe
Einige Pflanzenteile kann unser Körper nicht verdauen. Sie werden **Ballaststoffe** genannt. Sie sind vor allem in Getreide, Kartoffeln, Hülsenfrüchten und Gemüse enthalten. Ballaststoffe quellen im Magen auf, deshalb fühlen wir uns schneller satt. Sie haben eine positive Wirkung auf die Verdauung, weil sie die Bewegung des Darms anregen.

Das Wasser
Wasser dient im Körper als Transportmittel und Lösungsmittel. Es ist für uns lebenswichtig. Täglich müssen wir etwa 1,5 Liter Wasser trinken.

> Vitamine, Mineralstoffe, Ballaststoffe und Wasser sind Ergänzungsstoffe. Sie sind lebensnotwendig und wichtig für die Gesundheit.

AUFGABEN

1 Vitamine und Mineralstoffe
Welcher Inhaltsstoff wird wofür gebraucht und mit welchem Nahrungsmittel nehmen wir ihn auf? Formuliere mithilfe von Bild 2 je einen Satz für drei Vitamine oder Mineralstoffe.

2 Die Aufgabe der Ballaststoffe
„Etwas Wertloses, Schweres, das Stabilität bringt, wird Ballast genannt." Beschreibe mithilfe dieser Aussage, was Ballaststoffe sind.

Inhaltsstoff	wird gebraucht für	ist enthalten in
Vitamin A	Augen, Haut	Leber, Karotten, Kürbis, Grünkohl, Milchprodukte
Vitamin B	Wachstum, Nervenzellen	Fleisch, Eier, Gemüse, Nüsse, Vollkornprodukte
Vitamin C	Abwehrkräfte, Blut	Brokkoli, Paprika, Zitrusfrüchte, Sauerkraut, Leber
Vitamin D	Abwehrkräfte, Knochen, Zähne	Fisch, Eier, Champignons, Milchprodukte
Calcium	Knochen, Zähne	Milchprodukte, Grünkohl, Vollkornprodukte
Magnesium	Muskeln	Vollkornprodukte, Haferflocken, grünes Gemüse
Natrium	Nervenzellen	Kochsalz
Eisen	Blutbildung	Fleisch, Hülsenfrüchte, Vollkornprodukte

2 Einige Vitamine und Mineralstoffe

EXTRA Informationen auf Verpackungen von Lebensmitteln

Durchschnittliche Nährwerte	100 g	1 Portion 50 g	GDA pro Portion	GDA*
Brennwert	1438 kJ	719 kJ	9 %	
	341 kcal	170 kcal		2000 kcal
Eiweiß	9,6 g	4,8 g	10 %	50 g
Kohlenhydrate	61,3 g	30,6 g	11 %	270 g
davon Zucker	24,7 g	12,4 g	14 %	90 g
Fett	6,3 g	3,2 g	5 %	70 g
davon gesättigte Fettsäuren	1,1 g	0,6 g	3 %	20 g
Ballaststoffe	7,7 g	3,9 g	15 %	25 g
Natrium	0,065 g	0,033 g	1 %	2,4 g
Kochsalz	0,16 g	0,08 g	1 %	6 g

*GDA: Richtwert für die Tageszufuhr eines Erwachsenen, basierend auf einer Ernährung von 2000 kcal. Der persönliche Bedarf variiert nach Alter, Geschlecht und körperlicher Aktivität.

1 Ein prüfender Blick beim Einkauf im Supermarkt

2 Ein Beispiel für eine Nährwerttabelle

Die Informationen auf der Verpackung

Auf den Verpackungen von Nahrungsmitteln befinden sich Informationen über ihre Zusammensetzung und den Energiegehalt. Das steht in sogenannten **Nährwerttabellen** (Bild 2). Die Angaben beziehen sich immer auf 100 g des Nahrungsmittels. Oft gibt es zusätzliche Angaben, die sich auf eine Portion beziehen. Kohlenhydrate und Fette werden teilweise noch in Untergruppen aufgegliedert. Die Angabe des Energiegehalts hilft beim Abschätzen, ob man die empfohlene tägliche Energiemenge einhält. Viele Hersteller geben auch den Gehalt an Vitaminen, Mineralstoffen, Salzen und Ballaststoffen auf der Verpackung an.

Vielfältige Darstellung

Es gibt keine Vorschrift, wo und wie Nährwerte auf Verpackungen angegeben werden müssen. Oft sind Nährwerttabellen sehr klein und stehen an wenig auffälligen Stellen, zum Beispiel auf der Rückseite oder dem Boden der Verpackung. Einen schnellen Überblick über den Energiegehalt einer Portion des Nahrungsmittels geben die **Kurzinformationen** (Bild 3). Allerdings ist die Portionsgröße hier entscheidend: Oft sind es sehr geringe Mengen. Hier steht auch, wie viel Prozent des empfohlenen Tagesbedarfs die Nährstoffe in einer Portion entsprechen. Eine weitere Art zur Kennzeichnung der Nährwerte von Nahrungsmitteln ist diese fünfstufige Farb- und Buchstabenskala. Sie heißt **Nutri-Score**.

AUFGABEN

1 Nährwerttabellen

a ▢ Nenne drei Möglichkeiten, wie Zusammensetzung und Energiegehalt von Nahrungsmitteln auf Verpackungen angegeben werden.

b ▢ Erstelle aus den Angaben in Bild 2 ein Säulendiagramm mit den Nährstoffen. Nutze dazu die Angaben pro 100 g.

c ▢ Sammle Nährwerttabellen von Nahrungsmitteln. Ordne sie nach ihrem Gesamtenergiegehalt. Suche dann das Nahrungsmittel heraus, das am meisten Energie für deine Muskeln und dein Gehirn liefert.

2 Die Kurzinformation und der Nutri-Score

a ▢ Vergleiche die Portionsgrößen in Bild 2 und 3. Begründe, warum die Grammangaben hier wichtig sind.

b ▢ Recherchiere im Internet, welche Inhaltsstoffe sich günstig oder ungünstig auf die Berechnung des Nutri-Scores auswirken.

c ▢ Zeichne einen Nutri-Score für ein sehr ungesundes Lebensmittel.

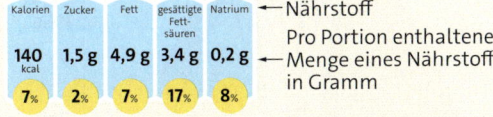

3 Ein Beispiel für eine Kurzinformation

DER KÖRPER DES MENSCHEN

Die Zähne

1 Alina beißt in einen Apfel.

Wir können mit unseren Zähnen ein Stück von einem Apfel abbeißen und kauen.

Der Kiefer und die Zähne

Die Zähne sind mit den Knochen im Schädel verbunden. Diese Knochen heißen **Kieferknochen**. In der Fachsprache wird der Kieferknochen auch kurz **Kiefer** genannt. Der obere Kieferknochen heißt Oberkiefer. Der untere Kieferknochen heißt Unterkiefer. Die Kieferknochen sind von einer Schleimhaut bedeckt. Sie heißt **Zahnfleisch**. Jeder Zahn besteht aus drei Teilen (Bild 2A). Der untere Teil steckt im Kieferknochen. Er verankert den Zahn im Knochen so, wie eine Wurzel einen Baum im Boden verankert. Dieser Teil des Zahns heißt deshalb **Zahnwurzel**. Der obere Teil des Zahns hat eine oder mehrere Spitzen. Die Spitzen sehen zusammen aus wie eine Krone.

Daher heißt dieser Teil **Zahnkrone**. Zwischen der Zahnwurzel und der Zahnkrone befindet sich der mittlere Teil des Zahns. Er heißt **Zahnhals**. Jeder Zahn besteht aus mehreren Schichten. Die äußere Schicht der Zahnkrone ist sehr hart. Diese Schicht heißt **Zahnschmelz** (Bild 2B). Auch die äußere Schicht der Zahnwurzel ist sehr hart. Diese Schicht heißt **Zahnzement**. Unter dem Zahnschmelz und dem Zahnzement ist eine weichere Schicht. Diese Schicht heißt **Zahnbein**. Im Inneren des Zahns ist ein Hohlraum. Das ist die **Zahnhöhle**. Dort befinden sich Blutgefäße und Nervenzellen. Durch die Blutgefäße gelangen Nährstoffe und Sauerstoff in den Zahn.

Unterschiedliche Zahnarten

Vorne in der Mitte von Oberkiefer und Unterkiefer befinden sich jeweils vier Zähne mit schmalen Kanten. Wenn man den Mund beim Zubeißen schließt, dann schneiden diese Zähne ein Stück von der Nahrung ab (Bild 1). Daher heißen diese Zähne **Schneidezähne**. Rechts und links neben den Schneidezähnen befindet sich jeweils ein spitzer Zahn. Diese vier Zähne heißen **Eckzähne** (Bild 2A). Sie halten die Nahrung fest. Neben den Eckzähnen befinden sich fünf bis sechs breitere Zähne (Bild 2B). Weil sie in den Backen liegen, heißen sie **Backenzähne**. Beim Kauen schiebt die Zunge die Nahrung zwischen den Backenzähnen hin und her. Dabei wird die Nahrung mit Speichel vermischt und von den Backzähnen zerkleinert. Die Schneidezähne, die Eckzähne und die Backenzähne werden zusammen **Gebiss** genannt.

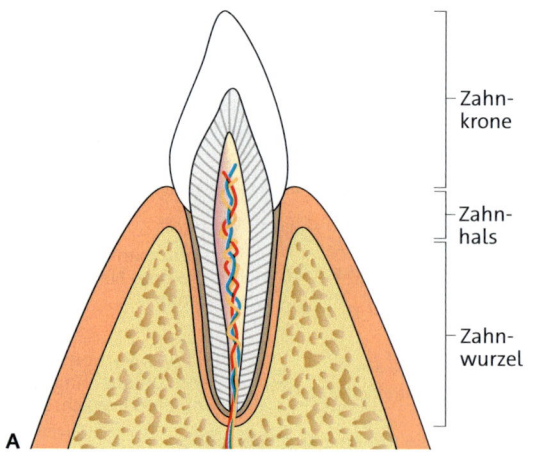
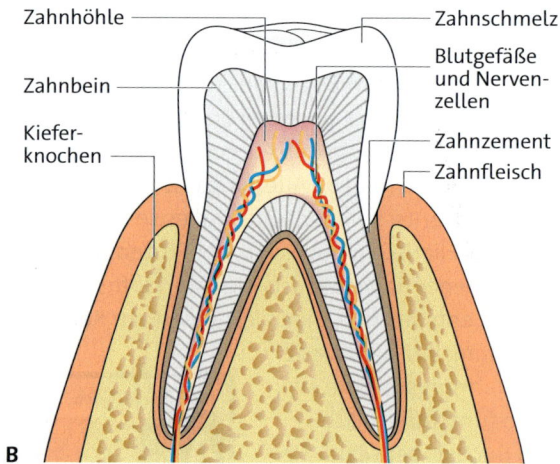

2 Ein Eckzahn (A) und ein Backenzahn (B)

DER KÖRPER DES MENSCHEN

Das erste Gebiss

Kinder werden ohne Zähne geboren. Nach ein paar Monaten wachsen zuerst die Schneidezähne im Unterkiefer durch das Zahnfleisch nach oben. Weil das Kind zu diesem Zeitpunkt noch Milch trinkt, spricht man von den **Milchzähnen**. Bis zum dritten Geburtstag wachsen 20 Milchzähne. Sie werden **Milchgebiss** genannt.

Das zweite Gebiss

Das Gebiss der Erwachsenen heißt **Erwachsenengebiss**. Diese Zähne bilden sich schon ab dem zweiten Lebensjahr im Kiefer unter den Milchzähnen. Das kannst du in Bild 4 auf dem Röntgenbild sehen. Wenn die Kiefer wachsen, dann werden die Wurzeln der Milchzähne abgebaut. Die Milchzähne wackeln und fallen aus. Die zweiten Zähne wachsen durch das Zahnfleisch nach außen. Diesen Vorgang nennt man **Zahnwechsel**. Er beginnt mit etwa 6 Jahren und endet mit 13 Jahren. Ab dem 16. Lebensjahr wächst bei einigen Jugendlichen hinter den letzten Backenzähnen jeweils noch ein Backenzahn, der **Weisheitszahn** heißt. Das Erwachsenengebiss hat bis zu 32 Zähne. Spitze Eckzähne sind ein Merkmal des Fleischfressergebisses. Breite Backenzähne sind ein Merkmal des Pflanzenfressergebisses. Menschen haben also ein **Allesfressergebiss**.

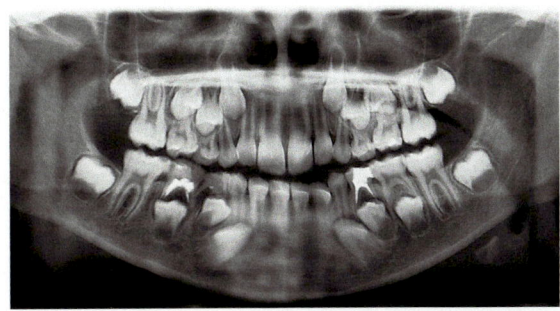

4 Das Röntgenbild eines Kinderkiefers

> Das Gebiss besteht aus Schneidezähnen, Eckzähnen und Backenzähnen. Der harte Zahnschmelz liegt über dem weicheren Zahnbein. Die Zahnwurzel verankert den Zahn im Kiefer. Das erste Gebiss heißt Milchgebiss. Mit etwa 6 Jahren beginnt der Zahnwechsel zum Erwachsenengebiss.

AUFGABEN

1 Der Bau der Zähne

a Zeichne einen Zahn und beschrifte folgende Teile: Zahnkrone, Zahnhals, Zahnwurzel, Zahnhöhle.

b Nenne die Fachwörter für die harten Schichten der Zahnkrone und der Zahnwurzel sowie für die weichere Schicht, die darunter liegt.

c Nenne die Aufgabe der Blutgefäße in der Zahnhöhle.

d Ordne in einer Tabelle den verschiedenen Zähnen ihre jeweilige Aufgabe zu.

Zahn	Aufgabe
Eckzahn	Nahrung festhalten
...	...

2 Die Gebisse

a Vergleiche mithilfe von Bild 3 das Milchgebiss mit dem Erwachsenengebiss.

b Stelle eine Vermutung an, warum bei vielen Jugendlichen die Weisheitszähne entfernt werden müssen.

c „Da muss man sich durchbeißen!" Erläutere, was mit dieser Aussage gemeint ist.

d Suche weitere Sprichwörter zum Thema Zähne.

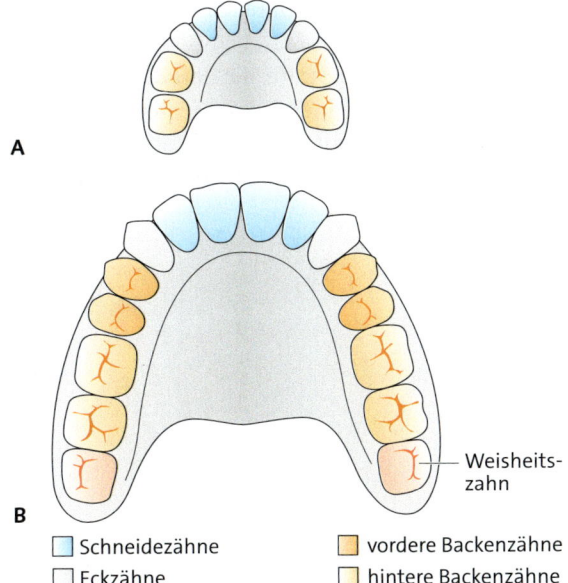

☐ Schneidezähne ☐ vordere Backenzähne
☐ Eckzähne ☐ hintere Backenzähne

3 Die Zähne im Oberkiefer: Milchgebiss (A), Erwachsenengebiss (B)

Die Zahnpflege

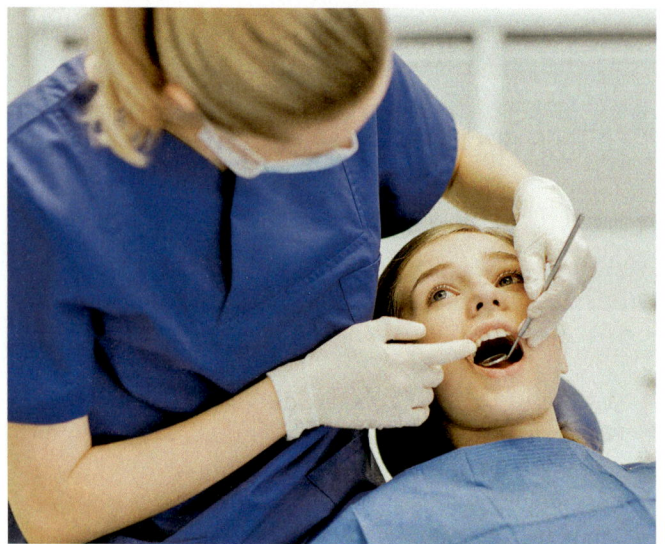

1 Ayse lässt ihre Zähne von der Zahnärztin untersuchen.

Die Zahnärztin schaut die Zähne von Ayse genau an. Mit einem kleinen Spiegel kann die Zahnärztin auch die Innenseiten der Zähne sehen.

Löcher in den Zähnen

Die Zähne sind durch den harten Zahnschmelz geschützt. Auf allen Zähnen befindet sich immer eine dünne Schicht aus Speichel und Krankheitserregern. Ein anderes Wort für Schicht ist Belag. Daher heißt diese Schicht **Zahnbelag** (Bild 2A). Das Fachwort für den Zahnbelag ist **Plaque**. Beim Essen nehmen wir auch Zucker mit der Nahrung auf. Die Krankheitserreger im Zahnbelag wandeln den Zucker in saure Stoffe um. Diese sauren Stoffe nennt man **Säuren**. Die Säuren können ein Loch im Zahnschmelz verursachen (Bild 2B). Das Fachwort für ein solches Loch ist **Karies**.

Karies ist eine Krankheit. Durch das Loch im Zahnschmelz können die Krankheitserreger zum weichen Zahnbein und sogar bis in die Zahnhöhle gelangen (Bild 2C und 2D). Das Loch wird immer größer und der Zahn kann schmerzen.

Das Zahnfleisch kann bluten

Die Krankheitserreger im Zahnbelag können auch das Zahnfleisch schädigen. Das Zahnfleisch wird dann dunkelrot und blutet beim Zähneputzen. Daran kann man erkennen, dass das Zahnfleisch entzündet ist. Eine solche Zahnfleischentzündung muss von einer Zahnärztin oder einem Zahnarzt behandelt werden.

Die richtige Zahnpflege

Damit deine Zähne und dein Zahnfleisch gesund bleiben, musst du sie regelmäßig putzen. So kannst du Nahrungsreste entfernen und die Entstehung von Karies verhindern. Putze deine Zähne mehrmals täglich. Nutze dazu eine Handzahnbürste oder eine elektrische Zahnbürste. Die Zahncreme enthält Stoffe, die den Zahnschmelz härter machen. So ist er besser vor Säuren geschützt. Putze zuerst die Kauflächen der Zähne, dann die Außenseiten und zum Schluss die Innenseiten der Zähne. Die Bereiche zwischen den Zähnen heißen **Zahnzwischenräume**. Auch sie müssen gereinigt werden. Dazu kannst du Zahnseide, Zahnhölzer oder kleine Bürstchen verwenden.

Der Speichel enthält Stoffe, die den Zahnbelag sehr fest machen können. Dieser feste Belag heißt **Zahnstein**. Er kann nur durch eine Zahnreinigung in der Zahnarztpraxis entfernt werden.

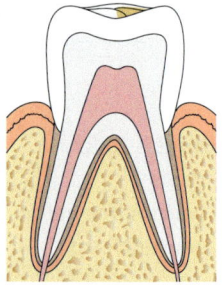

A Der Zahn ist gesund, hat aber etwas Zahnbelag.

B Der Zahnschmelz hat ein kleines Loch.

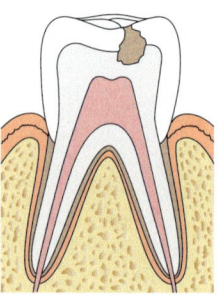

C Der Zahnschmelz und das Zahnbein sind beschädigt. Jetzt kann der Zahn schmerzen.

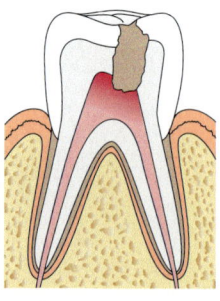

D Das Loch reicht bis in die Zahnhöhle. Der Zahn kann jetzt sehr stark schmerzen.

2 Die Entstehung von Karies.

Regelmäßig zum Zahnarzt

Alle Menschen sollten zweimal im Jahr zur Zahnärztin oder zum Zahnarzt gehen. Sie kontrollieren, ob die Zähne und das Zahnfleisch gesund sind.
Wenn ein Zahn ein kleines Loch hat, dann kann das behandelt werden. Die Zahnärztin oder der Zahnarzt entfernen mit dem Bohrer den beschädigten Teil vom Zahn und säubern das Loch. Dann wird das Loch gefüllt, meist mit Kunststoff. Wenn eine Zahnfleischentzündung feststellt wird, dann werden die Zahnoberflächen gründlich gereinigt. Dabei werden Krankheitserreger entfernt und das Zahnfleisch kann heilen.

Zahnspangen

Meist passen die Zähne von Oberkiefer und Unterkiefer genau aufeinander. Wenn die Kiefer nicht genau übereinanderstehen, dann passen die Zähne nicht richtig aufeinander. Das kann Kopfschmerzen und Schmerzen im Kiefergelenk verursachen. Manchmal wachsen Zähne auch schief oder gedreht. Diese Zähne können schlechter gereinigt werden. Sie können auch Probleme beim Essen oder Sprechen machen. Das Fachwort für falsch stehende Kiefer oder Zähne ist **Fehlstellung**.
Zahnärztinnen und Zahnärzte beraten, wie diese Fehlstellungen korrigiert werden können. Die Fach-Zahnärzte dafür sind die Kieferorthopädinnen und Kieferorthopäden. Sie verwenden zum Beispiel Zahnspangen. Es gibt lose Zahnspangen, die man herausnehmen kann. In Bild 3 kannst du eine feste Zahnspange sehen, sie wird auf die Zähne aufgeklebt.

> Auf den Zähnen befindet sich immer Zahnbelag. Die Krankheitserreger darin können Karies verursachen. Durch tägliches Zähneputzen und regelmäßige Besuche bei der Zahnärztin oder dem Zahnarzt kann man die Zähne und das Zahnfleisch gesund halten.

AUFGABEN

1 Zähne können krank werden
a Nenne das Fachwort für den Belag auf den Zähnen.
b Beschreibe in einem Flussdiagramm, wie Karies entsteht.
c Erkläre, warum zuckerhaltige Lebensmittel zu Karies führen können.
d Beschreibe, woran man erkennen kann, dass das Zahnfleisch entzündet ist.
e Beschreibe, wie Karies behandelt wird.
f Begründe, warum Fehlstellungen der Zähne oder der Kiefer korrigiert werden sollten.

2 Die Zahnpflege
a „Zähneputzen ist wichtig!" Begründe diese Aussage.
b Beschreibe mithilfe von Bild 4, wie man richtig Zähne putzt. Achte dabei auf die Symbole neben den Zeichnungen des Mundes.

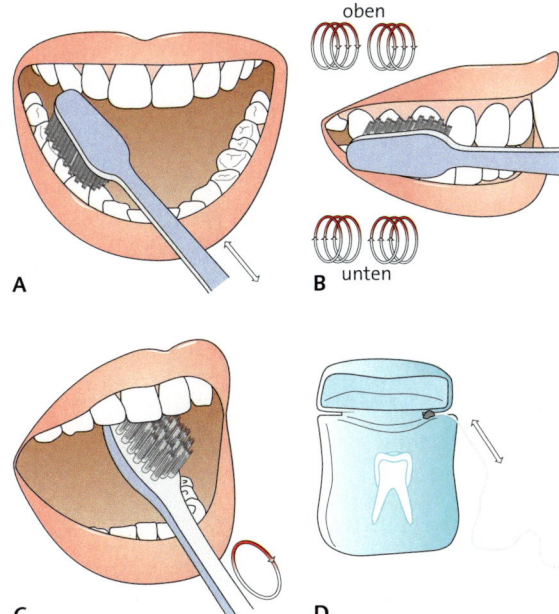

3 Valea hat eine feste Zahnspange.

4 Zähne richtig putzen

Die Nahrung wird verdaut

1 Nach dem Essen beginnt die Verdauung.

Nach der Pause gehen die Jugendlichen zurück in den Unterricht. Während sie lernen, wird die Nahrung in ihrem Körper verdaut.

Die Verdauung
Die Nährstoffe der Nahrung bestehen aus kleinen Einzelbausteinen. Im Körper werden die Nährstoffe in diese Bausteine zerlegt. Dieser Vorgang heißt **Verdauung**. Die Verdauung findet schrittweise in verschiedenen Organen statt. Diese Organe werden zusammen als **Verdauungssystem** bezeichnet (Bild 2). Die Zerlegung der Nährstoffe erfolgt durch bestimmte Eiweiße. Sie heißen **Enzyme**. Nur die einzelnen Bausteine der Nährstoffe können ins Blut aufgenommen werden. Die Aufnahme ins Blut wird **Resorption** genannt.

Die Verdauung beginnt im Mund
In der Mundhöhle wird die Nahrung mit den Zähnen zerkleinert: Sie wird gekaut. Drüsen geben eine Flüssigkeit dazu: den Speichel. Die Drüsen heißen **Speicheldrüsen** (Bild 2). Der Speichel enthält ein Enzym, das Stärke in Zucker zerlegt. Dadurch schmeckt Brot süßlich, wenn man es lange kaut. Die zerkleinerte Nahrung wird mit dem Speichel als Nahrungsbrei geschluckt.

Vom Mund in den Magen
Der Nahrungsbrei gelangt vom Mund durch einen Schlauch in den Magen. Dieser Schlauch wird **Speiseröhre** genannt (Bild 2). Sie ist von ringförmigen Muskeln umgeben, die sich nacheinander zusammenziehen. Dadurch wird der Nahrungsbrei nach unten in den Magen befördert.

Die Verdauung im Magen
Am unteren Ende führt die Speiseröhre in einen Hohlmuskel. Das ist der **Magen** (Bild 2). Im Magen produzieren Drüsen eine Flüssigkeit. Sie heißt **Magensaft**. Der Magensaft enthält verdünnte Salzsäure und Enzyme. Die Salzsäure lässt die Eiweiße im Nahrungsbrei fest werden. Dann können sie von den Enzymen zerlegt werden. Die Magenwand ist von einer Schleimhaut überzogen. Diese Schleimhaut wird **Magenschleimhaut** genannt. Sie verhindert, dass der Magensaft zur Magenwand gelangt und sie schädigt.

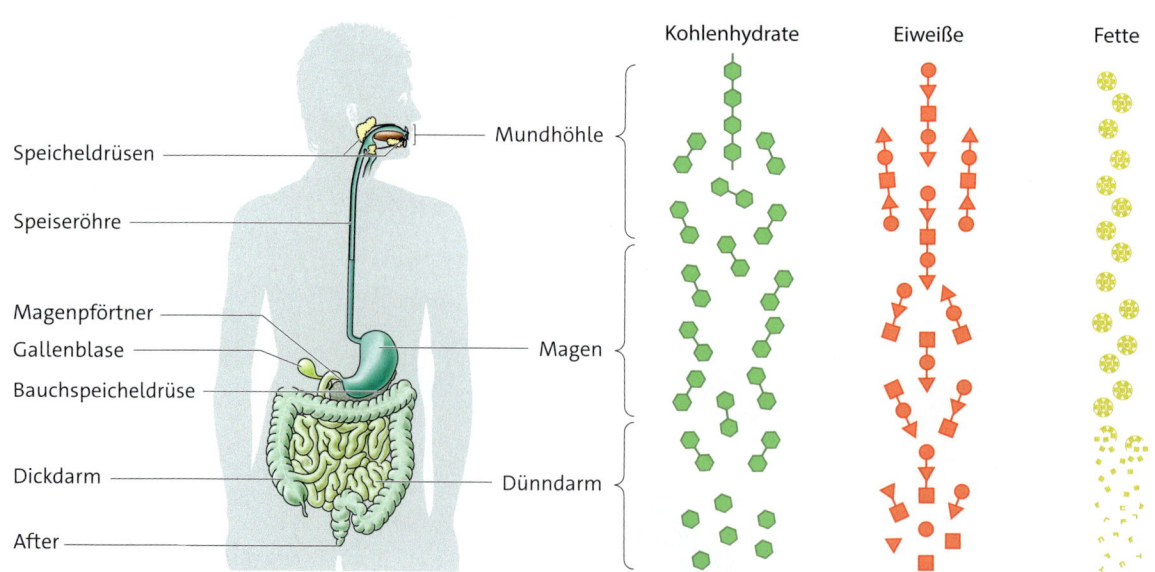

2 Die Organe des Verdauungssystems

3 Die Zerlegung der Nährstoffe in ihre Bausteine

DER KÖRPER DES MENSCHEN

Vom Magen in den Darm

Der Nahrungsbrei gelangt vom Magen in ein langes Organ. Das ist der **Darm** (Bild 2). Am unteren Ende des Magens befindet sich ein Muskel. Er lässt den Nahrungsbrei in kleinen Portionen in den Darm gelangen. Der Muskel schließt den Magenausgang hinter jeder Nahrungsportion, deswegen wird er Schließmuskel genannt. Der Schließmuskel am Magenausgang heißt **Magenpförtner**, weil er wie ein Wächter den Durchgang überwacht.

Die Verdauung im Dünndarm

Der Darm besteht aus zwei Teilen. Der erste Teil ist sehr lang und dünn. Deshalb heißt dieser Teil **Dünndarm** (Bild 2). Zwei Drüsen geben Flüssigkeiten zum Nahrungsbrei im Dünndarm. Die **Gallenblase** gibt Gallensaft ab. Er zerlegt Fett in kleine Tröpfchen. Die **Bauchspeicheldrüse** gibt Bauchspeichel ab. Die Enzyme im Bauchspeichel zerlegen Fette, Eiweiße und Kohlenhydrate in ihre Einzelbausteine. Die Bauchspeicheldrüse ist die wichtigste Verdauungsdrüse im Körper.

Die Aufnahme im Dünndarm

Die Innenseite des Dünndarms ist gefaltet. Jede Falte besitzt Ausstülpungen, die **Darmzotten** (Bild 4). Dadurch ist die innere Oberfläche des Dünndarms über 30 Quadratmeter groß, das sind etwa sieben Tischtennisplatten nebeneinander. Eine vergrößerte Oberfläche bei gleichem Volumen nennt man **Oberflächenvergrößerung**. Durch diese große Oberfläche können fast alle Nährstoffbausteine und Vitamine vom Darm ins Blut aufgenommen werden: Sie werden resorbiert.

Der Wasserentzug im Dickdarm

Der zweite Teil des Darms ist kürzer und dicker als der Dünndarm. Deshalb heißt dieser zweite Teil **Dickdarm** (Bild 2). Im Dickdarm werden Mineralstoffe und Wasser ins Blut aufgenommen. Dadurch werden die unverdaulichen Nahrungsreste zu **Kot** eingedickt. Der Kot wird durch den Darmausgang ausgeschieden. Das Fachwort für den Darmausgang ist **After**.

> Die Zerlegung von Nährstoffen durch Enzyme in ihre Bausteine heißt Verdauung. Sie findet in Mund, Magen und Dünndarm statt.
> Die Aufnahme der Nährstoffbausteine und Vitamine ins Blut heißt Resorption. Sie findet durch die große Oberfläche des Dünndarms statt. Im Dickdarm werden Wasser und Mineralstoffe ins Blut aufgenommen.

AUFGABEN

1 Das Verdauungssystem
a Ordne die Verdauungsorgane in der Reihenfolge, wie die Nahrung sie auf dem Weg durch deinen Körper durchquert: Dickdarm (M), After (E), Magen (Z), Mundhöhle (E), Dünndarm (Y), Speiseröhre (N).
b Nenne das Lösungswort, das die Buchstaben in den Klammern hinter den richtig geordneten Fachwörtern ergeben.

2 Die Verdauung
a Beschreibe mithilfe von Bild 3, was bei der Verdauung mit den Nährstoffen geschieht.
b Die Verdauung findet in mehreren Organen des Verdauungssystems statt. Nenne für jeden Nährstoff den Ort, an dem seine Verdauung beginnt. Bild 3 hilft dir dabei.

3 Die Oberflächenvergrößerung
a „Nährstoffbausteine und Vitamine werden im Dünndarm resorbiert." Beschreibe, was damit gemeint ist.
b Für die Resorption der Nährstoffbausteine und Vitamine ist die vergrößerte Oberfläche des Dünndarms sehr wichtig. Gestalte aus einem geeigneten Material ein Modell des Dünndarms, das die Oberflächenvergrößerung zeigt.

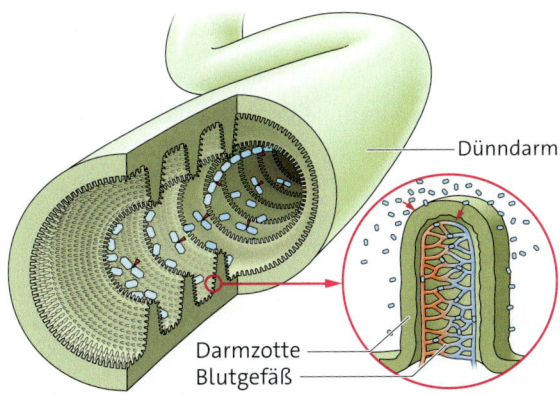

4 Vergrößerte Darstellung von Dünndarm und Darmzotte

Gesunde Ernährung

1 Ein Burger (A) und ein belegtes Brötchen (B)

Auf den ersten Blick sehen der Burger und das belegte Brötchen ziemlich ähnlich aus. Doch sie unterscheiden sich in ihren Inhaltsstoffen deutlich voneinander.

Ausgewogene Ernährung

Unser Körper braucht Kohlenhydrate, Fette, Eiweiße, Vitamine, Mineralstoffe, Ballaststoffe und Wasser. Verschiedene Nahrungsmittel enthalten unterschiedliche Mengen davon. Wähle deshalb die Nahrungsmittel so aus, dass sie alles enthalten, was du täglich brauchst. Das nennt man **ausgewogene Ernährung**.

In einem Kreisdiagramm kann man darstellen, welche Anteile die verschiedenen Lebensmittel in deiner Ernährung haben sollten. Dieses Kreisdiagramm heißt **Ernährungskreis** (Bild 2).

2 Der Ernährungskreis

Pflanzliche Nahrungsmittel

Etwa drei Viertel des Ernährungskreises bestehen aus Gemüse, Obst, Getreide und Kartoffeln. Diese Nahrungsmittel stammen von Pflanzen. Man nennt sie **pflanzliche Nahrungsmittel**. Sie sollten der Hauptteil deiner Ernährung sein, denn sie enthalten viele Nährstoffe und Ergänzungsstoffe.

Obst und Gemüse

Zu jeder Mahlzeit sollten Obst und Gemüse gehören, denn sie enthalten Vitamine, Mineralstoffe und Ballaststoffe. Iss über den Tag verteilt drei Portionen Gemüse und zwei Portionen Obst. Eine Portion entspricht einer Handvoll Obst oder Gemüse. Beachte, dass Obst viel Zucker enthält.

Kartoffeln und Getreide

Kartoffeln und Getreide enthalten Kohlenhydrate in Form von Stärke. Sie liefert deinem Körper Energie. Wenn die Schale der Getreidekörner vor dem Mahlen entfernt wird, dann erhält man **Weißmehl**. Wenn die Körner mit ihrer Schale gemahlen werden, dann entsteht **Vollkornmehl**. Die Schale der Getreidekörner enthält viele Vitamine, Mineralstoffe und Ballaststoffe. Deshalb ist Vollkornmehl gesünder als Weißmehl. Wähle daher so oft wie möglich Vollkornbrot oder Vollkornnudeln.

Tierische Nahrungsmittel

Etwa ein Viertel des Ernährungskreises besteht aus Fleisch, Fisch, Eiern und Milchprodukten wie Joghurt und Käse. Diese Nahrungsmittel stammen von Tieren. Man nennt sie **tierische Nahrungsmittel**. Sie enthalten viel Eiweiß und auch Fett. Iss deshalb nur kleine Mengen davon, das reicht aus, um deinen täglichen Bedarf zu decken.

Fette und Öle

Fette sind Baustoffe und Betriebsstoffe für den Körper. Einige Vitamine kann dein Körper nur zusammen mit Fett aufnehmen. Knabbereien und Süßigkeiten enthalten oft viel Fett. Wenn du zu viel davon isst, dann wird die nicht benötigte Energie in Form von Fett gespeichert.

Wasser

Trinke etwa 1,5 bis 2 Liter pro Tag. Am besten sind Wasser, zuckerarme Fruchtschorlen und ungezuckerter Tee.

DER KÖRPER DES MENSCHEN

3 Essen kann bunt, gesund und lecker sein.

4 Eine Familie beim gemeinsamen Essen

Alternative Ernährungsformen
Manche Menschen essen bestimmte Nahrungsmittel nicht. Wenn du auf Fisch, Fleisch und Wurst verzichtest, dann ernährst du dich **vegetarisch**. Wenn du zusätzlich auch auf Eier, Honig und Milchprodukte verzichtest, dann ernährst du dich **vegan**. Eiweiß musst du dann aus anderen Nahrungsmitteln aufnehmen, zum Beispiel aus Erbsen, Bohnen, Linsen, Samen und Nüssen.

Selbst kochen
Zur Herstellung von Fast Food und Fertiggerichten werden die Nahrungsmittel stark verarbeitet. Dabei gehen Geschmack und Inhaltsstoffe verloren. Das wird durch die Zugabe von künstlichen Geschmacksstoffen und Geschmacksverstärkern ausgeglichen. Besser ist es, selbst abwechslungsreich und vielfältig zu kochen. Gering verarbeitete Nahrungsmittel wie frisches Obst und Gemüse, Reis, Nudeln, Eier, Fleisch, Fisch und Milch enthalten viele Nährstoffe und Ergänzungsstoffe. Koche oder brate sie nur so lange wie nötig, mit wenig Wasser und wenig Fett. Durch diese schonende Zubereitung bleiben Geschmack und Inhaltsstoffe erhalten.

Richtig essen
Es ist wichtig, achtsam zu essen: Nimm dir Zeit und mach eine richtige Pause. Konzentriere dich auf das Essen, iss langsam und kaue gründlich. Schau nicht nebenbei fern und tippe auch nicht auf dem Handy. Am schönsten ist es, gemeinsam mit der Familie oder Freunden zu essen. Wenn du mehrere Mahlzeiten über den Tag verteilt isst, dann erhält dein Körper immer wieder neue Energie. Kleinere Portionen werden leichter verdaut als große. Ein voller Magen macht müde und träge.

> Eine ausgewogene Ernährung deckt den Bedarf des Körpers an allen Nährstoffen und Ergänzungsstoffen. Der Ernährungskreis zeigt, welche Anteile die verschiedenen Nahrungsmittel an der Ernährung haben sollten.

AUFGABEN

1 Burger sind nicht grundsätzlich schlecht!
a Nenne die Bestandteile des Cheeseburgers, den du in Bild 1A siehst.
b Erstelle ein Kreisdiagramm mit den Anteilen der Nahrungsmittel im Cheeseburger.
c Erläutere, welche Bestandteile des Cheeseburgers man gegen andere austauschen müsste, um eine gesunde Mahlzeit zu erhalten.

2 Ausgewogene Ernährung
a Beschreibe, was man unter einer ausgewogenen Ernährung versteht.
b Stelle mithilfe des Textes Regeln zur ausgewogenen Ernährung auf. Formuliere dazu für jeden Absatz des Textes eine Regel.
c Erstelle einen Speiseplan für einen Tag mit ausgewogener Ernährung. Nutze dazu die Regeln aus Aufgabe 2b und den Ernährungskreis in Bild 2.
d Führe eine Woche ein Ernährungstagebuch. Schreibe auf, was du gegessen hast, welche Nährstoffe und Ergänzungsstoffe enthalten waren und wie du gegessen hast.
e Werte dein Tagebuch aus: Vergleiche deine Einträge mit den Regeln aus Aufgabe 2b und dem Ernährungskreis in Bild 2. Du musst dich nicht jeden Tag ausgewogen ernähren. Wichtig ist, dass du dich innerhalb einer Woche ausgewogen ernährst.

PRAXIS Gesund und lecker frühstücken

Plant ein gemeinsames Frühstück für eure Klasse. Ein ausgewogenes Frühstück sollte Kohlenhydrate aus Vollkornprodukten enthalten, die euch Energie für den Tag geben. Auch Vitamine aus Obst und Gemüse sind wichtig, damit ihr gesund bleibt. Euer Körper braucht außerdem Eiweiß, zum Beispiel aus Milch, Joghurt oder Käse. Die beiden Rezepte auf dieser Seite erfüllen diese Anforderungen. Denkt auch an zuckerarme Getränke.

A Der Kräuterquark

1 Ein selbstgemachter Kräuterquark

Zutaten (für vier Personen):
250 Gramm Magerquark, 2 Becher Naturjoghurt, Vollmilch, 2 kleine Zwiebeln, 1 Knoblauchzehe, Schnittlauch, Petersilie, Salz, Pfeffer

Zubereitung:
– Verrührt den Magerquark und den Naturjoghurt miteinander.
– Gebt Vollmilch dazu und rührt um, bis eine cremige Masse entstanden ist.
– Schält die Zwiebeln und schneidet sie in kleine Würfel.
– Schält die Knoblauchzehe und presst sie mit einer Knoblauchpresse oder schneidet sie mit einem Messer klein.
– Wascht den Schnittlauch und schneidet ihn klein.
– Vermischt nun alle Zutaten und würzt den Kräuterquark mit etwas Salz und Pfeffer.
– Legt etwas gewaschene Petersilie als Dekoration auf den fertigen Kräuterquark.
– Vollkornbrot ist eine passende und gesunde Beilage zu Kräuterquark.

B Der Obstsalat

Zutaten (für vier Personen):
2 Bananen, 2 Äpfel, 4 Kiwis, 2 Birnen, 10 Erdbeeren, 2 Orangen, Honig, Zitronenmelisse. Je nach Jahreszeit sind auch andere Früchte möglich.

Zubereitung:
– Presst eine Orange aus und verrührt den Saft mit etwas Honig.
– Wascht alle anderen Früchte, schält sie und schneidet sie klein.
– Gebt den Saft über die Früchte und hebt ihn mit einem Löffel unter.
– Garniert den Obstsalat mit etwas Zitronenmelisse.

Genießt eure zubereiteten Speisen bei einem gemeinsamen Essen. Stellt Reste abgedeckt in den Kühlschrank.

2 Eine Portion Obstsalat

AUFGABEN

1 Lecker und gesund?
a ☐ Sammle Nährwerttabellen von deinen Lieblingsnahrungsmitteln.
b ☐ Ordne die Nährwerttabellen nach dem Energiegehalt. Beginne mit dem Nahrungsmittel, das am meisten Energie für Muskeln und Gehirn liefert. Ende mit dem Nahrungsmittel, das am wenigsten Energie liefert.
c ☒ Du schreibst gleich eine Klassenarbeit und brauchst schnell Energie für dein Gehirn. Begründe, welches deiner Lieblingsnahrungsmittel du jetzt essen solltest.

AUFGABEN Essen und Trinken

1 Die Nahrung
Seefahrer hatten früher oft Zahnfleischbluten, Hautentzündungen, Fieber und Muskelschwund. Diese Krankheit heißt Skorbut. Sie entsteht durch Vitamin-C-Mangel.

a Begründe mithilfe von Bild 1, wie man die Krankheit verhindern oder behandeln kann.

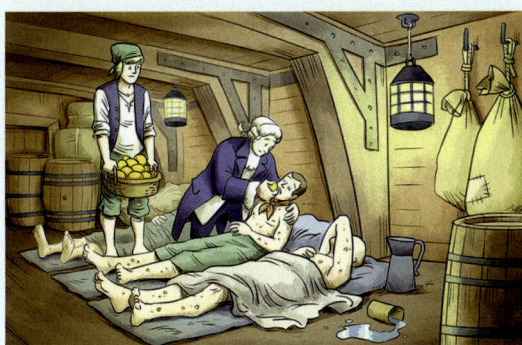

1 Behandlung von Skorbut bei einem kranken Seefahrer

b „Iss, Kind, iss! Damit aus dir was wird!" Erläutere diese Aussage mithilfe von Bild 2.

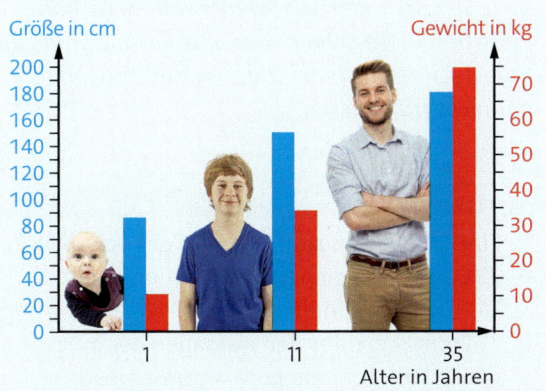

2 Die Entwicklung von Körpergewicht und Körperlänge

2 Das Wasser
Trinken ist noch wichtiger als Essen. Ohne Nahrung können wir etwa drei Wochen überleben. Ohne Wasser überleben wir nur etwa drei Tage.

a Recherchiere, welche Aufgaben Wasser in unserem Körper erfüllt.

b Erkläre mithilfe deiner Rechercheergebnisse, warum wir ohne Wasser nur wenige Tage überleben können.

c „Das Trinken ist im Unterricht verboten." Nimm Stellung zu dieser Regel.

3 Das Fast Food

3 Ein Fast-Food-Menü

a Beschreibe, wie sich Fast Food und gering verarbeitete Nahrungsmittel unterscheiden.

b Jugendliche brauchen pro Tag etwa 60 kcal pro Kilogramm Körpergewicht. Berechne, wie viele Kalorien dein Körper täglich braucht.

c Du isst einen Hamburger, 6 Chicken Nuggets, Pommes mit Ketchup und Mayo. Dazu trinkst du 500 ml Cola. Dieses Fast-Food-Menü hat etwa 1150 kcal. Berechne, wie viele Kalorien du an diesem Tag noch zu dir nehmen solltest, um deinen Gesamtumsatz zu decken.

d Zähle Nahrungsmittel auf, die du zusätzlich zum Fast-Food-Menü essen solltest, um deinen Gesamtumsatz zu decken. Schau dir dazu die Nährwerttabellen von verschiedenen Nahrungsmitteln an.

e Beschreibe, wie Ballaststoffe auf die Verdauung wirken.

f Fast Food enthält meist wenig Ballaststoffe. Beschreibe mithilfe von Bild 4, welche Auswirkungen das auf dein Hungergefühl hat.

g Erläutere mit deiner Antwort aus Aufgabe 3f, warum häufiger Genuss von Fast Food das Risiko erhöht, übergewichtig zu werden.

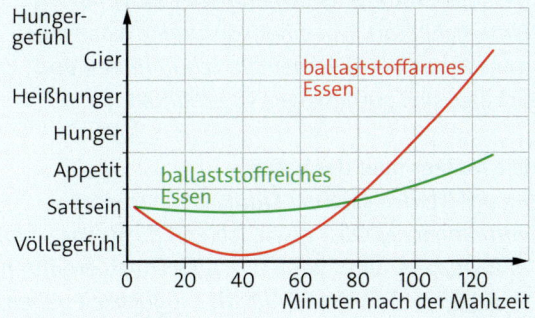

4 Das Hungergefühl hängt vom Essen ab.

EXTRA   Was soll der Schulkiosk anbieten?

1 Ein Aushang in der Schule

An der Schule soll es einen neuen Schulkiosk geben. Es steht noch nicht fest, was dort angeboten werden soll. Die verschiedenen Meinungen dazu sollen in einer Diskussionsrunde gehört werden.

Die Schülerin oder der Schüler
Ich bin Sportler in der ersten Mannschaft des Handballvereins, ich muss mich ausgewogen ernähren, um fit zu bleiben. Außerdem haben nicht alle Schülerinnen und Schüler zu Hause die Möglichkeit, sich ausgewogen zu ernähren. Ein Schultag ist anstrengend, da brauche ich über einen langen Zeitraum Energie. Süßigkeiten sind dafür nicht geeignet.

Die Schulleiterin oder der Schulleiter
Die Schule muss ein Vorbild für gesunde, ausgewogene Ernährung sein. Die Lehrerinnen und Lehrer wollen ihr Frühstück und Mittagessen auch beim Schulkiosk kaufen. Sie bevorzugen eine gesunde Ernährung. Lernen findet nicht nur im Unterricht statt. Mit einem gesunden Nahrungsangebot am Kiosk lernen die Schülerinnen und Schüler, sich ausgewogen zu ernähren.

Die Mutter oder der Vater
Kinder werden seltener krank, wenn sie viel vitaminreiches Obst essen. Ich will nicht, dass mein Kind dazu verleitet wird, sich schlecht zu ernähren. Es sollte auch in der Schule die Möglichkeit geben, sich vegetarisch zu ernähren.

Die Schülersprecherin oder der Schülersprecher
Zu Hause gibt es immer Gemüse und Obst, in der Schule sollte es ein kindgerechtes Angebot geben. Die Mehrheit der Schülerinnen und Schüler wünscht sich Schokokussbrötchen, Fruchtgummi und Chicken Nuggets. Die Schülerinnen und Schüler investieren ihr Taschengeld nicht in Wasser und Äpfel.

Die Kioskbetreiberin oder der Kioskbetreiber
Süßigkeiten und Fast Food sind beliebt bei Schülerinnen und Schülern, damit kann ich mehr Geld verdienen. Die Zubereitung von Fast Food ist einfacher und schneller als das Schneiden von Obst und Gemüse. Süßigkeiten sind außerdem lange haltbar, die kann ich gut lagern.

Die Lehrerin oder der Lehrer
Die Schülerinnen und Schüler werden zum Supermarkt gegenüber gehen, um dort Cola und Eistee zu kaufen. Das ist verboten und auch gefährlich, weil sie dabei die Hauptstraße überqueren müssen. Viele Schülerinnen und Schüler kommen ohne Frühstück in die Schule. Wenn sie einen Donut zum Frühstück essen, dann ist das besser, als wenn sie gar nicht frühstücken.

AUFGABEN

1 Eine Diskussion zum Angebot des Schulkiosks
a Entscheide dich für die Position eines Diskussionsteilnehmers.
b Formuliere aus den Aussagen der in 1a gewählten Position gute Argumente.
c Überlege dir weitere Argumente, die diese Position unterstützen.
d Bereite dich auf die Diskussion vor: Lies die Positionen der anderen Teilnehmer, um mit deinen Argumenten auf ihre Argumente eingehen zu können.
e Diskutiert über das Angebot des zukünftigen Schulkiosks. Bringt dabei eure Argumente überzeugend ein und versucht so, das Angebot des Schulkiosks zu beeinflussen.
f Findet in der Diskussion eine gemeinsame Lösung. Entscheidet euch dazu für oder gegen ein gesundes Angebot des Schulkiosks oder schließt einen Kompromiss.

Wenn Essen zum Problem wird

1 Selbstwahrnehmung und Wirklichkeit unterscheiden sich manchmal

Jeden Morgen schaut sie in den Spiegel und stellt sich auf die Waage. „Immer noch zu viel!", denkt sie. Sie glaubt, dass die Leute sie anstarren, weil sie zu dick ist.

Verändertes Essverhalten

Hunger, Stress und die Personen in unserer Umgebung beeinflussen, was und wie wir essen. Wenn wir durch Nahrung mehr Energie aufnehmen, als der Körper braucht, dann steigt das Körpergewicht. Wenn wir zu wenig Nahrung aufnehmen, dann sinkt das Körpergewicht. Eine Krankheit entsteht, wenn die Nahrungsaufnahme über einen längeren Zeitraum nicht dem Energiebedarf des Körpers entspricht. Dann spricht man von einer **Essstörung**. Für diese Krankheit gibt es viele Ursachen. Oft sind die Betroffenen mit sich und ihrem Leben unzufrieden. Sie nutzen das Essen oder Nicht-Essen als Ablenkung. Wenn sich daraus ein gestörtes Verhältnis zum Essen entwickelt und die Gedanken nur noch um dieses Thema kreisen, dann ist eine Abhängigkeit entstanden. Das nennt man **Sucht**.

Die Esssucht

Manche Menschen essen zwanghaft zu viel fettreiche und zuckerhaltige Nahrung. Sie leiden an einer **Esssucht**. Die Folge ist Übergewicht, das die Gelenke und andere Organe schädigen kann. Esssüchtige sind mit ihrem Körper unzufrieden und beschäftigen sich ständig mit dem Kaloriengehalt von Nahrungsmitteln. Sie genießen das Essen nicht, sondern haben Schuldgefühle.

Die Magersucht

Manche Menschen achten sehr stark und dauerhaft auf ihre Nahrungsaufnahme, um Gewicht zu verlieren. Sie leiden an einer **Magersucht**. Die Ursache dafür ist eine gestörte Wahrnehmung des eigenen Körpers: Sie fühlen sich zu dick, auch wenn sie schon sehr dünn sind. Trotzdem hungern sie und machen viel Sport, um weiter abzunehmen. Die Folgen sind Haarausfall, Muskelschwäche und eine erhöhte Anfälligkeit für Krankheiten. Der Gewichtsverlust kann lebensgefährlich werden. Oft ist eine Behandlung in einer Klinik nötig, um das Leben von Betroffenen zu retten.

Die Ess-Brech-Sucht

Manche Menschen haben große Angst vor einer Gewichtszunahme. Trotzdem essen sie bei Stress zwanghaft sehr große Nahrungsmengen. Danach erbrechen sich die Betroffenen. Sie leiden unter einer **Ess-Brech-Sucht**. Beim Erbrechen wird Magensaft nach oben befördert, der Speiseröhre und Zähne schädigt. Zudem verliert der Körper durch ständiges Erbrechen viele Mineralstoffe und Wasser. Das kann zum Herzstillstand führen.

Es gibt Hilfe

Essstörungen sind Krankheiten, die behandelt werden müssen. Die Betroffenen müssen erkennen, dass sie Hilfe brauchen. Freunde und Familie können dabei helfen. Hausärztinnen und Hausärzte, Beratungsstellen oder Selbsthilfegruppen bieten Hilfe an. Das Ziel einer Behandlung ist, wieder ein gesundes Essverhalten zu erlernen.

> Essstörungen sind Krankheiten. Bei Betroffenen sind Nahrungsaufnahme und Energiebedarf des Körpers nicht ausgeglichen.

AUFGABEN

1 Essstörungen sind Krankheiten
a ☒ Beschreibe, ab wann man von einer Essstörung spricht.
b ☒ Vergleiche die genannten Essstörungen miteinander: Wie wird Nahrung aufgenommen? Warum ist das so? Was ist die Gefahr?
c ☒ Recherchiere, wo es in deinem Umkreis Hilfe für Menschen mit Essstörungen gibt.

Wenn Trinken zum Problem wird

1 (K)eine Party ohne Alkohol?

Auf Talulas Geburtstagsparty feiern alle fröhlich. Tim trinkt hier zum ersten Mal Alkohol. Da ist doch nichts dabei, sagen die anderen.

Ist Alkohol trinken ganz normal?

Auf Partys gibt es oft Alkohol. Es scheint einfach zum Feiern dazuzugehören, dass alle trinken. Die Menschen sind gut drauf, Sorgen und Ängste sind weit weg. Manche Menschen trinken mit anderen mit, um dazuzugehören, um Hemmungen abzubauen oder um ihre Grenzen auszutesten. Doch das ist gefährlich. Je früher man mit dem Trinken von Alkohol beginnt, desto größer ist die Gefahr einer Abhängigkeit.

Die Wirkung von Alkohol

Alkohol wird durch die Schleimhäute im Mund, Magen und Darm ins Blut aufgenommen und im Körper verteilt. Auf diese Weise gelangt der Alkohol auch ins Gehirn. Dort werden Hormone ausgeschüttet, die Glücksgefühle erzeugen. In kleinen Mengen wirkt Alkohol aufmunternd, man fühlt sich mutiger und fröhlicher. Größere Mengen Alkohol führen zu Problemen beim Sprechen und beim Gleichgewicht: Man lallt und torkelt. Manche Menschen werden durch Alkohol aggressiv. Zudem kann man sich schlechter konzentrieren und reagiert langsamer. Das bemerkt man aber selbst nicht. Im Straßenverkehr kann das zu schweren Unfällen führen. Nach einiger Zeit wird man müde, weil die Wirkung des Alkohols nachlässt. Wenn man schnell viel Alkohol trinkt, dann merkt man die Wirkung erst später. Man kann bewusstlos werden und sogar an einer Alkoholvergiftung sterben.

Alkohol macht abhängig

Wenn man häufig Alkohol trinkt, dann wird die Wirkung der Glückshormone im Gehirn schwächer. Deshalb trinkt man noch mehr. Wenn man das Verlangen nach Alkohol nicht mehr kontrollieren kann, dann ist man abhängig. Diese Abhängigkeit von einem Stoff nennt man **Sucht**. Eine Sucht ist eine Krankheit, die den Körper und die Persönlichkeit verändert. Süchtig machende Stoffe werden **Suchtmittel** genannt. In Deutschland ist das Trinken von Bier, Wein und Sekt ab 16 Jahren erlaubt. Getränke mit mehr als 15 Prozent Alkohol dürfen erst ab 18 Jahren getrunken werden.

Der Körper und die Seele sind abhängig

Alkohol macht den Körper abhängig. Das bedeutet, dass der Körper regelmäßig Alkohol braucht. Wenn kein Alkohol mehr getrunken wird, dann treten Krankheitsanzeichen auf. Weil sie auftreten, wenn dem Körper das Suchtmittel entzogen wird, heißen sie **Entzugserscheinungen**. Beispiele dafür sind Zittern, Nervosität, Aggressivität, Ängste, Schmerzen oder Krämpfe. Süchtige nehmen das Suchtmittel jetzt nicht mehr, um sich gut zu fühlen, sondern um keine Entzugserscheinungen zu haben. Dazu brauchen sie immer größere Mengen Alkohol.

Alkohol macht außerdem die Seele abhängig. Das bedeutet, dass man nur noch mithilfe des Suchtmittels mit sich und der Welt zufrieden ist. So greift man zwanghaft immer wieder nach Alkohol. Auf diese Weise entsteht ein **Teufelskreis**: Man fühlt sich schlecht, deshalb trinkt man Alkohol. Dadurch fühlt man sich gut, doch das Gefühl lässt bald wieder nach. Dann fühlt man sich wieder schlecht und nimmt das Suchtmittel erneut.

2 Gefangen im Teufelskreis der Sucht

Gehirn- und Nervenzellen sterben ab.
Speiseröhrenkrebs
Fett- und Schrumpfleber
Entzündungen und Geschwüre an: Magen, Bauchspeicheldrüse, Darm
Arterienverkalkung
Herzschwäche
Nierenversagen
verringerte Fruchtbarkeit, Impotenz

3 Alkohol macht den Körper kaputt.

5 Alkohol macht krank und einsam.

Jugendliche sind stark gefährdet

Das Gehirn von Jugendlichen ist noch nicht vollständig entwickelt, es verändert sich noch. Alkohol kann diese Entwicklung stören. Das Gehirn von Jugendlichen reagiert außerdem schneller und andauernder auf Alkohol als das Gehirn von Erwachsenen. Die zunächst positiven Erfahrungen mit dem Suchtmittel werden deshalb schnell und langfristig gespeichert. Das nennt man **Suchtgedächtnis**. Es bleibt meist ein Leben lang bestehen. Selbst wenn man sich aus der Sucht befreien kann, besteht lebenslang das Risiko, wieder süchtig zu werden.

Die körperlichen Folgen

Alkohol gelangt im Blut zu allen Zellen im Körper. Die Zellen werden geschädigt und können ihre Aufgaben nicht mehr richtig erfüllen. Sie können sogar absterben. Deshalb wird Alkohol als **Zellgift** bezeichnet. Alkohol schädigt vor allem das Gehirn und die Leber (Bild 3). Im Gehirn sterben Gehirnzellen ab, dadurch wird die Gehirnleistung verringert. Die Leber baut den Alkohol im Körper ab und wird dabei geschädigt. Alkohol kann auch Krebs verursachen, vor allem in den Verdauungsorganen und der Leber.

Deutsche Hauptstelle für Suchtfragen e. V.
02381 90150

Kinder- und Jugendtelefon:
116111 – die Nummer gegen Kummer
kostenfrei und anonym
(Mo–Sa 14–20 Uhr, Mo+Mi+Do 10–12 Uhr)

---

4 Beratungsangebote und Hilfe für Suchtkranke

Die sozialen Folgen

Süchtige wollen ihre Sucht oft nicht wahrhaben und spielen sie herunter. Sie brechen den Kontakt zu Freunden, Verwandten und Bekannten ab, weil diese sie auf die Sucht ansprechen könnten. Deshalb sind Süchtige oft einsam. Im Mittelpunkt ihres Lebens steht das Suchtmittel. Dadurch werden Süchtige verantwortungslos und unzuverlässig. Einige vernachlässigen ihren Job, sogar Partner und Familie sind für sie nicht mehr wichtig. Dadurch leiden auch die Menschen in ihrer Umgebung unter der Sucht. Süchtige brauchen Hilfe, um ihre Sucht zu überwinden.

> Alkohol ist ein Suchtmittel, das körperlich und seelisch abhängig machen kann. Diese Sucht ist eine Krankheit. Alkohol ist ein Zellgift, das alle Organe des Körpers schädigt.

AUFGABEN

1 Alkohol ist ein Suchtmittel
a ▣ Nenne fünf mögliche Auswirkungen von Alkohol auf den Körper.
b ▣ Beschreibe, ab welchem Alter man welchen Alkohol trinken darf.
c ▣ Nenne zwei Gründe, warum viele Menschen regelmäßig Alkohol trinken.
d ▣ Erläutere, wie eine Sucht entsteht.

2 Kein Alkohol!
▣ Entwirf ein Plakat, das Jugendliche dazu motivieren soll, auf Alkohol zu verzichten.

Die Atmung

1 Enzo taucht gerne.

Beim Tauchen muss Enzo immer wieder an die Wasseroberfläche kommen, um Luft zu holen. Er kann die Luft nicht ewig anhalten. Wir alle atmen ständig, aber meist ist es uns gar nicht bewusst.

Was ist eigentlich Luft?

Luft ist ein Gemisch aus Gasen. Die Gase haben keine Farbe und keinen Geruch. Luft enthält Stickstoff, Sauerstoff, Kohlenstoffdioxid und einige andere Gase. Die Zellen unseres Körpers brauchen den Sauerstoff aus der Luft für den Stoffwechsel. Damit der Sauerstoff zu den Zellen gelangen kann, müssen wir Luft atmen.

Der Weg der Atemluft

Die Luft gelangt durch die Nase oder den Mund in den Körper. Das Innere der Nase heißt **Nasenhöhle**. Das Innere des Mundes heißt **Mundhöhle**. Die Schleimhäute in Nase und Mund befeuchten die Luft und erwärmen sie. Am Schleim bleiben Staub und Krankheitserreger hängen. Nasenhöhle und Mundhöhle führen zu einem Hohlraum, dem **Rachen**. An seinem unteren Ende befindet sich ein Organ aus Knorpel, der **Kehlkopf**. Er sorgt dafür, dass die Nahrung in die Speiseröhre gelangt, wenn wir schlucken. Die Luft gelangt durch den Kehlkopf in eine zwölf Zentimeter lange Röhre, die durch Knorpelringe verstärkt ist. Das ist die **Luftröhre**. Sie gabelt sich in zwei Äste, die **Bronchien**. Die Bronchien führen in zwei Organe, die rechts und links vom Herzen im Brustkorb liegen: die **Lungenflügel**. Im Alltag sagen wir „die Lunge", wenn wir beide Lungenflügel zusammen meinen. In den Lungenflügeln verzweigen sich die Bronchien in dünne Röhrchen, die **Bronchiolen**. An den Enden der Bronchiolen sitzen kleine Bläschen, die **Lungenbläschen**. Alle genannten Organe werden als **Atmungsorgane** bezeichnet (Bild 2).

Die Bauchatmung

Die Lungenflügel haben keine Muskeln, deshalb können sie sich nicht selbst weiten oder zusammenziehen. Das ermöglicht ein Atemmuskel unter der Lunge, der den Brustraum vom Bauchraum trennt. Dieser Muskel heißt **Zwerchfell**. Wenn das Zwerchfell entspannt ist, dann wölbt es sich nach oben (Bild 3A). Dabei wird die Luft aus den Lungenflügeln gedrückt: Wir atmen aus. Wenn sich das Zwerchfell zusammenzieht, dann wird es flacher und gleichzeitig nach unten gezogen (Bild 3B). Dadurch weitet sich der Brustkorb, die Lungenflügel dehnen sich aus: Wir atmen ein. Weil sich dabei der Bauch nach außen drückt, spricht man von der **Bauchatmung**.

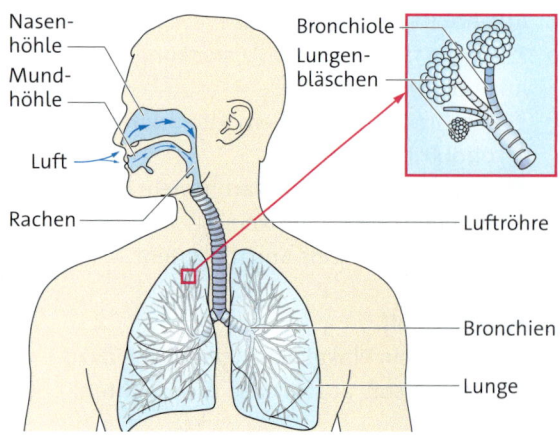

2 Der Weg der Atemluft

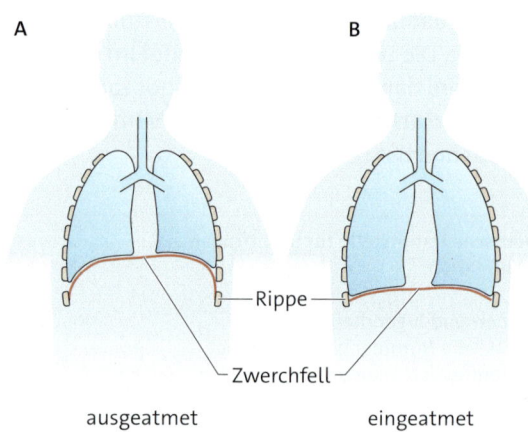

3 Die Bauchatmung

DER KÖRPER DES MENSCHEN

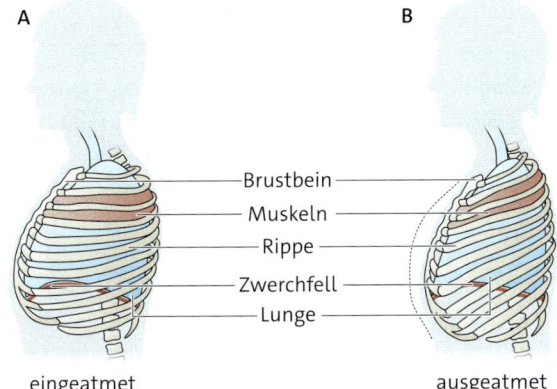

4 Die Brustatmung

Die Brustatmung

Beim Einatmen weitet sich der Brustkorb durch die Bauchatmung nach unten. Gleichzeitig ziehen sich viele kleine Muskeln zwischen den Rippen zusammen. Die Rippen werden dadurch angehoben und vergrößern den Brustkorb nach vorne (Bild 4A). Beim Ausatmen senkt sich der Brustkorb und drückt die Luft aus der Lunge (Bild 4B). Weil sich der Brustkorb bewegt, spricht man von der **Brustatmung**.

Der Gasaustausch in der Lunge

Die Lungenbläschen sind von sehr kleinen Blutgefäßen umhüllt, den **Kapillaren**. Durch die dünnen Wände von Lungenbläschen und Kapillaren werden Gase zwischen Atemluft und Blut ausgetauscht. Das nennt man **Gasaustausch**. Beim Einatmen gelangt Luft in die Lungenbläschen. Der Sauerstoff aus der Luft wird ins Blut aufgenommen und zu den Zellen des Körpers transportiert. Die Zellen setzen mithilfe von Sauerstoff Energie aus Nährstoffen frei. Dabei entsteht Kohlenstoffdioxid, das von den Zellen ins Blut abgegeben wird. In der Lunge wird das Kohlenstoffdioxid an die Luft abgegeben und ausgeatmet. In jedem Lungenflügel befinden sich etwa 300 Millionen Lungenbläschen. Wenn man sie alle ausgebreitet nebeneinanderlegen würde, dann hätten sie die Größe eines Volleyballfelds. Durch diese Oberflächenvergrößerung entsteht eine große Kontaktfläche zwischen der Luft in den Lungenbläschen und dem Blut in den Kapillaren.

> Die Luft gelangt durch Mund oder Nase bis in die Lungenbläschen. Durch Bauchatmung und Brustatmung wird Luft in die Lunge gesaugt. Hier nimmt das Blut Sauerstoff auf und gibt Kohlenstoffdioxid ab.

AUFGABEN

1 Der Weg der Luft in die Lunge
Nenne alle Organe in der Reihenfolge, in der die Luft sie beim Einatmen durchströmt.

2 Die Muskeln zum Atmen
a Beschreibe die Bewegung des Zwerchfells beim Einatmen.
b Beschreibe, wie die Rippen bei der Brustatmung nach vorne angehoben werden.

3 Der Gasaustausch in der Lunge
Beschreibe den Gasaustausch in den Lungenbläschen.

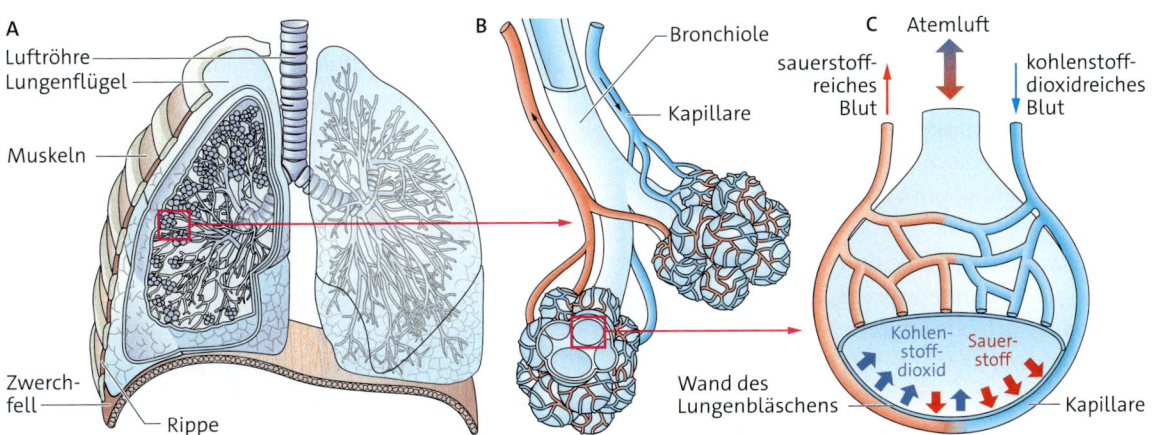

5 Der Bau der Lunge (A), eine Bronchiole mit Lungenbläschen (B), der Gasaustausch an einem Lungenbläschen (C)

DER KÖRPER DES MENSCHEN

METHODE   Arbeiten mit Funktionsmodellen

Modelle, die Funktionsweisen veranschaulichen, heißen **Funktionsmodelle**. Sie können euch helfen, Vorgänge darzustellen und dadurch besser zu verstehen.

1 Die Anleitung lesen
Lest die Modellanleitung, um euch einen Überblick über den Aufbau des Modells zu verschaffen. So erfahrt ihr auch, was ihr an diesem Modell erkennen könnt und wie ihr es bedient.

Nora und Corban lesen, dass sie mit dem Modell in Bild 1 die Funktion des Zwerchfells bei der Bauchatmung nachvollziehen können.

2 Die Teile des Modells zuordnen
Vergleicht das Modell mit dem Original. Ordnet die einzelnen Teile des Modells den entsprechenden Teilen des Originals zu.

Die Glasglocke stellt den Brustkorb dar. Das Glasrohr soll die Luftröhre sein, die sich in zwei Bronchien teilt. Die Luftballons stellen die beiden Lungenflügel dar. Die Gummihaut entspricht dem Zwerchfell. Für den Haltestab an der Gummihaut und den Stopfen oben an der Glasglocke gibt es keine Entsprechung.

3 Das Modell ausprobieren
Probiert nun das Modell nach Anleitung aus. Beobachtet, was passiert. Diesen Vorgang könnt ihr mehrmals wiederholen.

Nora drückt die Gummihaut von unten in die Glasglocke, dann zieht sie sie wieder heraus. Corban beobachtet, was passiert.

4 Die Beobachtungen beschreiben
Beschreibt, was ihr beobachtet. Oft sind Einzelheiten wichtig, um Vorgänge zu verstehen.

Corban sieht, dass die beiden Luftballons in der Glasglocke dünner werden, wenn Nora die Gummihaut nach oben drückt. Er hält die Hand an die Öffnung des Glasrohrs und spürt, dass Luft herausströmt. Wenn Nora die Gummihaut nach unten zieht, strömt Luft in das Glasrohr und die beiden Luftballons füllen sich.

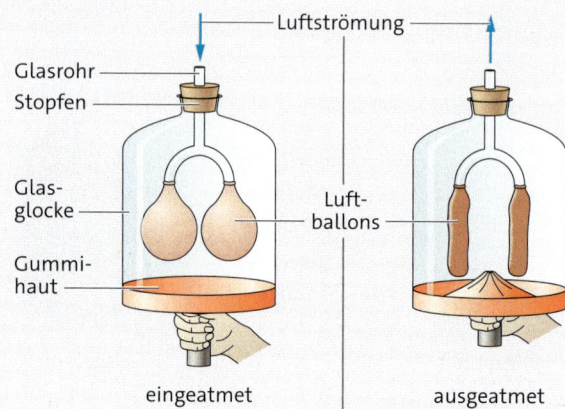

1 Ein Funktionsmodell zur Bauchatmung

5 Die Beobachtungen erläutern
Erläutert eure Beobachtungen. Lest den Vorgang im Schulbuch oder in der Anleitung nach.

Nora meint: „Wenn das Zwerchfell flach ist, dann werden die Lungenflügel gedehnt und es strömt Luft hinein." Corban sagt: „Wenn sich das Zwerchfell nach oben wölbt, dann entweicht die Luft aus den Lungenflügeln."

6 Das Modell und das Original vergleichen
Vergleicht die Funktion des Modells mit der des Originals. Überlegt, ob das Modell euch hilft, die Funktion des Originals besser zu verstehen.

Nora und Corban finden, dass das Modell fast genauso funktioniert wie die Bauchatmung im Körper. Allerdings finden sie einen Unterschied: Wenn das Zwerchfell entspannt ist, dann ist es nach oben gewölbt. Im Modell muss man aber Kraft aufwenden, um die Gummihaut nach oben zu drücken, sie ist dann gespannt. Wenn die Gummihaut entspannt ist, dann ist sie flach.

AUFGABEN
1 Ein Funktionsmodell zur Bauchatmung
a Formuliere eine Frage, die mit dem Funktionsmodell in Bild 1 beantwortet wird.
b Ordne in einer Tabelle den Teilen des Modells die Teile des Körpers zu.
c Notiere in einer dritten Spalte der Tabelle die Aufgaben der Körperteile bei der Bauchatmung.

AUFGABEN   Die Atmung und der Gasaustausch

1 Die Atemluft
In der Lunge findet ein Gasaustausch zwischen der Luft und dem Blut in den Kapillaren der Lungenbläschen statt.

a ▶ Beschreibe mithilfe von Bild 1, wie sich Einatemluft und Ausatemluft unterscheiden.

b ▶ Erkläre, wie es zu diesem Unterschied kommt.

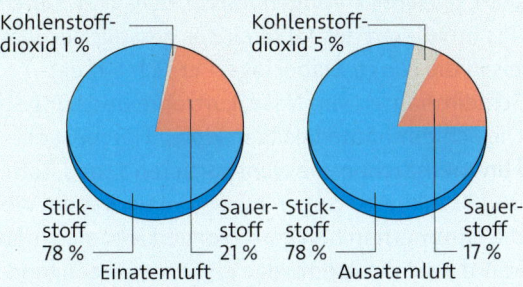

1 Die Zusammensetzung der Atemluft

2 Der Körper braucht Sauerstoff
Der menschliche Körper braucht Energie zum Leben. Diese Energie wird in den Zellen mithilfe von Sauerstoff aus Nährstoffbausteinen freigesetzt. Dabei entsteht Kohlenstoffdioxid.

a ▶ Nenne drei Stoffe, die im Blut durch den Körper transportiert werden.

b ▶ Beschreibe den Gasaustausch zwischen Blut und Zellen mithilfe von Bild 2.

c ▶ Begründe, warum man nachts langsamer atmet als tagsüber.

d ▶ Stelle Vermutungen an, was mit der Redewendung „außer Puste sein" gemeint ist.

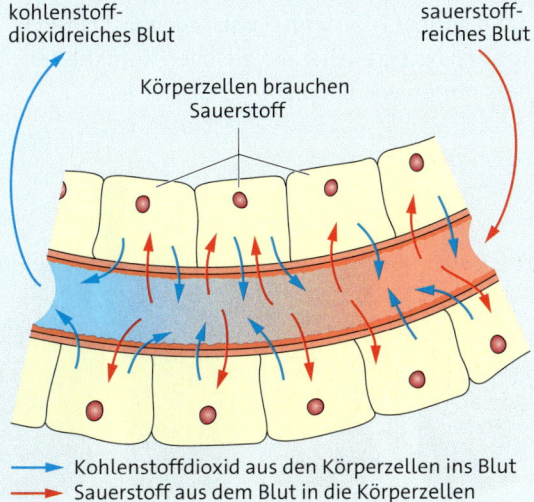

2 Der Gasaustausch an den Körperzellen

3 Der Gasaustausch im Modell
Ein Modell kann dir helfen, den Gasaustausch in den Lungenbläschen besser zu verstehen.

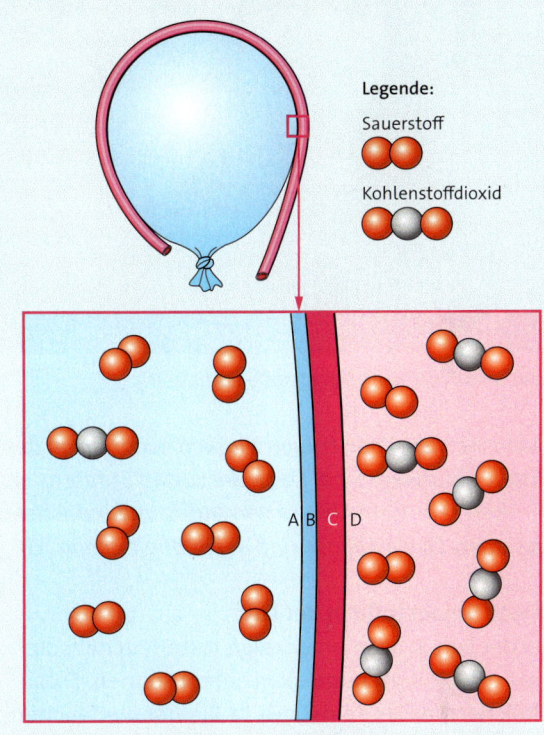

3 Ein Modell zum Gasaustausch

a ▶ Nenne die beiden Bauteile der Lunge, die in dem Modell in Bild 3 durch den Luftballon und den Gummischlauch dargestellt werden.

b ▶ Ordne den Buchstaben A bis D in Bild 3 die passenden Fachwörter zu: Blut, Atemluft, Wand der Kapillare, Wand des Lungenbläschens.

c ▶ Beschreibe mithilfe von Bild 3 die Atemluft und das Blut. Verwende die Fachwörter sauerstoffarm und kohlenstoffdioxidarm, wenn wenig von diesen Gasen vorhanden ist. Nutze die Fachwörter sauerstoffreich und kohlenstoffdioxidreich, wenn viel davon vorhanden ist.

d ▶ Beschreibe die Vorgänge beim Gasaustausch. Übertrage dazu den unteren Teil von Bild 3 in dein Heft. Kennzeichne mit Pfeilen, in welche Richtung die Gasteilchen jeweils wandern. Beschrifte deine Zeichnung.

e ▶ Stelle Vermutungen an, welche Eigenschaften Lungenbläschen und Kapillaren besitzen müssen, damit nur Gase ausgetauscht werden.

Gefahren für die Atmungsorgane

1 Die Luft, die wir atmen, kann Schadstoffe enthalten.

Manche Menschen tragen Masken, wenn sie in der Stadt unterwegs sind. Denn die Luft in Städten enthält sehr viele Abgase von Autos und Industrieanlagen. Diese Abgase sind gesundheitsschädlich.

Feste Schadstoffe in der Luft

In der Luft schweben winzige feste Teilchen, die wir mit bloßem Auge nicht sehen können. Diese Teilchen heißen **Feinstaub**. Je kleiner die Teilchen sind, desto tiefer gelangen sie in die Lunge. Sie können Allergien oder Asthma verursachen. Feinstaub entsteht durch Straßenverkehr, Industrie und Landwirtschaft. Menschen, die an verkehrsreichen Straßen leben, sind daher stark gefährdet. In vielen Städten wurden deshalb Bereiche eingerichtet, in denen nur Fahrzeuge mit schadstoffarmen Motoren fahren dürfen. Diese Bereiche heißen **Umweltzonen**. So soll die Menge des Feinstaubs in der Luft verringert werden.

Gasförmige Schadstoffe in der Luft

Bei der Verbrennung von Kohle und Öl in Industrieanlagen und bei der Verbrennung von Kraftstoffen in Fahrzeugen werden verschiedene Gase frei. Ein Beispiel sind Verbindungen aus Stickstoff und Sauerstoff. Diese Gase werden **Stickstoffoxide** oder kurz **Stickoxide** genannt. Stickoxide reizen und schädigen die Atmungsorgane. Außerdem verstärken sie die Bildung eines anderen Gases am Boden. Dieses Gas ist eine Verbindung aus Sauerstoff. Es heißt **Ozon**. Ozon reizt die Lunge und die Augen und verursacht Kopfschmerzen.

Die Giftstoffe im Tabakrauch

Zigaretten enthalten getrocknete Blätter von der Tabakpflanze. Sie werden auch kurz Tabak genannt. Durch das Verbrennen von **Tabak** entsteht **Tabakrauch**. Er enthält das Gift **Nikotin** und über 4800 weitere Stoffe. Viele dieser Stoffe sind giftig, über 90 davon können Krebs verursachen. Einige Stoffe des Tabakrauchs vermischen sich zu einer stark giftigen, klebrigen Masse, dem **Teer**. Durch das Inhalieren des Tabakrauchs gelangt der Teer bis in die Lunge. Dabei lagert er sich auf den Schleimhäuten von Nase, Luftröhre und Lunge ab. Die Schleimhäute besitzen kleine Härchen, die **Flimmerhärchen**. Sie transportieren Schadstoffe und Krankheitserreger aus den Atemwegen. Wenn die Flimmerhärchen vom Teer verklebt sind, dann können sie die Atemwege nicht mehr reinigen.

Die Folgen des Rauchens

Tabakrauch verursacht Mundgeruch und gelbe Zähne. Durch die Schädigung der Lunge sinkt die Ausdauer, zum Beispiel beim Sport. Raucher haben oft Erkältungen oder Bronchitis, weil die Flimmerhärchen die Krankheitserreger nicht mehr hinaustransportieren können. Die Lunge bildet dann mehr Schleim, der ausgehustet werden muss. Der dauerhafte Husten von Rauchern heißt **Raucherhusten**. Der Teer kann Krebs in der Lunge verursachen, die Chancen auf Heilung sind gering. Jedes Jahr sterben in Deutschland etwa 140 000 Menschen an den Folgen des Rauchens, weltweit sind es über 7 Millionen Menschen. Wenn Nichtraucher den Tabakrauch von Rauchern einatmen, dann spricht man vom **Passivrauchen**. Dadurch können Nichtraucher die gleichen Krankheiten bekommen wie Raucher.

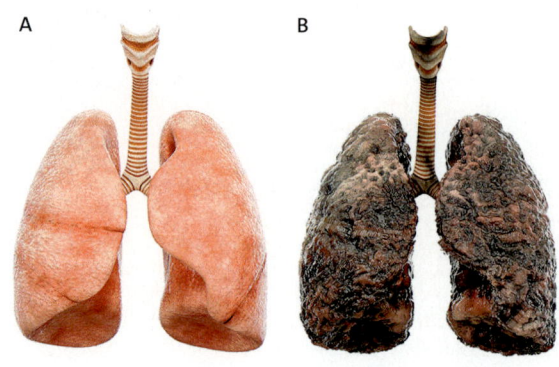

2 Eine gesunde Lunge (A) und eine Raucherlunge (B)

Nikotin macht abhängig

Das Nikotin im Tabakrauch verengt die Blutgefäße. Außerdem wirkt es auf die Nervenzellen im Gehirn: Hormone werden ausgeschüttet, die Glücksgefühle erzeugen. Um diese Gefühle öfter zu erleben, raucht man öfter. Doch dadurch wird die Wirkung der Hormone schwächer, deshalb raucht man noch mehr. Wenn man das Verlangen nach Tabak nicht mehr kontrollieren kann, dann ist man abhängig davon. Diese Abhängigkeit von einem Stoff nennt man **Sucht**. Eine Sucht ist eine Krankheit. Sie verändert die Persönlichkeit und die körperliche Gesundheit.

Gesunde Alternativen?

Eine **Shisha** ist eine arabische Wasserpfeife, mit der Tabak verdampft wird. Der Dampf wird durch ein wassergefülltes Gefäß gezogen und dabei abgekühlt. Manche Menschen glauben, dass dabei auch die Schadstoffe aus dem Dampf gefiltert werden. Die Filterwirkung des Wassers ist jedoch nur sehr gering.

Eine **E-Zigarette** ist ein elektrisches Gerät, in dem eine nikotinhaltige Flüssigkeit verdampft wird. Manche Menschen glauben, dass der Dampf ungefährlich ist, weil kein Tabak verbrannt wird. Doch die Flüssigkeit enthält auch Geschmacksstoffe. Bisher weiß man noch nicht, ob beim Erhitzen dieser Geschmacksstoffe Schadstoffe entstehen. Der Dampf von Shishas und E-Zigaretten ist durch die zugefügten Geschmacksstoffe milder. Dadurch wird er tiefer und länger inhaliert als Zigarettenrauch. Die eingeatmeten Stoffe wirken so länger und intensiver in der Lunge.

3 Die E-Zigarette „dampft" nur?

> Rauchen ist immer gesundheitsschädlich, egal ob als E-Zigarette, Shisha oder Zigarette. Beim Inhalieren gelangen Giftstoffe in die Lunge. Durch Passivrauchen werden auch Nichtraucher gefährdet. Auch andere Schadstoffe aus der Luft wie Feinstaub wirken schädigend auf die Atmungsorgane.

AUFGABEN

1 Die Schadstoffe in der Luft
a ▸ Nenne drei Schadstoffe, die durch Abgase in die Luft gelangen.
b ▸ Begründe, warum man in Städten Umweltzonen einrichtet.
c ▸ Beschreibe die Auswirkung von Ozon auf den Menschen.

2 Die Schäden durch Zigarettenrauch
a ▸ Beschreibe, wie Nikotin und Teer den Körper schädigen.
b ▸ Nenne vier Krankheiten, die durch das Rauchen verursacht werden können.
c ▸ Beschreibe, warum Raucher nur schwer mit dem Rauchen aufhören können.
d ▸ Jugendliche wollen frei und selbstbestimmt sein. Begründe, warum das gegen das Rauchen von Zigaretten spricht.
e ▸ „Rauchen ist uncool geworden." Begründe diese Aussage mithilfe von Bild 4.

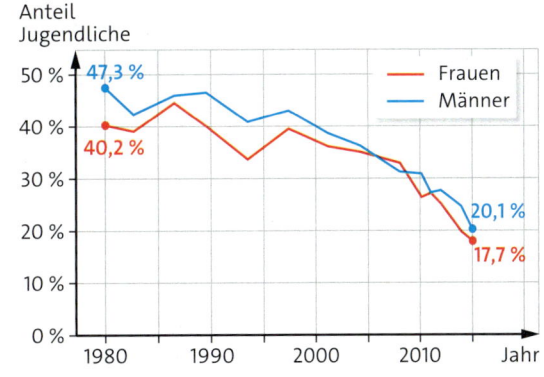

Quelle: Bundeszentrale für gesundheitliche Aufklärung (BZgA)

4 Der Anteil der Raucher bei 12- bis 25-jährigen Menschen

3 Die Shisha und die E-Zigarette
▸ „Zigarettenrauch ist gefährlich, der Dampf von Shishas und E-Zigaretten nicht." Bewerte diese Aussage.

DER KÖRPER DES MENSCHEN

Das Blut

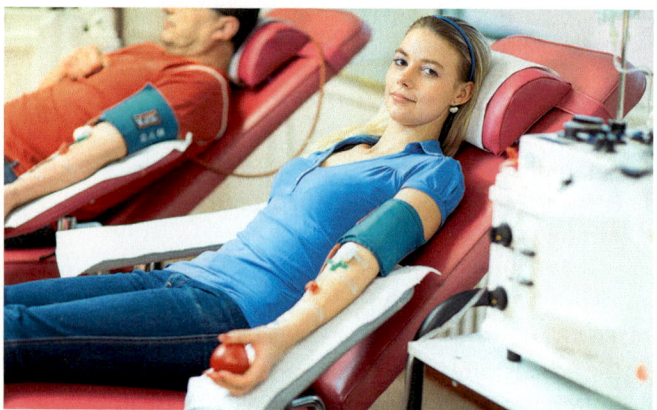

1 Jenny spendet Blut.

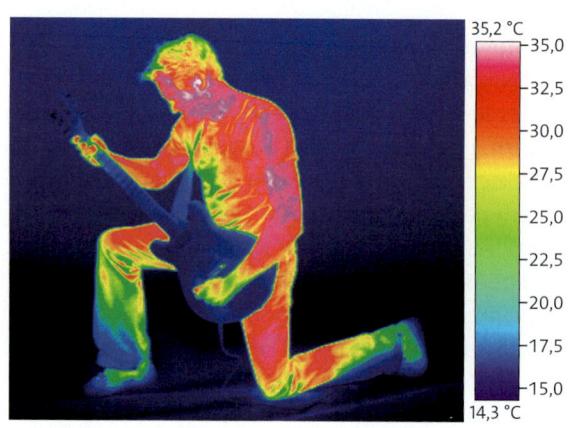

3 Eine Wärmebild-Aufnahme von einem Gitarrenspieler

Ein Erwachsener hat etwa fünf Liter Blut im Körper. Wenn der Körper viel Blut verliert, zum Beispiel durch einen Unfall, dann kann das lebensgefährlich sein. Ärzte geben dem Unfallopfer deshalb das Blut von Menschen, die es freiwillig gespendet haben. Diese Blutspenden können Leben retten.

Die Bestandteile des Blutes
Wenn man frisches Blut eine Zeit lang stehen lässt, dann setzen sich die festen Bestandteile unten ab (Bild 2). Das sind die **Blutzellen**. Darüber kann man eine gelbliche Flüssigkeit erkennen. Das ist das **Blutplasma**. Es besteht aus Wasser, in dem verschiedene Stoffe gelöst sind.

Das Blut als Transportmittel
Das Blut fließt in dünnen Röhren durch den gesamten Körper. Diese Röhren heißen **Blutgefäße**. Im Blut werden verschiedene Stoffe transportiert. Nährstoffbausteine, Vitamine, Mineralstoffe und Sauerstoff gelangen zu allen Organen. Kohlenstoffdioxid wird zur Lunge transportiert. Abfallstoffe der Zellen werden zu den Nieren gebracht und mit dem Urin durch die Blase ausgeschieden. Das Blut transportiert auch Hormone und Enzyme. Außerdem verteilt das Blut die Wärme im Körper, die beim Stoffwechsel entsteht. Das Blut ist dadurch an der Regelung der Körpertemperatur beteiligt (Bild 3).

Die roten Blutkörperchen
Das Blut sieht rot aus, weil es viele rote Zellen enthält. Sie heißen **rote Blutkörperchen**. In der Fachsprache nennt man sie **Erythrozyten** (Bild 4). Sie enthalten den roten Blutfarbstoff, das **Hämoglobin**. An das Hämoglobin wird vor allem Sauerstoff gebunden und so durch den Körper transportiert. Der größte Teil des Kohlenstoffdioxids wird im Blutplasma gelöst transportiert. Erythrozyten sind scheibenförmig und eingedellt. Im Knochenmark werden ständig neue Erythrozyten gebildet. Sie leben nur wenige Wochen. Bei ihrem Abbau entsteht ein gelber Farbstoff. Dadurch sieht das Blutplasma gelb aus.

Die weißen Blutkörperchen
Es gibt Blutzellen, die gegen Krankheitserreger wirken. Sie heißen **weiße Blutkörperchen** oder **Leukozyten** (Bild 4). Es gibt verschiedene Arten von Leukozyten, die unterschiedliche Formen haben. Einige Leukozyten können die Blutgefäße verlassen. So erreichen sie auch Krankheitserreger, die sich außerhalb der Blutgefäße im Gewebe befinden. Leukozyten werden im Knochenmark gebildet und können mehrere Jahre lang leben.

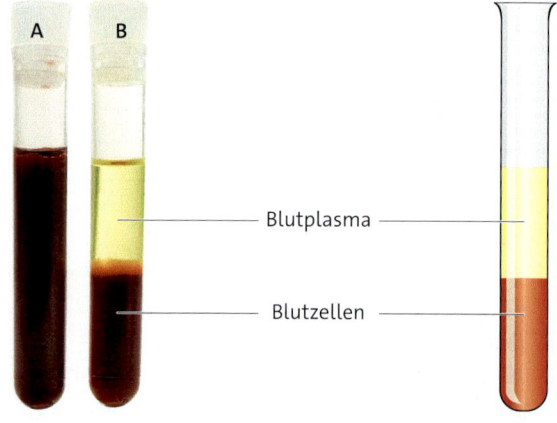

2 Blut im Reagenzglas: frisch (A), nach einigen Stunden (B)

DER KÖRPER DES MENSCHEN

4 Drei verschiedene Blutzellen: zwei Erythrozyten (rot), vier Leukozyten (weiß) und ein Thrombozyt (gelb)

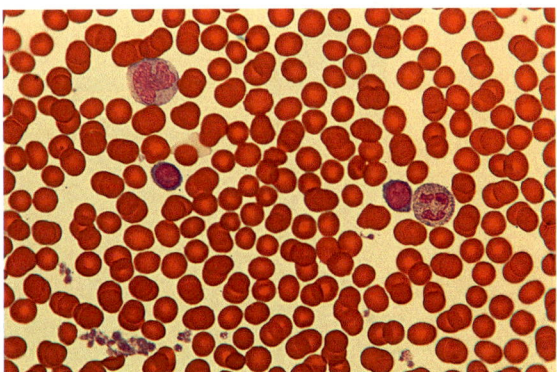

6 Blutzellen im Mikroskop: rote Erythrozyten, große Leukozyten (lila angefärbt) und kleine Blutplättchen (lila angefärbt)

Die Blutplättchen und das Fibrinogen

Es gibt kleine, flache Blutzellen, die beim Verschließen von Wunden helfen. Diese Blutzellen heißen **Blutplättchen** oder **Thrombozyten** (Bild 4). Sie werden im Knochenmark gebildet und leben bis zu zwei Wochen. Wenn ein Blutgefäß verletzt wird, dann werden die Blutplättchen stachelig und klebrig, sodass sie sich miteinander verbinden können. Sie bilden Klumpen, die das verletzte Blutgefäß verschließen. Gleichzeitig geben die Thrombozyten einen Botenstoff ab, der einen im Blutplasma gelösten Stoff fest werden lässt. Dieser Stoff heißt **Fibrinogen**. Das Festwerden von Stoffen nennt man auch Gerinnung. Wenn Fibrinogen gerinnt, dann entstehen dünne **Fibrinfäden**. Sie bilden ein Netz an der Wunde, in dem sich Blutzellen verfangen (Bild 5). Dadurch wird die Wunde verschlossen und blutet nicht mehr. Wenn man das Fibrinogen aus dem Blutplasma entfernt, dann erhält man **Blutserum**.

> Das Blut besteht aus Blutzellen und Blutplasma. Es transportiert Stoffe und reguliert die Körperwärme. Die roten Blutkörperchen transportieren Sauerstoff von der Lunge zu den Organen. Die weißen Blutkörperchen wirken gegen Krankheitserreger. Blutplättchen helfen beim Verschließen von Wunden.

AUFGABEN

1 Das Blut als Transportmittel
a Beschreibe, wie Sauerstoff und Kohlenstoffdioxid im Blut transportiert werden.
b Beschreibe mithilfe von Bild 3, wo im Körper Wärme entsteht und wie sie verteilt wird.

2 Die Bestandteile des Blutes
a Notiere in einer Tabelle alle Blutzellen mit deutschem Namen und Fachwort. Zeichne in der dritten Spalte ihr Aussehen.

Blutzelle	Fachwort	Aussehen
...	...	...

b Nenne die Aufgabe der Erythrozyten.
c Begründe, warum einige Leukozyten die Blutbahn verlassen können.

3 Das Verschließen von Wunden
a Schreibe die Fachwörter aus dem Abschnitt Blutplättchen und Fibrinogen in dein Heft und ergänze Worterklärungen.
b Beschreibe, wie durch Bestandteile des Blutes eine Wunde verschlossen wird.

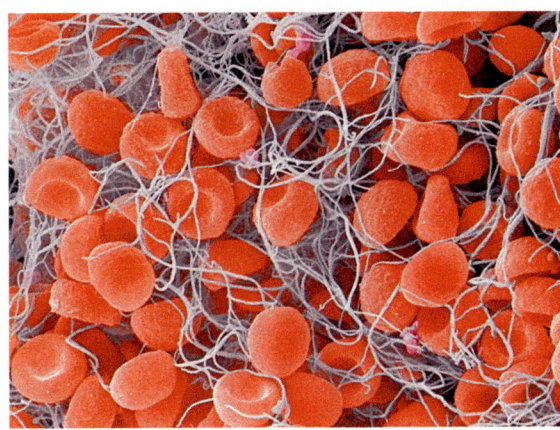

5 Ein Netz aus Fibrinfäden mit Erythrozyten

Das Herz und der Blutkreislauf

1 Adib hört seinen Herzschlag.

Adib hat ein Stethoskop geschenkt bekommen. Damit kann er hören, wie das Herz in seiner Brust schlägt.

Das Herz
Im Brustkorb liegt ein Organ zwischen und teilweise unter den Lungenflügeln. Das ist das **Herz**. Es ist ein faustgroßer Muskel, der innen hohl ist. Deshalb sagt man auch **Hohlmuskel** dazu. Das Herz kann sich zusammenziehen. Dabei drückt es das Blut aus dem Herzen in die Blutgefäße, die durch den Körper führen. Das Zusammenziehen spüren wir in der Brust als **Herzschlag**.

Der Bau des Herzens
Das Herz besteht aus zwei Hälften, die durch eine Wand voneinander getrennt sind. Das ist die **Herzscheidewand**. Jede Herzhälfte besteht aus einem kleinen und einem großen Hohlraum. Der kleine Hohlraum heißt **Vorhof**, der große Hohlraum heißt **Herzkammer** (Bild 2). Insgesamt besteht das Herz also aus vier Hohlräumen. Die Vorhöfe sind von den Herzkammern durch Klappen getrennt. Sie heißen **Segelklappen**. Wenn das Herz sich zusammenzieht, dann verhindern die Segelklappen, dass das Blut aus den Herzkammern zurück in die Vorhöfe fließt. Die Blutgefäße, in denen Blut zum Herzen hinfließt, heißen **Venen**. Die Blutgefäße, in denen Blut vom Herzen wegfließt, heißen **Arterien**. Zwischen den Herzkammern und den Arterien befinden sich ebenfalls Klappen. Das sind die **Taschenklappen**. Sie verhindern, dass Blut aus den Arterien zurück in die Herzkammern fließt.

Pumpen und Saugen
Das Herz arbeitet wie eine Pumpe. Wenn sich der Herzmuskel zusammenzieht, dann verkleinern sich die beiden Herzkammern. Dadurch wird das Blut aus den Herzkammern in die Arterien gepumpt (Bild 2). Gleichzeitig vergrößern sich die beiden Vorhöfe und saugen das Blut aus den Venen an. Wenn die beiden Herzkammern geleert sind, dann erschlafft der Herzmuskel. Jetzt drückt das Blut in den Vorhöfen die Segelklappen auf und strömt in die Herzkammern. Dann ziehen sich die Herzkammern wieder zusammen. Die linke Herzhälfte pumpt immer sauerstoffreiches Blut, die rechte Herzhälfte pumpt immer kohlenstoffdioxidreiches Blut. Jeder Ausstoß von Blut aus den Herzkammern verursacht eine kleine Druckwelle im Blut. Diese Wellen kann man am Handgelenk als **Puls** fühlen. Die Anzahl der Herzschläge pro Minute nennt man **Herzfrequenz**.

Der Blutkreislauf
Das Blut fließt vom Herzen in den Blutgefäßen durch den gesamten Körper und wieder zurück zum Herzen. Diese Bewegung des Blutes durch Herz und Blutgefäße nennt man **Blutkreislauf**. Der Blutkreislauf des Menschen besteht aus zwei getrennten Teilen. Die Blutgefäße, die vom Herzen zur Lunge und zurück zum Herzen führen, bilden den **Lungenkreislauf**. Die Blutgefäße, die vom Herzen durch den gesamten Körper und zurück zum Herzen führen, bilden den **Körperkreislauf**. Das Herz und die beiden Kreisläufe werden zusammen als **Herz-Kreislauf-System** bezeichnet.

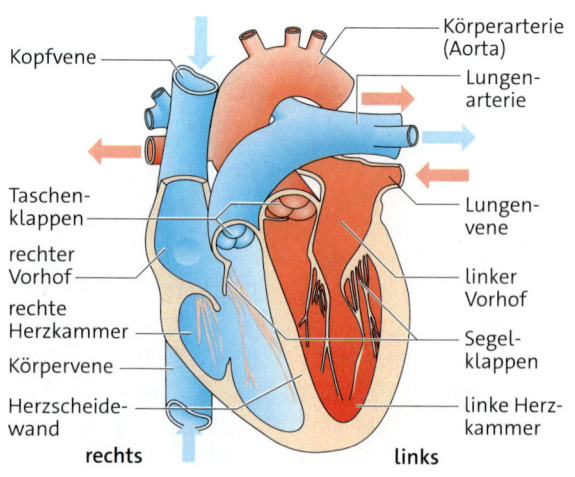

2 Der Bau des Herzens

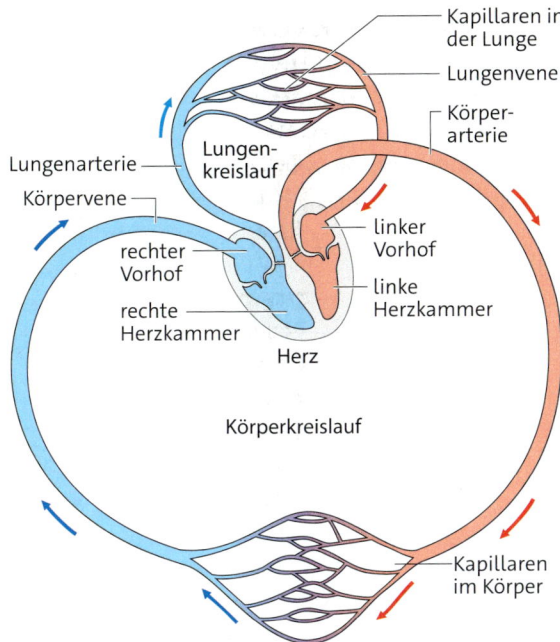

3 Eine schematische Darstellung des Blutkreislaufs

Erkrankungen des Herz-Kreislauf-Systems

Stress, Rauchen, Übergewicht und zu wenig Sport können das Herz-Kreislauf-System schädigen. Beispiele sind Bluthochdruck, Schlaganfall und Herzinfarkt. Diese Krankheiten treten vor allem dann auf, wenn sich in den Arterien Fette ablagern. Diese Ablagerungen können sogar zum Tod führen. Bei körperlicher Belastung muss das Herz häufiger schlagen, weil die Muskeln mehr Sauerstoff und Nährstoffbausteine brauchen. Dadurch wird das Herz trainiert. Eine gesunde Ernährung, regelmäßiger Sport und ausreichende Erholung sorgen für einen normalen Blutdruck und halten die Blutgefäße elastisch. So wird Übergewicht vermieden und das Herz bleibt gesund.

> Das Herz ist ein Hohlmuskel, der durch die Herzscheidewand in zwei Hälften getrennt ist. Es pumpt das Blut in einem Lungenkreislauf und einem Körperkreislauf durch den Körper.

Der Körperkreislauf

Wenn sich der Herzmuskel zusammenzieht, dann pumpt die linke Herzkammer das Blut in die **Körperarterie** (Bild 3). Sie heißt auch **Aorta**. Sie verzweigt sich auf ihrem Weg durch den Körper in immer dünnere Blutgefäße, die ins Gehirn, in die Muskeln und zu allen anderen Organen führen. Die kleinsten Blutgefäße heißen **Kapillaren**. Durch ihre dünnen Wände werden Nährstoffbausteine und Sauerstoff vom Blut an die Zellen der Organe abgegeben. Gleichzeitig werden Kohlenstoffdioxid und andere Abfallstoffe aus den Zellen ins Blut aufgenommen. Das Blut enthält nun wenig Sauerstoff und viel Kohlenstoffdioxid. Man sagt: Das Blut ist sauerstoffarm und kohlenstoffdioxidreich. Es fließt durch Venen zurück zum Herzen. Über die **Körpervene** gelangt das Blut in den rechten Vorhof und dann in die rechte Herzkammer (Bild 3).

Der Lungenkreislauf

Die rechte Herzkammer pumpt das sauerstoffarme, kohlenstoffdioxidreiche Blut in die Arterie, die zur Lunge führt. Das ist die **Lungenarterie** (Bild 3). In der Lunge gibt das Blut das Kohlenstoffdioxid ab und nimmt Sauerstoff auf. Jetzt ist das Blut sauerstoffreich und kohlenstoffdioxidarm. Es fließt nun durch die **Lungenvene** in den linken Vorhof und dann in die linke Herzkammer (Bild 3).

AUFGABEN

1 Das Herz
a Nenne die Teile des Herzens, die das Blut aus dem Herzen hinausdrücken, wenn sich der Herzmuskel zusammenzieht.
b Erkläre, warum das Blut immer nur in einer Richtung durch das Herz fließen kann.
c Beschreibe die Lage und die Aufgabe der Taschenklappen.
d Begründe, warum das Herz auch als Druck-Saug-Pumpe bezeichnet wird.

2 Der Blutkreislauf
a Nenne die beiden Blutkreisläufe.
b Begründe, warum das Blut, das aus dem Körperkreislauf kommt, in die Lunge transportiert werden muss.
c Arbeitet zu zweit. Teilt euch die beiden Blutkreisläufe auf. Erstellt zu eurem Kreislauf einen Spickzettel mit höchstens fünf Fachwörtern. Beschreibt euch gegenseitig eure Kreisläufe.
d „In Arterien fließt immer sauerstoffreiches Blut." Bewerte diese Aussage.

3 Erkrankungen des Herz-Kreislauf-Systems
Erkläre, wie regelmäßiger Sport das Herz gesund hält.

PRAXIS   Atmung und Puls untersuchen

A Die Atmung und den Puls messen

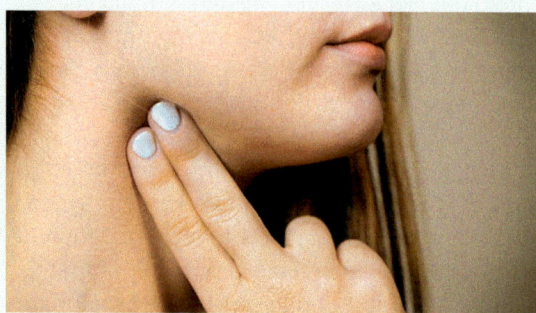

1 Den Puls am Hals ertasten

Material:
Stoppuhr

Durchführung:
- Arbeitet in Zweiergruppen. Eine Person zählt 15 Sekunden lang die Atemzüge im Sitzen. Die andere Person stoppt die Zeit.
- Nehmt die Atemzüge mal vier, so erhaltet ihr die Anzahl der Atemzüge pro Minute.
- Ertastet nun mit Zeigefinger und Mittelfinger den Puls am Handgelenk oder am Hals. Zählt dann 15 Sekunden lang die Pulsschläge.
- Berechnet daraus den Puls pro Minute.
- Macht nun 15 Kniebeugen. Bestimmt dann erneut die Atemzüge und den Puls pro Minute.
- Notiert eure Messwerte in einer Tabelle.

	Atemzüge	Pulsschläge
Ruhe	...	...
Belastung	...	...

2 Eine Vorlage für eure Tabelle

Auswertung:
1. Erstellt ein Protokoll zu diesem Experiment.
   a ☒ Formuliert eine Frage und eine Vermutung.
   b ☒ Notiert das Material und die Durchführung.
   c ☒ Fügt die Tabelle mit euren Messwerten ein.
   d ☒ Erstellt aus den Messwerten zwei Säulendiagramme und wertet sie aus.
   e ☒ Begründet die unterschiedlichen Ergebnisse in Ruhe und nach Belastung. Benennt dabei auch die Arten der Atmung.
   f ☒ Gebt mögliche Fehlerquellen an und nennt Möglichkeiten zu ihrer Vermeidung.

B Das Atemvolumen messen

Material:
PET Flasche (5 l) mit aufgezeichneter Skala, tiefe Plastikwanne, Schlauch, Wasser

Durchführung:
- Arbeitet zu zweit. Füllt die Wanne zur Hälfte und die Flasche komplett mit Wasser.
- Schraubt die Flasche zu und dreht sie um.
- Eine Person hält sie so, dass sich die Flaschenöffnung im Wasser in der Wanne befindet. Die andere Person nimmt den Schraubverschluss der Flasche unter Wasser ab und schiebt ein Ende des Schlauchs in die Flasche.
- Eine Person holt ganz tief Luft und atmet dann so viel Luft wie möglich durch den Schlauch in die Flasche aus. Lest an der Skala ab, wie viel Luft in der Flasche ist.
- Wiederholt das Experiment. Atmet dieses Mal ganz normal ein und aus.

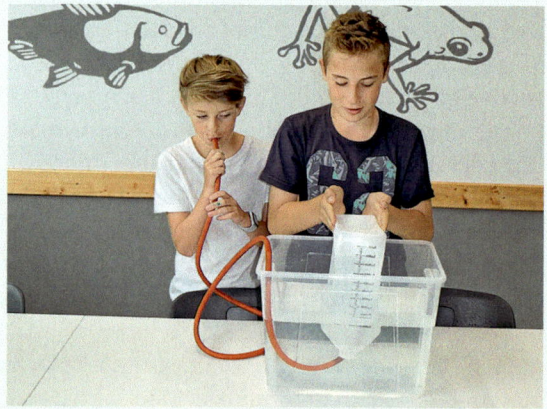

3 Der Aufbau des Experiments

Auswertung:
1. ☒ Berechnet mithilfe der Ergebnisse aus den Experimenten A und B die Luftmenge, die ihr in einer Stunde ausatmet.
2. ☒ Erklärt, weshalb Ausdauersportler ein größeres Atemvolumen haben.
3. ☒ Stellt Vermutungen an, was ein Arzt anhand des Atemvolumens erkennen kann.
4. ☒ Das Experiment wird mit Jugendlichen unterschiedlichen Geschlechts und Alters durchgeführt. Formuliert eine Frage und eine Vermutung zu diesem Experiment.

AUFGABEN Das Blut und der Blutkreislauf

1 Das Blut
Das Blut in den Körpervenen hat eine andere Farbe als das Blut in den Körperarterien.

a ▫ Nenne den Blutbestandteil, der die Ursache für die rote Farbe des Blutes ist.
b ▫ Ordne in einer Tabelle dem Blut in Körperarterien und in Körpervenen die Fachwörter sauerstoffreich, kohlenstoffdioxidreich, sauerstoffarm und kohlenstoffdioxidarm zu.
c ▫ In einem Experiment werden Kohlenstoffdioxid (CO_2) und Sauerstoff (O_2) in Blut geleitet. Beschreibe das Ergebnis mithilfe von Bild 1.

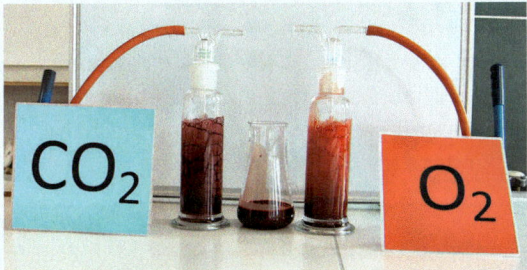

1 Verschiedene Gase werden in Blut geleitet.

d ▫ Begründe mithilfe von Bild 1, welche Farbe das Blut in den Körpervenen und in den Körperarterien hat.
e ▫ Begründe, welche Farbe das Blut in den Lungenvenen und in den Lungenarterien hat.
f ▫ Wenn beim Arzt Blut abgenommen wird, sieht es sehr dunkel aus. Erläutere, welche Blutgefäße für Blutabnahmen genutzt werden.
g ▫ Im Modell wird mit verschiedenen Farben gekennzeichnet, ob Blutgefäße sauerstoffreiches oder sauerstoffarmes Blut transportieren. Ordne den Farben in Bild 2 die jeweiligen Blutgefäße zu und begründe deine Zuordnung.

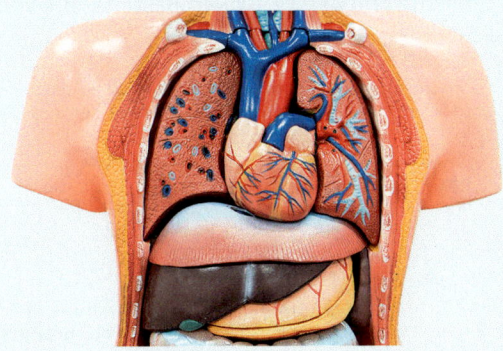

2 Ein Modell mit unterschiedlich gefärbten Blutgefäßen

2 Ein Modell
Modelle können helfen, den Bau von Objekten oder Vorgänge in der Natur besser zu verstehen.

a ▫ Beschreibe, was das Modell in Bild 3 zeigt.
b ▫ Beschreibe, wie das Modell bedient wird.
c ▫ Ordne den folgenden Teilen des Modells in Bild 3 die entsprechenden Teile des Originals zu: Beutel in der Mitte, rote Schläuche.
d ▫ In Bild 3 sind zwei rote Schläuche mit Pfeilen gekennzeichnet. Gib an, wofür diese Modellteile in der Realität stehen sollen.
e ▫ Bewerte das Modell in Bild 3. Beschreibe dazu, was das Modell sehr gut zeigt und was es nicht gut zeigt.

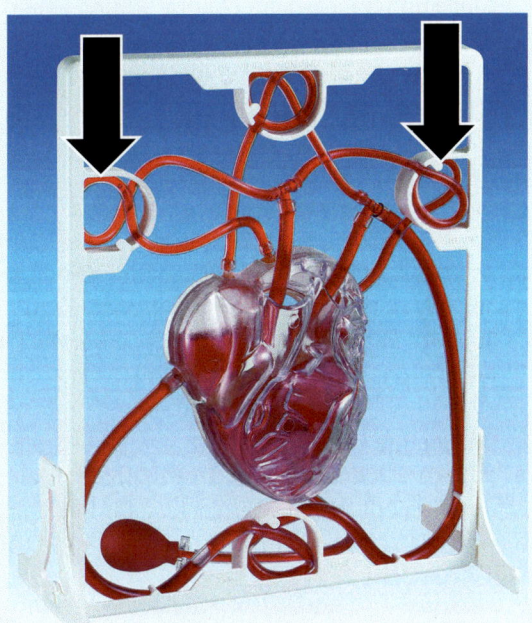

3 Ein Modell mit gleich gefärbten Blutgefäßen

3 Modelle vergleichen
Zu einem Thema werden oft unterschiedliche Modelle hergestellt.

a ▫ Ordne den Modellen in den Bildern 2 und 3 die Fachwörter Funktionsmodell und Strukturmodell zu.
b ▫ Vergleiche die Farbe des Blutes in den beiden Modellen. Nenne dabei Vorteile und Nachteile der jeweiligen Darstellung.
c ▫ Beschreibe, wie man das Modell in Bild 3 verändern könnte, damit es auch Merkmale aus dem Modell in Bild 2 zeigt.

WEITERGEDACHT Die Ernährung

1 Körperliche Aktivität und Ernährung

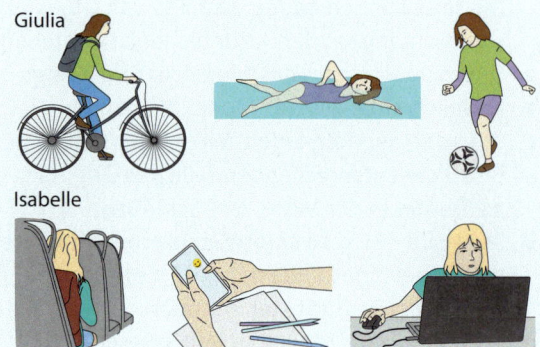

1 Der Alltag von Giulia und Isabelle

Giulia und Isabelle sind 12 Jahre alt und gehen in dieselbe Klasse. Ihr Alltag ist aber verschieden.

a ⬚ Vergleiche mithilfe von Bild 1 die Tagesabläufe der beiden Mädchen.
b ⬚ Begründe, welches Mädchen einen höheren Gesamtumsatz hat.
c ⬚ Erläutere, warum eine ausgewogene Ernährung für jedes Mädchen anders aussieht.
d ⬚ Erkläre, wie Giulias und Isabelles Aktivitäten auf Dauer ihren Grundumsatz beeinflussen. Bedenke dabei, wie sich dein Körper verändert, wenn du regelmäßig Sport machst.

2 Die Energie

a ⬚ Verschiedene Nährstoffe enthalten unterschiedlich viel Energie. Lies aus Bild 2 ab, welcher Nährstoff am meisten Energie enthält.

Nährstoff	Fett	Kohlenhydrate	Eiweiß
Energiegehalt in 1 g	38 kJ	17 kJ	17 kJ
	9 kcal	4 kcal	4 kcal

2 Der Energiegehalt der verschiedenen Nährstoffe

b ⬚ Berechne, wie viele Kilokalorien nötig sind, um 30 Liter kaltes Wasser (8 °C) auf Raumtemperatur (20 °C) zu erwärmen.
c ⬚ Berechne, wie viel Gramm Fett oder Kohlenhydrate diese Energiemenge liefern.
d ⬚ Recherchiere gesunde Lebensmittel, die zusammen die Energie von Aufgabe b liefern.
e ⬚ Recherchiere ungesunde Lebensmittel, die zusammen die Energie von Aufgabe b liefern.
f ⬚ Vergleiche deine Ergebnisse von 2d und 2e.

3 Täglich Lebertran?

3 Lebertran als Nahrungsergänzung in der Nachkriegszeit

Lebertran ist ein Öl, das aus der Leber von Dorschen, Kabeljau oder Haien gewonnen wird. Es enthält viel Fett und die Vitamine A und D.

a ⬚ Begründe mithilfe von Bild 4, weshalb Kinder nach dem Krieg Lebertran bekamen.

	Eiweiß in g	Fett in g	Kohlenhydrate in g
Verbrauch vor dem Krieg (1937)	76,5	103,2	397,6
Ration während des Krieges (1939/40)	74,0	57,7	389,1
Mindestbedarf eines Erwachsenen	75,0	30,0	442,2
Ration nach dem Krieg (1947)	37,5	13,5	250,6

4 Nährstoffbedarf und Nährstoffgehalt von Mahlzeiten

Fisch enthält Fett, Eiweiß, Mineralstoffe, Iod und Vitamin D.

b ⬚ Beschreibe mithilfe von Bild 5, warum der Verzehr von Fisch problematisch sein kann.
c ⬚ Recherchiere, welche Alternativen es gibt, um trotzdem die wertvollen Bestandteile von Fischfleisch aufzunehmen.

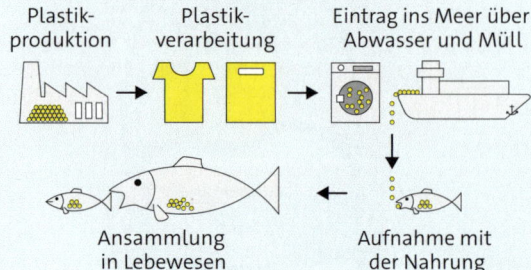

5 So kommt Plastik ins Meer

292 DER KÖRPER DES MENSCHEN

WEITERGEDACHT   Blutkreislauf und Oberflächenvergrößerung

1 Das Blut wird transportiert

Wenn das Herz Blut in die Arterien pumpt, dann entsteht eine Druckwelle. Diese dehnt die Arterienwand. Das kann man als Pulsschlag fühlen. Die Wände der Arterien besitzen ringförmige Muskeln. Sie ziehen sich hinter jeder Druckwelle zusammen. Dadurch verengen sich die Arterien, das Blut wird nach vorne gedrückt und die Druckwelle so weitergeleitet. Oft liegt neben einer Arterie eine Vene. Die Druckwelle dehnt die Arterienwand, dadurch wird die Vene zusammengedrückt. Das Blut in der Vene würde daher in die gleiche Richtung gedrückt wie das Blut in der Arterie. In der Vene befinden sich jedoch Klappen, die das verhindern. Dadurch fließt das Blut in der Vene in die entgegengesetzte Richtung.

a ▢ Ordne den Zahlen in Bild 1 die passenden Fachwörter aus dem Text zu.
b ▢ Beschreibe, wie in den Arterien das Blut als Druckwelle weiterbewegt wird.
c ▢ Stelle Vermutungen an, weshalb die Muskeln der Arterien das Blut weiterdrücken müssen.
d ▢ Erkläre mithilfe von Bild 1A, wie das Blut in den Venen transportiert wird und welche Rolle die Klappen dabei spielen.
e ▢ Manche Venen liegen neben Muskeln. Beschreibe mithilfe von Bild 1B, wie die Muskeln beim Bluttransport helfen.
f ▢ Ordne den Teilbildern A und B die Fachwörter Arterienpumpe und Muskelpumpe zu.

2 Oberflächenvergrößerungen im Körper

Durch größere Oberflächen können mehr Stoffe aufgenommen und abgegeben werden. Im menschlichen Körper ist die innere Oberfläche der Lunge durch die Lungenbläschen stark vergrößert. Die Oberfläche aller Lungenbläschen zusammen beträgt etwa 160 Quadratmeter. Im Dünndarm ist die Oberfläche durch die Darmzotten stark vergrößert. Die Oberfläche des Dünndarms beträgt etwa 30 Quadratmeter.

a ▢ Vergleiche Bau und Aufgabe der Oberflächenvergrößerung in Lunge und Darm.
b ▢ Begründe, weshalb die Oberflächenvergrößerung der Lunge vorteilhaft ist.
c ▢ Begründe, weshalb die Oberflächenvergrößerung im Darm vorteilhaft ist.
Auch bei Pflanzen findet man das Prinzip der Oberflächenvergrößerungen: Wurzeln sind mit vielen feinen Wurzelhärchen überzogen.
d ▢ Beschreibe die Aufgabe der Wurzelhärchen.
e ▢ Begründe, weshalb die Oberflächenvergrößerung der Wurzel vorteilhaft ist.

3 Oberflächenvergrößerungen in der Technik

a ▢ Beschreibe die Vergrößerung der Oberflächen an den Alltagsbeispielen in Bild 2.

2 Verschiedene Beispiele für Oberflächenvergrößerungen

b ▢ Beschreibe die Aufgaben, die durch diese Oberflächenvergrößerung unterstützt werden.
c ▢ Recherchiere im Internet weitere Beispiele für Oberflächenvergrößerungen in der Technik und der Natur.

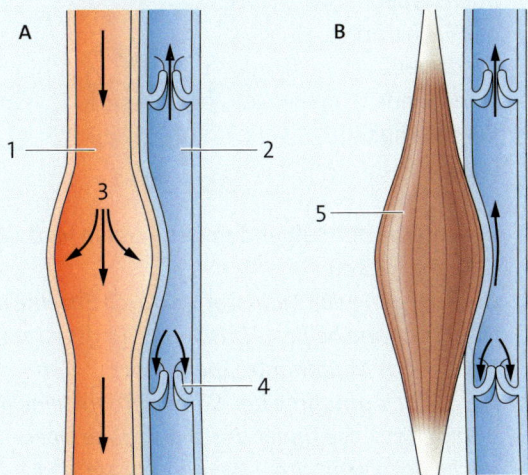

1 Der Bluttransport in Arterien (A) und Venen (B)

TESTE DICH!

1 Die Knochen ↗ S. 244
a ☒ Nenne die vier Bestandteile von Knochen.
b ☒ Beschreibe die Aufgaben von Plattenknochen und von Röhrenknochen.
c ☒ „Knochen sind lebendig." Erläutere diese Aussage.

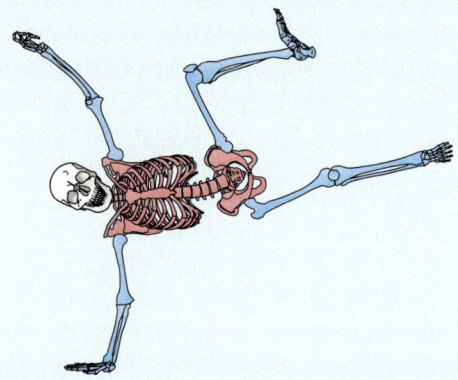

2 Das Skelett ↗ S. 246/247, 256
a ☒ Nenne die drei Abschnitte, in die man das Skelett unterteilen kann.
b ☒ Beschreibe den Bau der Wirbelsäule.
c ☒ Erkläre die Aufgaben der Bandscheiben.
d ☒ Erläutere die Folgen für die Wirbelsäule bei den drei Verhaltensweisen im Bild.

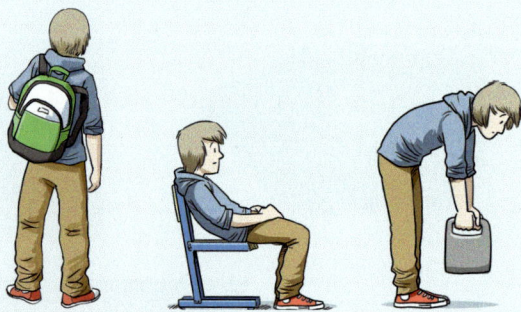

3 Die Gelenke und die Muskeln ↗ S. 250/251
a ☒ Nenne zwei verschiedene Gelenke.
b ☒ Beschreibe, wie ein Gelenk gebaut ist.
c ☒ Beschreibe den Bau eines Muskels.
d ☒ Erkläre, was das Gegenspielerprinzip ist.

4 Bewegung für die Gesundheit ↗ S. 254/255
a ☒ „Sport ist gut für Körper und Geist." Erkläre, was mit dieser Aussage gemeint ist.
b ☒ Erläutere, warum nicht jede Sportart für alle Menschen gleich gut geeignet ist.

5 Energie für den Körper ↗ S. 258/259
a ☒ Nenne zwei Maßeinheiten für die Energie.
b ☒ Beschreibe, was mit den Fachwörtern Grundumsatz, Leistungsumsatz und Gesamtumsatz gemeint ist.

6 Die Bestandteile der Nahrung ↗ S. 260, 264
a ☒ Nenne die drei Nährstoffe und ordne sie den Baustoffen und Betriebsstoffen zu.
b ☒ Beschreibe, welche Aufgaben Vitamine, Mineralstoffe, Ballaststoffe und Wasser im Körper haben.

7 Die Zähne ↗ S. 266–269
a ☒ Nenne die drei Zahnarten beim Menschen.
b ☒ Beschreibe die Aufgaben der verschiedenen Zahnarten.
c ☒ Nenne die beiden Fachwörter für die äußere, harte Schicht von Zahnkrone und Zahnwurzel.
d ☒ Erläutere, was Karies ist und wie sie entsteht.
e ☒ Beschreibe, wie du deine Zähne richtig pflegst.

8 Die Nahrung wird verdaut ↗ S. 270/271
a ☒ Schreibe die Buchstaben aus dem Bild untereinander in dein Heft. Notiere dann neben jeden Buchstaben das Fachwort für das entsprechende Verdauungsorgan.

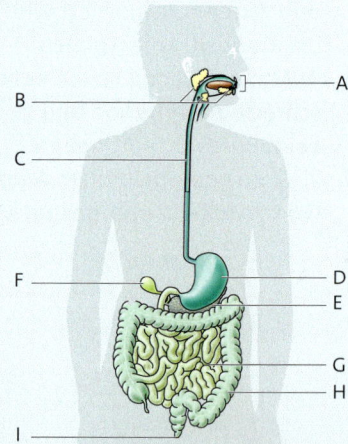

b ☒ Schreibe den folgenden Text in dein Heft und fülle die Lücken.
Die Zerlegung von Nährstoffen durch Enzyme in ihre Bausteine heißt … . Das Verdauungssystem besteht aus Mundhöhle, Speiseröhre, … und Darm. Die Aufnahme der Nährstoffbausteine ins Blut heißt … . Sie findet durch die große Oberfläche des … statt. Im … werden Wasser und Mineralstoffe ins Blut aufgenommen.

9 Gesunde Ernährung ↗ S. 272/273

a Beschreibe, was der Ernährungskreis zeigt.
b Schreibe die Zahlen aus dem Bild in dein Heft. Notiere dann die passenden Nahrungsmittel daneben:
Gemüse, Salat
Getränke ohne Zucker
Brot, Getreide, Kartoffeln
Obst
Fisch, Fleisch, Eier
Milch, Milchprodukte
Fette, Öle

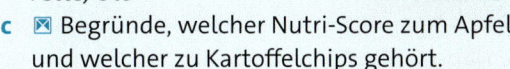

c Begründe, welcher Nutri-Score zum Apfel und welcher zu Kartoffelchips gehört.

10 Die Süchte ↗ S. 277–279

a Beschreibe, was eine Sucht ist.
b Zähle drei Essstörungen auf.
c Erläutere, wie Alkohol den Körper schädigt.
d Nenne drei Möglichkeiten, wo Süchtige Hilfe finden können.

11 Die Atmung ↗ S. 280/281, 284/285

a Nenne drei Gase, die in der Luft enthalten sind.
b Beschreibe den Weg der Luft vom Einatmen durch die Nase bis in die Lunge.
c Benenne die Teile des Atmungssystems mit den Fachwörtern, die im Bild mit Buchstaben gekennzeichnet sind.

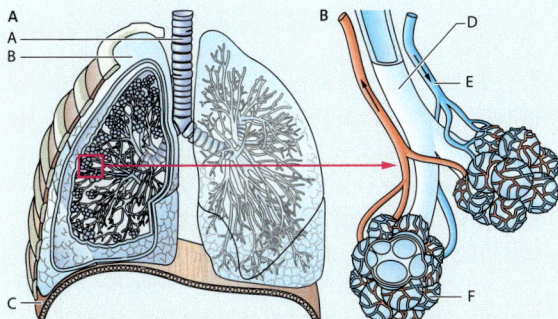

d Beschreibe die Brustatmung und die Bauchatmung.

e Beschreibe, wie Teer aus Tabakrauch die Lunge schädigt.
f Beschreibe, wie Nikotin abhängig macht.
g Begründe, warum auch Passivrauchen schädlich ist.

12 Das Blut ↗ S. 286/287

a Nenne vier Aufgaben des Blutes.
b Liste in einer Tabelle alle Blutbestandteile und ihre jeweiligen Aufgaben auf.
c Nenne die Aufgabe des Hämoglobins.
d Beschreibe, wie Kohlenstoffdioxid im Blut transportiert wird.
e Nenne den Stoff und die Zellen, die an der Blutgerinnung beteiligt sind.
f Beschreibe die Aufgabe der weißen Blutkörperchen.

13 Das Herz und der Blutkreislauf ↗ S. 288/289

a Notiere die Buchstaben aus dem Bild in deinem Heft. Schreibe dann die Fachwörter für die Bestandteile des Blutkreislaufs daneben.

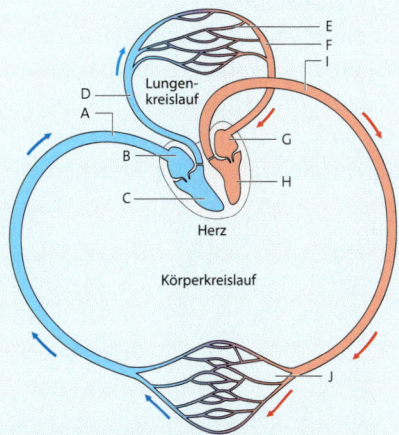

b Beschreibe mithilfe des Bildes den Weg des Blutes durch den Körper.
c Begründe, warum im Bild einige Blutgefäße blau und andere rot dargestellt sind.
d Beschreibe, wie das Herz das Blut durch den Körper pumpt.
e Erläutere, welchen Vorteil es hat, dass das Herz aus zwei Hälften besteht.
f Beschreibe die Lage und die Aufgaben der Taschenklappen und der Segelklappen.
g Nenne drei Dinge, die das Herz-Kreislauf-System schädigen.

ZUSAMMENFASSUNG Der Körper des Menschen

Die Knochen und das Skelett
Knochen bestehen aus Knochenhaut, Knochenrinde und Knochenmark. Die Knochenrinde enthält Knorpel. Darin sind Kalk und Mineralstoffe eingelagert.

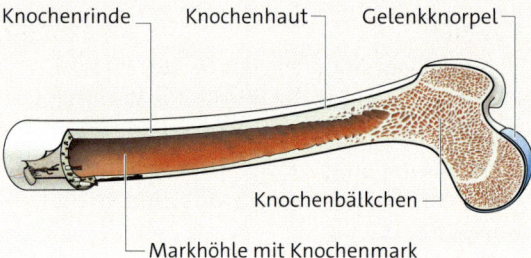

Das Skelett besteht aus Kopfskelett, Rumpfskelett und Gliedmaßenskelett. Die Gliedmaßen sind durch Schultergürtel und Beckengürtel mit dem Rumpf verbunden. Schädel, Brustkorb und Becken schützen die inneren Organe. Die Wirbelsäule stützt den Körper. Ihre Doppel-S-Form und die Bandscheiben federn Stöße ab.

Die Gelenke und die Muskeln
Gelenke sind bewegliche Verbindungen von Knochen. Muskeln bewegen die Knochen. Sie können sich nur zusammenziehen. Muskeln arbeiten als Gegenspieler zusammen. Sehnen übertragen die Muskelkraft auf die Knochen.

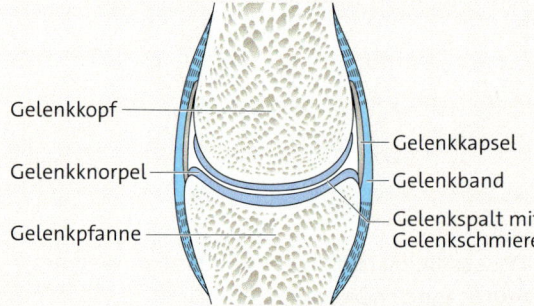

Modelle
Modelle sind vereinfachte Nachbildungen. Strukturmodelle zeigen den Bau von Objekten. Funktionsmodelle stellen Vorgänge dar.

Bewegung fördert die Gesundheit
Regelmäßige Bewegung kann den Körper fit und gesund erhalten. Sport macht gute Laune und fördert das Selbstbewusstsein.

Die Nahrung
Pflanzen bauen mithilfe der Sonnenenergie energiereiche Stoffe auf. Diese Stoffe nehmen wir mit der Nahrung auf. Die Energie darin wandeln wir im Körper um, zum Beispiel in Bewegungsenergie oder Wärmeenergie. Der Grundumsatz ist die Energiemenge, die der Körper für sämtliche Lebensvorgänge braucht. Der Leistungsumsatz ist die Energiemenge, die der Körper zusätzlich zum Grundumsatz braucht. Der Gesamtumsatz besteht aus Grundumsatz und Leistungsumsatz.

Die Nährstoffe und die Ergänzungsstoffe
Die Nahrung enthält Nährstoffe. Der Körper nutzt sie als Baustoffe und Betriebsstoffe. Baustoffe werden für den Aufbau und die Erneuerung des Körpers genutzt. Betriebsstoffe liefern dem Körper Energie. Es gibt drei Gruppen von Nährstoffen: Fette, Kohlenhydrate und Eiweiße. Fette sind Baustoffe und Betriebsstoffe. Eiweiße sind Baustoffe. Kohlenhydrate sind Betriebsstoffe. Die Nahrung enthält auch Ergänzungsstoffe. Das sind Vitamine, Mineralstoffe, Ballaststoffe und Wasser. Sie sind lebensnotwendig und wichtig für die Gesundheit.

Die Zähne
Das Gebiss besteht aus Schneidezähnen, Eckzähnen und Backenzähnen. Der harte Zahnschmelz liegt über dem weicheren Zahnbein. Die Zahnwurzel verankert den Zahn im Kiefer. Krankheitserreger im Zahnbelag können Karies verursachen. Tägliches Zähneputzen und regelmäßige Besuche beim Zahnarzt helfen, die Zähne und das Zahnfleisch gesund zu halten.

Die Verdauung
Bei der Verdauung werden die Nährstoffe im Körper durch Enzyme in ihre Einzelbausteine zerlegt. Die Verdauung findet im Mund, im Magen und im Dünndarm statt. Speichel, Magensaft, Gallensaft und Bauchspeichel enthalten Enzyme. Die Einzelbausteine der Nährstoffe werden ins Blut aufgenommen. Diese Resorption findet durch die große Oberfläche des Dünndarms statt. Im Dickdarm werden Wasser und Mineralstoffe ins Blut aufgenommen.

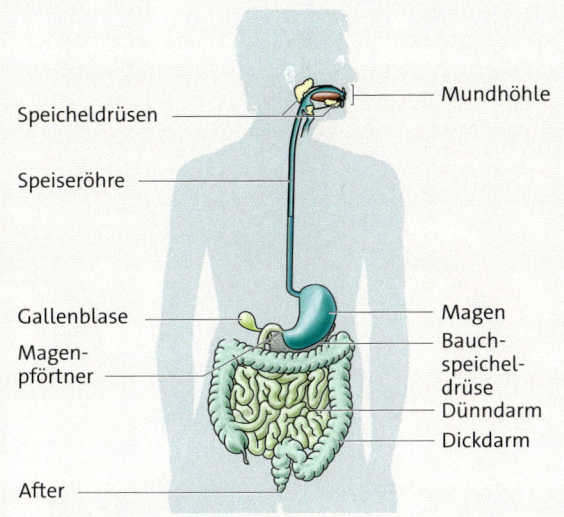
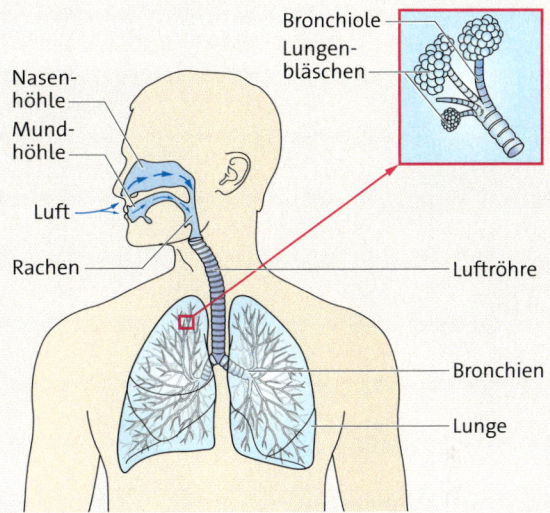

Gesunde Ernährung
Eine ausgewogene Ernährung enthält alle Nährstoffe und Ergänzungsstoffe, die der Körper braucht. Der Ernährungskreis zeigt, welche Anteile die verschiedenen Nahrungsmittel in der Ernährung haben sollten. Dazu gehört auch, etwa 1,5 bis 2 Liter Wasser pro Tag zu trinken.

Wenn Essen oder Trinken zum Problem wird
Eine Sucht ist eine Krankheit. Magersucht, Esssucht und Ess-Brech-Sucht sind Essstörungen. Dabei sind Nahrungsaufnahme und Energiebedarf des Körpers nicht ausgeglichen. Alkohol ist ein Zellgift, das alle Organe des Körpers schädigt. Alkohol kann körperlich und seelisch abhängig machen.

Die Atmung
Die Luft gelangt durch Mund oder Nase in den Rachen, die Luftröhre und die Bronchien und in die Lunge. Das Zwerchfell ermöglicht die Bauchatmung. Kleine Muskeln zwischen den Rippen ermöglichen die Brustatmung. In der Lunge werden Gase zwischen der Atemluft und dem Blut ausgetauscht. Das Blut nimmt Sauerstoff auf und gibt Kohlenstoffdioxid ab.
Die Lunge kann durch Schadstoffe wie Feinstaub und Stickoxide geschädigt werden. Auch Zigaretten, Shishas und E-Zigaretten sind gesundheitsschädlich. Passivrauchen gefährdet Nichtraucher. Tabakrauch enthält das Gift Nikotin, es kann süchtig machen.

Das Blut
Blut besteht aus festen Blutzellen und flüssigem Blutplasma. Das Blut fließt in Blutgefäßen durch den gesamten Körper. Es transportiert Nährstoffbausteine, Vitamine, Mineralstoffe, Sauerstoff, Kohlenstoffdioxid, Abfallstoffe, Hormone und Enzyme. Außerdem verteilt das Blut die Wärme im Körper. Die roten Blutkörperchen heißen Erythrozyten, sie transportieren Sauerstoff von der Lunge zu den Organen. Die weißen Blutkörperchen heißen Leukozyten, sie wirken gegen Krankheitserreger. Die Blutplättchen heißen Thrombozyten, zusammen mit Fibrinogen verschließen sie Wunden.

Das Herz und der Blutkreislauf
Das Herz ist ein faustgroßer Hohlmuskel, der zwischen den Lungenflügeln im Brustkorb liegt. Das Herz kann sich zusammenziehen und pumpt so das Blut durch den Körper. Das Herz ist durch die Herzscheidewand in zwei Hälften getrennt. Jede Hälfte besteht aus einem Vorhof und einer Herzkammer.
Das Blut fließt in Arterien vom Herzen weg und durch den gesamten Körper. In Venen fließt das Blut wieder zurück zum Herzen. Diese Bewegung des Blutes durch Herz und Blutgefäße nennt man Blutkreislauf. Er besteht beim Menschen aus zwei getrennten Kreisläufen: dem Lungenkreislauf und dem Körperkreislauf. Sie werden zusammen mit dem Herzen als Herz-Kreislauf-System bezeichnet.

Die Pubertät

In diesem Kapitel erfährst du ...
- ... wie sich dein Körper in der Pubertät verändert.
- ... wie neues Leben entsteht und sich während der Schwangerschaft weiterentwickelt.
- ... wie du eine Schwangerschaft verhindern kannst.
- ... wie sich ein Säugling zum Kleinkind entwickelt.

Die Veränderungen in der Pubertät

1 Helena und Jeremy erleben eine Achterbahn der Gefühle.

Helena ist 12 Jahre alt. In letzter Zeit ist vieles anders geworden. Als Jeremy sie neulich anlächelte, klopfte ihr Herz plötzlich wie wild. Er sieht so toll aus! Aber sie konnte kein Wort sagen. Seitdem denkt sie nur noch an ihn.

Du wirst erwachsen
Im Alter zwischen 10 und 16 Jahren werden aus Kindern langsam junge Erwachsene. Diesen Lebensabschnitt nennt man **Pubertät**. Das Erwachsenwerden beginnt bei Mädchen meist zwei Jahre früher als bei Jungen. Die Pubertät verläuft bei allen Jugendlichen unterschiedlich schnell.

Die Ursache der Pubertät
Die Pubertät beginnt, wenn das Gehirn ein Signal an den Körper sendet. Dann werden in verschiedenen Organen Botenstoffe hergestellt. Diese werden ins Blut abgegeben und darüber im ganzen Körper verteilt. Die Botenstoffe bewirken Veränderungen im Körper. Organe, die Stoffe herstellen und abgeben, heißen **Drüsen**. Die Botenstoffe werden auch **Hormone** genannt.

Die körperlichen Veränderungen in der Pubertät
In der Pubertät wächst der Körper sehr schnell, dadurch können die Gelenke schmerzen. Im Gehirn werden neue Zellen gebildet. Auch zwischen den Gehirnzellen entstehen neue Verbindungen. Die Stimme wird tiefer. Unter den Achseln und zwischen den Beinen wachsen Haare. Jungen bekommen einen Bart. Bei Mädchen entwickeln sich Brüste. Einige Organe werden größer und verändern ihre Funktion. Dadurch erhalten Mädchen die Fähigkeit, Kinder zu bekommen. Jungen erhalten die Fähigkeit, Kinder zu zeugen. Man sagt: Sie können sich nun fortpflanzen. Die Organe für die Fortpflanzung heißen **Geschlechtsorgane**.

Die seelischen Veränderungen in der Pubertät
Die Hormone und die körperlichen Veränderungen beeinflussen auch Gefühle, Stimmungen und Bedürfnisse. Gefühle werden jetzt intensiver erlebt. Das ist ungewohnt. Jugendliche müssen erst lernen, ihre Empfindungen zu verstehen und zu kontrollieren. Schon Kleinigkeiten können zu einem Gefühlsausbruch führen. Deshalb kommt es in der Pubertät öfter zum Streit mit den Eltern. Auch die Eltern müssen lernen, mit der veränderten Situation umzugehen. Für sie ist es schwierig, Verantwortung abzugeben. Jugendliche sollten darauf vertrauen können, dass ihre Eltern das Beste für sie wollen.

Freundinnen und Freunde werden in der Pubertät oft wichtiger als die Eltern. Vielen Jugendlichen gefällt es, etwas Eigenes zu leisten. Manche entdecken mit großem Herzklopfen, dass sie mit ihrem Aussehen und Verhalten die Blicke anderer auf sich lenken können. Einige verlieben sich zum ersten Mal.

2 Verschiedene Jugendliche im gleichen Alter

3 Romy hat in letzter Zeit öfter Streit mit ihrer Mutter.

4 Freunde sind wichtig in der Pubertät.

Zu sich selbst finden

Jugendliche probieren in der Pubertät verschiedene Rollen aus, um zu sich selbst zu finden. Rollenvorbilder können Freundinnen oder Freunde sein, deren Verhalten bewundert wird, oder ein Popstar, der unglaublich gut aussieht. Aber auch die Eltern, Großeltern oder andere Verwandte können Vorbilder dafür sein, eine eigene Vorstellung darüber zu entwickeln, welche Eigenschaften wichtig sind. Freundschaft, Respekt, Vertrauen, Ehrlichkeit, Anerkennung, Gerechtigkeit, Toleranz, Mitgefühl, Selbstachtung, Liebe, Erfolg, Freiheit, Sicherheit, Hilfsbereitschaft, Kreativität oder Verantwortungsbewusstsein sind Beispiele für diese **Wertvorstellungen** oder **Werte**. Sie geben Orientierung und helfen, das eigene Handeln einzuschätzen. Für die Entwicklung der Persönlichkeit ist es wichtig, eine eigene Meinung zu haben und sie zu vertreten. Auch Neinsagen muss erst gelernt werden. Jugendlichen fällt es oft schwer, sich anders zu verhalten, als die Freundinnen und Freunde es tun. Man sollte sich zum Beispiel gut überlegen, ob man nur rauchen will, weil die anderen es tun.

> In der Pubertät entwickeln sich Kinder zu jungen Erwachsenen. Hormone steuern die Veränderungen von Körper und Gehirn. Dadurch erhält der Körper die Fähigkeit, sich fortzupflanzen. Auch Gefühle und Interessen verändern sich während der Pubertät. In dieser Zeit können Jugendliche zu sich selbst und ihre Rolle in der Gesellschaft finden.

AUFGABEN

1 Die Pubertät
Die Pubertät verläuft bei allen Jugendlichen unterschiedlich.
a ▶ Nenne die Ursache der Pubertät.
b ▶ Beschreibe, wie sich der Beginn der Pubertät bei Jungen und Mädchen unterscheidet.
c ▶ Beschreibe, welchen Einfluss die Hormone während der Pubertät auf den Körper und die Gefühle haben.

2 Eltern meinen es doch nur gut
Eltern können nerven. Aber oft reagieren wir auf ihre Hinweise heftiger, als es angebracht wäre.
a ▶ Nenne fünf Themen, über die du früher mit deinen Eltern oder Erziehenden nicht gestritten hast, in der letzten Zeit aber schon.
b ▶ Stell dir vor, es hat zu Hause mal wieder Streit wegen einer Kleinigkeit gegeben. Jetzt sitzt du in deinem Zimmer und hast ein schlechtes Gewissen. Schreibe eine Nachricht, in der du erklärst, wie es aus deiner Sicht zu dem Streit kam. Schlage auch eine Lösung vor.

c ▶ Übertrage die Tabelle in dein Heft und fülle sie aus. Ergänze zwei weitere Beispiele.

Die Eltern sagen:	Damit meinen sie vielleicht:
Beispiel: Du musst heute Abend pünktlich zu Hause sein!	Beispiel: Ich mache mir Sorgen, wenn du so spät noch allein draußen bist.
Wie du wieder aussiehst! Du holst dir noch eine Erkältung in dem Outfit.	
	Ich will deine Musik nicht den ganzen Tag hören. Mich nervt sie. Manchmal will ich gerne auch mal meine Musik hören.
Jetzt komm endlich, ich habe extra für dich gekocht.	
	Ich brauche deine Hilfe bei der Hausarbeit. Ich habe den Eindruck, dass du nur am Handy sitzt und eigentlich Zeit hättest.

Vom Jungen zum Mann

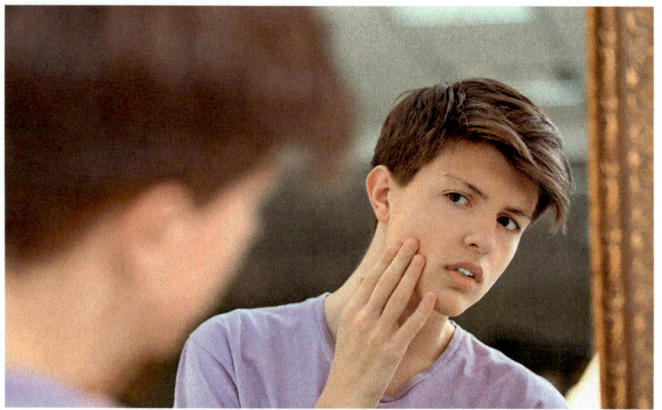

1 Alles verändert sich ...

Justin betrachtet sich im Spiegel. In letzter Zeit hat sich sein Körper verändert: Alles sieht irgendwie eckiger und muskulöser aus. Was geschieht im Körper eines Jungen während der Pubertät?

Die Geschlechtsmerkmale
In der Pubertät werden bei Jungen die Schultern breiter als das Becken. Die Stimme wird tiefer und die Körperbehaarung entwickelt sich. Der Bartwuchs beginnt (Bild 2). Da diese Merkmale erst während der Pubertät entstehen, nennt man sie **sekundäre Geschlechtsmerkmale**. Das Wort *sekundär* bedeutet später. Die Geschlechtsorgane dagegen sind bereits bei der Geburt vorhanden. Deshalb nennt man sie **primäre Geschlechtsmerkmale**. Das Wort *primär* bedeutet zuerst.

Die Geschlechtsorgane
Die meisten männlichen Geschlechtsorgane befinden sich außerhalb des Körpers. Den Bereich des Körpers, in dem sich die Geschlechtsorgane befinden, nennt man **Intimbereich**. Früher sagte man dazu auch Schambereich. Dieses Fachwort stammt vom Wort schämen. Doch für die eigenen Geschlechtsorgane muss man sich nicht schämen. Die Geschlechtsorgane verschiedener Menschen unterscheiden sich in Farbe und Form, genau wie die Augen oder die Ohren.

Die Bildung von Spermienzellen
Die Fortpflanzung wird durch bestimmte Zellen möglich, die **Geschlechtszellen**. Die männlichen Geschlechtszellen sind die **Spermienzellen**. Sie werden in zwei pflaumenförmigen Organen gebildet, den **Hoden** (Bild 3). Diese stellen auch Hormone her. Die Hoden liegen außerhalb des Körpers im **Hodensack**. Dadurch sind die Hoden etwas kühler als das Körperinnere. So gelingt die Spermienzellbildung am besten. Die noch unreifen Spermienzellen werden in den halbmondförmigen **Nebenhoden** gespeichert. Dort reifen die Spermienzellen, das bedeutet, sie erlangen ihre Funktion.

Der Penis
Das männliche Glied wird auch **Penis** genannt (Bild 3). Der Penis besteht aus weichem Bindegewebe, Muskeln, Nerven und Schwellkörpern, die sich vergrößern können. Durch den Penis wird Urin nach außen abgegeben. Die Penisspitze heißt **Eichel**. Bei unbeschnittenen Jungen und Männern ist die Eichel von der **Vorhaut** bedeckt.

> **EXTRA Die Beschneidung**
> Wenn die Vorhaut zu eng ist, dann lässt sie sich nur mühsam oder unter Schmerzen hinter die Eichel zurückziehen. Unter der Vorhaut können so Entzündungen entstehen. Der Arzt verordnet dann meist eine Creme. Sie macht die Vorhaut bei regelmäßiger Anwendung dehnbar. Wenn das nicht hilft, dann kann eine Beschneidung notwendig sein. Dabei wird die Vorhaut des Penis teilweise oder vollständig entfernt. In manchen Familien wird eine Beschneidung auch aus kulturellen oder religiösen Gründen durchgeführt.

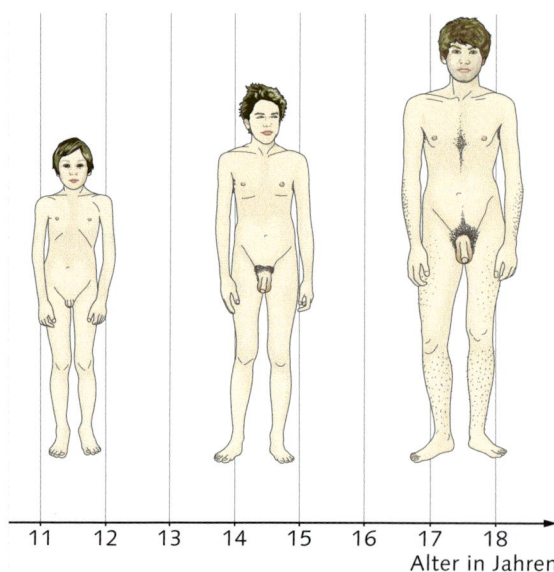

2 Die Entwicklung vom Jungen zum Mann

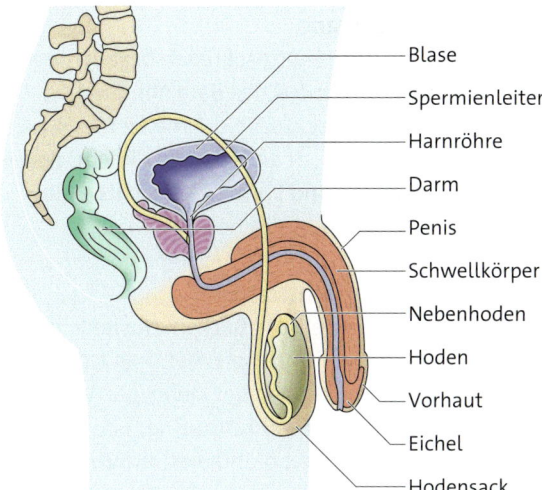

3 Die männlichen Geschlechtsorgane (seitliche Ansicht)

Der Orgasmus

Die Berührung der Geschlechtsorgane kann schöne Gefühle erzeugen. Bei Jungen und Männern ist vor allem der Penis sehr empfindlich. Durch Streicheln oder Reiben füllen sich die Schwellkörper mit Blut und werden größer. Diese Reaktion wird als Erregung bezeichnet. Dadurch wird der Penis dicker und länger und richtet sich auf. Das nennt man **Erektion**. Der Höhepunkt der Erregung heißt **Orgasmus**. Dabei wird meist ein intensives Glücks- und Lustgefühl empfunden.

Der Samenerguss

Beim Orgasmus gelangen Spermienzellen von den Nebenhoden durch die **Spermienleiter** in die Harnröhre (Bild 3). Verschiedene Drüsen geben Flüssigkeit dazu, diese schützt die Spermienzellen und macht sie beweglich. Spermienzellen und Flüssigkeit zusammen werden als **Sperma** bezeichnet. Das Sperma ist weißlich, trübe und etwas klebrig. Die Abgabe von Sperma aus dem Penis nennt man **Samenerguss**. Das Sperma eines Samenergusses kann bis zu 500 Millionen Spermienzellen enthalten.

Die Geschlechtsreife

Die Hoden beginnen meist zwischen dem 12. und 13. Lebensjahr mit der Bildung von Spermienzellen. Die erste Erektion geschieht oft im Schlaf. Sie kann aber auch durch Berührungen, Gefühle oder Bilder ausgelöst werden. Dabei kann es auch zu einem Samenerguss kommen. Das Fachwort dafür ist **Pollution**. Mit dem ersten Samenerguss ist ein Junge **geschlechtsreif**, das bedeutet, er kann jetzt Kinder zeugen.

> Die primären Geschlechtsmerkmale sind von Geburt an vorhanden. Die sekundären Geschlechtsmerkmale entwickeln sich erst in der Pubertät. Die Geschlechtsorgane dienen der Fortpflanzung und dem Vergnügen.

AUFGABEN

1 Die Geschlechtsmerkmale
a Nenne drei körperliche Veränderungen bei Jungen während der Pubertät.
b Ordne den Buchstaben A bis J die richtigen Fachwörter zu. Nutze dazu auch Bild 3.

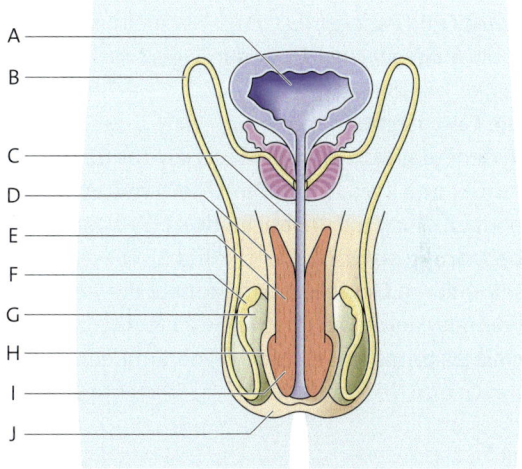

4 Die männlichen Geschlechtsorgane (Ansicht von vorn)

c Beschreibe die Aufgaben der äußeren männlichen Geschlechtsorgane.
d Beschreibe den Unterschied zwischen primären und sekundären Geschlechtsmerkmalen.

2 Der Orgasmus
a Erkläre einem Freund in einer E-Mail, was ein Orgasmus ist. Verwende dabei Fachwörter.
b Beschreibe den Weg der Spermienzellen von ihrem Entstehungsort bis zum Samenerguss.
c Bis zu 500 Millionen Spermienzellen verlassen bei einem Samenerguss den Körper. Beschreibe den Zusammenhang zwischen dem ersten Samenerguss und der Geschlechtsreife.

Vom Mädchen zur Frau

1 Alles verändert sich ...

Suza betrachtet sich im Spiegel. In letzter Zeit hat sich ihr Körper verändert: Alles sieht irgendwie runder und weicher aus. Was geschieht im Körper eines Mädchens während der Pubertät?

Die Geschlechtsmerkmale
In der Pubertät wird bei Mädchen das Becken runder und breiter, während die Schultern schmal bleiben. Auch die weibliche Brust und die Körperbehaarung entwickeln sich (Bild 2). Diese **sekundären Geschlechtsmerkmal**e entstehen erst während der Pubertät. Die Geschlechtsorgane sind als **primäre Geschlechtsmerkmale** bereits bei der Geburt vorhanden.

Die Geschlechtsorgane
Die meisten weiblichen Geschlechtsorgane liegen geschützt im unteren Teil des Bauches. Die von außen sichtbaren Geschlechtsorgane werden **Vulva** genannt. Der Bereich, in dem die Vulva liegt, heißt **Intimbereich**. Farbe und Form der Geschlechtsorgane sind bei allen Menschen verschieden.

Die äußeren Geschlechtsorgane
Über dem vorderen Teil des Beckenknochens befindet sich eine hügelförmige Erhebung. Das ist der **Venushügel**, er ist nach der Liebesgöttin Venus benannt. Vom Venushügel führen vier Hautfalten weg. Das sind die äußeren und inneren **Vulvalippen**. Sie verdecken den Vaginaeingang, die Öffnung der Harnröhre und die **Klitoris**. Die Klitoris besteht wie der Penis aus Bindegewebe, Muskeln, Nerven und Schwellkörpern, die sich vergrößern können. Die Klitoris ist etwa 7 bis 12 Zentimeter groß, der größte Teil befindet sich im Innern des Körpers. Von außen sichtbar sind nur die Vorhaut und die Eichel, sie liegen zwischen den äußeren Vulvalippen (Bild 3).

Die inneren Geschlechtsorgane
Vom Vaginaeingang führt ein 8 bis 12 Zentimeter langer, dehnbarer Muskelschlauch nach innen. Das ist die **Vagina**, sie wird auch **Scheide** genannt. Ab der Pubertät bildet sie eine geruchlose, milchig-weiße Flüssigkeit, den **Weißfluss**. Wenn Krankheitserreger in die Vagina gelangen, dann werden sie mit dem Weißfluss wieder nach draußen befördert. Auf diese Weise schützt die Vagina die weiter innen liegenden Geschlechtsorgane.

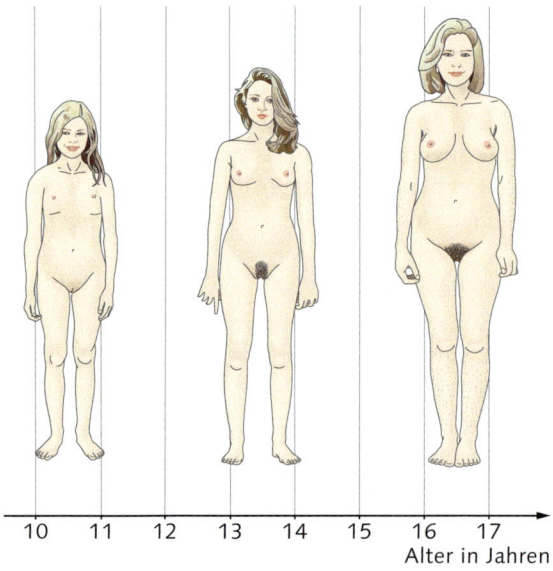

2 Die Entwicklung vom Mädchen zur Frau

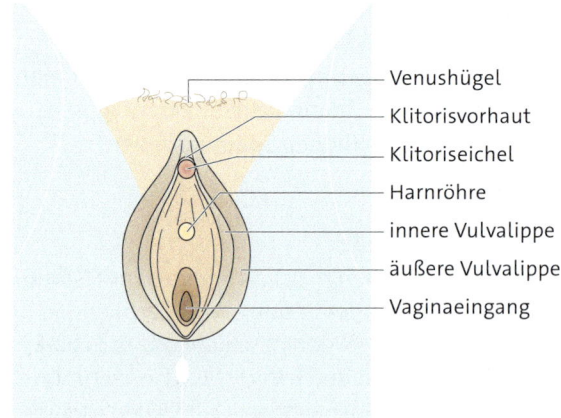

3 Die Vulva (Ansicht von unten)

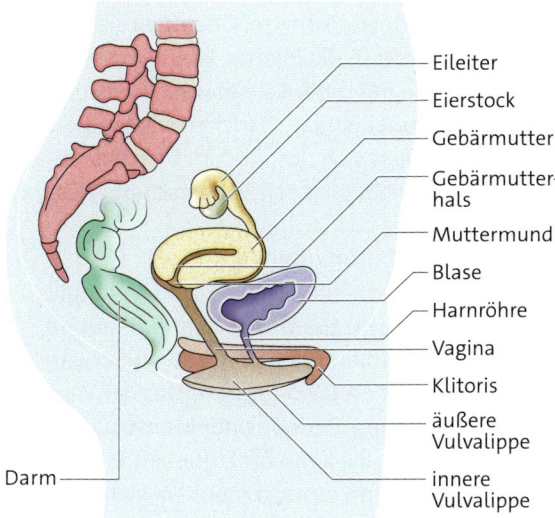

- Eileiter
- Eierstock
- Gebärmutter
- Gebärmutterhals
- Muttermund
- Blase
- Harnröhre
- Vagina
- Klitoris
- äußere Vulvalippe
- innere Vulvalippe
- Darm

4 Die weiblichen Geschlechtsorgane (seitliche Ansicht)

Die Vagina führt zu einem faustgroßen Hohlmuskel, der mit einer Schleimhaut ausgekleidet ist. Das ist die **Gebärmutter**. Dieser Name ist abgeleitet vom Wort gebären, das bedeutet „ein Kind hervorbringen". In der Gebärmutter kann sich also ein Kind entwickeln. Der untere, schmale Teil der Gebärmutter heißt **Gebärmutterhals**. Er ist durch den **Muttermund** verschlossen (Bild 4).

Die Bildung von Eizellen
Die weiblichen Geschlechtszellen heißen **Eizellen**. Sie werden in zwei Organen gebildet, die auch Hormone herstellen. Diese Organe liegen rechts und links neben der Gebärmutter. Sie werden **Eierstöcke** genannt. Im Alltag ist mit einem Stock eine Gehstütze gemeint. Hier bedeutet das Wort aber Vorrat. Ein Eierstock enthält also einen Eizellvorrat. Bereits bei der Geburt des Mädchens befinden sich über eine Million unreife Eizellen in den Eierstöcken. Gebärmutter und Eierstöcke sind durch Röhren verbunden, die **Eileiter** heißen (Bild 4).

Der Orgasmus
Die Berührung der Geschlechtsorgane kann schöne Gefühle erzeugen. Bei Mädchen und Frauen ist vor allem die Klitoris sehr empfindlich. Durch Streicheln oder Reiben füllen sich die Schwellkörper mit Blut und werden größer. Diese Reaktion wird **Erregung** genannt. Der Höhepunkt der Erregung ist der **Orgasmus**. Dabei wird meist ein intensives Glücks- und Lustgefühl empfunden.

Die Geschlechtsreife
Die Eizellreifung beginnt meist zwischen dem 10. und 14. Lebensjahr. Jeden Monat reift eine Eizelle, das heißt, sie erlangt ihre Funktion. Das Mädchen kann nun Kinder bekommen, man sagt dazu auch: Das Mädchen ist **geschlechtsreif**.

> Die primären Geschlechtsmerkmale sind von Geburt an vorhanden. Die sekundären Geschlechtsmerkmale entwickeln sich erst in der Pubertät. Die Geschlechtsorgane dienen der Fortpflanzung und dem Vergnügen.

AUFGABEN
1 Die Geschlechtsmerkmale
a ◾ Nenne drei körperliche Veränderungen bei Mädchen während der Pubertät.
b ◾ Ordne den Buchstaben A bis H die richtigen Fachwörter zu. Nutze dazu auch Bild 4.

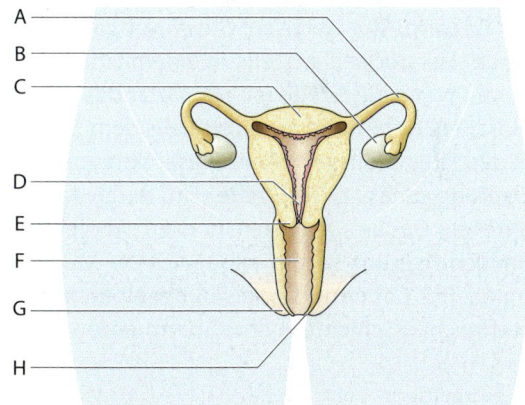

5 Die weiblichen Geschlechtsorgane (Ansicht von vorn)

c ◾ Beschreibe die Aufgabe der Gebärmutter bei der Fortpflanzung.
d ◾ Begründe, warum die Klitoris nicht eindeutig den äußeren oder den inneren Geschlechtsorganen zugeordnet werden kann.
e ◾ Erkläre die Aufgabe von Weißfluss.

2 Der Orgasmus
◾ Beschreibe den weiblichen Orgasmus.

3 Die Geschlechtsreife
◾ Erläutere in einer E-Mail an eine Freundin den Zusammenhang zwischen den reifen Eizellen und der Geschlechtsreife.

DIE PUBERTÄT

Der weibliche Zyklus

1 Chiara spricht mit ihrer Mutter.

Chiara ist erleichtert. Sie hat ihre „Tage" bekommen. Chiaras Mutter erklärt ihr, dass Hormone die Vorgänge in ihrem Körper steuern.

Die Zeit der Vorbereitung

Ab der Pubertät bereitet sich der Körper einer Frau darauf vor, ein Kind bekommen zu können. Hormone lassen jeden Monat die Schleimhaut in der Gebärmutter wachsen. Gleichzeitig reift in einem Eierstock eine Eizelle in einem Eibläschen heran. Wenn die Eizelle reif ist, platzt das Eibläschen. Dabei wird die Eizelle aus dem Eierstock in den Eileiter ausgestoßen. Dieser Vorgang wird **Eisprung** genannt. Die Eizelle wird durch den Eileiter zur Gebärmutter transportiert. An den Tagen um den Eisprung herum öffnet sich der Muttermund. Der Gebärmutterhals bildet einen nährstoffreichen Schleim, in dem Spermienzellen etwa fünf Tage überleben können. Gelangen sie durch die Gebärmutter in die Eileiter, kann dort eine Spermienzelle mit einer Eizelle verschmelzen. Ab diesem Zeitpunkt ist das Mädchen **schwanger**. Der Zeitraum, in dem sich das Kind im Bauch der Mutter entwickelt, wird **Schwangerschaft** genannt.

Die Zeit der Aufräumarbeiten

Wenn keine Spermienzelle zur Eizelle gelangt, dann löst sich die Gebärmutterschleimhaut ab und wird zusammen mit der Eizelle und etwas Blut ausgeschieden. Diese Blutung aus der Vagina wird **Regelblutung**, **Periode** oder **Menstruation** genannt (Bild 2). Sie kann bis zu sieben Tage dauern. Auch wenn es nach mehr aussieht, sind es insgesamt nur etwa 50 bis 80 Milliliter Blut. Bereits während der Periode reift eine neue Eizelle heran. Der Kreislauf von Eizellreifung, Eisprung und Menstruation wird **Zyklus** genannt. Der Zeitraum von Blutung zu Blutung kann länger oder kürzer als einen Monat sein.

Schwanger vor der ersten Periode?

Mädchen bekommen die erste Periode etwa zwei Wochen nach dem ersten Eisprung. Das bedeutet, bereits zwei Wochen vor der ersten Periode befindet sich eine reife Eizelle im Eileiter des Mädchens. Gelangt eine Spermienzelle zu dieser Eizelle, können die beiden Zellen miteinander verschmelzen und sich zu einem Kind entwickeln. Mädchen können also schon vor der ersten Regelblutung schwanger werden.

> Der Zyklus ist die monatliche Vorbereitung des weiblichen Körpers auf eine mögliche Schwangerschaft. Ein Zyklus besteht aus Eizellreifung, Eisprung und Menstruation.

AUFGABEN

1 Der Zyklus
a Nenne zwei weitere Fachwörter für die Periode und drei aus der Alltagssprache.
b Beschreibe den Ablauf des Zyklus mithilfe von Bild 2.
c Erkläre in einen Brief an eine Freundin, ab wann Frauen schwanger werden können.
d Beschreibe, was während der Periode geschieht.

2 Der Zyklus

Auf den eigenen Körper achten

1 Duschen macht Spaß.

„Alle zwei bis drei Tage duschen reicht." Kinder duschen nach dem Sport oder wenn die Eltern es sagen. In der Pubertät verändert sich der Körper und damit auch die Haut. Sie braucht nun mehr Pflege.

Die Körperpflege
Die Pubertät wird durch Hormone ausgelöst. Sie regen auch die Drüsen in der Haut an, mehr Fett und Schweiß zu bilden. Dadurch kann ein unangenehmer Geruch entstehen. Regelmäßiges Zähneputzen, Duschen und Haarewaschen ist deshalb wichtig. Die Kleidung muss regelmäßig gewechselt und gewaschen werden, Unterwäsche und Socken sogar täglich. Diese Maßnahmen zur Körperpflege nennt man **Hygiene**.

Die Hautprobleme
Das Fett, das eine Hautdrüse produziert, wird auch Talg genannt. Die Drüse heißt deshalb Talgdrüse. Wenn eine Talgdrüse verstopft, dann entsteht ein kleiner dunkler Punkt. Man nennt ihn **Mitesser**. Wenn sich die Talgdrüse entzündet, dann entsteht ein Bläschen, das mit Eiter gefüllt ist. Man spricht von einem **Pickel**. Für die Gesichtspflege kann man Waschgel oder Gesichtswasser verwenden. Eine Vielzahl von entzündeten Pickeln im Gesicht oder auf dem Rücken wird **Akne** genannt. Hier kann eine Hautärztin oder ein Hautarzt helfen.

Die Hygienemaßnahmen für Jungen
Jungen sollten beim Duschen die Vorhaut des Penis zurückziehen und die Eichel mit warmem Wasser waschen. Dort sammeln sich Hautschuppen und Talg an, die unangenehm riechen und zu Entzündungen führen können.

Die Hygienemaßnahmen für Mädchen
Mädchen sollten den Vaginaeingang beim Duschen nur mit warmem Wasser und von vorn nach hinten waschen. Seifen und Duschgels stören den Weißfluss der Vagina und können zu Entzündungen führen.

Die Hygieneprodukte während der Periode
Das Menstruationsblut kann mithilfe von verschiedenen Hygieneprodukten aufgefangen werden. **Tampons** sind längliche, gepresste Wattebäusche, die in die Vagina eingeführt werden. **Slipeinlagen** und **Monatsbinden** sind dünne, saugfähige Einlagen, die in den Slip geklebt werden. **Menstruationsunterwäsche** besitzt mehrere Stoffschichten, die das Blut aufnehmen. Alle Hygieneprodukte müssen regelmäßig gewechselt werden. Die Häufigkeit hängt von der Stärke der Blutung ab. Da die Periode in den ersten Jahren unregelmäßig sein kann, sollten Mädchen immer ein paar Hygieneprodukte dabeihaben.

> Ab der Pubertät bilden Hautdrüsen mehr Fett und Schweiß. Regelmäßige Körperpflege kann Gerüche und Hautprobleme verhindern.

AUFGABEN
1 **Die Körperhygiene**
a Nenne drei Hygieneprodukte für Mädchen und Frauen.
b Beschreibe, wie ein Pickel entsteht.
c Beschreibe, wie du deinen Intimbereich waschen solltest.

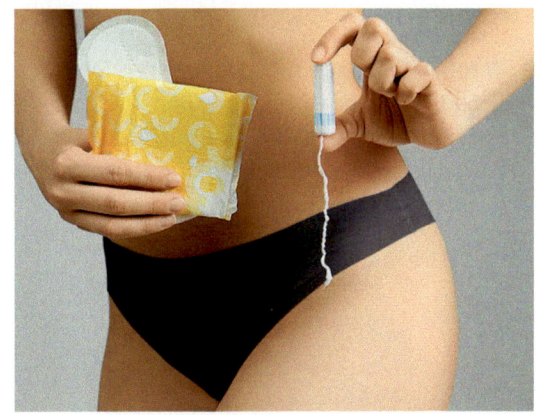

2 Verschiedene Hygieneprodukte

AUFGABEN Die Menstruation

1 Ein Menstruationskalender

Emma hat vor einem halben Jahr zum ersten Mal ihre Periode bekommen. Nun hat sie einen Menstruationskalender geschenkt bekommen, in den sie eintragen kann, wann sie ihre Periode hat. So kann sie den Rhythmus ihres Zyklus beobachten und besser einschätzen.

a Erstelle in deinem Heft einen Kalender für die Monate Januar bis Juni wie in Bild 1 gezeigt.

b Kennzeichne in deinem Kalender nun die Tage mit einem X, an denen Emma ihre Periode hatte. Verwende dazu die folgenden Einträge aus Emmas Tagebuch:

> 5.1. Heute habe ich zum ersten Mal meine Periode bekommen! Sie hat 5 Tage gedauert.
>
> 10.2. Heute ist es endlich vorbei. Dieses Mal hat es 7 Tage gedauert.
>
> Oje ... dieses Mal hat es in der Schule angefangen, am 1. März ... für 6 Tage!
>
> In den Osterferien sind wir verreist, und ich wurde am 15.4. von den Erdbeertagen überrascht :-(. Hatte sie dann 5 Tage lang.
>
> Am 10.5. hatte ich dolle Bauchschmerzen. Einen Tag später ging es los und dauerte 7 Tage.

c Berechne, wie lange Emmas einzelne Zyklen jeweils gedauert haben.

d Emma hat gelesen, dass ein Zyklus 28 bis 30 Tage dauert. Trifft das auch bei ihr zu? Begründe deine Antwort.

e Am 3. Juni hat Emma Geburtstag. Sie fragt sich, ob sie dann ihre Tage haben wird. Markiere in deinem Kalender die Tage im Juni, an denen Emma wahrscheinlich ihre Periode haben wird. Beantworte dann Emmas Frage.

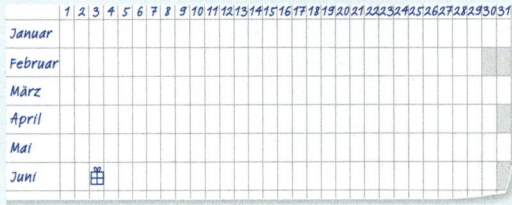

1 Emmas Menstruationskalender

2 Unterschiedliche Hygieneartikel

Mit Beginn der Menstruation informieren sich viele Mädchen über die verschiedenen Hygieneprodukte. Diese besitzen eine unterschiedliche Aufnahmefähigkeit für Flüssigkeit. Bild 2 zeigt die Messwerte für unterschiedliche Produkte.

Produkt	Flüssigkeitsmenge in ml
Slipeinlage Starter	< 6
Tampon Mini	8
Tampon Normal	10
Tampon Super	13
Tampon Extra	16
Tampon Super Plus	20

2 So viel Flüssigkeit können die Produkte aufnehmen

a Erstelle aus den Werten in Bild 2 ein Säulendiagramm.

b Beschreibe mithilfe von Bild 3, wie die Aufnahmefähigkeit der verschiedenen Hygieneprodukte im Labor gemessen wurde.

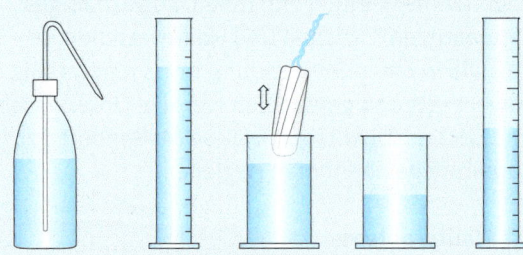

3 Eine Skizze zum Experiment

c Mädchen verwenden zu Beginn der Pubertät oft Slipeinlagen oder Tampons in Minigrößen. Begründe mithilfe von Bild 4, an welchen Tagen die Hygieneprodukte öfter gewechselt werden müssen und an welchen seltener.

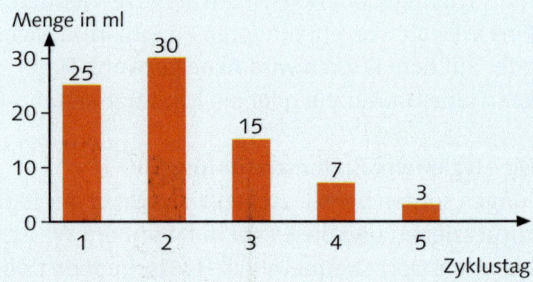

4 Die Blutmenge während der Menstruation

EXTRA Typisch Mädchen?! Typisch Jungs?!

1 Eine Fußballspielerin und ein Balletttänzer

3 Im Beruf zählen die Fähigkeiten, nicht das Geschlecht.

Die Geschlechtsmerkmale bestimmen das **Körpergeschlecht**. Eigenschaften und Verhaltensweisen, die von der Gesellschaft als typisch für ein Geschlecht angesehen werden, beschreiben die **Geschlechterrolle**. Das Geschlecht, zu dem ein Mensch sich zugehörig fühlt, ist die **Geschlechtsidentität**. Menschen, deren Körpergeschlecht sich von ihrer Geschlechtsidentität unterscheidet, werden **Transgender** genannt.

Latifa (10 Jahre): *Manche sagen, dass Mädchen nicht Fußball spielen können. Aber ich spiele gerne Fußball und bin auch richtig gut! Mein Bruder liebt Ballett. Einige sagen, dass das nichts für Jungs ist. Aber es macht ihm so viel Freude! Das ist doch das Einzige, was wirklich wichtig ist.*

Tom (11 Jahre): *Meine Eltern ziehen meinem Bruder oft blaue Klamotten an und schenken ihm Spielzeugautos. Meine Schwester trägt meist rosa Klamotten und bekommt viele Puppen geschenkt.*

Lisa (12 Jahre): *In der Werbung und den sozialen Medien sieht man oft schlanke und hübsche Mädchen und Frauen. Jungs und Männer dagegen sehen darin meist muskulös und sportlich aus.*

Karim (32 Jahre): *Meine Frau ist Feuerwehrfrau. Sie kann genauso gut mit den Schläuchen und Pumpen umgehen wie ein Mann. Dass ein Mensch aufgrund seines Geschlechts etwas nicht gut kann, stimmt einfach nicht.*

Katja (28 Jahre): *Mein Mann ist Erzieher. Es macht ihm Freude, sich mit Kindern zu beschäftigen. Jungs sind genauso gut für soziale Berufe geeignet wie Mädchen für technische Berufe.*

Alex (23 Jahre): *Ich wurde mit einem biologisch männlichen Körper geboren. Aber schon als Kind dachte ich, dass ich ein Mädchen bin. Heute weiß ich: Ich bin transgender. Und es ist okay, dass ich so fühle. Durch eine Operation habe ich mein Körpergeschlecht an meine Geschlechtsidentität anpassen lassen. Transgender ist eine Frage der Identität. Es hat nichts damit zu tun, von welchem Geschlecht man sich angezogen fühlt. Ich stehe auf Jungs, ich bin also eine heterosexuelle trans Frau.*

2 Jungen spielen mit Autos, Mädchen mit Puppen?

AUFGABEN
1 **Typisch für wen?**
a ☒ Beschreibe, was man unter einer Geschlechterrolle versteht.
b ☒ Erläutere den Unterschied von Körpergeschlecht und Geschlechtsidentität.
c ☒ „Lange Haare sind typisch Mädchen!" Bewerte diese Behauptung.

Liebe und Sexualität sind vielfältig

1 Tilda und Aaron sind verliebt.

2 Das Händchenhalten ist ein Teil der Sexualität.

Tilda und Aaron fühlen sich zueinander hingezogen. Sie können an nichts anderes mehr denken und wollen immer zusammen sein. „Es hat mich erwischt!", sagt Aaron. „Ich habe Schmetterlinge im Bauch!", beschreibt Tilda ihre Gefühle.

Verliebt sein
Für die Gefühle des Verliebtseins gibt es noch viele weitere Umschreibungen: im siebten Himmel sein, die Welt durch eine rosarote Brille sehen, Feuer und Flamme sein. Die Ursache für diese Gefühle sind Hormone. Sie lassen dich alles Schöne viel stärker wahrnehmen. Gleichzeitig bist du auch verletzlicher. Dann können sich deine Gefühle rasch ändern: von überglücklich bis zu abgrundtieftraurig.

Und wie geht es weiter?
Wenn du verliebt bist, hast du die aufregende Chance, einen anderen Menschen näher kennenzulernen: das Verhalten, die Gedanken und Meinungen, aber auch den Körper, die Gefühle und Empfindungen des anderen.

Ob für dich dazu auch gehört, miteinander zu schlafen, musst du selbst entscheiden. Niemand darf dich zwingen, wenn du dich noch nicht bereit dafür fühlst. Du entscheidest, mit wem du schlafen willst und wann der Zeitpunkt dafür richtig ist. Viele Jugendliche wollen erst dann miteinander schlafen, wenn ihre Liebesbeziehung länger andauert.

Die Sexualität
Wenn Menschen sich anziehend finden, dann halten sie Händchen, kuscheln und schmusen miteinander und küssen sich. Diese Verhaltensweisen und auch die Gefühle, die dazu gehören, werden als **Sexualität** bezeichnet. Dieser Name stammt vom Wort *sexus*, das bedeutet Geschlechtlichkeit. Geschlechtsverkehr ist ebenfalls ein Teil der Sexualität. Das Wort **sexuell** bedeutet „auf die Sexualität bezogen".

Die sexuelle Orientierung
Zu welchem Geschlecht sich jemand hingezogen fühlt, wird als **sexuelle Orientierung** bezeichnet. Menschen unterschiedlichen Geschlechts, die sich gegenseitig anziehend finden, sind **heterosexuell**. Die Vorsilbe *hetero* im Wort heterosexuell bedeutet verschieden. Menschen, die das gleiche Geschlecht anziehend finden, sind **homosexuell**. Die Vorsilbe *homo* im Wort homosexuell bedeutet gleich. Homosexuelle Männer bezeichnen sich selbst als schwul. Homosexuelle Frauen bezeichnen sich als lesbisch. Menschen, die das weibliche und das männliche Geschlecht anziehend finden, sind **bisexuell**. Die Vorsilbe *bi* im Wort bisexuell bedeutet zwei. Menschen, die kein Geschlecht anziehend finden, sind **asexuell**.

3 Ein heterosexuelles Paar

4 Ein homosexuelles Paar

Die Vorsilbe *a* im Wort asexuell bedeutet nicht. Einige asexuelle Menschen verlieben sich aber oder führen Beziehungen.

Das Körpergeschlecht
In der Geburtsurkunde wird das Geschlecht eines Kindes anhand seiner äußeren Geschlechtsmerkmale notiert. Meist steht dort männlich oder weiblich. Es gibt auch Menschen, die anhand ihrer Geschlechtsmerkmale nicht eindeutig dem männlichen oder weiblichen Geschlecht zugeordnet werden können. Solche Menschen werden **intergeschlechtlich** genannt. Im Ausweis steht dann der geschlechtsneutrale Eintrag **divers**, das bedeutet unbestimmt oder nicht eindeutig.

Was wichtig ist
An Männer und Frauen gibt es gesellschaftliche Erwartungen. Diese betreffen Kleidung oder Verhalten, Interessen oder Begabungen. Menschen sind jedoch vielfältiger: Körper, Ausdrucksweisen und sexuelles Begehren ist bei allen unterschiedlich. Bei manchen bleibt es ein Leben lang gleich, bei anderen verändert es sich. Ein respektvoller Umgang miteinander ermöglicht es allen, sich damit wohlzufühlen. Wichtig ist, dass Menschen selbst bestimmen, wie sie leben und lieben wollen.

> Das Gefühl des Verliebtseins entsteht durch Hormone. Ob Verliebte miteinander schlafen, entscheidet jede und jeder für sich selbst. Die sexuelle Orientierung beschreibt, von welchem Geschlecht man sich angezogen fühlt. Wichtig ist, dass alle Menschen selbstbestimmt leben und lieben können.

AUFGABEN

1 Verliebt sein
Nenne drei unterschiedliche Beschreibungen für das Gefühl des Verliebtseins.

2 Die Sexualität
Beschreibe, was mit dem Fachwort Sexualität gemeint ist.

3 Die sexuelle Orientierung
a Nenne vier verschiedene Arten der sexuellen Orientierung.
b Beschreibe die vier Arten der sexuellen Orientierung jeweils in einem Satz.
c Erkläre, wer sich selbst als schwul oder als lesbisch bezeichnet.

4 Die Geschlechtsmerkmale
a Beschreibe, was mit dem Fachwort Körpergeschlecht gemeint ist.
b Erkläre, welche Menschen intergeschlechtlich genannt werden.

5 Ein homosexuelles Paar mit seinen Kindern

6 Menschen sind vielfältig.

EXTRA Die Sexualisierung in den Medien

1 Bestimmt der Körper den Wert eines Menschen?

Im Fernsehen, in Zeitschriften, in Filmen und im Internet wird oft die Sexualität besonders hervorgehoben. Das wird **Sexualisierung** genannt. Der Wert oder die Beliebtheit einer Person wird dann nur an ihrer sexuellen Attraktivität gemessen. Ihre Einzigartigkeit oder ihre besonderen Fähigkeiten werden dagegen nicht gezeigt.

„Perfektes" Aussehen
In den sozialen Medien sehen wir täglich Bilder von Menschen mit scheinbar perfektem Aussehen. Die Fotos vermitteln den Eindruck, dass wir beliebt und erfolgreich werden, wenn wir körperlich attraktiv sind. Doch für diese Bilder wird mit einigen Tricks gearbeitet: Kleidung, Makeup, Beleuchtung, Körperhaltung und digitale Bildbearbeitung. Trotzdem können diese Bilder großen Druck auf uns ausüben und unser Selbstwertgefühl verringern.

Erwachsen werden
Früher haben Jugendliche ihr Erwachsenwerden meist damit beschrieben, dass sie ihr Wissen erweitern. Heute suchen Jugendliche in den Medien nach Vorbildern. Als Folge davon beschreiben sie ihr Erwachsenwerden heute meist mit körperlichen Veränderungen und der scheinbaren Verbesserung ihrer körperlichen Attraktivität.

Pornografie
In Pornos werden sexuelle Handlungen übertrieben dargestellt. 90 Prozent aller Pornos sind von Männern für Männer gemacht, daher zeigen sie die sexuellen Handlungen sehr einseitig. Diese Eindrücke können beim Publikum zu falschen Erwartungen und Verunsicherung führen.

AUFGABEN

1 Was Sexualisierung bewirkt

a Bewerte die folgenden Aussagen.
- Ich habe von Tutorials gelernt, wie ich mich schminken und meine Haare stylen kann. Dadurch sehe ich erwachsener aus. Das gefällt mir. Und meinem Schwarm auch.
- Dieser Influencer sieht so gut aus! So will ich auch aussehen. Deshalb habe ich angefangen zu trainieren. Ich will meinen Körper verändern, damit ich genauso erfolgreich werde.
- Meine Eltern sind streng gläubig. Ich darf keine Beziehung haben. Sex vor der Ehe ist verboten. Sogar kurze und enge Kleidung darf ich nicht anziehen.
- Meine ersten Erfahrungen habe ich per Chat gesammelt. Wie man eine Beziehung führt, das habe ich mit einer Daily Soap gelernt. Und wie Sex geht, habe ich in Pornos gesehen.

b „Schau nicht auf meine Lippen, sondern hör auf das, was ich sage!" Erläutere, was mit dieser Aussage gemeint ist.

c Betrachte Bild 2. Beschreibe, warum es sich dabei um sexualisierte Werbung handelt.

2 Eine sexualisierte Werbung für ein Parfüm

2 Was ist wichtig?

a Recherchiert, was das Wort „normschön" bedeutet. Diskutiert in der Klasse über eure Vorstellungen von Schönheit und Attraktivität.

b Sprecht in der Klasse darüber, welche sozialen Medien ihr kennt und wie ihr sie nutzt. Haben sie schon einmal eure Meinung oder euer Verhalten beeinflusst?

Miteinander schlafen

1 Küssen ist schön.

Verliebte küssen sich, schmusen miteinander und streicheln sich. Dabei können sie schöne Gefühle empfinden und es kann das Bedürfnis nach „mehr" entstehen.

Sich ganz nah sein
Der Austausch von Zärtlichkeiten am ganzen Körper wird **Petting** genannt. Dieser Name stammt vom englischen Wort *to pet*, das bedeutet streicheln. Das Streicheln kann zu sexueller Erregung führen. Bei Frauen wird dann die Vagina feucht, bei Männern wird der Penis steif. Es kann der Wunsch entstehen, miteinander zu schlafen.

Miteinander schlafen
Wenn zwei Menschen miteinander schlafen, dann wird der steife Penis vorsichtig in die Vagina eingeführt und vor und zurück bewegt. Das nennt man **Geschlechtsverkehr** oder **Sex**. Beim Sex können lustvolle Gefühle entstehen und es kann zum Orgasmus kommen. Aber nicht bei jedem Petting oder Geschlechtsverkehr müssen der Mann oder die Frau einen Orgasmus erleben.

Das erste Mal
Die meisten Menschen sind beim ersten Geschlechtsverkehr unsicher und nervös. Es ist wichtig, dass ihr vor dem ersten Mal miteinander über eure Wünsche und Ängste sprecht. Geduld und Verständnis fördern das gegenseitige Vertrauen. Ihr solltet euch Zeit nehmen und behutsam vorgehen. Mädchen haben oft Angst davor, dass es beim ersten Mal wehtut oder blutet. Denn früher glaubte man, dass beim ersten Einführen des Penis in die Vagina das „Jungfernhäutchen" reißt. Das stimmt aber nicht.

Das „Jungfernhäutchen" gibt es nicht
Der Vaginaeingang ist nicht von einer Haut verschlossen, sondern von einem Ring aus Schleimhautfalten umgeben. Er heißt **Vaginalkranz**. Der Vaginalkranz ist sehr dehnbar und hat eine Öffnung in der Mitte. Daher reißt er durch Sport oder bei der Verwendung von Tampons nicht ein.

Kein Beweis für die „Jungfräulichkeit"
Menschen, die noch keinen Sex hatten, werden **Jungfrau** oder Jungfer genannt. Früher glaubte man, an der Form des Vaginalkranzes erkennen zu können, ob eine Frau noch Jungfrau ist. Doch der Vaginalkranz sieht bei allen Frauen verschieden aus. Seine Form ist daher kein Beweis dafür, ob jemand schon Sex hatte oder nicht. Früher glaubte man auch, dass alle Frauen beim ersten Sex bluten. Aber der dehnbare Vaginalkranz reißt beim Geschlechtsverkehr meist nicht ein und blutet deshalb auch nicht.

> Petting ist der Austausch von Zärtlichkeiten am ganzen Körper. Das Einführen des Penis in die Vagina nennt man Geschlechtsverkehr oder Sex. Der Vaginaeingang ist von einem dehnbaren Vaginalkranz umgeben, der beim ersten Mal nicht einreißen muss.

AUFGABEN
1 **Petting und Geschlechtsverkehr**
a Beschreibe, was mit den Fachwörtern Petting und Geschlechtsverkehr gemeint ist.
b Beschreibe, was der Vaginalkranz ist.
c In welchem Alter kann oder sollte man das erste Mal und das letzte Mal Sex haben? Begründe deine Meinung.

2 Sie wollen miteinander schlafen.

Die Verhütung

1 Lukas und Selma wollen miteinander schlafen.

Lukas und Selma sind schon länger ein Paar. Sie wollen miteinander schlafen, fühlen sich aber noch zu jung, um ein Kind zu bekommen. Deshalb informieren sich über mögliche Verhütungsmittel.

Eine Schwangerschaft verhindern

Beim Geschlechtsverkehr gleitet der Penis des Mannes in der Vagina der Frau. Beim Orgasmus des Mannes kommt es zum Samenerguss. Dabei wird Sperma in die Vagina der Frau abgegeben. Das Sperma enthält Spermienzellen, die von der Vagina durch die Gebärmutter bis in die Eileiter schwimmen können. Trifft dort eine Spermienzelle auf eine Eizelle, können die beiden Zellen miteinander verschmelzen. Ab diesem Zeitpunkt beginnt die Schwangerschaft.
Wenn die beiden kein Kind bekommen wollen, müssen sie versuchen, eine Schwangerschaft zu verhindern. Das Fachwort für die Verhinderung einer Schwangerschaft ist **Verhütung**.

Unterschiedliche Verhütungsmittel

Es gibt verschiedene Möglichkeiten, eine Schwangerschaft zu verhindern. Mit einem Kondom kann man verhindern, dass Spermienzellen in die Vagina gelangen. Mit Hormonen kann man den Eisprung verhindern, sodass keine reife Eizelle vorhanden ist (Bild 2).
Kein Verhütungsmittel ist hundertprozentig sicher. Den größtmöglichen Schutz können Verhütungsmittel nur dann bieten, wenn man sie richtig anwendet und auch über mögliche Risiken Bescheid weiß.

Die Anwendung von Kondomen

Ein **Kondom** ist eine weiche, dünne Gummihaut, die vor dem Sex über den steifen Penis abgerollt wird. Dabei muss das Röllchen am Rand des Kondoms außen sein. Beim Abrollen hält man den oberen Teil des Kondoms zusammengedrückt. Darin sammelt sich das Sperma. Beim Herausziehen des Penis aus der Vagina muss das Kondom festgehalten werden, damit es nicht abrutscht. Jedes Kondom darf nur einmal verwendet werden.

Die Sicherheit von Kondomen

Wenn sie richtig angewendet werden, dann sind Kondome relativ sichere Verhütungsmittel. Beim Kauf müssen Haltbarkeitsdatum und CE-Zeichen beachtet werden. Die Verpackung muss vorsichtig geöffnet werden, damit das Kondom nicht beschädigt wird. Auch durch spitze Fingernägel oder bei der Aufbewahrung im Geldbeutel kann das Kondom beschädigt werden. Dann darf man es nicht mehr verwenden. Es gibt verschiedene Kondomgrößen, denn es muss gut passen: Wenn es zu eng ist, dann kann es reißen. Wenn es zu weit ist, dann kann es abrutschen.
Kondome schützen als einzige Verhütungsmittel auch vor der Übertragung von Krankheiten während des Geschlechtsverkehrs. Solche Krankheiten heißen **Geschlechtskrankheiten**.

Die Anwendung der Antibabypille

Manche Medikamente enthalten Hormone, die den Schleim des Gebärmutterhalses zähflüssiger machen. Dadurch können die Spermienzellen nicht so leicht in die Gebärmutter gelangen. Die Hormone verhindern außerdem die Reifung der Eizellen und den Eisprung. Ein Medikament mit dieser Wirkung heißt **Antibabypille**. Die Vorsilbe anti bedeutet gegen, eine Pille ist eine Tablette. Die Pille wird täglich eingenommen. Sie muss vom Arzt verschrieben werden.

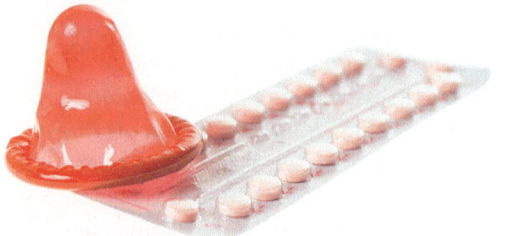

2 Ein Kondom und eine Monatspackung der Antibabypille

Die Sicherheit der Antibabypille

Wenn sie richtig angewendet wird, dann ist die Pille ein sehr sicheres Verhütungsmittel. Durch die Einnahme der Hormone kann die Periode kürzer, schwächer und weniger schmerzhaft werden. Die Schutzwirkung kann aber durch Erbrechen, Durchfall und manche Medikamente verringert werden. Dann müssen zusätzlich andere Verhütungsmethoden angewendet werden, zum Beispiel ein Kondom. Die Hormone der Pille beeinflussen die Vorgänge im Körper. Das kann auch Nebenwirkungen haben. Vor allem bei Raucherinnen kann die Hormoneinnahme zu Problemen führen.

Die Verhütung mit dem Vaginalring

Der **Vaginalring** ist ein Ring aus weichem Silikon, der Hormone enthält (Bild 3). Er wird am ersten Zyklustag in die Vagina eingesetzt. Dort gibt er drei Wochen lang Hormone ab, die durch die Vaginaschleimhaut ins Blut aufgenommen werden. Der Vaginalring enthält weniger Hormone als die Pille, wirkt aber genauso. Er ist fast so sicher wie die Pille, die Schutzwirkung wird jedoch durch Erbrechen oder Durchfall nicht verringert. Beim Geschlechtsverkehr stört der Ring meist nicht. Er kann aber bis zu drei Stunden entfernt und danach wieder eingesetzt werden. Nach drei Wochen wird der Ring entsorgt, dann setzt die Periode ein.

„Aufpassen" ist keine Verhütungsmethode!

Manche Menschen versuchen, eine Schwangerschaft zu verhindern, indem sie den Penis kurz vor dem Samenerguss aus der Vagina ziehen. Dieser **unterbrochene Geschlechtsverkehr** wird auch als „Aufpassen" bezeichnet. Doch das ist keine sichere Verhütungsmethode! Denn bereits vor dem Samenerguss gelangen einige Spermienzellen aus dem Penis in die Vagina.

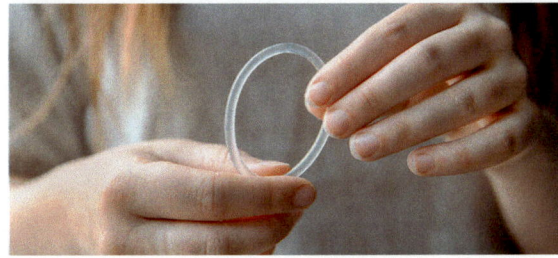

3 Ein Vaginalring

Beide Partner tragen die Verantwortung

Für die Verhütung seid ihr beide verantwortlich. Ihr dürft euch nicht einfach darauf verlassen, dass der oder die andere sich schon darum kümmern wird. Sichere Verhütung ist nur möglich, wenn ihr miteinander darüber sprecht. Lasst euch nicht zu einer Methode überreden, sondern einigt euch auf eine, die für euch beide passt. In einer Arztpraxis könnt ihr Informationen bekommen und euch beraten lassen.

> Die Verhinderung einer Schwangerschaft heißt Verhütung. Als sehr sicher gelten Pille und Vaginalring. Kondome schützen außerdem vor der Übertragung von Geschlechtskrankheiten.

AUFGABEN

1 Die Verhütungsmittel
a Beschreibe, was Verhütung bedeutet.
b Nenne zwei Verhütungsmittel.
c Erkläre, wie die Pille wirkt.

2 Die richtige Anwendung von Kondomen
a Beschreibe mithilfe von Bild 4, wie ein Kondom richtig angewendet wird.
b Nenne drei mögliche Fehler bei der Anwendung eines Kondoms.
c Begründe, warum jedes Kondom nur einmal verwendet werden darf.

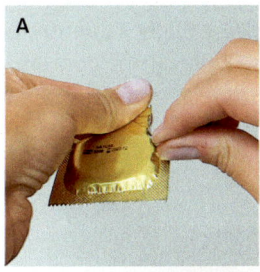
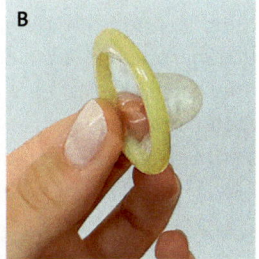
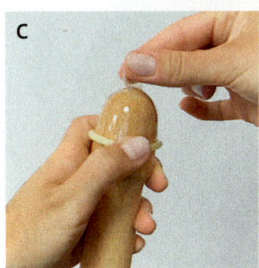
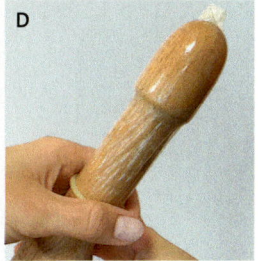

4 Die richtige Anwendung eines Kondoms

DIE PUBERTÄT

Ein Kind entsteht

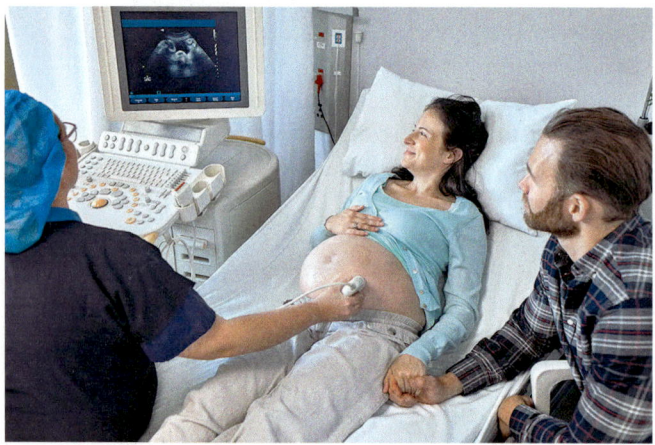

1 Auf dem Ultraschallbild sehen Nicole und Jens ihr Kind.

Von der Befruchtung zum Embryo

Die befruchtete Eizelle wird auch **Zygote** genannt. Sie wird durch den Eileiter in die Gebärmutter transportiert. Dabei teilt sich die Zygote: Aus einer Zelle entstehen zwei Zellen. Man spricht jetzt vom **Embryo**. Nach weiteren Zellteilungen ist eine Zellkugel entstanden. Fünf bis sechs Tage nach der Befruchtung heftet sich der Embryo an die Gebärmutterschleimhaut an und verwächst mit ihr. Dieser Vorgang wird **Einnistung** genannt.

Die Versorgung des ungeborenen Kindes

Aus Zellen des Embryos und der Gebärmutter entwickelt sich ein Organ, das nur schwangere Frauen besitzen. In diesem Organ liegen die Blutgefäße von Mutter und Kind dicht zusammen. So kann das Blut des Kindes Sauerstoff und Nährstoffe aus dem Blut der Mutter aufnehmen. Vom Blut des Kindes wird Kohlenstoffdioxid an das Blut der Mutter abgegeben. Durch dieses besondere Organ wird also das Kind von der Mutter ernährt, daher heißt es **Mutterkuchen**. Der Embryo ist durch mehrere Blutgefäße mit dem Mutterkuchen verbunden. Diese Verbindung wird **Nabelschnur** genannt (Bild 3).

Nicole und Jens sind schon lange ein Paar. Vor einiger Zeit haben sie miteinander über ihren Kinderwunsch gesprochen. Beide fühlten sich bereit für ein Kind. Nun hat es geklappt: Nicole ist schwanger. Nun bestaunen die werdenden Eltern das Kind in Nicoles Bauch bei einer Ultraschall-Untersuchung.

Alles beginnt mit der Befruchtung

Wenn ein Paar beim Geschlechtsverkehr keine Verhütungsmittel verwendet, dann kann die Frau schwanger werden. Beim Orgasmus des Mannes gelangen bis zu 500 Millionen Spermienzellen in die Vagina der Frau. In den Tagen um den Eisprung herum öffnet sich der Muttermund. Die Spermienzellen gelangen in den Gebärmutterhals, wo sie im nährstoffreichen Schleim etwa fünf Tage überleben können. Von der Gebärmutter schwimmen die Spermienzellen in die Eileiter. Trifft dort eine Spermienzelle auf eine Eizelle, können die beiden Zellen miteinander verschmelzen. Dieser Vorgang wird **Befruchtung** genannt (Bild 2).

Vom Embryo zum Fetus

Der Embryo wächst. Um ihn herum bildet sich eine Hülle. Diese Hülle wird **Fruchtblase** genannt. Sie ist mit Flüssigkeit gefüllt, dem **Fruchtwasser**. Es schützt den Embryo vor Erschütterungen und Stößen. Fünf Wochen nach der Befruchtung ist der Embryo etwa 10 mm lang. Sein Herz schlägt und das Gehirn beginnt sich zu entwickeln. Ab der neunten Woche nach der Befruchtung wird das Kind **Fetus** genannt.

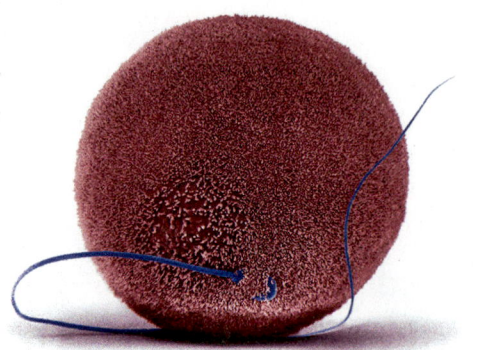

2 Die Befruchtung einer Eizelle durch eine Spermienzelle

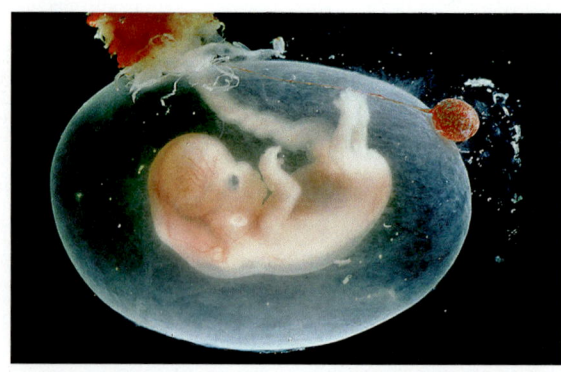

3 Ein acht Wochen alter Embryo ist etwa 4 cm groß.

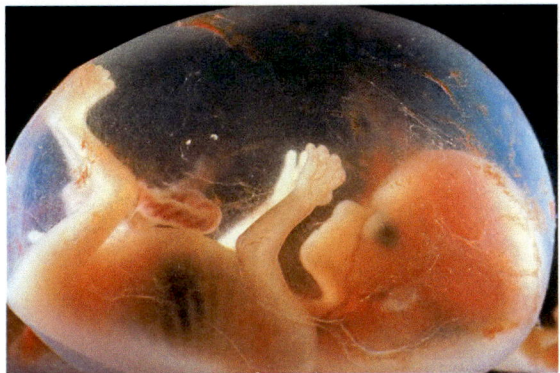

4 Ein vierzehn Wochen alter Fetus ist etwa 8 cm groß.

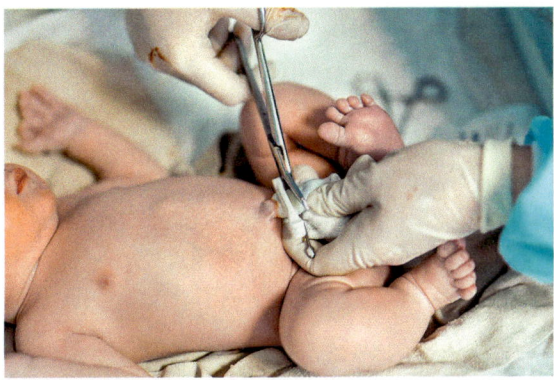

5 Nach der Geburt wird die Nabelschnur durchtrennt.

Die Entwicklung des Fetus bis zur Geburt

Der Fetus wächst sehr schnell (Bild 4). Er besitzt schon jetzt alle Organe. Sie reifen bis zur Geburt. Im vierten Monat trinkt der Fetus bereits Fruchtwasser, nuckelt am Daumen und bewegt sich. Die Mutter kann die Bewegungen des Kindes jedoch erst im fünften Monat spüren.

Nach 40 Wochen wird das Kind geboren. Die Nabelschnur wird nach der Geburt nah am Bauch des Kindes durchtrennt (Bild 5). Der Rest trocknet ein und fällt ein paar Tage später von selbst ab. Zurück bleibt eine Narbe in der Mitte des Bauchs, das ist der Bauchnabel.

Die Schwangerschaft ist eine besondere Zeit

Eine Schwangerschaft bedeutet für eine Frau große körperliche und seelische Veränderungen. Werdende Mütter spüren oft Müdigkeit, Übelkeit, Rückenschmerzen oder Atemnot. Zudem können die Gefühle zwischen Freude und Angst wechseln. Kinder reagieren bereits im Bauch der Mutter auf die Gefühle der Mutter. Streicheln des Bauchs, ruhige Stimmen und entspannende Musik können das Kind beruhigen.

Eine gesunde Lebensweise mit genug erholsamem Schlaf und ausgewogener Ernährung sind wichtig für die Gesundheit von Mutter und Kind. Rauchen und das Trinken von Alkohol in der Schwangerschaft schädigen das Kind.

Durch regelmäßige Vorsorgeuntersuchungen kann die Entwicklung des Kindes von Anfang an beobachtet werden. Mit einer Ultraschall-Untersuchung können die Größe und die Lage des Kindes im Bauch der Mutter bestimmt werden. Außerdem kann die Entwicklung der Organe beim ungeborenen Kind beobachtet werden.

> Bei der Befruchtung verschmelzen Eizelle und Spermienzelle. Die befruchtete Eizelle nistet sich in der Gebärmutter ein und heißt nun Embryo. Er wird durch die Nabelschnur und den Mutterkuchen versorgt. Ab der neunten Woche wird der Embryo als Fetus bezeichnet. Nach neun Monaten wird das Kind geboren.

AUFGABEN

1 Die Befruchtung
  Beschreibe, was bei der Befruchtung passiert.

2 Die Entwicklung bis zur Geburt
a Schreibe die Sätze in der Reihenfolge auf, in der sich ein Kind entwickelt, und ergänze dabei die Fachwörter Zygote, Embryo und Fetus:
*Ab der neunten Woche nach der Befruchtung nennt man das Kind …
Eine befruchtete Eizelle wird auch … genannt.
Die Zellkugel, die sich an die Gebärmutterschleimhaut anheftet, heißt …*
b Erkläre, was mit der scherzhaften Aussage gemeint ist: „Das Kind im Bauch der Mutter hat es gut. Es wird mit Kuchen versorgt und trinkt Wasser mit dem Strohhalm."

3 Die Schwangerschaft
a Nenne fünf Beschwerden, die Frauen während der Schwangerschaft haben können.
b Nenne Maßnahmen, die dazu beitragen, dass sich ein ungeborenes Kind gesund entwickelt.
c Erkläre, wie der Bauchnabel entsteht.
d Diskutiert in der Klasse darüber, welche Probleme vor allem sehr junge Eltern haben könnten.

Die Entwicklung eines Kindes

1 Eine Mutter mit ihrem Kind

3 Mathilda beginnt zu krabbeln.

Finn ist erst ein paar Monate alt. Fasziniert betrachtet er den Stoffhasen, den seine Mutter ihm zeigt. Dann versucht Finn, danach zu greifen.

Auf die Welt kommen

Eine Schwangerschaft dauert etwa 40 Wochen. Dann kommt das Kind aus dem Bauch der Mutter auf die Welt. Dieser Vorgang ist die **Geburt**. Man sagt auch: Das Kind wird geboren. Gleich nach der Geburt atmet das Kind zum ersten Mal. Es wiegt jetzt etwa drei Kilogramm und ist ungefähr 50 Zentimeter lang. Das Kind kann weinen und schreien, aber es kann noch nicht sprechen. Es kann sich bewegen, aber es kann noch nicht sitzen, stehen oder laufen. Deshalb braucht es die liebevolle Hilfe und Pflege durch die Eltern.

Das erste Jahr

Ein neugeborenes Kind kann noch keine feste Nahrung essen. Es kann aber Milch aus der Brust der Mutter oder aus einer Flasche saugen. Daher wird ein Kind von der Geburt bis zu seinem ersten Geburtstag auch **Säugling** genannt (Bild 2A).

Kinder können von Geburt an saugen und greifen. Andere Fähigkeiten müssen sie erst lernen. Im ersten Monat lernt ein Säugling, den Kopf zu drehen und zu heben. Er verfolgt Licht mit den Augen und reagiert, wenn man mit ihm spricht. Mit drei Monaten erkennt der Säugling Gesichter und lächelt sie an. Ab dem fünften Monat kann man dem Säugling zusätzlich zur Milch einen Brei aus Gemüse und Obst anbieten. Ab dem sechsten Monat fängt das Kind an zu krabbeln (Bild 3). Am Ende des neunten Monats kann es sitzen. Es kann winken und „Da-Da" sagen. Die Entwicklung verläuft bei Kindern unterschiedlich schnell.

Das zweite und das dritte Jahr

Vom ersten Geburtstag bis zum dritten Geburtstag wird ein Kind als **Kleinkind** bezeichnet. Der Name beschreibt also ein kleines Kind. Es kann nun stehen und beginnt kurz darauf zu laufen. Es versteht zunächst einzelne Wörter und dann kurze Sätze. Mit zwei Jahren kann ein Kleinkind seinen Namen sagen. Es kann jetzt ohne fremde Hilfe essen und mithelfen, wenn es angezogen wird.

 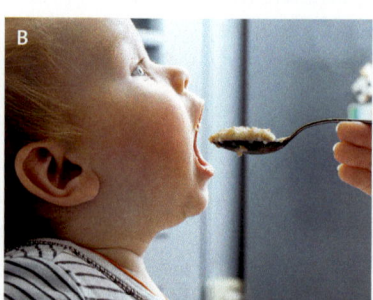 

2 Kinder trinken zuerst Milch (A), essen dann Brei vom Löffel (B) und können schließlich allein vom Teller essen (C).

4 *Ein Vater beruhigt sein weinendes Kind.*

Das Urvertrauen
Mit Weinen und Schreien machen kleine Kinder auf sich aufmerksam. Wenn man sie in den Arm nimmt, sie liebevoll streichelt und leise mit ihnen spricht, dann beruhigen sie sich meist (Bild 4). Das Kind fühlt sich beschützt und geliebt. So kann es Vertrauen zu sich selbst und zu anderen aufbauen. Dieses Vertrauen wird **Urvertrauen** genannt. Die Vorsilbe *Ur-* im Wort Urvertrauen ist die Abkürzung für ursprünglich, das bedeutet zuerst. Das Urvertrauen ist also das Vertrauen, das ein Mensch zuerst entwickelt. Menschen mit Urvertrauen fühlen eine innere Sicherheit, dass sie alles schaffen können.

Die Eltern helfen bei der Entwicklung
Kinder lernen beim Spielen. Wenn die Eltern zum Beispiel einen Turm aus Bausteinen bauen, dann schaut das Kind zu und versucht es anschließend selbst. Die Eltern unterstützen das Kind, sie loben oder trösten, wenn etwas nicht klappt.

5 *Amir schaut zu, wie seine Mutter einen Turm baut.*

> **BASISKONZEPT** Entwicklung
> Alle Lebewesen verändern sich. Man sagt: Sie entwickeln sich. Menschen durchlaufen verschiedene Stufen der Entwicklung. Aus einem Säugling wird ein Kleinkind, dann ein Kind, eine Jugendliche oder ein Jugendlicher und schließlich ein erwachsener Mensch. Zur Entwicklung gehört auch das Wachstum. Doch auch wenn Lebewesen ausgewachsen sind, verändern sie sich immer weiter.
> Die Entwicklung ist also ein Vorgang, bei dem sich Lebewesen im Laufe der Zeit verändern.

Wenn Eltern viel mit ihrem Kind sprechen und ihm vorlesen, dann fördern sie seinen Hörsinn und die Entwicklung der Sprache. Eltern haben die Verantwortung für die Entwicklung des Kindes.

> Menschen lernen und entwickeln sich ein Leben lang. Säuglinge brauchen die Hilfe und Pflege ihrer Eltern. Kleinkinder lernen laufen und sprechen. Kinder entwickeln durch aufmerksame und liebevolle Eltern das Urvertrauen. Eltern haben die Verantwortung für ihr Kind und unterstützen seine Entwicklung.

AUFGABEN
1 Deine eigene Entwicklung
a ▸ Erstelle aus den Entwicklungsschritten im Text ein Flussdiagramm.
b ▸ Suche Fotos im Internet, auf denen die Kinder einen Monat bis 3 Jahre alt sind. Ordne die Fotos den Entwicklungsschritten zu. Du kannst auch Fotos von dir verwenden.

2 Das Urvertrauen
a ▸ Beschreibe, wie Eltern die Entwicklung von Urvertrauen unterstützen können.
b ▸ Bewerte die Bedeutung von Urvertrauen für die weitere Entwicklung eines Menschen.

3 Die Eltern sind Vorbilder
▸ An einer roten Ampel stehen Eltern mit einem kleinen Kind. Sie haben es sehr eilig. Weit und breit ist kein Auto zu sehen. Begründe, ob die Eltern die Straße trotz der roten Ampel überqueren sollten.

AUFGABEN Pubertät, Verhütung und Schwangerschaft

1 Typisch?!
Arbeitet in Gruppen.
a ☒ Erstellt ein Plakat. Zeichnet den Umriss einer Person möglichst groß in die Mitte. Teilt den Umriss dann der Länge nach durch einen Strich in zwei Hälften.
b ☒ Ergänzt den Umriss in der einen Hälfte mit typisch weiblichen Merkmalen und in der anderen Hälfte mit typisch männlichen Merkmalen. Zeichnet dazu Kleidung, Haare, Gesichtszüge, Körperteile …
c ☒ Notiert typische Hobbys, Verhaltensweisen oder Charaktereigenschaften auf beiden Seiten.
d ☒ Vergleicht die Plakate der verschiedenen Gruppen.
e ☒ Diskutiert in der Klasse darüber.

2 Die Verhütung geht beide was an
Zum Thema Verhütung gibt es viele „fake news".
a ☒ Lies die unten stehenden Behauptungen. Finde in jedem Satz den inhaltlichen Fehler.
b ☒ Formuliere die Regeln zur Verhütung korrekt und schreibe sie auf.
c ☒ Ergänze die Liste mit zwei weiteren Regeln.

> **Regeln für die Verhütung**
> – Plane die Verhütung bereits nach dem ersten Geschlechtsverkehr.
> – Verhüten muss man erst ab 14 Jahren.
> – Für die Verhütung ist nur der Junge zuständig.
> – Mit Kondomen kann man auch Krankheiten wie Krebs oder Herzinfarkt verhindern.
> – Die Pille kann man einfach ab und zu nehmen.
> – Unterbrochener Geschlechtsverkehr ist die sicherste Verhütungsmethode.
> – Wenn bei der Verhütung etwas schiefgegangen ist, dann sollte man am besten schweigen und niemandem davon erzählen.
> – Ein Kondom kann man auch mehrmals benutzen.
> – Verhütungsmittel können nur Erwachsene in der Apotheke kaufen.

3 Pickel loswerden
Maxi hat schon wieder einen Pickel. Kim meint, dass man den Pickel einfach ausdrücken sollte.
a ☒ Beschreibe, was ein Pickel ist.
b ☒ Begründe, warum Maxi den Ratschlag von Kim nicht befolgen sollte.
c ☒ Gib Maxi zwei bessere Tipps.
d ☒ Entwerft einen Flyer zur richtigen Körperhygiene in der Pubertät. Notiert zehn Regeln und formuliert auch eine kreative Überschrift.

4 Ein Modell zur Fruchtblase
Das Kind ist in der Fruchtblase gut geschützt. Das kann man mit diesem Modell zeigen:

a ☒ Beschreibe den Aufbau des Modells.
b ☒ Ordne den Teilen des Modells die entsprechenden Bestandteile des Körpers zu. Erstelle dazu eine Tabelle:

Modell	Körper
Glasgefäß	
Gefrierbeutel	
Flüssigkeit	
Hühnerei	

c ☒ Wenn man das geschlossene Glasgefäß schüttelt, dann geht das rohe Ei nicht kaputt. Übertrage das auf den Körper der Mutter und das ungeborene Kind.
d ☒ Bewerte das Modell. Beschreibe dazu, was es gut zeigt und was nicht.
e ☒ Begründe, ob es ein Strukturmodell oder ein Funktionsmodell ist.

METHODE Eine Expertin oder einen Experten befragen

Zu manchen Themen gibt es mehr Fragen, als im Unterricht, im Schulbuch oder im Internet beantwortet werden. Dann könnt ihr mit einer Expertin oder einem Experten sprechen.

1 Die Fragen sammeln
Überlegt gemeinsam, was ihr schon über das Thema wisst. Notiert dann die Fragen, die ihr habt. Ordnet die Fragen und legt fest, in welcher Reihenfolge sie gestellt werden sollen.

Die Klasse 5c hat folgende Fragen gesammelt:
– *Ab welchem Alter darf man Sex haben?*
– *Darf eine Freundin/ein Freund mit zur Untersuchung in die Frauenarztpraxis kommen?*
– *Was wird bei einer Untersuchung gemacht?*
– *Stimmt es, dass die Pickel verschwinden, wenn man die Pille nimmt?*

2 Eine Expertin oder einen Experten finden
Sucht nach Experten, die eure Fragen beantworten können. Nutzt dazu das Internet oder fragt Verwandte, Freunde und Bekannte, ob jemand einen Experten für euer Thema kennt.

Die Klasse entscheidet, eine Frauenärztin zu befragen. Lien fragt ihre Mutter nach dem Namen und den Kontaktdaten ihrer Frauenärztin.

3 Die Expertin oder den Experten einladen
Legt fest, wer den Experten kontaktiert. Ihr könnt anrufen oder eine E-Mail schreiben. Nennt das Thema, zu dem ihr Fragen habt. Schreibt auch dazu, wie lange eure Befragung dauern soll. Vereinbart einen Termin und Ort. Das kann euer Klassenzimmer, der Arbeitsort des Experten oder eine Videokonferenz sein.

Lien schreibt eine E-Mail an die Frauenärztin.

4 Die Befragung vorbereiten
Vereinbart, wer die Fragen stellt und wer die Antworten notiert. Am besten machen mehrere von euch Notizen.

Jana wird die Fragen stellen. Annika, Sarah, Ben und Anton werden Notizen machen. Tom wird Fotos von der Befragung machen.

1 Die Klasse 5c befragt eine Frauenärztin.

5 Die Befragung durchführen
Begrüßt die Expertin. Stellt dann die Fragen und hört gut zu. Fragt nach, wenn ihr etwas nicht versteht. Bedankt euch bei der Verabschiedung.

Jana begrüßt Frau Dr. Müller und bittet sie, sich vorzustellen. Tom fragt, ob er Fotos machen darf. Dann stellt Jana die gesammelten Fragen. Annika, Sarah, Ben und Anton notieren die Antworten. Zur Pille gibt es einige Nachfragen. Am Ende bedankt Jana sich im Namen der Klasse bei Frau Dr. Müller und verabschiedet sie.

6 Die Befragung auswerten
Besprecht eure Erkenntnisse. Erstellt ein Plakat oder in einen Artikel für die Schülerzeitung oder die Internetseite eurer Schule. Ihr könnt auch eine Tonaufnahme der Befragung machen und als Podcast veröffentlichen, wenn die Befragten einverstanden sind. Zieht Schlussfolgerungen für weitere Befragungen.

Die Klasse erstellt ein Plakat und hängt es in der Schule auf. Die nächste Befragung will die Klasse auch filmen, wenn die Expertin oder der Experte einverstanden ist. Außerdem wollen sie mehr Fragen vorbereiten.

AUFGABE

1 Eine Expertin oder einen Experten einladen
Formuliert die E-Mail, die Lien an die Frauenärztin geschrieben hat, um sie einzuladen.

Du entscheidest

1 Innere Stärke kann man nicht sehen.

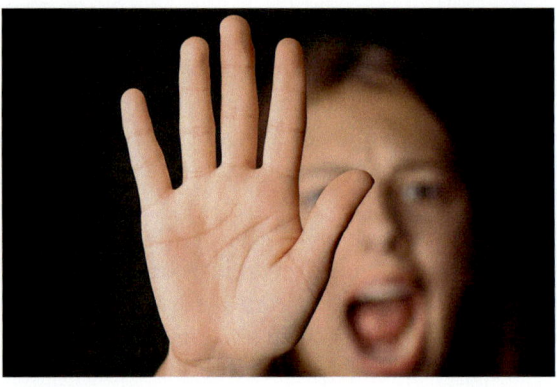

3 Nein sagen ist okay.

Ob jemand innerlich stark ist, kann man ihr oder ihm nicht ansehen. Jeder Mensch kann lernen, stark und selbstbewusst zu sein. Diese Fähigkeiten kannst du in der Schule, durch Freunde und Familie, aber auch durch eigene Erfahrungen erlangen.

Vorbilder sind wichtig
Jeder Mensch besitzt besondere Eigenschaften und Fähigkeiten. Auch Schwächen sind normal. Doch Menschen können sich ändern. Dabei helfen dir Rollenvorbilder wie Familienmitglieder, Lehrkräfte oder Freunde. Aus ihren Erfahrungen kannst du etwas für dich selbst lernen.

Soziale Netzwerke
Freundschaften sollten von Ehrlichkeit, Vertrauen, gegenseitiger Unterstützung und dem Teilen von Freude geprägt sein. In sozialen Netzwerken sind die „Freunde" aber meist anonym und keineswegs nur sozial. Denn nicht allen Menschen kannst du vertrauen. Auch Fremde können dort deine privaten Daten sehen. Achte darauf, welche Informationen du öffentlich machst. Veröffentliche keine privaten Informationen wie deinen Wohnort oder vertrauliche Gespräche unter Freunden. Auch Bilder, auf denen du wenig bekleidet bist, solltest du nicht öffentlich zeigen (Bild 4).

Sage Nein!
Was auf dich einwirkt oder was von dir erwartet wird, muss nicht immer gut und richtig sein. Achte auf deine Gefühle. Sie zeigen dir, was dir guttut und was nicht. Wenn du zum Beispiel eine Berührung oder ein liebes Wort gerne magst, dann ist das gut. Es kann aber vorkommen, dass dir etwas unangenehm ist, dass du bei etwas nicht mitmachen willst oder dass du in einer Sache anderer Meinung bist. Das musst du dir nicht gefallen lassen. Sage Nein, wehre dich und zeige deutlich, dass es dir nicht gefällt. Auch wenn du dich unsicher oder unwohl fühlst, ist es richtig, Nein zu sagen oder Ablehnung zu signalisieren.

2 Ein Selfie mit Freunden

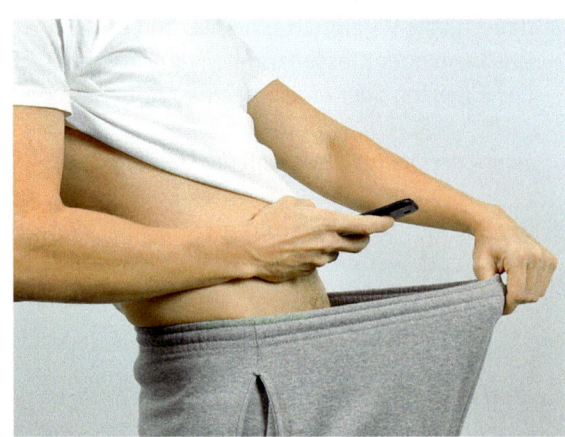

4 Solche Fotos solltest du nicht veröffentlichen.

5 Böse Menschen wollen, dass man schweigt.

7 In Kursen kannst du lernen, dich selbst zu verteidigen.

Sexueller Missbrauch

Es gibt Erwachsene, die Kinder und Jugendliche dazu überreden oder zwingen, ihnen Nacktfotos zu schicken, sie an ihren Geschlechtsteilen anzufassen oder mit ihnen Sex zu haben. Diese Menschen nutzen ihre Macht aus, um ihre Lust an Jüngeren oder Schwächeren zu befriedigen. Solche Handlungen werden **sexueller Missbrauch** oder **sexualisierte Gewalt** genannt. Es ist immer eine schreckliche Erfahrung für das Opfer. Es wird durch den Täter seelisch und meist auch körperlich geschädigt. Das Opfer braucht Hilfe. In Deutschland gibt es ein Gesetz, nach dem Täter streng bestraft werden.

Lass dir helfen!

Wenn jemand deine Grenzen überschritten hat, dann sprich mit einer Person darüber, der du vertraust. Das Hilfetelefon erreichst du unter 0800 2 25 55 30. Die Menschen dort helfen dir kostenfrei und anonym. Wenn du in einer Situation sofort Hilfe brauchst, dann kannst du das anderen Menschen mit dem Handzeichen in Bild 6 zeigen.

Was dich stark machen kann

Vielen Jugendlichen hilft es, wenn sie über ihre Probleme reden. Sie sprechen mit Eltern oder Freunden darüber, was sie bewegt. Oder sie vertrauen einem Tagebuch ihre Gefühle und Gedanken an. Manche Menschen gewinnen mehr Stärke, wenn sie bei Sport und Spiel Erfolge erleben. Wieder andere gewinnen Selbstsicherheit und Selbstvertrauen, indem sie sich freiwillig für andere einsetzen. Das kann in einem Sportverein oder in der Kirche sein, im Umweltschutz, in der Schülervertretung oder auch in der Tierpflege.
Es gibt Kurse und Trainingsangebote zur Selbstverteidigung. Dort kannst du üben, deine Gefühle wahrzunehmen und ihnen zu vertrauen. Du kannst trainieren, Gefahren zu erkennen und wie du am besten darauf reagierst. Und du kannst Techniken lernen, mit denen du dich im Notfall gegen andere Menschen wehren kannst.

> Wenn du etwas falsch, schlecht oder unangenehm findest, dann wehre dich und sage Nein. Manche nutzen andere Menschen oder Informationen über sie aus. Falls dir das passiert, sprich mit jemandem, dem du vertraust.

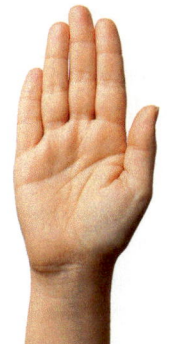
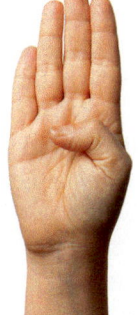

6 So zeigst du „Ich brauche Hilfe!"

AUFGABEN

1 **Dein Körper gehört dir!**
a Erstelle ein Plakat mit Dingen, die dir guttun und dich stark und selbstsicher machen.
b Stell dir vor, dass von deinen Geschwistern ein riesiges Foto an eurer Hauswand hängt. Beschreibe, wie du dich fühlen würdest.
c Beschreibe, was man unter sexuellem Missbrauch versteht.

WEITERGEDACHT Die Monatshygiene

1 Verschiedene Hygieneprodukte

1 Zwei Tampons, eine Binde und eine Slipeinlage

Frauen haben etwa 40 Jahre lang ihre Periode. Pro Jahr braucht jede Frau etwa 400 Binden oder Tampons. In 40 Jahren sind das 16 000 Stück. Diese Hygieneprodukte werden einmal verwendet und dann entsorgt. So entsteht viel Müll. Inzwischen gibt es auch mehrfach verwendbare Hygieneprodukte.

a Eine Binde ist etwa 1 cm dick. Berechne, wie hoch der Stapel wäre, wenn alle Binden aufeinanderliegen würden, die eine Frau in 40 Jahren nutzt.

b Wiege eine Packung Tampons und berechne, wie viel Müll bei 400 Tampons in einem Jahr entsteht.

c Recherchiere im Internet, was eine Packung Tampons kostet. Berechne dann die Kosten, die im Laufe eines Jahres entstehen.

d Einwegbinden enthalten eine Kunststoffschicht, um die Wäsche zu schützen. Zusätzlich sind sie oft einzeln in Folie eingepackt. Beschreibe, welche Probleme dadurch bei der Entsorgung entstehen.

e Begründe mit den Ergebnissen der Aufgaben 1a bis 1d, welche Vorteile es hat, wenn Hygieneartikel mehrmals verwendet werden können.

f Recherchiere drei verschiedene wiederverwendbare Hygieneartikel für die Periode. Notiere, wo man sie kaufen kann, was sie kosten und wie oft sie verwendet werden können.

g Berechne für zwei wiederverwendbare Produkte die Kosten und die Müllmenge pro Jahr.

h Stelle in einer Tabelle dar, welche Vorteile und Nachteile Wegwerfartikel und wiederverwendbare Hygieneartikel haben.

2 Die Menstruationstasse

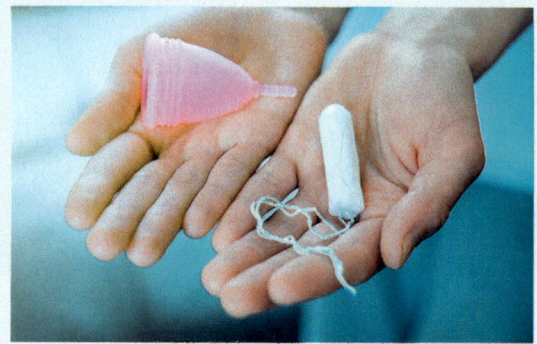

2 Leona Chalmers erfand 1937 die Menstruationstasse.

Weltweit haben 500 Millionen Mädchen und Frauen keine Möglichkeit, Hygieneartikel zu kaufen. Deshalb verwenden sie alte Zeitungen, Stofflappen oder Lehm, um das Menstruationsblut aufzufangen. Das kann zu schweren Entzündungen im Intimbereich führen. Die Mädchen gehen oft nicht zur Schule, wenn sie ihre Tage haben, denn sie wollen die Schuluniform nicht beschmutzen. Viele dieser Mädchen bekommen inzwischen in der Schule einen kleinen Kelch aus weichem Kunststoff geschenkt: eine Menstruationstasse.

a Recherchiere, wie eine Menstruationstasse angewendet wird und welche Hygieneregeln beachtet werden müssen.

b Beschreibe mithilfe des nebenstehenden Bildes, wieso dieses Hygieneprodukt „Menstruationstasse" genannt wird.

c Begründe, wie Menstruationstassen Mädchen und Frauen helfen können, die keinen Zugang zu Hygieneartikeln haben. Bedenke auch die Auswirkungen auf die Bildung und damit auf das weitere Leben der Mädchen.

d Ihr wollt Spenden sammeln, um einer Mädchenschule in Kenia Menstruationstassen zu schenken. Entwirf dazu einen Flyer, in dem du Menstruationstassen mit Binden und Tampons vergleichst. Erläutere auch, wie die Menstruationstassen beschafft werden können und wie sie gereinigt werden müssen.

WEITERGEDACHT   Die Kindesentwicklung

1 Die Entwicklung des Kindes

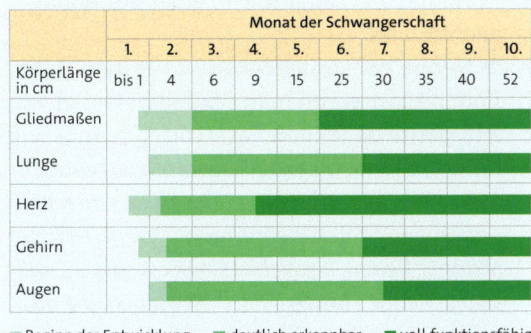

	Monat der Schwangerschaft									
	1.	2.	3.	4.	5.	6.	7.	8.	9.	10.
Körperlänge in cm	bis 1	4	6	9	15	25	30	35	40	52
Gliedmaßen										
Lunge										
Herz										
Gehirn										
Augen										

▫ Beginn der Entwicklung   ▪ deutlich erkennbar   ▪ voll funktionsfähig

1 Die Entwicklung der Organe beim ungeborenen Kind

Eine Schwangerschaft dauert etwa 40 Wochen. In dieser Zeit entwickelt sich ein neuer Mensch, bei dem alle Organe voll funktionsfähig sind.

a Nenne mithilfe von Bild 1 das Organ, das als Erstes voll funktionsfähig ist, sowie die Organe, die als Letztes ihre Funktionsfähigkeit erreichen.

b Wenn die Arme und Beine des Kindes vollständig entwickelt sind, dann können viele Schwangere die Bewegungen des Kindes im Bauch spüren. Lies aus Bild 1 ab, ab wann dies möglich ist.

c Ordne die Fotos in Bild 2 in der Reihenfolge, in der sich das Kind entwickelt. Notiere dazu die Buchstaben der Fotos und begründe, warum du diese Reihenfolge gewählt hast.

d Ordne jedem Bild das Alter des Kindes zu: 14 Wochen, 8 Wochen, 5 Wochen, 20 Wochen.

e Formuliere einen Je-desto-Satz zum Zusammenhang von Alter und Größe des Kindes.

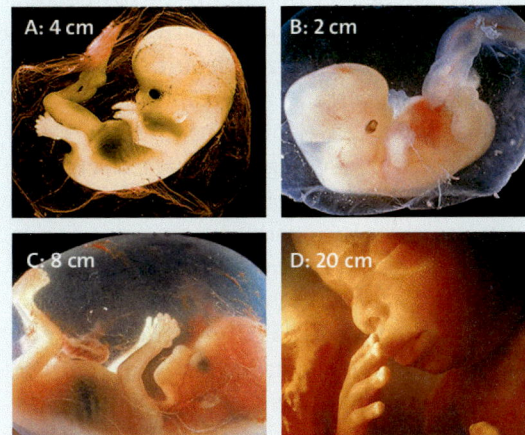

2 Die Entwicklung des ungeborenen Kindes

2 Zu früh geboren

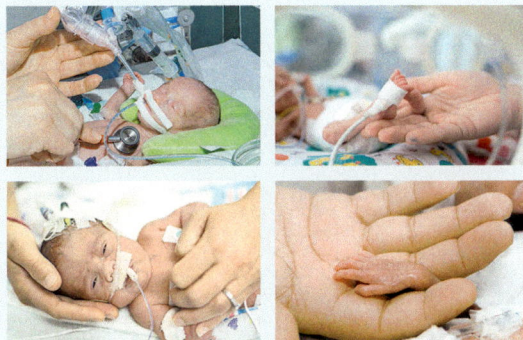

3 Die Kinder tragen im Brutkasten nur eine Windel.

Carina hat gut auf sich und das Kind in ihrem Bauch aufgepasst. Trotzdem wurde Felix schon in der 24. Schwangerschaftswoche, also am Ende des 6. Monats geboren. Deshalb musste er in den ersten Wochen in einem Brutkasten liegen. Das ist ein kleiner Glasraum mit medizinischen Geräten, in dem es 37 °C warm ist.

a Felix ist ein „Frühchen". Begründe mithilfe seiner Geschichte, warum er so genannt wird.

b Felix hat sehr gute Überlebenschancen. Begründe diese Aussage mithilfe von Bild 1. Beachte dabei den Entwicklungsstand der lebenswichtigen Organe bei Felix' Geburt.

c Formuliere einen Je-desto-Satz zum Zusammenhang von Geburtszeitpunkt und Entwicklungsstand des Kindes.

d Stelle mithilfe von Bild 3 eine Vermutung auf, warum die Temperatur im Brutkasten der Körpertemperatur des Menschen entspricht.

e Medizinische Geräte überwachen Atmung und Herzschlag. Bei Unregelmäßigkeiten wird ein lauter Alarm ausgelöst, der Hilfe herbeiruft. Überlege, wie die Geräusche auf der Intensivstation die Kinder beeinträchtigen.

f Das Bild zeigt eine Mutter mit ihrem Kind bei der „Känguru-Methode". Beschreibe, was du siehst. Beschreibe auch, was das Kind dabei riechen und fühlen kann.

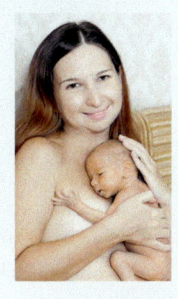

g Recherchiere, was die „Känguru-Methode" beim Kind bewirkt und woher sie ihren Namen hat.

TESTE DICH!

1 Die Pubertät ↗ S. 300–307

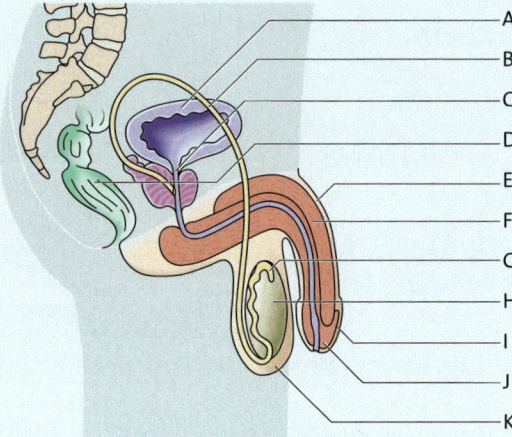

1 Die männlichen Geschlechtsorgane

a ▣ Benenne die mit Buchstaben gekennzeichneten Organe in den Bildern 1 und 2 mit den Fachwörtern.
b ▣ Notiere in einer Tabelle die primären und sekundären Geschlechtsmerkmale von Mann und Frau.
c ▣ Nenne jeweils zwei Merkmale, an denen Jungen und Mädchen erkennen, dass sie geschlechtsreif sind.
d ▣ Begründe, warum Körperpflege in der Pubertät wichtig ist.
e ▣ Erläutere die Vorgänge beim weiblichen Zyklus mithilfe von Bild 2 auf der rechten Seite.
f ▣ Begründe, ob es möglich ist, dass ein 12-jähriges Mädchen schwanger wird.

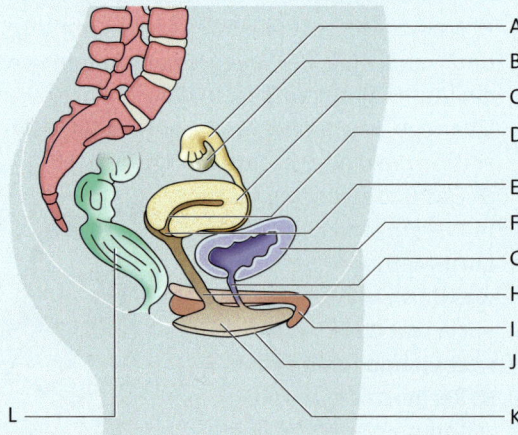

2 Die weiblichen Geschlechtsorgane

2 Liebe und Sexualität ↗ S. 310/311, 322/323

a ▣ Nenne drei Dinge, die in einer Beziehung wichtig sind.
b ▣ Nenne zwei Möglichkeiten, wo man Hilfe finden kann, wenn man sexuell belästigt wird.
c ▣ Ergänze im Text die Fachwörter: homosexuell, heterosexuell, bisexuell, lesbisch, schwul.
Menschen, die sich vom gleichen Geschlecht angezogen fühlen, nennt man ... Wenn Männer Männer lieben, bezeichnet man sie als ... Zwei sich liebende Frauen sind ... Menschen, die das andere Geschlecht anziehend finden, nennt man ... Als ... werden Personen bezeichnet, die sich in Frauen und Männer verlieben können.

3 Sex und Verhütung ↗ S. 313–315

a ▣ Beschreibe mit eigenen Worten, wie es zu einer Schwangerschaft kommen kann.
b ▣ Erläutere, was Geschlechtsverkehr mit Verantwortung zu tun hat.
c ▣ Nenne drei Verhütungsmittel.
d ▣ Beschreibe die Anwendung eines dieser Verhütungsmittel.
e ▣ Nenne zwei Beispiele, wann Kondome nicht mehr zuverlässig schützen.
f ▣ Begründe, warum „Aufpassen" keine Verhütungsmethode ist.
g ▣ Notiere ein Gespräch, wie du mit deinem Partner über Verhütung sprechen könntest.
h ▣ „Verhütung ist Frauensache!" Beurteile diese Aussage.

4 Die Entwicklung des Kindes ↗ S. 316–319

a ▣ Nenne die Fachwörter für eine befruchtete Eizelle sowie für das Kind bis zur 8. Woche und von der 9. Woche bis zur Geburt.
b ▣ Eine schwangere Frau erzählt: „Mein Kind ist fünf Wochen alt. Heute habe ich beim Frauenarzt zum ersten Mal gesehen, wie das Herz schlägt." Begründe, ob das sein kann.
c ▣ Nenne die Fachwörter für ein Kind von der Geburt bis zum ersten Geburtstag sowie vom ersten bis zum dritten Geburtstag.
d ▣ Beschreibe, was das Urvertrauen ist.
e ▣ Erläutere an einem Beispiel, wie Eltern die Entwicklung ihres Kindes unterstützen können.

ZUSAMMENFASSUNG Die Pubertät

Die Pubertät
In der Pubertät lösen Hormone Veränderungen im Körper und im Gehirn aus. Dadurch entwickeln sich Kinder zu jungen Erwachsenen. Sie werden geschlechtsreif. Auch Gefühle und Interessen verändern sich.

Vom Jungen zum Mann
Bei Jungen wird in der Pubertät die Stimme tiefer und die Körperbehaarung entwickelt sich. In den Hoden werden männliche Geschlechtszellen gebildet, die Spermienzellen.

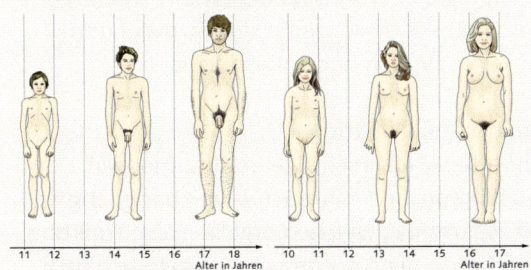

1 Vom Jungen zum Mann und vom Mädchen zur Frau

Vom Mädchen zur Frau
Bei Mädchen wird in der Pubertät das Becken breiter, die Brust und die Körperbehaarung entwickeln sich. In den Eierstöcken reifen weibliche Geschlechtszellen, die Eizellen.

Der weibliche Zyklus
Ein Zyklus besteht aus Eizellreifung, Eisprung und Regelblutung. Während der Periode wird eine Eizelle mit der Gebärmutterschleimhaut nach außen abgegeben.

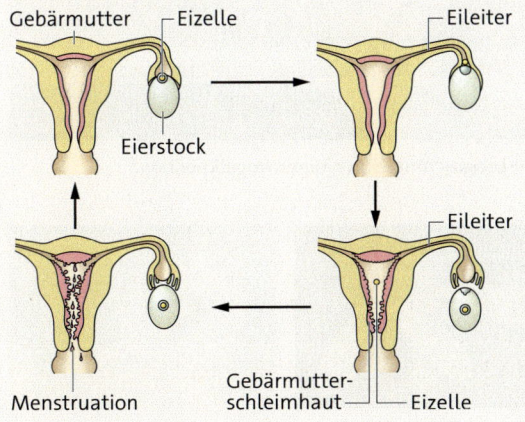

2 Der weibliche Zyklus

Auf den eigenen Körper achten
Ab der Pubertät bilden die Hautdrüsen mehr Fett und Schweiß. Das kann zu Körpergeruch und Hautproblemen führen. Regelmäßige Körperpflege ist daher wichtig.

Liebe und Sexualität sind vielfältig
Verliebte wollen immer zusammen sein. Ob sie auch miteinander schlafen, entscheidet jede und jeder selbst. Die sexuelle Orientierung beschreibt, von welchem Geschlecht man sich angezogen fühlt. Es gibt heterosexuelle, homosexuelle, bisexuelle und asexuelle Menschen.

Sex und Verhütung
Beim Petting werden Zärtlichkeiten am ganzen Körper ausgetauscht. Beim Geschlechtsverkehr wird der Penis in die Vagina eingeführt. Der Vaginaeingang ist von einem dehnbaren Vaginalkranz umgeben, der beim ersten Mal nicht einreißen muss.
Mit Verhütungsmitteln kann man eine Schwangerschaft verhindern. Pille und Vaginalring enthalten Hormone, die den Eisprung unterdrücken. Kondome verhindern, dass Spermienzellen in die Vagina gelangen, und schützen auch vor Geschlechtskrankheiten.

Ein Kind entsteht und entwickelt sich
Bei der Befruchtung verschmelzen Eizelle und Spermienzelle. Der Embryo nistet sich in der Gebärmutter ein. Durch die Nabelschnur und den Mutterkuchen wird das Kind mit Nährstoffen und Sauerstoff versorgt. Es befindet sich in einer Fruchtblase mit Fruchtwasser. Nach der Geburt pflegen die Eltern den Säugling und helfen ihm bei der Entwicklung. Dadurch entwickelt das Kind Urvertrauen.

Du entscheidest
Wenn du etwas falsch, schlecht oder unangenehm findest, dann sage Nein und wehre dich. Veröffentliche keine privaten Fotos oder private Informationen von dir im Internet. Manche Menschen nutzen andere oder Informationen über sie aus. Falls dir das passiert, sprich mit jemandem, dem du vertraust.

Die Basiskonzepte in der Biologie

1 Wissen muss sortiert sein – wie in einer Bibliothek.

Das Wissen in der Biologie wirkt fast unüberschaubar. Es gibt jedoch Möglichkeiten, es zu ordnen – wie die Bücher in einer Bibliothek.

Das Wissen der Biologie
Manche Beobachtungen in der Natur und bei verschiedenen Lebewesen haben auf den ersten Blick nichts miteinander zu tun. Auf den zweiten Blick gibt es aber doch Gemeinsamkeiten und Zusammenhänge zwischen ganz unterschiedlichen Beobachtungen. Biologinnen und Biologen ordnen das biologische Wissen, um diese Zusammenhänge erkennen zu können. Nur so können sie den Überblick behalten und ihr Wissen erweitern und vertiefen.

Die Ordnungssysteme
In Bibliotheken sind Bücher zum Beispiel danach geordnet, ob es sich um Krimis, Fantasyromane oder historische Romane handelt. Literaturwissenschaftler und Literaturwissenschaftlerinnen sortieren ihre Bücher manchmal nach dem Jahr, in dem sie erschienen sind. Manche Menschen ordnen ihre Bücher nach den Namen der Personen, die sie geschrieben haben. Andere ordnen ihre Bücher nach dem Alphabet.

Jedes dieser Ordnungssysteme hilft dabei, Zusammenhänge hervorzuheben oder Gemeinsamkeiten zu erkennen. So findet zum Beispiel der Krimifan in der Bibliothek schnell andere Krimis, die ihm gefallen könnten.

Die Basiskonzepte der Biologie
Die Biologie ist in verschiedene Teilgebiete unterteilt. Dazu gehören die Tierkunde, die Pflanzenkunde und die Zellbiologie. Die Teilgebiete sind nur eine Möglichkeit, das Wissen in der Biologie zu ordnen. Ein anderes Ordnungssystem sind biologische Grundregeln. Sie werden auch **Basiskonzepte** genannt. Die Basiskonzepte helfen dir, dein Wissen zu vernetzen. Dadurch erkennst du Gemeinsamkeiten verschiedener Bereiche der Biologie und kannst dein Wissen aus einem Bereich auf andere Bereiche übertragen. So unterstützen dich die Basiskonzepte dabei, die Biologie besser zu verstehen. Drei wichtige biologische Basiskonzepte sind Struktur und Funktion, System und Entwicklung.

Struktur und Funktion
Wirbeltiere haben ein Skelett aus Knochen. Der Bau der Knochen – ihre Struktur – hängt eng damit zusammen, welche Aufgabe – also Funktion – sie erfüllen. Die Knochen der Säugetiere haben dicke Wände und sind mit Knochenmark gefüllt. Die Knochen der Vögel haben sehr dünne Wände und sind innen hohl (Bild 2). Vögel sind deshalb leichter als gleich große Säugetiere. Dadurch können sie fliegen. Die Früchte einiger Pflanzen sind so gebaut, dass sie vom Wind weit getragen werden. Dadurch können sie in einiger Entfernung zur Mutterpflanze keimen. Beispiele sind die Samen von Ahorn oder Löwenzahn (Bild 3). Der Bau, also die Struktur der Pflanzensamen, ermöglicht ihre Verbreitung und damit die Funktion.

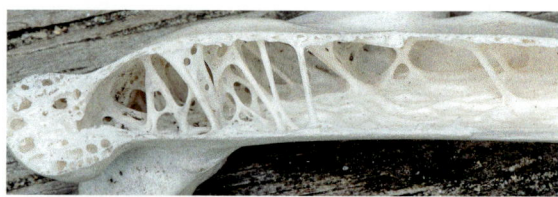

2 Ein Längsschnitt durch einen Vogelknochen

3 Zwei verschiedene Flugfrüchte: Ahorn (A), Löwenzahn (B)

4 Eine Pflanzenzelle in einem Blatt der Wasserpest

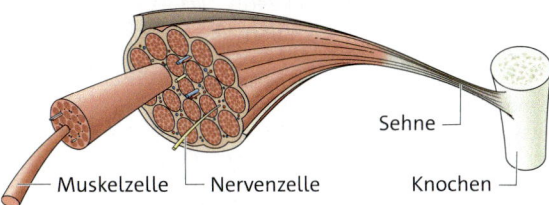

5 Der Bau eines Muskels

System

Zellen sind die Grundbausteine aller Lebewesen. Jede Zelle ist ein **System**. Sie enthält verschiedene Zellorganellen wie den Zellkern. Außen ist die Zelle von der Zellmembran umgeben (Bild 4). Nur durch das Zusammenwirken aller Teile des Systems ist es möglich, dass die Zelle lebt. Auch ein Organ ist ein System. Bei einem Muskel müssen alle Teile zusammenarbeiten, damit der Muskel seine Aufgabe erfüllen kann (Bild 5).

Entwicklung

Alle Lebewesen entwickeln sich mit der Zeit. Dies besagt das Basiskonzept Entwicklung. Bei der Keimung eines Pflanzensamens entsteht unter geeigneten Bedingungen aus dem Keimling ein zartes Pflänzchen. Nach einiger Zeit wird daraus eine ausgewachsene Pflanze (Bild 6). Auch der Mensch wächst und entwickelt sich: vom Kind zum Erwachsenen. Die Pubertät ist dabei ein besonderer Lebensabschnitt. In dieser Zeit werden aus Kindern langsam junge Erwachsene (Bild 7). Dabei verändern sich der Körper und das Gehirn, aber auch die Interessen und Gefühle.

An vielen Vorgängen und Erscheinungen in der Biologie lassen sich Grundregeln erkennen. Die Basiskonzepte beschreiben diese Grundregeln. Drei Basiskonzepte der Biologie sind: Struktur und Funktion, Entwicklung und System.

AUFGABEN

1 Die Ordnungssysteme
a Nenne drei mögliche Systeme für das Ordnen von Büchern.
b Nenne zwei Ordnungssysteme für biologisches Wissen.
c Begründe, warum Biologinnen und Biologen das biologische Wissen ordnen.

2 Die Basiskonzepte in der Biologie
 Nenne drei Basiskonzepte in der Biologie.

3 Die Insekten
a Insekten durchlaufen in ihrem Leben eine Veränderung. Nenne das Fachwort dafür.
b Erkläre, für welches Basiskonzept diese Veränderung ein Beispiel ist.

4 Gebiss und Ernährung
 Die Backenzähne im Gebiss der Rinder sind so gebaut, dass die Rinder damit Pflanzen gut zerreiben können. Nenne das Basiskonzept, das auf den Bau der Backenzähne zutrifft.

5 Verschiedene Organe
Das Verdauungssystem ist ein Organsystem, das aus verschiedenen Organen besteht
a Nenne drei Organe des Verdauungssystems.
b Auf alle Organe des Verdauungssystems zusammen trifft ein Basiskonzept zu, auf jedes Organ einzeln noch ein zweites. Nenne beide.

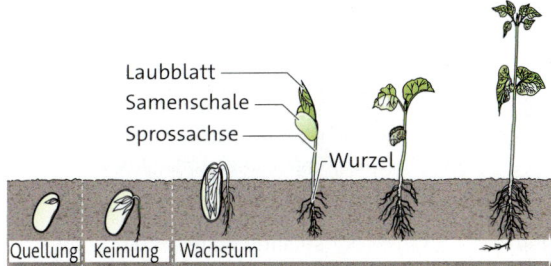

6 Die Entwicklung der Gartenbohne aus einem Samen

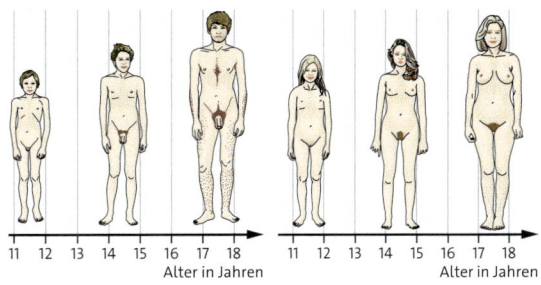

7 Die Entwicklung bei Jungen und Mädchen

Register

A

die Abhängigkeit 278, 285
der abiotische Umweltfaktor 154
der Ableger 134
der After 271
die Afterflosse 64
die Ähre 54, 124
die Akne 307
der Alkohol 278 f.
der Allesfresser 44 f., 88
die Amphibie 60, 72 f., 112, 224
die Anbindehaltung 40
die Angepasstheit 154, 230 ff.
die Antibabypille 314 f.
die Art 120
die Artenvielfalt 121
die Arterie 288, 293
– asexuell 310
der Ast 118
die Atemluft 280
die Atmung 64, 225, 280 f., 297
– Amphibien 73
– Fische 64 f.
– Insekten 100, 109
– Reptilien 76
– Säugetiere 88, 109
– Vögel 73, 80, 109
das Atmungsorgan 280, 284
das Atmungssystem 242 f., 280, 297
der Auftrieb 82
die ausgewogene Ernährung 272
die Auslesezüchtung 52
das Ausscheidungsorgan 96
das Außenskelett 94, 100
das äußere Geschlechtsorgan 304

B

die Bache 44
der Backenzahn 266
das Balkendiagramm 262
der Ballaststoff 264
die Balz 78
die Bandscheibe 247
das Basiskonzept 65, 189, 319, 328 f.
die Bauchatmung 280
die Bauchflosse 64
die Bauchspeicheldrüse 271
der Baum 118 f., 130, 200
die Baumkrone 118
die Baumschicht 164
der Baustoff 259
das Becken 246 f.
die Beerenfrucht 136
die Befruchtung
– äußere 66, 74
– innere 75, 78, 84, 90
– menschliche 316
– pflanzliche 133
das Beobachten 8, 16
die Beringung 220
die Beschneidung 302
die Bestäubung 132

das Bestimmungsmerkmal 124 f.
der Bestimmungsschlüssel
 (Methode) 102 f.
– Bäume 130
– Wassertiere 163
– Wiesenpflanzen 131
der Betriebsstoff 258
der Beuger 251
die Bewegung 22, 254 f., 296
das Bewegungs- und Stütz-
 system 242 f.
die Biodiversität 121
die biologische Arbeitsmethode 8 ff.
das biologische Gleichgewicht 171
die biologische Haltung 48
der biotische Umweltfaktor 154, 156
– bisexuell 310
das Blatt 125, 130
die Blattader 117
der Blättermagen 39
der Blattgrund 117
die Blattnarbe 200
der Blattrand 125
die Blattrosette 204
die Blattspreite 117
die Blattstellung 125
die Blende 190
das Blut 286 f., 297
die Blütenachse 124
das Blütenblatt 116
die Blütenpflanze 116 f., 124, 132, 151
– Wasseraufnahme 183
der Blütenstand 121, 124
das Blutgefäß 286
der Blutkreislauf 288, 293, 297
das Blutplasma 286
das Blutplättchen 287
das Blutserum 287
der Bluttransport 293
die Blutzelle 286 f.
die Bodenart 157, 199
die Bodenfeuchtigkeit 156
der Bodengrund 162
die Bodenhaltung 48
die Bodenqualität 97
die Borste 44, 96
der Boxenlaufstall 41 f.
das braune Fettgewebe 215
die Bronchie 280 f.
die Bronchiole 280 f.
die Brustatmung 281
die Brustflosse 64
der Brustkorb 246
die Brutknospe 134
die Brutpflege 67, 91

C

das Chitin 100
das Chlorophyll 188
der Chloroplast 188, 194

D

der Darm 271
die Darmlänge 49
die Darmzotte 271
der Destruent (Zersetzer) 170
das Diagramm (Methode) 140 f.
die Diagrammauswertung
 (Methode) 262 f.
der Dickdarm 271
– divers 312
die Dolde 124
der Doldenblütler 131
die Doppel-S-Form 247
der Dotter 66, 78, 84
das Dromedar 232 f.
die Drüse 300
die Düngung 207
der Dunkelkeimer 138
der Dünndarm 271
die Durchschnittstemperatur 173

E

der Eber 45
der Eckzahn 266
die Eientwicklung 85
der Eierstock 84, 305 f.
die Eihaut 84
das Eiklar (Eiweiß) 84
der Eileiter 84, 305 f.
die Einheit 14 f.
die Einnistung 316
der Eisbär 230 f.
der Eisprung 306
das Eiweiß 260, 292
der Eizahn 78
die Eizelle 60, 305 f., 316
der Embryo 66, 78, 91, 316
die Energie 180 f., 238, 258 f.
der Energiebedarf 258 f.
die Energieform 180, 238, 258
der Energiegehalt 292
die Energiekette 181
die Energieumwandlung 180 f., 258
der Energiewandler 180, 238
die Entscheidungsfindung 322, 325
die Entwicklung 23, 319, 329
– zum Mann 302 f.
– zur Frau 304 f.
die Entzugserscheinung 278
das Enzym 270
die Epidermis 194
die Erbinformation 188
die Erbsubstanz 188
die Erdkrötenwanderung 226 f., 239
der Erdspross 202
die Erektion 303
der Ergänzungsstoff 264, 296
die Ernährung 272 ff., 292, 297
die Ernährungsform 273
der Ernährungskreis 272
die Erregung 305
das Erwachsenengebiss 267

der Erythrozyt 286 f.
die Ess-Brech-Sucht 277
die Essstörung 277
die Experimentbeschreibung
  (Methode) 68 f.
das Experimentieren 9, 16 f.
die Expertenbefragung
  (Methode) 321

F
das Facettenauge 100
das Fachtextverstehen
  (Methode) 198 f.
die Fachwörter-Lernmethode 18 f.
der Fangzahn 29
die Feder 81, 208
der Feinstaub 284
der Feintrieb 190
der Feldhamster 61, 219
das Fell 28 f., 34, 38, 88, 208 ff., 230 ff.
das Fett 260, 292
die Fettschicht 209, 214, 230, 232
der Fetus 316 f.
das Feuchtlufttier 73, 96
die Feuchtpflanze 161
das Fibrinogen 287
der Fichtenborkenkäfer 173
der Fisch 60, 64 ff., 112, 224
die Fischwanderung 67
die Flachwurzel 129
die Fledermaus 89
der Fleischfresser 29, 35, 44, 73
das Fleischhuhn 47
das Fliegen 81 f., 89
das Flimmerhärchen 284
die Flosse 64
das Fluchttier 40
der Flügel 80, 82, 101
die Flugfrucht 136
die Flughaut 89
die Folienpräsentation 51
die Fontanelle 249
die Fortpflanzung
  – ein-/zweigeschlechtliche 104
  – geschlechtliche 132
  – Pflanzen 145, 204
  – ungeschlechtliche 134, 151
die Fortpflanzung und
  Entwicklung 23
  – Amphibien 60, 74 f.
  – Fische 60, 66 f.
  – Insekten 104 f.
  – Reptilien 61, 78
  – Säugetiere 61, 90 f.
  – Vögel 61, 84 f.
  – Wirbellose 109
  – Wirbeltiere 60, 109
das Fortpflanzungsorgan 90, 132
die Fotosynthese 168, 195
die Freilandhaltung 48
der Froschlurch 72, 75
die Frucht 117, 132 f., 151

die Fruchtblase 316
die Fruchtverbreitung 136
das Fruchtwasser 316
der Frühblüher 202
das Funktionsmodell (Methode) 282

G
die Gallenblase 271
die Gallerthülle 74
die Gartenbohne 139
der Gasaustausch 194, 281
die Gebärmutter 90, 305 f.
das Gebiss 266 f., 296
die Geburt 317 f.
die Geburtshelferkröte 93
das Gegenspielerprinzip 251
der Gehörsinn 29 f.
das Gelenk 244, 250 f., 296
der Geruchssinn 29 f., 37
der Gesamtumsatz 259
die Geschlechterrolle 309
die geschlechtliche
  Fortpflanzung 132
die Geschlechtsidentität 309
die Geschlechtskrankheit 314
das Geschlechtsmerkmal 302 ff.
das Geschlechtsorgan 90, 300, 302 ff.
die Geschlechtsreife 303, 305
der Geschlechtsverkehr 313
die Geschlechtszelle 60, 132, 302, 305
das Getreide 54 f.
das Gewässer 155, 162
das Gewebe 242
die Giftblase 100
die Giftdrüse 73
  – gleichwarm 208 f., 239
der Gliederfüßer 94
das Gliedertier 94
das Gliedmaßenskelett 246
die Glucke 46
das Glückshormon 254, 278
das Gluten 55
die Grabhand 89
der Greifvogel 80
der Griffel 132
der Grobtrieb 190
das Grundorgan 116
der Grundumsatz 258
der Gürtel 96 f.

H
die Hackordnung 46
die Hagelschnur 84 f.
der Hahn 46 f., 84
das Hahnenfußgewächs 131
der Halm 54
das Hämoglobin 286
das Haushuhn 46 ff.
das Hausschwein 45
das Haustier 26 f., 30, 57
die Hautatmung 73

der Hautflügler 101
der Hautmuskelschlauch 96
das Hautproblem (Pubertät) 307
die Häutung 77, 105
die Hecke 119
das Heimtier 26 f., 57
die Henne 46, 84
das Herbar 122 f.
die Herde 38, 40
das Herz 288 f., 297
die Herzfrequenz 288
das Herz-Kreislauf-System 242 f., 288 f.
  – heterosexuell 310
der Hetzjäger 30
das Hilfetelefon 323
die Hirse 55
der Hoden 302
der Hodensack 302
der Hohlknochen 82
der Hohlmuskel 288
  – homosexuell 310
das Hormon 300
die Hornschuppe 76
das Huftier 38
das Huhn 84
das Hühnerei 84
die Hühnerhaltung 48
der Humus 165
der Hund 28 f., 37
die Hygiene 307, 324

I
der Igel 214 f.
das Innenskelett 60, 72
das innere Geschlechtsorgan 304
das Insekt 94, 100 f., 113
die Insektenordnung 101, 103
der Insektenschutz 106
das Insektensterben 106
  intergeschlechtlich 312
die Internetrecherche (Methode) 212 f.
der Intimbereich 302, 304

J
der Jahresverlauf
  – Pflanzen 203 ff., 239
  – See 160 f.
  – Tiere 215, 227, 237, 239
die Jahreszeit
  – Entstehung 182
  – gleichwarme Tiere 208 f.
  – Pflanzen 200 ff., 204 f.
  – Säugetiere 210, 214 f., 230 ff.
  – Vögel 220 f.
  – wechselwarme Tiere 208 f., 224 ff.
das Joule (J) 258
die Jungfrau 313

K
der Käfer 101
der Kaiserpinguin 231, 235
das Kalb 39f.
die Kalkschale 84
die Kalorie (cal) 258
die Kältestarre 224
der Kaltkeimer 138
die Kapillare 281, 289
die Karies 268
die Kartoffel 53
die Katze 34f., 90
die Kaulquappe 74
der Kehlkopf 280
der Keiler 44
das Keimblatt 138
der Keimfleck 84
der Keimling 133, 138
die Keimscheibe 84
die Keimung 138, 151
das Kelchblatt 117, 120
die Kiefer 266
die Kieme 64, 74
die Kiemenatmung 64f.
die Kindesentstehung 316
die Kindesentwicklung 318f., 325
die Kleingruppenhaltung 48
das Kleinkind 318
die Klettfrucht 137
der Klimawandel 175
die Klitoris 304f.
die Kloake 75, 84
der Knochen 244, 296
das Knochengewebe 249
das Knochenmark 244
das Knochenskelett 28, 34, 38, 47
die Knolle 134, 202
die Knospe 200
der Kobel 88
der Kohl 52
das Kohlenhydrat 260, 292
das Kohlenstoffdioxid 168, 194f., 280f., 286
der Kokon 97
der Kolben 54
das Kondom 314
der Konsument (Verzehrer) 170
das Koordinatensystem 141
das Kopfskelett 246
das Korbblütengewächs 121
der Korbblütler 131
das Körbchen 124
die Körperarterie (Aorta) 289
der Körperbau 242f.
das Körpergeschlecht 309, 311
die Körpergröße 248
die Körperhaltung 256
der Körperkreislauf 288f.
die Körperpflege 307
die Körpersprache 28, 34, 36, 57
die Körpertemperatur 208ff., 215, 224ff., 233

das Kraut 118f.
die Krautschicht 164f.
das Kreisdiagramm 140, 262
der Kreuzblütler 131
das Kriechtier 76
das Kriterium 147
das Kronblatt 117, 120
der Krötentunnel 227
das Kugelgelenk 250
die Kuh 38, 40
die Kuhmilch 43
das Küken 46, 85
der Kulturfolger 154
die Kutikula 194

L
der Labmagen 39
der Lachs 67, 71
das Laichgewässer 226
die Laichgrube 66
die Larve 66
der Laubbaum 118, 200
das Laubblatt 116f., 183, 188, 194f., 238
– läufig 29
der Laufstall 41
die Lebensgemeinschaft 154, 170, 177
der Lebensraum 60, 112, 154f., 177
– am/im Wasser 155
– Arktis/Antarktis 230f.
– Kälte 148
– Salzwasser 148
– See 158, 160f., 177
– Stadt 154
– Umweltfaktoren 156f.
– Untersuchung (Methode) 158f.
– Veränderungen 174f., 177
– Wald 155, 164f., 168f., 177
– Wiese 154
– Wüste 148, 232f.
das Lebewesen 22f., 57, 188f.
– Ordnung 100, 146f.
die Legende 140, 158
die Leichtbauweise 82
der Leistungsumsatz 259
das Leitbündel 194
die Leitungsbahn 183
der Leukozyt 286f.
das Licht 160
der Lichtkeimer 138
das Liniendiagramm 141, 262
das Lippenblütengewächs 120
der Lippenblütler 131
die Luft 280
die Luftfeuchtigkeit 156
der Luftreiniger 168
die Luftröhre 280f.
der Luftsack 80
der Luftschadstoff 284f.
die Lunge 280f., 284
die Lungenarterie 289
die Lungenatmung 73, 76, 80, 88, 109

das Lungenbläschen 280
der Lungenkreislauf 288f.
die Lungenvene 289
die Lupenarbeit (Methode) 126

M
der Magen 270f.
der Magenpförtner 271
der Magensaft 270
die Magenschleimhaut 270
die Magersucht 277
der Magnetsinn 221
das Mähen 204, 206
der Mais 54
das männliche Geschlechtsorgan 302f.
die Markhöhle 244
die Mauser 81
das Mehl 54, 272
die Menstruation (Periode) 306, 308
das Messen (Methode) 14f.
der Messwert 14f.
die Metamorphose 74
– unvollkommene 105
– vollkommene 104
das Mikroskopieren (Methode) 190f., 196
die mikroskopische Zeichnung (Methode) 193
die Milch 40f., 43
das Milchgebiss 267
die Milchleistung 42
der Milchzahn 267
der Mineralstoff 160, 165, 264
das Modell 9, 252f., 282, 296
die Monatshygiene 324
das Moos 144f., 151
die Moosschicht 165
die Mundhöhle 270, 280
das Mundwerkzeug 100
der Muskel 242, 250f., 296
die Muskulatur 250
der Mutterkuchen 90, 316
die Muttermilch 90
der Muttermund 305

N
die Nabelschnur 316f.
der Nadelbaum 201
das Nadelblatt 118
die Nährschicht 133
der Nährstoff 260f., 265, 292, 296
der Nährstoffnachweis 261
der Nährstoffspeicher 195
die Nährstoffzerlegung 270
die Nahrung 258ff., 264, 270f., 296
die Nahrungsbeziehung 170f.
die Nahrungskette 171
das Nahrungsmittel 272
das Nahrungsnetz 171
die Nährwerttabelle 265
die Narbe 132

die Nasenhöhle   280
der Naturschutz   175
der naturwissenschaftliche Erkenntnisweg   16
das Neinsagen   322
das Nervensystem   242 f.
der Nestflüchter   39, 85, 91
der Nesthocker   85, 91
der Netzmagen   38
das Nikotin   284 f.
der Nutri-Score   265
der Nützling   106
die Nutzpflanze   52 f., 57
das Nutztier   26, 40, 47, 233

O
die Oberflächenvergrößerung   271, 293
das Objektiv   127, 190
die ökologische Tierhaltung   41
das Okular   127
das Ordnen von Lebewesen   100, 146 f.
das Ordnungssystem (Basiskonzept)   328
das Organell   188
das Organsystem   242 f.
der Orgasmus   303, 305
die Osteoporose   249
das Ozon   284

P
der Paarhufer   38
die Paarung   74, 78, 90, 104
die Paarungszeit   74 f., 214
das Palisadengewebe   194
der Pansen   38
das Passivrauchen   284
der Penis   90, 302
das Petting   313
die Pfahlwurzel   129
die Pflanzenfamilie   120 f., 151
der Pflanzenfresser   38, 170 f.
die Pflanzenzelle   188
die Plakaterstellung (Methode)   218 f.
die Plaque   268
der Plattenknochen   244
das Pollenkorn   132
der Pollenschlauch   133
die Pornografie   312
die Präparatherstellung (Methode)   192
das Präsentieren (Methode)   50 f.
das primäre Geschlechtsmerkmal   302 ff.
der Produzent (Erzeuger)   170
die Prothese   25
das Protokoll   16 f.
die Pubertät   300 f., 307, 325
der Puls   288, 290
die Puppe   104

Q
die Qualzucht   31
die Quellung   138, 151

R
der Rachen   280
die Rangordnung   40, 46
der Raps   53, 116
die Rast   221
der Raubfisch   60
das Rauchen   284 f., 301
die Raupe   104
die Regelblutung   306
der Regenwurm   96 f., 113
der Reis   55
der Reißzahn   29, 35
die Reizbarkeit   22
das Reptil   60, 76 f., 112, 224 f.
die Reptilienhaut   76
die Resorption   270 f.
das Revier   30, 47
das Rhizoid   144
die Riechsinneszelle   37
das Rind   38 ff.
die Rinderhaltung   40 f.
der Ringelwurm   94
die Rispe   55
die Röhrenblüte   121
der Röhrenknochen   244
die Röhrichtzone   161
 – rollig   35
das Rosengewächs   120, 131
das rote Blutkörperchen   286
die Rotte   44
die Rückenflosse   64
der Rüde   29
das Rudel   30
das Rumpfskelett   246
der Rüssel   44

S
der Sachtext (Methode)   62 f.
der Samen   133, 138
der Samenerguss   303
die Samenverbreitung   136
der Sauerstoff   160, 168, 195, 281, 286
das Säugetier   60, 88 f., 113, 210
die Saugkraft   183
der Säugling   318
das Säulendiagramm   140, 262
die Säure   268
der Schädling   106
das Scharniergelenk   250
die Scheide   304 f.
der Scheidenkranz   313
der Schleichjäger   34
die Schleimdrüse   64
die Schleuderfrucht   137
die Schließzelle   194
die Schluckatmung   73
der Schmetterlingsblütler   131
der Schneidezahn   266

der Schreitvogel   80
der Schultergürtel   247
die Schuppe   64, 76
das Schwammgewebe   194
die Schwangerschaft   306, 314, 317
die Schwanzflosse   64
die Schwärmzelle   145
das Schwein   44 f.
die Schwimmblase   64
die Schwimmblattzone   161
die Schwimmfrucht   137
die Schwimmhaut   72
der See   160 f., 172
die Segelklappe   288
das Segment   96
die Sehne   251
das Seitenlinienorgan   65
das sekundäre Geschlechtsmerkmal   302 ff.
die Selbstverbreitung   137
der Sex   313, 325
die Sexualisierung in Medien   312
die Sexualität   310, 312, 325
der sexuelle Missbrauch   323
die sexuelle Orientierung   310
die Shisha   285
die Sicherheitseinrichtung   10
der Singvogel   80
das Skelett   246 f., 296
die Sonnenenergie   180 ff., 238
die Sorte   52
die Spaltöffnung   194
die Speicheldrüse   270
das Speicherorgan   202
die Speiseröhre   270
das Sperma   303
der Spermienleiter   303
die Spermienzelle   60, 132, 302, 316
die Spindelform   64
die Spinne   94, 108
die Spore   145
die Sporenkapsel   144 f.
die Sporenpflanze   145
der Sporn   47
der Sporttyp   255
der Spross   116
die Sprossachse   116, 125, 183
der Sprossausläufer   134
die Sprossknolle   202
das Spurenelement   264
der Stachel   100, 214
der Standvogel   220
der Stängel   116
die Stärke   195
der Staubbeutel   132
das Staubblatt   117, 120, 132
der Staubfaden   132
der Steckbrief   237
die Steckbrieferstellung (Methode)   95
der Stempel   120, 132
die Stereolupenarbeit (Methode)   127

das Stickstoffoxid 284
der Stoffkreislauf 170
der Stoffwechsel 22
der Stop-Motion-Film
 (Methode) 186 f.
das Storyboard 186
der Strauch 118
die Strauchschicht 164
der Strecker 251
die Streufrucht 137
der Strichvogel 220
das Stroh 54
die Struktur und Funktion
 (Basiskonzept) 65, 328
das Strukturmodell (Methode) 252 f.
die Suchmaschine 212
die Sucht 277 ff., 285, 297
das Suchtgedächtnis 279
das System (Basiskonzept) 189, 329

T
die Tabellenerstellung
 (Methode) 92
 – Tag und Nacht 182
die Taschenklappe 288
die Tauchblattzone 161
der Teer 284
der Teufelskreis Sucht 278
der Thrombozyt 287
die Tierbeobachtung (Methode) 33
das Tiergebiss 57, 266 f.
 – Allesfressergebiss 44, 267
 – Fleischfressergebiss 29, 35, 44
 – Insektenfressergebiss 214
 – Pflanzenfressergebiss 38, 44
die Tierhaltung 26, 40, 48, 57
die Tierrasse 31, 45
das Tierschutzgesetz 48
die Tierverbreitung 136
die Tierzelle 189
die Tracheenatmung 100, 109
die Tragzeit 90
der/die Transgender 309
die Traube 124
der Traubenzucker 195, 260
der Tubus 190
der Tüpfel 188

U
die Überschwemmung 175
das Überwinterungsorgan 200
die Umweltbilanz 43
der Umweltfaktor 154, 156 f., 177
 – abiotische 154
 – biotische 154
 – Boden 157
 – extreme 148
 – Lebewesen 157
 – Licht 157
 – Temperatur 156
 – Wasser 156
die Umweltzone 284

die ungeschlechtliche
 Fortpflanzung 134, 151
der unterbrochene Geschlechtsverkehr 315
die unvollkommene Metamorphose 105
das Urvertrauen 319

V
die Vagina 90, 304
der Vaginalring 315
die Vakuole 188
die Variabilität 31, 57
vegan 273
vegetarisch 273
die Vene 288, 293
der Venushügel 304
die Verbreitungsart 136 f., 151
die Verdauung 39, 270 f., 296
das Verdauungssystem 242 f., 270
die Verdunstung 183, 195
das Vergleichen 9
die Verhaltensregel (Fachraum) 11
die Verhütung 314 f., 320, 325
das Verliebtsein 310
das Vitamin 264
der Vogel 47, 60, 80 f., 112, 220 f.
die Vogelfütterung 222 f.
die Vogelhaut 81
der Vogelzug 220
die vollkommene Metamor-
 phose 104
das Vorbild 322
der Vorhof 288 f.
die Vulva 304
die Vulvalippe 304 f.

W
das Wachstum 23, 151
die Wachstumsbedingung
 (Pflanzen) 139
die Wachstumszone 204
der Wald
 – Gefährdung 168 f., 177
 – Schichten 164
die Waldzone 161
der Wanderfisch 67
die Wärme 180
die Wärmeisolation 208 f.
der Warmkeimer 138
die Wasserpflanze 161
die Wasserqualität 162
der Wasserspeicher 168
der Wassertransport 184, 238
die Wasserverbreitung 137
der Wasservogel 80
 wechselfeucht 144
 wechselwarm 208 f., 224, 239
das weibliche Geschlechtsorgan 304 f.
der weibliche Zyklus 306, 325
das Weichtier 94

der Weisheitszahn 267
das weiße Blutkörperchen 286
der Weißfluss 304
der Weizen 54
die Wertvorstellung 301
der Wetterschaden 169
der Wiederkäuer 38
die Wiesenpflanze 131, 204
die Wildpflanze 52 f., 57
das Wildschwein 44 f.
das Wildtier 26, 30
der Wildverbiss 169
die Windverbreitung 136
 winteraktiv 210
das Winterfell 210, 217
das Winterquartier 225
die Winterruhe 210
der Winterschlaf 210, 215
der Wirbelkanal 247
 Wirbellose 94, 97, 109, 113, 224
die Wirbelsäule 60 f., 246 f., 256
das Wirbeltier 60 f., 64 f., 109, 112
der Wolf 30 ff.
der Wurf 31, 90
die Wurzel 116, 183, 202
die Wurzelschicht 165

X
die x-Achse 140

Y
die y-Achse 140

Z
der Zahlenwert 14 f.
die Zähmung 26, 57
der Zahn 266 ff., 296
die Zahnfehlstellung 269
das Zahnfleisch 266
die Zahnpflege 268 f.
der Zehengänger 28, 34
der Zehenspitzengänger 38, 44
die Zelle 188 f., 238, 242
das Zellgift 279
der Zellkern 188 f.
die Züchtung 31, 37, 45, 50, 57
die Zugroute 221
der Zugvogel 220 f.
die Zungenblüte 121
der Zweiflügler 101
die zweigeschlechtliche
 Fortpflanzung 104
das Zwerchfell 280 f.
die Zwiebel 202
der Zwitter 97
 zwittrig 124
die Zygote 316

Gefahrstoffhinweise

Piktogramm	Signalwort	Gekennzeichnete Stoffe und Gemische ...
GHS01	Gefahr / Achtung	– können sich selbst zersetzen – können explodieren
GHS02	Gefahr / Achtung	– sind entzündbar – können sich selbst erhitzen – entwickeln bei Berührung mit Wasser entzündbare Gase
GHS03	Gefahr / Achtung	– haben eine brandfördernde Wirkung
GHS04	Achtung	– stehen unter Druck (gilt für Gase)
GHS05	Gefahr / Achtung	– greifen Metalle an
GHS06	Gefahr	– sind giftig, bereits in geringen Mengen lebensgefährlich

Piktogramm	Signalwort	Gekennzeichnete Stoffe und Gemische ...
GHS07	Achtung	– sind gesundheitsschädlich – verursachen Haut- und/oder Augenreizungen, allergische Hautreaktionen, Reizungen der Atemwege, Schläfrigkeit und Benommenheit
GHS08	Gefahr / Achtung	– können bei Verschlucken und Eindringen in die Atemwege tödlich sein – können Organe schädigen – können Krebs erzeugen – können die Fruchtbarkeit beeinträchtigen – können das Kind im Mutterleib schädigen – können das Erbgut schädigen – können beim Einatmen Allergien, asthmaartige Symptome oder Atembeschwerden verursachen
GHS09	Achtung	– sind giftig für Wasserorganismen

1 Gefahrstoffhinweise und ihre Bedeutung

Das Schutzbrillensymbol zeigt dir, wenn du eine Schutzbrille tragen musst. Das Handschuhsymbol sagt dir, falls du zur Sicherheit Handschuhe tragen musst.

Stoff	Signalwort	Piktogramme	H-Sätze und EUH-Sätze	P-Sätze	AGW in mg/m³
Brennspiritus (Ethanol)	Gefahr	GHS02 GHS07	H225, H319	P210, P240, P305+P351+P338, P403+P233	380
Essigessenz (Essigsäure 25%)	Gefahr	GHS05	H290, H314	P280, P308+P310, P301+P330+P331, P303+P361+P353, P305+P351+P338	25
Lugol'sche Lösung	Achtung	GHS08	H373	P260, P314	
Methylenblau	Achtung	GHS07	H302	P301+P312+P330	

2 Gefahrstoffhinweise zur Durchführung von Experimenten in diesem Schulbuch

ZUM NACHSCHLAGEN

Bildquellenverzeichnis

Cover: Cornelsen/Studio SYBERG; Foto: stock.adobe.com/leekris
Arbeitsgruppe Igelschutz Dortmund: S. 214/2 | Bridgeman Images/Novack N./HorizonFeatures: S. 234/1A | ClipDealer GmbH: S. 322/2; Antonio Guillem: S. 109/1; c-ts: S. 126/2 r.; Claudia Otte: S. 259/4 o.l.; Herbert Schwind: S. 74/2A o.; Val Thoermer: S. 259/4 u.r. | Cornelsen: Andreas Marquarth: S. 253/2 r.; Andreas Miehling: S. 290/3; Bernhard A. Peter, newVision! GmbH, Foto: Euromex Microscopen B.V.: S. 190/1; Julia Kionka: S. 83/1A+B; Joachim Hollatz: S. 22/4; Judith Vehlow: S. 142/2B, S. 149/4A+4B, S. 253/3A+3B; Inhouse: S. 31/4 u.l., S. 96/1, S. 226/1; Marit Kastaun: S. 187; Matthias Niedermeier: S. 142/1, S. 162/1, S. 163/1, S. 166, S. 167/1; Moritz Vennemann: S. 126/2 l.; Peter Pondorf: S. 123/6, S. 162/2, S. 291/1, S. 315/4; Fotos: Peter Wirtz, Illustrationen: Cornelsen/Karin Mall: S. 143; Stephan Röhl: S. 33/1; Ulrike Dives: S. 28/4; Volker Minkus: S. 86, S. 193/2; Volker Döring: S. 320 | Depositphotos/Valentyn Semenov: S. 169/3A | dpa Picture-Alliance: A. Hartl/blickwinkel/HARTL ANDREAS: S. 214/1; B. Trapp/blickwinkel: S. 74/1, S. 110/g u.r.; blickwinkel: S. 79/1B; blickwinkel: A. Hartl: S. 66, S. 67/3+5, S. 73/6C; Frank Hecker Naturfotografie: S. 22/2, G. Kunz: S. 94/1, W. Layer: S. 234/1B, W. Pattyn: S. 148/2; imageBROKER: S. 78/1, S. 110/g o.l.; imageBROKER: C. Wermter: S. 149/3C, Frauke Scholz: S. 55/4 l., J. Fieber: S. 73/6A, S. 111/D, Reinhard, H.: S. 169/4; JuergenLandshoeft/Zoonar.com/Zoonar: S. 222/1; Minden Pictures: S. 72/4, S. 88/2, S. 89/7; OKAPIA KG, Germany/Okapia/Heinz Schrempp: S. 224/3; REUTERS/X00396/Petr Josek Snr: S. 220/2; Shotshop/Antonio Gravante: S. 169/3D; Thorsten Schier/Zoonar: S. 54/2 l.; Westend61: S. 232/1; WILDLIFE: S. 97/3, S. 144/2; WILDLIFE: D.Harms: S. 136/2B, K.Bogon: S. 78/2; Zoonar/Zoonar.com/G. Wolf: S. 102 | Imago Stock & People GmbH: Ardea/Andrey Zvoznikov: S. 79/1A; agrarmotive: S. 169/5; Benjamin Horn: S. 100/1; blickwinkel: S. 44/3, S. 56/1, S. 76/2, S. 260/1, McPHOTO/H. Krauss: S. 119/4; S. 89/6; CHROMORANGE: S. 118/1; Countrypixel: S. 46/1; Eibner/Deutzmann/Eibner-Pressefoto EP_CDN: S. 220/1; Future Image: S. 228/2; f8graphe: S. 31/4 u.r.; Gerhard Leber: S. 253/u.r.; imagebroker/Daniel Heuclin: S. 77/6, Egmont Strigl: S. 149/3B, GTW: S. 46/2, Stefan Huwiler: S. 175/5B; Koall: S. 175/4B; Manngold: S. 156/1; Shotshop: S. 312/1; Westend61: S. 175/4A, S. 224/2, S. 319/5; YAY Images: S. 318/3 | interfoto.e.k.: ARDEA: Jean Michel Labat: S. 37/7, John Daniels: S. 28/1, M. Watson: S. 201/5, Stefan Meyers: S. 44/1, Steve Downer: S. 75/5F o.; David Wall: S. 148/1; imagebroker/Ottfried Schreiter: S. 129/3B; F. Hiersche: S. 54/3 l.; FLPA: Emanuele Biggi: S. 76/1, Nigel Cattlin: S. 138/1; Karel Mauer/ARTOKOLORO/Agami: S. 87/1C; Sonja Jordan: S. 72/2 | Kathleen Gerber/NABU Naturschutzbund Deutschland e.V.: S. 32/2 | Look/Eiben, Hans Georg: S. 53/3 | mauritius images: age fotostock: S. 80/2A; alamy stock photo: S. 93/2; alamy stock photo/Aleksey Mnogosmyslov: S. 34/4A, Andrey Kuzmin: S. 34/4B, blickwinkel: S. 80/1, S. 170/1, Cristian Storto: S. 323/6, David Burton: S. 150/5A, Dirk von Mallinckrodt: S. 137/4A, Gillian Pullinger: S. 224/1, Josie Elias: S. 36/1, Kyryl Gorlov: S. 317/5, Lev Dolgachov: S. 319/4, Nigel Cattlin: S. 74/2C o., S. 207/1B, S. 236/5, Noella Ballenger: S. 230/1, progressman: S. 284/1, Stockimo/Rebecca: S. 35/6B, S. 56/3B, Stephen Kill: S. 164/4, Zoonar GmbH: S. 36/2 l., S. 121/5A; Bernd Zoller: S. 80/2D; Caia Image: S. 259/4 u.l.; Dieter Hopf: S. 110/g o.r.; ERHARD NERGER: S. 164/3; EyeEm: S. 154/1; foodcollection: S. 272/1A; Hans Blossey: S. 175/6; Hartmut Schmidt: S. 155/3; imageBroker: Herbert Kehrer: S. 128, Reinhard Hölzl: S. 124/1, Rolf Müller: S. 217/2 r., Rolf Nussbaumer: S. 206/1, uwe umstätter.com: S. 7, S. 298/299; Jiri Hubatka: S. 62; Lutz Gerken: S. 73/6D; Martin Siepmann: S. 157/3; McPHOTO: S. 265/u.l.; Minden Pictures: S. 3/u., S. 58/59, S. 75/5D o.; nature picture library: S. 217/2 r.; Picture Partners/Alamy: S. 34/1; Pitopia: S. 38/1, S. 77/5, S. 295/m.l.; ROSENFELD: S. 260/2A-C; Science Source: S. 244/1, S. 316/2; Westend61: S. 257/u.r. Collage: Farbfoto: mauritius images/alamy stock photo/moodboard; Skelett: sciencephotolibrary/GUSTOIMAGES S. 246/1| OpenStreetMap-Mitwirkende/openstreetmap.org/(CC BY-SA 2.0): S. 228/1 | Panther Media GmbH: anan kaewkhammul: S. 55/5 l.; Annebel Van den Heuvel: S. 315/3; Arne Trautmann: S. 27; Christoph Bosch: S. 36/2 r.; Claudio Divizia: S. 193/1; Michael Röder: S. 30/1; Valery Vvoennyy: S. 126/2 m.; Wieslaw Jarek: S. 168/1, S. 169/3B | photoCuisine/Subiros, Fabrice: S. 52/1 | sciencephotolibrary: Abbey, Michael: S. 329/4; Biophoto Associates: S. 189/5, S. 287/6, S. 325/2A; BRUNO PETRIGLIA: S. 149/3A; Bulgar, Wladimir: S. 127/1; Claude Nuridsany & Marie Perennou: S. 188/2; DR G. MOSCOSO: S. 316/3; DR KEITH WHEELER: S. 74/2B o.; EDELMANN: S. 317/4, S. 325/2B+C; Eye Of Science: S. 194/4; GEORGE BERNARD: S. 75/5E o.; Gilbert S. Grant: S. 328/2; Lepore, Jeff: S. 150/2B; Marek Mis: S. 194/3; Mike Devlin: S. 252; NEIL BROMHALL: S. 325/2D; Nishinaga, Susumu: S. 287/5; Reinhard, Hans: S. 22/3; Steve Gschmeissner: S. 287/4; Sutton, Spencer: S. 249/1 | Shutterstock.com: 271 EAK MOTO: S. 310/2; 2xSamara.com: S. 278/1; Air Images: S. 309/2 l.; AJCespedes: S. 106/1; Aksenova Natalya: S. 9/3 o.; Alina Kruk: S. 324/2; Aleksey Boyko: S. 25/1; AlessandroZocc: S. 328/3 l.; Alexxndr: S. 169/3C; Allexxandar: S. 82/1; alfotokunst: S. 5/o., S. 152/153; Anest: S. 137/4B; Anjo Kan: S. 122/1; Ansis Klucis: S. 90/1; Bangkoker: S. 291/2; Bernd Wolter: S. 45/4; BestPhotoStudio: S. 266/1; Brian A Jackson: S. 328/3 r.; Brocreative: S. 325/3 u.l.; CGissemann: S. 274/1; Chris Moody: S. 100/3; CLS Digital Arts: S. 309/1 l.; CREATISTA: S. 311/6; D. Kucharski K. Kucharska: S. 173/1; DavidTB: S. 250/1; Dobo Kristian: S. 314/1; Dora Zett: S. 209; ElRoi: S. 318/2B; Erni: S. 208/1; Evgenyrychko: S. 307/2; FamVeld: S. 309/2 r.; frantic00: S. 183/1; Geo-grafika: S. 43/1; Grandomart: S. 293/2D; Grey Carnation: S. 90/3; Halfpoint: S. 254/1; Helen J Davies: S. 87/1A; herjua: S. 325/3 u.r.; Iakov Filimonov: S. 323/7; islandboy_stocker: S. 280/1; Jacek Chabraszewski: S. 191/3; JackanShutterstock/Jackan: S. 136/3B; Jacob Lund: S. 254/2 m., S. 259/4 o.r., S. 310/1; Jamie Farrant: S. 13/3; Jim Cumming: S. 234/1C; Jiri Vaclavek: S. 214/3; Juice Dash: S. 313/2; Kdonmuang: S. 4, S. 114/115, S. 154/2; K I Photography: S. 104/1; Klaus Ulrich Mueller: S. 22/1; koliw: S. 65/4; Kristina Bessolova: S. 325/3 o.r.; LandscapeWorld: S. 80/2B; LightField Studios: S. 309/3 l.; l i g h t p o e t: S. 286/1; Lillian Tveit: S. 165/5; Madlen: S. 134/2; MARCELODLT: S. 71/1; Masson: S. 313/1; Mehmet Dilsiz: S. 288/1; michaeljung: S. 306/1; Mikhail Abramov: S. 293/2A; mindfullness: S. 325/3 o.l.; Miroslav Hlavko: S. 26/1, S. 210/1; Monika Surzin: S. 88/1; Monkey Business Images: S. 258/1, S. 273/4, S. 301, S. 310/3, S. 311/5; nadia_if: S. 150/5C; Naruedom Yaempongsa: S. 26/3; Nikolay Zaborskikh: S. 165/6; nnattalli: S. 150/2A; New Africa: S. 188/1, S. 302/1; Olena Gorbenko: S. 309/1 r.; Olimpik: S. 304/1; Onjira Leibe: S. 318/2C; Pavel Chagochkin: S. 284/2; Photodiem: S. 8/2; Puwadol Jaturawutthichai: S. 249/4A+B; Rich Koele: S. 180/1; Rocksweeper: S. 64/1; Roden Wilmar: S. 118/3; Romariolen: S. 324/u.r.; Rudmer Zwerver: S. 75/3, S. 89/5; runzelkorn: S. 278/2; Sam Wordley: S. 309/u.r.; Sarah Moldenhauer: S. 160/1; Sasa Prudkov: S. 174/3; Sawat Banyenngam: S. 198; Sea Wave: S. 273/3; Sekar B: S. 67/4; Serg64: S. 264; Sergey 402: S. 231; SizeSquares: S. 318/2A; Solis Images: S. 318/1; Stokkete: S. 279/5; Svetlay: S. 31/4 o.r.; Syda Productions: S. 300/1, S. 322/1; Taniaaraujo: S. 73/6B; thatmacroguy: S. 108/1B; Thomas Soellner: S. 322/3; Tino Lehmann: S. 164/1; Tom linster: S. 226/2; TTphoto: S. 202/1; Tyler Olson: S. 212/1; VaLiza: S. 307/1; VGstockstudio: S. 300/3; Vladimir Wrangel: S. 180/3; vovan: S. 194/1; wavebreakmedia: S. 316/1; weedezign: S. 311/4; Wildlife-World: S. 175/5A; WildMedia: S. 174/1; WR7: S. 200/2; YAKOBCHUK VIACHESLAV: S. 37/5 | stock.adobe.com: 2014 Holly Kuchera/hkuchera: S. 91/5; A.Pushkin: S. 233/4; agrarmotive: S. 41/4; Aleksandar Zoric: S. 31/3; Alekss: S. 60/3B; Alexander Rochau/ARochau: S. 144/1; alfa27: S. 25/2; Andrea Wilhelm: S. 106/2, S. 111/C; Andrii Savchenko/andyborodaty: S. 269/3; anna_shepulova: S. 24/1; Andreas P: S. 255/3; Andrey Popov: S. 257/u.l.; antiksu: S. 25/4B; Anton Ignatenco/Dionisvera: S. 150/5B; Anyka/Anneke: S. 23/5A; Arpad Nagy-Bagoly: S. 84/1, S. 110/g m.l.; beats_: S. 54/1; bilderstoeckchen: S. 207/3; Boris Ryaposov: S. 6, S. 240/241; C. Schüßler: S. 61/4B; Calado: S. 174/2; Светлана Ильева: S. 35/6A, S. 56/3A; Christian Jung: S. 274/2; christiane65: S. 32/3, S. 107/1; colorshadow: S. 23/5E; cybersaphyra: S. 200/1; d2nikk: S. 129/3C; davemhuntphoto: S. 36/2 m.; De Visu: S. 254/2 r.; DIETRICH LEPPERT/focus finder: S. 216/1; dimmas72: S. 60/1; Dixi_: S. 31/4 o.l.; Dmitry Lobanov: S. 312/2; E.O.: S. 9/3 u.; elenamas_86: S. 134/1; Elisabeth: S. 116/1; Esel Klugohr: S. 23/5F; familylifestyle: S. 91/4; feelisgood: S. 267/4; focus finder: S. 40/3; Forenius: S. 322/4; fotofrank: S. 204/1; fotoknips: S. 101/4A; fotoschneider11: S. 158/1; Frank: S. 136/3A; Gasser Alexandra/Alexandra: S. 222/4; Gleam: S. 126/3 alle, S. 127/2; giansacca: S. 101/4F; Goffkein: S. 324/1; Gunter Kirsch/Gehkah: S. 293/2B; Halfpoint: S. 254/2 l.; Harald Biebel: S. 293/2C; hecos: S. 136/1; Iakov Kalinin: S. 155/4; ilijaa: S. 323/5; Jacek Chabraszewski: S. 10/3; Jademacro: S. 94/2B, S. 111/B; Jaroslav: S. 165/7; Javier Alonso Huerta/JAH: S. 226/3; jdmfoto: S. 101/4B; Jean Kobben: S. 46/3; Jürgen Fälchle: S. 207/1A; Jürgen Kottmann: S. 105/4; Kaspars Grinvalds: S. 25/4D; kiri: S. 285/3; Kletr: S. 108/1A; Kzenon: S. 270/1; leekris: S. 23/5B; lev dolgachov/Syda Productions: S. 268/1; Liane M: S. 129/4; M. Doerr & M. Frommherz GbR: S. 107/2; majorosl66: S. 255/4; Maksym Yemelyanov: S. 328/1; Mario Saccomano/saccobent: S. 101/4D; mascfoto: S. 72/1; Matthias Schuette/scaleworker: S. 61/5B; Mirko Rosenau: S. 121/5B; monropic: S. 136/2A, S. 142/2A; Nady: S. 25/4C; Natalia: S. 265/1; nenetus: S. 71/2; Oleksii: S. 103/3; Olga Khoroshunova: S. 325/u.r.; Passakorn: S. 94/2C, S. 111/A; pengyou92: S. 25/4A; PhotographyByMK: S. 314/2; Piotr Krzeslak: S. 80/2C; prochym: S. 60/2 u.; Reikara: S. 23/5C; Reinhold Stansich: S. 132/1; RioPatuca Images: S. 277; Rostislav: S. 110/g u.l.; S.H.exclusiv: S. 120/1; scabrn: S. 8/1; Schmutzler-Schaub: S. 94/2D; sueberry1: S. 210/2; Sven Käppler: S. 129/3A; tanor27: S. 275/3; Thomas Wiltschi: S. 61/6B; Tim's insects: S. 101/4E; toa555: S. 41/5; Tobias: S. 94/2A; tunedin: S. 242/1; Uwe Wittbrock: S. 23/5D; Vera Kuttelvaserova: S. 223; VOJTa Herout: S. 5/u., S. 178/179; Volker Wille: S. 40/1; VOLODYMYR BURDYAK/byrdyak: S. 3/o., S. 20/21; Voyagerix: S. 290/1; Westend61: S. 309/3 r.; wideworld: S. 101/4C; www.dgwildlife.com/giedriius: S. 87/1B; Wolfilser: S. 118/2 | StockFood/Braun, Stefan: S. 272/1B | WINDAUS-Labortechnik GmbH & Co. KG bearbeitet von Bernhard Peter, newVision! GmbH: S. 291/3 | yourphototoday/Karl_Thomas/www.allover.cc/SUPERBILD/HAJ: S. 10/1

Illustrationen:
Bernhard A. Peter, newVision! GmbH: S. 12, S. 13/5+6, S. 16/1, S. 17, S. 37/8, S. 42/2, S. 43/2, S. 47, S. 49/3, S. 50, S. 52/2, S. 57/2, S. 63, S. 64/2, S. 69, S. 70/2, S. 79/3, S. 80/4, S. 81/6, S. 85, S. 88/4, S. 92, S. 95/1 (Foto: Shutterstock.com/Martin Fowler), S. 99/4, S. 111/u.r., S. 122/3+4, S. 129/3D+E, S. 131, S. 135/1, S. 139/m.r., S. 140, S. 141, S. 144/3, S. 145, S. 149/1, S. 157/4, S. 159/3, S. 167/2, S. 171, S. 172/3, S. 177/u., S. 186, S. 192/1, S. 195/6, S. 197/2, S. 212/2, S. 213, S. 216/2+3, S. 217/3, S. 234/2, S. 235/6, S. 236/4, S. 239/o., S. 249/2+4C+D, S. 253/2 l., S. 255/o.r., S. 257/m.r., S. 262, S. 263, S. 270/2, S. 276, S. 292/1+5, S. 304/3, S. 308; Bernhard A. Peter, newVision! GmbH, Fotos v.l.: mauritius images/Pitopia, stock.adobe.com/travelview, stock.adobe.com/pikselstock: S. 275/2; Bernhard A. Peter, newVision! GmbH, Foto l.: Shutterstock/Nixx Photography: S. 286/2; Bernhard A. Peter, newVision! GmbH, Foto:sciencephotolibrary/Tony Mcconnell: S. 286/3; Christine Faltermayr: S. 156/2, S. 177/o.; Detlef Seidensticker: S. 199, bearbeitet Bernhard A. Peter, newVision! GmbH: S. 10/2, S. 182/2, S. 195/5, S. 272/2, S. 285/4, S. 295/o.l.; DiGraph bearbeitet durch Bernhard A. Peter, newVision! GmbH: S. 129/2; Esther Welzel: S. 122/2, bearbeitet durch Bernhard A. Peter, newVision! GmbH: S. 183/2, S. 229, S. 236/2; Gregor Mecklenburg bearbeitet von Bernhard A. Peter, newVision! GmbH: S. 48; Heike Keis: S. 54/2 r.+3 r., S. 55/4 r.+5 r., S. 87/2+3, S. 161, S. 207/2, S. 217/1 l.+2 l., S. 225, bearbeitet von Bernhard A. Peter, newVision! GmbH: S. 53/4, S. 119/5, S. 129/1, S. 170/2, S. 208/2, S. 215; Ingrid Schobel: S. 243/4, bearbeitet von Bernhard A. Peter, newVision! GmbH: S. 280/2, S. 283/2, S. 297/o.r.; Jörg Mair: S. 84/2, S. 160/2, S. 164/2, S. 176, S. 211/1, Jörg Mair, Foto: stock.adobe.com/Sabphoto: S. 279/3, bearbeitet Bernhard A. Peter, newVision! GmbH: S. 158/2, S. 159/4, S. 235/3+4, S. 250/3, S. 325/1; Karin Mall: S. 30/2, S. 70/1, S. 129/3F, S. 185/4, S. 266/2, S. 268/2, S. 269/4, bearbeitet Bernhard A. Peter, newVision! GmbH: S. 9/4, S. 11/4, S. 24/3, S. 98/2, S. 99/3, S. 117, S. 120/2+3, S. 121/4, S. 124/2+3, S. 125, S. 151/o.l., S. 184, S. 185/3, S. 189/4, S. 200/3, S. 202/2, S. 203, S. 204/2, Illustration: Karin Mall; Fotos: stock.adobe.com/Fotolyse: Heu, Shutterstock.com/Burkhard Scheper: Winter, Shutterstock.com/Martien van Gaalen: August, Shutterstock.com/Matthew J Thomas: Juni, Shutterstock.com/Peter Turner Photography: Frühling: S. 205/3, S. 237, S. 258/2, S. 261, S. 265/2+3, Karin Mall: Tierzelle, Tom Menzel: Pflanzenzelle, bearbeitet von Bernhard A. Peter, newVision! GmbH: S. 238/o.r., S. 288/2, S. 289, S. 295/u.r.; Maryse Forget, Robert Fontner-Forget: S. 34/2, S. 40/2, S. 65/5, S. 90/2, bearbeitet Bernhard A. Peter, newVision! GmbH: S. 111/o.r.; Matthias Pflügner: S. 11/5, S. 14, S. 15, S. 18, 19/5, S. 42/1, S. 68, S. 83/2, S. 181, S. 218, S. 219, S. 236/1, S. 256, S. 275/1, bearbeitet von Bernhard A. Peter, newVision! GmbH: S. 51, S. 292/3, S. 294/u.l., S. 321, S. 300/2; Rainer Götze: S. 82/2, S. 172/2, A. 173/2+3, S. 182/1, S. 221, bearbeitet von Bernhard A. Peter, newVision! GmbH: S. 239/u.; Robert Fontner-Forget: S. 109/3, S. 227, bearbeitet Bernhard A. Peter, newVision! GmbH: S. 80/3, S. 96/2, S. 97/u.r., S. 113/o.l., S. 135/3; Studio SYBERG: Logo „Zur Diskussion"; Tom Menzel: S. 26/2, S. 39, S. 60/2 o.+3A, S. 61/4A+5A+6A, S. 73/5, S. 74/2A u.+C u.+B u., S. 75/5E u.+F u.+5D u., S. 76/4, S. 77/u.r., S. 78/u.r., S. 79/2, S. 81/5, S. 84/3, S. 116/2, S. 123/5, S. 163/2, S. 168/2, S. 172/1, S. 211/2, S. 235/5, S. 242/2, S. 243/3, S. 267/3, S. 302/2, S. 304/2, S. 327/1, bearbeitet von Bernhard A. Peter, newVision! GmbH: S. 13/4, S. 28/2+3, 29, S. 35/5, S. 36/3+4, S. 38/2, S. 44/2, S. 45/5, S. 49/1+2, S. 56/2, S. 57/1, S. 64/3, S. 66/2, S. 72/3, S. 76/3, S. 88/3, S. 98/1, S. 100/2, S. 103/2, S. 109/2, S. 110/o.r., S. 111/m.r., S. 112, S. 113/u.l.+m.r., S. 130, S. 132/2, S. 133, S. 138/2, S. 139/3, S. 147, S. 150/o.l., S. 151/m.r.+u.l., S. 188/3, S. 191/2, S. 192/2, S. 193/3, S. 194/2, S. 196, S. 197/1, S. 201/4, S. 230/2, S. 232/2, S. 233/3, S. 238/u.r., S. 244/3, S. 245, S. 246/2, S. 247, S. 248, S. 250/2, S. 251, S. 271, S. 275/4, S. 280/3, S. 281/4, S. 282, S. 293/1, S. 294/u.r., S. 296, S. 297/o.l., S. 303, S. 305, S. 306/2, S. 326, S. 327/2, S. 329/5-7; Walther-Maria Scheid: S. 19/3+4, S. 180/2, S. 208/3, S. 238/m.l., Illu: Tom Menzel, Bearbeitung Bernhard A. Peter, newVision! GmbH, Foto: mauritius images/Science Photo Library: S. 257/o.l.; www.biologiegrafik.de bearbeitet Bernhard A. Peter, newVision! GmbH: S. 93/3, S. 104/2, S. 105/3, S. 108/2, S. 113/u.r., S. 206/2, S. 207/4, S. 249/3, S. 281/5, S. 283/1+3, S. 294/o.l., S. 295/u.l.

Arbeitsaufträge richtig verstehen

Im Unterricht und in Klassenarbeiten bearbeitest du immer wieder Aufgaben. Sie enthalten oft bestimmte Signalwörter. Wenn du genau weißt, was sie bedeuten, dann gelingt dir das Lösen der Aufgaben leichter, denn die Signalwörter sagen dir, was du tun sollst.
Tipp: Wenn es möglich ist, dann verwende in deiner Antwort das Verb und das Nomen aus der Aufgabe.

Nennen – benennen – angeben – aufzählen
Nenne drei Kohlsorten.

Hier sollst du etwas stichwortartig auflisten oder aufzählen.
Meist findest du die Informationen im Text oder im Bild zur Aufgabe. Oder du sollst dich an etwas erinnern, das du zuvor gelernt hast.

Lösung:
Kohlrabi, Rosenkohl, Brokkoli

Erläutern
Erläutere am Beispiel der Meerschweinchen, was man bei der Tierhaltung beachten muss.

Hier sollst du Zusammenhänge, Abläufe, Strukturen oder Ursachen eines Sachverhalts verständlich machen, indem du zusätzliche Informationen wie Bilder oder Beispiele verwendest.

Lösung: Bei der Tierhaltung muss beachtet werden, wie die Wildtiere leben. Wilde Meerschweinchen leben in Gruppen, deshalb dürfen die Haustiere nicht einzeln gehalten werden. Meerschweinchen bewegen sich viel, darum brauchen sie einen großen Käfig. Sie brauchen auch ein Schlafhäuschen, damit sie sich wie die Wildtiere verstecken und klettern können. Sie brauchen Wurzeln oder Äste zum Nagen sowie einen Futter- und einen Wassernapf.

Beschreiben
Beschreibe, wie Bienen Blüten bestäuben.

Hier sollst du die Merkmale eines Sachverhalts oder auch eines Bildes in eigenen Worten wiedergeben. Manchmal musst du auch beschreiben, was du beim Experimentieren beobachten konntest. Du musst hier nichts erklären oder erläutern.

Lösung: Bienen bestäuben Blüten, indem sie bei der Nahrungssuche Pollen von einer Blüte auf die Narbe einer anderen Blüte übertragen.

Begründen
Begründe, warum Frösche lange tauchen können.

Hier sollst du Sachverhalte auf Gesetzmäßigkeiten, Regeln und Ursachen zurückführen und Zusammenhänge aufzeigen. Hilfreiche Wörter sind: „weil", „wegen", „aufgrund" und „dadurch".

Lösung: Frösche können lange tauchen, weil sie durch ihre dünne Haut Sauerstoff aus dem Wasser aufnehmen können. So können sie auch unter Wasser atmen.

Erklären
Erkläre, wie Federn vor Wärmeverlust schützen.

Hier sollst du Zusammenhänge, Abläufe, Strukturen oder Ursachen eines Sachverhalts verständlich machen. Dabei sollst du Regeln, Gesetzmäßigkeiten und Ursachen verwenden. Häufig kannst du Formulierungen nutzen wie „Wenn ..., dann ..." oder „Um ... zu ..." oder „Je ..., desto ...".

Lösung: Zwischen den Federn der Vögel ist Luft eingeschlossen. Luft ist ein schlechter Wärmeleiter. Die eingeschlossene Luft wirkt deshalb wie eine Hülle, durch die weniger Wärme nach außen gelangt.

Ordnen – Zuordnen
Ordne die folgenden Tiere den Heimtieren oder Nutztieren zu: Pferd, Hamster, Esel, Goldfisch, Wellensittich, Ziege.

Hier sollst du Wörter in eine sinnvolle Reihenfolge bringen oder in Gruppen zusammenfassen.
Oft steht in der Aufgabe, nach welchen Kriterien die Informationen oder Wörter geordnet werden sollen. Manchmal musst du auch selbst herausfinden, wonach du Informationen ordnen kannst.

Lösung:
– Heimtiere: Hamster, Goldfisch, Wellensittich
– Nutztiere: Pferd, Esel, Ziege